KB210381

누림강해시리즈 7

사도행전 강해 2
복음의 열매인 사람들

지은이	곽연근
초판발행	2016년 2월 23일

펴낸이	배용하
본문디자인	윤순하
등록	제364-2008-000013호
펴낸곳	도서출판 대장간
	www.daejanggan.org
등록한곳	대전광역시 동구 우암로 75-21
편집부	전화 (042) 673-7424
영업부	전화 (042) 673-7424 전송 (042) 623-1424

ISBN	978-89-7071-372-4
	978-89-7071-261-1 04230(세트)

 값 **20,000원**

곽면근 목사의 누림강해 시리즈 ⑦

사도행전 강해 2

복음의 열매인 사랑들

곽면근

차례

사도행전 강해 2

사도행전 강해 1

서문

　기독교는 복음을 선포하는 종교입니다. 사도행전 앞에 위치한 네 권의 복음서는 예수님은 십자가 사역을 행하셨고 부활하심을 기록하고 있습니다. 복음서에서 예수님이 많은 이적과 기적을 행하고 반복적으로 말씀을 가르쳐도 예수님을 믿는 사람, 영접하는 사람, 변화된 사람이 없었습니다. 그래서 혹자들은 예수의 사역이 실패했다고 주장하기도 합니다. 예수님께서 십자가 사역을 완성하셨다면, 사망 권세를 물리치고 부활하셨다면, 죄인들을 죄로부터 구원하셨다면 복음서에 이어지는 사도행전에는 예수님의 사역의 열매, 하나님의 일하심의 결과, 복음의 아름다운 풍성한 결실이 소개되어야 할 것입니다. '이 복음은 모든 믿는 자에게 구원을 주시는 하나님의 능력이 됨이라 먼저는 유대인에게도 그리고 헬라인에게로다'라면 사도행전에서는 당연히 유대인이 구원을 받고 헬라인도 구원을 받아 하나님의 능력이 증명되어야 할 것입니다. 좀 더 넓은 관점으로 살펴본다면, 하나님께서 아브람을 통해 약속하신 '땅의 모든 족속이 복을 얻을 것'이 성취되는 장면과 많은 예언자들을 통해 선포하신 '새 영을 부어주리라' 또는 '새 마음을 주리라'는 예언이 완성되는 장면이 사도행전에서 확인되어야 할 것입니다. 그래서 사도행전을 상고할 때에 하나님을 위해 일하는 제자들의 모습이 아니라 하나님께서 일하신 열매로서의 제자들의 모습에 초점을 맞추어 보았습니다.

　사도행전을 설교하면서 매우 행복했습니다. 하나님의 약속과 예언 그리고 예수 그리스도의 사역의 열매를 확인할 수 있었기 때문입니다. 설교자로서, 실제로는 확인되지 않은 채 단지 장래의 소망으로만 소개되는 성도의 삶이 아니라, 이 땅에서 그리고 사람들과의 관계에서 직접 구현되고 있는 성도의 삶을 소개할 수 있었기 때문입니다. 앞으로 상과 면류관을 받기 위한 조건으로의 삶이 아니라 이미 은혜와 복을 받은 열매로서의 삶을 증거할 수 있었기 때문입니다. 성도가 세상을 향해 하나님을 증언하려 애쓰는 모습이 아니라, 하나님이 세상을 향해 하나님의 증거로 제시하는 성도의 모습을 확인할 수 있었기 때문입니다. 나의 생활에서도 똑같이 구현될 하나님의 일하심의 열매를 기대할 수 있었기 때문입니다. 설교를 마친 후에 자신 있게 사도행전 강해의 부제목을 '하나님의 열매인 사람들', '복음의 열매인 사람들'로 정할 수 있었습니다.

바울이 교회들에게 보낸 편지에서 자주 사용하는 표현이 '전에는, 이제는' 또는 '그때에, 이제부터'입니다. 예수님의 십자가 사건을 기준으로 구원받기 전의 삶과 구원받은 후의 삶이 달라졌음을 강조하는 표현들입니다. 세상에 만연되어 있는 '지금은, 장차는', '현재는, 미래는' 과는 확연하게 대조가 됩니다. 세상에는 예수님의 사역이 없기에 인간의 수고에 따른 장래의 모습을 기대할 뿐이지만, 기독교에는 예수의 사역이 있기에 사도행전의 성도들은 하나님의 사역에 따른 결실을 선포할 수 있었습니다. 성도들은 자신의 삶속에 맺어지는 하나님의 일하심의 결과를 직접 자신이 누렸기에 너무나 담대히 외칠 수 있었습니다. 사도행전을 설교하면서 하나님의 목양의 결실을 보았기에 나의 목회가 맺어야하는 열매의 바른 본을 보고 목회의 방향을 견고히 하게 된 것도 하나님이 덤으로 주신 은혜임을 고백합니다.

인간이 열매를 맺자고 선동하는 대신 하나님의 복음의 열매를 선포하는 동안 함께 은혜를 나누었던 성도님들께 감사드리며, 말로 행한 설교를 글로 된 책으로 만들어준 도서출판 대장간에 감사를 드립니다. 이 땅에서 하나님 나라의 삶을 멋지게 누리시기를 바랍니다.

2016년 1월
하나님의 은혜를 누리는 The누림교회에서 곽면근

36

같은 선물을 주셨으니

사도행전 11:1~18

1 유대에 있는 사도들과 형제들이 이방인들도 하나님의 말씀을 받았다 함을 들었더니 2 베드로가 예루살렘에 올라갔을 때에 할례자들이 비난하여 3 이르되 네가 무할례자의 집에 들어가 함께 먹었다 하니 4 베드로가 그들에게 이 일을 차례로 설명하여 5 이르되 내가 욥바 시에서 기도할 때에 황홀한 중에 환상을 보니 큰 보자기 같은 그릇이 네 귀에 매어 하늘로부터 내리어 내 앞에까지 드리워지거늘 6 이것을 주목하여 보니 땅에 네 발가진 것과 들짐승과 기는 것과 공중에 나는 것들이 보이더라 7 또 들으니 소리 있어 내게 이르되 베드로야 일어나 잡아 먹으라 하거늘 8 내가 이르되 주님 그럴 수 없나이다 속되거나 깨끗하지 아니한 것은 결코 내 입에 들어간 일이 없나이다 하니 9 또 하늘로부터 두 번째 소리 있어 내게 이르되 하나님이 깨끗하게 하신 것을 네가 속되다고 하지 말라 하더라 10 이런 일이 세 번 있은 후에 모든 것이 다시 하늘로 끌려 올라가더라 11 마침 세 사람이 내가 유숙한 집 앞에 서 있으니 가이사랴에서 내게로 보낸 사람이라 12 성령이 내게 명하사 아무 의심 말고 함께 가라 하시매 이 여섯 형제도 나와 함께 가서 그 사람의 집에 들어가니 13 그가 우리에게 말하기를 천사가 내 집에 서서 말하되 네가 사람을 욥바에 보내어 베드로라 하는 시몬을 청하라 14 그가 너와 네 온 집이 구원 받을 말씀을 네게 이르리라 함을 보았다 하거늘 15 내가 말을 시작할 때에 성령이 그들에게 임하시기를 처음 우리에게 하신 것과 같이 하는지라 16 내가 주의 말씀에 요한은 물로 세례를 베풀었으나 너희는 성령으로 세례를 받으리라 하신 것이 생각났노라 17 그런즉 하나님이 우리가 주 예수 그리스도를 믿을 때에 주신 것과 같은 선물을 그들에게도 주셨으니 내가 누구이기에 하나님을 능히 막겠느냐 하더라 18 그들이 이 말을 듣고 잠잠하여 하나님께 영광을 돌려 이르되 그러면 하나님께서 이방인에게도 생명 얻는 회개를 주셨도다 하니라

스토리 전개

사건 전개

만약 저에게 개역 개정 성경에서 특정한 단어를 교체할 수 있는 기회가 주어진다면 가장 먼저 선택할 단어는 '명령'입니다. 오늘날 세상은 '소통'이 안 된다고 서로 아우성을 치고 있습니다. 분명 상호간에 행동이 있고 외침이 있는데 각자의 방향에서 메아리칠 뿐 상대방에게 전달이 되지 않습니다. 성경이 저와 여러분의 삶에 최고의 지침이 되는 이유는 하나님이 창조자의 권위로 명령하고, 주관자의 위세로 인간의 삶을 축복과 저주라는 수단으로 통제하기 때문이 아닙니다. 성경은 하나님이 인간을 얼마나 소중하게 대해주시는지, 또 인간 상호간의 관계에 있어서 어떻게 불평등이 발생하지 않게 행하시는지, 행여 인간이 하나님께 불순종하고 하나님의 뜻과 다르게 행동할지라도 하나님이 계획을 추진하면서 절대로 사람이 다치지 않도록 얼마나 정교하게 역사하시는지 보여주고 있습니다.

'하나님이 창조하신다, 하나님이 말씀하신다, 하나님이 이적과 기적을 행하신다'는 커다란 명제만 바라볼 것이 아니라 하나님의 세심함, 하나님의 배려하심, 하나님의 은밀함, 하나님의 자상함도 볼 수 있어야 합니다. 성경이 저와 여러분의 삶에 최고의 지침이 되는 이유는 바로 하나님이 행하시는 것처럼 행동해야 인간이 보호함을 받으며, 하나님이 대하시는 것처럼 대해야 인간이 존귀함을 받으며, 하나님이 역사하시는 것처럼 해야 모든 인간이 서로 자유와 평화와 안식과 연합과 일치를 누릴 수 있기 때문입니다. 과연 하나님이 어떻게 인간을 대하시는지 본문을 통해 확인해 보겠습니다.

성경을 읽을 때에는 스토리가 전개되는 과정을 파악하고 해당 본문이 사건의 전개에서 어떤 시점, 어떤 위치에 해당하는지를 꼭 분별해야 합니다. 이것을 분별하지 않으면 반드시 오해가 발생하고 성경이 강조하려는 것과는 다른 내용을 말하는 실수를 범하게 됩니다. 구약의 대표적 인물을 뽑으면 아마도 아브라함, 모세, 다윗 등입니다. 이 사람들이 믿음의 인물, 순종의 아이콘, 충성의 대표로 인식되고 있습니다. 하지만 이 사람들에게 믿음, 순종, 충성이 연관되는 것은 하나님과의 만남의 결과이지 결코 조건이 아닙니다. 평상시에 믿음과 순종과 충성이 있었기에 하나님의 복을 받을 수 있었던 것이 아니라, 하나님이 찾아와주시고 은혜를 주셨기에 믿음과 순종과 충성할 수 있게 되었습니다. 아브람이 하나님을 처음 만나는 창세기 12장에서는 믿음이 없었지만 하나님과 만나고 약속을 경험한 후인 22장에는 믿음이 있습니다. 모세가 하나님을 처음 만나는 출애굽기 3장에서는 순종이 없었지만 하나님과 만나고 이적과 기적을 경험한 후인 광야 생활에서는 순종이 있습니다. 다윗이 하나님을 처음 만나는 목동시절에는 충성이 없었지만 하나님의 기름부음을 받고 하나님으로 말미암아 전쟁에서 승리하고 왕위에 오르는 복을 받은 후에는 하나님을 향한 충성이 있습니다.

베드로

베드로는 복음서에도 등장하고 사도행전에도 등장합니다. 당연히 복음서의 베드로와 사도행전의 베드로가 다릅니다. 복음서에서는 예수를 부인하고, 저주하고, 떠나가지만 사도행전에서는 예수의 부활을 증언하는 사도로서 활동합니다. 베드로가 변화된 것은 베드로가 새 사람이 되려고 와 신상담한 결과가 아니라 '성령 강림'이라는 사건의 결과입니다. 베드로가 노력하고 수고하고 애쓴 것이 아니라 부활하신 예수님이 일부러 베드로를 찾아가시고, 베드로에게 성령을 부여하시어 예수의 십자가 사건에 대한 베드로의 사고와 인식을 변화시킨 결과입니다. 그런데 여기서 또 기억해야 할 것은 물론 복음서와 비교하면 사도행전의 베드로는 전혀 다른 사람이 되어있지만, 사도행전 내부에서도 전반부의 베드로와 후반부의 베드로가 달라지고 있습니다. 이때에도 베드로가 스스로 안목을 넓히고 세상을 바라보는 시야를 새롭게 노력한 것이 아니라 하나님이 베드로를 변화시켜 가십니다. 중요한 것은 바로 이때, 즉 하나님이 인간을 변화시켜 갈 때 어떻게 행하시는가를 알아야 합니다.

사도행전에서는 가장 먼저 생각할 것이 하나님이 사도들에게 '복음 전파'나 '하나님 나라 확장'이라는 사명을 주고, 사도들은 이 사명을 감당하기 위해 고분 분투하는 것이 아니라는 것을 아셔야 합니다. 누차 말씀드린 대로 사도들에게서는 복음 전파의 계획도, 하나님 나라 확장이라는 목표도 전혀 보이지 않고, 한 단계씩 추진해 가는 과정도 보이지 않습니다. 사도행전 1장 8절에서 예수님이 약속하시듯이 "오직 성령이 너희에게 임하시면 너희가 권능을 받고 예루살렘과 온 유대와 사마리아와 땅끝까지 이르러 내 증인이 되리라"고 말씀하신 대로 하나님이 이 과정을 진행하고 계시는 것을 확인할 수 있습니다. 하나님께서 성령 받은 사도들로 하여금 각 언어로 말하게 하자 천하 각국에서 예루살렘에 온 사람들이 복음에 관심을 보이게 되었고, 하나님께서 사도들을 통해 병든 자를 치유하게 하자 예루살렘의 사람들과 제사장과 성전 맡은 자와 사두개인들이 사도들을 잡아들이고 그것을 통해 그들에게도 복음이 들려지게 하셨습니다.

하나님께서 이렇게 역사하고 계실 때 사도들을 포함한 초기의 교회는 서로 분열을 하고 있었습니다. 성도끼리는 헬라파 유대인과 히브리파 유대인으로 나뉘어져 있었고, 더 나아가서는 제자들의 무리가 집사들과 사도들로 나누어지게 되었습니다. 사도들은 모든 사람이 함께 복음 전파에 전력하여 가능한 빨리 '하나님 나라 확장'의 사명을 이루자고 말하거나 행동하지 않았습니다. 예루살렘에 박해가 와도 사도들은 예루살렘을 떠나지 않았습니다. 복음 들고 유대와 사마리아로 나가려는 생각이 없었습니다. 이때에도 복음이 예루살렘의 경계를 넘어 사마리아 지방으로 전파될 수 있도록 하나님께서 집사들을 통해 역사하셨습니다.

고넬료

 사도행전이 제자들의 충성과 헌신으로 전개되고 하나님은 멀리서 바라보며 흐뭇해하는 모습이 아니라 정반대로 사도들은 해야 할 일이 무엇인지도 모르고 도리어 하나님의 뜻과는 다른 엉뚱한 모습들을 보이고 있을 때 하나님이 지속적으로 도우시고 인도하고 계시는 모습이라는 것을 아셔야 합니다. 이렇게 이해해야 사도행전 10장의 고넬료 사건을 바르게 이해할 수 있습니다. 베드로가 처음에는 예루살렘에서 복음을 전하다가, 기회가 되자 가장 먼저 사마리아로 달려가고 다음엔 룻다와 욥다로 가고, 드디어 땅끝까지 복음을 전하겠다는 심정으로 이방인 고넬료의 집에 자원하여 찾아가는 장면이 전혀 아닙니다. 베드로가 이방인에게 복음을 전하려고 대상자를 찾고 있는 중 이방인 중에서 하나님을 경외하고 항상 하나님께 기도하는 신실한 사람 고넬료, 준비된 사람 고넬료를 발견하고, 베드로가 먼저 고넬료에게 사람을 보내어 만나자고 제안하고, 복음을 전할 수 있는 기회를 달라고 요청한 것이 전혀 아닙니다. 베드로는 이방인에게 복음을 전하는 것은 고사하고, 아예 이방인과 교제하는 것조차도 위법이라고 생각하고 있는 상황입니다.

 성경의 표현들은 상황을 설명하기 위해 독특하게 사용되기도 합니다. 사도행전 1장부터 7장까지는 주로 유대인이 등장합니다. 베드로가 유대인들에게 복음을 전했습니다. 복음을 들은 사람들을 나타내는 표현이 사도행전 2장에 의하면 '유대인' 또는 '유대교에 들어온 사람' 등입니다. 8장부터 빌립 등 집사들에 의해 예루살렘을 넘어 사마리아에 복음이 전해집니다. 그런데 사마리아 지역에서 복음을 들은 사람을 나타내는 표현이 8장 14절에 "사마리아도 하나님의 말씀을 받았다"입니다. 특이하게 사마리아 '인'이나 사마리아 '사람'이 아니라 그냥 '사마리아'라고 했습니다. 27절부터 드디어 유대인이 아닌 다른 민족, 다른 나라 사람에게도 복음이 전해집니다. 이때 빌립과 만나 내시에 대해 8장 27절에 '에디오피아 사람'이라고 소개하고,

10장 1절에 고넬료에 대해서는 '가이사랴에 고넬료라 하는 사람이 있으니'라고 소개합니다.

그런데 베드로가 고넬료를 만나는 첫 장면에서 하는 말이 10장 28절의 "유대인으로서 이방인과 교제하며 가까이 하는 것이 위법인 줄은 너희도 알거니와"입니다. 베드로의 입에서 '유대인과 이방인'이라는 유대교적 사고방식에 근거한 대립구도가 등장합니다. 그리고 11장 1절을 보면 "유대에 있는 사도들과 형제들이 이방인들도 하나님의 말씀을 받았다 함을 들었더니"라고 이방인을 언급하고, 2절과 3절을 보면 "베드로가 예루살렘에 올라 갔을 때에 할례자들이 비난하여 이르되 네가 무할례자의 집에 들어가 함께 먹었다 하니"라고 하여 '할례자와 무할례자'라는 대립 구도가 등장합니다. 그러므로 하나님께서 베드로에게 고넬료의 집에 가라고 말씀하기 전까지 는 베드로뿐만 아니라 초기 교회의 모든 사도들이 이방인에게 복음 전하는 것은 고사하고 함께 어울리는 것도, 함께 밥 먹는 것도 전혀 생각하지 않았음을 알 수 있습니다.

하나님의 설득

하나님의 일하심

베드로가 이방인에게 복음전할 의사가 전혀 없고, 고넬료와 교제하고 싶은 마음이 전혀 없기에 고넬료의 집에 오자마자 첫 마디로 '유대인과 이방 인이 교제하며 가까이 하는 것이 위법'이라고 말했습니다. 그런 베드로가 갑자기 돌변해서 고넬료를 인정하고 칭찬하는 의미로 34절에 "내가 참으로 하나님은 사람의 외모를 보지 아니하시고 각 나라 중 하나님을 경외하며 의를 행하는 사람은 다 받으시는 줄 깨달았도다"라고 말할 리가 없습니다. 그러므로 34절은 고넬료를 받아주는 내용이 전혀 아닙니다. 지난주에 설명드린 대로 34절로 43절까지의 베드로의 설교는 지독히 유대교적인 관점에 근거한 배타적 내용입니다. 결론은 '이방인은 복음과 관계가 없다'는 것이었습니다.

하나님의 관점에서 생각한다면 베드로의 주장은 아주 어이가 없고 웃기는 일입니다. 자기가 언제 하나님을 경외했다고, 자기가 무슨 의를 행했다고 34절 같은 말을 하고, 예수를 부인하고 도망간 주제에 41절 같이 부활하신 예수가 모든 백성에게 나타난 것이 아니라 소수의 택한 자, 즉 그를 모시고 음식을 먹은 자기들에게만 나타났다고 자랑질을 하는지 아주 가관입니다. 복음을 땅끝까지 전하기는커녕 하나님께서 이방인도 구원하시려는 사역조차도 막아서려는 괘씸한 짓입니다. 이러한 베드로의 태도에 대해 하나님은 어떻게 반응하실까요? 그 반응이 바로 44절 "베드로가 이 말을 할 때에 성령이 말씀 듣는 모든 사람에게 내려오시니"입니다. 설교 서두에 하나님께서 인간의 소통과 상호간의 화합과 일치와 연합을 위해서 매우 섬세하게 일하신다고 말씀드렸습니다. 단순히 베드로로 하여금 자랑하지 못하게 하는 정도가 아니라 베드로의 실수를 어떻게 배려하시는지를 보아야 합니다. 이 사건을 통해서 하나님의 일하심이 얼마나 절묘한지 조금 더 세밀하게 살펴보겠습니다.

모세의 경우

베드로에게 일하신 하나님의 모습을 보여주는 유사한 사건이 구약에도 나옵니다. 민수기 20장에 보면 이스라엘이 광야에서 물이 없어 고통스러워하고 있습니다. 그때 하나님이 모세에게 말씀하시길 7절에 "여호와께서 모세에게 말씀하여 이르시되 지팡이를 가지고 네 형 아론과 함께 회중을 모으고 그들의 목전에서 너희는 반석에게 명령하여 물을 내라 하라"입니다. 그런데 모세는 하나님 말씀과 다르게 행동합니다. 11절 "모세가 그의 손을 들어 그의 지팡이로 반석을 두 번 치니 물이 많이 솟아나오므로 회중과 그들의 짐승이 마시니라"입니다. 이 사건이 아주 재미있는 것은 첫째, 분명히 모세는 하나님 말씀과 다르게 행동했는데, 쉽게 표현하면 불순종했는데 물이 나왔다는 사실입니다. 두 번째, 모세가 불순종했다는 사실을 백성들은 아무도 눈치 채지 못했다는 사실입니다. 아무도 몰랐습니다. 하나님이 '반석에게 명령하여 물을 내라'고 하신 말씀을 백성들은 들은 적이 없습니다. 모세만 그 말씀을 들었고, 백성들은 그저 목이 말라 아우성을 쳤을 뿐입니다. 그때 모세가 나타나 반석을 두 번 쳐서 물을 내었습니다. 백성들은 그저 기뻐했습니다.

백성들이 모세의 잘못을 눈치 채지 못한 것은 예전에도 유사한 사건이 있었기 때문입니다. 출애굽기 17장에 보면 백성들이 르비딤에 도착했을 때 물이 없어 불평을 하자 하나님께서 말씀하시길 6절 "너는 그 반석을 치라 그것에서 물이 나오리니 백성이 마시리라"고 하셨고, "모세가 이스라엘 장로들의 목전에서 그대로 행하니라"입니다. 백성들의 입장에서는 모세가 예전에도 반석을 쳐서 물을 내더니 이번에도 반석을 쳐서 물을 낸 것입니다. 그러니 모세는 늘 하던 대로 한 것이기에 불순종했다는 것을 전혀 알 수 없었습니다. 아마 이스라엘 백성들은 지금까지도 모르고 있을 지도 모르겠습니다. 하나님은 모세의 행동을 백성들에게 까발리지 않았습니다. 오직 모세만 불러서 지적하셨습니다. "여호와께서 모세와 아론에게 이르시되 너희가 나를 믿지 아니하고 이스라엘 자손의 목전에서 내 거룩함을 나타내지 아니한 고로"입니다. 모세는 잘못했는데 하나님과 모세 외에는 아무도 이 사실을 모릅니다. 모세로서는 교만할 수 없지만, 백성들 앞에서는 전혀 흠이 잡히지 않았습니다. 하나님이 너무 절묘하십니다.

베드로의 경우

베드로의 경우도 동일합니다. 분명히 베드로는 엉뚱한 설교를 했습니다. 하나님의 뜻과는 전혀 다른 행동을 했습니다. 그런데 많은 성도들이 전혀 눈치를 채지 못하고 있습니다. 지독히 배타적인 설교를 했고, 복음과 완전히 다른 설교를 했는데도 불구하고 '베드로가 이 말을 할 때에 성령이 말씀 듣는 모든 사람에게 내려오시나'입니다. 그러니 고넬료와 고넬료의 집에 함께 있던 친척과 친구들과 더 나아가 오늘날 성도들도 대부분 베드로가 배타적 설교를 한 것을 모릅니다. 다 복음적인 설교를 했고, 은혜로운 설교를 한 줄로 압니다. 하나님께서 베드로의 배타성이 전혀 드러나지 않도록 일부러, 설교가 끝난 후가 아니라, 또는 다른 사람이 와서 안수 할 때가 아니라 '베드로가 이 말을 할 때에' 성령이 임하게 하셨습니다. 그래서 아무도 눈치를 못 챕니다. 여러분도 제가 설명을 드리지 않았다면 눈치 채지 못하셨을 것이고, 이 본문을 설교한 허다한 설교자들도 눈치 채지 못했습니다.

사도행전 6장의 경우에도 동일했습니다. 사도들이 집사들을 세운 것이 절대로 사역의 분담이 아닙니다. 동일한 성도인데 단지 사역적으로 사도들은 말씀 전하고 기도하는 일을 하고, 집사들은 구제와 섬기는 것을 나누자고 한 것이 아닙니다. 말씀 전하는 일을 할 수 있는 자격은 오직 사도들만 있다고 차별한 것이며, 집사들은 사도들이 하는 일을 할 수 있는 자들이 아니라고 차별화를 만들어 내었을 뿐입니다. 그래서 그 사건으로 인해 오늘날까지 얼마나 목회자와 집사의 차별화가 공고하게 이어져 오는지를 보실 수 있습니다. 그럼에도 하나님은 베드로를 감싸주셨습니다. 아주 자연스럽게 예루살렘이 아닌 다른 지역에서, 특히나 배타성이 강한 사마리아 지역에 집사들을 통해 복음이 전해지게 하셔서 사도들의 결정이 차별적 행동이었다는 것을 전혀 눈치 채지 못했습니다.

하나님의 은혜

당사자와 제 삼자

여러분은 하나님의 의도대로 반응하고 저는 하나님의 의도를 무시하는 것이 아닙니다. 하나님께서 눈치 채지 못하게 일하셨기에 여러분은 너무나 은혜롭게 눈치 채지 않으신 것을 저는 눈치 없게 까발리고 있는 것이 아닙니다. 눈치 채지 못하게 하시는 것은 아무도 그 일을 인식하지 못하게 하시는 것과는 다릅니다. 하나님은 누가 무슨 잘못을 얼마나 했는지 눈치 채지 못하게 하는 것을 제 삼자에게 행하십니다. 만약 하나님께서 당사자도 눈치 채지 못하게 일을 진행하시면 아무 의미가 없습니다. 당사자도 눈치 채지 못하면 아무 것도 배울 것이 없습니다. 그러면 안 됩니다.

44절에서 베드로가 말할 때에 성령이 임했습니다. 그러자 45절 "베드로와 함께 온 할례 받은 신자들이 이방인들에게도 성령 부어 주심으로 말미암아 놀라니"입니다. 고넬료의 집에 베드로 혼자 간 것이 아니라 욥바의 형제들도 함께 갔습니다. 그 사람들을 묘사하기를 '할례 받은 신자들'이라고 합니다. 베드로를 포함한 이 할례 받은 신자들은 할례 받지 않은 자들을 상종하고 싶지 않아 했고, 복음을 전하고 싶어 하지도 않았습니다. 그런데 자기들이 전혀 의도하지 않았던 결과가 나타났습니다. 신자들과 베드로가 모두 다 놀랐는데 베드로가 가장 놀랐습니다. 왜냐하면 다른 사람은 아무 말 하지 않았고, 베드로는 설교한 당사자이기 때문입니다. 자기 설교의 내용, 자기 설교의 의도, 자기 설교의 목적을 베드로가 가장 잘 알고 있기 때문입니다. 자기 의도와 목적과 내용대로라면 성령은 내려오시지 않았어야 합니다. 그런데 성령이 내려오셔서 베드로가 가장 놀랐습니다.

이때 성령을 받은 고넬료와 함께 한 친척과 친구들은 놀랐을까요, 안 놀랐을까요? 전혀 놀라지 않았습니다. 베드로가 배타적 설교를 했다는 것을 눈치 챘을까요, 못 챘을까요? 전혀 눈치 채지 못했습니다. 이것이 하나님의 절묘하심입니다. 다른 사람은 베드로의 잘못을 알아차리지 못하기에 베드로를 비난하지 못합니다. 그런데 베드로는 자신의 잘못을 알게 되었습니다. 베드로가 자신의 잘못을 인식했기에 47절에 나오는 "이에 베드로가 이르되 이 사람들이 우리와 같이 성령을 받았으니 누가 능히 물로 침례 베풂을 금하리요 하고 명하여 예수 그리스도의 이름으로 침례를 베풀라 하니라"입니다. 베드로는 다 알아차렸습니다. 자신이 잘못했다는 것도 알아차렸고, 하나님이 자신을 감싸주었다는 것도 알아차렸고, 하나님이 이방인도 받아주시기로 했다는 것도 알아차렸습니다. 베드로는 사람에게나 하나님에게도 전혀 지적당하지 않았는데 하나님의 뜻을 배우게 되었고, 행동이 변하게 되었습니다.

죄인의 반응

하나님의 일하심과 대조되는 것이 바로 11장 1절 이하에 나오는 대로 사람들의 반응입니다. 2절 "베드로가 예루살렘에 올라갔을 때에 할례자들이 비난하여 이르되 네가 무할례자의 집에 들어가 함께 먹었다 하니"입니다. 세상에서 가장 어이없는 것이 바로 이것입니다. 자신들은 아무 것도 하지 않고 되어진 일에 대하여 비난만 하는 자들입니다. 복음서에서 보던 죄인들의 전형적인 행동입니다. 예수님이 오셔서 병자들을 고쳤고, 귀신들린 자를 치유하셨고, 배고픈 자들을 먹이셨습니다. 그러면 당시 이스라엘에 있던 로마의 권세자나 유대의 정치가들 그리고 유대교의 종교 지도자를 포함한 모든 사람이 예수를 고마워해야 합니다. 자신들이 하지 못하는 일들을 대신 해주고 있으니 감사해야 합니다. 하지만 죄인은 예수를 고마워하지 않았고, 대신 예수를 죽어버렸습니다. 왜냐하면 자신들은 병들지 않았고, 귀신들리지 않았고, 배고프지 않았기 때문입니다. 예수가 다른 사람에게는 좋은 일을 많이 해주었을지 모르지만 자신들에게는 아무 것도 해 준 것이 없고, 도리어 자신들의 위치를 위험하게 했다고 생각하기 때문입니다. 이것이 죄인들의 지극히 전형적인 태도입니다. 죄인은 다른 사람에게 관심이 없습니다.

그런데 죄인들의 행태에서 가장 비극적인 행태는 자신이 당한 것을 자신도 행한다는 것입니다. 즉 자신이 당하는 자의 입장에 처할 때에는 '바른 태도'를 외치다가도, 자신이 당하는 자의 입장을 벗어나면 곧바로 자신이

'가하는 자'의 태도를 행한다는 것입니다. 사도행전 3장에서 베드로와 제자들이 성전의 앉은뱅이를 고쳐주었고 복음을 전했는데 유대 관원들에게 잡혀 박해를 당했습니다. 그때에는 제자들은 박해를 당하는 자였습니다. 동일한 제자들이 11장에서는 가해자가 되어있습니다. 자기들은 고넬료의 집에 가지도 않았고, 설교를 하지도 않았고, 성령이 임하도록 안수를 하지도 않았습니다. 그런데 베드로가 고넬료의 집에 다녀왔다고, 함께 식사했다고 비난하고 있습니다.

내가 누구이기에

이런 상황에서 베드로는 뭐라고 해야 할까요? 예루살렘의 제자들과 베드로의 대화가 4절부터 등장합니다. 드디어 10장의 환상사건부터 실마리가 풀립니다. 베드로는 11장 5절부터 설명을 시작합니다. 처음에 환상이 나타났을 때 베드로는 의아해 했습니다. 두 번째, 성령이 나타나서 고넬료가 보낸 사람이 올 것이니 의심하지 말고 가라는 말씀이 있었고 세 번째, 고넬료가 보낸 사람이 와서 하는 말이 13절에 "천사가 내 집에 서서 말하되 네가 사람을 욥바에 보내어 베드로라 하는 시몬을 청하라 그가 너와 네 온 집이 구원 받을 말씀을 네게 이르리라 함을 보았다"입니다. 네 번째, 드디어 15절 "내가 말을 시작할 때에 성령이 그들에게 임하시기를 처음 우리에게 하신 것과 같이 하는지라"입니다.

지금 이 장면이 정말 중요한 장면입니다. 왜냐하면 만약 하나님께서 이런 과정을 거쳐서 일하시지 않았다면 지금 제자들과 베드로의 대화는 전혀 다른 모습이 되었을 것이기 때문입니다. 아마도 다른 제자들은 똑같은 모습으로 베드로를 비난했을 것입니다. 이런 과정이 없었다면 베드로는 그때 더욱 큰 소리로 제자들을 비난했을 것이 분명합니다. 가지도 않은 것들이 말이 많다는 둥, 설교도 하지 않은 것들이 잔소리가 많다는 둥 반박했을 것입니다. 그런데 베드로는 절대로 교만할 수 없습니다. 자신의 행적을 자랑할 수 없습니다. 그렇다고 제자들을 책망할 수 없습니다. 왜냐하면 자신도 고넬료의 집에 갈 때까지만 해도 같은 심정이었기 때문입니다.

베드로가 할 수 있는 일이란 단지 하나님께서 행하신 일 그대로를 설명하는 것뿐입니다. 베드로로서는 하나님이 성령을 보내심이 천만 다행입니다. 왜냐하면 할례자들이 자기에게 무할례자의 집에 들어가 함께 먹었다고 비난하는데 만약 하나님이 성령을 보내지 않으셨다면 베드로가 할 말이 없기 때문입니다. 베드로는 계속하여 하나님이 하신 일만 강조합니다. 그래서 15절 "내가 말을 시작할 때에 성령이 그들에게 임하시기를 처음 우리에게 하신 것과 같이 하는지라", 16절에서는 주님이 하신 말씀을 언급합니다. "내가 주의 말씀에 요한은 물로 침례를 베풀었으나 너희는 성령으로 침례를 받으리라 하신 것이 생각났노라"입니다. 17절 "그런즉 하나님이 우리가 주 예수 그리스도를 믿을 때에 주신 것과 같은 선물을 그들에게도 주셨으니"입니다. 하나님이 하신 일, 그것도 하나님이 자신들에게 하신 일과 똑같은 일을 하셨다고 강조합니다. 그리고 마지막으로 하는 말이 "내가 누구이기에 하나님을 능히 막겠느냐 하더라"입니다.

이것으로 대화가 끝이 납니다. 왜냐하면 여기에서 누가 한 마디라도 하면 그 사람은 '하나님을 능히 막는 사람'이 되기 때문입니다. 자연스럽게 결론이 납니다. 18절 "그들이 이 말을 듣고 잠잠하여 하나님께 영광을 돌려 이르되 그러면 하나님께서 이방인에게도 생명 얻는 회개를 주셨도다 하니라"입니다. 단순히 제자들과 베드로의 대화가 끝난 것이 아니라 이방인과 유대인의 배타적 구조도 끝이 난 것입니다. 베드로를 포함한 모든 유대인 제자들의 사고방식의 대전환이 드디어 이루어지는 순간입니다.

환사탈식(換思奪識)

사도행전 10장과 11장을 흔히 고넬료 사건 또는 복음이 이방인에게로 확장된 사건이라고 표현합니다. 그렇지 않습니다. 왜냐하면 사도행전의 핵심은 복음이 전파되는 과정을 소개하는 것이 아니기 때문입니다. 하나님의 관심은 일이 아니기 때문입니다. 하나님의 관심은 언제나 인간입니다. 하나님의 관심은 인간이 죄로부터 구원받는 것, 인간이 죄의 사고방식을 벗어나는 것, 인간이 하나님의 마음과 심정과 원리로 성숙해가는 것, 인간이 하나님 나라의 풍성한 복을 함께 누리며 사랑과 자유와 평화와 안식을 누려가는 것입니다. 이러한 인간 상호간의 평화와 안식을 위해 하나님은 어느 누구도 변명할 수 없도록, 자랑할 수 없도록, 어느 누구도 비난받을 수 없도록 절묘하게 일하셨습니다.

베드로가 고넬료에게 가는 과정도 명령한 것이 아니라 다양한 방법과 루트를 통해서 설득하셨고, 베드로를 포함한 모든 유대인들의 사고방식이 변화될 수 있도록 '같은 방법'으로, '같은 성령을', '같은 선물을' 제공하셨습니다. 인간의 구원은 두 방향에서 변화가 나타납니다. 하나는 하나님을 향한 태도의 변화입니다. 그것이 사도행전 1장부터 9장까지에 나타났습니다. 예수 그리스도의 사역에 대한 새로운 이해가 그것입니다. 예수의 사역을 실패로 보지 않고 사명을 감당한 것으로 이해하고, 승천한 예수를 부재로 보는 것이 아니라 자기들과 함께 있는 예수로 그래서 '내게 있는 이것을 네게 주노니'라고 말할 수 있는 예수로 이해한 것이었습니다. 구원의 또 다른 방향은 바로 사람들을 향한 태도입니다. 죄인이었을 때 죄의 원리에 근거하여 배타적이고, 경쟁적이고, 분열적이고, 상호 파멸적이었던 관점이 변화되었습니다. 그리스도 안에서 하나요, 나와 같은 사람이요, 사랑의 대상이요, 함께 할 사람입니다.

인간의 외형이 변하는 것, 신체가 완전히 바뀌는 것을 '환골탈태'換骨奪胎 즉 뼈가 바뀌고 태어난 모습이 없어진다는 것, 완전히 육체가 달라졌다고 표현하기도 합니다. 기독교의 구원을 굳이 한문으로 표현한다면 '환사탈식'換思奪識이라고 하겠습니다. 즉 사고가 바뀌고 아는 것이 완전히 달라진다는 의미입니다. 죄의 마음에서 하나님의 마음으로, 죄의 원리에서 하나님의 원리로 새로워지고 성숙해지는 것입니다. 사도행전은 존재적으로 죄에게서 구원받은 성도를, 내용적으로 생각과 가치와 인식과 개념의 차원에서 하나님을 닮는 모습으로 변화시켜 가는 것을 보여줍니다. 하나님의 마음과 심정으로 하나님의 사람들과 더불어 하나님의 복락을 풍성히 누리며 사는 성도의 삶이 되시기를 주님의 이름으로 축원합니다.

37
헬라인에게도

사도행전 11:19~30

19 그 때에 스데반의 일로 일어난 환난으로 말미암아 흩어진 자들이 베니게와 구브로와 안디옥까지 이르러 유대인에게만 말씀을 전하는데 20 그 중에 구브로와 구레네 몇 사람이 안디옥에 이르러 헬라인에게도 말하여 주 예수를 전파하니 21 주의 손이 그들과 함께 하시매 수많은 사람들이 믿고 주께 돌아오더라 22 예루살렘 교회가 이 사람들의 소문을 듣고 바나바를 안디옥까지 보내니 23 그가 이르러 하나님의 은혜를 보고 기뻐하여 모든 사람에게 굳건한 마음으로 주와 함께 머물러 있으라 권하니 24 바나바는 착한 사람이요 성령과 믿음이 충만한 사람이라 이에 큰 무리가 주께 더하여지더라 25 바나바가 사울을 찾으러 다소에 가서 26 만나매 안디옥에 데리고 와서 둘이 교회에 일 년간 모여 있어 큰 무리를 가르쳤고 제자들이 안디옥에서 비로소 그리스도인이라 일컬음을 받게 되었더라 27 그 때에 선지자들이 예루살렘에서 안디옥에 이르니 28 그 중에 아가보라 하는 한 사람이 일어나 성령으로 말하되 천하에 큰 흉년이 들리라 하더니 글라우디오 때에 그렇게 되니라 29 제자들이 각각 그 힘대로 유대에 사는 형제들에게 부조를 보내기로 작정하고 30 이를 실행하여 바나바와 사울의 손으로 장로들에게 보내니라

예루살렘 교회

예루살렘

종종 사도행전을 구분할 때 1장부터 12장은 베드로를 중심으로 한 사역으로, 13장부터 28장은 바울을 중심으로 한 사역으로 나누기도 합니다. 이것은 인물을 중심으로 구분한 예입니다. 사람의 인식의 변화를 기준으로

구분한다면 하나님에 대한 인식의 전환을 보여주는 것이 1장부터 9장이고, 사람에 대한 인식의 전환을 보여주는 것이 10장부터 마지막까지로 나눌 수 있습니다. 11장 19절을 보면 "그 때에 스데반의 일로 일어난 환난으로 말미암아 흩어진 자들이"라고 나옵니다. 스데반에 관한 일은 사도행전 6장과 7장에 나오고 스데반 사건 이후의 기록이 8장부터 이어집니다. 그런데 내용이 아주 재미있습니다. 우선 지역적으로 살펴보겠습니다. 복음서에 의하면 예수님의 주요 활동 지역은 예루살렘이 아니었습니다. 예수님은 출생은 베들레헴에서, 유아기는 애굽에서, 소년기는 나사렛에서 보내셨고, 사역의 대부분은 북부 갈릴리를 중심으로 진행하셨습니다. 예루살렘은 절기에 맞추어 방문하는 정도였고, 방문할 때마다 성전에 가서서 약간의 소란을 일으키시는 등 예사롭지 않았습니다.

유대교가 아닌 기독교에서 예루살렘이 핵심 지역으로 등장하는 것은 사도행전부터입니다. 부활하신 예수님께서 사십 일 동안 계시면서 흩어졌던 제자들을 일일이 모으셨던 것 같습니다. 그렇게 다시 모인 제자들과 예수님이 예루살렘에 머무신 것 같습니다. 사도행전 1장 4절 "사도와 함께 모이사 그들에게 분부하여 이르시되 예루살렘을 떠나지 말고 내게서 들은 바 아버지께서 약속하신 것을 기다리라"입니다. 예수님의 말씀은 지역적으로 '예루살렘'을 강조한 것이 아니라 '떠나지 말고 약속하신 것을 기다리라'를 강조하셨습니다. 왜냐하면 바로 뒤이어 1장 8절에 "오직 성령이 너희에게 임하시면 너희가 권능을 받고 예루살렘과 온 유대와 사마리아와 땅끝까지 이르러 내 증인이 되리라"고 하셨기 때문입니다. 4절과 8절의 구분점은 '약속하신 것을 기다리라'와 '성령이 임하시면'입니다. 성령 받기 전에는 떠나지 말고 성령 받으면 떠나라는 의미가 됩니다.

2장에 드디어 성령이 임했고, 자연스럽게 사도들의 복음 사역은 예루살렘에서 시작되었습니다. 초기 교회에 스데반 사건이 발생했고 지역적 상황도 변화가 발생했습니다. 그런데 지금부터 재미있는 현상이 나옵니다. 8장

2절 "그 날에 예루살렘에 있는 교회에 큰 박해가 있어 사도 외에는 다 유대와 사마리아 모든 땅으로 흩어지니라"입니다. 박해가 있어 사람들이 흩어졌는데 유독 사도들은 예루살렘을 떠나지 않았습니다. 그래서 예루살렘 이외의 지역에 복음을 전하는 사람은 사도들이 아닙니다. 8장 4절 "빌립이 사마리아 성에 내려가 그리스도를 백성에게 전파하니"입니다. 사도들이나 예루살렘은 무엇을 하고 있었을까요? 8장 14절 "예루살렘에 있는 사도들이 사마리아도 하나님의 말씀을 받았다 함을 듣고"입니다. 정말 재미있지 않습니까? 사도들은 복음을 전해야 하는 사람들입니다. 그런데 전하는 것이 아니라 '듣고'입니다. 예루살렘은 복음 전파의 출발점이 아니라 고착점이 되어버렸습니다. 사도들은 마치 1장 4절의 '예루살렘을 떠나지 말고'만 기억하고 있는 것 같습니다. 오직 1장 4절 말씀만 순종하고 있는 것 같습니다. 예루살렘을 고수하던 제자들은 사마리아의 소식을 '듣고' 베드로와 요한을 파송합니다. 다행스럽게도 베드로와 요한이 사마리아로 출장 와서 안수하매 성령이 임하는 사역을 행합니다. 그 후에 8장 25절 "두 사도가 주의 말씀을 증언하여 말한 후 예루살렘으로 돌아갈새"입니다. 사마리아 출장을 계기로 지역적 확장을 한 것이 아니라 다시 예루살렘으로 '돌아가' 버렸습니다.

9장 26절을 보시면 "사울이 예루살렘에 가서 제자들을 사귀고자 하나", 28절 "사울이 제자들과 함께 있어 예루살렘에 출입하며"입니다. 제자들이 예루살렘 껌 딱지가 되어버린 것처럼 여간해선 떠나지 않습니다. 사도들의 지역적 이동이 나오는 것이 9장 32절 이하에 베드로가 룻다로 가고, 욥바로 가는 것이 처음입니다. 그곳에서 하나님이 베드로에게 고넬료가 있는 '가이사랴'로 가라고 하시지만 베드로는 안 가겠다고 버티다가 하나님께서 환상과 천사까지 동원하자 겨우 가게 되는 것이 10장입니다. 1절 "가이사랴에 고넬료라 하는 사람이 있으니", 24절 "이튿날 가이사랴에 들어가니"입니다. 그런데 고넬료의 집에서 설교를 마친 후 베드로는 무엇을 했을까요?

정답은 여러분이 예상하는 대로입니다. 11장 2절 "베드로가 예루살렘에 올라갔을 때"입니다.

그러면 예루살렘은 무엇을 하고 있었을까요? 1절 "유대에 있는 사도들과 형제들이 이방인들도 하나님의 말씀을 받았다 함을 들었더니"입니다. 재미있다는 것을 느끼십니까? 앞의 8장에서 사마리아에 복음이 전해질 때도 예루살렘은 복음을 전파한 것이 아니라 '사마리아도 하나님의 말씀을 받았다 함을 듣더니'였고, 이번에도 '가이사랴가 하나님의 말씀을 받았다 함' 다른 표현으로 '이방인들도 하나님의 말씀을 받았다 함을 들었더니'입니다. 도대체 예루살렘은 복음 전파의 전초 기지입니까, 아니면 여기저기서 들려오는 소식을 듣는 곳입니까? 복음을 전파해야 할 예루살렘과 사도들이 다른 지역에 복음이 전파되었다는 소식을 '듣고만' 있습니다. 복음을 '말하지' 않고, 복음이 전해졌다는 소식을 '듣기만' 하는 곳이 복음 사역의 컨트롤 타워입니까? 과연 예루살렘에 죽치고 있는 사도들은 과연 복음 전파의 생각이 있기는 있습니까?

사도들

사도들이 예루살렘을 떠나지 않았다는 것은 단순히 예루살렘이라는 지역을 고수했다는 것이 아닙니다. 다른 표현으로 하면 사도들의 생각이 '유대적 사고'에 고착되어 있다는 것을 상징합니다. 그래서 성경의 표현이 아주 의미있게 바뀝니다. 이런 변화를 눈치 채셔야 성경이 재미있습니다. 사도행전이 1장부터 10장까지 전개되는 동안 주로 지역을 중심으로 이어졌습니다. 그래서 어느 지역에 복음이 전해지든 '이방인'이라는 표현은 없습니다. 사도들이 복음 전하는 대상에 이방인은 아예 없었습니다. 그런데 하나님께서 사울을 부르시면서 드디어 지역이 아닌 대상이 등장합니다. 9장 15절 "주께서 이르시되 가라 이 사람은 내 이름을 이방인과 임금들과 이스라엘 자손들에게 전하기 위하여 택한 나의 그릇이라"입니다. 만약 지역 중심이었다면 10장에서 하나님은 베드로를 보내실 때 '고넬료의 집'에 보내실 것이 아니라 '가이사랴'로 보내셨어야 합니다. 또 고넬료의 집안이 하나님 말씀을 들었을 때 예루살렘 교회와 제자들은 '가이사랴도 하나님의 말씀을 받았다 함을 듣고'라고 말했어야 합니다.

그런데 9장 이후부터 지역이 중심이 아니라 대상이 중심이 되었습니다. 그래서 베드로가 고넬료의 집에 가서 "유대인으로서 이방인과 교제하며 가까이 하는 것이 위법인 줄은 알거니와"라고 말하고, 11장 1절 "이방인들이 하나님의 말씀을 들었다 함", 그리고 2절 "할례자들이 비난하여 이르되 네가 무할례자의 집에 들어가 함께 먹었도다"고 하고, 베드로의 설명을 다 들은 후에는 18절 후반부에 "그러면 하나님께서 이방인에게도 생명 얻는 회개를 주셨도다 하니라"입니다. 사도들이 지역적으로 예루살렘을 고수한 것, 다른 사람들에 대하여 이방인으로 언급하는 것이 보여주려는 것은 사도행전 11장에 이르기까지 아직 사도들이 사고방식, 인식체계가 유대인의 의식구조를 벗어나지 못했다는 사실입니다. 제자들은 이 때까지 복음이 모든 사람이 들려져야 한다는 것, 온 인류에게 전파되어야 한다는 것을 전혀 생각하지 못하고 있었습니다. 그 결정타를 보여주는 것이 본문 11장 19절입니다. "그 때에 스데반의 일로 일어난 환난으로 말미암아 흩어진 자들이 베니게와 구브로와 안디옥까지 이르러 유대인에게만 말씀을 전하는데 그 중에 구브로와 구레네 몇 사람이 안디옥에 이르러 헬라인에게도 말하여 주 예수를 전파하니"입니다. 이때까지도 복음이 유대인에게만 전해졌고, 사도들이 아닌 사람들, 즉 유대나 예루살렘 출신이 아닌 사람들인 구브로와 구레네 출신 사람들이 드디어 헬라인에게도 주 예수를 전파했습니다. 이 때에 예루살렘은 뭐하고 있었을까요? 22절 "예루살렘 교회가 이 사람들의 소문을 듣고"입니다. 예루살렘은 계속 '듣기만' 합니다. 그리고는 사도들을 보내어 확인합니다. 예루살렘이 무슨 감사원입니까?

주께 돌아오더라

주의 손이 그들과

　사도행전에서 주류 세력을 비난하고 비주류 세력을 옹호하는 것이 절대로 아닙니다. 사도나 제자들을 배타적 집단으로 매도하고, 집사나 일반 성도들을 마치 선구자적인 인물로 높이려는 것도 전혀 아닙니다. 세상에서 사람들은 대립구도를 잡으면 꼭 사람 대 사람의 구도를 만듭니다. 지배자와 피지배자의 대립구도, 경영진과 노동자의 대립구도, 공직자와 시민의 대립구도, 권력층과 평민의 대립구도를 만듭니다. 그리고는 각자의 진영을 편듭니다. 이런 대립구도에 너무 익숙해져 있어서 성경을 읽으실 때도 종종 유사한 방법으로 분석하고 적용하는 실수를 범합니다. 세상이 사람 대 사람의 대립구조를 잡는 것은 하나님을 부인하고 죄의 존재를 부인하기 때문입니다. 그러나 기독교는 하나님의 존재와 일하심을 인정하고, 죄의 존재와 활동을 인정하기 때문에 관점과 분석이 완전히 다릅니다.

　제가 예루살렘 교회를 비난하거나 제자들을 폄하하려는 것이 전혀 아닙니다. 집사들의 편을 들어주는 것도 아니고, 성도들의 역할을 강조하려는 것도 전혀 아닙니다. 인간의 세상에서 지도자나 주류층은 단순히 대립구조에서 한쪽이 아닙니다. 성경에 등장하는 지도자나 주류층은 인간의 대표자입니다. 어떻게 해서 지도자나 주류층이 되었습니까? 더 많이 알고, 더 잘하고, 더 힘이 있기 때문입니다. 그러므로 만약 지도자나 주류층이 부패하면 상대편은 깨끗하다는 의미가 아닙니다. 이미 지도자나 주류층이 부패했으면 상대편은 더하다는 것을 의미합니다. 일반적으로 지도자들에게는 평민들보다 더 높은 수준이 요구됩니다. 그런 요구를 받으면서도 부패했다면, 상대적으로 높은 수준이 요구되지 않고 감시받지 않는 사람들은 훨씬 더 하다는 것을 의미입니다.

　사도행전에서 6장에서 사도들은 복음 전파에 적극적으로 나서지 않았는데 집사들은 예루살렘의 영역을 벗어나 유대와 사마리아까지 복음을 확장시켰다는 것이 핵심이 아닙니다. 사도와 집사를 대조하는 것이 아니라 '하나님이 하셨다'입니다. 사도들이 복음 전파의 사명감이 없는데 그 사도들에게서 복음을 듣고 배운 집사들이 사도들보다 더 나은 복음 전파의 사명감을 갖기란 거의 불가능합니다. 청출어람이란 말이 있기는 하지만, 그것도 스승이 제자들을 가르치고, 권고하고, 독려했을 때 그 결과가 스승보다 뛰어나다는 의미에 해당합니다. 11장 19절과 20절에도 어떤 사람들은 '유대인에게만' 말씀을 전했는데, 구브로와 구레네 몇 사람이 안디옥에 이르러 '헬라인에게도' 말하여 주 예수를 전파하였습니다. 그렇다고 성경이 이 사람들을 강조하려는 것이 아닙니다. 성경의 강조는 21절 "주의 손이 그들과 함께 하시매 수많은 사람들이 믿고 주께 돌아오더라"입니다. 누가 하셨습니까? 하나님이 하셨습니다.

성경에 사건들이 등장할 때 사람들의 관심은 누가, 어디서, 어떻게, 무엇을 행하는가에 모아집니다. 당연히 사건과 연관된 사람들의 행적에 관심을 갖습니다. 그렇게 사람의 행적에 집중하면 당연히 '하나님의 일하심'을 놓치게 됩니다. 성경에 불쑥불쑥 한 마디씩 나오는 표현을 놓치면 안 됩니다. 성령을 받고 난 후에 2장 4절 "성령이 말하게 하심을 따라", 관원들에게 잡혔을 때에도 4장 8절 "성령이 충만하여 이르되", 31절 "무리가 다 성령이 충만하여 담대히 하나님의 말씀을 전하니라", 스데반의 경우도 6장 10절 "스데반이 지혜와 성령으로 말함을 그들이 능히 당하지 못하여", 빌립의 경우도 8장 26절 "주의 사자가 빌립에게 말하여 이르되", 29절 "성령이 빌립더러 이르시되", 39절 "주의 영이 빌립을 이끌어간지라"입니다.

이런 구절들은 사도들의 상태, 사도들의 수준, 사도들의 준비 등 사도들을 설명하려는 표현이 아닙니다. 사역을 사도들이 하는데 '사도들이' 성령으로 말했다, '사도들이' 성령 충만하여 말했다는 것을 강조하는 것이 아닙니다. 사도들이 말을 하기도 했고, 사도가 안수를 했지만 사도들이 행한 것이 아니라 '하나님이' 하셨다는 것을 강조하는 표현입니다. '누가 행한 것인가'를 분별할 때에는 동반되는 표현을 제외했을 때 말이 성립이 되는가를 따져보시면 됩니다. 예를 들어 '사도들이 행한다'를 강조하고 싶다면 사도들의 행동에서 '성령'을 빼도 말이 되는가를 따져보시면 됩니다. 성령을 빼고는 사도들의 행동이 설명되지 않습니다. 그러므로 강조점이 '사도들'이 아닌 것이 분명합니다. 반대로 '성령께서' 행하신다고 강조하고 싶다면 성령의 사역에서 사도들을 빼보시면 됩니다. 사도들이 없어도 사역이 진행되는가를 보시면 아주 잘 진행됩니다. 그러므로 결론은 사도들이 행한 것이 아니라 성령께서 행하신 것이 분명해집니다.

주께 돌아오더라

기독교 사역의 주체, 사도행전의 사역의 주체를 하나님으로 인정해야 성경의 본문이 바르게 이해될 수 있습니다. 21절을 잘 보시기 바랍니다. "주의 손이 그들과 함께 하시매 수많은 사람들이 믿고 주께 돌아오더라"입니다. 앞부분에서는 '하나님이 하셨다'고 강조하고, 뒷부분에는 '사람들이 믿고 주께 돌아오더라'고 강조합니다. 하나님의 사역의 핵심이 무엇입니까? 당연히 구원입니다. 인간이 죄인이 되었기에 죄된 인간을 구원하십니다. 구약의 내용 전체가 인간이 스스로 구원받을 수 없다는 현실을 보여주고, 복음서가 예수께서 전적인 은혜로 구원하신다는 것을 보여줍니다. 사도행전은 예수님의 구원사역이 실제로 인간에게 적용되는 것을 보여줍니다. '하나님이 구원하신다 또는 하나님이 구원하셨다'는 것을 사도행전에서는 '주를 믿는다, 주께로 돌아온다, 성령을 받았다'고 표현합니다.

2장 47절 "주께서 구원받는 사람을 날마다 더하게 하시니라", 4장 4절 "말씀을 들은 사람 중에 믿는 자가 많으니", 5장 14절 "믿고 주께로 나아오는 자가 더 많으니 남녀의 큰 무리더라", 6장 7절 "허다한 제사장의 무리도 이 도에 복종하니라", 8장 12절 "빌립이 하나님 나라와 및 예수 그리스도의 이름에 관하여 전도함을 그들이 믿고 남녀가 다 침례를 받으니", 9장 35절 "룻다와 사론에 사는 사람들이 다 그를 보고 주께로 돌아오니라", 42절 "온 욥바 사람이 알고 많은 사람이 주를 믿더라", 그리고 본문 11장 21절도 "수 많은 사람들이 믿고 주께 돌아오더라"입니다. 하나님이 일하신 결과 죄인 들이 구원받고 하나님을 떠났던 사람들이 하나님께로 돌아왔습니다.

기독교의 사역

'사도들이 했느냐, 하나님이 하셨느냐'가 중요한 이유는 '기독교가 무엇 을 하느냐?'와 관련이 있기 때문입니다. 만약 기독교가 인간의 '죄'를 언급 하지 않으면, 인간이 '죄인'이 되었다는 것을 언급하지 않으면 기독교는 존 재할 이유가 없습니다. 인간이 죄인이 아니었다면 예수는 강림하실 이유 도 없고, 십자가를 지고 죽으시고 부활하실 이유도 없습니다. 복음서의 핵 심 내용이 인간은 죄인으로 하나님을 알지 못하고, 스스로 구원을 이룰 수 없다는 것입니다. 그렇다면 복음서에 나오는 사람들만 죄인이고 사도행전 에 나오는 사람들은 죄인이 아닙니까? 복음서에서 예수님이 자그마치 삼 년 동안 가르치고 가르쳤을 때 전혀 예수의 말을 알아듣지 못하던 사람들 이었는데, 사도행전에서는 제자들이 나가서 아니 제자들보다 아는 것도 적 은 집사들이나 무명의 성도들이 나가서 주 예수를 전파하면 사람들이 다 알아 듣습니까? 사도행전에 툭하면 삼천 명, 툭하면 오천 명, 툭하면 믿었 더라, 돌아왔더라고 하니까 아무나 가서 예수 이야기만 하면 사람들이 쉽 게 이해하고, 다 영접하는 것 같습니까? 전혀 그렇지 않습니다.

사도행전에서 사람들이 믿었다, 돌아왔다는 표현이 있을 때마다 예수가 십자가를 지신 사역이 전제되어 있다는 것을 기억하셔야 합니다. 성령께서 감화 감동하지 않으면 죄인들이 복음을 받아들이는 것은 불가능합니다. 그래서 복음을 '누가 전했느냐'가 전혀 중요한 것이 아닙니다. 누가 전하든 '하나님께서' 역사하셔야 결과가 나타날 수 있고, 복음이 전해진 결과는 죄인들이 '주께로 돌아오는 것', 즉 구원입니다. 구원이라고 하면 또 너무 종교적인 의미로 이해될 소지가 많습니다. 구원은 종교적인 의미가 아니라 지극히 인간의 삶과 직결되어 있습니다. 인간이 구원받았다는 것은 인간이 '죄의 소속'이 아니라 '하나님의 소속'이 되었다는 뜻입니다. 인간이 '죄의 속성과 성품'이 아니라 '하나님의 속성과 성품'을 갖게 되었다는 의미입니다. 인간이 '죄의 원리 즉 죄의 가치로 판단하고 죄의 마음'으로 행동하는 것이 아니라 '하나님의 원리 즉 하나님의 가치로 판단하고 하나님의 마음'으로 행동한다는 것입니다. 그래서 인간이 '죄의 열매'를 맺는 것이 아니라 '하나님의 열매 또는 성령의 열매'를 맺는다는 것입니다. 그렇게 하나님의 소속이 되고, 하나님의 속성과 성품을 갖고, 하나님의 가치로 생각하고, 하나님의 원리로 행동하고, 하나님의 열매를 맺으면 가장 좋은 것이 바로 인간입니다. 인간의 삶이 기쁘고, 즐겁고, 신나고, 자유롭고, 평화롭고, 안식하고, 행복한 삶이 됩니다. 결국 신앙의 열매는 하나님으로 인한 인간의 행복입니다.

헬라인에게도

베드로의 변화

복음서에는 인간이 구원받은 모습이 등장하지 않았습니다. 예수의 구원 사역의 결과가 등장하는 것이 사도행전입니다. 그렇다면 사도행전의 핵심이 어디에 있겠습니까? 당연히 사람이 변화하는 것에 있어야 합니다. 죄인에서 성도가 된 것, 그래서 죄의 생각이 아니라 하나님의 생각으로 바뀐 것, 그래서 성도가 즐겁고 행복하게 사는 것이 나타나야 합니다. 만약 인간의 변화, 즉 생각의 변화, 인식의 변화, 가치의 변화, 성품의 변화가 나타나지 않는다면 구원이 무슨 소용이 있습니까? 사도행전의 초점은 사람이 죄인의 원리에서 하나님의 원리로 변화되는 모습을 보여주어야 합니다. 그렇다면 사도행전에서 인간이 변했다는 것을 증명하기에 가장 적합한 사람이 누구입니까? 전혀 모르는 어떤 사람이 변했다고 하면 저와 여러분이 그 사람이 변한 것을 인식할 수 있습니까? 당연히 없습니다. 그래서 사도행전의 두 대표적 인물이 바로 전반부의 베드로와 후반부의 사울입니다. 이 두 사람은 충성스러운 사역자의 대표가 아니라 얼마나 죄인이었는데 성도로 달라졌는가를 보여주는 샘플입니다. 이 사람을 변화시킨 것은 예수의 십자가 사역과 성령의 강림하심 즉 하나님의 사역입니다.

고넬료 사건은 이방인 고넬료의 개종사건이기도 하지만 더 중요한 것은 유대인 베드로의 개심사건입니다. 왜냐하면 구원의 결과가 인간의 행복으로 열매 맺는 것인데 인간 상호간의 관계에 대하여 유대교적 사상을 가지고 있으면 다른 사람에 대한 기본적인 인식이 배타성입니다. 배타성을 기본으로 가지고 있으면 사랑과 연합과 화합과 안식이 가능해지지 않습니다. 배타성의 기본은 나는 상대방과 다르다는 인식입니다. 그러므로 배타성을 없애려면 상대방과 내가 다르지 않다는 것을 인정해야 합니다. 그래서 고넬료의 종교성과 베드로의 종교성이 소개되었습니다. 이방인 고넬료와 유대인 베드로가 하나님의 기준에 근거할 때 하나님의 마음을 모르기는 똑같습니다. 두 사람이 똑같으니까 하나님이 주시는 은혜가 똑같습니다.

베드로의 변화가 아주 상징적입니다. 11장까지 예루살렘이 마치 배타성의 철옹성, 보수성의 최후의 보루처럼 행동했습니다. 그런데 유대인의 상징인 베드로, 제자들의 대표격인 베드로가 변했습니다. 예루살렘의 할례자들이 베드로를 비난한 것은 대단한 사건입니다. 자신들의 리더요, 대표를 비난한 것이기 때문입니다. 하지만 논쟁을 통해 '하나님이 이방인에게도 같은 선물을 주셨으니 내가 누구이기에 하나님을 능히 막겠느냐'는 말에 다른 할례자들도 더 이상 배타성과 차별화를 주장할 수 없었습니다. 베드로의 사건이 상징적인 이유는 베드로의 변화 사건 이후에 복음의 대상과 예루살렘 교회의 역할이 달라지기 때문입니다. 20절에 나오는 대로 드디어 복음이 헬라인에게도 전해지기 시작했고, 13장에 나오는 대로 예루살렘 교회가 이방 지역에 사람을 파송했습니다.

마음, 행동

일반적으로 인간이 변하는 것은 두 가지 경우입니다. 하나는 '비전이나 목표'가 생겼을 때입니다. 이 경우에는 인간의 의지, 각오, 다짐 등이 필요합니다. 본인이 원하지 않아도, 억지로라도 하는 경우는 매우 힘이 듭니다. 다른 하나는 '결과, 성취'가 생겼을 때입니다. 이 경우에는 아주 자연스럽고 편안합니다. 할 수 있어서 하고, 하고 싶어서 하는 것입니다. 그런데 두 경우 모두 기본 전제가 있습니다. 인간의 행동이 변하려면 먼저 마음이 변해야 합니다. 전자는 새로운 목표를 가지게 되었다는 마음의 변화, 후자는 자신이 결과를 얻었다는 마음의 변화가 있습니다. 두 가지 경우 중에 기독교는 두 번째에 해당합니다. 하나님은 베드로를 '하나님 나라 확장'이라는 비전을 통해 변화시킨 것이 아니라 하나님의 은혜와 구원에 대한 새로운 이해를 통해 변화시킨 경우입니다. 하나님의 뜻, 하나님의 일하심, 하나님의 마음과 심정을 알게 되니까 너무나 자연스럽게 베드로와 예루살렘 교회가 변화되었습니다. 물론 단 한 번에 완벽하게 변하지는 않았습니다. 앞으로도 계속하여 유대인들의 고집이 등장하고, 그때마다 유대인들의 사고방식의 한 부분, 한 부분이 변화되는 것을 보시게 됩니다. 그것을 설명하는 표현이 '그들이 주께 돌아오더라'입니다.

지금까지 설명 드린 관점, 즉 구원의 열매는 인간관계가 새로워지는 것, 하나님의 마음으로 인간이 서로 행복하게 사는 것이라는 관점을 가지고 사도행전에서 사람들이 주목하지 않았던 구절들을 확인해 보겠습니다. 사도행전의 핵심은 하나님 나라 확장이 아니고 이적과 기적이 나타나는 것이 아닙니다. 이적과 기적은 단지 현상입니다. 하나님에게 이적과 기적은 목적이 아니라 수단입니다. 복음이 전파된 결과, 성령이 강림한 결과, 이적과 기적이 펼쳐진 결과가 무엇일까요? 그것은 인간의 기쁨 또는 행복입니다. 사도행전 2장 42절 "그들이 사도의 가르침을 받아 서로 교제하고 떡을 떼며 오로지 기도하기를 힘쓰니라", 이어서 43절로 47절에 성도들의 삶이 소개됩니다. 46절 "날마다 마음을 같이하여 성전에 모이기를 힘쓰고 집에서 떡을 떼며 기쁨과 순전한 마음으로 음식을 먹고"입니다. 4장 32절로 35절에도 성도들의 삶이 소개되는데, 대표적으로 32절 "믿는 무리가 한마음과 한뜻이 되어 모든 물건을 서로 통용하고 자기 재물을 조금이라도 자기 것이라 하는 이가 하나도 없더라"입니다. 5장 41절 "사도들은 그 이름을 위하여 능욕 받는 일에 합당한 자로 여기심을 기뻐하면서 공회 앞을 떠나니라", 8장 8절 "그 성에 큰 기쁨이 있더라", 39절 "둘이 물에서 올라올새 주의 영이 빌립을 이끌어간지라 내시는 기쁘게 길을 가므로 그를 다시 보지 못하니라"입니다.

그리고 10장 48절 "명하여 예수 그리스도의 이름으로 침례를 베풀라 하니라 그들이 베드로에게 며칠 더 머물기를 청하니라", 이렇게 며칠 더 머물러 있으면 단지 잠만 잔 것이 아니라 그들과 함께 식사도 했습니다. 그래서 예루살렘의 할례자들이 한 말이 11장 3절 "이르되 네가 무할례자의 집에 들어가 함께 먹었다 하니"입니다. 유대인이 이방인과 함께 식사를 한 것은 대단한 사건입니다. 애초에는 '교제하며 가까이 하는 것이 위법'이라고 생각하던 사람들입니다. 마태복음 9장 10절을 보면 "예수께서 마태의 집에서 앉아 음식을 잡수실 때에 많은 세리와 죄인들이 와서 예수와 그의 제자들과 함께 앉았더니 바리새인들이 보고 그의 제자들에게 이르되 어찌하여 너희 선생은 세리와 죄인들과 함께 잡수시느냐"라고 항의했고, 누가복음 19장에서는 예수님께서 삭개오의 집에 가시자 7절에 "뭇 사람이 보고 수군거려 이르되 저가 죄인의 집에 유하러 들어갔도다 하더라"고 했었던 사람들입니다.

왜곡된 종교는 배타성을 만들고, 인간의 배타성이 결국은 인간을 불행하게 합니다. 병자를 보면 불쌍히 여기는 것이 당연할진대 왜곡된 종교의 가르침은 신의 저주를 운운하면서 격리시켜 버립니다. 복음서에서 제자들은 병자들이 예수에게 오는 것을 도운 것이 아니라 막아섰고, 병자들에 대해 '부모의 죄인가, 당사자의 죄인가' 질문을 하기도 합니다. 그런데 정말 웃기는 것이, 인간이 교활한 것이, 아무리 배타성을 가졌어도 자기 이익을 위해서는 종교적 신념도 너무 쉽게 버릴 수 있다는 시점입니다. 이방인 백부장의 종이 병들자 유대인의 장로들이 직접 예수께 나아와 이방인을 편 들어주고, 고쳐주는 것이 합당하다고 우기기까지 합니다. 결국 죄인은 '기준' 자체가 없습니다. 유대인의 배타성도 결국은 종교적 신념이기 이전에 집단적 이기주의요, 잘난 척에 불과합니다.

내가 변하는 것

신앙생활의 열매는 하나님으로 말미암은 본인의 변화입니다. 본인이 변함으로 '인간간의 새로운 관계, 새로운 생활'을 향유하는 삶입니다. 종종 사람들이 '원수를 사랑하라'는 가르침을 힘들어 합니다. 왜냐하면 원수를 사랑하려고 하기 때문입니다. 기독교의 내용에 대한 오해입니다. 원수를 원수로 생각하는 상태에서는 절대로 사랑할 수 없습니다. 기독교는 원수에 대한 생각을 먼저 바꾸어야 합니다. '이 사람이 원수가 아니라 불쌍한 사람이요, 내가 긍휼히 여겨야 하는 사람이구나!'라는 마음이 들어야 사랑이 가능합니다. 그때에는 원수를 사랑한 것이 아니라 '불쌍한 사람, 긍휼한 사람'을 사랑한 것입니다. 베드로가 하나님의 인도하심을 따라 생각과 마음이 변해간 것처럼, 저와 여러분도 하나님의 말씀을 따라 더욱 하나님의 마음과 심정으로 성숙해져서, 모든 하나님의 사람들과 하나님의 풍성한 복락을 누리며 사시기를 주님의 이름으로 축원합니다.

38
내가 이제야 참으로

사도행전 12:1~25

1 그 때에 헤롯 왕이 손을 들어 교회 중에서 몇 사람을 해하려 하여 2 요한의 형제 야고보를 칼로 죽이니 3 유대인들이 이 일을 기뻐하는 것을 보고 베드로도 잡으려 할새 때는 무교절 기간이라 4 잡으매 옥에 가두어 군인 넷씩인 네 패에게 맡겨 지키고 유월절 후에 백성 앞에 끌어 내고자 하더라 5 이에 베드로는 옥에 갇혔고 교회는 그를 위하여 간절히 하나님께 기도하더라 6 헤롯이 잡아 내려고 하는 그 전날 밤에 베드로가 두 군인 틈에서 두 쇠사슬에 매여 누워 자는데 파수꾼들이 문 밖에서 옥을 지키더니 7 홀연히 주의 사자가 나타나매 옥중에 광채가 빛나며 또 베드로의 옆구리를 쳐 깨워 이르되 급히 일어나라 하니 쇠사슬이 그 손에서 벗어지더라 8 천사가 이르되 띠를 띠고 신을 신으라 하거늘 베드로가 그대로 하니 천사가 또 이르되 겉옷을 입고 따라오라 한대 9 베드로가 나와서 따라갈새 천사가 하는 것이 생시인 줄 알지 못하고 환상을 보는가 하니라 10 이에 첫째와 둘째 파수를 지나 시내로 통한 쇠문에 이르니 문이 저절로 열리는지라 나와서 한 거리를 지나매 천사가 곧 떠나더라 11 이에 베드로가 정신이 들어 이르되 내가 이제야 참으로 주께서 그의 천사를 보내어 나를 헤롯의 손과 유대 백성의 모든 기대에서 벗어나게 하신 줄 알겠노라 하여 12 깨닫고 마가라 하는 요한의 어머니 마리아의 집에 가니 여러 사람이 거기에 모여 기도하고 있더라 13 베드로가 대문을 두드린대 로데라 하는 여자 아이가 영접하러 나왔다가 14 베드로의 음성인 줄 알고 기뻐하여 문을 미처 열지 못하고 달려 들어가 말하되 베드로가 대문 밖에 섰더라 하니 15 그들이 말하되 네가 미쳤다 하나 여자 아이는 힘써 말하되 참말이라 하니 그들이 말하되 그러면 그의 천사라 하더라 16 베드로가 문 두드리기를 그치지 아니하니 그들이 문을 열어 베드로를 보고 놀라는지라 17 베드로가 그들에게 손짓하여 조용하게 하고 주께서 자기를 이끌어 옥에서 나오게 하던 일을 말하고 또 야고보와 형제들에게 이 말을 전하라 하고 떠나 다른 곳으로 가니라 18 날이 새매 군인들은 베드로가 어떻게 되었는지 알지 못하여 적지 않게 소동하니 19 헤롯이 그를 찾아도 보지 못하매 파수꾼들을 심문하고 죽이라 명

하니라 헤롯이 유대를 떠나 가이사랴로 내려가서 머무니라 20 헤롯이 두로와 시돈 사람들을 대단히 노여워하니 그들의 지방이 왕국에서 나는 양식을 먹는 까닭에 한마음으로 그에게 나아와 왕의 침소 맡은 신하 블라스도를 설득하여 화목하기를 청한지라 21 헤롯이 날을 택하여 왕복을 입고 단상에 앉아 백성에게 연설하니 22 백성들이 크게 부르되 이것은 신의 소리요 사람의 소리가 아니라 하거늘 23 헤롯이 영광을 하나님께로 돌리지 아니하므로 주의 사자가 곧 치니 벌레에게 먹혀 죽으니라 24 하나님의 말씀은 흥왕하여 더하더라 25 바나바와 사울이 부조하는 일을 마치고 마가라 하는 요한을 데리고 예루살렘에서 돌아오니라

엉뚱한 신앙

사건의 목적

성경은 계시의 책, 즉 하나님께서 보여주고, 알려주고, 가르쳐주는 책인데 사람들은 성경을 배우기보다는 늘 의심과 논란을 일삼아 왔습니다. 왜냐하면 성경의 의도와 사람들의 기대가 달랐기 때문입니다. 복음서에 보면 예수님께서 병을 고쳐주신 적이 있습니다. 그런데 종종 독특한 말씀을 하십니다. 예수님은 사람들을 혼란스럽게 하시는데 탁월한 재주가 있으신 분 같습니다. 하나 예를 들면, 마태복음 9장 27절 이하에서 두 맹인이 예수를 따라오며 '다윗의 자손이여 우리를 불쌍히 여기소서'라고 소리를 질렀습니다. 이에 예수께서 '너희 믿음대로 되라'고 말씀하셨습니다. 이런 말씀을 하시니까 사람들은 '믿음이 있어야 치유가 된다'고 주장합니다. 그런데 이상한 것은 믿음대로 되는 것이면, 예수님이 맹인의 눈을 만지거나 '너희 믿음대로 되라'고 말씀하시기 전에 이미 눈이 밝아졌어야 하는데 전혀 그렇지 않았습니다. 맹인이 믿음이 있었다면 그래서 믿음대로 된다면 굳이 예수님께로 나와야 할 이유가 없고, 굳이 예수님이 눈을 만지셔야 할 이유가 없고, 굳이 '믿음대로 되라'고 말씀하실 이유도 없어야 합니다. 결국 맹인의 눈이 밝아진 것은 맹인들의 믿음대로 된 것이 아니라 '너희 믿음대로 되라'는 예수님의 말씀대로 된 것입니다. 강조점은 맹인의 믿음이 아니라 예

수님의 말씀입니다.

예수님의 말씀과 사역에 대해서는 예수님 당시나 지금이나 사람들이 계속 혼동하고, 그래서 엉뚱한 질문을 낳기도 합니다. 요한복음 11장에는 베다니에 사는 마리아와 마르다의 오라비 나사로가 죽은 사건과 예수님이 살려내신 사건이 나옵니다. 본문에는 나사로가 특별히 무슨 일을 행했는지에 대한 언급이 없습니다. 그런데 예수님이 살려 주셨습니다. 다른 곳에서 예수님은 회당장의 죽은 딸도 살리셨고, 장사지내러 나가는 과부의 아들도 살려주셨습니다. 이렇게 예수와 특별한 관련이 없는 사람도 여러 명 살려 주셨는데 예수님과 특별한 관계있는 사람은 살려주지 않았습니다. 대표적 인물이 침례요한입니다. 성경에 의하면 침례요한은 주의 길을 예비한 사람이요, 직접 예수님께 침례도 준 사람입니다. 전혀 남남인 사람도 살려주셨으면 친근한 사람도 살려 줄 수 있지 않겠습니까? 하지만 예수님은 침례요한이 죽었다는 소식을 듣고 배를 타고 다른 곳으로 떠나버리십니다. 여러분이 침례요한의 가족이나 제자라면 얼마나 서운하시겠습니까! 그래서 도대체 예수님이 누구는 살리고, 누구는 안 살린 기준이 무엇이냐는 질문이 나옵니다.

비겁한 사람들

성경을 보면 하나님 믿어서 세상적 기준으로 볼 때 잘 된 사람이 별로 없습니다. 신약에서도 예수님 믿어서 개과천선한 사람이 거의 없습니다. 제가 보기에 기독교인들, 성도들은 한편으로는 매우 비겁하고, 다른 한편으로는 매우 교활합니다. 예를 들어 설명해 보겠습니다. 성경은 구약과 신약으로 되어있는데 당연히 구약에서 시작해서 신약으로 연결됩니다. 당연히 신약이 결과이고, 열매입니다. 구약은 약속이고 신약은 완성입니다. 구약은 예언이고 신약은 성취이고, 구약은 예표이고 신약은 실체입니다. 구약은 그림자이고 신약은 본체입니다. 그러므로 성경에서 우리가 닮고 싶은 모델을 선택하려면 당연히 신약에서 선택해야 하고, 모범적 사례를 뽑으려면 당연히 신약에서 뽑아야 합니다. 그런데 말로는 신약을 강조하면서 실제적으로 신앙의 모델이나 자신이 닮고 싶은 모습을 선택할 때는 언제나 구약에서 고릅니다.

닮고 싶은 인물 다섯을 뽑으라고 하면 대체로 다윗, 다니엘, 요셉, 솔로몬, 모세 등입니다. 이 사람들의 공통점이 무엇입니까? 모두 한 나라의 대표요, 지도자요, 상류층입니다. 흔히 말하는 부귀영화를 가진 자들입니다. 신약에는 닮고 싶은 사람이 없습니다. 도리어 기피 인물 세 명이 있습니다. 바울, 스데반, 침례요한입니다. 이 세 사람의 공통점이 무엇입니까? 졸지에 요절했다는 것이요, 인생 망친 사람입니다. 마치 성경을 이해한 듯 구약과 신약을 운운해 놓고는 정작 닮고 싶은 사람은 자신들이 주장한 것과는 전혀 다른 모습을 선택하기에 교활합니다. 가장 교활한 사람은 닮고 싶은 사람으로 베드로와 요한을 선택하는 사람들입니다. 일단 신약의 인물이라 자신들의 주장에 정당성이 있고, 베드로는 초기 예루살렘 교회에서 영향력이 있었던 사람이라 나름 지위가 있었고, 요한은 박해 받는 상황에서도 백살 가까이 천수를 누리고 살았다는 것을 강조하고 싶어 합니다. 물론 예를 드는 것입니다만 여하튼 교활함의 극치를 보여주는 장면입니다.

제가 기독교인들이 비겁하다고 하는 이유는 당당하지 못하기 때문입니다. 닮고 싶은 인물을 고르라고 하면 사실은 베드로나 요한, 또는 다윗, 다니엘, 솔로몬 등이 아니라 바로 왕과 느부갓네살 왕, 고레스 왕을 고르고 싶을 것입니다. 요셉이나 다니엘이 총리가 되었다고 해 봤자 총리일 뿐입니다. 넘버 원이 아니라 넘버 쓰리에 불과합니다. 부귀영화의 대표는 바로 왕입니다. 다윗이 번성해봤자 이스라엘이라는 작은 나라의 왕에 불과합니다. 어차피 성경 인물 중에 믿음을 모델로 삼은 것이 아니라 부귀영화를 모델로 삼을 바에야 강대국의 왕 느부갓네살이나 고레스를 골라야 하는데 그것은 너무 속이 보이니까 마치 신앙이나 믿음을 강조하는 듯 요셉, 다니엘,

다윗을 운운하기에 비겁합니다. 다윗이나 요셉을 선택한 것이 믿음을 보고 선택한 것이라면 왜 이 사람들보다 더 신실한 믿음을 보여준 사르밧의 과부나, 믿음이 크다고 칭찬받은 수로보니게 여인이나, 혈루증 여인을 선택하지 않는지 궁금합니다.

성경의 이해

위에서 세 가지 예를 들었습니다. 첫 번째, 믿음이 은혜 받는 수단인가, 과연 성경은 복 받는 방법, 은혜 받는 방법을 알려주는 것이냐는 의문입니다. 두 번째는 나사로를 살리는 것과 침례요한을 살리지 않는 것을 어떻게 이해하느냐는 궁금함입니다. 이런 질문이 생기지 않도록 하기 위해 모두를 살려야 하는 것인가 아니면 아무도 살리지 말아야 하는 것인가에 관한 내용입니다. 즉 하나님의 일하심의 본질적인 목적이 무엇이냐는 것입니다. 그리고 세 번째는 성경이 소개하는 인간의 모습은 무슨 의미가 있느냐는 것입니다. 하나님을 믿어서 성공한 모습으로 소개하는 것인지, 아니면 하나님을 위해서 희생한 모습으로 소개하는 것인지, 그것도 아니라면 성경에서 하나님과 인간의 관계와 역할은 무엇인지에 관한 내용입니다. 앞에서 소개해드린 예들은 모두 성경을 오해한 경우입니다. 성경을 오해하는 가장 큰 이유는 성경을 읽지 않기 때문이요, 성경의 전체적 흐름을 고려하지 않기 때문입니다. 사도행전 12장에는 세 가지 모두에 관계된 이야기가 전개됩니다. 본문을 통해서 성경의 강조점을 분별해 보겠습니다.

기도가 방법인가?

골라서 읽기

첫 번째, 과연 신앙에는 방법론이 있는지 점검해 보겠습니다. 12장 1절부터 "그 때에 헤롯 왕이 손을 들어 교회 중에서 몇 사람을 해하려 하여 요한의 형제 야고보를 칼로 죽이니 유대인들이 이 일을 기뻐하는 것을 보고 베드로도 잡으려 할새 때는 무교절 기간이라 잡으매 옥에 가두어 군인 넷씩인 네 패에게 맡겨 지키고 유월절 후에 백성 앞에 끌어내고자 하더라 이에 베드로는 옥에 갇혔고 교회는 그를 위하여 간절히 하나님께 기도하더라" 입니다. 하나님은, 기독교는, 복음은, 교회는 인류 역사에 환영받은 적이 없습니다. 구약에서 하나님이 이스라엘에게 수십, 수백, 수천 번의 은혜를 주셨지만 이스라엘은 계속하여 하나님을 떠났습니다. 복음서에서 예수님은 가르치고, 전파하고, 치유하고, 구제하고, 귀신들린 자를 풀어주고, 죽은 자를 살려주었지만 인간은 도리어 예수를 죽여 버렸습니다.

사도행전 1장부터 초기 교회도 백성들을 위해 주었을 뿐, 백성들에게 해를 끼친 적이 없습니다. 그러나 이미 4장부터 박해가 진행되었습니다. 4장 1절 이하에 "사도들이 백성에게 말할 때에 제사장들과 성전 맡은 자와 사두개인들이 이르러 예수 안에 죽은 자의 부활이 있다고 백성을 가르치고 전함을 싫어하여 그들을 잡으매 날이 이미 저물었으므로 이튿날까지 가두었으나", 21절 "다시 위협하여 놓아 주었으니", 5장 17절 "대제사장과 그와 함께 있는 사람 즉 사두개인의 당파가 다 마음에 시기가 가득하여 일어나서 사도들을 잡아다가 옥에 가두었더니", 40절 "사도들을 불러들여 채찍질하며 예수의 이름으로 말하는 것을 금하고 놓으니", 6장 12절 "백성과 장로와 서기관들을 충동시켜 와서 잡아가지고 공회에 이르러 거짓 증인들을 세우니", 7장 59절 "그들이 돌로 스데반을 치니", 8장 1절 "그 날에 예루살렘에 있는 교회에 큰 박해가 있어", 3절 "사울이 교회를 잔멸할새 각 집에 들어가 남녀를 끌어다가 옥에 넘기니라", 9장 1절 "사울이 주의 제자들에 대하여 여전히 위협과 살기가 등등하여", 9장 23절 "여러 날이 지나매 유대인들이 사울 죽이기를 공모하더니 그 계교가 사울에게 알려지니라 그들이 그를 죽이려고 밤낮으로 성문까지 지키거늘", 그리고 12장입니다.

성경은 어떻게 읽느냐에 따라 느낌이 천지차이로 달라질 수 있습니다.

사도들이 병을 고치고, 귀신을 쫓고, 죽은 사람 살리는 이야기만 골라서 읽으면 대단히 능력이 있는 것으로 보이고 초기교회가 흥미진진한 것으로 느껴질 수 있습니다. 또 초기 교회가 숫자적으로 늘어나는 것만을 골라서 읽으면 누구나 목회할 수 있을 것 같습니다. 또 제자들이 재산을 팔아서 함께 공유했다는 이야기만 골라서 읽으면 사람들이 너무나 쉽게 공동체를 이루고 더불어 행복을 누렸던 것으로 생각할 수 있습니다. 그러나 조금 전처럼 초기 교회가 박해 받은 기록만 골라서 읽으면 신앙생활하고 싶지 않을 수도 있습니다. 성경 전체와 마찬가지로 사도행전에도 참으로 다양한 사건들과 다양한 내용들이 섞여있습니다. 이것들을 과연 어떻게 조화시키며, 이러한 전개 과정에서 성경의 목적, 하나님이 강조하려는 것이 무엇인지를 바르게 분별하는 것이 참으로 중요합니다.

기도하였더니

사람들이 성경을 잘못 읽어내는 것부터 골라보겠습니다. 12장에는 교회에 박해가 있었고, 순교도 있었다고 소개해줍니다. 그때 교회가 한 일이 5절 "베드로는 옥에 갇혔고 교회는 그를 위하여 간절히 하나님께 기도하더라"이고, 결론이 12절 "마가라 하는 요한의 어머니 마리아의 집에 가니 여러 사람이 거기에 모여 기도하고 있더라"입니다. 이 구절을 근거로 많은 설교자들이 '기도는 역사하는 힘이 있다', '기도는 옥 문도 연다'고 강조하고, '우리도 어떤 시련과 역경이 와도 기도로 돌파하자'고 말합니다. 기도하자는 것을 거부할 생각은 없지만 과연 성경이 기도를 수단으로 말하려고 하는 지에 대해서는 점검을 해야 합니다.

가장 먼저 교회는 왜 기도했으며, 무엇을 기도했는지를 알아야 합니다. 사람들은 베드로가 옥에 갇혔으니 당연히 풀려나야 된다고 생각합니다. 사로잡히면 안 되고, 죽으면 안 된다고만 생각합니다. 그런 생각을 대표적으로 보여준 사람이 바로 복음서의 베드로입니다. 예수가 잡히실 때 막아선 사람이 베드로이고, 예수가 사형선고를 받자 예수를 부인하고 모든 것이 끝난 것으로 생각한 사람이 베드로입니다. 예수님의 경우에는 예수는 잡히는 것이 형통이고 죽는 것이 완성을 위한 과정이었습니다. 베드로의 생각이 전적으로 틀렸습니다. 죄인들은 자신의 관점밖에 없고, 자신의 기준밖에 모르고, 자신의 목표밖에는 안중에도 없습니다. 그것이 죄인의 어리석음이요, 죄인의 한계입니다.

사도행전 12장에서 베드로가 잡히자 교회는 기도했는데 과연 베드로를 풀려나게 해 달라고 기도했는지 궁금합니다. 만약 그렇게 간절하게 기도했다면 베드로가 풀려났을 때에 모두 자기들의 기도가 응답되었다고 좋아했어야 합니다. 그런데 베드로가 옥에서 풀려나와 교회를 찾아갔을 때 사람들이 보인 반응이 16절 "베드로가 문 두드리기를 그치지 아니하니 그들이 문을 열어 베드로를 보고 놀라는지라"입니다. 아무도 베드로가 풀려날 것을 예상하지 않았습니다. 또 교회가 그렇게 간절히 기도할 때 베드로가 한 일은 6절 "그 전날 밤에 베드로가 두 군인 틈에서 두 쇠사슬에 매여 누워 자는데"입니다. 그렇다면 베드로가 풀려난 것이 교회의 기도나 베드로 자신의 기도의 열매, 기도의 응답, 기도의 결실이 아닌 것이 분명합니다.

유사한 사건이 사도행전 16장에도 나옵니다. 바울에 관한 내용인데 23절에 "많이 친 후에 옥에 가두고 간수에게 명하여 든든히 지키라 하니" 그리고 25절 "한밤중에 바울과 실라가 기도하고 하나님을 찬송하매 죄수들이 듣더라"입니다. 그리고 26절 "이에 갑자기 큰 지진이 나서 옥터가 움직이고 문이 곧 다 열리며 모든 사람의 매인 것이 다 벗어진지라"입니다. 분명히 기도하고 찬송했습니다. 그런데 기도하고 찬송했다는 사실만 강조할 것이 아니라 무엇을 기도하고 무엇을 찬송했을까를 분별하셔야 합니다. 대체적으로 기도는 간구하는 것으로 이해되고, 찬송은 감사하는 것으로 이해됩니다. 그런데 바울과 실라는 기도하고, 찬송했습니다. 간구한 것일까요 감사한 것일까요? 과연 기도했다면 그 상황에서 풀려나게 해달라고 했을까요?

찬송했다면 그 상황을 감사했을까요? 바울과 실라의 경우에 옥에 갇힌 것을 억울해하는 장면이 없고, 풀려난 것을 감격해하는 장면이 없습니다.

베드로의 고백

베드로는 옥과 인연이 많은 사람입니다. 옥에 갇힌 것이 12장이 처음이 아닙니다. 5장 17절을 보면 "대제사장과 그와 함께 있는 사람 즉 사두개인의 당파가 다 마음에 시기가 가득하여 일어나서 사도들을 잡아다가 옥에 가두었더니"입니다. 5장은 베드로가 주로 활동하던 시기이기에 사도들이 옥에 갇혔을 때 베드로도 당연히 갇혔을 것으로 사료됩니다. 그런데 놀라운 사건이 일어났습니다. 19절 "주의 사자가 밤에 옥문을 열어 끌어내어 이르되 가서 성전에 서서 이 생명의 말씀을 다 백성에게 말하라 하매"입니다. 교회가 기도했다는 내용이 없고, 베드로가 기도했다는 내용이 없고, 찬송했다는 내용도 없습니다. 그런데 옥문이 열렸습니다. 어찌된 일입니까? '주의 사자가 밤에 옥문을 열고'입니다. 어떻게 해야 주의 사자를 불려 낼 수 있을까요? 정답은 아무 것도 안하는 것입니다. 만약 성경에서 방법을 찾는다면 이런 방법도 있습니다. 여러분은 기도해서 옥문을 여는 방법과 아무 것도 안하고 여는 방법 중에 어느 것을 고르시겠습니까? 말도 안되는 말이라는 것을 저도 압니다. 성경은 특정 상황을 해결할 수 있는 특정 방법을 가르쳐주는 것이 아니라는 것을 분별하시라고 억지로 예를 들어보았습니다. 베드로는 옥에서 나온 후에 자신이 어떻게 해서 옥에서 나왔는지에 대해 단 한마디도 하지 않습니다. 왜냐하면 방법이 없기 때문입니다.

12장에서 베드로는 다시 옥에 갇혔습니다. 다행스럽게도 12장은 베드로가 옥에서 풀려나는 장면을 자세히 설명해줍니다. 7절부터 11절 "홀연히 주의 사자가 나타나매 옥중에 광채가 빛나며 또 베드로의 옆구리를 쳐 깨워 이르되 급히 일어나라 하니 쇠사슬이 그 손에서 벗어지더라 천사가 이르되 띠를 띠고 신을 신으라 하거늘 베드로가 그대로 하니 천사가 또 이르되 겉옷을 입고 따라오라 한대 베드로가 나와서 따라갈새 천사가 하는 것이 생시인 줄 알지 못하고 환상을 보는가 하니라 이에 첫째와 둘째 파수를 지나 시내로 통한 쇠문에 이르니 문이 저절로 열리는지라 나와서 한 거리를 지나매 천사가 곧 떠나더라"입니다. 이번에도 옥문을 연 것은 주의 사자입니다. 그런데 주의 사자가 나타난 것에 대해 성경이 강조하는 것은 '홀연히', '저절로'입니다. 인간에게서 기인하지 않는다는 것이요, 예상하지 못했다는 것이요, 기대하지 못했다는 것이요, 전혀 알지 못했다는 것입니다. 기도 응답이 아니요, 사람들이 바라고 원하던 대로가 아닙니다.

제가 설명하는 것보다 베드로의 진술을 직접 들으시는 것이 확실할 것입니다. 11절 "이에 베드로가 정신이 들어 이르되 내가 이제야 참으로 주께서 그의 천사를 보내어 나를 헤롯의 손과 유대 백성의 모든 기대에서 벗어나게 하신 줄 알겠노라"입니다. 베드로가 강조하는 것은 '주께서' 하셨다는 것입니다. 그런데 우리네가 강조하고 싶은 것은 '주께서 그냥 오셨겠느냐, 기도했으니 왔다'고 자꾸 인간의 수고를 드러내고 싶어합니다. 그런데 베드로는 인간의 행위에 대해서는 한 마디도 안 합니다. 왜냐하면 하나님의 행하심은 인간의 행동에 대한 상급이 아니기 때문입니다. 하나님의 일하심은 인간의 수고와 충성에 대한 대가가 아니기 때문입니다. 베드로는 사람들의 수고를 강조하지 않고, 하나님의 은혜를 강조합니다. 기독교에는 인간이 사용하는 방법론이 없습니다. 오직 하나님의 은혜, 하나님의 일하심의 결과를 선언하는 것으로 충분합니다.

왜 베드로만 살릴까?

헤롯의 권세

두 번째, 과연 하나님은 사람을 차별하시는가, 하나님의 의도는 무엇인가를 확인해 보겠습니다. 사람들의 심리가 아주 고약합니다. 교통 위반하다가 잡히면 '다른 사람은 왜 안 잡고 나만 잡느냐'고 따집니다. 교통 법규 어긴 다른 차량이 사고 나면 자기는 왜 사고가 나지 않는지 따지지는 않을 것인데 꼭 억지를 씁니다. 복음서에서 예수님이 한 사람이라도 살려주었으면 무조건 감사해야 하는데 왜 다른 사람은 안 살리셨느냐고 따집니다. 예수님이 행하신 사역이 무엇을 보여주고, 무엇을 가르치려고 하는 것인지를 혼동하는 현상입니다. 사람이 죽는 것은 하나님이 죽이기 때문이 아니라 죄의 결과입니다. 사람이 죽는 것은 당연한 것이고, 하나님이 사람을 살리는 것은 그 사람이 다시는 죽지 않게 하려는 것이 아닙니다. 하나님이 다시 살린 사람도 결국은 또 죽었습니다. 어차피 다시 죽을 사람을 하나님이 살리신 것은 단지 생명을 조금 더 연장하라는 것이 아닙니다. 누구는 죽은 채로 두고 누구는 살리느냐가 핵심이 아닙니다. 죽은 자를 살리는 사건을 통해서 하나님의 능력과 권세를 알리는 사역입니다.

사도행전에서도 스데반은 돌에 맞아 죽었고, 야고보는 헤롯에 의해 죽임을 당했습니다. 그런데 베드로는 5장에서도 옥에서 풀려나고, 12장에서도 옥에서 풀려납니다. 하나님은 베드로만 사랑하시는 것일까요? 하나님도 대표는 중요하게 여겨서 따로 보호해 주시는 것입니까? 전혀 그렇지 않습니다. 야고보는 영향력이 적으니까 죽어도 되고, 베드로는 영향력이 크니까 살려두어야 하는 것이 아닙니다. 사도행전의 강조점은 복음 전파나 하나님 나라의 확장을 인간이 하는 것이 아니라 하나님이 하신다는 것이었습니다. 그리고 사도행전이 보여주려는 것은 하나님 나라가 확장되는 것이나 교회가 부흥하는 것이 아니라 인간이 죄인이었다가 구원받아서 어떻게 변화되어 가는 지를 보여주는 것이었습니다. 하나님에 대한 인식이 변하고, 인간 상호간에 관한 인간이 변화되는 것이었습니다. 12장에서 인간이 변화되는 또 다른 측면을 보여주고 있습니다.

12장은 단순히 사도들 중의 어떤 사람이 죽고 어떤 사람이 살았다는 것을 보여주려는 것이 아닙니다. 12장의 사건에서 주인공은 하나님이시고 엑

스트라는 헤롯입니다. 1절 "그 때에 헤롯 왕이 손을 들어 교회 중에 몇 사람을 해하려 하여 요한의 형제 야고보를 칼로 죽이니"입니다. 헤롯이 권세자로 등장합니다. 자신이 하고자 하는 대로 할 수 있는 권한과 능력이 있습니다. 자신의 행동을 자랑스러워합니다. 3절 "유대인들이 이 일을 기뻐하는 것을 보고 베드로도 잡으려 할새" 그리고 4절 "잡으매 옥에 가두어"입니다. 헤롯은 무소불위의 권력을 휘두르고 있습니다. 아무도 막을 자가 없는 것 같습니다. 잡고 싶으면 잡고, 죽이고 싶으면 죽이고, 죽이는 날까지 스스로 정합니다. 4절 후반부 "유월절 후에 백성 앞에 끌어내고자 하더라"입니다. 상황이 절박하게 진행되니 교회가 기도했습니다. 뭐라고 기도했을까요? 아마도 옥에서 풀려나는 기도는 감히 꿈도 못 꾸고 제발 목숨만 살려달라고 기도했을 수도 있습니다.

헤롯의 모습이 19절에도 나옵니다. "헤롯이 그를 찾아도 보지 못하매 파수꾼들을 심문하고 죽이라 명하니라"입니다. 또 20절 "헤롯이 두로와 시돈 사람들을 대단히 노여워하니"입니다. 그 지역 사람은 헤롯의 왕국에서 나는 양식을 먹는데 헤롯에게 분노를 샀으니 목숨이 위태한 상황입니다. 살기 위해서는 아부를 해야만 합니다. 그래서 22절 "백성들이 크게 부르되 이것은 신의 소리요 사람의 소리가 아니라 하거늘"입니다. 백성들의 소리를 듣고 헤롯은 당연히 여깁니다. 23절의 '하나님'은 기독교의 하나님이 아니라 22절의 '신'과 같은 단어입니다. 백성들이 자기를 신이라고 하니까 헤롯 자신도 자기를 신으로 여기기까지 합니다. 헤롯의 권세, 능력, 위엄을 보여주고 있습니다. 아무도 헤롯에 대항할 자가 없고, 헤롯이 하는 일을 멈출 수 있는 자가 없는 것 같습니다.

하나님의 일하심

그런데 정말 아무도 예상하지 못한 일이 벌어졌습니다. 6절 "헤롯이 잡아내려고 하는 그 전날 밤에 베드로가 두 군인 틈에서 두 쇠사슬에 매여 누워 자는데 파수꾼들이 문 밖에서 옥을 지키더니 홀연히 주의 사자가 나타나매"입니다. 그리고 결과는 무사히 옥에서 나온 것입니다. 사람들의 표현에 의하면 이런 장면을 헤롯의 입장에서 '까였다'고 하고, 하나님의 입장에서는 헤롯을 '물 먹였다'고 합니다. 사람들은 자기가 조금만 무엇을 할 수 있으면 마치 모든 것을 다 할 수 있는 것처럼 생각합니다. 마치 하나님도 자신을 막을 수 없을 줄로 압니다. 그것이 죄인의 어리석음이요, 바보 같은 생각입니다. 하나님이 살려내시려면 잠자고 있는 사람도 살려낼 수 있습니다. 하나님이 행하시면 군인 넷씩 네 패가 지켜도 소용없고, 두 쇠사슬로 묶어놓아도 소용없고, 첫째 초소와 둘째 초소를 세우고 철문으로 막아놓아도 소용없습니다. 12장의 초반부는 헤롯이 다른 사람을 죽이고 베드로가 옥에 갇힙니다. 그런데 후반부는 베드로는 옥에서 풀려나고 헤롯은 벌레에게 먹혀 죽습니다. 그리고 24절 "하나님의 말씀은 흥왕하여 더하더라"입니다. 박해로 말미암아 겨우 명맥을 유지하는 정도에 그친 것이 아니라 '흥왕하여 더하더라'입니다. 복음 전파에 대해 헤롯이 박해한다고 해서 누가 위기라고 하고, 누가 시련이라고 하고, 누가 역경이라고 하고, 누가 고난이라고 합니까!

이 사건을 단순하게 '기도는 옥문도 연다'고 말하면 유치해지고, '헤롯이 교만하여 죽임을 당했다'고 말하면 천박해 집니다. 사도행전 12장은 베드로에게 사도행전이 전개되는 상황에 대하여 전혀 다르게 인식할 수 있도록 변화시켜 주는 사건입니다. 마치 유대의 관원들이 박해를 하고, 헤롯이 압제를 하는 것처럼 보이고, 예루살렘 교회는 박해를 받고, 사도들은 대항할 힘이 없어 죽어가는 것으로 생각할 수 있습니다. 아마 베드로도 그렇게 생각했을 것입니다. 그런데 하나님은 이 사건을 통해 상황에 대한 인식이 완전히 새로워지게 하십니다. 세상이 하나님의 일하심을 막을 수 없는 것이며, 하나님이 무기력한 것이 아니며, 어떤 것도 하나님의 뜻을 거스를 수 없다는 것을 알게 하십니다. 11절에 나오는 베드로의 고백은 단지 옥에서 벗어난 감격이 아니라 자신이 처한 상황, 교회가 처한 상황, 모든 상황에 대한 하나님의 일하심을 깨달은 후에 하는 고백입니다. '내가 이제야 주께서 행하시는 것을 알았다'입니다.

이제야 참으로

하나님은 인간에게 변화하라고 명령하거나 권고하지 않습니다. 도리어 하나님이 친히 역사하시어 인간의 변화를 만들어 내십니다. 인간이 스스로 변하면 하나님이 상을 주는 것이 아니라 인간의 변화가 하나님의 사역의 열매요, 결과입니다. 사도행전이 보여주는 베드로의 변화를 보셔야 합니다. 이제 베드로는 자기들만 예수의 부활을 증언할 수 있다는 교만도 변했고, 유대인과 이방인의 차별에 대한 인식도 변했고, 예루살렘 교회가 복음의 중심역할을 해야 한다는 생각도 변했고, 박해와 핍박이 있어도 그것들이 하나님의 뜻을 꺾을 수 없다는 것도 알게 되었습니다. 이 모든 것을 '이제야 알게 되었다'고 고백합니다. 이 모든 것을 알았으니 이제 베드로가 대단히 겸손하고, 대단히 온유하고, 엄청나게 담대하게 사역을 진행할 것으로 예상할 수 있습니다. 그런데 성경이 정말 재미있는 것은 베드로가 이렇게 멋진 고백을 한 것을 마지막으로 사도행전에서 사라집니다. 12장 이후에 베드로가 사라지고, 15장에서 예루살렘 교회에서 회의가 있을 때 고넬료 사건을 한 번 더 반복하는 장면만이 등장하고 두 번 다시 나타나지 않습니다.

죄인들의 심리와 하나님이 일하시는 패턴을 생각하면 사도행전이 왜 조용히 베드로를 사라지게 묘사하는지 충분히 이해할 수 있습니다. 만약 13장 이후에도 베드로의 종횡 무진한 활약상이 나오면 아마도 대부분의 목사님은 아들 이름을 베드로라고 지을 것이 뻔합니다. 그래서 베드로는 변화를 고백하는 것까지만 나오고, 13장부터는 도무지 자랑할 수 없는 존재, 즉 예수 믿는 자를 박해하던 바울이 등장합니다. 결국 성경은 어떤 인간의 활약상을 보여주는 것이 아니라 하나님의 일하심을 보여주고, 하나님을 알라고 권고합니다.

성경을 통해 하나님을 아시고, 11절에서 베드로가 했던 고백을 여러분도 하신다면 아마 여러분의 삶의 자세가 달라질 것입니다. 남들이 아무리 위기라고 해도 전혀 위기의식을 느끼지 않을 것이며, 어떤 세력이 아무리 위협해도 전혀 두려움을 느끼지 않을 것입니다. 도리어 위기가 오면 하나님의 일하심을 기대하고, 위협이 오면 하나님의 보호하심을 기대하며 궁극적으로 구현될 결과를 미리 누리며 신나하는 삶이 되실 것입니다. 하나님을 아셔서 즐겁고, 신나고, 자유롭고 행복한 삶 되시기를 주님의 이름으로 축원합니다.

39
그리스도인

사도행전 13:1-12

1 안디옥 교회에 선지자들과 교사들이 있으니 곧 바나바와 니게르라 하는 시므온과 구레네 사람 루기오와 분봉 왕 헤롯의 젖동생 마나엔과 및 사울이라 2 주를 섬겨 금식할 때에 성령이 이르시되 내가 불러 시키는 일을 위하여 바나바와 사울을 따로 세우라 하시니 3 이에 금식하며 기도하고 두 사람에게 안수하여 보내니라 4 두 사람이 성령의 보내심을 받아 실루기아에 내려가 거기서 배 타고 구브로에 가서 5 살라미에 이르러 하나님의 말씀을 유대인의 여러 회당에서 전할새 요한을 수행원으로 두었더라 6 온 섬 가운데로 지나서 바보에 이르러 바예수라 하는 유대인 거짓 선지자인 마술사를 만나니 7 그가 총독 서기오 바울과 함께 있으니 서기오 바울은 지혜 있는 사람이라 바나바와 사울을 불러 하나님의 말씀을 듣고자 하더라 8 이 마술사 엘루마는(이 이름을 번역하면 마술사라)그들을 대적하여 총독으로 믿지 못하게 힘쓰니 9 바울이라고 하는 사울이 성령이 충만하여 그를 주목하고 10 이르되 모든 거짓과 악행이 가득한 자요 마귀의 자식이요 모든 의의 원수여 주의 바른 길을 굽게 하기를 그치지 아니하겠느냐 11 보라 이제 주의 손이 네 위에 있으니 네가 맹인이 되어 얼마 동안 해를 보지 못하리라 하니 즉시 안개와 어둠이 그를 덮어 인도할 사람을 두루 구하는지라 12 이에 총독이 그렇게 된 것을 보고 믿으며 주의 가르치심을 놀랍게 여기니라

그리스도인

영향력

기독교의 핵심은 하나님입니다. 기독교의 주체도 하나님입니다. 하나님이 존재하시고, 하나님이 일하십니다. 기독교가 세워진 것도 하나님으로

말미암고, 기독교가 지속되는 것도 하나님으로 가능한 것이고, 기독교가 앞으로 계속될 것도 하나님이 계시기 때문입니다. 하나님은 하나님이십니다. 어느 누구도 하나님을 대적할 수 없고, 하나님을 방해할 수 없습니다. 이런 표현은 하나님을 독불장군식으로 설명하는 것이 아닙니다. 하나님은 당연히 주권자이십니다. 그러나 동시에 하나님은 인격적이십니다. 그래서 하나님의 주권이 인간의 인격과 자유를 절대로 침해하지 않고, 도리어 철저하게 배려하고 보장하여 주신다는 것을 기억하셔야 합니다.

　기독교는 하나님이 존재하고 하나님이 일하신다고 선언하기에 기독교에는 세상의 표현, 세상의 주장과는 전혀 다른 양상이 펼쳐지게 됩니다. 예를 들면, 요즘 세상에서 가장 유행하는 것이 리더쉽입니다. 그래서 '핵심 인물, 지도자, 리더, 책임자, 역할, 영향력'이라는 용어를 자주 사용합니다. 모두 사람의 능력, 사람의 역할을 강조하는 표현들입니다. 그러나 기독교에는 이런 개념이 존재할 수 없습니다. 왜냐하면 기독교의 대적은 '죄'이고, 죄와의 싸움은 사람의 능력이나 성품이나 실력으로 하는 것이 아니기 때문입니다. 에베소서 6장 12절은 "우리의 씨름은 혈과 육을 상대하는 것이 아니요 통치자들과 권세들과 이 어둠의 세상 주관자들과 하늘에 있는 악의 영들을 상대함이라 그러므로 하나님의 전신갑주를 취하라"입니다. 성경에 이렇게 명명백백히 기록되어 있는데도 하나님의 전신갑주를 강조하지 않고 기독교가 지도자·리더·영향력·리더쉽을 운운하는 것이 참 어이가 없습니다.

　사람의 역할을 강조하면 늘 사람의 능력과 변화에 연연하게 됩니다. 지도자가 있는 것과 없는 것에 대해 걱정을 하고, 어떤 사람이 등장하고 사라지는 것에 대해 기회니 위기니 떠들어 댑니다. 그런데 성경을 보면 사람의 전환, 시대의 전환, 제도의 전환을 신중하게, 의미있게, 비중있게 설명하는 적이 없습니다. 구약의 경우 이스라엘이라는 공동체를 형성하고 유지하는 일에 절대적 공헌을 한 것으로 여겨지는 인물이 모세입니다. 그런데 모세가 죽고, 모세의 시대에서 여호수아의 시대로 전환되는 것에 의미를 두지 않습니다. 아주 간단하게 '모세가 죽은 후에'라는 한 마디로 끝입니다. 여호수아도 마찬가지입니다. 사람뿐만 아니라 제도에 대해서도 마찬가지입니다. 사사기 시대까지는 이스라엘이 부족공동체였습니다. 드디어 사울부터 이스라엘이 국가의 면모를 갖추게 됩니다. 왕이라는 정치제도가 생기고 군대라는 국방시스템 등 국가 편제가 형성됩니다. 그런데 성경은 부족의 시대에서 국가의 시대로 전환되는 것을 중요하게 생각하지 않습니다. 이스라엘에 약 사십 여명의 왕이 등장하지만 왕의 업적과 과오를 평가하는 적이 없습니다.

신약에서도 마찬가지입니다. 사도행전에서 확인할 수 있습니다. 베드로가 사라지는 것에 관심이 없습니다. 초기 교회에 베드로가 영향력이 있었다는 등, 사도의 대표로서 리더쉽을 발휘했다는 등의 언급이 없습니다. 그리고 베드로가 사라지는 것이 초기 교회의 큰 손실이라는 염려도 없습니다. 그냥 성경에 베드로의 이름이 더 이상 등장하지 않으면 그것이 베드로가 사라진 것입니다. 어디로 갔는지, 왜 사라졌는지, 그 역할을 누가 하는지 전혀 관심이 없습니다. 바울의 등장도 마찬가지입니다. 초기 교회가 새로운 능력자를 스카우트 한 것으로 소개하지도 않고, 능력 있고 실력 있는 인물의 등장으로 초기 교회에 활력소가 될 것으로 기대하는 표현도 일체 없습니다. 그냥 어느 순간 바울이 등장하면 그때부터 바울이 사역을 합니다.

개인뿐만 아니라 집단이나 공동체도 동일합니다. 예루살렘 교회가 어떻게 주도권을 잡을 수 있었는지 전혀 언급이 없고, 안디옥 교회가 어떤 특성이 있었는지, 어떤 인물들이 모여서 예루살렘 교회와는 다른 정책을 시행하게 되었는지 일체 설명하지 않습니다. 성경에는 '위기나 기회'라는 상황 변화에 대한 언급이 없고, '전성기나 암흑기'라는 상황에 대한 판단이 없습니다. 왜냐하면 기독교의 주체를 하나님으로 인식할 때에 전혀 어울리지 않는 표현들이기 때문입니다. 대신 기독교에서, 성경에서 어떤 사람이 사라지고 등장할 때에, 어떤 제도가 시행되고 폐지될 때에, 어떤 지역이 영향력을 발휘할 때 등 모든 상황에 공통적으로 등장하는 단어, 개념, 존재가 있습니다. 세상에서는 전혀 사용하지 않는 단어, 개념, 존재입니다. 바로 구약으로 보면 '여호와의 영'이고, 신약으로 보면 '성령'입니다. 결국 강조하려는 것이 무엇입니까? '하나님이 하신다!'입니다.

바나바와 사울

사도행전 1장부터 12장까지에서 초기 교회의 사도들이나 예루살렘 교회가 복음의 확장이나 하나님 나라의 확장을 계획하거나 추진한 것이 없습니다. 또한 교회가 일꾼을 영입하거나 차세대 지도자를 길러낸 적이 없습니다. 여러 지역에 교회를 세움으로 사역의 터전을 넓힌 적도 없습니다. 초기 교회의 사도들이나 예루살렘 교회가 한 일은 '뒷북치는 것'이었습니다. 집사들이 가서 복음을 전하면 나중에 사람을 보내서 확인하거나, 베드로가 가서 이방인에게 복음을 전하면 나중에 모여서 따지는 정도입니다. 예수의 부활을 증언할 증인의 자격도 '예수께서 출입하실 때에 항상 함께 다니던 사람 중에 하나'로 제한시켜 놓았는데, 자신들이 죽고 나면 증인들도 사라지는 것인지 대책도 세우지 않았고, 하나님이 사울을 부르셔도 맞이하지도 않고 반겨주지도 않다가 하나님께서 아나니아와 바나바를 통해 설득하자 겨우 받아 주었고, 바울이 살해 위협을 받자 피난시켜 준 것으로 끝입니다. 하나님이 일하시지 않았다면 초기 교회는 사도행전 10장에 도착하기도 전에 이미 스스로 내분으로 나누어지고, 권력다툼으로 분쟁하고, 세력이 약화되어 사라졌을 것입니다. 누가하셨습니까? 모두 하나님이 하셨습니다.

사울에 대해 숨겨진 비화를 조금 더 파헤쳐 보겠습니다. 사도들과 예루살렘 교회가 사울을 도와준 적이 있습니다. 다메섹에서 살해 위협이 있을 때에 9장 25절에 의하면 제자들이 밤에 사울을 광주리에 담아 성벽에서 달아 내리기도 하고, 예루살렘에서 살해 위협이 있을 때에 30절에 의하면 가이사랴로 데리고 내려가서 다소로 보냈다고 합니다. 약간 지리적으로 설명을 드리자면 사울이 대제사장들에게서 예수 믿는 사람을 잡아도 된다는 공문을 받은 곳이 예루살렘이고, 길을 가다가 하나님을 만난 곳이 다메섹입니다. 다메섹은 예루살렘에서 북쪽입니다. 즉 사울이 예루살렘에서 출발하여 다메섹으로 가다가 하나님을 만났고, 다시 예루살렘으로 돌아왔다가 사도들의 보냄을 받아 다시 북쪽의 가이사랴로 갔다가, 그곳에서 다시 아예 이스라엘의 영역을 벗어나 훨씬 북쪽으로 올라가야 하는 곳인 다소에 갔습니다. 다소는 사울이 태어나고 자란 곳입니다. 좋게 말하면 고향으로 돌려보낸 것이고 나쁘게 말하면 사도들이나 예루살렘 교회가 사울을 탐탁지 않게 여겨서 아예 예루살렘에서 멀리 떨어진 곳으로 보내버린 것입니다.

그리고 다시 사울이 등장하는 것이 사도행전 11장 25절 "바나바가 사울을 찾으러 다소에 가서 만나매"입니다. 성경 장 수로는 사울이 9장에 등장하고 사라졌다가 다시 11장에 등장하기에 달랑 두 장만에 나오는 것이지만 세월로 따지자면 약 십여 년이 흐른 상태입니다. 그리고 '바나바가 사울을 찾으러 다소에 가서'라는 구절은 사울이 다소에 있다는 것을 알고 있는 상태에서 방문했다는 의미가 아닙니다. '찾으러'라는 단어의 사전적 의미는 '주의 깊게 찾다, 조사하다, 추적하다, 뒤쫓다, 파헤치다'이고, '만나매'라는 단어의 사전적 의미는 '발견하다, 알아내다, 밝히다'입니다. 즉 약 십여 년 동안 사도들과 예루살렘 교회는 사울에 대해 전혀 관심이 없었고, 연락도 없었고, 접촉도 없었습니다. 어디 있는지, 살았는지 죽었는지도 몰랐습니다. 예루살렘 교회가 바나바에게 사울을 찾아보라고 부탁한 것도 아닙니다. 11장 22절을 보시면 "예루살렘 교회가 이 사람들의 소문을 듣고 바나바를 안디옥까지 보내니"입니다. 즉 이번에도 예루살렘 교회는 안디옥에서 헬라인들도 예수를 믿는다는 소식을 '듣고' 바나바를 안디옥에 파송했을 뿐입니다. 안디옥은 예루살렘과 다소의 중간 지역쯤 됩니다. 바나바가 기왕 안디옥까지 온 김에 예전에 자기가 예루살렘의 사도들에게 소개했던 사울에 대해 기억하고 스스로 자원하여 다소에까지 가서 수소문하며 사울을 찾았을 뿐입니다.

그리스도인

이렇게 설명 드리는 이유는 여러분의 선입견을 바로잡기 위해서입니다. 26절을 보면 "만나매 안디옥에 데리고 와서 둘이 교회에 일 년간 모여 있어 큰 무리를 가르쳤고 제자들이 안디옥에서 비로소 그리스도인이라 일컬음을 받게 되었더라"입니다. 쉽게 생각하면 '와, 사도들이 복음을 열심히 전하고, 가는 곳마다 예수를 전하니 사람들이 제자들을 그리스도인이라고 했구나!'라고 생각할 수 있습니다. 그러나 차분히 생각하면 그리스도인이라는 칭호를 받은 곳이 당시 중심지인 예루살렘 교회가 아니라 안디옥 교회였으며, 그 대상이 당시 핵심 인물인 사도들이나 사도들의 제자들이 아니라 바나바와 사울 그리고 그들의 제자들이었습니다. 굳이 구분하는 이유는 바나바와 사울이 외형적으로 내세울 것이 없었다는 것을 강조하기 위해서입니다.

어떤 개인이나 집단이 특정한 명칭으로 불리는 것은 그들만의 정체성이 드러났을 때입니다. 11장 19절로 25절 사이에는 인간의 집단을 분류하는 세 가지 명칭이 등장합니다. 하나는 19절의 '유대인'이고, 다른 하나는 20절의 '헬라인'이고, 마지막 하나가 26절의 '그리스도인'입니다. 유대인이나 헬라인이라는 구분은 민족에 의한 구분으로 가장 일반적입니다. 안디옥이 이방 지역에 속한 곳이었기에 안디옥 교회에 속한 제자들 또는 성도들의 구성도 유대인이나 헬라인이었을 것입니다. 그런데 그들은 유대인이니 헬라인이라는 구분이 아니라 전혀 새로운 그리스도인이라는 호칭을 얻었습니다. 물론 그 이유는 간단합니다. 안디옥의 교인들이 계속하여 그리스도를 언급하고 그리스도를 전파하였기 때문입니다. 그래서 사람들이 제자들을 '그리스도의 사람'이라는 의미의 '그리스도인'이라고 불렀습니다.

그런데 저와 여러분이 기억해야 하는 것은 사울과 바나바를 포함한 안디옥 교회의 성도들은 당시 안디옥 지역이나 주변에서 성공한 사람의 범주에 들지 않았다는 사실입니다. 교회의 핵심이나 주축세력도 아니었습니다. 그런데 그들은 그리스도를 전파했습니다. 종종 기독교인들 중에는 본인이 예수를 믿어서 사회적으로 달라지고, 신분적으로, 경제적으로, 사회적으로 상승이 된 후에 외형적 변화를 기반으로 그리스도를 증거하려고 시도합니다. 그래서 하나님께 제발 다른 사람에게 간증할 만한 신분 상승을 시켜달라고 기도하기도 합니다. 이것이 성도들이 가장 본질적으로 기독교의 내용을 인식하지 못하고 있다는 증거입니다.

사울의 경우를 보겠습니다. 사울은 유대교의 핵심 인물이었으나 현재는 기독교에서 주변 인물에 불과합니다. 상황적으로 전혀 나아진 것이 없습니다. 십여 년 동안 방치되었다가 겨우 바나바에 의해 사역의 기회를 얻었습니다. 이런 사울이 무엇을 말할 수 있겠습니까? 제가 이렇게 몰아가는 것은 사울의 인식과 우리들의 인식의 차이가 있다는 것을 강조하기 위해서입니다. 사울은 현재 자신이 상황적으로 나빠졌다고 전혀 인식하지 않았습니다. 도리어 사울은 자신이 최고의 변화, 최상의 변화를 얻었다고 생각합니다. 그 변화의 핵심이 바로 죄인에서 성도로의 변화입니다. 사울은 예수를 믿어서 좀 달라지자고 말하는 것이 아니라 자신이 예수를 믿게 된 것이 가장 달라진 것이라고 고백했습니다. 예수를 믿는 것이 새로운 삶을 위한 수단이나 방법이 아니라 예수를 믿게 된 것, 성도가 된 것이 이미 결과요, 열매라고 선언했습니다. 동의하십니까? 바울은 이전에 예수를 몰랐습니다. 예수가 그리스도인줄 몰랐고, 그리스도가 십자가를 지고 죽은 것이 무엇인지 몰랐고, 예수로 말미암아 자신에게 무슨 일이 일어났는지 아무 것도 몰랐습니다. 그런데 지금은 다 알게 되었습니다. 단지 안다고 말하는 것만이 아니라 자신이 알게 된 사실, 자신이 알게 된 내용에 대해 벅차고, 감격해 하고, 환호하고, 감사하고 있습니다. 더 나아가 다른 사람들도 자신 같이 되기를 간절히 소망하고 있습니다. 그러기 위해서 예수가 그리스도라는 것을 알리고 있습니다.

조롱

기독교의 가장 전형적인 모습이 바로 사울입니다. 예수 믿는 것을 수단 삼지 않고 결과로 고백하는 것이 기독교의 핵심이고, 본질이고, 내용입니다. 왜냐하면 기독교는 인간의 문제를 죄라고 지적하고, 인간 문제의 해결을 구원이라고 선포하기 때문입니다. 만약 구원이 결과라고 선포되지 않으면 기독교는 그리스도를 선포할 이유가 없습니다. 성도됨이 열매요, 결실이라고 선포되지 않으면 바울이나 바나바가 그리스도를 선포할 근거가 전혀 없습니다. 오늘날 기독교가 가장 놓치고 있는 것, 가장 기독교를 변질시키는 것, 그리스도를 가장 쓸모없게 만드는 부분이 바로 여기입니다. 그리스도가 하신 일, 그리스도가 완성하신 사역, 그리스도가 성취하신 결과, 그리스도로 말미암아 이미 이루어진 성도의 존재를 거의 인식하지 못하고 있습니다. 구원의 감격, 죽은 자 같았던 내가 살아났다는 감격, 죄에 잡혀 사는 삶의 그 허무함과 무지함과 의미 없음을 분별하고 하나님의 원리로 살아간다는 환희와 감격이 없습니다. 그러니까 간증이 그리스도를 간증하지 못하고, 자신의 성공을 간증할 뿐입니다. 그러니까 기독교가 감사하는 종교가 되지 못하고, 간구하는 종교의 수준에 머물러 있습니다. 그래서 교회가 그리스도의 복음, 이미 완성하신 결과인 복된 소식을, 복음을 선포하지 못하고, 그저 비전이나 운운하고, 동기부여나 하고 있는 작태를 보여줄 뿐입니다.

그러면 안디옥에 있는 사람들이 바울이나 바나바 그리고 제자들을 보면서 그리스도인이라고 부른 것은 칭찬일까요, 아니면 약간의 조롱 섞인 말일까요? 정답은 조롱 섞인 말이었습니다. 왜냐하면 성도가 아닌 사람은, 성도의 감격을 모르는 사람은, 성도된 것이 이미 상을 받은 것이요, 완성된 것이요, 성취된 것이요, 결실을 얻은 것임을 모르는 사람들은 바울과 바나바가 말하는 내용을 전혀 이해할 수 없었기 때문입니다. 바울과 바나바가 말하는 그리스도가 도대체 왜 그렇게 중요한지 도무지 알지 못했기 때문입니다. 자신들 생각에게는 중요하지도 않은, 알고 싶지도 않은 그리스도를 계속하여 말하니 그냥 '저것들 뭔데 계속 그리스도, 그리스도하는 거야?'라는 의미로 '그리스도인'이라고 한 것입니다. 그리스도를 아는 사람이 그리스도를 모르는 사람에게 검증받을 수 있는 방법이란 없습니다. 다만 그리스도를 아는 사람이 자신이 진리를 알고 있으며, 자신이 새로운 존재이며, 자신이 완성된 존재요, 성취한 삶을 사는 것임을 인식해야 하는 것뿐입니다. 이 기독교의 진리됨을 놓치시면 안 됩니다.

바울의 권고

선지자와 교사

13장으로 넘어와 보겠습니다. 어떤 표현을 자주 보면 그 중요성을 인식하지 못하고 그냥 당연한 것으로 여기는 경우가 있는데 절대로 그러면 안 됩니다. 도리어 반복적으로 나올 때마다 주의를 기울이고 강조점을 확인해야 합니다. 그것이 바로 '성령'에 대한 언급입니다. 11장부터 예루살렘 교회에 대한 언급이 점차 줄어들고 13장부터는 안디옥 교회가 전면에 등장합니다. 핵심 되는 교회가 바뀌었다는 것이 중요한 것이 아니라 하나님이 하시는 사역이 중단되지 않는다는 것이 중요합니다. 그것을 확인시켜 주는 것이 '성령'입니다. 기독교의 주체, 기독교의 사역은 하나님이시라는 것을 꼭 기억하셔야 합니다.

죄가 인간을 속이는 가장 교활한 수단은 은혜를 당연한 것으로 간주하게 하고, 감격을 과거의 일로 치부하게 하는 것입니다. 하나님 대신 사람의 역할을 강조하는 것입니다. 안디옥 교회가 있습니다. 큰 교회일까요, 작은 교회일까요? 아무 상관이 없습니다. 안디옥 교회에 사람이 여럿이 있었습니다. 그들이 누구일까요, 유력자일까요, 준비된 사람일까요? 아무 상관이 없습니다. 어떤 기독교 단체가 '작은 교회 운동'을 한다고 합니다. 솔직히 작은 교회 운동은 특별히 하지 않아도 그냥 저절로 됩니다. 대부분 작은 교회입니다. 또 '강소형 교회'라는 표현도 사용합니다. 그것도 억지입니다. 핵심은 교회가 대상을 죄로 인식하고, 죄를 이길 만한 하나님의 말씀, 진리를 알아가고 있느냐가 중요합니다.

기독교의 모든 사역이 죄를 이기는 사역이기에 언제나 성령이 강조됩니다. 13장 2절에서도 '성령이 이르시되', 4절에도 '성령의 보내심을 받아', 9절에서도 '성령이 충만하여'입니다. 성경은 '안디옥 교회가 결단하여'라고 말하지 않습니다. '안디옥 교인들이 의기투합하여'라고 칭찬하지 않습니다. '바울과 바나바가 용기 있고 실력 있게'라고 인정해주지 않습니다. 하나님이 하셨다고 말하는 것으로 부족합니까? 꼭 그 다음에 교회가 수고했다고, 성도가 애썼다고 한 마디 덧붙여야 직성이 풀립니까?

또 중요한 한 가지를 보겠습니다. 13장 1절 "안디옥 교회에 선지자들과 교사들이 있으니 곧 바나바와 니게르라 하는 시므온과 구레네 사람 루기오와 분봉 왕 헤롯의 젖동생 마나엔과 및 사울이라"입니다. 여기에서 강조점이 어디에 있을까요? 정답은 '선지자와 교사'입니다. 교회에 어디 출신의 사람이 있었느냐, 어떤 신분의 사람이 있었느냐가 중요한 것이 아닙니다. 그들이 교회에서 어떤 역할을 하고 있었으며, 자신들의 정체성을 누구라고 인식하고 있었느냐가 중요합니다. 본문의 선지자는 구약의 예언자를 의미하는 것이 아니라 하나님의 말씀을 전하는 사람을 의미하고, 교사는 하나님의 말씀을 가르치는 사람을 의미합니다. 11장 26절에서 보신 것처럼 안디옥 교회에서 제자들이 '그리스도인'이라 칭함을 받은 것은 안디옥 교회가 일 년간 큰 무리를 가르친 결과입니다. 성도가 무엇인지 가르쳤고, 성도를 성도되게 하기 위하여 그리스도가 어떤 사역을 하셨는지를 가르쳤습니다. 사도행전에 나타난 사도들의 핵심 사역도 바로 가르치는 사역이었습니다. 단순히 '예수 믿으세요!'가 아니라 설명을 했습니다. 왜 예수를 믿어야 하는지 설명할 수 있었고, 성경의 본문을 통해서 예수를 설명할 수 있었습니다. 믿으라고, 믿어달라고 부탁한 것이 아니라 믿을 수 있도록 설명할수 있었다는 것이 중요합니다.

바울의 권고

사울과 바나바가 바보라는 지역에 이르러 말씀을 전할 때에 그곳에서 유대인 마술사를 만납니다. 사도행전 8장에서 빌립이 사마리아 지역에서 복음을 전할 때와 유사한 사건이 발생했었습니다. 사마리아의 마술사 시몬이 복음을 듣고 믿고, 침례도 받고, 빌립을 따라다녔습니다. 바보의 마술사 엘루마는 총독과 함께 있었다는 것으로 보아 공직과 관련이 있는 것 같은데, 총독이 바울과 바나바가 전하는 하나님 말씀에 관심을 보이자 방해 공작을 폅니다. 이때 바울이 이 마술사에 대해서 하는 말이 10절과 11절입니다. 중요한 것이 10절과 11절에 대한 이해입니다. "이르되 모든 거짓과 악행이 가득한 자요 마귀의 자식이요 모든 의의 원수여 주의 바른 길을 굽게 하기를 그치지 아니하겠느냐 보라 이제 주의 손이 네 위에 있으니 네가 맹인이 되어 얼마 동안 해를 보지 못하리라 하니"입니다. 여러분은 이 말을 읽거나 들으실 때에 어떤 느낌이 드십니까? 지금 바울이 대적자를 위해 큰 소리로 책망하며 꾸짖으며, 마치 귀신을 쫓아버리는 뉘앙스로 말하는 것으로 여겨지십니까, 아니면 참 안타까운 뉘앙스로 조근조근, 나긋나긋 타이르는 것으로 여겨지십니까?

제가 설교 서두에 바울이나 바나바가 지도자 그룹이나 리더에 속한 자가 아니라고 했습니다. 바울의 경우에는 본인이 예수 믿는 사람을 잡으러 다니다가 극적으로 하나님을 믿게 된 사람입니다. 하나님을 믿은 후에 사도들에게 인정받지 못하고 십여 년 동안 초야에 묻혀있다 이제 겨우 사역에 나선 사람입니다. 안디옥에서 자신의 삶에 대해서 죄에서 구원받은 것을 감격으로 고백하고, 죄의 자녀에서 하나님의 자녀가 된 것이 자신의 삶에서 이룰 수 있는 최상 최고의 변화와 완성이요, 성취요, 하나님께 받은 선물이요, 상급이라고 고백하는 사람이 복음을 반대하는 한 사람을 바라볼 때 어떤 심정을 가졌을지 충분히 예상할 수 있습니다. 단순히 어떤 한 사람이 아니라, 마치 예전에 자기가 행했던 것처럼, 진리에 대하여 몰라서 진리를 전하는 자들을 잡으러 다닐 때의 자신의 모습과 같은 사람, 복음에 대해서 몰라서 복음을 전하는 자들을 막아서려고 뛰어다닐 때의 자신의 모습과 같은 사람을 볼 때 바울은 어떤 느낌을 가졌는지 알 수 있습니다.

자기의 사역을 방해하는 대적자로 보였을까요, 아니면 알아야 할 것을 알지 못하는 자에 대한 안타까운 사람으로 보였을까요? 자기가 영적 전투를 감당하고 있는데 감히 자신에게 대항한 훼방꾼이요, 자기가 물리쳐야 할 적으로 보였을까요, 아니면 저 사람도 진리를 알고 구원을 받았으면 좋겠다는 간절한 소망의 대상으로 보았을까요? 정답은 후자입니다. 바울은 지금 복음을 전하러 나선 사람입니다. 바울은 예전에는 예수 믿는 사람을 잡으러 다니다가 이제는 예수 안 믿는 사람을 잡으러 다니는 살기등등한 모습이 아닙니다. 자기가 받은 구원을 깨닫고 나니 구원받지 못한 사람들에 대해 빚진 자의 마음이 있고, 모든 사람이 자기와 같이 되었으면 좋겠다는 바람이 있습니다. 복음을 듣지 않는 사람이 괘씸한 것이 아니라 안타깝고, 행여 자기가 예전에 행하던 것 같이 단지 복음을 듣지 않는 정도가 아니라 방해하는 사람을 만나면 측은하기까지 합니다. 그런 사람일수록 더 불쌍한 마음이 들고, 꼭 구원을 받았으면 하면 바람이 더 큽니다. 그런 마음을 가지고 하는 말이 10절과 11절입니다.

10절을 읽으실 때 영적 전투라고 생각하고 비장한 각오로, 마치 전투장에 나가는 장군의 출사표처럼 읽으시면 안 됩니다. 마치 책망하고, 꾸짖고, 혼내고, 쫓아내는 심정으로, 저주를 퍼붓는 음성으로 읽으면 안 됩니다. 정반대로 읽어야 합니다. 안타깝고, 민망하고, 긍휼하고, 간절한 마음으로 읽어야 합니다. 모든 것을 다 아는 사람이 하나 밖에 모르는 사람을 타이르는 듯한 심정으로 읽어야 합니다. 산전수전, 공중전, 지하전까지 경험한 사람이 이제 갓 신병훈련을 마쳐놓고 마치 세상을 다 이길 듯한 모습을 보이는 이등병을 보면서 혀를 차는 모습으로 어깨를 두드리며 진정시키는 태도로 읽어야 합니다. 풀어서 읽어보면 '오 형제여, 당신은 모든 거짓과 악행이 가득하군요. 당신이 하는 일은 마귀의 자식처럼 구는 것이고, 의의 원수가 되는 것입니다. 주의 바른 길을 굽게하기를 그치기를 간절히 바랍니다!'의 의미입니다. 이것이 너무 유약해 보입니까? 절대로 그렇지 않습니다.

은혜를 구함

지금 바울은 대적자를 물리치려는 것이 아니라 죄인에게 복음을 전하고 있다는 것을 기억하셔야 합니다. 바울은 남을 책망할 입장이 전혀 아니라는 것을 기억하시기 바랍니다. 마술사 엘루마가 아무리 방해를 할지라도 바울 자신이 예수 믿는 사람에 대해 했던 일에 비하면 너무나 약한 것임을 잘 알고 있습니다. 만약 바울이 죄인이 복음을 안 듣는다고 해서 저주를 퍼붓는다면 바울은 교만 그 자체이며, 복음의 성격에 대해서도 단단히 오해하고 있는 것이 되어 버립니다. 바울은 남을 저주할 입장이 전혀 아닙니다. 11절을 읽어보시면 바울의 심정을 이해하실 수 있습니다. "보라 이제 주의 손이 네 위에 있으니 네가 맹인이 되어 얼마 동안 해를 보지 못하리라 하니 즉시 안개와 어둠이 그를 덮어 인도할 사람을 두루 구하는지라"입니다.

바울이 말하는 11절은 어디서 많이 본 것 같지 않습니까? 사도행전 9장 3절 "사울이 길을 가다가 다메섹에 가까이 이르더니 홀연히 하늘로부터 빛이 그를 둘러 비추는지라", 8절 "사울이 땅에서 일어나 눈은 떴으나 아무것도 보지 못하고 사람의 손에 끌려 다메섹으로 들어가서 사흘 동안 보지 못하고 먹지도 마시지도 아니하니라"입니다. 바로 바울 자신이 경험한 일입니다. 바울은 예전에 자신이 하던 일과 유사한 일을 하고 있는 엘루마에게 자신이 겪은 일과 유사한 상황이 일어날 것에 대해 말하고 있습니다. 그렇다면 바울이 사도행전 9장에서 겪었던 일, 하나님께서 바울에게 행하셨던 일이 저주였습니까, 은혜였습니까? 당연히 은혜였습니다. 그런 은혜를 받은 바울이 지금 엘루마에게 하는 말이 저주일까요, 은혜일까요? 당연히 은혜입니다. 바울은 복음을 방해하는 엘루마에게 저주를 퍼붓고 있는 것이 아니라 곧 그에게도 임할 은혜를 알려주고 있습니다. 바울은 속으로 생각하기를 '나대는 것을 보니까 꼭 예전의 나를 보는 것 같구나. 너도 곧 은혜를 받겠구나!'라고 말하고 있습니다.

바울이 그리스도를 전파했습니다. 그래서 그리스도인이라 불렸습니다. 바울이 전한 그리스도는 저주를 하는 그리스도가 아니라 은혜를 주시는 그리스도이었습니다. 여러분은 이미 그리스도인입니다. 상과 복을 기다리는 그리스도인이 아니라 예수 그리스도로 말미암아 상과 복을 받은 성도, 은혜를 받은 성도, 완성과 성취를 이룬 하나님의 열매요, 결실입니다. 하나님을 알고 성도됨을 알아 그리스도인다운, 하나님 나라의 자녀다운 삶을 풍성히 누리시기를 주님의 이름으로 축원합니다.

사도행전 13:13~41

13 바울과 및 동행하는 사람들이 바보에서 배 타고 밤빌리아에 있는 버가에 이르니 요한은 그들에게서 떠나 예루살렘으로 돌아가고 14 그들은 버가에서 더 나아가 비시디아 안디옥에 이르러 안식일에 회당에 들어가 앉으니라 15 율법과 선지자의 글을 읽은 후에 회당장들이 사람을 보내어 물어 이르되 형제들아 만일 백성을 권할 말이 있거든 말하라 하니 16 바울이 일어나 손짓하며 말하되 이스라엘 사람들과 및 하나님을 경외하는 사람들아 들으라 17 이 이스라엘 백성의 하나님이 우리 조상들을 택하시고 애굽 땅에서 나그네 된 그 백성을 높여 큰 권능으로 인도하여 내사 18 광야에서 약 사십 년간 그들의 소행을 참으시고 19 가나안 땅 일곱 족속을 멸하사 그 땅을 기업으로 주시기까지 약 사백오십 년간이라 20 그 후에 선지자 사무엘 때까지 사사를 주셨더니 21 그 후에 그들이 왕을 구하거늘 하나님이 베냐민 지파 사람 기스의 아들 사울을 사십 년간 주셨다가 22 폐하시고 다윗을 왕으로 세우시고 증언하여 이르시되 내가 이새의 아들 다윗을 만나니 내 마음에 맞는 사람이라 내 뜻을 다 이루리라 하시더니 23 하나님이 약속하신 대로 이 사람의 후손에서 이스라엘을 위하여 구주를 세우셨으니 곧 예수라 24 그가 오시기에 앞서 요한이 먼저 회개의 세례를 이스라엘 모든 백성에게 전파하니라 25 요한이 그 달려갈 길을 마칠 때에 말하되 너희가 나를 누구로 생각하느냐 나는 그리스도가 아니라 내 뒤에 오시는 이가 있으니 나는 그 발의 신발끈을 풀기도 감당하지 못하리라 하였으니 26 형제들아 아브라함의 후손과 너희 중 하나님을 경외하는 사람들아 이 구원의 말씀을 우리에게 보내셨거늘 27 예루살렘에 사는 자들과 그들 관리들이 예수와 및 안식일마다 외우는 바 선지자들의 말을 알지 못하므로 예수를 정죄하여 선지자들의 말을 응하게 하였도다 28 죽일 죄를 하나도 찾지 못하였으나 빌라도에게 죽여 달라 하였으니 29 성경에 그를 가리켜 기록한 말씀을 다 응하게 한 것이라 후에 나무에서 내려다가 무덤에 두었으나 30 하나님이 죽은 자 가운데서 그를 살리신지라 31 갈릴리로부터 예루살렘에 함께 올라간 사람들에게 여러 날 보이셨으니 그들이 이제 백성 앞에서 그의 증인이라 32 우

리도 조상들에게 주신 약속을 너희에게 전파하노니 33 곧 하나님이 예수를 일으키사 우리 자녀들에게 이 약속을 이루게 하셨다 함이라 시편 둘째 편에 기록한 바와 같이 너는 내 아들이라 오늘 너를 낳았다 하셨고 34 또 하나님께서 죽은 자 가운데서 그를 일으키사 다시 썩음을 당하지 않게 하실 것을 가르쳐 이르시되 내가 다윗의 거룩하고 미쁜 은사를 너희에게 주리라 하셨으며 35 또 다른 시편에 일렀으되 주의 거룩한 자로 썩음을 당하지 않게 하시리라 하셨느니라 36 다윗은 당시에 하나님의 뜻을 따라 섬기다가 잠들어 그 조상들과 함께 묻혀 썩음을 당하였으되 37 하나님께서 살리신 이는 썩음을 당하지 아니하였나니 38 그러므로 형제들아 너희가 알 것은 이 사람을 힘입어 죄 사함을 너희에게 전하는 이것이며 39 또 모세의 율법으로 너희가 의롭다 하심을 얻지 못하던 모든 일에도 이 사람을 힘입어 믿는 자마다 의롭다 하심을 얻는 이것이라 40 그런즉 너희는 선지자들을 통하여 말씀하신 것이 너희에게 미칠까 삼가라 41 일렀으되 보라 멸시하는 사람들아 너희는 놀라고 멸망하라 내가 너희 때를 당하여 한 일을 행할 것이니 사람이 너희에게 일러줄지라도 도무지 믿지 못할 일이라 하였느니라 하니라

제자들과 유대교

설교들

사도행전에는 여러 편의 설교가 등장합니다. 대표적으로 세 사람의 설교가 있습니다. 2장, 3장, 10장에 베드로의 설교, 7장에 스데반의 설교, 13장 이후부터 바울의 설교가 나옵니다. 그런데 설교마다 공통점이 있습니다. 맨 먼저, 성령 받은 직후인 2장의 베드로의 설교는 성령 받은 사람들이 방언을 말하는 현상에 대해서 요엘 선지자의 예언이 성취되었다는 설명으로 시작해서 예수에 관해 증언합니다. 하나님이 예수를 살리셔서 주와 그리스도가 되게 하셨다고 강조합니다. 즉 하나님이 하신 일이 선포되었습니다. 베드로가 성전 미문에 있던 앉은뱅이를 고친 뒤인 3장의 베드로의 설교도 하나님이 영화롭게 하신 예수의 이름이 병자를 고쳤다고 설명하고, 예수는 모세에게 말씀하신 것, 사무엘 때부터 이어 말한 모든 선지자가 말씀하신 것의 성취라고 선포합니다. 즉 하나님의 약속과 예언이 성취되었다고 설명합니다. 7장에서 스데반은 설교의 상황이 가장 좋지 않았습니다. 베드로는 두 번의 설교가 모두 청중들이 놀라워하고 궁금해 하는 상황에서 이루어

졌지만 스데반은 정반대로 사로잡혀서 죽음의 위협을 받는 상황에서 자신이 고소 받은 내용에 대해 반론하는 입장이었습니다. 스데반은 자신이 고소 받은 율법과 성전에 대해 반론하면서 구약 성경 전체를 요약하며 하나님이 행하신 일을 설명하면서 하나님이 주신 율법이나 성전이 아니라, 율법이나 성전을 주신 하나님을 강조하는 설교를 합니다. 10장에서 고넬료에게 설교하는 베드로는 비록 고넬료가 듣고 믿기를 바라는 마음이 아닌 채로, 도리어 이방인은 대상이 아니라는 심보로 설교를 했지만 그 내용은 여전히 하나님이 예수를 살리셨다고 설교했습니다.

요약해보면 사도행전에 등장하는 제자들의 설교에는 두 가지 공통점이 있습니다. 첫째는 모두 하나님이 행하신 일을 강조했다는 사실입니다. 물론 오늘 보게 될 13장의 바울의 설교도 철저하게 하나님이 행하신 일을 강조합니다. 두 번째는 하나님이 행하신 일을 알릴 뿐 행여 듣지 않는 사람, 믿지 않는 사람, 거부하는 사람들에 대한 어떠한 저주나 협박이 없고, 자신들의 말을 따르지 않은 사람에게 미칠 어떠한 나쁜 상황이나 사건이나 결과를 단 한마디도 하지 않았다는 사실입니다. 기독교에서 흔히 유행하던 '예수천당 불신지옥'과 같은 유형이 전혀 없었습니다. 지난주에 보았던 바울이 마술사 엘루마에게 했던 예언도 전혀 심판이나 저주가 아니라 장차 그에게 임할 은혜를 암시하는 것이었음을 확인했습니다. 사도들의 설교는 하나님이 행하신 일, 그것이 인간에게 좋은 소식, 즉 복음이기에 복된 소식을 알려주려는데 집중했습니다.

유대교와의 관계

사도들의 설교가 가진 특성을 통해 기독교가 어떻게 다르고 얼마나 다른지를 비교해서 설명해 보겠습니다. 고향 다소에 있던 사울이 바나바에 의해서 안디옥으로 오게 되고 다시 복음 사역을 펼칠 수 있게 된 것은 자그마치 십여 년 이상의 세월이 흐른 뒤입니다. 사울의 전도활동이 시작되는 13

장은 자동적으로 예수님이 승천하신 이후 십 년 이상이 되었음을 의미합니다. 과연 예수님이 승천하시고 성령이 임한 직후에 행한 설교와 적어도 십년 이상이 지난 후의 사도들의 설교가 같은 지 다른 지 점검해 보는 것도 매우 흥미진진한 사항입니다. 우선 14절을 보겠습니다. "그들은 버가에서 더 나아가 비시디아 안디옥에 이르러 안식일에 회당에 들어가 앉으니라 율법과 선지자의 글을 읽은 후에 회당장들이 사람을 보내어 물어 이르되 형제들아 만일 백성을 권할 말이 있거든 말하라 하니"입니다. 저희가 그곳의 지리나 지형을 잘 모르니까 실감이 나지 않습니다. 자료들을 참고하면 6절의 바보라는 지역에서 사역을 하고 14절의 버가로 오는데 그 거리가 약 280킬로미터이고, 그곳에서 비시디아 안디옥으로 오는데 그 거리가 약 200킬로미터라고 합니다. 합쳐서 한 500킬로미터를 이동했습니다.

그런데 사도행전에서 한 가지 재미난 것은 제자들은 유대교와 원수지간으로 지내지 않았다는 사실입니다. 예수님 당시부터 유대교의 제사장들과 관원들은 예수에게 호의적인 태도를 보인 적이 없습니다. 물론 예수님도 유대교의 지도자들의 사역을 긍정적으로 인정해 주신 적이 없습니다. 당연히 유대교의 관원들은 음모를 꾸며서 예수를 죽이는데 앞장을 섰습니다. 하지만 예수님은 유대교를 피하지 않았고, 유대교를 원수로 여기지 않았고, 유대교와 대적하지도 않았습니다. 왜냐하면 예수님은 유대교 관원들을 포함한 모든 죄인들을 구원하러 오셨기 때문이요, 당연히 예수님은 유대교와 경쟁관계가 아니었기 때문입니다. 예수님에게는 예수님과 유대교 중에 누가 옳으냐가 핵심이 아니었고, 누가 주도권을 갖느냐가 전혀 관심이 아니었습니다. 그러니 유대교를 개혁하겠다는 의지를 보이신 적도 없고, 유대교의 분파를 형성한다는 생각조차도 전혀 없습니다. 예수님의 사역 대상은 언제나 모든 죄인이었습니다.

제자들도 마찬가지입니다. 사도행전의 제자들은 성령을 받은 후에 유대교를 대적한 적이 없습니다. 물론 유대교는 사도들을 박해하고 잡아들이고 위협했습니다. 그러나 사도들은 유대교에게 집단적으로 대항한 적이 없고, 유대교 지도자들에게 회개하라고 요구하거나 유대교가 개혁되어야 한다고 주장한 적도 없습니다. 이 말은 사도들은 여전히 유대교에 속해있었다거나 유대교의 영향력을 벗어나지 못했다는 의미가 아닙니다. 초기 교회의 사도들의 입장을 잘 생각하셔야 합니다. 상황적으로만 보면 사도들은 유대교와 거리를 두어야 합니다. 아예 원수처럼 대해야 합니다. 아예 성전이나 회당 근처에도 안 가야 합니다. 왜냐하면 자신들의 스승이요, 주이신 예수를 죽인 당사자들이기 때문입니다. 그런데 사도들은 유대교를 전혀 원수로 생각하지 않았습니다. 왜냐하면 유대교가 예수를 죽이기 전에 자신들이 먼저 예수를 버렸기 때문입니다. 예수를 누가 죽였느냐를 따지자면 사도들은 유대교를 주범으로 몰아세울 자격이 전혀 없습니다. 유대교야 원래부터 예수를 싫어하다가 하던 대로 예수를 죽였지만 자신들은 예수를 스승으로 알고 모시다가 예수를 부인하고 도망간 당사자들이기에 악하기로는 유대교보다 자신들이 더합니다.

사도들의 생각

예수를 버렸던 자신들에게 부활하신 예수가 찾아와서 징계가 아니라 도리어 죄로부터 해방되었고, 하나님의 자녀가 되었다는 복된 소식을 전해주셨고, 성령까지 임했습니다. 예수님이 자신들을 대적자로 간주하지 않았고, 자신들에게 변해야 한다거나 개혁해야 된다고 말하지 않았고, 예수의 십자가 사역을 통해 이루어내신 결과를 알려주시는 것을 경험했습니다. 그래서 제자들은 예수님이 자신들을 대해주셨던 것과 동일하게 유대교를 대하고 있습니다. 그러므로 제자들과 유대교와의 관계를 이해하시려면 당시 유대교의 영향력이나 제자들이 유대교의 생활권에 얼마나 익숙해져 있는가를 운운할 것이 아닙니다. 그러한 관점들은 성령이 임함으로 제자들의 사고, 제자들의 인식체계, 제자들의 생각, 가치, 개념, 원리, 기준이 어떻게 변했는가를 전혀 고려하지 않은 채 단지 상황과 환경을 중심으로 판단하는 것에 불과합니다.

제자들은 기준, 가치, 인식, 생각이 달라진 것입니다. 예수에 대한 생각이 달라졌기에 자신들이 버렸던 예수를 전파하고 있었고, 유대교에 대한 생각이 달라졌기에 유대교를 적대시하는 것이 아니라 도리어 유대교 사람들도 예수에 대해 바르게 알아야하는 대상으로 간주하고, 자신들이 알려주어야 한다고 여겼습니다. 예수님과 유대교의 관계는 유대교라는 종교와 예수라는 새로운 종교 지도자의 관점으로 보아서는 안 되고, 제자들과 유대교의 관계도 기존의 종교 유대교와 신흥 종교 기독교의 관점으로 보아서는 안 됩니다. 제자들은 이제 하나님의 마음과 심정을 가진 성도가 되었고, 제자들의 관점에서 유대교는 하나님의 일하심을 알아야 하는 대상이요, 구원받아야 할 죄인이라는 것뿐입니다. 사도행전에서 제자들이 성전에 찾아가고 회당을 방문하는 것은 종교 시설에 종교 행위를 위해서 가는 것이 아니라 구원의 대상인 죄인들을 향해 나아가는 것입니다. 그래서 성전에 가서도 예수의 복음을 설교하고, 회당에 가서도 예수의 복음을 설교했습니다.

하나님이 하셨다

회당장의 권고

13장 15절은 당시 회당의 활동을 소개해줍니다. 회당에서는 모세의 자리라는 의자가 있었고, 랍비가 그 의자에 앉아서 먼저 율법과 선지자의 글을 읽은 후에 약간의 설명을 하는 것이 당시 회당의 관례였습니다. 아주 짧은 15절에서 저와 여러분은 유대교의 일반적 성격, 또는 회당의 가르침의 성격, 또는 조금 확장해서 대부분의 종교들의 공통된 성격을 이해하시고, 서두에서 말씀드린 제자들의 설교와의 차이점을 분별하셔야 합니다. 회당에서 랍비가 율법과 선지자의 글을 읽은 후에 약간의 설교 또는 강해 또는 권면을 한다면 그 내용이 주로 무엇이겠습니까? 구체적으로 말하면, '하나님이 하신 일을 선포할 것인가?' 아니면 '사람들이 행할 일을 권면할 것인가?'를 묻는 것입니다. 당시 유대교는 메시야를 소망하고 있었습니다. 막연히 기대만 한 것이 아니라 자신들이 메시아의 은총을 받을 수 있도록 율법을 준수하고 의로운 행동을 하려고 노력하고 있었습니다. 예수와 같은 유형의 선지자가 나타나서 예수가 행한 정도의 사역은 자신들의 기대를 충족시켜 주지 못하기에 죽여 버리고, 더 큰 일을 해 줄 수 있는 메시야를 기다리고 있었습니다. 그런 마음을 가지고 있는 사람들에게 회당장이 설교를 하면 하나님이 하신 일을 선포하겠습니까, 아니면 사람들이 더욱 열심과 충성을 내도록 권고하겠습니까? 당연히 인간을 독려하는 내용입니다.

이것은 단지 회당이나 유대교만의 특징이 아니라 대부분의 종교의 특징입니다. 대부분의 종교는 신이 이미 사역을 완성했다고 선포하지 않습니다. 사람들이 현재의 상황을 만족해하지 않고 있는데 그들에게 신의 사역이 이미 완료되었다고 하면 그들은 신을 찾아오거나 의지할 필요를 느끼지 않을 것입니다. 그래서 대부분의 종교는 미래 지향적입니다. 우아한 말로 표현하면 소망을 주고, 기대를 주고, 잘 될 것이라는 꿈을 주고, 비전을 줍니다. 그리고 그 소망과 꿈이 이루어지도록 더욱 열심을 내고, 충성을 하고, 부지런하고, 의지하는 모습을 보이라고 권고합니다. 예나 지금이나 동양이나 서양이나 모든 종교의 공통된 모습입니다.

그런데 잘 생각해보시면 사람들의 가르침, 종교의 권면은 앞뒤가 하나도 맞지 않습니다. 한편으로는 소망과 희망을 이야기합니다. 그런데 다른 한편으로는 감사를 이야기합니다. 여러분, 소망과 감사는 전혀 다른 이야기입니다. 소망이나 꿈은 현재를 만족해하지 않는 것입니다. 아직 완성되지 않았고 성취되지 않았습니다. 그렇다면 아직 감사할 내용이 없습니다. 그래서 소망이나 꿈을 이야기하는 것은 언제나 감사를 말하지 않고 열정, 투지, 모험, 각오, 헌신을 말합니다. 그런데 다른 시간, 다른 장소에서는 느닷없이 감사하자고 합니다. 감사는 감사할 일이 있어야 하고, 자신의 삶을 과분해하고, 넉넉하다고, 넘친다고 생각해야 나오는 반응입니다. 부족하다고 여겨서 소망을 가지고 있는데 어떻게 충분하다고 여기는 감사가 나올 수 있습니까? 타종교의 가르침, 세상의 교훈으로는 감사가 나올 수 없습니다. 지구상에 감사를 말할 수 있는 유일한 곳이 어디입니까? 기독교, 교회입니다. 지구상에 감사를 실천할 수 있는 유일한 사람이 누구입니까? 오직 성도입니다. 왜냐하면 기독교는 하나님이 행하신 일을 선포하고, 하나님이 은혜를 주셨다고 선포하고, 성도는 복을 받았다고 고백하기 때문입니다. 문제가 해결되었다고, 하나님이 이루셔서 성도가 이루어졌다고, 하나님이 완성하셔서 성도에게 성취되었다고 간증하기 때문입니다.

회당장을 포함한 회당에 있는 사람들과 회당을 방문한 사울이나 바나바는 삶에 대한 인식이 전혀 다른 존재라는 것을 아셔야 합니다. 회당에 있는 사람들은 아직 이루어진 것이 없다고 생각하며 여전히 소망을 가지고 있는 존재들이고, 사울과 바나바는 다 이루어졌다는 완성과 결과와 열매를 가지고 있는 존재들이라는 차이가 있습니다. 그래서 회당장이 비록 율법과 선지자의 글을 읽었지만 하나님의 의도와는 다르게, 유대교가 생각하는 방식대로, 즉 은혜를 받을 수 있는 수단과 방법으로만 이해하고, 설교하고 있었습니다. 그런 설교가 끝난 후에 바울이 설교하는 내용이 16절에 등장합니다. 그래서 여러분은 회당의 분위기와 회당장의 설교가 어떠한 내용이었다는 것을 알고, 지금부터 바울이 하는 설교가 어떻게 얼마나 다른가를 확인하셔야 합니다.

경외하는 사람들아

13장 16절은 "바울이 일어나 손짓하며 말하되 이스라엘 사람들과 및 하나님을 경외하는 사람들아 들으라"입니다. 자주 등장하는 단어에 대해 다시 한 번 설명하겠습니다. '경외하는'에 해당하는 단어의 사전적 의미는 크게 두 가지입니다. '두려워하다'와 '놀라워하다'입니다. 두 의미 중에 개역 개정 성경은 주로 '두려워하다'로 번역하였고, 다른 표현으로 등장하는 것이 '경외하다'입니다. 저는 개인적으로 '놀라워하다'를 선호합니다. 물론 문맥에 따라서 의미를 구분해야 합니다. 특별히 이 단어를 주목하는 이유는 16절에 '하나님을 경외하는 사람들아'에 하나님이 나오고, 17절 이하에 '이 이스라엘 백성의 하나님이'에 하나님이 나오는데 16절과 17절의 하나님이 각각 의미가 완전히 다르다는 것을 인식하셔야 하기 때문입니다.

회당장들은 율법과 선지자의 글을 읽었지만 '하나님이 하신 일'에 대해서는 말하지 않았습니다. 왜냐하면 모두가 하나님이 일하시기를 기다리고 있기 때문입니다. 다른 표현으로는 예수를 하나님이 보내신 그리스도라고 생각하지 않으며, 십자가에 죽은 예수를 하나님이 살리셨다고 생각하지 않으며, 당연히 하나님이 행하신 일, 하나님이 완성하신 일, 하나님이 성취하신 일이 아직 없다고 생각하고 있습니다. 그래서 회당장들을 포함한 유대인들은 '장차 하나님이 행하시기를' 소망하고 있는데, 그 소망이 한편으로는 두려움인 것입니다. 왜냐하면 하나님은 아무나 도와주는 분이 아니라고 생각하기 때문입니다. 16절에서 바울이 회당에 있는 사람들을 향해 '하나님을 경외하는 사람들아'라고 할 때 '경외하는'의 의미는 '하나님을 두려워하고 있는'이라는 의미입니다. 이러한 유대인들의 생각과 바울의 생각은 완전히 다른 것입니다. 바울은 하나님이 이미 모든 일을 행하셨다고 선언합니다. 그래서 17절에서 바울이 생각하는 하나님이 등장합니다. 그러므로 16절은 유대인이 생각한 하나님이고 17절은 바울이 알고 있는 하나님입니다. 유대인이 생각하는 하나님은 '장차 일해주시기를 기대하는 하나님'이고, 바울이 선포하는 하나님은 '이미 역사하시고, 완성하신 하나님'입니다.

이스라엘 백성의 하나님이

성경을 읽으실 때에는 단락을 잘 구분하셔야 하는데 15절에서 회당장이 바울에게 하는 말이 '형제들아 만일 백성을 권할 말이 있거든 말하라'이고, 그래서 바울이 말을 시작하는 것이 16절부터입니다. '들으라'고 포문을 열고 실제로 바울이 하는 말이 17절부터 41절까지입니다. 그러므로 13장 13절부터 41절에는 두 개의 대조가 등장합니다. 하나는 13절부터 15절에 나오는 회당장의 행동입니다. 회당장은 율법과 선지자의 글을 읽었습니다. 그 후에 무슨 행동을 했는지는 기록되어 있지 않지만 평상시의 가르침과 같은 말을 했을 것입니다. 율법을 잘 지켜라, 의의 행동을 하라는 등의 권면을 했을 것입니다. 다른 하나가 17절부터 41절에 나오는 바울의 행동입니다. 회당장은 바울에게 '권할 말이 있거든 말하라'고 했고, 바울은 권하는 것이 아니라 하나님이 하신 일을 선포합니다. 그래서 17절로 41절의 핵심이 '하나님이 행하신 일'입니다. 바울이 강조하는 '하나님이 행하신 일'이 무엇인지 확인해 보겠습니다. 17절로 41절이 세 개의 단락으로 나누어져 있습니다.

첫 번째 단락이 17절로 20절입니다. "이 이스라엘 백성의 하나님이 우리 조상들을 택하시고 애굽 땅에서 나그네 된 그 백성을 높여 큰 권능으로 인도하여 내사 광야에서 약 사십 년간 그들의 소행을 참으시고 가나안 땅 일곱 족속을 멸하사 그 땅을 기업으로 주시기까지 약 사백 오십 년 간이라 그 후에 선지자 사무엘 때까지 사사를 주셨더니"입니다. 이 구절은 한 문장인데 주어가 '이스라엘 백성의 하나님이'입니다. 그 하나님이 하신 일은 '택하시고, 인도하시고, 참으시고, 주셨다', 즉 모두 하나님이 하셨다는 선언입니다.

두 번째 단락이 21절로 25절입니다. "그 후에 그들이 왕을 구하거늘 하나님이 베냐민 지파 사람 기스의 아들 사울을 사십 년간 주셨다가 폐하시고 다윗을 왕으로 세우시고 증언하여 이르시되 내가 이새의 아들 다윗을 만나니 내 마음에 맞는 사람이라 내 뜻을 다 이루리라 하시더니 하나님이 약속하신 대로 이 사람의 후손에서 이스라엘을 위하여 구주를 세우셨으니 곧 예수라 그가 오시기에 앞서 요한이 먼저 회개의 침례를 이스라엘 모든 백성에게 전파하니라 요한이 그 달려갈 길을 마칠 때에 말하되 너희가 나를 누구로 생각하느냐 나는 그리스도 아니라 내 뒤에 오시는 이가 있으니 나는 그 발의 신발끈을 풀기도 감당하지 못하리라 하였으니"입니다. 착각하시면 안 되는 것이 사울을 대신하여 다윗을 세웠다고 강조하는 것이 아니라는 사실입니다. 22절 끝에 '다윗을 만나니 내 마음이 맞는 사람이라 내 뜻을 다 이루리라 하시더니'는 다윗을 칭찬하는 표현이 아닙니다. 사울 대신 다윗을 맞이하여 아주 마음이 든든하고, 다윗보다 나은 사람이 없다고 다윗을 인정하는 표현이 아닙니다. 다윗이 등장하는 이유는 23절의 '하나님이 약속하신 대로'를 강조하기 위해서입니다. 다윗을 말하기 위해서가 아니라 예수를 말하려고 하는데 그 근거로 작용하는 것이 다윗일 뿐입니다. 하나님이 '다윗을 세웠다'는 것이 핵심이 아니라 하나님이 다윗에게 '약속을 하셨다'는 것이 핵심입니다. 그래서 하나님이 '약속하신 대로 이 사람의 후손에서 구주를 세우셨으니 곧 예수라'가 나오는 것입니다. 예수가 등장하지 않으면 다윗은 아무 의미가 없습니다.

24절의 침례 요한도 마찬가지입니다. 요한이 먼저 왔다는 것, 회개의 침례를 모든 이스라엘 백성에게 전파했다는 것이 중요한 것이 아닙니다. 요한도 예수가 왔다는 것을 알리는 것뿐입니다. 예수가 없으면 요한은 쓸데없는 짓을 한 것이요, 무익한 행동을 한 것이요, 헛된 일을 했을 뿐입니다. 요한이 사건 전개의 본질을 정확히 알고 말한 것이 '나는 그리스도가 아니라'는 것입니다. 두 번째 단락의 결론이 무엇입니까? 하나님이 약속하셨고, 하나님이 약속하신 대로 예수가 오셨다는 선언입니다.

하나님이

세 번째 단락이 26절부터 30절입니다. "형제들아 아브라함의 후손과 너희 중 하나님을 경외하는 사람들아 이 구원의 말씀을 우리에게 보내셨거늘 예루살렘에 사는 자들과 그들 관리들이 예수와 및 안식일마다 외우는 바 선지자들의 말을 알지 못하므로 예수를 정죄하여 선지자들의 말을 응하게 하였도다 죽일 죄를 하나도 찾지 못하였으나 빌라도에게 죽여 달라 하였으니 성경에 그를 가리켜 기록한 말씀을 다 응하게 한 것이라 후에 나무에서 내려다가 무덤에 두었으나 하나님이 죽은 자 가운데서 그를 살리신지라"입니다. 강조점만 뽑아서 읽으면 26절 '하나님이 구원의 말씀을 우리에게 보내셨다', 27절 '사람들이 예수를 죽였다', 30절 '하나님이 예수를 살리셨다'입니다.

물론 하나님이 살리셨다는 것을 말하기 전에 '너희가 예수를 죽였다'를 말합니다. 그런데 이것은 책망이나 꾸중이 아닙니다. 제자들이나 바울은 유대인들이 예수를 죽인 것을 나무랄 수 있는 입장이 아닙니다. 그래서 베드로도 설교할 때에 예수 죽인 것을 언급할 때에 사도행전 3장 17절에 "형제들아 너희가 알지 못하여서 그리하였으며 너희 관리들도 그리한 줄 아노라"고 말합니다. 사도들의 설교는 '너희가 예수를 죽였다'가 아니라 '하나님이 예수를 살리셨다'는 선언입니다.

알아할 것은

이루어진 것

세 단락의 결론만 뽑아오면 하나님이 은혜를 주셨고, 하나님이 약속하신 대로 행하셨고, 하나님이 죽은 자를 살리셨다는 사실입니다. 이렇게 하나님이 행하신 일이 있기에 31절 이하가 가능합니다. "갈릴리로부터 예루살렘에 함께 올라간 사람들에게 여러 날 보이셨으니 그들이 이제 백성 앞에서 그의 증인이라 우리도 조상들에게 주신 약속을 너희에게 전파하노니"
입니다. 이 구절에 기독교만 사용하는 놀라운 단어가 있습니다. 대표적인
것이 '증인'입니다. 다른 어느 종교에도 증인이라는 개념이 없습니다. 오직
기독교에만 있습니다. 증인의 역할은 이루어진 일을 증거하는 것입니다.
만약 이루어진 일이 없으면 증인이 존재할 수 없습니다. 그래서 소망을 말
하는 종교들, 꿈을 말하는 종교들에는 증인이라는 개념이 성립될 수 없습
니다. 그런데 기독교가 증인이면서 하나님이 행하신 일을 말하지 않고, 비
전을 말하고 꿈을 말한다면 그 사람은 증인이 아닌 것이 됩니다. 기독교에
증인이 있는 대신 '깨달음'이라는 개념이 없습니다. 왜냐하면 인간이 터득
한 지혜가 아니라 하나님이 계시로 주신 것이기 때문입니다. 기독교에 무
엇이 있고 무엇이 없는지를 잘 분별하셔야 합니다.

　바울은 사도들을 인정해줍니다. 예수를 직접 본 사람들을 증인이라고 존
중해 줍니다. 동시에 자신과 바나바도 전파하는 것이 있는데 동일한 내용
입니다. 32절의 '조상들에게 주신 약속'은 단지 약속이 아니라 그렇게 약속
하신 것, 그래서 약속대로 행하신 것, 약속대로 행하셔서 이루어진 것을 전
파한다는 의미입니다. 약속에 관한 내용이 33절로 이어집니다. "곧 하나님
이 예수를 일으키사 우리 자녀들에게 이 약속을 이루게 하셨다 함이라"입
니다. 약속과 성취에 관한 언급이 32절로 37절에 두 번 반복됩니다. 첫 번
째는 성취가 먼저 나오고 약속이 뒤에 나옵니다. 33절에서, 성취가 '예수를
일으키셨다'는 것이고, 약속의 말씀이 시편 2편에 기록된 '너는 내 아들이
라 오늘 너를 낳았다'입니다. 두 번째가 34절로 37절입니다. 약속이 '죽은
자 가운데서 그를 일으키사 다시 썩음을 당하지 않게 하실 것을 가르쳐 이
르시되 내가 다윗의 거룩하고 미쁜 은사를 너희에게 주리라'이고, 또 35절
'주의 거룩한 자로 썩음을 당하지 않게 하시리라'입니다. 그리고 성취가 37
절 '하나님께서 살리신 이는 썩음을 당하지 아니하였나니'입니다.

　바울이 이미 17절부터 30절까지에서 '하나님이 행하신 일' 즉 예수를 살

리셨다는 선포를 했습니다. 그런데 32절부터 37절까지 다시, 이번에는 '약속과 성취'의 패턴으로 반복하는 이유는 15절에서 회당장이 율법과 선지자의 글을 읽었기 때문입니다. 즉 회당장은 율법과 선지자의 글을 읽어놓고도 여전히 약속으로만 생각하고 있는데, 바울은 그 약속대로 하나님이 행하셔서 모든 것이 이루어졌다고 강조하는 것입니다. 그들 앞에서 그들이 한 말을 정반대로 뒤집어서 그들의 인식과 생각에 충격을 주고 있습니다.

너희가 알아야 할 것

사도행전 13장은 바울의 첫 번째 설교가 등장하는 곳입니다. 16절로 37절까지의 설교를 들으신 후 특징을 발견하실 수 있습니까? 바울의 설교에는 흔히 말하는 비전이나 목표가 없습니다. '무엇이 되자'고 하는 목표도 없고, '어떻게 하자'는 선동도 없습니다. 바울의 설교에는 방법론이나 수단론이 일체 존재하지 않습니다. 대신 바울의 설교에는 하나님이 하신 일이 있습니다. 그래서 바울 설교의 결론이 38절 "그러므로 형제들아 너희가 알 것은"입니다. 기독교는 알아야 하는 종교입니다. '알아야 한다'는 것은 '내용'이 있다는 의미입니다. 그 내용이 비전이나 목표가 아니요, 인간이 해야 할 일에 관한 것이 아닙니다. 도리어 완성이요, 결과요, 하나님이 행하신 일에 관한 것입니다. 이것이 기독교 복음이 세상의 교훈과 다른 점이요, 기독교의 설교나 선포가 세상의 강연과 다른 점입니다.

'너희가 알아야 하는 것'이 38절 "이 사람을 힘입어 죄 사함을 너희에게 전하는 이것이며 또 모세의 율법으로 너희가 의롭다 하심을 얻지 못하던 모든 일에도 이 사람을 힘입어 믿는 자마다 의롭다 하심을 얻는 이것이라" 입니다. '이 사람' 즉 예수를 힘입어 죄 사함을 얻었다는 사실입니다. 죄 사함 받는 방법을 알려주는 것이 아니라 예수로 말미암아 죄 사함을 받았다는 사실입니다. 유대인들의 사고방식을 대표적으로 보여주는 것이 복음서에서 예수님께 나아왔던 바리새인의 질문입니다. 누가복음 10장 25절 "어떤 율법교사가 일어나 예수를 시험하여 이르되 선생님 내가 무엇을 하여야 영생을 얻으리이까", 18장 18절 "어떤 관리가 물어 이르되 선한 선생님이여 내가 무엇을 하여야 영생을 얻으리이까"입니다. 이 질문은 유대인뿐만 아니라 오늘날까지 모든 인간들이 가지고 있는 생각입니다. 표현만 달리할 뿐입니다. 어떻게 하면 해탈할 수 있을까? 어떻게 하면 복을 받을 수 있을까? 어떻게 하면 성공할 수 있을까? 모두가 아직 아무 것도 이루어진 것이 없다고 생각하고 있습니다. 그래서 꿈을 말하고, 희망을 말하고, 비전을 말합니다.

오직 기독교만, 성도만 다릅니다. 기독교는 하나님이 역사하셨다고 선포하고, 성도는 이미 완성되었다고 고백합니다. 그래서 기독교가 알려줍니다. 성도는 완성된 삶을 살고, 감사하는 삶을 살면서 여전히 기대만하고 있는 사람들, 앞으로도 계속 기대만 하고 살 사람들을 향해 '이미 이루어졌다'는 것을 알려주고, '감사하는 삶'을 직접 보여주면서 이루어진 것을 증거합니다. 바울의 간절한 바람은 '저들이 예수로 말미암아 죄 사함, 즉 구원 받았음'을 아는 것입니다. 이것을 다른 표현으로 말한 것이 40, 41절입니다. 40절은 "그런즉 너희는 선지자들을 통하여 말씀하신 것이 너희에게 미칠까 삼가라"입니다. '삼가라'는 '조심하라, 주의하라'는 뜻입니다. 만약 너희가 알아듣지 못한다면 이런 모습이 된다고 설명하고 있습니다. 41절에 인용된 말씀은 구약 하박국 1장 5절인데 사도행전 본문대로 읽어보면 "보라 멸시하는 사람들아 너희는 놀라고 멸망하라 내가 너희 때를 당하여 한 일을 행할 것이니 사람이 너희에게 일러줄지라도 도무지 믿지 못할 일이라 하였느니라 하니라"입니다. 이런 구절을 잘 이해하셔야 합니다. 멀쩡한 사람들에게 나가서 '놀라고 멸망하라'고 저주를 퍼붓는 것이 아니라 복음을 전하고 있습니다. 복음을 들으면 삶이 달라지는데 복음을 듣지 않으면, 현재의 삶 즉 본인들이 현재 곤고하다고 하는 삶, 사는 게 지옥 같다고 하는 삶, 차라리 죽는 것이 낫다고 하는 삶, 그 삶이 지속되는 것이라는 의미입니다.

  사람들을 향해 나와 같은 삶을 살지 못하는 것을 안타깝게 여기는 성도의 삶, 증인의 삶을 살고 계십니까? 사람들을 향해 나와 같은 삶을 위해서 너희도 '이것을 알아야 한다'고 말할 수 있는 복음을 알고 계십니까? 여러분이 먼저 성경을 알고, 하나님을 알고, 구원을 알아 복되고, 즐겁고, 행복한 삶을 사시고, 기뻐하고 감사하면서 그 삶을 나누고 알리는 멋진 그리스도인의 생활이 되시기를 주님의 이름으로 축원합니다.

41

자처하기로

사도행전 13:42-52

42 그들이 나갈새 사람들이 청하되 다음 안식일에도 이 말씀을 하라 하더라 43 회당의 모임이 끝난 후에 유대인과 유대교에 입교한 경건한 사람들이 많이 바울과 바나바를 따르니 두 사도가 더불어 말하고 항상 하나님의 은혜 가운데 있으라 권하니라 44 그 다음 안식일에는 온 시민이 거의 다 하나님의 말씀을 듣고자 하여 모이니 45 유대인들이 그 무리를 보고 시기가 가득하여 바울이 말한 것을 반박하고 비방하거늘 46 바울과 바나바가 담대히 말하여 이르되 하나님의 말씀을 마땅히 먼저 너희에게 전할 것이로되 너희가 그것을 버리고 영생을 얻기에 합당하지 않은 자로 자처하기로 우리가 이방인에게로 향하노라 47 주께서 이같이 우리에게 명하시되 내가 너를 이방의 빛으로 삼아 너로 땅끝까지 구원하게 하리라 하셨느니라 하니 48 이방인들이 듣고 기뻐하여 하나님의 말씀을 찬송하며 영생을 주시기로 작정된 자는 다 믿더라 49 주의 말씀이 그 지방에 두루 퍼지니라 50 이에 유대인들이 경건한 귀부인들과 그 시내 유력자들을 선동하여 바울과 바나바를 박해하게 하여 그 지역에서 쫓아내니 51 두 사람이 그들을 향하여 발의 티끌을 떨어 버리고 이고니온으로 가거늘 52 제자들은 기쁨과 성령이 충만하니라

성도의 태도

진리의 가치

제가 초등학교 때 유행하던 농담이 있었습니다. 오징어 집안이 멸치 집안에게 결혼 신청을 했다가 거절당했다는 이야기입니다. 멸치 집안이 혼사를 거절한 이유는 '멸치 집안은 뼈대 있는 집안'이기 때문이랍니다. 나쁘게

말하면 허세이지만 좋게 말하면 본인들의 정체성에 대한 자존감입니다. 최소한 자신들의 존재, 자신들의 특성, 자신들의 본질을 바르게 파악하고 있습니다. 만약 멸치 집안이 오징어 집안의 청혼을 받아들였다면 그것은 뼈대 있는 집안이 뼈조차 없는 집안을 수용하고 받아준 것이지 둘이 같아진 것이 아닙니다. 개인이나 공동체가 독특성을 가진다는 것이 '배타적'이라는 의미가 아니며, 구별을 강조하는 것은 자신의 우월함을 강조하거나 상대방을 차별한다는 의미가 절대로 아닙니다. 차별이나 우열은 동일한 기준에서 상호 비교되었을 때 나타나는 정도의 차이입니다. 하지만 정체성, 독특성, 구별성은 전혀 다른 기준을 적용하기에 원천적으로 비교가 되지 않습니다.

기독교는 타종교가 틀렸다고 지적하거나, 잘못되었다고 정죄하는 단체가 아닙니다. 복음서에 나타난 예수님의 설교와 사도행전에 나타난 사도들의 설교는 사람들을 정죄하거나 심판하는 것이 아니었습니다. 기독교가 비교 우위를 차지하려고 경쟁하지 않았습니다. 유대교를 비롯한 모든 사람들의 각양의 종교적 행위를 막거나 제지하지 않았습니다. 더 나아가 구약성경 전체에서도 이스라엘이 아무리 엉뚱한 종교 행위에 빠져도 하나님은 원천봉쇄하거나 상응하는 징벌을 내린 적이 없습니다. 이것은 하나님이 타종교를 인정했거나 허용했거나 또는 묵인했다는 의미가 아닙니다. 해결 방안이 없는 죄인들에게 어떠한 시도도 하지 못하게 막는 것은 죄인을 두 번 죽이는 것입니다.

사람들의 행동을 막거나 정죄하는 것으로 기독교의 진리가 강조되는 것이 아닙니다. 도리어 죄인들이 할 수 있는 모든 행동을 다 하도록 두면 됩니다. '할 수 있거든 해 보라'고 하면 됩니다. 만약 인간의 종교 행위를 통하여 자유와 평화와 안식을 얻을 수 있다면 굳이 하나님이 나서지 않아도 됩니다. 하나님이 예방적 차원에서 막아주시면 죄인들은 감사하는 것이 아니라 도리어 인간의 자유가 침해되었다고 저항할 뿐입니다. 하나님은 인간이 하고 싶은 대로 하게 두시지만 인간이 할 수 없는 것을 아시고 대신 감당해 주시는 분입니다. 그렇게 하나님이 감당해 주신 결과를 복음이라는 이름으로 선포하시고 알려주십니다. 그러므로 복음은 경쟁의 대상이 아니고 다툼의 대상이 절대로 아닙니다.

사도들의 설교

13장 13절 이하는 비시디아 안디옥의 회당에서 있었던 일을 소개해 주고 있습니다. 안식일에 회당에서는 두 종류의 강연이 있었습니다. 하나는 회당장의 강연이었고, 다른 하나는 바울의 강연이었습니다. 두 강연은 토론이 아니었고, 논쟁이 아니었고, 배틀이 아니었습니다. 두 집단의 대표들에 의해 행해진 두 강연의 차이점이 무엇인지를 지난주에 소개해 드렸고, 이번에는 두 집단의 강연 후에 벌어진 사람들의 반응과 두 집단 사이에 서로를 대하는 태도의 차이점을 확인해 보면서 기독교의 본질과 모습을 점검해 보겠습니다. 회당장은 율법과 선지자의 글을 읽은 후에 '사람들이 행할 일'을 말했고, 바울은 '하나님이 하신 일'을 말했습니다. 다른 표현으로 하면 회당장은 '소망, 비전, 꿈, 상급, 면류관'을 강조했고, 바울은 '은혜, 완성, 성취, 열매, 감사'를 강조했습니다. 유대교와 기독교, 타종교와 기독교는 본질적으로 정체가 다르기 때문에 선포하는 내용, 강조의 포인트, 현재 인간의 삶에 대한 문제 인식과 해결 방식에 대한 판단, 권고하는 부분이 원천적으로 다릅니다.

회당장이 '사람이 행할 일'을 말한 것은 당연합니다. 왜냐하면 '하나님이 일하신다'는 개념이 없기 때문입니다. 바울이 왜 '하나님이 하신 일'을 말했는지도 충분히 짐작이 갑니다. 왜냐하면 이미 바울은 유대교에서 강조하는 일, 타종교에서 권하는 일 즉 '사람이 행할 일'을 다 해보았기 때문입니다. 바울은 스스로 율법에 정통한 자요, 열심이 특심이라고 했습니다. 얼마나 노력했는지 '율법의 의로는 흠이 없는 자'라고 자처할 정도였습니다. 회당에서 말을 하는 회당장이나 말을 듣는 유대인들의 목표나 방법을 이미 바울은 경험한 사람입니다. 시키는 대로, 요구하는 대로 다 해보았는데도 결과를 얻지 못한 사람에게는, 또는 반대로 이미 모든 결과를 얻은 사람에게는 제안이나 권고가 아무 소용이 없습니다. 바울의 경우는 두 경우 모두에 해당됩니다. 모든 노력을 다 했으나 아무 것도 얻지 못했고 자신의 수고와 관계없이 모든 것을 다 얻었습니다. 이러한 경험을 하게 되면 너무나 당연히 이전의 단계를 벗어나게 되고, 종교와 삶에 대한 새로운 이해, 새로운 개념, 새로운 인식을 가질 수밖에 없습니다. 그러면 개혁이니 혁신이니 변화를 운운하지 않고도 너무나 자연스럽게 새로운 삶을 살 수밖에 없습니다. 이런 것을 열매 또는 결실이라고 하고, 갈라디아서에서는 열매에 대하여 '금지할 법이 없느니라'고 표현했습니다.

성경에서는 제자들과 바울의 삶이 증거이고, 교회의 역사에서는 마르틴 루터가 대표적 인물입니다. 마르틴 루터가 95개 반박문을 붙이게 된 동기 중의 하나도 당시 로마 카톨릭이 요구하는 '사람이 행할 일'을 모두 해보았지만 별 소용이 없었기 때문입니다. 회개란 회개는 모두 하고, 별의 별 것을 다 고해서 사제로부터 제발 고해할 만한 행동을 하고 와서 고해하라는 권고를 받을 정도였지만 마음의 평화와 안식을 누리지 못했고, 구원받았다는 사실을 수용할 수 없었습니다. 그러다가 로마서 1장을 읽고 '인간의 의, 자신의 행동으로 인한 의'가 아니라 '하나님의 의'가 나타나서 하나님의 은혜로 구원받았다는 것을 깨닫게 되자, 그때까지 자신이 배운 것과 다른 것을 인식했고, 그래서 그 차이점을 논해보자고 제안한 것이 95개조 반박문이었습니다.

성도의 자세

사도들이나 바울 또는 모든 성도들 중에 죄인을 거치지 않고 성도가 된 사람이 없습니다. 또한 자신의 수고와 노력을 통해 즉 은혜 없이 성도가 된 사람이 없습니다. 모든 성도가 전부 죄인이었고, 오직 은혜로만 구원받았습니다. 그러므로 자신이 성도가 되었다고 해서 아직 죄인의 상태에 머물러 있는 사람을 정죄할 수 없고, 자신이 구원받은 것에 대해 자랑하거나 남이 구원받지 못한 것에 대해 비난할 수 없습니다. 하나님의 은혜가 아니었다면 여전히 죄인이었을 것이요, 여전히 사람들이 제안하는 각양의 종교 활동에 매진하고 있었을 것이기 때문입니다. 그래서 성도는 늘 자신의 성도됨에 대하여 감사한 마음을 가지는 것이며, 다른 사람에 대하여 빚진 자의 심정을 가지게 됩니다.

이러한 성도의 성도됨에 대한 기본 인식이 성도의 행동에, 본문에서는 바울의 행동에 그대로 적용됩니다. 회당장이 바울에게 '만일 백성을 권할 말이 있거든 말하라'고 해서 발언할 기회를 얻었을 때, 바울은 유대교의 잘못을 지적하지 않았고, 회당장의 권면이 무익하다는 말을 하지 않았습니다. 유대교를 비난하지도 조롱하지도 어이없어 하지도 않았습니다. 누가 옳으냐고 논쟁하지도 않았고, 서로의 공통점을 인정하여 연합과 일치를 이루자고 제안하지도 않았고, 우열이나 차별을 운운하지도 않았습니다. 다른 사람, 다른 종교, 다른 가르침에 대해 언급하지 않고, 오직 하나님이 하신 일, 하나님이 완성하신 일에 대해서 선포하였습니다. 사도행전에 나오는 사도들의 설교 중에 유대인을 비난하는 내용이나 유대교의 지도자들을 정죄하는 내용은 단 한 번도 없습니다. 또 유대교를 찾아가서 공개 토론을 제안하거나 상호간의 공통점을 확인하고 인정할 부분은 서로 인정하자고 제안하는 적도 없습니다.

사도들의 행동에서 확인하려고 하는 것이 복음을 전하는 사람들의 마음에 교만함이 없다는 것이며, 상대방을 멸시하는 태도가 없다는 것이며, 배타적이지 않다는 것이며, 경쟁적이지 않다는 것입니다. 아직 복음을 모르는 타종교인과 복음을 아는 성도의 관계에서 신중해야 하고, 배려적이어야 하고, 품위가 있어야 하고, 훨씬 마음을 써야하는 사람이 바로 성도입니다.

아는 자와 모르는 자 중에는 아는 자가 신경을 써야하고, 있는 자와 없는 자 중에는 있는 자가 훨씬 조심해야 하고, 주는 자와 받는 자 중에는 주는 자가 갑절로 주의를 기울여야 합니다. 도와준다는 명분으로, 알려준다는 구실로, 상대방을 위해준다는 내용으로 일말의 무례함이나 교만함이 드러나서는 안 됩니다. 도와줄지라도, 베풀어 줄지라도, 상대방을 위해 줄지라도 철저하게 '빚진 자의 심정'을 유지해야 합니다. 왜냐하면 궁극적 목적이 상대방의 자유와 평화와 안식과 기쁨이기 때문입니다.

사람들의 반응

청중의 반응

본문에는 바울의 설교를 들은 사람들의 반응이 두 종류로 나옵니다. 하나는 일반인들의 반응이고, 다른 하나는 종교 지도자들의 반응입니다. 첫번째, 일반인들의 반응으로 42절 "그들이 나갈새 사람들이 청하되 다음 안식일에도 이 말씀을 하라 하더라 회당의 모임이 끝난 후에 유대인과 유대교에 입교한 경건한 사람들이 많이 바울과 바나바를 따르니 두 사도가 더불어 말하고 항상 하나님의 은혜 가운데 있으라 권하니라 그 다음 안식일에는 온 시민이 거의 다 하나님의 말씀을 듣고자 하여 모이니"입니다. 사도행전에서 이런 구절만 보면 당장에라도 선교 나가고 싶어지실 것입니다. 설교하기만 하면 '사람들이 믿더라, 주께로 돌아오더라, 따르더라, 침례 받기를 원하더라' 입니다. 여기까지만 읽고 감동받아서 곧바로 나가시면 안 됩니다. 사도행전 20장을 넘어가면 바울이 전도하고 설교해도 예수 믿었다는 사람이 거의 나오지 않습니다. 바울을 불러서 수 차례 설교를 듣고 싶어 하면서도 듣기만 할뿐 믿지 않습니다.

성경은 한 군데만 보면 안 되고 전체를 다 파악해야 합니다. 아마 여러분이 사도행전을 보시면서 궁금해 하실 것입니다. 복음서에서는 예수님께서 온갖 이적과 기적을 행하시고, 설교도 비유를 들어가면서 너무 상세하게 잘 하셨는데도 아무도 믿는 사람이 없었는데, 사도행전에서는 어떻게 사도들이 설교만 하면 다 믿는다고 나서는지 의아해하실 것입니다. 결과만 따지고 본다면 예수님보다 사도들이 사람 끄는 능력이 더 좋아 보입니다. 성경을 단순하게 기록된 내용만 볼 것이 아니라 성경의 스토리가 전개되는 과정을 이해하셔야 합니다. 복음서는 아직 십자가 사건 이전이므로 죄인들이 죄에서 구원되지 않은 상태이기에 복음을 알아들을 수 없고 반응할 수 없었습니다. 사도행전은 십자가 사건과 성령 강림 사건 이후 즉 죄인들의 죄 문제가 해결된 상태이기에 복음을 들을 수 있고 복음에 반응할 수 있게 되었습니다. 예수님과 제자들 중 누가 더 능력이 있었느냐의 문제가 전혀 아니고, 베드로와 스데반, 베드로와 바울 중에 누가 더 설교를 잘했느냐의 문제가 전혀 아닙니다. 사도행전에서 '사람들이 믿었다 또는 따랐다'는 것은 사도들의 공로를 강조하려는 것이 아니라 예수님의 십자가 사역이 실패가 아니라 열매와 결실이 맺힌다는 것을 강조하는 것입니다.

사도들이 설교하면 모든 사람이 다 믿은 것은 아닙니다. 사도행전에는 한편으로는 사도들의 설교를 듣고 믿는 사람들이 있었고, 다른 한편으로는 사도들의 설교를 방해하고 더 나아가 사도들의 사역을 박해하는 사람들도 있었습니다. 사도행전 전체의 모습이 사도행전 13장에 함축적으로 표현되어 있습니다. 13장에서도 일반인들은 바울의 설교를 좋아했고, 다음 주에도 해달라고 요청했고, 실제로 많이 모였다고 합니다.

회당장의 태도

일반인들 말고 당시의 종교 지도자들의 반응이 45절 "유대인들이 그 무리를 보고 시기가 가득하여 바울이 말한 것을 반박하고 비방하거늘"과 50절 "이에 유대인들이 경건한 귀부인들과 그 시내 유력자들을 선동하여 바울과 바나바를 박해하게 하여 그 지역에서 쫓아내니"입니다. 43절에도 유대인이 나오고 45절과 50절에도 나옵니다. 동일한 단어지만 내용상으로 43절의 유대인은 단순하게 유대인, 유대 평민을 의미하고, 45절과 50절은 유대교의 지도자를 의미한다고 볼 수 있습니다. 유대교 지도자들의 반응에 대해서 하나씩 풀어보겠습니다.

먼저는 45절 대로 바울이 말한 것에 대해 '반박하고 비방하거늘'입니다. 이것은 회당장이나 유대교 지도자가 바울이 설교한 내용이 자신들이 말한 것과 차이가 있다는 것을 알아차렸다는 의미입니다. 일반인들은 바울이 말한 것을 알아차려서 다음 안식일에도 또 들려달라고 했는데, 유대 지도자들은 바울이 말한 것을 알아차린 후 반박하고 비방했다고 하니 무엇이 어떻게 다른 것일까요? 사람들의 반응이 차이가 나는 것은 단순하게 신분적으로 평민이냐 지도자냐의 차이가 아닙니다. 성경이 말하는 지도자의 개념은 단체의 대표나 조직의 운영자를 의미하지 않습니다. 성경이 말하는 지도자는 '내용을 가진 자'를 의미합니다. 마태복음 23장 8절에는 "너희는 랍비라 칭함을 받지 말라", 9절에는 "땅이 있는 자를 아버지라 하지 말라", 10절에는 "또한 지도자라 칭함을 받지 말라"고 나옵니다. 랍비, 아버지, 지도자의 공통점은 인생을 안다고 생각하는 사람, 그래서 제자나 후배나 자식들에게 '이렇게 살라'고 인생 사는 방법을 가르치는 존재라는 의미입니다. 예수님의 말씀은 진리를 모르는 사람이나 복음을 모르는 사람은 인간 문제의 본질과 해결책을 모르는 것이기에 진리와 복음을 모르면서 랍비, 아버지, 지도자라고 불리는 것은 엉뚱한 것, 잘못된 것을 말할 뿐이므로 그렇게 불리지 말라는 의미입니다.

동일한 의미로 사도행전에 나오는 유대교의 제사장들, 관원들, 회당장은 지도자 즉 인생 사는 방법을 알고 있고, 다른 사람에게 '이렇게 살라'고 가르치는 존재들입니다. 이렇게 '자신이 알고 있다'고 생각하는 사람의 당연한 특징이 바로 다른 사람의 말을 듣지 않는다는 것입니다. 지도자들의 약점이나 단점이 아니라 당연합니다. 본인이 알고 있다고 생각하니 가르치고 있는데, 만약 다른 사람의 말을 들으면 자신이 모르는 것이요, 모르면서 남을 가르칠 수는 없습니다. 강연이나 세미나를 하시는 분들이 공통적으로 말하는 것이 강연을 해보면 가장 듣는 태도가 불량한 집단이 두 그룹인데 하나는 선생님들이고 다른 하나는 목사님들이라고 합니다. 두 집단의 공통점은 안다고 하는 사람들이요, 가르치는 사람들입니다.

회당장은 처음에 자신들이 회중에게 율법과 선지자의 글을 근거로 '사람이 행할 일'을 말했습니다. 그리고 바울에게 권할 말이 있으면 말하라고 했습니다. 그때 회당장은 바울이 어떤 말을 할지라도 자기가 한 말과 별로 다르지 않을 것으로 예상했습니다. 왜냐하면 대부분의 종교나 학자들의 가르침은 유사했기 때문입니다. 그런데 바울이 한 말은 전혀 예상 밖이었습니다. 하나님이 이미 약속을 지키셨고, 예언을 완성하셨다는 내용이었습니다. 자신들이 죽인 예수가 그리스도였고, 하나님이 살려내셨고, 그 결과로 하나님이 이미 은혜를 주셨고, 죄인들이 이미 죄 사함을 받았다는 것이었습니다. 회당장은 이 내용을 수용할 수 없었습니다.

박해하여 쫓아내니

종교지도자들의 두 번째 반응이 50절 "이에 유대인들이 경건한 귀부인들과 그 시내 유력자들을 선동하여 바울과 바나바를 박해하게 하여 그 지역에서 쫓아내니"입니다. 복음을 거부하는 이유는 복음 말고도 자신들이 삶을 살아가는 원리나 방법을 알고 있다고 생각하기 때문이고, 동시에 자신들에게 할 수 있는 능력이 있다고 생각하기 때문입니다. 자신들이 할 수 있는 것이 다른 사람에게, 복음을 전하는 사람에게 영향력을 끼치는 것이요, 그 영향력이 박해로 나타났습니다. 권세와 능력으로 따지자면 예수님이 훨씬 강력한 힘을 가졌습니다. 그런데 예수님은 유대교를 박해한 적이 없고, 유대교 지도자를 쫓아낸 적도 없습니다.

예수님의 권세와 유대교의 권세가 어떻게 다른지 아셔야합니다. 예수님은 권세가 있는데 그 권세는 오직 죄를 이기는데 사용되는 권세입니다. 예수님은 인간의 적이 누구이며, 인간 문제의 본질이 무엇인지를 정확하게 아셨습니다. 그래서 오직 죄를 물리치고, 죄인들을 구원하는 일에 권세를 사용하셨습니다. 절대로 사람을 지배하거나 통제하거나 강요하는 방향으로 권세를 사용하지 않으셨습니다. 그런데 인간들은, 죄인들은 일말의 권세라도 있으면 당장에 다른 사람에게 위세를 부립니다. 인간의 적이 죄라는 것을 모르며, 물리쳐야 하는 대상이 죄라는 것을 모르기 때문입니다. 죄라는 대상을 파악하지 못하니까 엉뚱하게 인간 상호간에 우열을 확인하기 위해 권세를 부리고, 인간이 인간을 힘들게 하는 어리석은 행동을 합니다. 그러한 행동이 남을 위협하며, 박해하며, 쫓아내며, 죽이는 모습으로 나타나게 되어 있습니다.

자처하기로

구원의 은혜

이쯤에서 여러분은 한 가지 궁금한 것이 있으실 것입니다. 예수님이 십자가에서 죽으시고 부활하신 사건은 동일한데, 바울이 설교한 내용도 동일한데, 바울의 설교를 들은 회중이나 회당장이나 죄인이라는 차원에서는 동일한데, 왜 복음을 들은 사람의 반응이 다르냐는 것입니다. 만약 사람의 반응에 따라서 구원이 결정된다면 구원을 은혜라고 말할 수 없고, 만약 하나님의 은혜로 구원받는다면 사람의 반응이 어떠하든 동일한 결과가 나와야 합니다. 그런데 십자가 사역은 동일한데 인간에게는 동일한 결과가 아닌 전혀 다른 두 가지의 상반된 반응이 나옵니다. 이러한 궁금증은 '구원'과 '구원의 확신'을 혼동하기 때문입니다.

구원은 전적인 하나님의 사역입니다. 예수 그리스도의 십자가 사역을 통한 전적인 은혜로 인간에게 죄 사함, 즉 구원이 이루어졌습니다. 구원을 행하시는 분은 하나님이요, 구원이 적용되는 대상이 바로 인간입니다. 하나님이 이미 구원을 이루시고 완성하셨다는 소식이 바로 복음이고, 복된 소식을 알리는 것이 복음 선포 또는 전도입니다. 그러므로 전도는 이루어진 결과를 알리는 것이지 새로운 조건을 제시하는 것이 아닙니다. 이때 하나님은 인간에게 강요를 하지 않고 설득을 하십니다. 죄인이 스스로 죄로부터 벗어나는 것은 할 수 없는 일이기에 죄인이 할 수 없는 것을 하나님이 해주십니다. 그래서 은혜입니다. 그러나 인간이 할 수 있는 일에는 하나님이 철저하게 인간의 선택을 존중해 주십니다. 인간은 할 수 없는 일을 해주는 것에 대하여는 감사로 느끼지만, 할 수 있는 일을 해 주는 것에는 간섭으로 느끼기 때문입니다. 그래서 하나님은 이미 구원하셨다는 사실을 인간에게 전하고, 알리고, 가르치면서 알아듣고, 이해하고, 인정하고, 선택하라고 하십니다. 모르는 사람이 단번에 아는 경우가 없고, 부인하던 사람이 단번에 인정하는 경우는 거의 없습니다. 하나님이 계속하여 은혜에 은혜를 주시고, 설득에 설득을 하시는 이유입니다. 먼저 믿은 사람을 동원하고, 이적과 기적을 동원하고, 계시와 설교를 동원하여 하나님이 이루신 구원을 인간이 알도록 반복적으로 설명하십니다.

이때 유대교 관원들이나 회당장 등 지도자들, 즉 인생을 사는 법을 안다고 하는 자들은 설득을 당하지 않으려고 거부합니다. 그 이유는 첫째는 당연히 아직 진리를 모르기 때문이고, 두 번째는 복음을 듣는 것이 자신에게 유익이 된다고 생각하지 않고, 자신이 틀린 것을 인정하는 것이라고 여기기 때문입니다. 결국 하나님이 구원을 하지 않으신 것이 아니라 자신이 하나님이 구원하신 것을 수용하지 않고 있습니다. 죄인의 특징이 바로 남의 탓을 하는 것입니다. 죄의 특징이 바로 모든 책임을 회피하고, 모든 것을 남의 잘못으로 돌리는 것입니다. 자신은 아무 것도 않았으면서 도리어 남이 행하지 않은 것을 비난하고, 책임을 전가하는 것이 죄인의 전형적인 행태입니다. 그것을 바울이 아주 멋있게 설명했는데 바로 46절입니다.

자처하기로

46절 "바울과 바나바가 담대히 말하여 이르되 하나님의 말씀을 마땅히 먼저 너희에게 전할 것이로되 너희가 그것을 버리고 영생을 얻기에 합당하지 않은 자로 자처하기로 우리가 이방인에게로 향하노라"입니다. 여기서 나오는 '담대히 말하여'는 '당당하게, 용기있게'가 아니라 '정확하게, 분명하게, 명쾌하게'라는 의미입니다. 즉 정곡을 찔러서 확실하게 내용을 설명했다는 것입니다. 바울은 자신을 반박하고 비방하는 사람들에게 설명하는 것이 '너희의 행동은 겉으로는 나를 반대하고 복음을 박해하는 것처럼 보인다. 그러나 실상은 너희 스스로 영생을 얻기에 합당하지 않은 자로 자처하는 것이다!'라는 의미입니다.

구원에 관해 바울은 성경에서 두 가지 분명한 사실을 선언합니다. 하나는 로마서나 에베소서를 비롯한 서신서에 언급한 것으로 '구원은 전적으로 하나님의 은혜다'라는 선언입니다. 또 하나가 바로 46절입니다. 종종 하나님의 구원에 대해 사람들이 시비를 걸기를 '하나님이 누구는 구원하고 누구는 구원하지 않으니 인간 차별 아니냐?'고 합니다. 하나님의 은혜를 모르는 사람들의 시비입니다. 그런데 더 안타까운 것은 그런 시비에 대해 기독교가 전혀 엉뚱한 대답을 하는 것입니다. 그 잘못된 대답이 '그건 하나님의 주권이다. 하나님은 미리 정하셨다' 등입니다. 이런 이상한 대답을 듣고 사람들이 또 시비를 걸기를 '왜 하나님 마음대로 정하시느냐?'라고 하자, 기독교는 더더욱 이상한 대답, 즉 '그 사람이 믿을지 안 믿을지 미리 아시고 미리 정했다'고 합니다. 그 결과 사람들은 기독교를 더욱 이상하게 생각하고, 하나님의 은혜는 온데간데 없고, 하나님의 독선만 남게 되었습니다. 바울의 설명과 달라도 많이 다릅니다.

하나님이 하신 일과 인간이 행한 일을 잘 구분해야 합니다. 하나님은 인간을 축복하셨습니다. 바로 창조입니다. 인간을 위해 최상 최고의 은혜를 베푸셨습니다. 그렇게 은혜와 복을 주시고도 인간에게 명령이나 법을 정하고, 인간을 통제한 적이 없습니다. 이때 인간이 하나님의 은혜를 거부하고 하나님을 떠났습니다. 인간이 죄에 사로잡힌 것은 하나님의 저주나 심판이 아니라 전적인 인간의 행동의 결과입니다. 인간이 죄인이 되자 하나님은 또 인간에게 은혜를 주셨습니다. 구약 전체를 통해 계시의 은혜를 주셨고, 복음서에서 예수 그리스도를 통해 구속의 은혜를 주셨고, 사도행전에서 성령을 통해 인치심의 은혜를 주셨습니다. 이때에도 인간이 하나님의 은혜를 거부하고 있습니다. 인간이 처한 삶의 문제는 전적으로 인간에게 원인이 있는 것이지, 결단코 하나님으로 기인한 것이 아닙니다.

하나님의 역설

바울의 강조점은 명쾌합니다. 하나님은 구원하셨는데 인간 스스로가, 특별히 잘났다고 생각하는 사람, 뭔가를 안다고 생각하는 사람들이 하나님의 복음이 자신들의 생각과 다르다는 의미로 복음을 거부하고 있다는 것, 46절의 표현대로라면 '스스로 영생을 얻기에 합당하지 않은 자로 자처'하고 있는 것입니다. 바울의 설명대로라면 '왜 하나님이 누구를 구원하고 누구는 구원하지 않느냐, 왜 하나님이 은혜를 차별하느냐, 왜 하나님 멋대로 하느냐'는 등의 시비가 일체 발생할 수 없습니다. 도리어 하나님이 인간에게 따지게 됩니다. '왜 구원을 거부하느냐, 왜 은혜를 받아들이지 않느냐, 왜 스스로 고생을 자처하느냐?'고 할 수 있습니다.

이것이 하나님의 은혜의 극진함과 대조적으로 인간의 어리석음이 극명하게 드러나는 장면입니다. 성경이 단호하기만 한 것이 아니라 종종 조크도 사용합니다. 13장 본문에서 일반 사람들은 바울이 전하는 소식을 듣고 기뻐하였습니다. 그들은 자신들이 안다고 생각하지 않았습니다. 자신들이 잘 모른다고 생각하고, 회당장이든 바울이든 무엇인가를 가르쳐주는 사람들의 말을 들었습니다. 당연히 순서에 따라 회당장의 말을 먼저 들었는데 평상시 듣던 말이었고, 들은 대로 살려고 노력해도 잘 안 되는 그런 가르침이었습니다. 그런데 바울의 가르침을 듣고 보니 너무나 쉬웠습니다. 자신들이 할 일이 없습니다. 그런 소리는 백 번 들어도 좋은 것입니다. 자신들을 힘들게 하지 않고, 정죄하지 않고, 심판이나 저주를 운운하지 않기 때문입니다. 그러니 또 듣고 싶어 하고, 그렇게 자꾸 들으니 복음이 이해가 되고, 이해가 되니 구원받은 성도의 삶을 누릴 수 있게 됩니다.

이러한 하나님의 일하심에 대해서 고린도전서 1장 21절은 "하나님의 지혜에 있어서는 이 세상이 자기 지혜로 하나님을 알지 못하므로 하나님께서 전도의 미련한 것으로 믿는 자들을 구원하시기를 기뻐하셨도다"라고 했고, 27절부터 29절까지는 "하나님께서 세상의 미련한 것들을 택하사 지혜 있는 자들을 부끄럽게 하려 하시고 세상의 약한 것들을 택하사 강한 것들을 부끄럽게 하려 하시며 하나님께서 세상의 천한 것들과 멸시 받는 것들과 없는 것들을 택하사 있는 것들을 폐하려 하시나니 이는 아무 육체도 하나님 앞에서 자랑하지 못하게 하심이라"고 했습니다. 너무나 절묘합니다. 모르는 자들은 복음을 누리는데, 정작 안다고 하는 자들은 아는 척하느라 복음을 거부해서 누리지 못함으로 부끄러움을 당합니다. 그렇다고 몰랐던 자들이 자랑할 수도 없습니다.

기쁨과 성령이 충만하니라

마지막으로 51, 52절 "두 사람이 그들을 향하여 발의 티끌을 떨어 버리고 이고니온으로 가거늘 제자들은 기쁨과 성령이 충만하니라"입니다. 상황적으로 제자들은 기쁨이 충만할 여건이 아닙니다. 사람들이 성경을 이상하게 여기는 것, 제자들의 모습을 의아하게 여기는 것이 바로 성경의 관점을 놓치기 때문입니다. 성경이 인간의 문제가 죄라고 지적한다고 했습니다. 그러면 제자들이 진리를 아는 모습, 성령의 권능을 나타내는 모습, 기쁨과 자유와 평화와 안식의 모습이 확인되는 것은 '죄를 이기는 것'입니다. 52절에서 제자들이 기뻐하는 것은 박해를 받음에도 기뻐하는 피학증세가 있는 것이 아니라, 바로 자신들이 죄를 이겼다는 것을 확인했기 때문입니다.

　제자들의 관점에서 유대인들이 제자들이 전하는 복음을 거부하고, 반박하고, 비방하는 것이나, 심지어 유력자를 선동하여 자신들을 박해하게 하고, 쫓아내는 것을 보면서 예전에 자신이 행하던 죄의 인식, 죄의 행동을 목격하는 것입니다. 시기하고, 질투하고, 경쟁하고, 어떻게든 힘과 권세를 이용해서 우위를 점해보려는 전형적인 죄의 행동들을 보는 것입니다. 그러한 모습을 보면서 자신들이 이제는 그들과 달라졌음을 확인하는 것입니다. 그들이 믿지 않고 안타깝고, 그들에게 저주를 퍼붓는 것이 아니라 은혜의 복음을 전하고, 박해하면 맞서 싸워 이기려는 것이 아니라 다른 곳으로 옮겨가는 자신들의 모습을 보면서 자신들이 죄의 인식을 이기고, 죄의 경쟁구도를 이기고, 죄의 이기심을 이겼다는 것을 기뻐하는 것입니다. 이것이 성도의 승리입니다. 바로 죄에 대한 승리입니다. 예수의 십자가 사건을 통해 죄에 대한 승리를 성도들의 삶가운데 날마다 누리며 사시기를 주님의 이름으로 축원합니다.

42
순종하지 아니하는

사도행전 14:1~7

1 이에 이고니온에서 두 사도가 함께 유대인의 회당에 들어가 말하니 유대와 헬라의 허다한 무리가 믿더라 2 그러나 순종하지 아니하는 유대인들이 이방인들의 마음을 선동하여 형제들에게 악감을 품게 하거늘 3 두 사도가 오래 있어 주를 힘입어 담대히 말하니 주께서 그들의 손으로 표적과 기사를 행하게 하여 주사 자기 은혜의 말씀을 증언하시니 4 그 시내의 무리가 나뉘어 유대인을 따르는 자도 있고 두 사도를 따르는 자도 있는지라 5 이방인과 유대인과 그 관리들이 두 사도를 모욕하며 돌로 치려고 달려드니 6 그들이 알고 도망하여 루가오니아의 두 성 루스드라와 더베와 그 근방으로 가서 7 거기서 복음을 전하니라

순종하지 않는 사람들

기독교의 전제

운동경기에는 공정한 시합이 진행될 수 있도록 일정한 룰이 정해져 있습니다. 태권도, 권투, 레슬링, 유도 등 격투기의 경우 신체적 조건이 승패에 영향을 미치기 때문에 체급으로 나누어서 서로 경쟁할 수 있는 그룹끼리만 경쟁할 수 있도록 배려하고 있습니다. 다른 유형도 있습니다. 동호인들이 바둑을 둘 때에는 고수와 하수가 동일한 조건에서 맞붙으면 결과가 뻔하니까 하수에게 몇 점을 미리 두고 시작하도록 배려해 주는 경우입니다. 이런 경우에는 하수가 시합에서 이겼다고 자기가 상대방보다 고수라고 주장

하면 바보입니다. 아무리 시합을 이겨도 이미 수준차이를 전제하고 대국을 했기에 단지 시합을 이겼을 뿐 하수가 고수가 되는 것이 아님을 모두가 알고 있습니다. 이러한 각종 상황의 기본적인 전제 또는 원칙을 이해하지 못하면 상황을 오해할 수 있습니다.

기독교에는 아주 중요한 전제가 있습니다. '하나님이 계시다는 것, 그래서 하나님이 일하신다는 것, 그래서 하나님이 이미 일하셨다'는 사실입니다. 기독교는 언제나 '하나님이 이미 일하셨다, 하나님이 이미 완성하셨다, 하나님이 일하시고 완성하신 결과를 인간에게 복으로, 은혜로 주셨다'는 것을 전제하고 있습니다. 하나님이 일하신 창조가 있음으로 인간이 존재하고, 하나님이 일하신 구원이 있음으로 성도가 존재합니다. 이 전제가 있기에 기독교가 전하는 소식을 '복음'이라고 부를 수 있습니다. 그러므로 이미 결과를 전제로 하는 기독교의 신앙 양식은 신이 행한 것이 없는 타종교와 다르고, 아직 아무런 결과가 없는 이방 종교와 다르고, 모든 것이 이제부터 인간의 행동에 따라 달라지는 죄의 종교와 완벽히 다릅니다. 이 차이점을 인식하지 못하면, 이 구별점을 기독교가 알고 있지 않으면 기독교가 세상에서 가장 바보 같고, 어리석고, 미련한 집단입니다.

사도행전에서 사도들은 기독교의 특징, 기독교의 전제를 너무나 정확히 알고 있었습니다. 그래서 사도들의 설교에는 당연하게 하나님이 행하신 일이 선포되었습니다. 하나님이 예수 그리스도를 보내셨고, 사람들이 죽인 예수를 하나님이 살려내시어 주가 되게 하시고, 그리스도가 되게 하셨습니다. 동일한 내용이 조금씩 다른 표현으로 소개됩니다. '예수께서 부활하셨다, 그리스도가 되었다', 다른 말로 표현하면 '죄인에게 죄의 문제가 해결되었다, 죄인이 구원받았다' 등입니다. 이것을 또 다른 말로 표현하면 '죄인이 하나님의 자녀, 즉 성도가 되었다', '하나님 나라의 유업을 이었다'가 됩니다. 이 모든 일을 하나님이 행하셔서, 하나님이 이루셔서, 이미 성도에게 이루어진 것, 성취된 것, 완성된 사역입니다. 하나님이 이미 역사하셨고,

인간에게는 이미 이루어진 일이기에 이제부터 인간이 어떤 행동을 하든, 하나님이 행하신 사역에 대해 어떤 반응을 하든, 하나님이 이미 행하신 일의 결과는 전혀 달라지지 않습니다. 하나님이 하신 일, 성취하신 일, 완성하신 일은 무엇으로든, 어떻게든, 누구든 절대로 바꿀 수 없습니다. 이것이 기독교의 전제입니다.

순종하지 않는 사람들

기독교의 전제를 정확히 이해해야 사도행전의 사건 전개, 사도행전의 핵심, 사도행전의 표현들을 바르게 이해할 수 있습니다. 사도행전 14장에는 제자들이 전하는 복음에 대한 인간들의 반응이 두 종류로 등장합니다. 하나는 1절 끝에 나오는 대로 '허다한 무리가 믿더라'이고, 또 하나는 2절 앞에 나오는 대로 '그러나 순종하지 아니하는'입니다. '믿는다, 안 믿는다', '순종한다, 순종하지 않는다'는 표현은 인간의 선택, 인간의 행동이 새로운 결과를 만들어낼 수 있는 결정적인 키 포인트라는 의미를 갖는 것이 절대로 아닙니다. 믿으면 복을 받고, 안 믿으면 벌을 받는 것이 아닙니다. 순종하면 은혜를 받고, 순종하지 않으면 저주를 받는 것이 아닙니다. 인간은 아직 아무런 결과가 결정되지 않은 중립 상태에서 결과를 결정지을 수 있는 선택권을 가지고 있는 것이 아닙니다. 하나님이 이미 역사하셨고, 이미 결과가 이루어져 있습니다. 인간은 이미 은혜를 받았고, 복을 받았으며 죄 문제를 해결 받았다는 결과를 가지고 있습니다.

인간의 선택, 인간의 행동은 하나님이 이루신 결과를 바꿀 수 없습니다. 그러므로 '믿는다, 안 믿는다', '순종한다, 순종하지 않는다'는 '믿어라, 순종하라'는 명령적 의미를 가지지 않으며, 혹시 믿지 않고, 순종하지 않을지라도 잘못한 행동이거나, 벌 받을 행동이라는 의미를 가지지 않습니다. 2절에 나오는 '순종하지 않는 사람들'은 사건적 의미로는 '설득당하지 않는 사람들'입니다. '순종하지 않다'는 '설득하다, 권하다, 달래다'라는 동사에 부정어가 첨가된 단어로 '설득 당하지 않는 것, 권함을 듣지 않는 것'입니다. 가장 단순하게 예를 들면 엄마와 자녀가 아침 식탁을 대하는 모습과 같습니다. 엄마가 먼저 일어나서 아침 식사를 준비합니다. 그래서 아침 식사가 완성되었습니다. 아침 식탁이라는 결과가 성취되어 있습니다. 이것이 전제입니다. 엄마가 일했고, 그 결과 식탁이 차려져 있다는 것이 엄마와 자녀의 대화의 출발점입니다. 이렇게 전제가 설정된 후에 엄마가 하는 말이 '일어나 밥 먹어라!'입니다. 이것은 명령이 아닙니다. 왜냐하면 엄마와 자녀는 '상명하복'의 지배관계가 아니기 때문입니다. 애초에 부모와 자녀의 관계는 '명령과 복종'으로 운영되는 구조가 아닙니다. 표현으로는, 문법적으로는 '명령형'이 사용되었지만 내용적으로는, 의미적으로는 '밥을 먹고 힘내라'는 권유형이요, '사랑하는 너를 위해 내가 준비했다'는 고백형이요, '맛있게 먹고 오늘도 행복하길 바래'라는 기대형입니다.

또 '일어나 밥 먹어라'는 말은 자녀가 순종하고, 순종하지 않고에 따라 '식탁의 유무'를 결정하겠다는 경고가 아닙니다. 이미 밥은 완성되었고, 반찬이라는 결과가 나와 있고, 식사라는 구성물이 다 이루어져 있습니다. 자녀가 순종하면 그제서야 식탁이 짠하고 등장하는 것이 아니며, 자녀가 순종하지 않으면 이미 준비된 식탁이 무효가 되는 것이 아니며, 자녀가 먹지 않으면 이미 차려져 있는 밥과 반찬이 갑자기 연기처럼 사라지는 것이 아닙니다. 자녀가 엄마의 말에 순종하든 안 하든, 밥을 먹든 안 먹든 엄마가 일했고, 엄마가 식탁을 차려놓았다는 결과, 열매, 성취라는 사실은 결코 달라지지 않습니다.

누림의 차이

기독교는 이미 하나님이 일하셨고, 하나님이 일하신 열매, 결과가 인간에게 은혜로, 복으로 주어졌다는 것을 전제하고 있습니다. 기독교가 복음을 전할 때 가장 대표적으로 사용하는 성경 구절이 '주 예수를 믿으라 그리하면 너와 네 집이 구원을 받으리라'입니다. 이 표현의 핵심이 '믿으라'가 아니라는 것을 이제 이해하실 것입니다. 이 표현의 핵심은 '인간이 믿을 수 있는 내용, 또는 열매, 결실'이 이미 인간에게 주어져 있다는 사실, 그 일을 하나님이 하셨다는 사실입니다. 인간이 믿어야 그때사 없었던 구원이 등장하는 것이 아니고, 인간이 믿지 않는다고 예수님이 행하신 십자가 사역이 사라지는 것이 아닙니다. 성경은 복음과 관련해서 인간의 행위에 따라, 인간의 수고와 노력에 따라 결과가 달라진다고 절대로 말하지 않습니다. 인간의 행위에 따라 하나님이 이루신 결과가 달라진다면 그것은 복음이 아니고 기독교가 아닙니다. 기독교는 이미 '결과'가 이루어져 있습니다. 누가 행하셨습니까? 하나님이 하셨습니다.

조금 전에 아침 식탁의 예를 본다면, 아들에게 주어진 선택권은 '식탁의 존재 여부'를 결정하는 것이 아닙니다. 아들이 '믿는 것, 믿지 않는 것, 순종하는 것, 순종하지 않는 것'은 이미 엄마가 준비한 식사의 존재 여부가 아니라, 엄마의 수고로 이미 완성된 결과를 '알고, 먹고, 누리느냐'에 관한 것입니다. 순종하여 먹으면 맛이 있고, 배가 부르고, 힘이 납니다. 순종하지 아니하고 먹지 않으면 본인이 맛을 보지 못하며, 본인이 힘을 얻지 못하며, 본인이 식사의 효과를 전혀 누리지 못합니다. 기독교가 그 동안 너무 구원여부에 얽매여 있었습니다. 마치 인간의 행동에 따라 구원이 결정되는 것처럼 온통 '믿어야 구원받는다, 순종해야 구원받는다'라고 강조했습니다. '믿어야 구원받는다, 순종해야 구원받는다'는 표현 자체는 잘못된 것이 아닙니다. 중요한 것은 그 표현에 담겨있는 전제가 무엇인지를 알았어야 하고, 그러한 전제가 있기 때문에 그 표현의 의미가 무엇인지를 정확하게 알았어야 했습니다.

기독교의 구원은 전적으로 하나님의 역사입니다. 하나님이 예수 그리스도를 통하여 이미 완성하시고 성취하신 결과입니다. 하나님이 십자가 사건을 통하여 인간의 구원을 완성하셨다는 사실이 복음이고, 이 완성된 사실을 인간에게 알려주고 가르쳐주는 것이 복음 전파, 즉 전도입니다. 그래서 '인간이 믿는 것과 믿지 않는 것, 순종하는 것과 순종하지 않는 것'은 구원을 결정하는 선택이 아니라 하나님이 완성하신 구원을 '알고 누리느냐, 모르고 누리지 못하느냐'를 결정할 뿐입니다. 알고 누리면 자유와 평화와 안식의 삶을 사는 것이요, 모르고 누리지 못하면 이미 이루어졌음에도 불구하고 마치 아무 것도 이루어지지 않은 것처럼 누리지 못하는 것입니다. 인간이 믿지 않는 것은 하나님이 이루신 것을 본인이 거부하는 것입니다. 그것을 13장 46절에서는 '너희가 영생을 얻기에 합당하지 않은 자로 자처하기로'라고 표현했고, 14장 2절에서는 '순종하지 아니하는'이라고 표현했습니다. 사도행전에서 제자들이 복음을 전하면서 강조한 것이 하나님이 완성하신 것을 알려주고, 이제 인간들에게 그것을 알고 구원의 삶, 성도의 삶을 누리며 살라는 것이었습니다. 다만 '누림'이라는 용어나 표현이 등장하지 않았을 뿐 의미적으로는 '누림'을 강조한 것입니다.

완성된 일

기독교는 하나님이 하신 일, 이미 이루어진 일을 전제로 하기 때문에 신앙 양식이 타종교와 다릅니다. 그 중에 첫 번째, 지금 설명드린 대로 인간의 선택, 인간의 결정, 인간의 행동에 따라 하나님이 완성하신 일이 달라지지 않는다는 것입니다. 두 번째가 이미 하나님이 은혜로 복을 주셨기 때문에 인간의 선택, 결정, 행동에 대하여 추가적인 조치가 없다는 것입니다. 여러분께 여쭤보겠습니다. 구원 받으셨습니까? 강조점은 '구원'이 아니라 '받으셨습니까?'입니다. 은혜, 복, 하나님 나라의 기업 '받으셨습니까?' 대답은 '아멘'입니다. 그러면 다 받으셨습니다. 더 이상이 없습니다. 구원을 받으셨으면 이제 어떻게 하셔야 합니까? 받은 구원을 즐기고, 누리고, 향유하고, 구현하셔야 합니다. 여기서 기독교의 내용이 달라지면 안 됩니다.

사도행전에서 확인해 보겠습니다. 14장 1절과 2절에서 사람들의 반응이 두 가지로 나뉘어졌습니다. 그런데 중요한 것은 인간의 두 반응에 대한 하나님의 조치가 없다는 사실입니다. 1절에 등장하는 사람들이 하나님을 믿었습니다. 그렇다고 해서 하나님이 새로운 복을 추가한 것이 없습니다. 2절에 등장하는 사람들이 하나님의 말씀을 순종하지 않았습니다. 그렇다고 해서 하나님이 저주를 추가한 것이 없습니다. 사도행전 전체를 살펴보겠습니다. 먼저 믿은 사람 또는 순종한 사람들입니다. 사도행전 2장 41절 "그 말을 받은 사람들은 침례를 받으매 이 날에 신도의 수가 삼천이나 더하더라 그들이 사도의 가르침을 받아 서로 교제하고 떡을 떼며 오로지 기도하기를 힘쓰니라"입니다. 혹시 다른 것을 기대하십니까? 복음을 받고 침례까지 받았으니 플러스 알파가 있을 것 같습니까? 아닙니다. 하나님이 구원하신 것으로 충분하기에 플러스 알파가 없습니다.

4장 4절 "말씀을 들은 사람 중에 믿는 자가 많으니 남자의 수가 약 오천이나 되었더라"입니다. 이 오천 명에게 무엇이 이루어졌습니까? 바로 구원입니다. 죄로부터 구원이 이루어졌고, 하나님의 자녀가 되었고, 하나님의 기업을 잇게 되었습니다. 부족합니까? 좀 서운하십니까? 못내 아쉽습니까? 이 오천 명에 대한 내용은 4절로 끝입니다. 5절부터는 전혀 다른 이야기입니다. 이 오천 명이 주일을 지키고, 하나님께 감사하고, 헌신하고, 충성해서 새로운 복, 더 큰 상급을 받았다는 내용이 없습니다. 아니 헌신하고 충성하면 더 새로운 복, 더 큰 상급을 주겠다는 약속 자체가 없습니다. 6장 7절 "하나님의 말씀이 점점 왕성하여 예루살렘에 있는 제자의 수가 더 심히 많아지고 허다한 제사장의 무리도 이 도에 복종하니라"입니다. 이 사람들에게 무슨 일이 일어났을까요? 구원받았습니다. 8장 35절 "빌립이 입을 열어 이 글에서 시작하여 예수를 가르쳐 복음을 전하니 길 가다가 물 있는 곳에 이르러 그 내시가 말하되 보라 물이 있으니 내가 침례를 받음에 무슨 거리낌이 있느냐 이에 명하여 수레를 멈추고 빌립과 내시가 둘 다 물에 내려가 빌립이 침례를 베풀고 둘이 물에서 올라올새 주의 영이 빌립을 이끌어간지라 내시는 기쁘게 길을 가므로 그를 다시 보지 못하니라"입니다. 내시가 복음을 믿었고 침례를 받았습니다. 그래서 '기쁘게' 길을 갔습니다.

9장 35절 "룻다와 사론에 사는 사람들이 다 그를 보고 주께로 돌아오니라", 42절 "온 욥바 사람이 알고 많은 사람이 주를 믿더라"입니다. 주께 돌아왔으니 구원받았고, 주를 믿었으니 주의 자녀가 되었습니다. 고넬료 사건의 결말이 10장 44절 "베드로가 이 말을 할 때에 성령이 말씀 듣는 모든 사람에게 내려 오시니"입니다. 고넬료의 경우에는 고넬료가 '믿었더라, 주께로 돌아왔더라, 영접했더라, 말씀을 받았더라' 등의 언급이 아예 없습니다. 그런데도 하나님의 은혜가 임하였고, 성령을 받았습니다.

후속 조치

다음은 하나님의 말씀을 믿지 않은 사람, 순종하지 않은 사람들입니다. 4장 1절 이하 "사도들이 백성에게 말할 때에 제사장들과 성전 맡은 자와 사두개인들이 이르러 예수 안에 죽은 자의 부활이 있다고 백성을 가르치고 전함을 싫어하여 그들을 잡으매 날이 이미 저물었으므로 이튿날까지 가두었으냐"입니다. 하나님께서 이 사람들을 모두 병에 걸리게 하셨나요? 직분을 모두 박탈했나요? 아무 일도 없습니다. 5장 17절 "대제사장과 그와 함께 있는 사람 즉 사두개인의 당파가 다 마음에 시기가 가득하여 일어나서 사도들을 잡아다가 옥에 가두었더니"입니다. 그래서요? 복음 전파를 방해했으니 하나님께서 이 사람들을 옥에 가두었나요? 아무 일도 없었습니다. 7장 57절 "그들이 큰 소리를 지르며 귀를 막고 일제히 그에게 달려들어 성 밖으로 내치고 돌로 칠새"입니다. 하나님의 일을 방해하는 정도가 아니라 아예 복음 전도자를 잡아다가 죽였습니다. 하나님이 이들에게 무슨 벌을 내리셨나요? 아무 일도 없었습니다. 9장 23절 "여러 날이 지나매 유대인들이 사울 죽이기를 공모하더니 그 계교가 사울에게 알려지니라 그들이 그를 죽이려고 밤낮으로 성문까지 지키거늘"입니다. 이 사람들에게 하나님이 어떤 형벌을 내리셨을까요? 아무 일도 없었습니다.

믿었다고 상 받은 것이 없고, 안 믿었다고 벌 받은 것이 없다고 해서 두 경우가 절대로 같은 것이 아닙니다. 순종했다고 복 받은 것이 없고, 순종하지 않았다고 저주 받은 것이 없다고 해서 두 경우는 절대로 동일한 것이 아닙니다. 왜냐하면 이미 주어진 전제가 있었기 때문입니다. 하나님의 은혜, 하나님의 복, 하나님의 열매는 이미 주어진 것이기에 믿은 사람은 이미 주어진 것을 누리는 것이고, 믿지 않은 사람은 이미 주어진 것을 누리지 못하는 것입니다. 받았느냐 못 받았느냐의 차이가 아니라, 누리느냐 누리지 못하느냐의 엄청난 차이가 있습니다. 이렇게 설명 드리면 '그럼 결론은 순종한 사람은 순종해서 누린 것이고, 순종하지 않은 사람은 순종하지 않아서 못 누린 것이니까 결국은 자기가 행한 대로 받은 것이네, 결국 자기 탓이네!'라고 질문할 수 있습니다. 좋은 질문입니다.

기독교의 포인트는 '내가 믿었다, 순종했다'가 강조점이 아니라 내가 믿을 수 있는 내용을 주신 하나님을 강조하고, 믿지 않은 사람 또는 순종하지 않은 사람은 그 사람의 탓으로 돌리는 것이 아니라 죄가 그 사람으로 하여금 복음을 듣지 못하게 하고 반응하지 못하게 하기에 죄를 탓하며, 그 사람에 대해서는 안타까워하며, 긍휼히 여기며, 계속하여 복음을 전하고 사랑을 나누어 하나님의 은혜를 깨닫고 누릴 수 있도록 설복하는 것입니다. 성도님들이 성경을 더욱 많이 알고, 하나님이 주신 복을 더욱 정확히 알아, 하나님의 은혜와 복을 풍성히 누리시기를 주님의 이름으로 축원합니다.

기독교의 세력

성경의 아이러니

사도행전에서 재미있는 것 하나를 또 확인해 보겠습니다. 먼저는 14장 3절 "두 사도가 오래 있어 주를 힘입어 담대히 말하니 주께서 그들의 손으로 표적과 기사를 행하게 하여 주사 자기 은혜의 말씀을 증언하시니"이고, 다음은 5절 "이방인과 유대인과 그 관리들이 두 사도를 모욕하며 돌로 치려고 달려드니 그들이 알고 도망하여 루가오니아의 두 성 루스드라와 더베와 그 근방으로 가서 거기서 복음을 전하니라"입니다. 3절과 5절을 보면 사도행전에 사도들의 행적이 아주 상반되게 등장한다는 것을 느낄 수 있습니다. 한편으로 사도들의 행적은 이적과 기사와 능력과 권세가 있는 것으로 보이고, 다른 한편으로 너무나 무기력하고, 나약하고, 소심한 것으로 보입니다. 과연 어느 것이 제자들의 실체일까요? 이런 모습은 단지 제자들만의 모습이 아니라 하나님의 모습이나 예수님의 모습에서도 동일하게 나타납니다. 일종의 아이러니한 모습들입니다. 이런 모습을 보고 성경이 일관성이 없다고 하거나, 하나님의 모습이 다중인격인 것 같다고 하거나, 도무지 성경의 내용을 종잡을 수 없다고 말하면 안 됩니다. 성경이 이상한 것이 아니라 우리가 성경의 의도를 파악하지 못하고 있다는 증거입니다.

성경에서 가장 아이러니 한 것이 출애굽 사건입니다. 하나님은 애굽에서 자그마치 열 번의 이적을 펼칩니다. 어떤 기인이 나와서 서커스 하는 수준이 아니고, 한 동네에서 한 동안 신기한 일이 벌어지는 정도가 아니라 당대 최고의 나라 애굽 전역에 걸쳐서, 애굽의 왕과 모든 술객들이 총동원된 상태에서 펼쳐지는 어마어마한 능력과 권세가 드러나는 사건입니다. 결국 술객들이 항복하고, 백성들이 항복하고, 마침내 신의 아들이라는 바로 왕도 항복하고 더 나아가 애굽의 주력 군대가 모두 홍해에 수장되는 엄청난 사건입니다. 하나님이 이 역사를 펼치셨습니다. 그런데 그렇게 다 이겨놓고 이스라엘은 애굽을 나옵니다. 애굽을 이길 수 있는 능력이 없다면 도망쳐서 빠져 나오는 것만도 천만다행이라고 할 수 있지만, 애굽이 항복했고 저항할 수 없는 수준으로 몰락해버렸는데 이쯤 되면 애굽에서 빠져나올 것이 아니라 차라리 애굽을 차지해버리는 것이 훨씬 쉽습니다. 그런데 하나님은 애굽을 정복하지 않습니다. 더 이상한 것은 그 후에 광야에서 사십 년을 보내고, 가나안을 정복하기 위해 다시 전쟁을 한다는 것입니다. 왜 이렇게 복잡하고, 어려운 과정을 거치는 것일까요? 애굽을 이길 수 있는 힘과 권세가 있었을 때에 확 정복하면 안 됩니까? 예 안 됩니다.

복음서의 예수님 사역도 일반인들이 이해하기 난해한 사건입니다. 복음서에 나타난 예수님은 무기력한 분이 아니고, 무능한 분이 아닙니다. 예수님은 사단도 이기셨고, 온갖 질병을 고치셨고, 귀신도 쫓아냈고, 바다와 바람과 파도도 통치하는 권세를 보여주셨고, 심지어는 죽음마저도 이기는 위엄을 직접 증거 하셨습니다. 유대교 종교지도자들과의 논쟁에서도 전혀 꿀리지 않았고, 백성들의 지지기반도 있었고, 제자들이라는 직계 조직도 유지하고 있었습니다. 예수님이 마음만 먹으면 못할 것이 없을 정도 만반의 준비가 갖추어져 있습니다. 그런데 예수님은 너무나 허망하게, 너무나 어이없게, 별것도 아닌 사람들에게 잡혀서 죽고 맙니다. 물론 부활하셨지만 세상 사람들의 눈으로 보기엔 그냥 죽이고, 죽은 것으로 끝난 것입니다. 왜 굳이 죽고 부활하고, 그것도 공개적으로 부활하지 않고 몰래 부활하고, 사람들에게 부활한 것을 믿으라고 하고, 왜 이렇게 복잡하게 하실까요? 왜 힘 있을 때는 안 하고, 왜 능력과 권세가 있을 때는 안 하고, 늘 뒷북을 치실까요? 복음서에서 예수님이 그냥 능력과 권세로 세상을 변화시키면 안 됩니까? 예 안 됩니다.

사도행전에 나타난 제자들의 행적도 유사한 패턴입니다. 한편에서는 제자들의 능력을 기록하고 있습니다. 나면서 못 걷게 된 이가 말을 하고, 손을 잡아 일으키는 것으로 고쳐버립니다. 민간에 표적과 기사가 많이 일어나고, 병든 사람과 더러운 귀신에게 괴로움 받는 사람이 다 나음을 입고, 옥에 갇혀 있다가도 자다 말고 쇠사슬을 풀어버리고 쇠문도 두 개나 통과해서 나와 버립니다. 그 지역에서 활동하던 마술사조차도 부러워하고 따라하고 싶을 정도의 능력을 보여줍니다. 그런데 아이러니한 것은 관원이 잡으면 잡혀가고, 때리면 맞고, 죽이면 죽습니다. 기껏 저항한다는 것이 14장

6절에 나오는 것처럼 "그들이 알고 도망하여"입니다. 제자들의 능력으로 관원들을 물리치면 안 됩니까? 예. 안됩니다.

도망하여

기독교인들은 세상의 기준, 세상의 인식, 세상의 관점으로 세상을 바라보는 사람들이 아닙니다. 기독교에서는 그와 같은 세상의 기준, 세상의 인식, 세상의 관점을 통털어 죄의 원리라고 합니다. 죄의 원리는 인간이 죄인이라는 사실을 감추고 있습니다. 인간 삶의 각양 문제의 본질이 죄라는 사실을 절대로 드러내지 않고 있습니다. 모든 것이 제도의 문제요, 사회 구조의 문제요, 정치, 경제, 문화, 교육, 환경의 문제라고 지적할 뿐입니다. 인류의 역사 이래 모든 시대에 권력자가 있었고, 모든 지역에 능력자가 있었습니다. 또 인류의 역사 이래 모든 시대에 상황과 환경이 바뀌고, 바뀌고, 바뀌어 왔습니다. 그러나 인간은 인류의 역사 이래 계속하여 문제에 빠져있을 뿐 인간의 행복을 이루어내지 못했습니다. 왜냐하면 인간 문제의 본질을 잘못 인식하고 있고, 해결을 위한 노력을 엉뚱하게 하고 있기 때문입니다.

기독교는 인간의 문제가 죄라고 선언합니다. 죄의 원리로 생각하고, 죄의 원리로 행동하면 인간은 죄의 결과를 계속하여 맞이할 뿐입니다. 인간의 문제를 죄라고 선언하기에 이어서 죄를 이겨야 인간이 행복을 누릴 수 있고, 죄를 이길 수 있는 것은 오직 하나님을 알고, 하나님의 마음과 원리와 기준과 가치로 생각하고, 행동하는 것이라고 선포합니다. 그래서 성경에 나타나는 모든 하나님의 능력과 권세, 예수님의 능력과 권세, 사도들의 능력과 권세는 오직 하나 죄를 이기는 것에 사용됩니다. 구약에서 하나님의 능력과 권세로 애굽을 정복해버리자는 생각이 바로 죄의 생각입니다. 복음서에서 예수님의 능력과 권세로 유대교의 관원들을 물리쳐버리자는 생각이 바로 죄의 원리입니다. 사도행전에서 사도들의 능력과 권세로 세상에 영향력을 발휘하자는 생각이 바로 죄의 인식입니다. 오늘날 교회가 부흥하고 성장하고, 기독교가 부흥하고 성장하여 세상에서 교회의 힘, 기독교의 힘을 보여주자고 생각하는 것이 바로 죄의 인식입니다.

전능하신 하나님을 믿는 교회가 능력을 발휘하여 하나님을 믿지 않는 세력들을 모두 물리치자는 목표가 바로 죄의 목표입니다. 부활하신 예수님, 하늘과 땅의 모든 권세를 가진 예수님을 믿는 기독교가 세상에서 가장 크고 위대한 기독교 국가를 세우자고 비전을 세우는 것이 바로 죄의 비전입니다. 다이너마이트 같은 능력의 성령을 받은 교회가 이 세상에서 가장 강하다는 것을 보여주자고 꿈꾸는 것이 죄의 꿈입니다. 기독교는 세상의 그 무엇과도 경쟁하지 않으며, 비교하지 않으며, 우열을 다투지 않으며, 크려고 하지 않으며, 높아지려고 하지 않으며, 강하려고 하지 않습니다. 왜냐하면 세상과는 존재 자체가 다르고, 원리가 다르고, 인식이 다르고, 기준이 다르기 때문입니다. 기독교는 오직 하나 죄를 이기는 것입니다. 죄를 이겨서 행복을 누리는 삶으로 충분합니다.

구약에 나타난 하나님의 능력은 애굽을 이기는 능력이 아니라 애굽과 경쟁하려는 죄의 인식을 이기는 능력이었습니다. 복음서에 나타난 예수님의 권세는 유대교의 제사장들보다 높은 권세가 아니요, 로마의 총독을 다스리는 권세가 아니라 타 종교보다 우월함을 드러내고, 세상 권력보다 우위에 서려는 죄의 경쟁심을 이기는 능력이었습니다. 사도행전에 나타난 제자들의 성령의 권능은 헬라인보다 더 번성하고, 로마인보다 더 유력하고, 유대교보다 더 부흥하려는 권능이 아니라, 세상에서 성공했다는 평가를 받고 싶어하는 죄의 비교 의식과 성공 의식을 거부하는 권능입니다.

애굽에서 탈출하는 것이 약해 보입니까? 예수님이 십자가에 죽는 것이 실패로 보입니까? 사도들이 도망하는 것이 무기력해 보입니까? 절대로 그렇지 않습니다. 성경이 보여주고 성경이 기대하는 것은 죄를 이기는 모습입니다. 기독교가 구원을 하나님이 주시는 최고의 축복으로 선언하는 것이 바로 죄가 인간 문제의 본질이요, 죄로부터의 구원이 인간의 행복이기 때문입니다. 그렇게 하나님이 구원, 즉 인간의 행복을 주셨기 때문에 더 이상 새롭게 추가할 것이 없다고 선언합니다. 기독교의 본질, 기독교의 핵심, 기독교의 방향성을 놓치시면 안 됩니다. 기독교의 핵심은 성도가 하나님의 은혜를 알아, 하나님이 주신 복락을 누리며 행복하게 사는 삶입니다. 성경을 읽고, 성경을 배우고, 성도들과 함께 풍성한 하나님 나라를 멋지게 누리시기를 주님의 이름으로 축원합니다.

헛된 일을 버리고

사도행전 14:8-18

8 루스드라에 발을 쓰지 못하는 한 사람이 앉아 있는데 나면서 걷지 못하게 되어 걸어본 적이 없는 자라 9 바울이 말하는 것을 듣거늘 바울이 주목하여 구원 받을 만한 믿음이 그에게 있는 것을 보고 10 큰 소리로 이르되 네 발로 바로 일어서라 하니 그 사람이 일어나 걷는지라 11 무리가 바울이 한 일을 보고 루가오니아 방언으로 소리 질러 이르되 신들이 사람의 형상으로 우리 가운데 내려오셨다 하여 12 바나바는 제우스라 하고 바울은 그 중에 말하는 자이므로 헤르메스라 하더라 13 시외 제우스 신당의 제사장이 소와 화환들을 가지고 대문 앞에 와서 무리와 함께 제사하고자 하니 14 두 사도 바나바와 바울이 듣고 옷을 찢고 무리 가운데 뛰어 들어가서 소리 질러 15 이르되 여러분이여 어찌하여 이러한 일을 하느냐 우리도 여러분과 같은 성정을 가진 사람이라 여러분에게 복음을 전하는 것은 이런 헛된 일을 버리고 천지와 바다와 그 가운데 만물을 지으시고 살아 계신 하나님께로 돌아오게 함이라 16 하나님이 지나간 세대에는 모든 민족으로 자기들의 길들을 가게 방임하셨으나 17 그러나 자기를 증언하지 아니하신 것이 아니니 곧 여러분에게 하늘로부터 비를 내리시며 결실기를 주시는 선한 일을 하사 음식과 기쁨으로 여러분의 마음에 만족하게 하셨느니라 하고 18 이렇게 말하여 겨우 무리를 말려 자기들에게 제사를 못하게 하니라

구원의 의미

각자의 상황

지금은 경제 단위가 달라져서 십 원짜리 동전을 보기가 매우 힘듭니다. 과거에는 십 원이 그래도 유용하던 시절이 있었습니다. 그 당시 교회에서

구원을 언급하면 사람들이 조롱하는 어투로 '일 원을 더 보태서 십 원을 달라'고 하기도 했습니다. 기독교가 말하는 구원과 저들이 생각하는 구원의 의미가 서로 달랐기 때문에 발생한 해프닝입니다. 구원이라는 용어는 기독교에만 있는 전문 용어이기 전에 일반적으로 사용되는 용어입니다. 사전적인 의미는 '어려움이나 위험에 빠진 사람을 구해줌'입니다. 병든 자에게 구원은 '치료'를 의미하고, 가난한 자에게 구원은 '구제'를 의미하고, 문맹자에게 구원은 '글자 공부'를 의미하고, 재소자에게 구원은 '출소'를 의미하고, 비만인 자에게 구원은 '다이어트'를 의미합니다. 인간이 처한 특정한 상황이 문제가 되기에 특정 상황에서 구원 또는 구출하면 미션이 성공 또는 완료됩니다. 그러나 기독교에서 말하는 구원은 인간이 처한 특정한 상황을 의미하는 것이 아니라 인간 문제를 본질적으로 해결하는 것을 의미합니다. 즉 인간이 죄에게 사로잡혀서 죄의 종이 되었다는 사실이 총체적 문제이기에 특정 상황, 특정 문제가 해결되었다고 해서 본질적 문제, 근본적 원인이 해결된 것이 아닙니다. 죄인이 죄로부터 해방되어 죄로부터 벗어나는 것이 기독교 구원의 기본적 의미입니다.

사도행전 14장 8절은 "루스드라에 발을 쓰지 못하는 한 사람이 앉아 있는데 나면서 걷지 못하게 되어 걸어 본 적이 없는 자라 바울이 말하는 것을 듣거늘 바울이 주목하여 구원 받을 만한 믿음이 그에게 있는 것을 보고"입니다. 여기서 말하는 '구원'은 죄로부터의 구원이 아니라 병든 자이기에, 걷지 못하는 자이기에 치료받는 것, 고침 받는 것 즉 걷는 것을 의미합니다. 성경에서 구원이라는 단어를 보실 때에 상황의 해결을 의미하는지, 죄로부터 건져내는 것을 의미하는지를 잘 구별하셔야 합니다. 기독교적인 구원의 의미를 가장 정확하게 표현한 것은 마태복음 1장 21절 "아들을 낳으리니 이름을 예수라 하라 이는 그가 자기 백성을 그들의 죄에서 구원할 자이심이라 하니라"입니다. 반면에 복음서에서 사람들이 구원을 말할 때는 주로 상황의 해결을 의미했습니다. 왜냐하면 자신들이 죄인인 줄을 몰랐기 때문입니다. 마태복음 8장에서 제자들이 배를 타고 갈 때에 바다에 큰 놀이 일자 25절처럼 "주여 구원하소서 우리가 죽겠나이다"라고 하거나, 9장에서 열두 해 동안이나 혈루증으로 앓던 여자가 예수를 만져서 고침을 받은 후에 하는 말이 21절처럼 "이는 제 마음에 그 겉옷만 만져도 구원을 받겠다 함이라"고 하는 것으로 모두 당면한 상황의 해결을 의미했습니다.

병에서 고침을 받는 것이나 죄에서 구원받는 것이 표현상으로는 동일하게 '구원'입니다. 우리말뿐만 아니라 헬라어로도 '쏘죠'라는 동일한 단어를 사용합니다. 우리말 성경이 번역을 잘못한 것이 아니라 너무 친절하게 번역한 것입니다. 복음서에서는 예수님께서 병을 고치거나 귀신을 쫓을 때에 '구원' 즉 '쏘조'라는 단어를 사용했습니다. 왜냐하면 죄인들이 죄로부터의 구원을 아직 이해하지 못하니까, 죄로부터 구원받는 것의 예표로 병 고치는 것을 언급했습니다. 즉 자신들이 해결할 수 없는 문제를 예수가 해결해 주시는 것으로 구원을 상징적으로 설명했습니다.

구원 받을 만한 믿음

14장 9절에서 사람들이 가장 오해하는 것은 구원이라는 단어가 아니라 '구원받을 만한 믿음이 그에게 있는 것을 보고'라는 표현입니다. 마치 그 사람에게 구원 또는 치유받을 만한 믿음이 있었기 때문에 치유함이 일어난 것처럼 생각합니다. 그러나 절대로 그렇지 않습니다. 만약 그 사람에게 그런 믿음이 있었기 때문에 치유가 되었다면 바울이나 바나바가 개입되어야 할 이유가 없습니다. 믿음이 있었으면 그냥 믿음대로 치유를 받으면 됩니다. 굳이 10절처럼 바울이 "큰 소리로 이르되 네 발로 바로 일어서라"라고 소리 지를 이유가 없습니다. 복음서에서 예수님도 종종 '네 믿음대로 될지어다'라고 말씀하셨지만 그 사람의 '믿음대로' 된 것이 아니라 네 믿음대로 되라고 말씀하신 '예수님의 말씀하신 대로' 이루어졌습니다. 이 차이점을 혼동하시면 안 됩니다. 성경에 예수님께 나아와서 고침 받은 병든 자나 귀신들린 자 중에 믿음이 있다고 선언된 사람은 불과 두세 명 밖에 되지 않습니다. 나머지 허다한 각색 병든 자들은 믿음이 없었어도 모두 치유되고 고침 받았습니다. 그 사람의 믿음의 여부와 관계없이 예수님이 치유의 권능을 펼치셨기 때문입니다.

죄인이라는 표현을 조금 풀어서 설명해보면 두 가지 차원이 있습니다. 하나는 존재적으로 죄에게 사로잡혀 있는 상태입니다. 또 하나는 내용적으로 하나님에 대하여 무지한 것입니다. 이렇게 하나님에 대하여 죽어있는 죄인이 하나님을 믿는 믿음이 있을 리가 만무합니다. 죄인이 스스로 죄를 벗어나는 것이 불가능하고, 죄인이 스스로 탐구하고 연구하여 하나님에 대한 지식을 갖는 것이 불가능합니다. 그렇게 불가능하기에 예수님이 굳이 육신을 입고 이 땅에 오셨습니다. 죄인을 구원하러 오신 예수님이 하나님을 믿는 자를 찾으시는 것은 앞뒤가 맞지 않습니다. 그래서 예수님은 어떤 사람을 만나든, 어떤 사역을 펼치시든 사람들에게 조건을 제시하거나 수준이나 자격을 요구하신 적이 없습니다. 왜냐하면 만약 예수님이 아무리 사소한 것이라도 요구한다면 죄인 중에는 해당되는 자가 단 한사람도 없기 때문입니다. 자격이 없는 자에게 일방적으로 예수님이 사역을 행하셨기에 예수님의 사역을 은혜라고 부릅니다.

성경을 읽으실 때에는 기록된 표현과 동시에 그 표현에 담긴 의미를 바르게 이해해야 합니다. 본문에서는 병든 자의 믿음이 역사를 일으킨 것이 아니라 바울이 치유의 권능을 베푼 것이고, 더 나아가 바울이 스스로의 권능을 펼친 것이 아니라 하나님이 바울을 통해 권능을 행하신 것이기에 궁극적으로는 하나님이 행하셨습니다. 바울 스스로도 자신이 행한 것이 아니라 하나님이 행하셨다고 강조합니다. 그래야 11절 이하가 말이 됩니다.

당사자는 없다

본문은 매우 재미있습니다. 14장 8절로 10절에서 병자가 고침을 받았습니다. 그런데 11절 이하에는 다른 사람들이 등장합니다. "무리가 바울이 한 일을 보고 루가오니아 방언으로 소리 질러 이르되 신들이 사람의 형상으로 우리 가운데 내려오셨다 하여 바나바는 제우스라 하고 바울은 그 중에 말하는 자이므로 헤르메스라 하더라 시외 제우스 신당의 제사장이 소와 화환들을 가지고 대문 앞에 와서 무리와 함께 제사하고자 하니"입니다. 정작 걷게 된 사람은 어디로 갔는지 사라져 버렸습니다. 아마 처음 걸어보는 것이라 너무 기뻐서 여기저기 뛰어다니고 있는 중인가 봅니다. 대신 두 그룹 즉 '무리들'과 제우스 신당의 '제사장'이 나와서 제사를 드렸다고 합니다.

일반적으로 사람들이 예상하는 것과는 정반대의 현상입니다. 보통의 경우는 병자가 아닌 사람들은 그냥 구경만 합니다. 당사자가 아니기 때문입니다. 본인들이 아팠던 것도 아니고, 본인들이 나은 것도 아니니까 이 일에 개입을 할 이유가 없습니다. 그냥 신기하게 여기고 놀라워하면서 '우와~~~' 그러면 됩니다. 대신 고침 받은 당사자는 고침을 받았으니까 최소한 감사의 표현정도는 해야 합니다. 그런데 당사자가 사라져 버렸습니다. 아마 그 사람이 유대인이었다면 회당으로 달려갔을 것으로 예측됩니다. 당시 유대인들의 인식에 나면서 걷지 못한 것은 큰 죄로 인하여 신의 진노를 받은 것이요, 신의 진노를 받은 사람은 부정한 사람으로 선언되기에 일상의 삶을 사는데 매우 불편하였습니다. 그런데 치유를 받았으니 가장 먼저 회당으로 달려가 본인이 치유되었다는 것, 이제는 부정하지 않다는 인정을 받고 싶었을 것이기 때문입니다. 하지만 본문에는 그 사람의 출신에 대해 언급이 없기에 유대인인지 헬라인인지 알 수 없고, 어디로 갔는지도 확인할 수 없고, 여하튼 당사자는 사라져 버렸습니다.

앞에서 예수님이나 사도들이 치유를 행할 때에 조건을 요구하지 않는다고 했습니다. 그래서 은혜라고 했습니다. 더 나아가면, 치유하기 전에 조건을 요구하지 않듯이 치료 후에도 일체의 감사나 보은을 요구하지 않습니다. 그래서 기독교의 사역은 진정한 은혜입니다. 복음서에서 예수님께 치료를 받은 허다한 병자들 중에 예수님께 대가를 지불한 사람이 없습니다. 은혜를 갚은 사람이 없습니다. 심지어는 죽었다가 다시 살아난 사람 중에도 예수님께 일말의 감사라도 표현했다는 기록이 없습니다. 나사로가 살아났는데 그것으로 끝입니다. 백부장도 자기 하인이 나음을 받았지만 그것으로 끝이고, 거라사의 광인도 귀신이 자그마치 이천 마리나 나갔는데도 그것으로 끝이고, 사도행전에서도 8장 7절 "많은 사람에게 붙었던 더러운 귀신들이 크게 소리를 지르며 나가고 또 많은 중풍병자와 못 걷는 사람이 나으니 그 성에 큰 기쁨이 있더라"로 끝이고, 9장 33절 중풍병으로 침상 위에 누운지 여덟 해인 사람이 고침 받고도 그것으로 끝이고, 40절에 죽은 시체를 일으켜 세워도 다비다가 일어나 앉은 것으로 끝입니다.

고침 받은 사람의 반응이 기록된 것이 아주 드물게 등장하는데 그것도 기껏해야 사도행전 3장 8절처럼 "뛰어 서서 걸으며 그들과 함께 성전으로 들어가면서 걷기도 하고 뛰기도 하며 하나님을 찬송하니"입니다. 나았으니 좋아서 '와 하나님 감사합니다'라고 한 것 같습니다만 그것으로 끝입니다. 치유 받고 고침 받은 사람들이 특별히 예물 드린 적이 거의 없으며, 하나님이나 예수님이나 사도들도 어떠한 것을 요구한 적이 없고, 사람들이 아무런 감사를 하지 않는 것에 대해서도 일체의 꾸중이나 책망이 없습니다. 이것이 기독교의 은혜를 설명하는 가장 본질적인 모습입니다. 하나님이 은혜를 주시는 목적이 무엇입니까? 바로 인간의 행복입니다. 하나님이 사역을 행하신 결과가 무엇입니까? 인간의 행복입니다. 인간을 도우시고, 치유하시고, 은혜주시는 하나님의 마음을 딱 한마디로 한다면 '너 행복하면 된다!'입니다.

헛된 일을 버리고

무리들의 행동

이쯤 되면 저와 여러분은 치유 받은 당사자는 온데간데 없는데 왜 무리들이 제사를 드렸는지가 궁금합니다. 대답은 의외로 간단합니다. 당사자는 이미 문제를 해결 받았다고 생각하고, 구경꾼들은 문제를 해결하는 바울이나 바나바를 보면서 자신들의 문제를 해결 받고자하는 기대감이 생겼기 때문입니다. '목마른 사람이 샘 판다'는 말이 딱 맞는 말입니다. 어떤 모임에서 송년회를 하는데 마지막 순서가 경품 추첨입니다. 다 같이 1등 상품이 걸리기를 기대하면서 시작합니다. 맨 먼저 3등을 추첨해서 한 사람이 당첨되었습니다. 이 사람은 이미 상품을 받았습니다. 더 이상의 기대가 없습니다. 이제부터 이 사람이 하는 말은 '빨리합시다. 대충 끝내든가 내일 합시다'입니다. 자기는 더 이상 해당 사항이 없기 때문입니다. 그러면 평상시 성질 급하던 사람도 갑자기 소리를 지르면서 '조용히 합시다. 끝까지 합시다'라고 합니다. 아직 자기에게는 기회가 남아있기 때문입니다.

사람들의 행동에는 나름대로의 순서와 절차가 있습니다. 첫째는, 지금 확인한 것처럼 원하는 사람이 행한다는 것이고, 둘째는 상대방을 치켜세운다는 것입니다. 그것이 14장 11절 "무리가 바울이 한 일을 보고 루가오니아 방언으로 소리 질러 이르되 신들이 사람의 형상으로 우리 가운데 내려오셨다 하여"입니다. 사람은 자신이 할 수 있는 것은 자신이 행합니다. 그런데 자신이 할 수 없는 일이라면 자신보다 나은 사람을 찾습니다. 그렇게 자신보다 나은 사람을 찾았으면 그 사람을 자신보다 나은 사람이라고 높입니다. 자신이 도움을 받는데 자신보다 무능하거나 무기력하거나 낮은 신분이면 자신이 창피해지기 때문입니다. 11절의 '신들이 사람의 형상으로 우리 가운데 내려오셨다'는 표현은 신의 강림을 찬양하는 의미가 아니라 인간을 높이는 표현 양식입니다.

고대 근동이나 중동 또는 대부분의 지역에서 사람들이 믿는 신은 결국 사람들의 필요로 신에게 투영한 것입니다. 신이 먼저 존재하여 인간을 창조하고 축복하는 것이 아니라, 인간이 자신들의 필요에 의해 신을 형성하고 신에게 자신들이 원하는 기능을 부과하는 양식이었습니다. 그래서 신화의 신들은 사람들의 사고방식과 별 차이가 나지 않습니다. 그렇게 신을 높이고 결국은 그 신이 자신들의 모습으로 나타났다고 말하여 자신을 차별화 시키거나 다른 사람을 차별화 시키는 것입니다. 자신들의 기대를 이루어줄 존재가 평범하기 보다는 특별하기를 바라기 때문입니다.

죄인들의 행동원리 세 번째는 13절 "시외 제우스 신당의 제사장이 소와 화환들을 가지고 대문 앞에 와서 무리와 함께 제사하고자 하니"입니다. 즉 예물을 바치고 제사를 드리는 것입니다. 신의 도움을 받기 위해서는 먼저 인간이 신에게 값을 지불해야 한다는 원리입니다. 세상에 공짜가 없다는 사고방식입니다. 그래서 무엇인가를 얻기 위해서는 먼저 '정성'이라는 태도를 가져야 하고, 자신이 얻고자 하는 것에 '대가'를 지불해야 하고, 얻은 후에는 꼭 '감사'를 해야 합니다. 대가를 지불했는데 왜 또 감사를 해야 하냐면 감사를 하지 않으면 받은 것을 잃어버릴 수 있기 때문입니다. 그래서 정성, 대가, 감사가 필수인데 만약 이것이 없으면 '염치가 없다', 또는 '얌통머리가 없다'고 합니다. 세상에서는 이것을 상식이나 순리라고 합니다. 세상에서는 그 말이 맞고, 죄의 원리에는 이 절차가 맞습니다. 세상에서 살 때에는 이 원리를 따르시고, 죄의 원리로 행하는 상대를 만날 때에는 이 절차대로 하시기 바랍니다. 그러나 이 원리를 하나님에게는 적용하지 마시기 바랍니다. 하나님은 죄가 아니기 때문입니다.

성도의 행동

이제부터는 성도의 행동을 통해 기독교가 어떻게 다른지를 점검해 보겠습니다. 14절 "두 사도 바나바와 바울이 듣고 옷을 찢고 무리 가운데 뛰어

들어가서 소리 질러 이르되 어찌하여 이러한 일을 하느냐 우리도 여러분과 같은 성정을 가진 사람이라"입니다. 바울은 과시하기 위하여 자신의 능력을 자랑하지 않습니다. 남들보다 우월하다는 것을 입증하기 위하여 치유하는 권세를 전시하거나 유세를 떨지 않습니다. 단지 걷지 못하는 자가 있기에 불쌍히 여겨 치료해 주었을 뿐입니다. 또 바울은 당사자나 주변 사람들에게 아무 것도 요구한 것이 없습니다. 권세를 보았으면 제사를 드려달라고 요청한 적이 없습니다. 만약 제사를 드리지 않으면 치유하는 권세로 병을 고치는 것이 아니라 반대로 병이 들게 만들 수도 있다고 위협하지도 않았습니다. 그런데 사람들이 스스로, 알아서, 자원하는 마음으로, 간절한 기대와 바람으로 제사를 드렸습니다. 굳이 말릴 필요가 있을까요? 그것도 '옷을 찢고 뛰어 들어가 소리를 지르며' 말릴 필요가 있을까요?

바울의 행동에서 강조되는 것은 첫째, 자신을 차별화하지 않는 것입니다. 바울이 한 말은 '우리도 여러분과 같은 성정을 가진 사람이라'입니다. 분명 바울은 능력이 있고 권세가 있습니다. 다른 사람이 하지 못한 일을 했습니다. 이런 능력이 있으면 죄인들은 당연히 다른 사람과 자신을 차별화하려고 노력합니다. 자신이 가지고 있는 것을 무기화하고, 자신의 영향력을 확대할 수 있는 조치를 취하려고 하고, 자기에게 유익이 될 만한 일들을 벌이곤 합니다. 교인들조차도 성령을 받으려고 하고, 권능과 권세를 가지려고 하는 이유가 바로 남들보다 우월해지려고 하는 경우가 종종 있습니다. 영적인 지배력을 확장하고, 마치 하나님께 더 크게 인정받은 것으로 착각하여 다른 사람의 존경을 받고, 섬김을 받으려고 하는 경우도 있습니다. 아주 일말의 빌미라도 있으면 그것을 이용하여 상대보다 나음을 주장하고 높아지려는 욕심을 부리는 경우가 있습니다. 그러나 바울은 전혀 그렇지 않았습니다. 자신이 그런 욕심을 부리지 않은 정도가 아니라 아예 사람들이 알아서 높여주는 것조차도 거부하고 있습니다.

요사이 세상의 화두는 '갑과 을의 관계'입니다. 그래서 갑의 위치에 있는 사람이 하는 행동을 '갑질'이라고 비난을 합니다. 갑과 을 중에 갑질을 하는 사람을 비난하는데 더욱 심각한 것은 사람들이 '을질'에 너무나 익숙하고 너무나 천연덕스럽게 스스로 '을질'을 할 때도 많다는 것입니다. 그런데 지금 바울은 스스로 절대로 '갑질'을 하지 않으며, 동시에 상대방도 스스로 '을질'을 하지 못하도록 막아주고 있습니다. 사도행전이 구원받은 성도가 변해가는 모습을 증거해 준다고 설명 드린 적이 있습니다. 구원받았을지라도 처음에는 죄인의 수준과 유사하다가 점차 성도의 행동이 성숙되고 성도다워지는 모습을 보여주는 것이 사도행전 1장부터 6장까지와 그 이후의 모습입니다. 1장과 6장에서 베드로는 예수님과 동행했던 열한 제자를 특별하게 취급했습니다. 그래서 부활의 증인의 자격도 예수와 동행했던 사람 중의 하나로 제한했고, 복음 증거의 사역도 사도들만이 전념하는 것으로 제한했습니다. 더 나아가 구원의 대상도 오직 유대인으로만 인식하고 있었습니다. 그런데 하나님께서 집사들을 통해 복음을 전파하고, 이방인 고넬료가 베드로를 찾아오는 방식으로 하나님의 의도를 가르치면서 베드로의 인식구조를 변화시키셨습니다. 그 결과 달라진 모습, 성도다운 모습이 바로 10장 이후로 14장입니다.

베드로라는 사람에서 바울로 등장 인물이 바뀐 것이 아닙니다. 외형적으로는 등장 인물이 바뀐 것이지만 내용적으로는 베드로와 바울로 대표되는 사도들의 인식이 변화된 것입니다. 이제 사도들은 자신과 다른 제자들을 차별하지 않고, 자신들과 이방인을 구별하지 않고, 자신들과 죄인들을 비교하지 않습니다. 모든 인간은 하나님 앞에 동일한 죄인이었으며 단지 자신들이 먼저 은혜를 받은 것뿐이요, 먼저 은혜를 받았으니 당연히 아직 은혜를 모르는 사람들에게 알려주고, 전파하고, 가르쳐주는 것이 당연하다는 것입니다. 그래서 먼저는 '우리도 여러분과 같은 성정을 가진 사람이라'고 말한 후에 이어서 '여러분에게 복음을 전하는 것은'이라고 자기들의 역할을 소개하고 있습니다.

성도의 태도 두 번째, 먼저 믿은 자, 먼저 은혜를 받은 자, 먼저 성도된 자의 역할이 복음을 전하는 것입니다. 성도가 하나님이 주신 성도됨과 권능과 은사와 직분 등 어떤 것을 통해서도 다른 사람과 차별화하지 않는 이유는 달리 더 받을 것이나 나아질 것이 없기 때문입니다. 자신이 구원받아 성도가 되고, 하나님의 자녀가 되었다는 것이 가장 존귀하기 때문입니다. 자신은 이미 죄인이 받을 수 있는 최상 최고의 은혜와 복을 받았습니다. 이러한 성도의 인식이 성도의 역할 즉 '복음을 전하는 것'으로 이어질 수 있습니다. 자신이 더 받아야겠다는 생각이 있는 사람은 남에게 줄 수 없습니다. 남이 나처럼 되는 것을 싫어하는 사람은 내가 가진 은혜와 복, 그리고 구원의 진리, 복음의 내용을 다른 사람에게 전할 수 없습니다. 하지만 성도는 이미 자신이 성도가 된 자요, 다른 사람이 성도가 되는 것이 그 사람이 나보다 높아지는 것이 아니며, 내가 그 사람보다 낮아지는 것이 아니라는 것을 알기 때문에 기꺼이 다른 사람도 나처럼 되기 원하고 복음을 전할 수 있습니다.

헛된 일을 버리고

바울 또는 성도가 전하는 복음의 내용이 15절 중간부 "이런 헛된 일을 버리고 천지와 바다와 그 가운데 만물을 지으시고 살아 계신 하나님께로 돌아오게 함이라"입니다. 바울은 죄인들이 행하는 행동, 즉 자신이 바라는 것을 얻기 위하여 인간이 먼저 상대방에게 예물을 드리든, 제사를 드리든, 값을 치루는 행동을 '헛된 일'이라고 선언합니다. 왜냐하면 만약 자신이 행할 수 있으면 그냥 자신이 행하면 되는 것이요, 만약 자신이 행할 수 없어서 자신보다 크고 강하고 위엄 있는 신의 도움을 받으려면 인간이 신에게 바치는 것이 아무 의미가 없기 때문입니다. 낮은 자가 큰 자에게, 약한 자가 강한 자에게 드릴 것이란 존재하지 않습니다. 결국 약자가 강자에게 바친다는 것은 아무런 의미가 없는 일 즉 헛된 일, 무익한 일, 쓸모없는 일, 부패한 일입니다. 그럼에도 불구하고 죄인에게서 무엇을 받는 신이 있다면 그 신은 정말 악한 신이요, 거짓된 신이요, 인간에게 해로운 신일 뿐입니다.

하나님은 절대로 그렇지 않습니다. 하나님이 다르다는 것은 단지 존재가 다르다는 정도가 아닙니다. 만약 어떤 사람이 다른 신을 섬기다가 하나님을 섬긴다면 신을 섬긴다는 차원에서는 같은 행동입니다. 다른 신에게 예물을 드리다가 하나님에게 예물을 드린다면 예물을 드린다는 행동은 같습니다. 기독교의 하나님은 다른 신과 유사한 성격인데 힘이나 권세가 조금 더 강한 신이 아니라 아예 존재와 속성과 성품이 원천적으로 다릅니다. 그래서 '하나님을 섬긴다'라는 표현을 사용할지라도 하나님을 섬기는 양상이 타종교와 완전히 다릅니다. 표현상으로는 '하나님을 섬긴다'고 하지만 하나님께 무엇을 바치거나 드리거나, 인간이 하나님께 복종하거나 지배당하는 것이 전혀 아닙니다. 도리어 하나님은 인간을 위해주시고, 인간은 하나님의 은혜로 말미암아 자유와 평화와 안식을 누릴 수 있습니다.

하나님은 인간에게 '먼저' 주시며, '은혜'로 주시는 분이기에 인간이 신을 위해 무엇을 행하는 것을 '헛된 일'이라고 선언할 수 있습니다. 하나님은 인간이 구하기 전에 먼저 인간의 필요를 아시고 채워주시는 분이기에 기독교에는 종교 행위가 필요하지 않습니다. 하나님, 즉 사람에게 무엇을 받으시는 하나님이 아니라 천지와 바다와 그 가운데 만물을 지으시고, 즉 모든 것을 존재하도록 만들어주시는 하나님, 지금도 먼저 역사하시고, 은혜로 역사하시는 하나님을 알아야 헛된 일을 버릴 수 있습니다. 그래서 먼저 이 사실을 은혜로 알게 된 사도들이 이 사실을 다른 사람에게도 알게 하는 것이 바로 복음 전도입니다.

바울이 설명하는 내용에 근거하면 기독교는 정말 쉽고 간단합니다. 지금 바울은 루가오니아 사람들의 인식을 바꾸고 행동을 바꾸려고 하는데 그것이 너무 재미있습니다. 왜냐하면 일반적으로 사람들이 다른 사람에게 어떤 것을 가르치거나 변화시키려고 할 때에 어려워하고 힘들어하는 이유는 무엇인가를 행하도록 만들려고 하기 때문입니다. 대체적으로 사람들은 최선을 다하고 있지 않다고, 정성을 쏟고 있지 않다고, 노력하고 있지 않다고 비난합니다. 그래서 부지런을 떨게 하고, 열심을 내게 하고, 수고를 하게하고, 헌신과 충성을 하도록 만들려고 애를 씁니다. 그런데 기독교는 정반대입니다. 새로운 수고를 더 추가하려는 것이 아니라 죄인들이 지금 하고 있는 행동들이 필요 없는 것이라고 선언합니다. 본문대로 하면 '헛된 일'이라고 합니다. 무용한 행동, 쓸모없는 행동이라고 선언합니다. 그러니 안 해도 되는 행동이요, 차라리 안하는 것이 낫기에 멈추라고 합니다.

기독교의 강조

세상은 하나님의 존재를 인정하지 않고 하나님의 일하심을 인정하지 않습니다. 그러니 남은 것은 인간뿐이요, 모든 일을 인간이 행해야 합니다. 인간이 행하지 않으면 아무 것도 이루어지는 것이 없다고 생각합니다. 무슨 일이든 이루어지면 모든 것이 인간의 수고의 결과라고 생각합니다. 그래서 세상에서 강조하는 단어가 '수고, 열심, 노력'이요, 인간의 일에 대한 평가가 '업적, 치적, 공적, 공로'입니다. 그러나 기독교는 하나님이 존재하고, 특별히 하나님은 일하시는 분입니다. 더 나아가 하나님은 '먼저' 일하시는 분입니다. 그래서 기독교에는 인간의 업적, 인간의 치적, 인간의 공로라는 개념이 없습니다.

창세기부터 계시록까지 인간의 수고와 열심으로 하나님이 만드신 것 말고 새로운 것이나 더 좋은 것을 만든 적이 없습니다. 그래서 성경에는 인간의 기념식, 인간의 기념물, 인간을 높이는 행사가 일체 없습니다. 아브라함이 영웅으로 인정받거나, 모세가 공로자로 존경받거나, 다윗의 업적이 추앙받는 경우가 없습니다. 어떤 인물도 다른 사람과 비교하여 뛰어나고 위대한 행적을 이루었다고 칭찬하거나 특별 대접을 받는 경우가 아예 없습니다. 기독교는 누가 더 멋진 일을 많이 하느냐는 경쟁이 아니라 굳이 대조하자면 누가 더 헛된 일을 하지 않느냐는 경쟁입니다. 세상은 인간의 수고를 선동하고 인간의 업적을 강조하지만 기독교는 하나님의 열심, 하나님의 일하심을 선포하고 인간의 누림, 인간의 행복을 강조합니다. 기독교 신앙의 왜곡된 표현, 성도들이 하는 말 중에 담긴 아주 참람한 표현이 '하나님만 영광 받으시면 저는 아무 상관 없습니다'라는 말입니다. 기독교는 정반대로 표현해야 합니다. 하나님의 인간을 향한 심정을 한 마디로 하면 '너 행복하면 된다'입니다. 이것이 옳습니다.

인간이 성실하게 사는 것은 삶의 본분입니다. 그러나 하나님을 모르면 헛된 일을 할 뿐입니다. 하나님을 알면 바르고, 참되고, 자유롭고, 행복한 삶을 향유하게 됩니다. 성경을 읽고 배워서 하나님이 행하신 일, 하나님이 주신 은혜의 선물을 바로 알아 하나님으로 말미암아 멋진 성도의 삶을 풍성히 누려가시기를 주님의 이름으로 축원합니다.

하나님이 함께 행하신

사도행전 14:19~28

19 유대인들이 안디옥과 이고니온에서 와서 무리를 충동하니 그들이 돌로 바울을 쳐서 죽은 줄로 알고 시외로 끌어 내치니라 20 제자들이 둘러섰을 때에 바울이 일어나 그 성에 들어갔다가 이튿날 바나바와 함께 더베로 가서 21 복음을 그 성에서 전하여 많은 사람을 제자로 삼고 루스드라와 이고니온과 안디옥으로 돌아가서 22 제자들의 마음을 굳게 하여 이 믿음에 머물러 있으라 권하고 또 우리가 하나님의 나라에 들어가려면 많은 환난을 겪어야 할 것이라 하고 23 각 교회에서 장로들을 택하여 금식 기도 하며 그들이 믿는 주께 그들을 위탁하고 24 비시디아 가운데로 지나서 밤빌리아에 이르러 25 말씀을 버가에서 전하고 앗달리아로 내려가서 26 거기서 배 타고 안디옥에 이르니 이 곳은 두 사도가 이룬 그 일을 위하여 전에 하나님의 은혜에 부탁하던 곳이라 27 그들이 이르러 교회를 모아 하나님이 함께 행하신 모든 일과 이방인들에게 믿음의 문을 여신 것을 보고하고 28 제자들과 함께 오래 있으니라

자기 길, 하나님의 길

헛된 일

성경을 읽지 않는 기독교, 하나님 말씀을 배우지 않는 기독교는 세상에 존재하는 허다한 동호인 집단이나 이익단체 중의 하나에 불과할 뿐입니다. 기독교의 기준, 기독교의 기원은 창조입니다. 하나님이 창조하신 모습이 인류의 원형이고, 기독교 신앙의 기준입니다. 기독교가 전통을 강조할 때는 하나님이 정하신 기준에 근거한 전통을 말해야 합니다. 그래서 기독교

의 전통은 당연히 성경에서 나와야 합니다. 그런데 현재 기독교의 전통은 대부분 역사에서 나온 것입니다. 교회사를 통해서 특정한 시대, 특정한 사람들이 행했던 종교 의식들을 전통이라는 명분으로 중요시하는 것은 기독교의 본질을 희석시킬 뿐입니다.

기독교가 타종교와 본질적으로 다른 것은 바로 하나님 때문입니다. 하나님은 창조 때에 인간에게 하나님을 향한 어떠한 종교적 의식을 제정하지 않으셨고, 인간이 하나님에게 은혜와 복을 받아내기 위한 수단으로서의 어떠한 종교 행위도 요구하지 않으셨습니다. 하나님이 원하시지 않는 것, 하나님과 아무 관련이 없는 것, 하나님의 뜻과 전혀 다른 것은 모두 '헛된 일'입니다. 구약에서 이스라엘이 행하는 종교 활동에 대하여 하나님은 단호하게 '헛된 일'이라고 선언하십니다. 하나님은 이스라엘의 우상숭배에 대하여 나쁜 일, 악한 일, 잘못한 일이라고 책망하신 것이 아니라 헛된 일이라고 안타까워하셨습니다. 우상 숭배하는 것이 절대로 쉬운 일이 아닙니다. 우상을 숭배하려면 신상 앞에 나아가서 절을 해야 하고 예물을 드려야 하는 등 수고를 해야 합니다. 그래서 타 종교에서는 언제나 인간의 헌신, 충성, 열심을 강조하게 되어있고, 타 종교를 섬기는 사람들은 자신이 얼마나 정성을 들였나, 자신이 얼마나 희생을 했는가, 자신이 어떤 대가 또는 값을 지불했나를 주장합니다. 그러한 사람들의 종교 행위에 대해 기독교는 아주 단순하게 '헛된 일'이라고 선언합니다.

기독교는 '누가 더 열심을 내는가?'를 비교하는 종교가 아닙니다. 기독교는 '어떻게 행해야 하는가?', 즉 방법을 논하는 종교가 아닙니다. 기독교는 하나님을 강조하고, 하나님이 하신 일을 선포하는 종교입니다. 하나님이 먼저 인간의 필요를 아시고 은혜로 베풀어주신 선물을 '복음'이라는 제목으로 알려주는 종교입니다. 그래서 기독교의 인간, 즉 성도는 자신이 무엇을 얼마나 행했는가를 말하지 않고, 하나님이 무엇을 얼마나 나에게 주셨는가를 알아야 합니다. 기독교는 '하자, 하자!'고 선동하는 종교가 아니라 '알라, 알라!'고 선포하는 종교입니다.

자기들의 길들

바울이 루스드라 지방에서 병자를 치유하자 사람들의 관심은 온통 바울에게 집중되었습니다. 하나님을 믿지 않으니 당연히 바울만 보일 뿐이고, 바울이 놀라운 일을 했으니 바울에게 다른 것을 기대하는 사람들이 제사를 드리려고 할 때에 바울은 아주 적극적으로 말렸습니다. 그때 사람들이 하는 행동에 대해 '헛된 일'이라고 선언하였습니다. 단순히 그들의 행동만을 언급한 것이 아니라 그 행동을 하게 된 사고방식, 인식체계, 가치관 전체를 통틀어 '헛된 것'이라고 지적하였습니다. 하나님의 구원은 죄인을 죄로부터 건져내는 것입니다. 죄인은 죄에게 사로잡힌 자요, 죄에게 사로잡힌 자는 사고, 인식, 가치, 개념, 원리, 방법, 마음 등 모든 것을 죄의 인식체계를 따르는 자입니다. 그러므로 죄인을 죄로부터 구원한다는 것은 죄라는 존재에게서 해방시키는 것이며, 동시에 죄적 인식체계로부터 하나님의 인식체계로 변화시키는 것을 의미합니다. 그 설명이 15절 중간에 "여러분에게 복음을 전하는 것은 이런 헛된 일을 버리고 천지와 바다와 그 가운데 만물을 지으시고 살아 계신 하나님께 돌아오게 함이라"입니다.

기독교는 헛된 일을 버리게 하는 것이지, 하나님께로 돌아와서 다른 일을 하게 만들려는 것이 아닙니다. 종종 예수 믿는 분들이 믿는 대상이 달라졌을 뿐 믿는 내용과 방법이 전혀 달라지지 않는 것을 봅니다. 믿는 대상이 우상에서 하나님으로 달라졌으면 당연히 믿는 내용과 방법도 우상과 하나님의 차이만큼이나 달라져야 합니다. 우상을 섬기는 일이 당연히 헛된 일인 것처럼, 하나님이 이미 벌써 은혜를 주셨는데 마치 아무것도 받지 않은 것처럼 하나님을 향해 은혜 받으려고 하는 일, 복 받으려고 하는 일도 모두 헛된 일에 속합니다. 기독교는 헛된 일은 당연히 하지 않고, 받은 복을 누리는 삶, 신나고, 즐겁고, 자유롭고, 행복하게 사는 것이 당연합니다.

죄인들의 사고와 가치와 인식을 변화시켜가는 하나님의 일하심을 소개하는 것이 14장 16절 이하 "하나님이 지나간 세대에는 모든 민족으로 자기들의 길들을 가게 방임하셨으나"입니다. 여기서 말하는 '지나간 세대'는 구원받기 전을 의미합니다. 즉 구원받지 않았던 세대, 죄인이었던 세대입니다. '모든 민족'은 지구상의 모든 사람, 모든 죄인을 의미하고, '자기들의 길들'은 각 사람이 살던 방식입니다. 자기들의 길들이라고 해서 다양한 길과 다양한 방식이 있었다는 의미가 아니라 외형적으로는 다른 것 같지만 본질적으로는 모두가 죄의 원리로 살았다는 의미입니다. 결국 인간이 죄인이었을 때에는 모든 죄인들이 각자 자기가 옳다고 생각하는 죄의 방식대로, 자기가 주장하는 죄의 원리대로 살았습니다. 모든 사람이 죄의 원리로 살았습니다. 왜냐하면 진리를 몰랐기 때문입니다.

그렇게 죄인들이 죄의 원리대로 행동하는 것에 대하여 16절에는 '하나님이 방임하셨다'고 표현했습니다. '방임하다'의 사전적 의미는 '내어 맡기다, 버려두다, 허락하다, 묵인하다, 용납하다'입니다. 사도행전 5장에서 제자들이 복음 전하는 것에 대하여 가말리엘이라는 사람이 공회원들에게 박해하지 말자고 설득할 때 38절 '이 사람들을 상관하지 말고 버려두라'고 했을 때의 '버려두라'와 같은 단어입니다. 즉 '방임하다'는 '관여치 않다', '특별한 조치를 취하지 않다'는 의미입니다. 하나님이 방임하였다, 하나님이 아무런 조치를 취하지 않았다는 것이 하나님이 방치하였다거나, 하나님이 죄인들에 대해 전혀 관심을 갖지 않았고, 돌보지도 않았고, 도와주지도 않았다는 의미가 전혀 아닙니다. 성경의 표현들은 그 내용을 신중하게 분석하고 이해해야 합니다.

하나님의 조치

죄인들이 우상을 섬기는 것은 '헛된 일'입니다. 죄인들에게는 헛된 일이지만, 정작 알아야 하는 하나님을 모르는 것, 하나님의 은혜와 복을 받으면서도 전혀 하나님에 대해 인식하지 못하는 것은 하나님의 입장에서는 모욕을 받는 것이요, 무시함이나 업신여김을 받는 것입니다. 하나님이 모욕이나 굴욕을 당하셨다면 하나님은 자신을 모욕한 죄인에게 엄중한 조치를 취하는 것이 당연합니다. 이때 하나님이 취하시는 조치에는 두 가지 패턴이 있습니다. 하나는 징계이고, 다른 하나는 계도입니다. 16절에 하나님이 방임하셨다 또는 버려두셨다, 아무런 조치를 취하지 않았다는 것은 첫 번째 조치, 즉 징계하지 않았다는 의미입니다. 사람들은 우선 타인의 행동에 대해 먼저 상응하는 대가를 지불하는 조치를 취합니다. 주로 징계, 형벌입니다.

그런데 사람들과 달리 하나님에게는 징계 조치가 없습니다. 하나님이 죄인에게 징계하지 않는 이유는 두 가지인데 첫 번째는 특별히 하나님이 징계하지 않아도 인간의 행동에는 결과가 따라오기 때문입니다. 악을 행하면 악의 열매가 나타나고, 죄를 행하면 죄의 결과가 나타납니다. 성경에서 특별히 사사기에서 이스라엘이 계속하여 하나님을 떠났습니다. 그때 하나님이 단 한 번도 벌주신 적이 없지만 이스라엘은 자신들의 행동의 결과를 당했습니다. 바로 이방 민족들에게 압제를 당했습니다. 이스라엘은 하나님을 버리고, 이방 민족들이 섬기는 신을 섬겼습니다. 그랬더니 그 민족들에게 압제를 받았습니다. 이것이 죄의 종교의 어이없음 입니다.

하나님이 죄인에게 징계하지 않는 두 번째 이유는 징계가 아무 효과가 없기 때문입니다. 사람들이 징계를 하는 이유는 효과를 얻기 위해서인데 효과가 없다면 징계를 할 이유가 없습니다. 만약 하나님이 효과 없는 일을 행하시면 하나님도 '헛된 일'을 하시는 것이 됩니다. 하나님을 모르는 죄인에게 징계를 내린다고 해서 하나님이 알아지는 것이 아닙니다. 하나님을 모르는 죄인에게 죄의 형벌을 받게 한다고 해서 죄를 벗어날 수 있는 것이 아닙니다. 그래서 징계가 없습니다. '방임하셨다'는 표현이 하나님이 인간에게 신경을 끊었다거나, 죄인들이 대해 무책임하셨다는 의미가 절대로 아닙니다.

선한 일을 하사

죄인에게 취하는 두 가지 조치 중에 두 번째, 즉 하나님이 행하신 조치가 바로 17절 "그러나 자기를 증언하지 아니하신 것이 아니니 곧 여러분에게 하늘로부터 비를 내리시며 결실기를 주시는 선한 일을 하사 음식과 기쁨으로 여러분의 마음에 만족하게 하셨느니라 "입니다. 하나님이 조치를 취하셨습니다. 징계 조치가 아니라 계도 조치입니다. 죄인들이 헛된 일을 하는 것, 죄인들이 우상을 섬기는 본질적인 원인은 하나님을 모르기 때문입니다. 그런 죄인들에게 하나님이 하실 일이 당연히 하나님을 알리는 것, 17절대로 하면 '자기를 증언하신 것'입니다. 가장 적절한 조치입니다. 이때 하나님이 자기를 증언하신 것은 하나님이 옳으시다는 것을 선언하시거나, 하나님이 참이요, 진리라는 것을 설명하는 방식이 아니었습니다. 하나님은 직접 행동하셨습니다.

17절에서 하나님이 행하신 조치를 한 마디로 표현하기를 '선한 일을 하사'입니다. 이것이 하나님의 원리입니다. 하나님을 향해 죄를 짓는 죄인들에게 하나님은 선을 행하십니다. 하나님이 이렇게 행동하셨기에 로마서 12장 21절에 "악에게 지지 말고 선으로 악을 이기라"고 말씀하실 수 있습니다. 조금 더 구체적으로 설명하면 "여러분에게 하늘로부터 비를 내리시며 결실기를 주셨다"입니다. 성경을 보면 사람들이 하는 말이 얼마나 어처구니 없는지를 확인할 수 있습니다. 종종 세상에 가뭄이 올 때가 있고 흉년이 들 때가 있습니다. 그때마다 사람들은 하늘을 원망하고 하나님께 불평을 해댑니다. 마치 자신들은 잘못이 없는데 하나님이 짖궂어서 인간에게 재앙을 내린 것처럼 욕을 해댑니다. 하지만 실상은 17절입니다. 인간은 헛된 일을 했는데도 불구하고 하나님은 비를 내리시며 결실기를 주셨습니다.

하나님의 이러한 조치가 정말 엄청나고 대단한 일입니다. 죄인들이 우상에게 제사를 하고 우상에게 소원을 빌고 있습니다. 그때 하나님께서 비를 내리시고 결실기를 주십니다. 그러면 미련한 죄인들이 어떻게 생각하겠습니까? 하나님을 모르니까 하나님이 선한 일을 하셨다고 생각하지 않고 자신들이 잘했다고 생각하고, 자신들이 제사드린 그 신이 응답했다고 생각합니다. 하나님의 은혜는 온데간데 없고, 죄인들과 우상이 자화자찬하는 꼴이 될 수 있습니다. 그런데도 하나님이 비와 결실기를 주십니다. 왜냐하면 우선 인간이 생활하는데 불편함이 없도록 도와주시는 것이 하나님의 인간을 향한 사랑의 마음이기 때문입니다. 그래서 17절 끝에 "음식과 기쁨으로 여러분의 마음에 만족하게 하셨느니라"라고 설명합니다. 참 하나님의 일하심에 인간이 감동할 수밖에 없습니다.

기독교는 이렇게 좋으신 하나님을 잘 설명해야 합니다. 괜히 하나님께 영광 돌리고, 하나님을 존귀하게 대접한다는 명분으로 하나님의 통치권과 지배권을 강조하고, 마치 하나님이 인간을 통제하고 압제하는 것처럼, 마치 하나님의 말씀을 따르지 않으면 징계와 형벌과 저주를 내리는 것처럼 표현하면 절대로 안 됩니다. 하나님이 이렇게 인간을 선으로 대해주시기 때문에 그런 하나님의 선하심의 결과로 구원받은 바울이 하나님이 자기에게 행하신 그대로, 지금 자기에게 제사 드리려는 사람들을 말리면서 그들에게 하나님을 설명합니다. 이것이 성도의 자세요, 성도의 역할입니다. 이것은 겸손함이 아니라 성도의 본분입니다.

하나님이 함께 행하신

극과 극

14장 8절로 18절의 내용과 19절 이하의 내용은 말 그대로 '극과 극'입니다. 바울에 대해 한쪽에서는 '신들이 사람의 형상으로 내려왔다'고 칭송하며 제사를 드리려고 했습니다. 다른 한쪽의 행동이 19절 "유대인들이 안디옥과 이고니온에서 와서 무리를 충동하니 그들이 돌로 바울을 쳐서 죽은 줄로 알고 시외로 끌어 내치니라"입니다. 5절에서도 유사한 상황이 발생하자 바울이 도망하였는데 이번에는 도망가지 못하고 돌에 맞았습니다. 그런데 정말 난해한 것은 이러한 대접을 받는 바울의 반응입니다. 앞에서 자신에게 제사를 드리려고 한 사람들에 대해서는 14절 "옷을 찢고 무리 가운데 뛰어 들어가서 소리 질러 이르되 여러분이여 어찌하여 이러한 일을 하느냐"고 했고, 15절부터 17절까지 설명을 하고 난 후 18절 "이렇게 말하여 겨우 무리를 말려 자기들에게 제사를 못하게 하니라"입니다. 자신들을 높이려는 사람들의 행동을 결사적으로 말렸습니다.

이번에는 정반대로 자신을 죽이려고 한 사람들에 대해서 20절 "제자들이 둘러섰을 때에 바울이 일어나 그 성에 들어갔다가 이튿날 바나바와 함께 더베로 가서 복음을 그 성에 전하여"입니다. 바울의 행동은 성경을 읽으시는 분이 조금 당황될 정도입니다. 유대인들이 돌로 쳐서 죽은 줄로 알고 끌어 내쳤다니 상황이 아주 심각합니다. 대충 돌멩이 한 두 개 정도 던진 것이 아니고, 돌에 맞아 살짝 피가 난 정도가 아니요, 아예 죽은 것으로 인식될 정도로 큰 해를 당했습니다. 제자들이 모두 달려들어서 정말 죽었나 확인할 정도입니다. 그런데 천만 다행으로 바울은 몸을 추슬러 일어났습니다. 그렇게 일어났으면 그 다음에 할 일이 무엇이겠습니까? 가장 급한 것은 잠시 쉬면서 몸을 회복하는 일입니다. 동시에 로마인인 자신을 재판도 없이 돌로 친 사람들에 대하여 법적 조치를 취하는 일입니다. 그런데 바울은 마치 아무 일도 없었다는 듯이, 대수로운 일이 아니라는 듯이 자신을 돌로 친 사람들에 대하여 일체의 반응을 보이지 않습니다.

20절에 의하면 일어나자마자 더베라는 지역으로 이동해서 복음을 전하여 많은 사람을 제자로 삼았다고 합니다. 그리고는 이어서 루스드라와 이고니온과 안디옥으로 돌아갔다고 합니다. 바울이 자신의 행동을 설명하는 내용이 바로 22절에 제자들에게 하는 말 중에 담겨있습니다. 22절 "제자들의 마음을 굳게 하여 이 믿음에 머물러 있으라 권하고 또 우리가 하나님의 나라에 들어가려면 많은 환난을 겪어야 할 것이라 하고"입니다. 지금 위협을 받고 목숨을 잃을 뻔한 위기에 처했던 사람은 바울 자신인데, 바울은 자기 이야기를 하지 않고 제자들 즉 성도들 이야기만 합니다. 낙심이 되거나 믿음이 흔들릴만한 상황을 겪은 사람은 자신인데 전혀 낙심, 불안, 위기의식, 망설임, 두려움, 의기소침의 모습이 없습니다. 너무나 태연하게 성도들의 심령을 강건하게 하고, 믿음에 머물러 있으라고 권면합니다.

하나님 나라에 들어가려면

아주 신중하게 살펴보아야 하는 것이 바로 22절 중간에 나오는 "우리가 하나님의 나라에 들어가려면 많은 환난을 겪어야 할 것이라"입니다. 우선 오해를 풀어 보겠습니다. 여기에서 말하는 '하나님 나라'는 내세를 의미하는 것이 아닙니다. 성경이 하나님 나라를 언급할 때는 언제나 '하나님'을 강조합니다. 하나님의 임재, 하나님의 통치, 하나님의 주관하심을 강조하는 것이지 시간적으로 사후 세계나 장소적으로 하늘을 의미하지 않습니다. 또 너무나 당연히 '하나님 나라에 들어간다'는 것이 미래형이 아닙니다. 현재에는 아무도 들어간 사람이 없는데, 지금부터 믿음 생활 잘하면, 하나님 말씀에 순종하면 장차 하나님 나라에 들어간다는 미래형, 소망형, 기대형의 의미가 아닙니다.

본문에 사용된 '들어가다'는 단어는 기본적으로 '오다, 가다, 들어가다'의 의미입니다. 그러나 조금 더 확장하면 '참가하다, 동참하다, 참예하다'의 의미가 됩니다. 즉 하나님 나라의 활동에 동참하는 것입니다. 바울은 이제사 '들어가느냐, 못들어가느냐'를 언급하는 것이 아니라 이미 소속되어 있는 하나님 나라의 속성에 참예하는 것을 의미합니다. 예수님은 이 땅에 하나님 나라를 임하게 하셨습니다. 즉 죄의 종이었던 죄인들을 죄에서 구원하사 하나님의 자녀가 되게 하셨고, 죄에게 속해있던 자들을 하나님 나라에 속하게 하셨고, 하나님 나라의 기업을 잇게 하셨습니다. 이미 모든 성도들은 하나님 나라에 들어와 있습니다. 그러므로 22절은 하나님 나라에 들어가는 과정이나 방법을 소개하는 것이 아닙니다.

22절을 하나님 나라에 들어가는 과정이나 방법으로 오해하면 여러 가지 이상한 표현, 비복음적인 표현들이 난무하게 됩니다. 대표적인 것이 '기독교인은 환난에도 불구하고 즐거워한다'는 말입니다. 또는 더 심하게 표현하면 '환난을 기뻐한다'는 표현입니다. 물론 이러한 표현들이 모두 성경을 인용한 것임을 알고 있습니다. 예를 들어 로마서 5장 3절 이하에 "다만 이뿐 아니라 우리가 환난 중에도 즐거워하나니 이는 환난은 인내를, 인내는 연단을, 연단을 소망을 이루는 줄 앎이로다"라든가, 야고보서 1장 2절 이하에 "내 형제들아 너희가 여러 가지 시험을 당하거든 온전히 기쁘게 여기라 이는 너희 믿음의 시련이 인내를 만들어 내는 줄 너희가 앎이라" 등입니다.

그러나 이런 구절들은 전후 문맥을 반드시 분별하셔야 합니다. 로마서의 경우는 환난을 말하기 전에 5장 1절에 "그러므로 우리가 믿음으로 의롭다 하심을 받았으니 우리 주 예수 그리스도로 말미암아 하나님과 화평을 누리자 또한 그로 말미암아 우리가 믿음으로 서 있는 이 은혜에 들어감을 얻었으며 하나님의 영광을 바라고 즐거워하느니라"고 했습니다. 강조점이 '의롭다 하심을 받았다, 은혜에 들어감을 얻었다'입니다. 그래서 하나님과 더불어 화평을 누리자, 하나님의 영광을 즐거워한다는 것입니다. 환난이 하나님 나라에 들어가는 조건이나, 은혜 받고 의롭다 하심을 받는 과정으로 소개하지 않습니다. 야고보서의 경우에도 이미 성도된 자들에게 보내는 편지이고, 시험이 하나님 나라에 들어가는 자격 고사나 성도됨을 확인하는 검증이라고 일체 제시하지 않습니다.

성도의 증거

지금 22절이 나온 상황이 자신이 유대인들에게 돌을 맞아 죽을 뻔한 위기를 겪은 후입니다. 그럼에도 불구하고 자신이 유대인들에게 일체의 반응을 보이지 않은 근거를 이 표현으로 설명하는 중임을 기억하셔야 합니다. 즉 바울은 환난을 겪는 것을 하나님 나라에 들어가는 방법이나 수단으로 인식하지 않았고, 소개하지도 않았고, 전혀 다른 방식, 즉 자신이 성도된 증거로 인식하고 있습니다. 이러한 인식은 바울이 처음이 아니고 이미 베드로를 비롯한 다른 제자들에게서도 나왔던 태도입니다. 사도행전 5장 17절 이하에 보면 제자들이 사로잡혀 옥에 간힌 적이 있습니다. 주의 사자가 옥문을 열어주어 나왔는데 제자들도 바울처럼 다시 성전으로 가서 백성을 가르쳤습니다. 그러자 관원들이 또 잡다가 위협을 합니다. 5장 40절 "그들이 사도들을 불러들여 채찍질하며 예수의 이름으로 말하는 것을 금하고 놓으니 사도들은 그 이름을 위하여 능욕 받는 일에 합당한 자로 여기심을 기뻐하면서 공회 앞을 떠나니라"입니다. 제자들이 억울해 한 것이 아니고, 환난을 받는다고 생각한 것이 아닙니다. 환난을 받고 있지만 잘 견디면 하나님 나라에 들어갈 수 있을 것이라는 기대와 소망을 가지고 참고 인내하는 모습이 아닙니다.

성경이 사도행전에서 베드로와 제자들 그리고 바울을 통하여 보여주려는 것은 성도된 자의 삶입니다. 이미 성도가 된 자들, 이미 하나님 나라에 들어온 자들이 어떻게 세상 사람들과는 상황에 대해 전혀 다른 인식을 가지고 있으며, 전혀 다른 태도로 반응하는가를 보여주고 있습니다. 성도가 아니라면 절대로 흉내 낼 수 없는 삶, 과연 성도는 세상 사람들과 얼마나 어떻게 다른가를 증거로 보여주는 삶의 모습입니다. 바울이 자신이 당한 일을 성도의 증거라고 제시하는 근거를 설명해 보겠습니다. 바울의 행동을 이해하는데 가장 중요한 것은, 바울은 자신이 상대방에게 그런 반응이 나오도록 행동했다는 것이요, 자신은 그런 대접을 받을 것을 이미 알고 있었다는 사실입니다. 바울은 복음을 전하는 좋은 일을 했는데 왜 이런 결과가 오는지 의아해 한 것이 아닙니다. 자신이 다른 사람에게 무슨 큰 잘못을 했는가, 내가 유대인들에게 어떤 해를 끼쳤다고 내가 이런 대접을 받아야 하는지 난감해 한 것이 아닙니다. 내가 굳이 이런 대접을 받아가면서 까지 복음을 전해야 하는지 회의를 가졌던 것이 아닙니다. 그러므로 환란이 아니고, 시련이 아니고, 역경이 아니고, 고난이 아닙니다. 그런 반응이 자신에게 영향을 끼치지 못할 것이라는 것을 다 알고 있었습니다. 그만큼 이미 자신은 모든 것을 얻었고, 알고 있었습니다. 자신의 의도와 계획과 예상과 기대와 전혀 다른 상황이 펼쳐졌다면 환난으로 여기고, 고난으로 여기고, 시련과 역경으로 여길 수 있습니다. 그런데 바울은 다 알고 있었습니다.

바울은 이런 일을 당할 때 '만약 내가 예수그리스도를 몰랐다면 복음을 전하지도 않았을 것이요, 복음을 전하지도 않았다면 이런 일도 당하지 않았을 것이다. 그런데 예수를 만났고, 복음을 알아서 너무 좋고, 이 좋은 것을 나누어 줄 때 아직 복음의 의미를 모르는 사람은 나를 반대할 수 있고, 위협할 수 있다. 그러나 그런 위협이 나의 새로운 삶, 그런 방해가 나의 자유롭고, 즐겁고, 행복한 삶을 어찌할 수 없다. 도리어 그들도 나와 같이 되기를 바란다'고 생각하고 있습니다. 이것이 성도가 갖는 삶의 태도요, 자세입니다. 이것이 환난입니까? 예수님의 경우와 똑같습니다. 사람들은 예수님이 관원들에게 사로잡히고, 채찍에 맞고, 십자가에 달렸다는 현상만 보고, 고난이라고 말합니다. 그러나 성경은 예수의 삶을 형통이라고 합니다. 예수는 예상치 못한 난관에 봉착한 것이 아니며, 부지불식간에 위험에 처한 것이 아니기 때문입니다. 예수는 모든 것을 알고 있었고, 스스로 자원하였고, 그 사역을 통하여 예수가 소망한 모든 목적을 다 이루어냈습니다. 절대로 고난이 아니요, 환난이 아닙니다.

하나님이 행하신 일

26절은 "거기서 배 타고 안디옥에 이르니 이곳은 두 사도가 이룬 그 일을 위하여 전에 하나님의 은혜에 부탁하던 곳이라 그들이 이르러 교회를 모아 하나님이 함께 행하신 모든 일과 이방인들에게 믿음의 문을 여신 것을 보고하고 제자들과 함께 오래 있으니라"입니다. 흔히 선교 보고라고 합니다. 꼭 선교만이 아니라 모든 사역자의 사역 보고라고 할 수 있습니다. 강조점이 무엇입니까? '하나님이 하셨다'입니다. 바울의 이 고백이 22절의 '하나님 나라에 들어가려면 많은 환난을 겪어야 할 것이다'의 의미를 정확하게 설명해 주고 있습니다. 만약 하나님 나라에 들어가려면 많은 환난을 겪는 것이 자격과 조건이요 과정이라면, 그래서 내가 많은 환난을 인내하고 견뎌낸 것이라면 '하나님이 하셨다'고 고백할 수 없습니다. '내가 한 것'이기 때문입니다. 그러나 반대로 바울의 고백 대로라면 바울은 이미 하나님 나라에 들어와 있고, 하나님이 행하시고 역사하시는 일, 즉 하나님 나라에 자신이 동참하고 있습니다. 그래서 너무나 당연하게 '하나님이 하셨다'고 고백할 수 있습니다.

기독교는 외형상 고난이나 시련이나 역경이나 환난이 일체 없는 삶을 기대하는 것이 아닙니다. 그렇다고 고난이나 시련이나 역경을 즐거워하는 삶을 사는 것도 아닙니다. 기독교는 상황의 변화가 아니라 상황에 대한 인간의 인식, 개념, 가치를 전혀 다르게 가지는 것입니다. 지나간 세대에서 자기들의 방식으로 생각하고 행동하던 것을 벗어나 하나님을 알고, 하나님의 마음과 개념과 가치와 원리로 생각하고, 판단하고, 행동하는 것입니다. 모든 성도님들께서 하나님을 알고, 하나님의 은혜와 복락을 풍성히 누리시기를 주님의 이름으로 축원합니다.

45
은혜로 구원받는 줄

사도행전 15:1~21

1 어떤 사람들이 유대로부터 내려와서 형제들을 가르치되 너희가 모세의 법대로 할례를 받지 아니하면 능히 구원을 받지 못하리라 하니 2 바울 및 바나바와 그들 사이에 적지 아니한 다툼과 변론이 일어난지라 형제들이 이 문제에 대하여 바울과 바나바와 및 그 중의 몇 사람을 예루살렘에 있는 사도와 장로들에게 보내기로 작정하니라 3 그들이 교회의 전송을 받고 베니게와 사마리아로 다니며 이방인들이 주께 돌아온 일을 말하여 형제들을 다 크게 기쁘게 하더라 4 예루살렘에 이르러 교회와 사도와 장로들에게 영접을 받고 하나님이 자기들과 함께 계셔 행하신 모든 일을 말하매 5 바리새파 중에 어떤 믿는 사람들이 일어나 말하되 이방인에게 할례를 행하고 모세의 율법을 지키라 명하는 것이 마땅하다 하니라 6 사도와 장로들이 이 일을 의논하러 모여 7 많은 변론이 있은 후에 베드로가 일어나 말하되 형제들아 너희도 알거니와 하나님이 이방인들로 내 입에서 복음의 말씀을 들어 믿게 하시려고 오래 전부터 너희 가운데서 나를 택하시고 8 또 마음을 아시는 하나님이 우리에게와 같이 그들에게도 성령을 주어 증언하시고 9 믿음으로 그들의 마음을 깨끗이 하사 그들이나 우리나 차별하지 아니하셨느니라 10 그런데 지금 너희가 어찌하여 하나님을 시험하여 우리 조상과 우리도 능히 메지 못하던 멍에를 제자들의 목에 두려느냐 11 그러나 우리는 그들이 우리와 동일하게 주 예수의 은혜로 구원받는 줄을 믿노라 하니 12 온 무리가 가만히 있어 바나바와 바울이 하나님께서 자기들로 말미암아 이방인 중에서 행하신 표적과 기사에 관하여 말하는 것을 듣더니 13 말을 마치매 야고보가 대답하여 이르되 형제들아 내 말을 들으라 14 하나님이 처음으로 이방인 중에서 자기 이름을 위할 백성을 취하시려고 그들을 돌보신 것을 시므온이 말하였으니 15 선지자들의 말씀이 이와 일치하도다 기록된 바 16 이 후에 내가 돌아와서 다윗의 무너진 장막을 다시 지으며 또 그 허물어진 것을 다시 지어 일으키리니 17 이는 그 남은 사람들과 내 이름으로 일컬음을 받는 모든 이방인들로 주를 찾게 하려 함이라 하셨으니 18 즉 예로부터 이것을 알게 하시는 주의 말씀이라 함과 같으니라 19 그러므로 내 의견에는 이

방인 중에서 하나님께로 돌아오는 자들을 괴롭게 하지 말고 20 다만 우상의 더러운 것과 음행과 목매어 죽인 것과 피를 멀리하라고 편지하는 것이 옳으니 21 이는 예로부터 각 성에서 모세를 전하는 자가 있어 안식일마다 회당에서 그 글을 읽음이라 하더라

모세의 법대로

모든 인류

성경은 계시의 책입니다. 나타내고, 보여주고, 가르쳐주고, 알려주는 책입니다. 성경은 인간 문제의 본질이 무엇인지 알려주고, 인간 문제를 해결하기 위해서 그 동안 인간들이 시도해왔던 다양한 방법들의 한계를 지적해주고, 하나님이 왜 인간을 구원하셨는가를 설명해주는 진리의 책입니다. 그러므로 세상을 바라보면서 가졌던 온갖 의문점들, 인간들이 살아가는 삶을 보면서 도무지 납득이 되지 않았던 현상들, 지구상에서 발생하는 모든 불의와 갈등과 분쟁과 다툼과 악행들의 원인에 대한 고민들이 성경을 보면서 풀어져야 하고 이해가 되어야 합니다. 즉 세상에서 문제 현상을 보면 성경에서 해답을 보아야 합니다. 그런데 어찌된 일인지 실상이 바뀐 경우가 많습니다. 사람들은 성경을 보면서 많은 의문을 가집니다. 없는 의심이 성경을 읽으면서 생기고, 평안하던 마음이 성경을 보고서 불안해지기도 합니다. 심지어는 인간 문제의 뿌리를 성경 또는 성경의 하나님이라고 비난하기도 합니다. 성경이 진리의 책이 아니라 모든 갈등의 원인이라고 합니다. 차라리 성경이 없었더라면 세상은 지금보다 훨씬 살기 좋았을 것이라고 조롱하기도 합니다. 어쩌다 이 지경이 되었을까요?

물론 모든 것이 오해에서 기인합니다. 하지만 안타까운 것은 죄인들이 오해하는 것은 당연하지만, 아직까지 성도들조차도 너무나 초보적인 오해를 벗어나지 못하고 있다는 사실입니다. 이런 오해들은 성경에 등장하는 이스라엘의 의미 또는 하나님의 사역의 의미를 바르게 이해하지 못하는 것에서부터 출발합니다. 하나님이 이스라엘을 선택하셨고, 이스라엘을 사랑

하셨으며, 성경은 하나님이 이스라엘을 도와주시는 이야기라고 생각합니다. 그러나 성경을 읽을 때 기본적으로 이해하셔야 하는 것이 하나 있습니다. 그것은 성경이 다루는 대상이나 사건들은 가장 특별한 것이 아니라 가장 일반적이고 보편적이라는 사실입니다. 이스라엘이라는 특별한 나라나 민족을 이야기하는 것이 아니며, 유대교라는 특별한 종교를 언급하고 있는 것이 아닙니다. 성경은 하나님이 인간의 문제를 어떻게 진단하며 어떻게 해결하시는가를 보여주는 책입니다. 그러므로 하나님의 사역의 대상, 하나님의 치유의 대상, 하나님의 구원의 대상은 모든 인류입니다. 어느 민족이 특별히 선택되는 것이 아니며, 어느 종교 단체가 특별히 배제되는 것이 아닙니다. 성경은 모든 인간을 대상으로 삼습니다. 성경에 특정 민족이나 종교가 등장하는 것은 단지 모든 인간의 샘플입니다.

샘플의 특징

성경이 샘플을 설정할 때에는 두 가지 경우가 있습니다. 하나는 가장 보편적인 것을 선택하는 경우입니다. 만약 특수한 경우를 선택하면 전체를 대표하는 샘플의 성격이 약화되기 때문입니다. 성경에 이스라엘 민족이 샘플로 등장하는 것은 가장 보편적인 경우에 해당합니다. 하나님이 직접 설명하셨습니다. 신명기 7장 7절 "여호와께서 너희를 기뻐하시고 너희를 택하심은 너희가 다른 민족보다 수효가 많기 때문이 아니니라"이고, 9장에 이스라엘이 가나안에 정착한 후에 상황에 대한 예언에서 4절에 "네 하나님 여호와께서 그들을 네 앞에서 쫓아내신 후에 네가 심중에 이르기를 내 공의로움으로 말미암아 여호와께서 나를 이 땅으로 인도하여 들여서 그것을 차지하게 하셨다 하지 말라"이고, 5절에는 "네가 가서 그 땅을 차지함은 네 공의로 말미암음도 아니며 네 마음이 정직함으로 말미암음도 아니요"입니다. 즉 이스라엘이 다른 나라와 다른 것이 없습니다. 전혀 특별하지 않습니다.

성경이 샘플을 설정하는 또 다른 경우는 아주 특수한 경우를 선택하는 경우입니다. 이 경우는 모든 대상들의 끝을 보여주기 위해서입니다. 대부분의 사람들은 극단적인 행동보다는 어느 정도 절제된 행동을 합니다. 그래서 마치 자신들은 극단적인 행동을 하지 않는다고 착각합니다. 하지만 극단적인 행동을 하는 그 사람도 평상시에는 일반적인 행동을 하던 사람이었습니다. 모든 사람이 이렇게 될 수 있다는 실상을 보여주기 위해 인간이 행할 수 있는 가장 특수한 경우를 선택하였습니다. 성경에 유대교가 샘플로 등장하는 것은 가장 극단적인 경우에 해당합니다.

유대교를 구약과 같은 종교라고 생각하시면 큰 오해입니다. 하나님이 계시하신 것은 구약이고, 유대교는 인간이 하나님의 가르침마저 얼마나 왜곡시킬 수 있는지를 보여주는 예입니다. 즉 인간이 얼마나 교활하고, 거짓되고, 고집스러운지 죄인의 실상을 가장 리얼하게 보여주는 것이 바로 유대교입니다. 성경은 유대교를 구약의 연장선상에 있는 것으로 어느 정도 인정해 주는 것이 아니라 하나님의 원리와 가장 다르고, 하나님의 뜻과 가장 멀리 있는 상태로 제시하고 있습니다. 그래서 세상에 있는 어떤 타 종교의 원리도 유대교보다는 덜합니다. 당연히 유대교의 내용을 파악하고, 유대교를 품어내는 하나님의 원리를 파악하면 세상의 어떤 종교나 사상도 다 파악이 됩니다. 이러한 관점에서 본문의 논쟁을 보아야 합니다.

모세의 법대로

15장 1절은 "어떤 사람들이 유대로부터 내려와서 형제들을 가르치되 너희가 모세의 법대로 할례를 받지 아니하면 능히 구원을 받지 못하리라"입니다. 동일한 표현이 5절에도 나옵니다. "바리새파 중에 어떤 믿는 사람들이 일어나 말하되 이방인에게 할례를 행하고 모세의 율법을 지키라 명하는 것이 마땅하다 하니라"입니다. 이 사람들을 흔히 '지도자, 스승' 또는 '랍비'하고 합니다. '아는 사람들'입니다. 인간이 무엇인지 알고, 어떻게 살아야 하는지를 알고 있는 사람들, 그래서 다른 사람들에게 '이렇게 살아야 한다'고 가르치는 사람들입니다. 이 사람들은 '모세의 법대로 행해야 구원을 받는다'고 주장합니다. 제가 성경을 읽고 성경을 배워야 한다고 자꾸 강조하는 이유가 바로 이런 것 때문입니다. 지금 1절에서 유대로부터 온 형제들이 모세의 법대로 행하자고 말하고 있습니다. 이때 이들이 말하는 '모세의 법'은 구약에서 하나님이 주신 율법을 의미하는 것이 아니라는 것을 성경을 배워서 아셔야 하기 때문입니다.

만약 유대인들이 주장하는 모세의 법이 하나님이 주신 율법을 의미한다면 유대인들의 주장은 '하나님의 뜻대로 하자'는 말이 되고, 만약 바울이나 베드로가 이 말을 거절한다면 '하나님의 뜻대로 하지 말자'는 말이 되어버립니다. 그럼 앞뒤가 맞지 않습니다. 유사한 장면이 복음서에 반복적으로 등장합니다. 유대인들은 계속하여 율법을 들고 나옵니다. 율법을 지키자고, 율법에 순종하자고, 율법대로 행하자고 주장합니다. 반면에 예수님은 계속하여 의도적으로 율법을 어기기도 하고, 율법을 지키는 바리새인이나 장로들을 비난하기도 합니다. 그러면서 동시에 예수님은 율법을 폐하러 온 것이 아니라 완성하러 왔다고 하니까 사람들이 혼동합니다. 예수님이 사람들을 혼란스럽게 만드는 것이 아니라, 사람들이 복음서에 나오는 유대인들의 정체, 그들이 주장하는 율법의 의미를 모르기 때문에 스스로 혼란에 빠져드는 것입니다.

하나씩 풀어보겠습니다. 우선 '모세의 법대로 할례를 받지 아니하면 능히 구원을 받지 못하리라'는 말이 틀렸습니다. 왜냐하면 할례와 모세의 법 중에 할례가 먼저 있었기 때문입니다. 할례 사건은 창세기 17장에 나오고 율법은 출애굽기 20장에 나옵니다. 할례가 먼저 있었는데 나중에 생긴 율법대로 해야 구원을 받는다는 주장은 성립이 되지 않습니다. 그렇다고 먼저 생긴 할례를 받아야 구원을 받는 것도 아닙니다. 하나님의 구원, 하나님의 복은 이미 율법이 있기도 전에 더 나아가 할례가 있기도 전에 하나님이 주셨기 때문입니다. 그것을 로마서에서 자세하게 설명하고 있습니다. 4장

9절 "그런즉 이 복이 할례자에게냐 혹은 무할례자에게도냐 무릇 우리가 말하기를 아브라함에게는 그 믿음이 의로 여겨졌다 하노라 그런즉 그것이 어떻게 여겨졌느냐 할례시냐 무할례시냐 할례시가 아니라 무할례시니라"입니다. 하나님의 구원, 하나님의 복이 할례든 율법이든 인간의 행위와 관계없이 하나님의 은혜로 주어지는 선물이라는 것은 이미 창세기 때부터 분명하게 밝혀져 있습니다.

이렇게 명백히 사실이 밝혀져 있음에도 불구하고 왜 사람들은 복음서에서도 계속하여 '내가 무엇을 하여야 구원을 얻으리이까'라고 질문을 하고, 사도행전 15장에서도 죄인들이 왜 '모세의 법대로 행해야 구원을 얻는다'고 주장을 하고, 심지어는 오늘날 교회에서 조차도 '어떻게 구원을 얻느냐?'는 것이 여전히 신학적 주제가 되는지 참으로 안타깝기 그지없습니다. 이쯤에서 저와 여러분은 왜 사람들은 은혜 말고 자꾸 다른 것을 주장하는지 궁금해 해야 합니다. 하나님이 은혜로 주신다고 하면 가장 쉽고 간단합니다. 그런데 쉬운 것을 인정하지 않고 자꾸 뭔가를 해야 한다고 우기는 데에는 이유가 있습니다.

문제인식의 잘못

유대인들부터 고찰해보겠습니다. 바울에게 나아와 '모세의 법대로 할례를 받지 아니하면 능히 구원을 받지 못하리라'고 말하는 유대인들이 처음부터 이렇게 생각한 것이 아닙니다. 모세의 율법이 주어진 것이 출애굽기 20장입니다. 출애굽기 20장부터 유대인들은 지독히도 율법을 지키지 않았습니다. 구약 내내 모세의 법대로 행하지 않은 당사자들입니다. 그토록 오랜 세월 하나님의 복은 다 받아놓고도 계속하여 모세의 법대로 행하지 않았습니다. 그러더니 이제 와서는, 모세의 법대로 행해야 한다고 주장하고 있습니다. 왜 이러는 걸까요? 대답은 의외로 간단합니다. 하나님이 먼저 주신 것과 이스라엘 즉 인간이 원하는 것이 서로 달랐기 때문입니다.

하나님이 주신 것과 이스라엘이 원하는 것이 달랐던 것은 인간 문제에 대한 하나님의 판단과 인간의 판단이 달랐다는 것에서부터 시작합니다. 하나님은 인간의 문제가 죄라고 선언하셨습니다. 인간이 죄에 사로잡혀 있기에 하나님이 복을 주셨음에도 불구하고 자유와 평화와 안식을 누리지 못한다는 선언입니다. 그래서 하나님은 죄를 이길 수 있는 하나님을 아는 지식 즉 하나님을 계시하셨습니다. 자유와 평화와 행복이 인간에게 절대적으로 필요한데 인간 스스로는 그것을 얻을 수도 누릴 수도 없으니까 하나님이 선물로, 은혜로 주셨습니다. 창세기에 나오는 대로 하나님이 먼저 은혜를 주신 후에 할례를 주었고, 출애굽기에 나오는 대로 하나님이 먼저 구원을 주신 후에 율법을 주셨습니다. 그러므로 할례든, 율법이든 어떤 것도 하나님의 은혜 받는 방법이나 구원받는 수단이 될 수 없습니다. 기독교에는 사도행전 15장 1절에 나오는 '모세의 법대로 할례를 받지 아니하면 능히 구원을 받지 못하리라'는 주장이 원천적으로 성립될 수 없습니다.

그런데 유대인들은, 샘플로 등장한 유대인들을 포함한 모든 인간들은 인간 문제에 대한 진단이 하나님과 달랐습니다. 죄가 문제라는 것을 모르기 때문에 하나님께 '하나님을 아는 지식'을 구하지 않았습니다. 복음서에서 유대인들이 예수님께 나와서 질문했던 것이나 사도행전 15장 1절에 나오는 '구원'이라는 단어의 의미도 죄로부터의 구원을 의미하지 않습니다. 죄인들이 원한 것은 모두 '상황의 변화', '조건의 변화', '환경의 변화'였습니다. 하나님이 문제 삼지 않은 것을 자신들이 문제 삼았고, 당연히 하나님은 수단이나 방법을 제정하지 않았는데 자신들의 목적이 생긴 인간들이 자신들의 수단과 방법을 제정하고 주장하고 있습니다. 하나님의 관점에서는 어이없는 것이고, 죄인의 관점에서는 어쩔 수 없는 것이었습니다.

인간의 문제가 죄요, 인간이 죄인이라고 선언하기에 기독교는 타종교와 원천적으로 다릅니다. 한 가지만 비교해 보겠습니다. 기독교에는 하나님이 인간에게 묻는 것이 없습니다. 하나님이 인간에게 '네 소원이 무엇이냐,

무엇을 해 줄까, 어떻게 도와줄까?'를 묻지 않습니다. 반대로 타종교는 언제나 '자기의 소원을 비는 것'으로 시작합니다. 혹시 어떤 분은 복음서에서 예수님께서 '네게 무엇을 하여 주기를 원하느냐?'고 물으신 적이 있다고 반문할 수 있습니다. 물론 그런 적이 있습니다. 그래서 맹인이 '보기를 원하나이다'라고 대답했습니다. 그때 예수님은 맹인의 눈을 고쳐주시면서 우셨습니다. 맹인의 사정이 너무나 절박해 보여서가 아닙니다. 맹인이 구해야 할 것을 구하지 못하기 때문에 안타까워서 우셨습니다. 맹인이 눈을 뜨면 다른 사람처럼 되는 것입니다. 그러면 눈뜬 사람들은 아무 문제가 없나요? 눈만 뜨면 만사가 형통한가요? 그래서 눈 뜬 사람들은 전혀 신께 빌지 않던가요? 예수님이 묻고 맹인이 대답한 장면이 죄인의 한계, 모든 타종교의 한계를 극명하게 보여주는 장면일 뿐입니다.

기독교에는 하나님이 인간의 소원을 묻는 적이 없고, 인간이 자기의 소원을 하나님께 비는 것이 없는 대신 기독교에는 타종교에는 전혀 없는 것이 있습니다. 바로 하나님이 인간을 향한 소원을 가졌다는 것입니다. 이것을 기독교에서는 '너희를 향하신 하나님의 뜻'이라고 합니다. 인간이 알아야 할 것을 알지 못하고, 구해야 할 것을 구하지 못하고, 소원해야 할 것을 소원하지 않으니까 하나님이 인간을 향한 뜻, 하나님이 인간을 위한 소원을 두셨습니다. 그것이 바로 인간이 항상 기뻐하는 삶을 사는 것, 범사에 감사하며 삶을 사는 것입니다. 이것이 하나님의 소원입니다. 기독교에서는 인간이 신께, 인간이 하나님께 '기뻐하는 삶을 살게 해 주세요, 감사하는 삶을 살게 해 주세요'라고 빌어야 할 이유가 전혀 없습니다.

죄인들의 마음

지금 설명 드리고 있는 것이 왜 사람들이 거저 주시는 은혜는 거부하면서 모세의 법대로 해야 한다는 조건을 제시하느냐, 하나님도 요구하지 않는 것을 스스로 제정하느냐는 의문에 대한 대답입니다. 첫 번째로는 하나님이 주시는 것과 인간이 원하는 것이 달랐다고 말씀드렸습니다. 두 번째로는 죄인들이 원하는 행복은 비교에서 느껴지기 때문입니다. 다른 표현으로 죄인은 서로가 같아지는 것, 서로가 동등해지는 것, 서로에게 상대적 우월감이 없는 것을 좋아하지 않기 때문입니다. 이것은 인간성이 나쁜 것이 아니고, 욕심이 많은 것이 아니고, 상대를 무시하는 것이 아니라 그냥 죄인들에게 녹아져 있는 죄의 속성입니다. 인간은 의식 중에나 무의식중 에나 '무엇이 더 좋은가? 누가 더 잘하는가? 어느 것이 더 나은가? 어떤 것이 더 중요한가?'를 끊임없이 비교하며 경쟁합니다. 죄인의 마음에는 '하나님이 말씀하신 대로 되니 하나님이 보시기에 좋았더라!'가 없습니다.

하나님은 창조하신 모든 것에 대하여 언제나 동일하게 '보시기에 좋았더라'고 선언하셨습니다. 당연히 성경 전체에 하나님이 누구와 누구를 비교하여 어떤 사람이 더 좋은 사람 또는 더 나은 사람이라고 말씀하신 적이 없고, 무엇과 무엇을 비교하여 어느 것이 더 좋다고 말씀하신 적이 없습니다. 상대적 가치를 언급하신 적도, 희소가치를 언급하신 적도 한 번도 없습니다. 물론 문자적으로는 그런 말씀을 하신 적이 있습니다. 로마서 9장 13절에 "기록된 바 내가 야곱은 사랑하고 에서는 미워하였다 하심과 같으니라"고 기록되었고, 하나님께서 직접 말씀하시기를 말라기 1장 2절에 "나 여호와가 말하노라 에서는 야곱의 형이 아니냐 그러나 내가 야곱을 사랑하였고 에서는 미워하였으며"라고 하셨습니다. 그러나 이것도 야곱과 에서를 비교하여 야곱을 우대하였다는 의미가 아닌 것을 여러분이 알고 계십니다. 도리어 정반대의 의미로 사람들의 기준과 선택과 다르게 행동하셨다는 증거로 언급하셨을 뿐입니다.

하나님은 모든 것을 '보시기에 좋았더라'고 하시지만 죄인들은 하나님의 마음과 심정이 없습니다. 그래서 모든 것을 동등한 가치로, 동등한 의미로, 동등한 역할로 보지 못합니다. 다 같아져버리면 죄인들의 자랑거리가 없어지기 때문입니다. 그래서 죄인들이 만들어내는 모든 원리와 수단과 방법들은 결국 사람의 차별이 결정되는 것, 사람의 우열이 구별되는 것, 사람의 수준과 가치가 달라지게 만들어버리는 요소들입니다. 본문 1절을 다시 보면 "너희가 모세의 법대로 할례를 받지 아니하면 능히 구원을 받지 못하리라"입니다. 전제하고 있는 것이 무엇입니까? 행한 자와 행하지 않은 자의 구별입니다. 구원을 받는 자와 구원을 받지 못하는 자의 구별입니다. 만약 유대인들의 주장대로 사람들이 할례를 받았다면 어떻게 할까요? 이제 할례를 받았으니 우리와 같아졌다고 말할까요? 아닙니다. '할례 받은 것에도 순서가 있다'고 말할 것이요, '구원에도 등급이 있다'고 말할 것입니다. 죄인들은 행복을 원하면서도 스스로 행복을 깨버리는 죄의 원리의 교활한 속임수를 벗어날 수 없습니다. 지금 유대인들이 죄인의 속셈과 한계를 적나라하게 보여주고 있습니다.

은혜로 구원 받는 줄을

복음 선포

지금까지는 1절에 나오는 질문의 배경을 살펴보았고 이제부터는 성경이 논쟁을 풀어가는 과정을 확인해 보겠습니다. '어떻게 하면 구원받느냐?'는 것은 성경의 쟁점이 아닙니다. 저도 그것을 설명하려는 것이 아닙니다. 이미 정답은 나와 있습니다. 11절에 명백하게 "우리는 그들이 우리와 동일하게 주 예수의 은혜로 구원받는 줄을 믿노라"입니다. 11절에 이 말씀이 나온다고 해서 '은혜로 구원 받는다'는 것이 이제사 사도행전 15장에 와서야 드디어 밝혀진다는 의미가 아닙니다. 앞에서 말씀드린 것 같이 '은혜로 구원 받는다'는 것은 이미 창세기에서부터 밝혀졌고, 구약과 복음서 내내 반복적으로 증명되었고, 이후의 서신서에서도 계속적으로 입증됩니다. '행위로 구원받느냐, 은혜로 구원받느냐'는 기독교를 모르는 사람들이 가지는 궁금증일 뿐입니다. 사도행전 15장은 사람들이 어이없는 논쟁을 주장할 때 과연 성도가 어떻게 대처하는가, 어떻게 하나님의 은혜임을 증명하는가를 보여줍니다.

유대인들의 주장에 의해 2절에 보면 '바울 및 바나바와 그들 사이에 적지 아니한 다툼과 변론이 일어난지라'이고 또 6절에 보면 '사도와 장로들이 이 일을 의논하러 모여 많은 변론이 있은 후에'입니다. 사람들이 의견을 듣고, 사람들이 주장을 서로 토론한다고 해서 결론에 도달하지 않습니다. 기독교는 계시의 종교라고 했고, 성경은 하나님이 대답을 주시는 진리의 책이라고 했습니다. 기독교는 이미 진리, 정답, 해답이 주어진 종교입니다. 인간들이 진리를 찾거나, 인간들이 서로 합의해서 해결점을 도출하는 것이 전혀 아닙니다. 기준이 다른 두 사람, 인식체계와 가치체계가 다른 두 집단은 아무리 대화를 많이 해도, 아무리 심도 깊은 토론을 해도 일치점을 찾을 수 없습니다.

복음서에 보면 관원들이 예수님께 나와서 질문을 한 적이 있습니다. 어찌 보면 질문이고, 어찌 보면 시험이고, 어찌 보면 논쟁입니다. 그런데 예수님께 나아온 사람 중에 예수님의 말씀에 수긍한 사람이 없습니다. 대화 예절상 예수님의 말씀이 맞다고 말한 사람이 있기는 하지만 그도 결국 예수님을 믿지 않았습니다. 예수님도 더 좋은 논리와 더 섬세한 표현으로 논쟁에서 이기려고 시도하신 적도 없습니다. 기독교가 하나님의 말씀을 전하는 것을 '선포'라고 합니다. 선포는 큰 소리로 말한다는 것이 아니라 '결정된 내용, 완성된 내용을 널리 알린다'는 의미입니다. 결정된 내용, 완성된 내용을 복음이라고 하고, 복음을 널리 알리는 것을 '복음 선포'라고 합니다. 기독교는 제안하는 것이 아니며, 논쟁하는 것이 아니며, 토론하는 것이 아닙니다. 선포하는 것입니다. 물론 이때 교만한 태도를 보이거나, 우월적인 자세를 취하거나, 배타적인 모습을 보여서는 절대로 안 됩니다. 하나님은 인간에게 그렇게 행동하지 않으셨으니 성도도 그러면 안 됩니다. 하지만 내용적으로는 이미 결정되고 확정되었습니다.

바울의 설명

이제부터 성경이 이 문제를 어떻게 해결하는지 보겠습니다. 논쟁이 발생한 곳은 안디옥이고 바울과 바나바가 예루살렘으로 갑니다. 3절을 보시면 "그들이 교회의 전송을 받고 베니게와 사마리아로 다니며 이방인들이 주께 돌아온 일을 말하여 형제들을 다 크게 기쁘게 하더라"입니다. 문맥을 고려하지 않으면 그냥 사역 보고입니다만 1절에서 논쟁이 시작되었으니 2절이하는 논쟁을 풀어가는 모습을 보여주는 것입니다. 그런 관점에서 3절을보면 이미 논쟁은 끝이 났습니다. 왜냐하면 이방인들은 할례를 행하지도 않았고 모세의 법도 지키지 않았기 때문입니다. 1절의 주장대로라면 이방인들은 능히 구원을 받지 못해야 합니다. 그런데 3절에 의하면 이방인들이 주께 돌아왔다고 합니다. 구원을 받았습니다. 논쟁이 아무 의미가 없습니다.

4절에 장소가 바뀌어도 또 반복하여 강조합니다. "예루살렘에 이르러 교회와 사도와 장로들에게 영접을 받고 하나님이 자기들과 함께 계셔 행하신 모든 일을 말하매"입니다. 하나님이 하신 일이 무엇입니까? 앞의 14장 27절에 나왔던 "그들이 이르러 교회를 모아 하나님이 함께 행하신 모든 일과 이방인들에게 믿음의 문을 여신 것을 보고하고"입니다. 이방인들은 할례도 받지 않았고, 모세의 법도 지키지 않았는데 믿음의 문이 열렸고, 능히 구원받았습니다. 이것이 바울의 설명입니다. 하나님을 모르는 자, 하나님을 인정하지 않는 자들은 여전히 논쟁을 하려고 쟁점을 붙들고 있습니다. 그것이 5절 "바리새파 중에 어떤 믿는 사람들이 일어나 말하되 이방인에게 할례를 행하고 모세의 율법을 지키라 명하는 것이 마땅하니 하니라"입니다. 이런 것을 뒷북이라고 합니다. 이미 앞에서 증명이 끝난 것을 붙들고 늘어지는 것이 아무 소용이 없습니다.

베드로의 주장

사도와 장로들이 모여 많은 변론이 있은 후에 드디어 베드로가 말을 합니다. 베드로가 자기 의견을 내는 것이 아닙니다. 합의를 위해 뜻을 모으는 것이 아닙니다. 베드로가 뭐라고 하는지, 성경이 논쟁에 대하여 정답을 보여주는데 그 증명 과정이 무엇인지 생각하면서 읽어보시기 바랍니다. 7절로 11절 "많은 변론이 있은 후에 베드로가 일어나 말하되 형제들아 너희도 알거니와 하나님이 이방인들로 내 입에서 복음의 말씀을 들어 믿게 하시려고 오래 전부터 너희 가운데서 나를 택하시고 또 마음을 아시는 하나님이 우리에게와 같이 그들에게도 성령을 주어 증언하시고 믿음으로 그들의 마음을 깨끗이 하사 그들이나 우리나 차별하지 아니하셨느니라 그런데 지금 너희가 어찌하여 하나님을 시험하여 우리 조상과 우리도 능히 메지 못하던 멍에를 제자들의 목에 두려느냐 그러나 우리는 그들이 우리와 동일하게 주 예수의 은혜로 구원을 받는 줄을 믿노라 하니라" 입니다.

사도행전 15장의 전개, 즉 어떻게 구원받느냐는 논쟁에 대한 바울의 설명과 베드로의 설명이 아주 기가 막히다는 것을 분별하셔야 합니다. 사람들은 논쟁이 벌어지면 논쟁점에 초점을 맞추고 상대방 논리의 약점을 지적하고 자기의 논리적 합리성을 증명하려고 합니다. 그런데 사도행전은 전혀 다르게 전개합니다. 바울의 설명을 요약하면 '하나님이 하셨다'였습니다. 베드로의 설명도 요약하면 '하나님이 하셨다'입니다. 그것으로 끝입니다. 사람들이 '사람이 행할 일'에 대해 언급할 때 성도들은 '하나님이 하신 일'을 선언하는 것으로 충분합니다. 하나님이 하신 일을 강조하면 덩달아 강조되는 것이 하나 있습니다. 베드로의 설명에서 표현이 다르게 세 번이나 반복된 내용으로 8절 '또 마음을 아시는 하나님이 우리에게와 같이 그들에게도 성령을 주어 증언하시고'입니다. 중요한 단어가 '우리에게와 같이'입니다. 9절 중간부터 보시면 '그들이나 우리나 차별하지 아니하셨느니라'입니다. 강조점이 무엇입니까? '차별하지 않았다'는 것입니다. 또 다른 표현이 11절입니다. '그러나 우리는 그들이 우리와 동일하게 주 예수의 은혜로 구원 받는 줄을 믿노라'입니다. 중요한 단어가 '우리와 동일하게'입니다. 너무 멋있습니다.

세 번을 반복하는데 다양하게 표현합니다. '우리에게와 같이 그들에게도', '그들이나 우리나 차별하지 아니하셨느니라', '그들이 우리와 같이'입니다. 이것이 어떻게 가능합니까? 하나님이 하시니까 가능하고, 은혜로 하시니까 가능합니다. 죄인은 갈등을 만들어 내고 하나님은 화합을 만들어 내십니다. 죄인은 분열을 만들어내고 하나님은 일치와 연합을 만들어 내십니다. 죄인은 경쟁과 다툼을 만들어내고 하나님은 평화와 행복을 만들어 내십니다. 죄인은 모든 것을 남의 탓으로 돌립니다. 심지어는 하나님의 탓으로, 종교의 탓으로, 신앙의 탓으로 돌리기도 합니다. 하나님은 모든 것을 품어내고 수용해내면서 문제를 해결해 주십니다. 하나님이어야 인간이 삽니다. 하나님의 마음, 하나님의 심정, 하나님의 원리, 하나님의 방법이어야 인간이 삽니다. 기독교가 하나님이 행하신 일, 하나님의 은혜, 하나님의 진리를 선포하는 것은 하나님을 높이기 위해서가 아니라 인간을 행복하게 하기 위해서인 것임을 아셔야 합니다. 모든 성도님들이 하나님으로 인하여 행복한 삶을 사시고, 여러분의 삶으로 여러분과 함께 하는 모든 분들도 행복한 삶을 누리게 될 수 있기를 주님의 이름으로 축원합니다.

46
기뻐하더라

사도행전 15:12~35

12 온 무리가 가만히 있어 바나바와 바울이 하나님께서 자기들로 말미암아 이방인 중에서 행하신 표적과 기사에 관하여 말하는 것을 듣더니 13 말을 마치매 야고보가 대답하여 이르되 형제들아 내 말을 들으라 14 하나님이 처음으로 이방인 중에서 자기 이름을 위할 백성을 취하시려고 그들을 돌보신 것을 시므온이 말하였으니 15 선지자들의 말씀이 이와 일치하도다 기록된 바 16 이 후에 내가 돌아와서 다윗의 무너진 장막을 다시 지으며 또 그 허물어진 것을 다시 지어 일으키리니 17 이는 그 남은 사람들과 내 이름으로 일컬음을 받는 모든 이방인들로 주를 찾게 하려 함이라 하셨으니 18 즉 예로부터 이것을 알게 하시는 주의 말씀이라 함과 같으니라 19 그러므로 내 의견에는 이방인 중에서 하나님께로 돌아오는 자들을 괴롭게 하지 말고 20 다만 우상의 더러운 것과 음행과 목매어 죽인 것과 피를 멀리하라고 편지하는 것이 옳으니 21 이는 예로부터 각 성에서 모세를 전하는 자가 있어 안식일마다 회당에서 그 글을 읽음이라 하더라 22 이에 사도와 장로와 온 교회가 그 중에서 사람들을 택하여 바울과 바나바와 함께 안디옥으로 보내기를 결정하니 곧 형제 중에 인도자인 바사바라 하는 유다와 실라더라 23 그 편에 편지를 부쳐 이르되 사도와 장로 된 형제들은 안디옥과 수리아와 길리기아에 있는 이방인 형제들에게 문안하노라 24 들은즉 우리 가운데서 어떤 사람들이 우리의 지시도 없이 나가서 말로 너희를 괴롭게 하고 마음을 혼란하게 한다 하기로 25~26 사람을 택하여 우리 주 예수 그리스도의 이름을 위하여 생명을 아끼지 아니하는 자인 우리가 사랑하는 바나바와 바울과 함께 너희에게 보내기를 만장일치로 결정하였노라 27 그리하여 유다와 실라를 보내니 그들도 이 일을 말로 전하리라 28 성령과 우리는 이 요긴한 것들 외에는 아무 짐도 너희에게 지우지 아니하는 것이 옳은 줄 알았노니 29 우상의 제물과 피와 목매어 죽인 것과 음행을 멀리할지니라 이에 스스로 삼가면 잘되리라 평안함을 원하노라 하였더라 30 그들이 작별하고 안디옥에 내려가 무리를 모은 후에 편지를 전하니 31 읽고 그 위로한 말을 기뻐하더라 32 유다와 실라도 선지자라 여러 말로 형제를 권면하여 굳게 하

고 33 얼마 있다가 평안히 가라는 전송을 형제들에게 받고 자기를 보내던 사람들에게로
돌아가되 34 (없음) 35 바울과 바나바는 안디옥에서 유하며 수다한 다른 사람들과 함께
주의 말씀을 가르치며 전파하니라

야교보의 증언

성경의 대답

기독교는 하나님의 말씀을 진리라고 선포합니다. 하나님의 진리는 인간
이 죄인이 되어 진리를 모르는 사람에게 주시는 은혜의 선물입니다. 인간
이 진리를 알고 있는데 하나님이 인간의 진리를 부정하고 하나님의 진리만
배타적으로 주장하는 독선이나 교만이 절대로 아닙니다. 도리어 하나님은
이사야 1장 18절에서 "여호와께서 말씀하시되 오라 우리가 서로 변론하자"
고 초청하십니다. 성경에는 의미있는 표현이 많이 있는데 하나님과 인간
사이에는 변론하자고 초청하시면서 인간과 인간이 변론하는 것에는 매우
부정적입니다. 디모데전서 6장 3절로 5절을 보면 "누구든지 다른 교훈을
하며 바른 말 곧 우리 주 예수 그리스도의 말씀과 경건에 관한 교훈을 따르
지 아니하면 그는 교만하여 아무 것도 알지 못하고 변론과 언쟁을 좋아하
는 자니 이로서 투기와 분쟁과 비방과 악한 생각이 나며 마음이 부패하여
지고 진리를 잃어 버려 경건을 이익의 방도로 생각하는 자들의 다툼이 일
어나느니라"입니다. 하나님 말씀을 모르는 사람에 대하여 어쩌면 이렇게
신랄하게 말할 수 있을까 싶을 정도로 지적합니다. 왜냐하면 하나님의 말
씀이 진리이기 때문에 하나님의 말씀을 모르면 진리를 모르는 것이요, 진
리를 아는 자와 진리를 모르는 자는 아무리 대화를 해도 그 대화가 성립될
수 없기에 그들 간의 대화는 결국은 쓸데없는 변론일 뿐이요, 결국은 다툼
만 발생할 것이기 때문입니다.

진리를 모르는 사람들, 성경을 모르는 사람들, 하나님의 말씀을 모르는
사람들이 만들어내는 쓸데없는 논쟁 중의 하나가 사도행전 15장에 등장하

는 '어떻게 하면 또는 무엇을 하면 구원을 받을 수 있는가?'입니다. 이에 대한 성경은 대답은 언제나 '하나님의 은혜'를 선언합니다. 지난주에 바울도 '하나님이 하신 일'을 선언했고, 베드로도 '하나님이 하신 일'을 선언했습니다. 본문에서 야고보도 동일하게 강조합니다. 12절로 14절은 "온 무리가 가만히 있어 바나바와 바울이 하나님께서 자기들로 말미암아 이방인 중에서 행하신 표적과 기사에 관하여 말하는 것을 듣더니 말을 마치매 야고보가 대답하여 이르되 형제들아 내 말을 들어라 하나님이 처음으로 이방인 중에서 자기 이름을 위할 백성을 취하시려고 그들을 돌보신 것을 시므온이 말하였으니"입니다. 앞에서 바울과 바나바 그리고 베드로가 말했기에 야고보도 바울과 바나바 그리고 베드로를 언급합니다. 다만 베드로라는 별명 대신에 시므온이라는 본명을 말했습니다.

앞에서 바울과 바나바 그리고 베드로는 자기들의 의견을 말한 것이 아니라 하나님이 하신 일을 말했습니다. 이번에 야고보도 자기의 의견을 말하는 것이 아니라 성경 이야기를 합니다. 15절로 18절 "선지자들의 말씀이 이와 일치하도다 기록된 바 이 후에 내가 돌아와서 다윗의 무너진 장막을 다시 지으며 또 그 허물어진 것을 다시 지어 일으키리니 이는 그 남은 사람들과 내 이름으로 일컬음을 받는 모든 이방인들로 주를 찾게 하려 함이라 하셨으니 즉 예로부터 이것을 알게 하시는 주의 말씀이라 함과 같으니라"입니다. 이 구절은 구약성경 아모스 9장 11절과 12절의 말씀입니다.

하나님의 일

아모스 선지자의 말씀에서는 주어가 누구냐는 것과 주어가 하려는 일이 무엇이냐가 중요합니다. 먼저 이 말씀을 하시는 분이 '하나님'이십니다. 즉 하나님이 예언자나 선지자나 어떤 사람에게 일을 지시하는 것이 아니라 하나님이 직접 하시겠다는 선언입니다. 성경을 읽으실 때 가장 기본적인 이 사실을 꼭 인식하셔야 합니다. 성경 내에서도 하나님의 말씀을 듣는 사람들이 자주 일으켰던 오해입니다. 대표적으로 모세와 기드온과 사울입니다. 모세는 여러 번 말씀드렸고 기드온의 경우를 확인해 보겠습니다. 사사기 6장 14절에 "여호와께서 그를 향하여 이르시되 너는 가서 이 너의 힘으로 이스라엘을 미디안의 손에서 구원하라 내가 너를 보낸 것이 아니냐 하시니라"입니다. 강조점은 '구원하라'가 아니라 '내가 너를 보낸 것이 아니냐'입니다. 이때 기드온의 반응이 15절 "그러나 기드온이 그에게 대답하되 오 주여 내가 무엇으로 이스라엘을 구원하리이까 보소서 나의 집은 므낫세 중에 극히 약하고 나는 내 아버지 집에서 가장 작은 자니이다 하니"입니다. 기드온은 자기 이야기만 합니다. 자기네 집안, 자신의 능력, 자신의 세력만 언급합니다. 왜냐하면 하나님이 일 하신다는 생각이 없기 때문입니다. 하나님은 또 말씀하십니다. 16절 "여호와께서 그에게 이르시되 내가 반드시 너와 함께 하리니 네가 미디안 사람 치기를 한 사람을 치듯 하리라 하시니라"입니다.

하나님이 말씀을 정확하게 하지 않으신 것이 아닙니다. 애매모호하게 하시거나 어정쩡하게 표현하신 것이 아닙니다. 처음부터 분명하게, 계속하여 정확하게 선언하십니다. 하나님이 이렇게 말씀하셨기에 인간들의 반응은 오해가 아니며, 착각이 아니며, 거부하거나 불순종하는 것도 아닙니다. 정확하게 말하면 아예 못 알아듣는 것입니다. 이렇게 자주, 정확하게 말씀하시는데도 못 알아듣는 이유는 죄인에게는 신이 직접 일한다는 개념 자체가 없기 때문입니다. 개념이 없기 때문에 원천적으로 이해할 수가 없습니다. 그러므로 구약의 이스라엘 백성들이, 오늘날 죄인들이 하나님의 말씀을 오해하는 것은 충분히 납득이 됩니다. 그러나 성도들도 똑같은 오해를 반복하면 안 됩니다. 본문에 인용된 아모스의 예언의 주어는 하나님이요, 전적으로 하나님이 일하시겠다는 선언입니다. 이때 인간은 뭐라고 해야 합니까? 아주 간단하게 '네'입니다. 하나님이 하시겠다고 하시니 하시라고 하면 됩니다.

조건이 없다

두 번째 점검해야 하는 것이 하나님이 하시겠다는 일에 어떠한 조건이나 요구가 등장하는지의 여부입니다. 야고보도 아모스의 말씀을 인용한 이유가 '모세의 법대로 할례를 받아야 한다'는 주장에 대한 성경적 대답을 하는 것이기에 가장 중요한 사안입니다. 16절 17절을 다시 읽어보면 "이 후에 내가 돌아와서 다윗의 무너진 장막을 다시 지으며 또 그 허물어진 것을 다시 지어 일으키리니 이는 그 남은 사람들과 내 이름으로 일컬음을 받는 모든 이방인들로 주를 찾게 하려 함이라 하셨으니"입니다. 구절로 나누어 풀어보면 '이 후에 내가 돌아와서', 그냥 하나님이 돌아오시겠다는 선언입니다. '너희가 회개하면, 너희가 돌아서면' 하나님도 돌아오시겠다는 조건이 없습니다. '다윗의 무너진 장막을 다시 지으며', 아주 단순 명쾌합니다. '너희가 먼저 기반을 다지면, 너희가 최소한의 준비를 하면' 하나님도 반응하시겠다는 언급이 일체 없습니다. 그냥 하나님이 하시겠답니다. '그 남은 사람들과 내 이름으로 일컬음을 받는 모든 이방인들로 주를 찾게 하려 함이라', 하나님이 이렇게 만들어 내시겠다고 하십니다. '남은 자가 나를 부르면' 하나님이 대답하시고, '이방인들이 나를 찾으면' 응답하시겠다는 조건이 없습니다.

아마도 제가 설명 드리는 것 중에 '하나님의 말씀에는 조건이 없다'는 내용을 가장 동의하기 힘들 것으로 예상합니다. 왜냐하면 성경에는 마치 조건처럼, 마치 하나님이 요구하시는 듯한 많은 표현들이 등장하기 때문입니다. 가장 대표적인 것이 예레미야 33장 3절 "너는 내게 부르짖으라 내가 네게 응답하겠고 네가 알지 못하는 크고 은밀한 일을 네게 보이리라"입니다. 이 구절만 보면 인간이 먼저 행동해야 하나님이 반응하시는 것처럼 생각됩니다. 그런데 예레미야 33장 3절 앞에는 2절이 있다는 것을 반드시 고려해야 합니다. 2절은 "일을 행하시는 여호와, 그것을 만들며 성취하시는 여호와, 그의 이름을 여호와라 하는 이가 이와 같이 이르시도다"입니다. 2절의 강조점이 무엇입니까? 일하시는 여호와입니다. 책임지시는 여호와, 돌보시는 여호와, 성취하시는 여호와입니다. 여호와는 일을 하려고 기다리는 분이 아니며, 성취하려고 대기하는 분이 아닙니다. 정반대로 하나님은 일하시는 분입니다. 3절의 말씀을 하시는 것도 이미 일을 시작하셨고, 진행하셨고, 만들어 가고 계시다는 증거입니다. '네가 부르짖어야만 내가 응답한다'는 것이 아니라 너는 나를 찾지도 않고 부르지도 않는데, 하나님이 먼저 인간에게 찾아오셔서 말씀하신다는 의미입니다. 이미 이런 예언자를 부르셨고, 이런 예언자를 보내셨고, 이런 예언자를 통해 말씀하시는 것이 하나님이 벌써 일하시고 계시는 명백한 증거입니다.

동일한 패턴을 신약에서 하나 확인해 보겠습니다. 요한복음 1장 12절 "영접하는 자 곧 그 이름을 믿는 자들에게는 하나님의 자녀가 되는 권세를 주셨으니"입니다. 이 구절만 보면 먼저 인간이 예수님을 영접해야만 하나님의 자녀가 될 수 있는 것처럼 생각됩니다. 그런데 12절 앞에도 구절이 있고 뒤에도 구절이 있다는 것을 반드시 고려해야 합니다. 앞에 있는 9절부터 보면 "참 빛 곧 세상에 와서 각 사람에게 비추는 빛이 있었나니 그가 세상에 계셨으며 세상은 그로 말미암아 지은 바 되었으되 세상이 그를 알지 못하였고 자기 땅에 오매 자기 백성이 영접하지 아니하였으나"입니다. 이미 밝혀져 있습니다. 아무도 예수를 알아보지 못하였고, 심지어는 자기 땅에 왔고 자기 백성에게 왔으나 자기 백성조차도 영접하지 아니하였다고 선언되었습니다.

자기 백성도 영접하지 않았는데 누구에게 영접하기를 기대하겠습니까? 알지도 못한다고 했는데 알지도 못하는 사람을 누가 영접할 수 있겠습니까? 그러므로 12절은 '영접해야 하나님의 자녀가 된다'는 의미가 될 수 없습니다. 이미 앞에서 12절의 의미가 표현 자체로는 성립될 수 없음을 전제하였고, 12절의 의미를 설명해 주는 것이 뒤에 나오는 13절 "이는 혈통으로나 육정으로나 사람의 뜻으로 나지 아니하고 오직 하나님께로부터 난 자들이니라"입니다. 즉 하나님의 자녀가 될 수 있는 것, 영접할 수 있는 것은 사람의 뜻으로 나지 아니하고 하나님께로부터 난다는 의미입니다. 하나님이 일하신 결과입니다. 이런 결과를 만들어 내기 위하여 하나님이 예수 그리스도를 보내셨고, 그렇게 인간을 구원하시러 오신 예수님이 이제사 인간의 반응이나 행동을 제안하고 기다리는 일을 하시는 것이 아닙니다. 이미 예수가 오셨다는 것이 벌써 하나님이 일하고 계시다는 증거입니다.

무엇을

사도행전 15장의 쟁점은 1절의 어이없는 주장 "너희가 모세의 법대로 할례를 받지 아니하면 능히 구원을 받지 못하리라"입니다. 이에 대해 바울이 대답했고, 베드로가 대답했고, 12절 이하부터 야고보가 대답하고 있습니다. 바울과 베드로는 자신들의 의견을 제시하는 대신 하나님이 하신 일을 증거로, 구원은 인간의 행위나 어떤 조건에 의한 것이 아니라 전적으로 하나님의 은혜로 말미암는다고 설명하였고, 야고보는 구약 선지자의 말씀을 통해 바울이나 베드로의 설명이 새로운 것이 아니라 성경에 원래부터, 구약부터 선포되었던 것과 같은 것이라고 증거하고 있습니다.

아모스의 구절에서 두 가지를 확인했습니다. 첫째는 하나님이 행하신다는 것, 둘째는 아무 조건이 없다는 것, 결론은 조건 없이 하나님이 하신다는 것, 다른 표현으로 하면 하나님이 은혜로 구원하신다는 것입니다. 하나만 더 확인하겠습니다. 지금 쟁점이 '어떻게 하면 구원을 받느냐'는 것인데 이 논쟁의 대상이 이방인입니다. 즉 이방인의 구원에 관한 내용입니다. 이 논쟁이 발생한 지역이 이방의 지역이고, 그곳에 모인 성도들이 주로 이방인들입니다. 이때 유대로부터 온 사람들이 이방인도 모세의 법대로 할례를 받아야 구원을 받는다고 억지를 부리고 있습니다. 그래서 바울이나 베드로나 야고보의 설명도 모두 이방인의 구원에 집중되어 있습니다. 바울이 전도한 결과 유대인도 많이 하나님께 돌아왔고, 이방인도 돌아왔습니다. 그런데 바울은 15장 3절에서 '이방인들이 주께 돌아온 일을 말하여'라고 유독 이방인만 언급합니다.

또 베드로도 그 동안은 주로 예루살렘에 있었고, 가능하면 예루살렘을 떠나지 않고 주로 유대인들에게만 복음을 전했는데 자신의 사역에 대해서 설명하기를 15장 7절에 '형제들아 너희도 알거니와 하나님이 이방인들로 내 입에서 복음의 말씀을 들어 믿게 하시려고'라고 말합니다. 그래서 12절을 보면 "온 무리가 가만히 있어 바나바와 바울이 하나님께서 자기들로 말미암아 이방인 중에서 행하신 표적과 기사에 관하여 말하는 것을 듣더니"입니다. 모든 것이 이방인의 구원에 맞추어져 있습니다. 야고보도 마찬가지입니다. 아모스를 인용하면서 사도행전 15장의 논쟁점에 맞게 약간의 해설을 추가합니다. 17절 "이는 그 남은 사람들과 내 이름으로 일컬음을 받는 모든 이방인들로 주를 찾게 하려 함이라 하셨으니"입니다. 야고보의 결론을 종합해보면, '하나님이 하신다, 하나님이 은혜로 구원하신다, 하나님이 은혜로 이방인을 구원하신다!'입니다. 다른 의견 있으십니까?

이 논쟁이 참 재미있습니다. 1절의 유대로부터 온 형제들이 자기주장의 근거로 들고 나온 것이 '모세의 법대로'였습니다. 논쟁을 이렇게 시작하면 대응하기가 참 쉽지 않습니다. 모세의 법대로 하자고 주장하는데 만약 반대하면 모세의 법을 거부하는 것처럼 여겨지기 때문입니다. 이때 논쟁을 마무리 짓는 야고보의 대답의 근거가 선지자의 말씀입니다. 모세의 법을 들고 나오니 선지자의 말씀으로 맞대응을 한 것입니다. 최종 결론이 18절 '즉 예로부터 이것을 알게 하시는 주의 말씀이라 함과 같으니라'입니다. 말씀을 왜곡한 것이 말씀으로 해결되었습니다.

복음의 원리

율법의 의미

사람들이 구원받는 방법에 대해 혼란을 겪는 이유는 우선 '율법의 의미'를 오해하기 때문입니다. 많은 사람들이 '은혜로 구원 받는다'는 사실에 동의합니다. 그러면서 동시에 한 가지 걱정을 합니다. 만약 '은혜로 구원 받는다'고만 강조하면, 다른 표현으로 '율법을 행하는 것은 구원과 아무 상관이 없다'고 강조하면 우선 율법의 의미를 부정하는 것 같고, 다른 한편으로는 성도들의 삶이 방종으로 이어질까봐 염려합니다. 그런데 이런 걱정이 바로 쓸데없는 걱정, 어이없는 걱정이요, 율법의 의미를 참으로 오해하는 걱정입니다. 사도행전 15장에서 사도들도 은혜로 구원받는다는 것을 강조했지만 결코 율법을 부정하지 않았습니다. 사도들이 거부한 것은 '율법대로 행해야 구원을 얻는다는 유대교적 사고방식'이었지, 결코 하나님이 주신 율법이 아니었습니다.

율법은 하나님이 주셨습니다. 출애굽기 20장 즉 이스라엘이 출애굽한 후 즉 이스라엘이 하나님의 백성, 하나님의 자녀가 된 후에, 이스라엘이 출애굽과 광야의 여정을 거치면서 하나님에 대하여 배운 후에 주셨습니다. 율법을 주시면서 광야 사십 년이 지나고 가나안에 도착하면 지키라고 하셨습니다. 하나님의 약속이 성취되고, 하나님에 대하여 풍성히 알고 나서 지키라고 하셨습니다. 이 말은 가나안에 도착하기 전에는 절대로 지키지 말라는 의미가 아니라, 하나님을 알지 못하면 율법을 지킬 힘과 능력이 없다는 것을 의미합니다. 즉 율법을 지키는 것이 수단과 조건이 아니라 도리어 결과라는 뜻입니다. 율법대로 행하면 하나님을 배울 수 있는 것이 아니라, 도리어 하나님의 은혜로 하나님을 배우게 되면 그때서야 하나님의 율법대로 행할 수 있습니다. 이것이 당연한 이유는 율법이 하나님이 주신 것이기에 율법에는 하나님의 뜻과 원리와 마음과 개념과 가치와 방법이 담겨있기 때문입니다. 이러한 하나님의 뜻이 결집되어 있는 율법을 하나님의 뜻을 모르고서는 절대로 행할 수 없습니다. 하나님을 알아야만 하나님의 말씀대로 살 수 있습니다. 순서가 율법을 지키는 것이 먼저가 아니라 하나님을 아는 것이 먼저입니다.

하나님은 율법을 인간이 지켜야할 의무로 강요하신 적이 없습니다. 엄밀하게 말하면 율법은 인간이 지켜야 하는 의무가 아니라, 인간이 율법을 따르는 삶을 살 수 있도록 하나님이 만들어 내시겠다는 약속입니다. 하나님을 가르치고, 계시하고, 은혜 주어서 하나님을 알고, 하나님을 인정하고, 하나님의 율법이 인간에게 가장 유익하다는 것에 동의하여 스스로, 기꺼이, 자원하여 율법대로 살도록 하나님이 이루어 내셔야 합니다. 그래서 율법에는 율법을 지키면 복을 준다, 상을 준다는 말씀이 등장하지 않습니다. 왜냐하면 율법을 지킬 수 있는 것이 이미 복 받은 결과요, 은혜 받은 열매이기 때문입니다. 은혜를 알면 알수록 율법을 떠나는 것이 아니라 도리어 율법을 따르는 삶을 살게 되어 있습니다. 은혜와 율법은 서로 대조되는 것이 아닙니다. 은혜를 강조하는 것이 율법을 폐기하는 것이 아니라 도리어 율법의 삶을 가능하게 하고, 율법을 온전하게 합니다.

사도들은 은혜를 강조하면서도 절대로 율법을 부정하지 않았습니다. 20절 "다만 우상의 더러운 것과 음행과 목매어 죽인 것과 피를 멀리하라고 편지하는 것이 옳으니", 29절 "우상의 제물과 피와 목매어 죽인 것과 음행을 멀리 할지니라 이에 스스로 삼가면 잘 되리라"입니다. 율법의 핵심이 할례를 행하는 것이 아니고, 율법의 중심이 하나님께 예배하는 것이 아니고, 율법의 목적이 인간의 삶을 통제하는 것이 아니고, 율법의 진정한 의미는 인간으로 하여금 하나님이 주신 자유와 평화와 안식을 풍성하게 누리게 하는 것입니다.

죄의 원리, 율법의 원리

율법을 강조하는 것, 율법을 지키는 것, 율법대로 사는 것이 과연 무엇인지를 비교하여 보여주는 것이 15장에 있습니다. 중요한 것은 은혜가 무엇인지, 율법의 의미가 무엇인지를 바르게 아는 것입니다. 하나님의 말씀을 오해하는 곳, 즉 죄의 원리가 작용하는 곳에는 안타깝게도 죄의 결과들이 나타납니다. 그것이 2절의 다툼과 변론이었고, 7절의 변론이었습니다. 죄의 원리로 나타나는 또 다른 현상이 19절 "그러므로 내 의견에는 이방인 중에서 하나님께로 돌아오는 자들을 괴롭게 하지 말고", 24절 "들은즉 우리 가운데서 어떤 사람들이 우리의 지시도 없이 나가서 말로 너희를 괴롭게 하고 마음을 혼란하게 한다 하기로"입니다. 율법을 강조한 결과가 상대방을 괴롭게 하고 혼란하게 하였습니다. 성경에서나 오늘날의 성도들의 삶에서 자주 발견되는 가장 안타까운 현상입니다. 율법을 강조하고, 말씀을 강조하고, 신앙을 강조하는데 그 결과는 불편함, 갈등, 혼란, 분열, 불안함 등입니다. 하나님이 의도한 것과 전혀 다른 결과요, 잘못된 현상입니다.

복음서에서 유대교 지도자들의 사역과 예수님의 사역의 본질적 차이가 바로 이것이었습니다. 유대교의 지도자들은 죄인들을 위한 실제적 사역을 일체하지 않습니다. 저들의 관심은 유대교일 뿐입니다. 죄인들이 해야 할 것과 하지 말아야 할 것을 정해줄 뿐 죄인들의 문제를 해결해 주지 못합니다. 정작 죄의 문제를 해결해주지 못하는 종교적 규정이나 행위들에 대해 예수님은 '외식'이라고 선언하셨고, '수고하고 무거운 짐'이라고 선언하셨습니다. 예수님은 죄인들이게 부과하신 짐이 없습니다. 이것을 해야 한다, 저것을 해야 한다고 조건을 내세운 것이 없습니다. 도리어 예수님이 십자가를 지심으로 인간의 문제를 해결해 주셨습니다. 기독교는 요구하는 종교가 아니라 해결해주는 종교요, 기독교는 강요하는 종교가 아니라 복음을 선포하는 종교입니다.

15장은 참으로 구원받은 성도들의 모습을 증명하는 곳입니다. 바울이나 베드로나 야고보나 모두 한 때는 복음의 의미를 이해하지 못하던 사람들이었습니다. 바울은 복음 전하는 자들을 잡으러 다니는 당사자였고, 베드로와 야고보도 사도행전 전반부에서 독선과 아집과 교만이 가득차서 사도와 집사들을 구분하는 일에 앞장섰던 사람들입니다. 그런데 하나님의 은혜를 알아가면서, 하나님의 말씀을 알아가면서 달라졌고 새로워졌습니다. 분열을 만들어 내던 주체에서 이제 화해와 일치를 강조하고 있습니다. 이방인들을 위하여 앞장서서 변호하고, 이방인들을 위하여 친히 동료들을 파송하는 수고를 마다하지 않습니다. 파송받은 사도들이 이방인들을 만나서 전해준 내용이 28절 "성령과 우리는 이 요긴한 것들 외에는 아무 짐도 너희에게 지우지 아니하는 것이 옳은 줄 알았노니 우상의 제물과 피와 목매어 죽인 것과 음행을 멀리 할지니라"입니다. 멀리 하라고 지적한 세 가지도 단순한 금지가 아닙니다. 복음을 알면, 은혜를 알면 당연히 멀리하게 되는 내용입니다. 참으로 쉽습니다.

복음의 열매

은혜를 강조했으니, 복음을 전했으니 당연히 결과가 있습니다. 그 결과가 30절로 31절 "그들이 작별하고 안디옥에 내려가 무리를 모은 후에 편지를 전하니 읽고 그 위로한 말을 기뻐하더라"입니다. 이것이 열매입니다. 저와 여러분이 신앙 생활을 잘 하고 있는지, 교회 생활을 바르게 하고 있는지, 믿음 생활을 제대로 하고 있는지 점검하는 포인트가 바로 '기쁘고, 즐겁고, 행복하냐'입니다. 신앙을 점검하는 기준이 환란과 고난과 핍박이 아니라 자유와 평안입니다. 복음이 전해지는 곳에 나타나는 열매가 기쁨과 즐거움입니다. 지금 15장에서 복음을 들은 사람들이 기뻐하고, 사도행전 8장에서 빌립이 사마리아에 지역에 복음을 전하자 8절에 의하면 "그 성에 큰 기쁨이 있더라"입니다. 하나님을 위해, 교회를 위해 내가 얼마나 헌신하고, 어렵고 힘든 일을 감당하고 있는가를 생각하지 말고, 하나님으로 인해,

교회로 인해 내가 얼마나 즐겁고, 평안하고, 신나고, 행복한가를 생각하셔야 합니다.

하나님의 최고의 관심이 바로 인간의 행복입니다. 인간의 행복을 위해서 예수님이 십자가를 지셨고, 인간의 행복을 위해서 만물을 교회라는 예수 그리스도의 몸으로 연합하게 하셨습니다. 교회를 완성하기 위해서 인간을 불러 모은 것이 아니라 인간의 행복을 지켜주기 위해서 하나님이 교회를 동원하셨습니다. 성도가 교회의 수단으로 전락하는 것이 아니라 교회가 성도를 위해 존재합니다. 본문에서 논쟁을 일으킨 유대교의 형제들의 관심은 '유대교'였습니다. 유대교를 지속시키고, 유대교를 확장하고, 유대교를 강화하려는 의도가 있으나 사람이 힘들고, 불편하고, 괴로운 것을 고려하지 않았습니다. 그러나 기독교는 정반대입니다. 사도들의 대답에는 교회를 확장하고, 교회를 견고히 하고, 교회를 우선시하는 내용이 없습니다. 모든 관심이 오직 인간, 성도에게 집중되어 있습니다.

사람이 모인 곳에 갈등이 있고 분쟁이 있습니다. 중요한 것은 갈등과 분쟁을 다루어가는 과정입니다. 세상 사람들은 갈등과 분쟁은 의견이 서로 다르기 때문에 발생한다고 생각합니다. 그래서 갈등과 분쟁이 생기면 가장 먼저 대화를 하자고, 소통을 하자고 합니다. 함께 모여서 머리를 맞대고 속내를 이야기하여 조율하고 협의하자고 합니다. 그러나 기독교는 갈등과 분쟁이 발생하는 이유는 진리를 모르기 때문이라고 선언합니다. 그래서 해결책은 대화하고 소통하는 것이 아니라 말씀을 읽고 말씀을 배우는 것입니다. 죄인들의 의견을 규합하는 것이 아니라, 다수결을 따르는 것이 아니라 하나님의 말씀을 듣고 하나님의 말씀을 따르면 됩니다. 일단 갈등이 생기면 말씀이 귀에 들어오지 않습니다. 서로 자기의 주장을 내세우고, 당연히 성경 구절을 동원해가면서 자기 주장이 옳다고 목소리를 높입니다. 모두가 진리를 모르고, 진리의 방법, 진리의 역할을 모르기 때문에 발생하는 현상입니다.

진리의 역할

진리는 다른 사람을 정죄하는 것이 아니요, 다른 사람이 틀린 것을 까발리는 것이 아닙니다. 아는 사람과 모르는 사람이 분쟁하면 해결이 될까요, 안될까요? 아는 사람이 져주는 것으로 해결이 됩니다. 이것을 타협이라고 하지 않습니다. 성숙이라고 합니다. 기독교의 핵심 가치를 사랑이라고 합니다. 여러분이 잘 아는 고린도전서 13장입니다. 사랑이 강조되는 이유는 고린도 교회가 분열되었기 때문입니다. 그래서 사랑의 가치가 모두 분열을 감당하는 것, 분열을 치료하는 것으로 나타납니다. 4절부터 읽어보면 "사랑은 오래 참고 사랑은 온유하며 시기하지 아니하며 사랑은 자랑하지 아니하며 교만하지 아니하며 무례히 행하지 아니하며 자기의 유익을 구하지 아니하며 성내지 아니하며 악한 것을 생각하지 아니하며 불의를 기뻐하지 아니하며 진리와 함께 기뻐하고 모든 것을 참으며 모든 것을 믿으며 모든 것을 바라며 모든 것을 견디느니라"입니다. 그냥 사랑의 정의라고 듣지 마시고 갈등의 현장, 분열의 현장, 다툼의 현장에서 사랑이 하는 일이 무엇인가를 생각해 보시기 바랍니다. 갈등, 분열, 다툼의 현장에 필수적으로 등장하는 것이 참지 못하는 것, 온유하지 않은 것, 자기가 옳다고 자랑하고 교만한 것, 무례히 행하는 것 등입니다. 왜 못 견디고 못 참습니까? 자기가 옳기 때문입니다. 옳으니까 이겨야 한다고 생각합니다. 기독교의 방식은 정반대입니다. 옳으니까 참고, 옳으니까 견디고, 옳으니까 온유하고, 옳으니까 져줄 수 있습니다. 사랑은 논쟁에서 승리함으로 입증되는 것이 아니라 갈등을 봉합하고, 하나됨을 깨지 않는 것으로 증명됩니다.

또 갈라디아서 5장에는 성령의 열매가 나옵니다. '강함과 권세와 승리와 이김과 능력'이라고 나오는 것이 아닙니다. 온유, 인내, 양선, 절제, 화평입니다. 기독교는 죄와 싸워서 이기는 것이고, 사람과 싸워서는 품어내는 것입니다. 진리는 싸움을 통해 승리로 입증되는 것이 아니라, 이미 진리임을 전제하고, 진리의 역할 즉 연약함과 어리석음을 감당해주고, 치유와 회복을 위해 수고하고 감싸 안아 주는 것입니다. 성경을 알고, 진리를 알고, 은혜를 알고, 하나님을 알아갈수록 삶에 실천될 수 있습니다. 모든 성도님들이 성도의 삶, 진리의 삶을 풍성히 구현하며 사시기를 주님의 이름으로 축원합니다.

교회들을 견고하게

사도행전 15:36~41

36 며칠 후에 바울이 바나바더러 말하되 우리가 주의 말씀을 전한 각 성으로 다시 가서 형제들이 어떠한가 방문하자 하고 37 바나바는 마가라 하는 요한도 데리고 가고자 하나 38 바울은 밤빌리아에서 자기들을 떠나 함께 일하러 가지 아니한 자를 데리고 가는 것이 옳지 않다 하여 39 서로 심히 다투어 피차 갈라서니 바나바는 마가를 데리고 배 타고 구브로로 가고 40 바울은 실라를 택한 후에 형제들에게 주의 은혜에 부탁함을 받고 떠나 41 수리아와 길리기아로 다니며 교회들을 견고하게 하니라

하나님의 교회

하나님의 마음

근래에 SNS에 초등학생들의 시험문제 답안지가 화제가 되었습니다. 할아버지 생신에 드릴 카드를 그려보라는 문제에는 '비자카드'를 그렸고, 청소년기에 들어서면서 나타나는 여자의 신체적 변화를 한 가지 쓰라는 문제에는 '무섭고 난폭하며 폭력적이다'라고 적었답니다. 어린이들의 약간 사오정 같은 또는 엽기적인 대답의 교회 편도 있습니다. 목사님이 학생을 보고 여호수아서에 나오는 '여리고 성은 누가 무너뜨렸느냐?'고 물었더니 '제가 안 무너뜨렸습니다'라고 대답했고, 마태복음 8장에 백부장이 예수님께 나아와 자기 하인을 고쳐달라는 이야기에서 백부장이 자기 아들도 아닌 하인을 고쳐달라고 한 이유가 무엇이냐는 질문에 아이는 '하인이 죽으면

부하가 구십구 명뿐이라 백부장에서 물러나야 하기 때문'이라고 대답했다고 합니다. 이런 유형의 대화를 엽기라고 하는 이유는 문맥이 전혀 어울리지 않기 때문입니다. 다른 표현으로 '뜬금없다'고도 합니다. 장난으로 아이들의 이야기를 예를 들었지만 실제로 기독교에는 이보다 더 뜬금없고 엽기적인 성경 해석과 신앙 행위들이 자행되고 있는 것이 사실입니다.

기독교 신앙의 모든 내용은 전적으로 성경에서 비롯됩니다. 직통 계시를 받아도 성경의 내용과 일치해야 하고, 꿈이나 환상을 보아도 성경의 내용과 같아야 하고, 어떤 예언이나 음성을 들어도 성경의 메시지와 일맥상통해야 합니다. 그러므로 성도의 신앙은 성경을 읽고, 바르게 이해하는 것으로부터 시작합니다. 하나님께서는 천지를 창조하신 후에 인간이 행동하기 전에 먼저 말씀하셨습니다. 그러므로 하나님과의 관계에서 인간이 해야 하는 최초의 일은 '듣는 것'이었습니다. 하나님의 말씀을 들어야 하나님이 베풀어주신 은혜를 알고, 하나님의 은혜를 누리는 원리를 알고, 하나님의 약속을 알 수 있습니다.

하나님이 아브람을 찾아오셨습니다. 하나님과 대면한 아브람이 가장 먼저 한 일 또한 '듣는 것'이었습니다. 하나님이 어디로 가라고 하는지, 무엇을 주시겠다는 것인지 들어야 했습니다. 이스라엘이 출애굽한 후에 사십여 년의 광야 생활을 마칠 때에 신명기에서 모세를 통해 하나님의 뜻을 밝히셨습니다. 하나님은 이스라엘에게 '행동하라'고 말씀하시기 전에, '생각하라'고 말씀하시기 전에, 먼저 '들으라'고 선언하셨습니다. 우리말 '들으라'에 해당하는 히브리어가 '쉐마'입니다. 그래서 유명한 쉐마 구절이 신명기 6장 4절 "이스라엘아 들으라 우리 하나님 여호와는 오직 유일한 여호와이시니"입니다. 왕정시대에 수많은 예언자들이 나와서 계속하여 이스라엘의 불의와 불순종을 지적하였습니다. 그때에도 핵심 내용이 '이스라엘이 여호와의 말씀을 듣지 않는다'는 것이었습니다.

기독교 신앙은 하나님의 말씀을 듣는 것에서부터 시작합니다. 하나님의 뜻대로 살려면 우선 하나님의 뜻을 들어야 하고, 하나님께 영광을 돌리고 싶으면 하나님이 무엇을 기뻐하시는지 들어야 합니다. 오늘도 사도행전을 통해 하나님 말씀을 듣기를 원합니다. 내가 무엇을 할 것인가를 고민하지 말고, 하나님이 하신 일이 무엇이며, 하나님이 무슨 말씀을 하시는지 함께 들어보시겠습니다.

예수님의 사역

성경을 읽고 들을 때에 전체적 안목을 고려하지 않으면 성경 이해가 엽기적이 되어 버립니다. 사도행전을 읽을 때에 앞에 나오는 구약의 내용이 무엇이며, 복음서의 내용이 무엇이었는지를 고려해야 하고, 15장을 읽을 때에는 1장부터 14장까지의 내용이 무엇이었는지를 당연히 고려해야 합니다. 간단히 복음서를 점검해 보겠습니다. 예수님의 사역에서 사람들이 조금 당황하는 것은, 예수님에게는 스스로의 목적이 전혀 느껴지지 않았기 때문입니다. 제자들을 열두 명이나 뽑았습니다. 그래서요? 제자들을 열두 명 뽑았으니 소규모 집단이 되었습니다. 예수님은 세상 사람들이 흔히 말하는 리더, 지도자, 어떤 단체의 경영자 같은 행동을 하신 적이 없습니다.

서점에 나와 있는 조직과 운영에 관련된 책들을 보면 일단 집단이 형성되었을 때 가장 먼저 해야 할 일이 '비전 공유' 또는 '핵심 가치를 공감하기'라고 합니다. 동일한 그룹에 속한 사람들은 비전이 같아야, 목표가 같아야, 서로 바라보는 방향과 지향점이 같아야 한다고 말들을 하고, 소속원들에게 동일한 가치와 비전을 심어주는 것은 전적으로 대표가 해야 할 기본적이고 필수적인 역할이라고 합니다. 그런 의미에서 예수님은 빵점입니다. 정확하게 말하면 빵점이 아니라 아예 점수가 없습니다. 왜냐하면 빵점은 시도를 했는데 결과를 얻지 못한 경우이지만, 예수님은 아예 그런 시도를 하지 않았기 때문입니다. 예수님께서 제자들을 불러놓고 하나님 나라 특강을 하지도 않습니다. 그렇다고 예수님께서 제자들에게 장차 세워질 교회의 청사진을 제시하고, 교회의 사명에 대한 반복 교육을 시행하지도 않습니다. 예수님이 사역을 마무리하는 시점까지 예수님의 존재, 예수님의 사역의 의미, 예수님의 말씀의 내용을 이해하거나 깨달은 자가 단 한사람도 없었습니다. 그래도 예수님은 염려하지도 걱정하지도 않았습니다.

책들의 제안에 의하면 대표가 해야 할 두 번째 핵심 사역이 그룹의 조직화 또는 조직 관리입니다. 업무를 분담하고 각자의 능력에 맡게 적절한 역할을 수여하고, 일정한 시점에 따라 점검하여 확인하고 분석하여 다음 단계를 진행해야 한다고 권고합니다. 이렇게 하지 않으면 '주먹구구식'이 되어버리고 구멍가게 수준은 이룰 수 있지만 성장을 기대할 수는 없다고 충고합니다. 이런 기준에 의하면 예수님의 사역은 역시 빵점입니다. 처음에는 열두 명의 제자만 있었지만 얼마 후 칠십 명도 되었고, 나중에는 백이십명도 되었고, 때로는 수백, 수천의 사람들이 따랐지만 예수님은 사람들을 일체 조직화하지 않았습니다. 단체를 구성하지도 않았고, 팔로어를 맺지도 않았습니다. 아시다시피 결국에는 제자들조차도 예수님을 떠났고, 예수님이 부활하신 후에 다시 모아 놓은 사람도 겨우 제자들뿐이고, 조금 늘었다고 해야 기껏해야 가족들 정도였습니다. 복음서에서, 예수님의 말씀에서 교회라는 집단, 교회라는 조직, 교회라는 그룹에 관한 느낌을 거의 받을 수 없습니다.

사도행전의 모습

사도행전에서도 마찬가지입니다. 1장부터 15장까지 본문을 살펴보았는데 어느 곳에서도 하나님이 제자들에게 사명을 수여하는 것, 책임이나 과업을 맡기는 것이 없습니다. 성령이 임하셔서 교회의 꿈과 비전을 제시하지도 않고, 교회의 사명을 완수하기 위해 사명자반이라는 특수 과정을 만들지도 않고, 지도자 양육이나 리더 교육을 하지도 않습니다. 성경 전체에서 하나님께서 하나님의 목적을 위해 인간을 수단으로, 하나님 나라의 확장을 위해 인간을 방편으로, 교회의 설립과 부흥을 위해 인간을 도구로 사용하시는 모습이 등장하지 않습니다. 누누이 반복하지만 사도행전에서 제자들이 복음 전파를 위해 계획을 세우는 것이나, 교회를 세우기 위한 프로젝트를 운영하는 것이나, 무엇인가 사명을 감당하기 위해 애쓰는 듯한 모습을 발견할 수 없습니다. 조직을 확대하기 위해 동분서주하는 모습이 없고, 소속된 집단의 목표달성을 위해 쫓기듯 서두르는 모습이 없고, 행여 주어진 일정에 차질이 생길까봐 조바심 내는 모습도 없고, 어서 빨리빨리 하자고 독려하는 모습도 없습니다. 사도행전 자체가 교회를 위하여 전개되거나, 교회를 중심으로 운영되는 모습도 아직 없습니다.

기독교는 철저하게 인간 지향적입니다. '일 중심이냐, 사람 중심이냐'고 묻는다면 결단코 사람 중심입니다. 일을 위해 사람이 동원되지 않습니다. 일을 하지만 철저하게 인간을 위한 일입니다. 그러므로 성도가 종교적인 일에 치인다든지, 교회의 일에 지친다든지, 사역이라는 명분의 일에 힘들어 한다는 개념이 존재하면 안 됩니다. 구약의 십계명을 일이라고 오해하면 안 됩니다. 성도가 해야 하는 일, 성도가 책임지고 완수해야 하는 사명이 아닙니다. 십계명에는 정작 '일'이 전혀 존재하지 않습니다. 아무 것도 안하면 그것이 가장 십계명을 잘 지키는 것이 됩니다. 사도행전 15장의 모세의 법에 따른 할례에 관한 논쟁에서 사도들이 언급한 중요한 사실이 28절 "성령과 우리는 이 요긴한 것들 외에는 아무 짐도 너희에게 지우지 아니하는 것이 옳은 줄 알았노니"입니다. 짐을 지우면 안 됩니다. 당연히 부담을 느끼면 안 됩니다. 제자들도 아무 조항을 두지 않은 것이 아니라 몇 가지 지시사항이 있었습니다. 20절과 29절에 나옵니다. 먼저 20절 "다만 우상의 더러운 것과 음행과 목매어 죽인 것과 피를 멀리하라"이고, 29절 "우상의 제물과 피와 목매어 죽인 것과 음행을 멀리 할지니라"입니다. 이 조항들을 들으면서 부담이 느껴지십니까? 이 조항들을 들으면서 엄청난 중압감이 드십니까? 아예 의식조차 들지 않을 정도입니다. 제자들이 말한 것을 지키기 위해서 성도들이 해야 하는 일이 전혀 없습니다.

또 기독교에 대한 다른 질문, 즉 '조직 중심이냐 사람 중심이냐'고 묻는다면 결단코 사람 중심입니다. 아주 직설적으로 '교회라는 공동체 중심이냐, 성도라는 개인 중심이냐?'라고 물을 때에도 단호하게 성도 중심입니다. 조직 내에 개인이 소속된 것이 아니라 개인들이 모여서 조직이 된 것입니다. 즉 교회에 성도가 종속된 것이 아니라 성도들의 연합이 교회입니다. 교회를 위해 성도가 존재하는 것이 아니라 성도들을 위해 교회가 세워졌습니다. 당연히 성도가 우선 순위이고, 성도의 안위, 성도의 자유와 평화가 우선입니다. 구약의 율법이나 예수님의 복음이나 제자들의 가르침에서 '조직'을 위한 내용이 없습니다. 조직의 운영, 집단의 성장을 위한 조치들이 없습니다. 사도행전 15장에서도 제자들이 이방인 형제들에게 부탁한 내용 중에 교회에 관한 내용이 일체 없습니다. '우상의 더러운 것과 음행과 목매어 죽인 것과 피를 멀리하라'는 것은 지극히 개인적인 사항입니다. 이것을 따름으로 인해 좋은 것은 본인이요, 당사자입니다.

하나님의 역할과 사람의 역할

이렇게 말씀드리면 사람들은 '그러면 교회는 누가 지키는가, 교회는 어떻게 운영하는가'를 걱정합니다. 기독교와 교회에 대한 가장 본질적인 측면이 오해되고 있는 증거입니다. 기독교에서 교회를 세우시는 분, 교회를 책임지시는 분은 하나님이십니다. 에베소서에 의하면 하나님께서 기뻐하심을 따라, 모든 일을 그의 뜻의 결정대로 일하시는 이의 계획을 따라 교회가 예정되고, 세워지고, 충만해진다고 선언하고 있습니다. 그래서 성경에서 교회를 언급할 때마다 가장 자주 강조되는 표현이 '하나님의 교회'입니다. 기독교에서 하나님의 역할은 일하시는 것입니다. 계획하고, 추진하고, 진행하고, 완성하고, 돌보고, 관리하고, 책임지는 것입니다. 기독교에서 인간의 역할은 즐거워하고, 신나하고, 행복해하고, 기뻐하는 것입니다. 이것이 바뀌면 안 됩니다.

영광과 찬송이라는 표현에도 동일하게 적용됩니다. 하나님이 인간을 영광스럽게 하셨습니다. 죄인을 구원하여 성도가 되게 하셨고, 죄의 종을 하나님의 자녀로 영화롭게 하셨고, 하나님 나라의 기업을 잇게 하셨으니 인간이 엄청난 존귀와 영광을 받았습니다. 반대로 인간이 하나님께 해드린 것이 무엇이 있습니까? 인간 때문에 하나님이 나아지신 것, 좋아지신 것, 유익이 되신 것이 무엇이 있습니까? 하나도 없습니다. 찬양도 하나님이 성도의 입에서 노래가 나오게 만드십니다. 구원을 깨달으니, 은혜를 깨달으니, 복을 받은 것을 누리니 저절로 콧노래가 나옵니다. 모두 하나님이 행하셨습니다.

물론 교회와 성도를 대립적으로 생각하거나, 교회와 성도 중에 선택해야 하는 것으로 설정하는 것이 아닙니다. 하지만 많은 경우에 교회가 조직이나 건물로 인식되고, 성도들이 교회라는 조직을 위해 수고하고, 헌신하고, 충성해야 하는 것으로 인식되고 있습니다. 말로만이 아니라 실제로 바로 잡아야 합니다. 조직이나 건물이 교회가 아니라 성도가 교회입니다. 그래서 성도가 강건해지는 것이 교회가 강건해지는 것이고, 성도가 신앙적으로 성숙한 것이 교회가 성숙해 지는 것이고, 성도가 즐겁고, 신나고, 행복한 것이 교회가 좋아 지는 것입니다.

성도의 현장

어떻게 누리는지?

본문을 통해 사도행전에서는, 제자들은 교회를 무엇으로 이해했는지 바울의 모습을 통해 교회의 모습, 신앙의 모습을 확인해 보겠습니다. 36절은 "며칠 후에 바울이 바나바더러 말하되 우리가 주의 말씀을 전한 각 성으로 다시 가서 형제들이 어떠한가 방문하자 하고"입니다. 바울이 확인하고 싶었던 것이 무엇일까요? 바울은 백성들이 어떤 모습을 하고 있을지 궁금한 것이 아닙니다. 전혀 예상을 못하고 있는 것이 아닙니다. 알지 못한 가운데, 궁금증을 가지고, 호기심에, 과연 어떻게 살고 있나 알아보려고 가는 것이 아닙니다. 바울은 일정한 모습을 예상하고, 예상한 모습대로 하고 있는지 확인하러 가는 것입니다.

예를 들어보면, 어느 집에 부부가 있는데 아내가 여행을 떠나는 경우입니다. 아내는 남편을 나 몰라라 하고 떠나는 것이 아니라 사골 국을 한 솥 끓여놓고 떠납니다. 또 혹시 몰라서 주변의 슈퍼에 다음 날 이런 저런 반찬을 배달하도록 주문해 놓고 떠납니다. 여행을 마치고 아내가 집에 돌아옵니다. 그때 아내가 말하기를 '도대체 이 인간이 어떻게 살고 있는지 보자'고 합니다. 이 말은 단순한 궁금함이 아닙니다. 만약 사골 국도 안 끓여놓고, 반찬 주문도 안 해 놓은 아내가 이 말을 한다면 말 그대로 궁금함입니다. 아무런 대책을 세워놓지 않았기 때문입니다. 하지만 이 아내는 만반의 준비를 해 놓았습니다. 남편이 끼니를 거르지 않도록 대비를 해 놓았습니다. 비록 자기가 없어도 식사할 수 있고, 건강을 유지할 수 있도록 다양한 내용을 제공했습니다. 이 아내가 '남편이 어떻게 살고 있는지 보자'고 말하는 것은 남편의 상태를 이미 다 알고 있으며, 예상하고 있으며, 기대하고 있습니다. 자신이 제공한 것이 있기에 그에 상응하는 결과를 알 수 있습니다.

바울은 각 성에 복음을 전했습니다. 바울은 각 성에 주의 말씀을 전하고, 하나님의 일하심을 선포했고, 성도의 성도됨을 가르쳤습니다. 이제 다시 각 성을 돌아보고자 합니다. 바울은 자기가 전한 복음의 결과, 자신이 선포한 하나님의 말씀으로 인해 나타날 결과들을 다 예상하고 있으며, 그것을 확인하러 가려는 것입니다. 막연한 궁금증이 아니고 막연한 기대가 아닙니다. 구체적인 예상이고, 실제적 확인입니다. 바울이 자기 기대로서, 확인하고 싶은 성도의 삶의 모습으로 본문에 나타난 단어는 '누리다'입니다. 본문에 '어떠한가'로 번역된 단어는 '교제하다, 참여하다, 누리다'라는 의미입니다. 로마서 5장 1절에 "우리가 믿음으로 의롭다 하심을 받았으니 우리 주 예수 그리스도로 말미암아 하나님과 화평을 누리자"라는 구절에서 '누리자'와 동일한 단어이고, 에베소서 5장 5절에 "너희도 정녕 이것을 알거니와 음행하는 자나 더러운 자나 탐하는 자 곧 우상 숭배자는 다 그리스도와 하나님의 나라에서 기업을 얻지 못하리니"에서 '얻지'에 해당하는 단어로 여기에서도 '교제하다, 누리다'의 의미를 갖습니다. 일종의 바울 전문 용어로서 바울은 성도들이 '누리며 살고 있어야 한다'고 생각했습니다. 원래 이 단어는 '있다, 존재하다, 가지다, 소유하다'라는 의미입니다. 그래서 번역자들은 성도들이 어떠한 상태에 '있는가'에 의미를 두고 '어떠한가'라고 번역했습니다.

그러나 바울은 성도의 존재, 성도의 상태, 성도의 모습은 단순한 '있다'가 아니라 성도의 존재와 삶 자체가 '하나님과 더불어 화평을 누리는 것'으로 선포합니다. 바울이 각 성의 성도들에게 주의 말씀을 가르친 것은 이제 죄로부터 구원받았으니 모든 성도가 하나님과 더불어 화평을 누리고, 성도가 하나님의 마음을 가졌으니 성도 간의 관계에서, 사람의 관계에서 행복을 누리는 것이 본분이라는 것이었고, 이제 실제 성도가 말씀대로 성도의 삶을 '누리고 있는지' 확인하러 가자는 것입니다. 그러니까 바울에게 관심의 대상은 성도들의 삶입니다. 각 지역의 교회가 부흥했는지, 성장했는지가 아닙니다. 교회가 땅을 샀는지, 건물은 지었는지가 아니라 성도가 행복한지, 성도가 즐거운지, 성도가 평안한지를 궁금해 했습니다.

사도들의 갈등

그런데 성경의 표현이 너무너무 재미있습니다. 36절에서 '각 성에서 형제들이 성도됨을 누리고 있는지 확인하러 가자'고 했으면, 남들 누리는 것을 확인하기 전에 자신들이 누리는 모습을 보여주는 것이 정상입니다. 만약 누리는 것을 보러가자고 해놓고 자기들은 싸우고 있으면 말이 되지 않습니다. 마치 고운 말을 쓰자고 권고하면서 '만약 나쁜 말을 하면 그 입을 찢어버릴거야'라고 말하는 것과 같습니다. 39절을 보면 꼭 그 모양새입니다. 기껏 누리는 모습을 보러 가자고 해 놓고 바울과 바나바는 '서로 심히 다투어 피차 갈라서니'입니다. 이런 걸 코메디라고 합니다. 바울은 뭐하자는 것일까요? 도대체 사도행전을 기록한 누가는 무슨 말을 하려는 것일까요?

사도행전 15장에는 교회 내에 두 번의 갈등이 등장합니다. 하나는 1절로 35절까지에 나오는 '모세의 법대로 할례를 받아야 구원을 받는다'는 구원 받는 방법에 관한 논쟁입니다. 마치 신학적 논쟁 같지만 실제로는 교회 내의 유대인 성도들과 이방인 성도들 사이의 갈등입니다. 다른 하나가 36절로 41절로 사도들 그룹, 제자들 그룹, 대표들 그룹의 갈등이고, 그 내용은 과연 사역을 어떻게, 누구와 할 것이냐에 관해서입니다. 이렇게 교회 내의 갈등이 발생했을 때 사람들의 관심이 어디에 맞추어져 있느냐가 중요합니다. 유대인과 이방인의 갈등에서의 핵심은 '이방인 성도들에게 짐을 지우지 않는다'는 것이었습니다. 사도들은 신학적 주제에 초점을 맞춘 것이 아니라 유대인 형제들의 주장 때문에 '너희가 괴롭고 마음이 혼란하다'는 것을 걱정했고, 그래서 그들의 마음을 풀어주려고 노력했고, 그 결과 31절 "읽고 그 위로한 말을 기뻐하더라"였습니다.

이제 사도들 간의 갈등의 해결이 어떤 과정과 결론에 이르는지 확인해 볼 차례입니다. 바나바는 초기 교회 시대에 아주 덕망이 높은 사람이었습니다. 사도행전 4장 36절에 "구브로에서 난 레위족 사람이 있으니 이름은 요셉이라 사도들이 일컬어 바나바라^{번역하면 위로의 아들이라}하니"로 소개되고, 11장 24절에는 "바나바는 착한 사람이요 성령과 믿음이 충만한 사람이라"고 소개되고 있습니다. 과연 소개된 대로 마가의 행동에 대해 바나바는 수용하고 데려 가려고 합니다. 바울은 옳지 않다고 합니다. 누가 옳은 것일까요? 어떻게 해야 할까요?

상황을 잘 이해해야 합니다. 마가는 이전에 어떤 행동을 했습니다. 밤빌리아에서 바울과 바나바를 떠나 함께 일하러 가지 않았습니다. 본문의 설명이 충분하지 않기에 어찌된 영문인지는 잘 모릅니다. 여하튼 자신들과 함께 하지 아니한 마가에 대해 바나바와 바울 사이에 의견 충돌이 일어났고, 갈등이 생겼습니다. 어떻게 해야 할까요? 마가, 바나바, 바울 모두 구원받은 성도입니다. 바나바는 위로의 아들이라 불리는 사람이었고, 바울은 성도의 성도됨을 가르친 사람입니다. 이 두 사람은 자신들의 성도됨을 어떻게 구현할까요? 이 두 사람은 자신들의 성도됨을 어떻게 누릴까요? 아니면, 말로는 성도됨이요, 누림이라고 하지만 정작 갈등이 생기니 서로 심히 다투어 갈라서 버린 것일까요?

누림의 구현

이 상황을 이해하려면 우선 편견을 하나 없애야 합니다. 사람들은 갈라서는 것을 나쁜 것 또는 잘못된 것으로 이해하는 습성이 있습니다. 바울과 바나바의 선교팀이 갈라서게 되었습니다. 이것은 잘 된 일일까요, 잘못된 일일까요? 사람들은 자신들이 의도해서 팀을 나누면 '분리'라고 말하면서 잘 된 일이라고 생각합니다. 반대로 자신들이 의도하지 않았는데 팀이 갈라지면 '분열'이라고 말하면서 잘못된 일로 문제로 삼습니다. 바울과 바나바가 팀을 나눈 것은 분리입니까, 분열입니까? 39절의 '서로 심히 다투어'에서 '심히 다투어'로 번역된 단어는 원래 '다투다'는 의미가 아닙니다. 이 단어의 의미는 '자극하다, 충동질하다, 휘젓다, 유발하다, 흥분시키다'입니다. 그 자체로 '다투다'는 의미가 아니라 '어떤 행동을 자극하다', '어떤 반응이 나오도록 휘젓다', '어떤 결과를 유발하다'라는 의미입니다. 적절한 예가 히브리서 10장 24절의 '서로 돌아보아 사랑과 선행을 격려하며'입니다. 사도행전에서 '심히 다투어'라고 번역된 단어가 히브리서에서는 '격려하며'로 번역되었습니다. 즉 사랑과 선행이라는 행동을 자극하고, 휘젓고,

흥분시켰다는 의미입니다. 나쁜 행동에 연결하면 나쁜 '충동질'이 되고 좋은 행동에 연결하면 좋은 행동을 '유도'한 것입니다.

바울과 바나바의 상황에서 풀어보면, 두 사람 사이에 갈등이 생겼습니다. 그래서 두 사람은 심히 다툰 것이 아닙니다. 두 사람 사이에 갈등이 생겼을 때에 피차 갈라서자는 마음이 유발되었고, 자극되었습니다. 갈등이 있을 때에 무조건 갈등을 봉합해야 하고, 팀을 하나로 유지해야만 선한 것이라고 생각하는 것이 오해요, 편견입니다. 바울과 바나바는 서로 갈등이 있을 때에 '성도가 누리는 것'을 기억했습니다. 그래서 서로 의견이 다를 때 자연스레 분리하는 것으로, 피차 갈라서는 것으로 마음을 모았습니다. 번역해본다면 37절부터 '바나바는 마가라 하는 요한도 데리고 가고자 하나 바울은 밤빌리아에서 자기들을 떠나 함께 일하러 가지 아니한 자를 데리고 가는 것이 옳지 않다 하여 피차 갈라서는 것으로 마음이 생겨 바나바는 마가를 데리고 배 타고 구브로로 가고 바울은 실라를 택한 후에 형제들에게 주의 은혜에 부탁함을 받고 떠나 수리아와 길리기아로 다니며 교회들을 견고하게 하니라'는 뜻입니다. 다투어서 누림에 실패한 것입니까, 의견 일치를 보아 누림을 구현한 것입니까?

성도의 행동

이때 중요한 것은 팀을 나누었다는 것이 아니라 팀이 나누어지는 상황에 대한 바울의 반응, 바울의 행동입니다. 성도는 상대방과 싸우는 것이 아니라 죄와 싸워야 합니다. 성도는 현상과 싸우는 것이 아니라 죄와 싸워야 합니다. 그런데 안타깝게도 많은 성도들이 죄는 전혀 상관하지 않은 채 상대방과 싸우고 현상과 싸웁니다. 단지 상대방과 싸우거나 현상과 싸우는 정도에 그치는 것이 아니라 상대방과 싸우려고 온갖 죄의 원리를 동원하고, 현상과 싸우려고 갖은 죄의 방법을 사용하는 것이 안타깝고 한심합니다. 성도의 성도됨을 모르는 것이며, 성도의 누림을 전혀 구현하지 못하는 것입니다.

바울은 바나바와 싸우지 않습니다. 바나바와 갈등을 하고 있지만 실질적 싸움의 대상은 바나바가 아니라 죄라는 것을 잘 알고 있습니다. 두 사람 사이에 의견차이가 날 수 있습니다. 이때 중요한 것은 의견을 나누는 과정에서 죄의 원리에 사로잡히면 안 되고, 죄의 방법과 수단이 동원되면 안 된다는 사실입니다. 그래서 바울은 자신의 의견을 주장하면서도 바나바와 의견을 달리하면서도 바나바를 비난하지 않습니다. 바울은 바나바가 자신의 생각과 다른 것에 대해서 불평하지 않습니다. 왜냐하면 바울은 하나님이 자신을 부르셨다고 주장하듯 하나님이 바나바도 부르셨다는 것을 인정하기 때문이요, 하나님이 자신과 동행하시듯 하나님이 바나바와 동행하고 계심을 인정하고, 하나님이 자신을 통해 역사하심을 기대하듯 하나님이 바나바를 통해서 역사하실 것을 기대하기 때문입니다.

바울이 마가를 책망하고, 마가를 편 들어주는 바나바를 꾸짖을 수도 있습니다. 바울이 옳지 않은 행동을 한 마가를 버리고, 옳지 않은 판단을 내리는 바나바와 도무지 함께 할 수 없다고 생각해서 갈라설 수 있습니다. 그러면 바울은 옳을 수 있습니다. 그러면 바울은 바나바와의 갈등에서는 이기지만 죄와의 싸움에서는 지는 것입니다. 그렇다면 바울에게는 하나님의 열매가 없습니다. 왜냐하면 하나님의 원리가 아니고는 하나님의 열매가 맺어지지 않기 때문입니다. 사람들이 다 이 싸움에서 집니다. 상대방을 이기려고 온갖 더러운 죄의 원리를 동원합니다. 심지어는 '하나님이 용서하지 않을 것이다'라는 망언을 일삼기도 합니다. 다 죄에게 지고, 성도의 누림에 실패합니다.

바울은 갈라서자는 마음에 합의하여 성도의 누림을 유지합니다. 마가의 행동에 대해 조직을 위해서 일벌백계의 사례로 삼아야 한다고 주장하지 않습니다. 대신 바나바가 원하는 것이 무엇이며, 바나바가 사역을 가장 잘 감당할 수 있는 길이 무엇인가를 먼저 생각합니다. 바나바로 하여금 마가를 데리고 가게 하고, 그래서 마가가 사역을 계속합니다. 갈등이 있었는데 어느 누구도 다치지 않았고, 어느 누구도 정죄되지 않았고, 어느 누구도 버림받지 않았습니다.

교회를 견고하게

이 이야기의 결론이 39절 "바나바는 마가를 데리고 배 타고 구브로로 가고 바울은 실라를 택한 후에 형제들에게 주의 은혜에 부탁함을 받고 떠나 수리아와 길리기아로 다니며 교회들을 견고하게 하니라"입니다. 정말 아름답습니다. 바울이 형제들을 방문하였는데 결론은 교회가 견고하여 졌습니다. 앞에 나오는 32절을 보시면 "유다와 실라도 선지자라 여러 말로 형제를 권면하여 굳게 하고"입니다. 분명히 갈등이 있었는데 교회는 약해지지 않았고, 도리어 견고해졌다고 합니다. 사람이 상처받지 않도록 했기 때문입니다. 바울에게는 형제들이 곧 교회입니다. 기독교에서는 성도들이 곧 교회입니다. 성도가 건강해지는 것, 성도들이 하나님의 은혜를 알고, 복음의 열매를 누리는 것이 곧 교회가 강건해지는 것입니다. 말씀을 통해 하나님을 아시고, 교회를 아시고, 성도를 아셔서, 하나님과 더불어 화평함을 누리시고, 교회와 더불어 사랑을 누리시고, 성도의 자유를 풍성히 누리시기를 주님의 이름으로 축원합니다.

인정함이러라

사도행전 16:1~10

1 바울이 더베와 루스드라에도 이르매 거기 디모데라 하는 제자가 있으니 그 어머니는 믿는 유대 여자요 아버지는 헬라인이라 2 디모데는 루스드라와 이고니온에 있는 형제들에게 칭찬 받는 자니 3 바울이 그를 데리고 떠나고자 할새 그 지역에 있는 유대인으로 말미암아 그를 데려다가 할례를 행하니 이는 그 사람들이 그의 아버지는 헬라인인 줄다 앎이러라 4 여러 성으로 다녀갈 때에 예루살렘에 있는 사도와 장로들이 작정한 규례를 그들에게 주어 지키게 하니 5 이에 여러 교회가 믿음이 더 굳건해지고 수가 날마다 늘어가니라 6 성령이 아시아에서 말씀을 전하지 못하게 하시거늘 그들이 브루기아와 갈라디아 땅으로 다녀가 7 무시아 앞에 이르러 비두니아로 가고자 애쓰되 예수의 영이 허락하지 아니하시는지라 8 무시아를 지나 드로아로 내려갔는데 9 밤에 환상이 바울에게 보이니 마게도냐 사람 하나가 서서 그에게 청하여 이르되 마게도냐로 건너와서 우리를 도우라 하거늘 10 바울이 그 환상을 보았을 때 우리가 곧 마게도냐로 떠나기를 힘쓰니 이는 하나님이 저 사람들에게 복음을 전하라고 우리를 부르신 줄로 인정함이러라

모세의 법대로

할례 논쟁

앞서 15장에서 할례에 대한 논쟁을 보았습니다. 단순히 의견 차이가 아니었고, 한 두 사람의 갈등이 아니었습니다. 어쩌면 기독교의 역사에서 또는 교회사에서 최초에 일어났던 그러나 동시에 기독교의 근본에 관한 최대의 중심 주제였고, 등장 인물 또한 당대 최고의 인물들이 총동원된 어마어

마한 사건이었습니다. 문제는 유대로부터 온 성도들이었습니다. 1절의 "모세의 법대로 할례를 받지 아니하면 능히 구원을 받지 못하리라"는 너무나 근엄한 선언이었습니다. 이것이 근엄한 선언인 이유는 너무나 정당한 요구처럼 들렸기 때문입니다. 우선 이 주장의 근거가 모세의 율법입니다. 이것을 거부하면 모세의 율법을 거부하는 것이기에 유대인들의 인식 속에 자리 잡고 있는 모세의 위치를 생각할 때 감히 누구도 모세의 법을 거부하거나 바꾸자고 말하기가 쉽지 않습니다.

또 하나는 사실 예수님도 모세의 법이 정한 할례를 받았다는 사실입니다. 누가복음 2장 21절에 "할례 할 팔 일이 되매", 22절 "모세의 법대로 정결예식의 날이 차매 아기를 데리고 예루살렘에 올라가니 이는 주의 율법에 쓴 바 첫 태에 처음 난 자마다 주의 거룩한 자라 하리라 한 대로 아기를 주께 드리고 또 주의 율법에 말씀하신 대로", 27절 "부모가 율법의 관례대로 행하고자 하여 그 아기 예수를 데리고 오는지라", 39절 "주의 율법을 따라 모든 일을 마치고"라고 나옵니다. 문자적으로 '할례를 받았다'고는 기록하지 않았지만 모든 상황이 '모세의 법대로, 주의 율법대로, 율법의 관례대로, 주의 율법을 따라' 행했다고 합니다.

또 하나는 예수님이 복음서에서 '할례를 받지 않아도 된다'는 말씀을 하신 적이 없습니다. 종종 율법이 요구하는 행동들을 어긴 듯한 행동을 하신 적이 있지만 대체적으로 유대의 절기들을 따르셨고, 종종 율법사들과 논쟁을 하기는 했지만 율법을 바꾼다거나 폐지한다는 언급을 하신 적이 없습니다. 또 하나는 그 자리에 있는 사람들 구체적으로 바울, 베드로, 야고보 등도 할례를 받았다는 것입니다. 그들 모두가 유대인들이었고, 유대교의 율법이 지켜지는 세상에 살았고, 특별히 바울은 유대교의 지도자로 활동했던 사람이니 너무나 당연히 할례를 받았습니다. 논쟁은 터무니없이 발생하는 것이 아니라 나름의 근거와 논리가 있기에 가능합니다. 모세의 법이라는 전통과 자신들의 스승인 예수님도 따랐다는 구체적 실례까지 있는데 과연 누가 율법과 다른 의견을 낼 수 있을까요?

사도들의 고백

이미 확인했던 대로 사도들은 의견을 내지 않고, 오직 하나님이 행하신 일을 강조했습니다. 바울은 하나님이 이방인들을 주께로 돌아오게 하신 일을 말했습니다. 이방인들은 할례를 받지 않은 사람들입니다. 그런데 하나님이 구원하셨습니다. 베드로도 하나님이 이방인들에게 성령을 주신 일을 말했습니다. 조금 더 구체적으로 9절 "믿음으로 그들의 마음을 깨끗이 하사 그들이나 우리나 차별하지 아니하셨느니라"고 까지 합니다. 야고보도 하나님이 하신 일이 예언자의 말씀과 일치한다고 말합니다. 결국 바울이나 베드로나 야고보의 대답은 '우리는 하나님이 하신 일을 받아들일 뿐이다'입니다. 사도들은 하나님을 경외하기 때문에 이렇게 대답한 것이 아닙니다. 사도들은 율법의 의미와 하나님의 사역을 대조하여 분석한 후 신학적 답변을 내 놓은 것이 아닙니다. 저들은 '하나님이 하셨다'고 선언할 수밖에 없었다는 것을 이해하셔야 합니다.

이것이 참으로 중요합니다. 왜냐하면 사도들은 자신들이 할례를 받았지만 율법을 지킨 것으로 생각하지 않았기 때문입니다. 그 고백이 15장 10절 "그런데 지금 너희가 어찌하여 하나님을 시험하여 우리 조상과 우리도 능히 메지 못하던 멍에를 제자들의 목에 두려느냐"입니다. 분명히 본인들이 할례를 받았습니다. 그런데 그것은 자신들이 의도적으로 행한 것이 아니라 어릴 때, 아무 것도 모를 때 부모들에 의해 그냥 관례대로 행했을 뿐입니다. 정작 자신들이 성장하였을 때, 자신들이 의도적으로 율법을 지키려고 했을 때는 율법을 지킬 수 없었습니다. 그래서 자신들이 받은 할례가 자신들을 구원할 것이라고 스스로 생각하지 않았습니다. 저들이 태어날 때부터 들었고, 배웠고, 살았던 유대교에서 그렇게 율법을 강조하고, 아예 율법적 제도에 따라 일 년 열두 달 삼백육십오 일 동안 각종 절기와 제사와 율례들을 행하며 살았지만 정작 자신들은 '능히 메지 못하던 멍에'라고 인식하였고, 자신들의 행동과 삶이 자신들에게 구원을 줄 것이라고 아무도 신뢰하지 못하고 살았습니다. 예수님은 이러한 유대인의 삶을 '외식하는 삶'이라고 했고 바울은 '헛된 일'이라고 했습니다.

신앙은 절대로 이론적일 수 없으며, 현학적일 수 없으며, 삶과 분리될 수 없습니다. 신앙은 지독한 현실입니다. 신앙은 철저하게 현실적 삶입니다. 사도들은 그 동안 살아왔던 헛된 종교적 굴레의 무용성에 치를 떨며 하나님의 일하심으로 이루어진 자신들의 삶에 감격을 고백하고 있습니다. 이미 자신들이 처절하게 경험하였기에 어이없는 종교적 규례를 이방인 형제들에게 씌울 수 없었습니다. 그래서 아무 효용도 없는 종교적 규례를 28절에서는 '성령과 우리는 이 요긴한 것 외에는 아무 짐도 너희에게 지우지 아니하는 것이 옳은 줄 알았노라' 즉 '짐'이라고 선언하고 있습니다. 인간이 만들어내는 종교 제도는 모두 짐이요, 하나님이 주시는 모든 은혜는 자유입니다. 저도 사도들과 같은 심정으로 여러분에게 선언합니다. 어리석고 무익한 종교적 짐을 모두 내려놓으시고, 하나님으로 말미암은 자유와 평화와 안식과 행복의 삶을 풍성히 누리시기를 주님의 이름으로 축원합니다.

행함과 믿음

그런데 16장에 오면 저와 여러분을 당황하게 하는 사건이 발생합니다. 조금 전에 보았던 사도들의 주장을 스스로 뒤집어 엎는듯한 행동이 등장합니다. 3절 "바울이 그를 데리고 떠나고자 할새 그 지역에 있는 유대인으로 말미암아 그를 데려다가 할례를 행하니 이는 그 사람들이 그의 아버지는 헬라인인 줄 다 앎이러라"입니다. 아니, 이게 진정 바울이란 말입니까? 앞에서는 할례에 대해 짐을 지우는 것이라고 주장하더니 뒤에서는 스스로 할례를 행하다니 과연 바울의 참 모습이 무엇일까요? 바울은 15장에서 사도들이 정한 규례를 모르거나 잊은 것이 아닙니다. 4절에 보면 "여러 성으로 다녀 갈 때에 예루살렘에 있는 사도와 장로들이 작정한 규례를 그들에게 주어 지키게 하니"입니다. 상황을 정확하게 알고 있습니다. 그러니 바울의 행동은 실수가 아니요, 말과 행동이 다른 것이 아니라 지극히 의도적인 것임을 알 수 있습니다. 그럼 바울의 의도는 무엇일까요?

조금 시야를 확대해 보겠습니다. 행함과 구원의 연관성은 사도행전 15장에서 한 번만 발생한 것이 아니라 지금까지 계속되는 논쟁입니다. 왜냐하면 죄인의 인식과 삶속에 철저하게 배어있던 것이 쉽게 변하지 않기 때문입니다. 오늘날에도 사람들은 계속하여 성경에 있는 서로 다른 구절을 가지고 이 논쟁을 계속하고 있습니다. 예를 들면 로마서와 야고보서를 대조하는 것입니다. 로마서의 핵심은 '구원은 오직 하나님의 은혜로 받는다'입니다. 마치 이 구절을 반박하는 것처럼 보이는 것이 야고보서입니다. 몇 구절을 읽어보겠습니다. 2장 14절 이하 "내 형제들아 만일 사람이 믿음이 있노라 하고 행함이 없으면 무슨 유익이 있으리요 그 믿음이 능히 자기를 구원하겠느냐", 17절 "이와 같이 행함이 없는 믿음은 그 자체가 죽은 것이라", 20절 "아아 허탄한 사람아 행함이 없는 믿음이 헛것인 줄을 알고자 하느냐", 24절 "이로 보건대 사람이 행함으로 의롭다 하심을 받고 믿음으로만은 아니니라"입니다. 어떻게 대답하시겠습니까?

물론 성경은 절대로 충돌하지 않습니다. 성경은 서로 다른 두 개의 주장을 하지 않습니다. 단지 인간들이 성경의 의도를 오해하는 것일 뿐입니다. 야고보서에 나오는 말씀은 우리가 일상에서 자주 쓰는 표현입니다. 예를 들면, '사람이라고 다 사람이냐, 사람다워야 사람이지', '부모에게 효도하지 않는 것들은 자식도 아니다', '학교에 출석하지 않고, 수업에 충실하지 않은 사람은 학생이라고 할 수 없다' 등입니다. 자주 쓰고 듣는 말인데 사람들은 이런 말을 하고 들을 때 전혀 고민하지 않습니다. 이 말들에는 모두가 알고 있는, 모두가 동의하는, 너무나 당연한 기본적인 전제가 있기 때문입니다. '사람이라고 다 사람이냐, 사람다워야 사람이지'라는 말은 우선

'그 사람은 사람이다'라는 전제입니다. 아무리 그 사람이 금수같은 행동을 해도 그 사람은 사람입니다. 심지어는 '개만도 못하다'는 욕을 먹어도 그 사람이 사람이라는 사실이 바뀌지 않습니다. 사람이 아닌 사람에게는 그런 말을 아예 하지도 않습니다. 또 '부모에게 효도하지 않는 것들은 자식도 아니다'라는 말에는 '그 사람은 자식이다'라는 명백한 사실이 있습니다. 효도를 하지 않아도, 도리어 부모를 등쳐먹고 살아도, 평생 부모를 아예 상종하지 않아도, 심지어는 아예 호적을 파고 성을 바꾸어도 그 사람이 자식이라는 사실은 변하지 않습니다. 그 사람이 어떤 분의 자녀가 아닌 경우에는 효도나 자식의 도리를 아예 언급조차 하지 않습니다. 마찬가지로 '학교에 출석하지 않고, 수업에 충실하지 않은 사람은 학생이라고 할 수 없다'는 말은 오직 학생에게만 합니다. 정작 학교를 다니지 않는 사람에게는 이런 말조차 하지 않습니다.

전제된 사실

결국 이러한 표현들은 첫째, 이미 전제되어 있는 사실이 있고, 두 번째는 그 사람의 행동에 의해서 이미 전제되어 있는 사실이 결단코 바뀌지 않는다는 것을 모두가 알고 있습니다. 이렇게 당연한 것이 성경의 표현들에는 왜 적용이 안 되는지 그것이 아주 불가사의한 일입니다. 야고보서는 사도 야고보가 성도들에게 보낸 편지입니다. 1장 1절 "하나님과 주 예수 그리스도의 종 야고보는 흩어져 있는 열두 지파에게 문안하노라"입니다. 하나님의 자녀, 구원받은 성도에게 보낸 편지입니다. 그래서 너무나 당연하게 2절 이하에 보면 "내 형제들아 너희가 여러 가지 시험을 당하거든 온전히 기쁘게 여기라 이는 너희 믿음의 시련이 인내를 만들어 내는 줄 너희가 앎이라", 즉 편지를 받는 성도들이 '믿음이 있다'고 선언하고 있습니다. 야고보는 믿음이 있는 성도들에게 편지를 썼습니다. 그러므로 야고보서에 어떠한 표현이 나오든지 간에 우선 '그들은 믿음이 있다', '그들은 구원받은 성도다'

라는 사실이 전제되어 있는 것입니다. 그리고 그 성도됨은 그들의 행동에 의하여 바뀌지 않습니다.

로마서와 야고보서는 구원에 관한 두 가지 주장, 즉 로마서는 믿음으로 구원받음을 강조하고, 야고보서는 행함으로 구원받음을 강조하는 것이 절대로 아닙니다. 로마서는 은혜로 구원받았다는 사실을 강조하고, 야고보서는 성도가 구원받았다는 것을 전제로 해서, 구원받은 자가 구원받은 자답게 행동할 것을 촉구하는 것입니다. 야고보서 2장 14절 이하의 핵심은 '구원을 받느냐 못 받느냐'가 절대로 아닙니다. 강조점, 핵심이 다른데 있습니다. 14절을 다시 보면 "내 형제들아 만일 사람이 믿음이 있노라 하고 행함이 없으면 무슨 유익이 있으리요"입니다. 강조점이 '유익'입니다. 16절 "너희 중에 누구든지 그에게 이르되 평안히 가라, 덥게 하라, 배부르게 하라 하며 그 몸에 쓸 것을 주지 아니하면 무슨 유익이 있으리요"입니다. 강조점이 '유익'입니다. 야고보서의 핵심은 절대로 구원이 아닙니다. 구원받은 것의 유익, 믿음이 생긴 것의 유익, 하나님의 자녀가 된 것의 유익입니다.

인정함이러라

조건과 반응

이제 다시 할례 문제로 돌아와 보겠습니다. 유대에서 온 형제들이 주장한 할례와 바울이 행한 할례는 할례에 대한 인식, 할례의 목적, 할례의 가치에 대한 인식이 완전히 다릅니다. 먼저 유대의 형제들은 할례를 '구원받기 위한 조건'으로 생각했습니다. 할례를 받아야 구원을 받을 수 있다는 인식입니다. 지금 이 주장을 하는 사람도 단지 유대인이 아니라 구원받은 성도입니다. 구원은 받았지만 아직 죄인의 인식을 벗어나지 못했고, 하나님의 원리와 마음이 자라나지 않은 상태입니다. 그래서 자신이 구원받은 것, 은혜 받은 것마저도 다른 사람보다 우월감을 드러낼 수 있는 근거로 사용합니다. 아직도 유대인과 이방인의 차별 의식을 극복하지 못한 상태입니다.

사실 바울은 할례를 행하는 것, 즉 행함으로 구원받는 것이 아니라는 주장을 로마서에서 아주 강력하게 합니다. 율법을 지켜야 한다는 주장에 대해 '만약 율법을 지켜야 구원을 받는다고 주장하려면 모든 율법을 지켜야 한다. 아홉 가지는 지켰는데 한 가지를 지키지 않았으면 결국 율법을 지키지 않은 것이요, 아흔 아홉 번은 지켰는데 한 번을 지키지 않았으면 결국은 율법을 지키지 않은 것이다'라고 말합니다. 지금 사도행전 15장에서 유대인들이 할례를 받아야 구원받는다고 주장할 때에 바울은 그 자리에서 동일한 반론을 펼 수 있었습니다. 그런데 바울은 정작 사도행전 15장에서는 논리 싸움을 하지 않았습니다. 왜냐하면 바로 '유익' 때문입니다.

서로 갈등하는 양쪽 다 구원받은 성도입니다. 중요한 것은 누가 옳으냐가 아니라 저들이 하나님께 받은 구원의 은혜를 누리느냐, 하나님이 하나 되게 하신 것을 지키느냐, 자유와 평화와 안식을 구현하느냐는 것입니다. 로마서는 편지를 통해 가르치는 것이기에 강력하게 설명하고, 사도행전 15장에서는 논쟁이 발생하였기에 충돌이 될 만한 말을 하지 않습니다. 저들의 주장이 틀렸다고 해서 구원이 취소되는 것이 아니고, 자신들이 옳았다고 해서 하나님께 더 받을 상이 있는 것이 아닙니다. 그런데 저들이 틀렸다고 몰아세우고, 자신들이 옳다고 치켜세우면 결국 남는 것은 다툼과 분쟁과 불화뿐입니다. 그렇게 다툼과 분쟁과 불화를 당하면 구원을 받은 유익이 없습니다. 구원받아서, 죄에서 벗어나서, 하나님의 마음과 심정을 가져서 유익한 것이 무엇입니까? 결국은 잘난 척입니까?

저와 여러분은 사도행전의 흐름을 보았습니다. 처음에는 사도들이 교회 내에서 분열과 갈등과 차별과 우열을 만들어내는 장본인이었습니다. 그런데 하나님께서 정말로 절묘하고 기가 막히게, 마치 아무 일도 없었던 것처럼 하나님의 역사를 진행하면서 교회의 연합이 유지되고, 성도들의 화합이 구현될 수 있도록 도우셨습니다. 그 과정을 통해 사도들이 하나님을 더 알게 되고, 성도로 성숙되고, 성도다운 모습으로 자라나게 되었습니다. 그리고 이제는 교회 내에 새로 들어온 성도들이 분열과 갈등과 차별과 교만을 드러내고 있습니다. 바로 그때 바울과 바나바, 베드로, 야고보를 포함한 모든 사도들은 하나님이 자신들을 대하셨던 그대로 행동합니다. 자기들이 잘난 척 하지 아니하고, 이론이나 논리를 근거로 반박하는 것이 아니라 오직 하나님이 하신 일을 말할 뿐입니다. 이방인 성도들에게 짐을 지우지 않아야 하는 일과 유대인 성도들을 정죄하지 않는 일 모두를 행해야 합니다. 그래서 구원받은 성도들 전체가 하나님이 이루신 화합과 연합과 일체와 화평을 지속하고, 자유와 안식을 유지할 수 있도록 해야 합니다. 그것이 구원받은 유익입니다.

이미 받은 자

조금 다른 표현으로 바꾸어 보면 새로 들어온 유대인 형제들은 '신앙의 조건'을 강조했고, 먼저 믿은 사도들은 '신앙의 열매, 신앙의 반응'을 강조했습니다. 세상은 언제나 조건을 강조합니다. 새로 들어온 성도, 즉 아직 죄적 원리로 생각하는 사람들은 늘 조건을 강조합니다. 왜냐하면 조건은 '결과를 만들어 내는 수단'이기 때문입니다. 그러나 기독교가 조건을 제시하지 않는 이유는 '하나님의 은혜'가 있기 때문이다. 은혜를 알지 못하면 계속하여 조건, 수단, 방법을 말할 수밖에 없고, 은혜를 알게 될 때에야 사람이 달라질 수 있습니다.

16장에서 바울은 디모데에게 할례를 행합니다. 그런데 디모데의 어머니는 믿는 자로 소개되고, 디모데는 제자라고 소개되고 있습니다. 그러므로 이미 디모데는 구원받은 자입니다. 이미 구원을 받은 자이기에 할례를 받지 아니하면 구원을 받지 못한다고 생각하여 할례를 행하는 것이 아닙니다. 엄밀한 의미에서는 할례를 행할 필요가 없습니다. 그런데 바울은 할례를 행합니다. 그 이유가 바로 3절 "바울이 그를 데리고 떠나고자 할 새 그 지역에 있는 유대인으로 말미암아 그를 데려다가 할례를 행하니 이는 그 사람들이 그의 아버지는 헬라인인 줄 다 앎이더라"입니다. 디모데의 아버지가 헬라인이니 당연히 디모데가 할례를 받지 않았다고 생각하고 있습니다. 그러면 새로 들어온 유대인 성도들의 생각에는 아직 디모데가 구원을 받지 않았습니다. 바울이 할례도 받지 않은 헬라 사람 디모데, 구원도 받지 않은 헬라 사람 디모데를 데리고 가는 것을 이해할 수 없을 것입니다. 그래서 바울이 디모데에게 할례를 해줍니다. 오직 새로 들어온 사람들의 '유익'을 위해서입니다.

할례를 행함으로 '디모데'가 얻는 유익이 없습니다. 할례를 행함으로 '바울'이 얻는 유익도 없습니다. 그런데 할례를 행함으로 새로 들어온 '유대인 성도'들이 얻는 유익이 있습니다. 그래서 연약한 성도의 유익을 위해서 할례를 행합니다. 유대인 형제들이 불편한 마음이 아니라 평안한 마음을 갖는 유익입니다. 이것이 하나님의 마음, 성도의 마음, 성숙한 자의 마음입니다. 세상 사람이나 연약한 자는 이것이 되지 않습니다. 왜냐하면 자신이 은혜 받았다는 사실, 자신은 이미 복을 받았다는 사실, 자신은 이미 결과를 얻었고, 모든 것을 성취한 자라는 사실을 알지 못하기 때문입니다. 자기가 은혜 받은 것, 복 받은 것을 모르는 사람은 '자신이 받아야 하고', '자신이 유익을 얻어야 한다'고 생각할 뿐 상대방을 생각할 여유가 없고, 겨를이 없습니다.

그러므로 성도의 행동은 단순히 행동을 하자고 각오를 다져서 되는 것이 아니라 존재의 차이를 먼저 인식하며 자연스럽게 이어지는 행동입니다. 내가 성도라는 존재, 완성자요 성취자요 행복자라는 존재, 사랑을 나눌 수 있는 존재로 인식하지 않으면 절대로 사랑, 온유, 인내, 화평이라는 행동을 할 수가 없습니다. 그래서 성경이 성도의 행동에 대하여 수단이나 방법이라고 표현하지 않고 열매라고 표현합니다. 고린도전서 13장에 사랑에 관하여 설명할 때에도 5절에 "자기의 유익을 구하지 아니하며"라고 나옵니다.

성도는 상대방의 유익을 고려하는 사람들입니다. 바울은 빌립보서 4장 17절에서도 성도들에게 "내가 선물을 구함이 아니요 오직 너희에게 유익하도록 풍성한 열매를 구함이라"합니다. 강조되는 단어가 '유익'이고 그것이 '열매'와 연결됩니다.

표현의 이해

세상과 기독교의 작아 보이는 듯한 그러나 본질적인 차이를 하나 예를 들어보겠습니다. 상대방의 유익을 생각한다고 하면 가장 대표적인 공익광고 같은 설명이 '엄마는 배부르다'입니다. 가난한 집에서 식탁을 대하는데 아이들에게는 밥 먹으라고 하고 엄마는 배부르다고 거짓말을 하고 안 먹는 것, 식사가 부족해서 엄마는 굶고 아이들만 먹이는 것을 감동적인 장면이라고 소개합니다. 기독교는 그런 유형이 아닙니다. 상대방을 위해서 내가 배고픈 것을 감수하는 것이 아닙니다. 그것은 희생입니다. 힘들고 어려운 일입니다. 기독교는 실제로 엄마가 배부른 것입니다. 먼저 밥을 먹었고, 이미 배가 불러서 진짜로 안 먹어도 되기에 남에게 많이 먹으라고 권할 수 있습니다. 그래서 기독교에는 희생이라는 개념, 손해 본다는 개념, 양보한다는 개념이 없습니다. 도리어 '나는 이미 다 가져서 더 이상 가져도 나아지는 것이 아니다, 내가 경쟁해야 하고, 갈등해야 하고, 시기해야 하고, 싸워야하는 이유가 없다'는 것입니다. 그래서 아주 쉽게, 아주 편하게, 아주 자연스럽게 상대방에게 유익이 되도록 행동합니다. 그래서 내가 져주었다고, 상대를 위해주었다고, 양보했다고 자랑하거나 교만하지 않습니다. 정말 멋있습니다. 여러분이 그런 성도이십니다.

성경에서 사용하는 단어들을 일반적인 의미로 이해하면 성경의 의도가 드러나지 않습니다. 예를 들면 4절의 '규례'의 경우입니다. 규례라고 하면 '규정, 법률, 의무'라는 개념이 떠오르고 당연히 '준수, 순종'이라는 개념이 떠오릅니다. 이렇게 연상이 되면 복음의 의미가 퇴색되어 버립니다. 기독교의 내용은 제한하고 통제하는 것이 아니라 안내하고, 인도하고, 더 유익한 것을 가르쳐 주는 것입니다. 바울이 여러 성에 다니며 주어 지키게 한 규례가 아주 단순합니다. 15장 20절 "우상의 더러운 것과 음행과 목매어 죽인 것과 피를 멀리하라", 29절 "우상의 제물과 피와 목매어 죽인 것과 음행을 멀리할지니라"입니다. 도움이 될 것이 하나도 없는 행동들입니다. 아마도 대부분의 사람은 이것을 규례로 주지 않아도 스스로 멀리하고 피할 내용들입니다. 강조할 것도 없는 내용들입니다. 기독교의 규례란 이런 유형입니다. 절대로 인간에게 강요하거나 힘들게 하는 짐이 아닙니다.

인정함이러라

15장에서 할례 논쟁이 발생했을 때 사도들은 상대방의 유익을 기준으로 행동했습니다. 바울과 바나바 사이에 마가를 데리고 가느냐 마느냐로 의견이 나뉘었을 때에도 상대방의 유익을 기준으로 행동했습니다. 16장에서 디모데의 할례에서도 그곳에 있는 유대인들의 유익을 기준으로 행동했습니다. 6절 이하에 나오는 바울이 마케도니아로 가는 사건도 상대방의 유익을 기준으로 행동하고 있습니다. 성경을 풍성하게 알면 재미가 훨씬 배가 됩니다. 사도행전에는 환상에 대한 대조가 있습니다. 이미 보셨던 것으로 사도행전 10장에 나오는 베드로의 환상입니다. 베드로의 경우에는 환상을 보았지만 반응은 따르지 않는 것이었습니다. 한번 보고 의심이 들어서 거부한 것이 아니라 자그마치 세 번이나 보았는데 세 번이나 거부했습니다. 혼자 생각해서 거부하는 정도가 아니라 아예 환상 속의 소리와 대화까지 하면서, 자신의 논리를 들어 말씀을 반박하면서까지 거부합니다. 참 대단합니다. 후에 성령께서 직접 베드로에게 말씀하시고, 그 순간에 고넬료가 보낸 사람이 와서 부탁도 하고, 그러자 겨우, 거의 억지로 따라가는 정도입니다. 그리고는 그 집에 도착해서 하는 첫마디가 "이르되 유대인으로서 이방인과 교제하며 가까이 하는 것이 위법인 줄은 알거니와"입니다.

바울의 경우는 베드로와 정반대입니다. 환상을 보자마자 바로 응답해버립니다. 고민도 하지 않고, 주저하지도 않고, 점검도 하지 않습니다. 환상의 내용도 아주 단순합니다. 16장 9절 "밤에 환상이 바울에게 보이니 마게도냐 사람 하나가 서서 그에게 청하여 이르되 마게도냐로 건너와서 우리를 도우라"입니다. 하나님의 음성도 없고, 명령도 없습니다. 그냥 어떤 사람이 하는 말입니다. 그런데 당장에 응답하는 것이 10절 "바울이 그 환상을 보았을 때 우리가 곧 마게도냐로 떠나기를 힘쓰니 이는 하나님이 저 사람들에게 복음을 전하라고 우리를 부르신 줄로 인정함이러라"입니다.

두 장면을 대조하는 것은 베드로와 바울의 영적인 민감성을 비교하려는 것이 아닙니다. 베드로의 불순종과 바울의 순종을 대조하려는 것도 아닙니다. 이 두 사건이 하나는 사도행전 10장에 등장하고, 다른 하나는 16장에 등장한다는 사실을 아셔야 합니다. 성경 장 수로는 불과 여섯 장 앞과 뒤지만 이 두 사건의 시간적 간격은 하루 이틀이 아니고 한 달 두 달이 아닙니다. 적어도 몇 달 또는 몇 년이 흐른 상태입니다. 그리고 내용적으로는 초기 교회의 사도들이 아직 유대인과 이방인의 관계에 대해서도 잘 알지 못하던 때와 이미 하나님이 이방인도 구원하시고 자신들과 똑같이 성령도 주셨다는 것을 알게 된 때라는 어마어마한 간격이 있습니다. 이 간격을 아시고 두 사건을 비교해야 합니다.

10장의 베드로는 단순히 베드로 한 사람이 아니라 당시 사도들 모두의 수준을 보여주고 있습니다. 하나님이 풍성한 음식을 차려주고 먹으라고 말씀하셔도 베드로는 '속되고 깨끗하지 아니한 것을 내가 결코 먹지 아니하였나이다'라는 유대교의 율법 인식의 틀 안에 갇혀있고, 이방인에 대하여도 교제하는 것이 위법이라는 사고방식에 갇혀 있습니다. 상대방의 유익은 전혀 고려하지 않고 단지 자신의 의, 자신의 거룩에만 모든 초점을 맞추고 있는 상태입니다. 당연히 고넬료의 집에 안 가겠다고 버팁니다. 그러나 그 사건을 통해서 베드로를 포함한 초기 교회 사도들의 생각이 성숙해집니다. 자신들이 이미 성도이고, 성도의 존재, 성도의 역할, 성도의 능력, 성도의 기준을 새롭게 배우는 또 한 번의 가르침을 받은 것입니다.

16장은 10장의 사건과 이후의 사건들을 경험한 이후의 사도들의 모습을 보여줍니다. 16장의 바울은 단지 바울 한 사람이 아니라 당시 사도들 모두의 성숙한 수준을 보여주는 대표입니다. 이제는 배웠고, 알게 되었고, 조금 성도다워졌습니다. 이제는 자기의 의가 아니라 상대방의 필요를 먼저 인식하고, 자기의 거룩이 아니라 상대방의 유익을 먼저 생각할 수 있는 성숙이 있습니다. 성도됨을 알지 못했을 때 베드로는 거의 억지로 고넬료의 집에 갔습니다. 성도됨을 알게 되었을 때 바울은 스스로, 자원하여, 기쁨으로, 기꺼이 마게도냐로 가기로 결정합니다. 그것을 성경은 '하나님이 저 사람들에게 복음을 전하라고 우리를 부르신 줄로 인정함이러라'고 합니다. 본문의 '인정함이러라'는 '함께 하다, 결합하다, 유착하다'는 의미입니다. 즉 하나님이 마게도냐 사람들도 구원하고 싶어하는 마음을 알아 그 마음과 함께 하고, 마게도냐 사람들이 구원받아야 하는 필요도 알아 그 필요와 결합하고, 자신들이 마게도냐로 갔을 때 하나님이 얼마나 좋아하시고 마게도냐 사람들에게 얼마나 유익이 될까를 알아 같은 마음이 되었다는 뜻입니다. 이런 마음으로 갈 때 힘들다는 마음, 무겁다는 마음, 희생한다는 마음, 명령이기에 복종한다는 마음이 들지 않습니다. 기독교를 대표하는 표현이 복음, 은혜, 기쁨, 감사, 찬양, 행복 등입니다. 신앙은 즐겁고, 믿음은 행복하고, 교회 생활은 평안한 것이 신앙의 참모습입니다. 하나님을 배우고, 하나님으로 말미암아 성도와 함께 하나님의 복락을 풍성히 누리며 사시기를 주님의 이름으로 축원합니다.

49

행하지도 못할 풍속

사도행전 16:11~23

11 우리가 드로아에서 배로 떠나 사모드라게로 직행하여 이튿날 네압볼리로 가고 12 거기서 빌립보에 이르니 이는 마게도냐 지방의 첫 성이요 또 로마의 식민지라 이 성에서 수일을 유하다가 13 안식일에 우리가 기도할 곳이 있을까 하여 문 밖 강가에 나가 거기 앉아서 모인 여자들에게 말하는데 14 두아디라 시에 있는 자색 옷감 장사로서 하나님을 섬기는 루디아라 하는 한 여자가 말을 듣고 있을 때 주께서 그 마음을 열어 바울의 말을 따르게 하신지라 15 그와 그 집이 다 세례를 받고 우리에게 청하여 이르되 만일 나를 주 믿는 자로 알거든 내 집에 들어와 유하라 하고 강권하여 머물게 하니라 16 우리가 기도하는 곳에 가다가 점치는 귀신 들린 여종 하나를 만나니 점으로 그 주인들에게 큰 이익을 주는 자라 17 그가 바울과 우리를 따라와 소리 질러 이르되 이 사람들은 지극히 높은 하나님의 종으로서 구원의 길을 너희에게 전하는 자라 하며 18 이같이 여러 날을 하는지라 바울이 심히 괴로워하여 돌이켜 그 귀신에게 이르되 예수 그리스도의 이름으로 내가 네게 명하노니 그에게서 나오라 하니 귀신이 즉시 나오니라 19 여종의 주인들은 자기 수익의 소망이 끊어진 것을 보고 바울과 실라를 붙잡아 장터로 관리들에게 끌어 갔다가 20 상관들 앞에 데리고 가서 말하되 이 사람들이 유대인인데 우리 성을 심히 요란하게 하여 21 로마 사람인 우리가 받지도 못하고 행하지도 못할 풍속을 전한다 하거늘 22 무리가 일제히 일어나 고발하니 상관들이 옷을 찢어 벗기고 매로 치라 하여 23 많이 친 후에 옥에 가두고 간수에게 명하여 든든히 지키라 하니

개인 or 공동체

그와 그 집이

성경에 아주 재미있는 것이 많이 있습니다. 사람들은 난해 구절이라고

하지만 사실은 재미있는 구절입니다. 왜냐하면 성경 자체는 어려운 것이 아니기 때문입니다. 다만 성경적 사고가 부족하기 때문에 늘 성경의 의도를 오해할 뿐입니다. 기독교는 흔히 교회라고 하는 집단 또는 공동체를 중요시 한다고 알려져 있습니다. 실상 신앙은 지극히 개인적입니다. 한 사람이 다른 사람의 신앙을 대신해 줄 수 없습니다. 복을 받아도 단체로 받는 것이 없고, 저주를 받아도 단체로 받는 것이 없습니다. 성경에서도 개인을 강조합니다. 구약이 이스라엘이라는 나라 또는 히브리 민족이라는 집단성을 띄는 것 같아 보여도 구약은 집단성 축복이나 저주 또는 다른 사람과 연관되어 축복이나 저주를 받는 연좌제를 근본적으로 배제합니다. 에스겔 18장이 유명합니다. 2절 "너희가 이스라엘 땅에 관한 속담에 이르기를 아버지가 신 포도를 먹었으므로 그의 아들의 이가 시다고 함은 어찌 됨이냐", 19절 "너희는 이르기를 아들이 어찌 아버지의 죄를 담당하지 아니하겠느냐 하는도다 아들이 정의와 공의를 행하며 내 모든 율례를 지켜 행하였으면 그는 반드시 살려니와 범죄하는 그 영혼은 죽을지라 아들은 아버지의 죄악을 담당하지 아니할 것이요 아버지는 아들의 죄악을 담당하지 아니하리니 의인의 공의도 자기에게로 돌아가고 악인의 악도 자기에게로 돌아가리라" 입니다. 혹시 신앙은 개인적인 것이라는 사실에 이의 있으신 분 계십니까?

그런데 성경에는 마치 정반대처럼 여겨지는 즉 공동체를 강조하는 것처럼 여겨지는 표현들이 있습니다. 본문 사도행전 16장 15절에도 "그와 그 집이 다 침례를 받고"입니다. 14절에 의하면 믿은 사람은 "두아디라 시에 있는 자색 옷감 장사로서 하나님을 섬기는 루디아라 하는 한 여자가 말을 듣고 있을 때 주께서 그 마음을 열어 바울의 말을 따르게 하신지라." 즉 한 여자뿐입니다. 그런데 결과는 15절 "그와 그 집이 다 침례를 받고"입니다. 사도행전 10장의 고넬료 사건 때에도 유사합니다. 44절에 "베드로가 이 말을 할 때에 성령이 말씀 듣는 모든 사람에게 내려오시니"입니다. 고넬료가 친척과 가까운 친구들을 모아 기다렸다고 하는데 어떻게 모인 사람들의 마음이 일사분란합니까? 초기 교회 사도들도 한 마음이 아닌데 고넬료의 집은 모두가 한 마음입니까? 그런데 성경은 성령이 내린 대상이 '모든 사람에게'라고 합니다.

가장 대표적인 것이 사도행전 2장의 성령 강림이었습니다. 2절부터 "홀연히 하늘로부터 급하고 강한 바람 같은 소리가 있어 그들이 앉은 온 집에 가득하며 마치 불의 혀처럼 갈라지는 것들이 그들에게 보여 각 사람 위에 하나씩 임하여 있더니 그들이 다 성령의 충만함을 받고"입니다. 또 성경이 공동체를 강조하는 듯한 표현이 다음 주에 보게 될 16장 31절 "이르되 주 예수를 믿으라 그리하면 너와 네 집이 구원을 받으리라 하고 주의 말씀을 그 사람과 그 집에 있는 모든 사람에게 전하더라 그 밤 그 시각에 간수가 그들을 데려다가 그 맞은 자리를 씻어 주고 자기와 그 온 가족이 다 침례를 받은 후 그들을 데리고 자기 집에 올라가서 음식을 차려 주고 그와 온 집안이 하나님을 믿으므로 크게 기뻐하니라"입니다.

잘못된 전제

두 가지 유형의 구절들을 읽어보았습니다. 과연 신앙은 개인적입니까, 집단적입니까? 대답을 하시려면 잘 해야 합니다. 특별히 사도행전 16장 31절을 잘 이해해야 합니다. 잘못된 대답의 예를 들어보겠습니다. '너와 네 집이 구원을 받는다는 것은 한 사람만 믿으면 나머지도 덤으로 구원을 받는다는 의미가 아니라 한 사람이 믿으면 이제 그 사람이 믿음의 시작이 되어서 그 집안에 복음이 전파되고, 점차 집안의 각 사람이 믿어서 결국에는 온 집안이 구원을 받게 된다는 의미이다'라는 주장은 대단히 잘못된 설명입니다. 왜냐하면 첫째, 앞에서 읽었던 본문들에서는 한 사람이 믿고 나중에 온 집안이 믿게 된 것, 즉 그 사람이 믿고 가족들에게 복음을 전하고 가족들이 믿는 사건이 발생하는 시간적 간격이 있었던 것이 아니라 동시에 이루어진 사건이기 때문입니다. 두 번째, 실제로는 한 집안에 한 사람이 믿었지만 결국에 가서 온 집안이 믿은 것이 아니라 끝까지 혼자만 믿는 경우가 너무나 많이 있기 때문입니다.

어떤 질문이 등장하면 대답을 하기 전에 그 질문이 옳은 질문인가, 제대로 된 질문인가를 먼저 점검하셔야 합니다. 질문이 '신앙이 개인적인가, 집단적인가'라는 것이었습니다. 이 질문에 답하기 전에 이 질문에 담겨있는 잘못된 전제를 눈치 채셨어야 합니다. 질문은 '기독교는 개인적인가, 집단적인가'였지만 그 질문에 깔려있는 전제는 '개인이든 집단이든 믿어야 한다'는 가정이 담겨있습니다. 잘못된 전제는, 기독교 신앙은 개인이든 집단이든 인간이 '믿는다'는 행동이 있어야 한다는 것이었습니다. 과연 그 전제가 옳은 것입니까? 기독교가 개인이든, 집단이든 일단 누군가는 '믿어야' 이야기가 전개되는 것입니까? 기독교 신앙이 인간의 행동에 의하여 결과가 만들어지고, '인간의 믿는 행위'에 근거하여 축복이나 저주가 결정되는 것입니까? 과연 성경은 개인이 믿는 것과 집단이 믿는 것의 전혀 다른 두 가지의 말씀을 하고 있는 것일까요? 성경에 개인을 강조하는 듯한 표현과 공동체를 강조하는 듯한 표현이 왜 등장하고, 개인이든 공동체이든 마치 '믿어야 한다'는 듯한 표현이 왜 등장하는 지를 분별해야 합니다. '주 예수를 믿으라 그리하면 너와 네 집이 구원을 받으리라'는 말씀이 무엇을 강조하는 것인지 확인해 보겠습니다.

누가 옳은가?

귀신들린 사람

본문에는 두 사람의 말이 등장합니다. 하나는 귀신 들린 여자의 말이고, 다른 하나는 멀쩡한 사람의 말입니다. 각 사람의 말을 비교해 보겠습니다. 바울과 실라가 빌립보 지역에서 기도하고 복음을 전하는 사역을 하는 중 황당한 사건이 발생합니다. 16장 16절 "우리가 기도하는 곳에 가다가 점치는 귀신 들린 여종 하나를 만나니 점으로 그 주인들에게 큰 이익을 주는 자라 그가 바울과 우리를 따라와 소리 질러 이르되 이 사람들은 지극히 높은 하나님의 종으로서 구원의 길을 너희에게 전하는 자라 하며 이같이 여러 날을 하는지라"입니다. 이 말을 하는 사람의 정신상태가 정상이 아닙니다. 왜냐하면 이 사람이 '귀신 들린 여종'이기 때문입니다. 흔히 말하는 '귀신 들린 여자'입니다. 이 사람이 하는 말은 모두 헛소리이고, 제 정신이 아니고, 자기 말이 아닙니다. 내용이 좋다고 해서 귀신이 하는 말에 은혜 받으면 안 됩니다. 엄밀하게 말하면 이 말은 이 여자의 말이 아니라 귀신의 말입니다. 귀신이 한 말이 '이 사람들은 지극히 높은 하나님의 종으로서 구원의 길을 너희에게 전하는 자라'입니다. 이 말이 맞습니다. 귀신은 이 사람들의 정체를 알아보았습니다.

복음서에서도 유사한 사건이 나옵니다. 예수님이 말씀하시고 사역을 행하실 때 사람 중에는 예수님을 알아보고 예수님의 말씀을 깨달은 사람이 한 명도 없습니다. 그러나 그 와중에 예수를 알아보는 존재가 있었는데 바로 귀신들입니다. 마태복음 8장 28절 이하에 귀신 들린 자 둘이 나옵니다. 그 귀신이 하는 말이 29절 "이에 그들이 소리 질러 이르되 하나님의 아들이여 우리가 당신과 무슨 상관이 있나이까 때가 이르기 전에 우리를 괴롭게 하려고 여기 오셨나이까"입니다. 귀신들이 귀신같이 압니다. 귀신들은 하나님과 죄의 관계를 알고, 하나님의 그리스도로 오신 예수를 압니다. 그렇지만 귀신들이 예수를 아는 것은 아무 소용이 없습니다. 예수를 안다고 해서 예수를 믿을 것도 아니고, 귀신이 개과천선해서 천사가 될 것도 아닙니다.

이 귀신들린 여자의 말을 듣고 바울과 실라는 어떤 느낌이었을까 궁금합니다. 적어도 귀신이 자신들을 알아봐준다고 감격했을까, 아니면 어디서 귀신이 귀신같은 소리를 하고 있느냐고 어이없어 했을까 매우 궁금합니다. 아마 바울과 실라가 고민했을 수도 있습니다. 비록 귀신들린 여자지만 옳은 소리를 하고 있으니 그냥 두면 여기저기 가서 계속 옳은 소리를 할테니 사역에 보탬이 된다고 생각해야 하는 건지, 아니면 불쌍히 여겨서 고쳐주어야 하는 건지 애매모호합니다. 만약 고쳐주면 저 여자가 제 정신으로 돌아오게 됩니다. 제 정신으로 돌아오면 지금 귀신들린 상태에서 하는 말은 더 이상 안 할 것인데, 그러면 자신들의 사역을 홍보해주는 사람이 없어지는 것인데 아마 대단한 딜레마였을 수도 있습니다.

바울의 조치가 18절 "바울이 심히 괴로워하여 돌이켜 그 귀신에게 이르되 예수 그리스도의 이름으로 내가 네게 명하노니 그에게서 나오라 하니 귀신이 즉시 나오니라"입니다. 제가 장난처럼 바울이 고민했을 것이라고 했지만 실상은 고민할 것이 전혀 없었습니다. 하나님의 관점, 하나님의 중심은 언제나 상대방의 유익을 위하는 것이기 때문입니다. 사람이 귀신들렸으니 얼마나 삶이 곤고하겠습니까! 말할 것도 없이 고쳐 주어야합니다.

멀쩡한 사람

귀신 들린 사람의 말을 들어 보았으니 이번에는 멀쩡한 사람의 말을 들어보겠습니다. 이 사람들은 19절에 나오는대로 '여종의 주인들'입니다. 우선 이 사람들은 자기 수익의 소망이 끊어진 것을 보고 바울과 실라를 관리들에게 끌고 갔습니다. 그들의 말을 직접 들어보면, 20절 "상관들 앞에 데리고 가서 말하되 이 사람들이 유대인인데 우리 성을 심히 요란하게 하여 로마 사람인 우리가 받지도 못하고 행하지도 못할 풍속을 전한다 하거늘"입니다. 이 사람의 심정은 백 번 이해가 됩니다. 자기 수익의 소망이 사라졌다는 것은 매우 심각한 일입니다. 단순히 경제적 위기 정도가 아니라 삶 자체가 위태해진 것이니까 고운 말, 듣기 좋은 말, 객관적인 말, 공정한 기준에 근거한 말을 할 리가 없습니다. 일반적으로 예상하기로는 악한 말이나 나쁜 말이나 인신공격성 말을 할 것입니다.

그런데 여종의 주인이 한 말은 각도가 좀 다릅니다. '로마 사람인 우리가 받지도 못하고 행하지도 못할 풍속을 전한다'고 합니다. 이 말이 아주 이상한 말입니다. 왜냐하면 바울이나 실라가 복음을 전했기 때문입니다. 복음은 하나님이 완성하신 사역, 하나님이 은혜로 인간에게 주시는 기쁜 소식입니다. 이미 하나님이 모든 것을 이루셨고 완성하셨습니다. 바울이 전하는 소식은 인간에게 무엇을 행하라고 요구하는 소음이 아니라 하나님이 은혜를 주신다는 복된 소식, 복음이었습니다. 혹시 사도행전에 바울이 복음을 전했다는 말만 나올 뿐 어떻게 전했는지 그 내용을 정확히 모른다면 복음서의 예수님의 선포를 기억하시면 됩니다. 복음서에서 예수님은 본인이 하실 일, 그래서 인간에게 장차 되어 질 일을 말씀하셨을 뿐입니다. 인간에게 요구하신 것이 없습니다. 당연히 바울도 인간에게 요구한 일이 없습니다. 바울은 사람들이 생각하는 종교 행위를 요청한 적이 없습니다. 일주일에 한 번씩 교회에 출석해야 한다거나, 구제와 금식과 기도와 십일조를 의무적으로 행해야 한다거나, 집에 섬기고 있던 우상들을 모두 불태워 버려야 한다거나, 자신의 가장 귀한 것을 하나님께 드려서 믿음의 증거를 보여야 한다는 등의 종교 행위를 요청한 적이 없습니다. 이것이 아주 중요합니다.

오해와 진실

사람들이 교회에 대해 가지고 있는 생각들이 있습니다. 다만 안타까운 것은 긍정적인 이미지보다는 부정적인 이미지가 많습니다. 그 중에서도 '기독교에는 하라는 것과 하지 말라는 것이 많다'고 생각하고, 그것이 매우 어려운 일이라고 생각해서 감히 교회에 오지 못하는 경우도 있습니다. 모두 우리가 복음을 잘못 소개하거나 교회를 잘못 소개하고 있는 증거입니다. 교회는 사람들에게 가장 쉬운 곳으로 소개되어야 합니다. 가장 편하고, 가장 만만한 곳으로 인식되어야 합니다. '나 같은 사람은 못 간다'가 아니라, '나 같은 사람도 갈 수 있는 마지막 곳'으로 인식되어야 합니다. 돈 없으면 교회도 못 간다고 인식되면 교회는 망하는 것입니다. '교회 가면 새벽기도 가야 하고, 금요기도 가야 하고, 이것 저것 봉사도 해야 돼. 보통 바쁜 게 아니야'라고 인식되면 안 됩니다. 반대로 교회 가면 안식이 되고, 힐링이 되고, 배려가 되고, 수용이 된다고 인식되어야 합니다.

사도행전 1장부터 16장까지 여러 사도들이 복음 전하는 것을 보았습니다. 베드로가 복음을 전할 때도 사람들이 받지도 못할 풍속을 전한 적이 없습니다. 빌립이나 스데반이 복음을 전할 때도 사람들이 행하지도 못할 풍속을 전한 적이 없습니다. 이달리야 부대의 백부장이었던 이방인 고넬료에게 복음을 전할 때 받지도 못하고 행하지도 못할 풍속을 전한 일이 없습니다. 바나바와 함께 각 지역을 돌아다니면서 복음을 전할 때에도 사람들이 받지도 못하고 행하지도 못할 풍속을 전한 일이 없습니다. 성경 어디에서도, 구약부터 신약 전체에서, 어떤 족장도, 어떤 사사도, 어떤 예언자도, 어떤 사도도, 어떤 복음 전하는 사람도 사람들이 받지도 못하고 행하지도 못할 풍속을 전한 일이 없습니다. 물론 기독교에서 인간에게 요구하는 것이 있기는 합니다. 특별히 사도행전에서 사도들이 이방인 출신으로 교회에 들어오는 사람들에게 요청한 것이 있기는 합니다. 그러나 그것은 너무나 평범한 것이었습니다. '우상의 더러운 것과 음행과 목매어 죽인 것과 피를 멀리하라'는 것은 사람들이 받기도 쉽고 행하기도 쉬운 풍속이었습니다. 도대체 이 여인의 주인이 말하는 '로마 사람인 우리가 받지도 못하고 행하지도 못할 풍속'이란 과연 무엇일까요? 정답은 아무 것도 없습니다.

행하지도 못할 풍속

여기서 저와 여러분이 주목해야 하는 것은 복음에 대하여 '로마 사람이 받지도 못하고 행하지도 못할 풍속'이라고 생각한 것은 단지 주인 혼자만의 생각이 아니라 그곳에 있는 모든 사람들의 생각이었다는 것입니다. 단지 낮은 계급에 속한 천민들 또는 장사치들 또는 점치는 자들만의 생각이 아니라 상관들을 포함한 모든 계층, 모든 직업, 모든 분야에 걸친 사람들의 생각이었습니다. 즉 모든 죄인들의 생각이었습니다. 죄인들이 복음을 들어보니 실제로 '받지도 못하고 행하지도 못할 풍속'이었느냐, 그렇지 않습니다. 실제로 어떤 행동이 혐오스럽거나, 어떤 행동이 행하기에 지극히 어려웠거나, 어떤 행동이 너무나 비윤리적이었거나 미풍양속을 해치는 것이었던 것이 절대로 아닙니다. 바울이 전한 복음에는 로마 사람이 행할 일이 단 하나도 없었습니다. 바울이나 실라가 전한 복음에는 인간을 수고롭게 하거나 힘들게 하는 일이 하나도 없었습니다.

그럼 도대체 왜 여종의 주인이나, 로마의 관원들이나, 모든 사람들, 모든 죄인들이 복음에 대하여 난감하게 생각하고, 도무지 받지도 못할 것으로 생각했을까요? 그 이유는 자신들이 행할 것이 아무 것도 없기 때문입니다. 행하지도 못할 풍속은 실제로는 '행할 것이 없는 풍속'이었습니다. 아무 것도 행할 것이 없다는 사실이 죄인들에게는 도무지 받지도 못할 풍속이었습니다. 왜냐하면 죄인의 사고방식, 죄의 기준, 죄의 가치에 의하면 무엇이든 인간이 행해야 결과가 있기 때문입니다. 좋은 것일수록 더 많은 일을 해야 하고, 귀한 것일수록 더 힘든 일을 해야 하고, 값진 것일수록 더 많은 고난을 겪어야 한다고 배워왔고, 말해왔고, 행동해 왔기 때문입니다. 저들에게 늘상 통용되는 말이란 '세상엔 공짜가 없다!', '인내는 쓰고 열매는 달다!', '안되면 되게 하라!', '아무나 할 수 있는 일이었으면 나는 하지 않았다!'이거나 '누구나 시도할 수는 있습니다. 그러나 누구나 가질 수 있는 것은 아닙니다!' 또는 '진인사대천명!'盡人事待天命 같은 것이었습니다.

죄인들이 모두 속고 있는 것이 '행할 것을 정해주면 할 수 있을 것'이라는 생각입니다. 대표적인 것이 바로 유대교의 율법이었습니다. 율법대로 행하면 복 받는다고 복 받는 방법을 알려주는 것은 좋습니다. 그러나 방법이 있다는 것과 행할 수 있는지의 여부는 전혀 별개입니다. 사도행전 15장에서 모세의 법대로 할례를 행하자는 논쟁이 있었습니다. 그때 사람들의 고백이 그 유명한 10절 "지금 너희가 어찌하여 하나님을 시험하여 우리 조상과 우리도 능히 메지 못하던 멍에를 제자들의 목에 두려느냐"입니다. 이것이 바로 '받지도 못하고 행할 수도 없는 풍속'입니다.

은혜의 종교

여종의 주인은 복음의 내용을 듣고 실천하려고 하니까 너무 힘들었던 것이 아닙니다. 로마 사람들은 복음의 내용을 듣고 행동하려고 하니까 너무 어려웠던 것이 아닙니다. 복음은 말 그대로 복된 소식이었고, 은혜의 선포이었습니다. 그런데 죄인들에게는 이 은혜를 수용할 수 있는 인식이 없었습니다. 죄인들에게는 복음을 이해할 수 있는 가치관이 없었습니다. 여종의 주인들의 반응이나 로마 사람들의 반응이 특별한 것이 아닙니다. 또 불신자들만의 반응이 아닙니다. 교회 내에 있는 대부분의 성도님들도 대체적으로 같은 반응을 보입니다. 기독교 신앙의 근거는 나에게 있는 것이 아니라 하나님에게 있습니다. 왜냐하면 기독교는 인간 삶의 문제를 죄라고 지적하기 때문입니다. 하나님을 믿지 않아도 죄를 이길 수 있습니까? 하나님을 몰라도 죄에게 승리할 수 있습니까? 성경을 몰라도 죄의 사고를 벗어날 수 있습니까? 본문에 나오는 여종의 주인이나 로마 사람들이나 오늘날의 교인들이나 모두 인간의 문제가 죄라는 것을 심각하게 인식하지 못하고 있습니다. 그래서 왜 하나님을 믿어야 하고, 하나님이 왜 은혜를 주셨는지를 모르고 있습니다. 하나님께 은혜 받은 것에 감격해야 하는 신앙 생활은 사라지고, 모두 자기의 행동을 자랑하고, 자기의 열심을 자랑하고, 자기의 충성을 자랑하는 죄의 종교와 다를 바가 없어졌습니다.

사람들은 신앙의 근거를 하나님께 두지 않고 자신의 행동에 둡니다. 그래서 삶에 문제가 생기면 자기의 행동이 잘못된 것으로 인식하고 바로 회개를 합니다. 회개를 반성문 쓰듯이 합니다. '잘못했습니다, 다시는 안 그러겠습니다, 앞으로는 잘하겠습니다'입니다. 이것은 기독교의 회개가 아닙니다. 왜냐하면 자기가 할 수 없다는 생각이 전혀 없기 때문입니다. 반성문식 회개는 자기는 잘 할 수 있는데 잠시 실수했다는 생각이 깔려 있습니다. 자기는 충분히 할 수 있는데 잠시 집중하지 않아서 딴전을 폈다는 사고입니다. 자기는 넉넉히 할 수 있는데 그 동안 소홀했다는 인식입니다. 그래서 당장이라도 마음만 먹으면 할 수 있고, 잘 할 수 있고, 넉넉히 할 수 있다고 생각합니다. 이것은 기독교와 아무런 상관이 없습니다. 왜냐하면 어디에도 '나는 할 수 없습니다. 그래서 하나님이 도와 주셔야 합니다. 나는 할 수 없습니다. 그래서 하나님이 은혜를 주셔야 합니다'라는 의미가 담겨있지 않기 때문입니다.

종의 주인을 통해 모든 인간은 복음에 대하여 인식하지 못하고 반응하지 못한다는 것을 확인했습니다. 그래서 죄인들에게 필요한 것은 인간의 행동을 요청하는 것이 아니라 하나님의 은혜이어야 한다는 것이 거듭 확인되었습니다. 그런데 뒤이어 중요한 사건, 중요한 말씀이 등장합니다. 이렇게 복음을 인식하지 못하는 사람에게 바울이 '주 예수를 믿으라 그리하면 너와 네 집이 구원을 받으리라'고 선언합니다. 과연 이 말씀을 듣고 주 예수를 믿을 사람이 있을까요? 과연 바울은 구원받는 방법, 더 나아가 자신뿐만이 아니라 집안까지 구원받게 하는 방법을 소개하는 것일까요? 이어지는 설교가 기대됩니다. 성경을 알아서, 성경이 선언하는 평안과 자유와 안식을 풍성히 누리시기를 주님의 이름으로 축원합니다.

주 예수를 믿으라

사도행전 16:24~34

24 그가 이러한 명령을 받아 그들을 깊은 옥에 가두고 그 발을 차꼬에 든든히 채웠더니 25 한밤중에 바울과 실라가 기도하고 하나님을 찬송하매 죄수들이 듣더라 26 이에 갑자기 큰 지진이 나서 옥터가 움직이고 문이 곧 다 열리며 모든 사람의 매인 것이 다 벗어 진지라 27 간수가 자다가 깨어 옥문들이 열린 것을 보고 죄수들이 도망한 줄 생각하고 칼을 빼어 자결하려 하거늘 28 바울이 크게 소리 질러 이르되 네 몸을 상하지 말라 우리가 다 여기 있노라 하니 29 간수가 등불을 달라고 하며 뛰어 들어가 무서워 떨며 바울과 실라 앞에 엎드리고 30 그들을 데리고 나가 이르되 선생들이여 내가 어떻게 하여야 구원을 받으리이까 하거늘 31 이르되 주 예수를 믿으라 그리하면 너와 네 집이 구원을 받으리라 하고 32 주의 말씀을 그 사람과 그 집에 있는 모든 사람에게 전하더라 33 그 밤 그 시각에 간수가 그들을 데려다가 그 맞은 자리를 씻어 주고 자기와 그 온 가족이 다 세례를 받은 후 34 그들을 데리고 자기 집에 올라가서 음식을 차려 주고 그와 온 집안이 하나님을 믿으므로 크게 기뻐하니라

기도하고 찬송하매

상황파악

사도행전은 외형적으로만 보면 참으로 기이한 책입니다. 제목이 사도행전입니다. 사도들의 행동, 사도들의 사역을 기록한 책이라는 의미입니다. 혹자들은 성령행전이라고도 합니다. 성령께서 역사하신 내용을 기록한 것이라는 의미입니다. 그런데 만약 예수 믿지 않는 사람들에게 사도행전을

읽어보라고 하면 어떤 반응을 보일까요? 너무나 감동적이라고 할까요? 아니면 너무나 안타깝고 불쌍하다고 할까요? 아마 어떤 사람은 사도행전의 제목을 '감옥 탈출'이라고 지을지도 모르겠습니다. 왜냐하면 사도행전의 주요 사건은 늘 옥에서 일어나고, 사도들은 복음을 전해도 옥에 가고, 병을 고쳐도 옥에 가고, 귀신을 쫓아도 옥에 가고, 툭하면 옥에 가기 때문입니다. 옥에 가는 이야기가 나오면 그 다음에는 무슨 이야기가 나옵니까? 당연히 풀려나는 이야기가 나옵니다. 옥에서 풀려나는 이야기는 사람들에게 별로 감동을 주지 않습니다. 왜냐하면 많은 사람들은 아예 옥에 가지 않기 때문입니다.

사도행전은 일반적인 사람들의 관점 즉 죄인들의 관점으로 바라보면 도무지 닮고 싶지 않은 모습들입니다. 하지만 사도행전은 구원받은 성도들의 기준과 가치와 원리와 방법이 얼마나 죄인과 다른가를 보여주고 있습니다. 사도행전에 나타나는 사도들의 삶은 상황과 반응이 일치하지 않습니다. 즉 상황적으로 보면 잡히고, 매 맞고, 갇히고, 협박당하고, 옥에 들어갑니다. 그러면 울며, 탄식하며, 걱정하며, 염려하며, 불안해하며, 곤고해해야 합니다. 그런데 내용적으로 보면 기뻐하며, 즐거워하며, 나누어주며, 베풀어주며, 감사하며, 찬송합니다. 이것이 가능한 것은 삶에 대한 전혀 새로운 기준, 가치, 관점, 의미, 개념이 생겼기 때문입니다.

사도행전은 성도들에게 삶의 수단이나 방법을 제안하지 않습니다. 사도들처럼 행하면 어떤 복을 받는다, 제자들처럼 행하면 어떤 면류관을 받는다는 성공방정식이 없습니다. 정반대로 복 받은 사람의 사는 모습은 이렇다, 은혜 받은 사람의 살아가는 원리가 이렇다고 증거, 결과, 열매를 보여줍니다. 그러므로 사도행전에 나타난 사도들의 행동에서 본 받을 점, 따라하고 싶은 점, 배울 점을 찾으려고 시도하면 안 됩니다. '사도들은 어떻게 행동했는가?'가 아니라 '사도들은 어떻게 저런 삶이 가능했는가?'를 분별해야 합니다. 사도들의 삶은 자신들이 노력한 삶이 아니라, 하나님이 만들어낸 결과, 하나님께 은혜 받은 열매요, 결과이기 때문에 사도들이 받은 은혜를 알아야 사도들의 삶을 이해할 수 있습니다. 본문을 통해 하나님의 은혜를 배우고 나누겠습니다.

기도와 찬송

16장 23절부터 이어지는 본문의 상황도 여지없이 옥입니다. 바울과 실라로서는 참 억울한 상황입니다. 악한 짓을 한 것이 아니라 귀신들린 여자를 고쳐주었을 뿐인데 잡혔고, 옷이 찢어짐을 당했고, 매를 맞았습니다. 16절에 의하면 어떤 여종이 귀신들려 있습니다. 이 사람의 삶이 평안하거나 자유롭거나 행복할 리가 없습니다. 그런데 사람들은 아무도 이 여인의 삶을 불쌍히 여기지 않았습니다. 도리어 이 여인을 이용하여서 이익을 챙기기만 했습니다. 이게 죄인들의 원리입니다. 남의 불행이 나에게 도움이 될 수만 있다면 남의 불행에는 전혀 관심 갖지 않습니다. 다행스럽게도 이 여인이 바울을 통해 고침을 받았습니다. 모두가 기뻐하고 축하해 주어야 할 상황입니다. 이제라도 제 정신을 차렸으니 나머지 삶을 정말 행복하게 살 수 있도록 도와주어야 합니다.

그런데 죄인들은 남의 삶에 관심 갖지 않습니다. 죄인들의 전형적인 반응이 여종의 주인입니다. 귀신들린 여자가 고침 받은 것을 반가워하지 않습니다. 단지 자신의 이익의 수단이 사라진 것을 억울해하고 분해할 뿐입니다. 이어서 하는 일이 선을 행한 사람을 음모하는 일입니다. 결국 24절 "그가 이러한 명령을 받아 그들을 깊은 옥에 가두고 그 발을 차꼬에 든든히 채웠더니"입니다. 귀신들린 여인을 불쌍히 여겨 고쳐주었던 바울은 옥에 갇혔습니다. 이때 바울의 태도가 25절 "한밤중에 바울과 실라가 기도하고 하나님을 찬송하매 죄수들이 듣더라"입니다. 바울은 옥에 갇힌 것을 억울해 하거나, 분해하거나, 원통해한 것이 아니었습니다. 이미 다 알고 있었기 때문입니다. 바울은 죄인의 정체, 죄인의 원리, 죄인의 속성, 죄인의 방법을 모두 알고 있었습니다. 자신의 행동이 어떤 결과를 가져올지도 모두 알고 있었습니다.

우리의 신앙습관에 의하면 기도는 좌절하였을 때, 찬송은 감격하였을 때 합니다. 이때 기도와 찬송 사이에 빠져있는 것이 바로 '하나님에 대한 이해'입니다. 그리고 기도할 때와 찬송할 때가 시간 차이가 난다는 사실입니다. 기도할 때는 하나님께 맡기는 기도가 아니라 하나님을 닦달합니다. 마치 하나님이 나의 사정을 모르는 것처럼 일일이 자세하게 보고하고, 그 다음엔 빨리 해결해 달라고 보챕니다. '하나님이 일하신다, 하나님이 주관하신다'는 개념이 없습니다. 하나님이 능력이 있다는 것은 압니다. 능력이 있다고 생각하니까 해결해 달라고 기도는 합니다. 하지만 능력이 있는 하나님이 아무 것도 하고 있지 않다고 생각합니다. 하나님은 이미 일하셨고, 현재도 일하시고 계시다는 생각은 하지 않습니다. 하나님이 나와 동행하시고, 나의 삶을 다 주관하고 계시다는 생각을 하지 못합니다. 그러니까 큰 소리로 하나님을 깨워야 하고, 하나님의 보좌를 흔들어서 하나님을 일하게 만들어야 합니다. 당연히 기도가 열정적일 수밖에 없습니다.

그렇게 기도한 후에 응답을 받으면 찬송을 합니다. 이때 찬송은 당연히 하나님의 능력을 인정하고 높입니다. 그런데 찬송하는 근거가 하나님의 뜻이 이루어졌다는 것이 아니라 자신의 목적이 이루어졌다는 것입니다. 내가 기도하였을 때에 하나님이 응답하였는데, 하나님의 응답의 과정에서 하나님이 가르치고자 하는 것이 무엇인지 모릅니다. 단지 자신의 목적, 자신의 간구가 해결된 것만 좋아합니다. 하나님을 배우지 않고, 하나님의 은혜의 원리를 배우지 않으니 신앙이 성숙하지 않고, 삶의 원리가 변하지 않습니다. 기도와 찬송이 무한 반복될 뿐입니다.

아는 신앙

신앙의 선배인 바울은 25절에서 전혀 다른 모습을 보여줍니다. 기도하는데 이미 찬송이 이어집니다. 기도와 찬송 사이에 시간적 간격이 없습니다. 기도한 후 아직 결과가 나타나지도 않았는데 벌써 찬송이 나왔습니다. 왜요? 어떻게 이것이 가능합니까? 하나님의 일하심에 대한 이해가 있기 때문입니다. 첫째, 찬송을 하기 전에 기도했다는 것은 이 일의 모든 주관을 하나님께 의뢰했다는 의미입니다. 자신이 한다고 생각한 것이 아닙니다. 그러면 상황에 대한 이해가 완전히 달라집니다. 자신이 행한다고 생각하면 자신이 갇혀있는 것은 활동이 멈춘 것이 됩니다. 그러나 하나님이 행하신다고 생각하면 자신이 갇혀있는 것이 아무런 장애가 되지 않는 것입니다.

그래서 둘째, 결과가 나오지 않았음에도 불구하고 찬송을 할 수 있었습니다. 현재 자신의 상황을 문제 삼지 않았습니다. 바울이 기도했을 때 기도 제목은 최소한 '옥을 나가게 해 달라는 것'은 아니었음은 분명합니다. 왜냐하면 옥문이 열려도 나가지 않았기 때문입니다. 26절 "이에 갑자기 큰 지진이 나서 옥터가 움직이고 문이 곧 다 열리며 모든 사람의 매인 것이 다 벗어진지라 간수가 자다가 깨어 옥문들이 열린 것을 보고 죄수들이 도망한 줄 생각하고 칼을 빼어 자결하려 하거늘 바울이 크게 소리 질러 이르되 네 몸을 상하지 말라 우리가 다 여기있노라 하니"입니다.

여러분에게 옥에 가라는 말이 아니고, 옥 문이 열려도 나오지 말라는 말이 아니니까 염려하지 않으셔도 됩니다. 오늘날 성도들이 가장 당황하는 것이 선을 행했는데 악한 결과가 오는 것입니다. 당황하는 이유는, 자신이 선을 행할 수 있는 존재로 벌써 은혜를 받은 자라는 사실을 모르기 때문입니다. 자신이 선을 행할 수 있어서 실제로 선을 행하는 것을 감격해야 하는데 그런 감격은 없고, 이제 선을 행해야 상을 받고 복을 받으려고 억제로, 수고로이, 힘들게, 의도적으로 선을 노력하기 때문입니다. 그리고는 그 대가를 기대하고 있었는데 대가가 오지 않으니까, 대가가 오지 않는 정도가 아니라 도리어 고난스러운 상황이 오니까 어이없어 합니다. 무엇을 모르는 것입니까? 본인이 죄인이었다는 사실과, 이제는 죄로부터 구원받아 성도가 되었다는 사실의 의미와 내용을 모르는 것입니다.

어떻게 하여야

간수의 생각

옥문이 열렸으면 가장 놀라야 하는 사람이 누구일까요? 당연히 간수입니다. 감옥 문이 열렸는데도 죄수가 도망가지 않았다면 겁나는 사람이 누구일까요? 당연히 간수입니다. 이제 위기에 처한 사람은 죄수 바울이 아니라 간수입니다. 물론 간수는 잠에서 깨어난 직후에는 바울이 도망가지 않은 것을 몰랐던 것 같습니다. 죄수가 다 도망갔다고 생각하니 자신이 큰 위기에 빠졌다고 생각하고 자결하려고 한 것이 27절입니다. 그런데 놀라운 일이 발생합니다. 28절 "바울이 크게 소리 질러 이르되 네 몸을 상하지 말라 우리가 다 여기 있노라 하니"입니다. 이때 간수는 다행이라고 생각했을까요, 더 놀랐을까요? 제가 간수를 해보지는 않았습니다만 아마도 더 놀랐을 것이 분명합니다. 옥문이 열렸으면 당연히 죄수들이 도망갈텐데 도망가지 않았다는 것은 뭔가 할 일이 있다는 의미입니다. 그 죄수가 누구인가 봤더니 어제 옥에 들어왔는데 상관들이 옷을 찢어 벗기고 매로 치라하여 많이 친 후에 가둔 자입니다. 더군다나 별도의 악행을 한 것이 아니라 귀신 들린 여자를 고쳐주었다는 사람입니다. 간수가 바울의 모습을 확인하고, 억울하게 옥에 갇혔는데 문이 열려도 도망가지 않은 바울의 모습을 보고 어떤 생각을 하겠습니까? 아마도 바울이 원수를 갚으려는 것이라고 생각했을 수도 있습니다.

갑자기 간수의 태도가 돌변합니다. 간수와 죄수의 입장이 완전히 역전됩니다. 29절 "간수가 등불을 달라고 하며 뛰어 들어가 무서워 떨며 바울과 실라 앞에 엎드리고 그들을 데리고 나가 이르되 선생들이여 내가 어떻게 하여야 구원을 받으리이까 하거늘"입니다. 우선 호칭이 달라졌습니다.

'선생들이여'는 그 시대의 일반적인 경어, 상대방을 높여 부르는 존칭어였습니다. 간수로서 죄수를 다루는 호칭이 아니라 간수임에도 불구하고 우선 상대방 죄수를 높여주었습니다. 그리고 하는 말이 '내가 어떻게 하여야 구원을 얻으리이까?'입니다. 과연, 이 순간에 간수는 '구원', 즉 기독교가 강조하는 '죄 또는 사단으로부터의 해방'을 구했을까요? 아니면, 혹시 죄수를 잘 관리하지 못한 잘못이 지적당하는 것으로부터 어떻게 하면 화를 면할 수 있을까를 알고 싶어 했을까요? 이때 바울의 대답이 유명한 "주 예수를 믿으라 그리하면 너와 네 집이 구원을 받으리라"입니다. 이제 질문과 대답이 각각 어떤 의미가 있는지 확인해 보겠습니다.

내가 어떻게 하여야

간수가 묻는 말이 "선생들이여 내가 어떻게 하여야 구원을 받으리이까 하거늘"입니다. 이 질문은 성경에서 자주 보셨습니다. 마태, 마가, 누가 복음서에 기록되어 있습니다. 대표적으로 누가복음의 두 군데를 보면 하나는 10장 25절 "어떤 율법 교사가 일어나 예수를 시험하여 이르되 선생님 내가 무엇을 하여야 영생을 얻으리이까"입니다. 또 18장 18절 "어떤 관리가 물어 이르되 선한 선생님이여 내가 무엇을 하여야 영생을 얻으리이까"입니다. 누가복음서에 나오는 '내가 무엇을 하여야'나 사도행전 16장 30절의 '내가 어떻게 하여야'는 헬라어로 동일한 단어입니다. 그런데 복음서의 질문과 사도행전의 질문은 전혀 다른 상황입니다. 복음서에서 예수님께 나와 질문을 했던 율법 교사와 관리는 당면한 문제적 상황이 없었습니다. 자신들이 위기에 처해있던 것이 아닙니다. 도리어 두 사람 모두 대단한 자부심 또는 자신들은 문제가 아니라 당연한 안전장치를 가지고 있다는 식의 자신감을 가지고 있었습니다. 율법 교사의 경우 자신이 율법을 잘 지키고 있다고 자부하고 있었으며, 관리의 경우도 자신이 어려서부터 율법을 다 지켰다고 대답할 정도였습니다.

그리고 중요한 포인트 하나는 그때 예수님의 대답은 '주 예수를 믿으라'가 아니었다는 사실입니다. 자기 발로 예수님께 나아와 너무나 명쾌하게 '내가 무엇을 하여야 영생을 얻으리이까'라고 물었습니다. 질문하면서 말을 돌린 것도 아니고, 뭔가 애매모호하게 물은 것도 아니고, 질문인지 협박인지 난해하게 따진 것도 아니고, 아주 단순하고 분명하게 물었습니다. 그러면 예수님도 더더욱 짧고, 분명하고, 명쾌하고, 확실하게 '주 예수를 믿으라 그리하면 너와 네 집이 구원을 받으리라'라고 대답하셨어야 합니다. 아니면 예수님이 주 예수 본인이셨으니 '나를 믿으라 그리하면 너와 네 집이 구원을 받으리라'고 하셨어야 합니다. 그런데 예수님은 그런 말씀을 하지 않았습니다. 율법 교사의 질문에 계명을 언급하시며 '이를 행하라 그러면 살리라'고 하셨고, 관리의 질문에도 '네가 계명을 아나니 간음하지 말라, 살인하지 말라, 도둑질하지 말라, 거짓 증언 하지 말라, 네 부모를 공경하라 하였느니라'고 대답하셨을 뿐입니다. 결국 두 번 모두 '율법을 지켜 행하라'고 대답하셨을 뿐 '주 예수를 믿으라'나 '나를 믿으라'고 하지 않았습니다. 예수님의 대답에 근거하면 구원받는 방법은 율법을 지켜 행하는 것입니까?

나를 믿으라

물론 복음서에서 예수님은 '나를 믿으라'고 말씀하신 적이 있습니다. 그런데 그 장면이 아주 재미있습니다. 지금 말씀드린 것처럼 정작 사람들이 와서 질문할 때에는 '나를 믿으라'고 말씀하신 적이 없습니다. 대신 전혀 다른 곳에서, 전혀 다른 사람에게, 전혀 다른 의미로 말씀하셨습니다. 대표적인 것이 요한복음 14장입니다. 1절 "너희는 마음에 근심하지 말라 하나님을 믿으니 또 나를 믿으라"입니다. 예수님이 '나를 믿으라'고 말씀하셨지만 '너희가 나를 믿어야 구원을 얻는다'는 의미로 말씀하신 것이 아닙니다. 요한복음 14장은 예수님께서 잡히시기 직전의 상황입니다. 이 말씀을 하시기 직전에 바로 앞 13장에서 제자들 중의 하나가 예수를 팔 것이라고 예언도 하셨고, 베드로가 세 번이나 예수님을 부인할 것도 예언하셨습니다. 즉 제자들이 현재 아무도 예수를 믿지 않고 있으며, 잠시 후에는 믿지 않는 정도가 아니라 아예 부인하며 떠날 것까지도 다 알고 계십니다. 그런 제자들에게 이제 '나를 믿어라, 믿어야 구원받는다'라는 의미로 '나를 믿으라'고 말씀하신 것이 아닙니다.

또 베드로가 예수를 따르겠다고 다짐하자 요한복음 13장 36절에 "네가 지금은 따라올 수 없으나 후에는 따라오리라"고 하십니다. 즉 베드로의 의지나 각오나 행동으로 되어 질 일이 아니라고 말씀하셨습니다. 마찬가지로 도마가 예수께서 가는 곳을 알면 따라가겠다는 의도로 말을 하자 14장 6절에 "내가 곧 길이요 진리요 생명이니 나로 말미암지 않고는 아버지께로 올 자가 없느니라"고 하십니다. 즉 제자들의 믿음, 제자들의 행동, 제자들의 상태에 의하여 달라지는 것이 아니라고 말씀하셨습니다.

지금까지 영생을 얻는 것 또는 구원받는 것에 대한 두 가지 장면을 확인해 보았습니다. 하나는 사람이 직접 '어떻게 하여야 또는 무엇을 하여야 구원을 받느냐고 질문했을 때 예수님은 '나를 믿어야 구원 받는다'라고 말씀하신 적이 없고, 다른 하나는 예수님께서 '나를 믿으라'고 말씀하신 적이 있지만 정작 그 말씀은 '나를 믿으면 구원 받는다'는 의미가 아니었다는 것입니다. '너희의 믿음이 너희의 구원을 결정한다'는 의미가 없었고, 정반대로 '너희의 행동 또는 믿음 여부와 관계없이 예수로 말미암아 구원 받는다'는 의미로 말씀하셨습니다. 결국 예수님의 말씀 중에는 '나를 믿으라 그리하면 네가 구원받고 더 나아가 네 집이 구원 받는다'는 의미가 전혀 없습니다.

주 예수를 믿으라

바울의 상황

사도행전 16장 31절의 "주 예수를 믿으라 그리하면 너와 네 집이 구원을 받으리라"는 기독교 복음 전파의 대표적 구절로 인식되고 있고, 전도할 때 가장 반복되는 구절로 많은 그리스도인들이 '구원을 받으려면 예수를 믿어야 한다'고 생각하고 있습니다. 과연 그럴까요? 본문에서 이 유명한 말을 선언한 사람이 바로 바울입니다. 바울은 복음서에는 등장하지 않고 사도행전부터 사울이라는 이름으로 등장합니다. 최초로 등장하는 것이 사도행전 7장 58절입니다. 스데반의 죽음 사건에서 "성 밖으로 내치고 돌로 칠새 증인들이 옷을 벗어 사울이라 하는 청년의 발 앞에 두니라"입니다. 그리고 8장 1절 "사울은 그가 죽임 당함을 마땅히 여기더라", 3절 "사울이 교회를 잔멸할새 각 집에 들어가 남녀를 끌어다가 옥에 넘기니라", 9장 1절 "사울이 주의 제자들에 대하여 여전히 위협과 살기가 등등하여 대제사장에게 가서"입니다. 여기까지에서 사울은 전혀 예수님을 믿지 않습니다. 하나님의 표현에 의하면 9장 4절 "사울아 사울아 네가 어찌하여 나를 박해하느냐"이므로 사울은 예수를 믿기는 고사하고 예수를 박해하고 있었습니다.

사도행전 9장에 유명한 다메섹 도상의 환상 사건이 일어납니다. 그 순간에도 사울은 예수를 믿지 않고 있었습니다. 사흘 동안 앞을 보지 못했습니다. 천만다행으로 아나니아가 사울에게 와서 안수하매 9장 18절 "즉시 사울의 눈에서 비늘 같은 것이 벗어져 다시 보게 된지라 일어나 침례를 받고 음식을 먹으매 강건하여지니라"입니다. 이 사건이 있을 때까지 사울은 예수를 믿은 적이 없습니다. 만약 '주 예수를 믿으라 그리하면 너와 네집이 구원을 받으리라'가 구원받는 방법이라면 사울은 구원받을 수 없습니다. 사울은 예수를 믿은 적이 없기 때문입니다. 사울이 한 일이란 예수 믿는 자를 잡으러 다닌 것뿐입니다. 예수를 믿은 적이 없으니 다메섹의 환상 사건은 일어나지 말았어야 하며, 이 사건을 통해 바울은 변화를 받으면 안 되는 상태였습니다. 그런데 예수 믿지 않는 사울에게 환상 사건이 일어났고, 그 사건 이후에 9장 19절 중간 "사울이 다메섹에 있는 제자들과 함께 며칠 있을새 즉시로 각 회당에서 예수가 하나님의 아들이심을 전파하니" 입니다. 19절은 구원받은 조건이 아니라 환상 사건이 있은 결과, 즉 구원받은 결과입니다. 사도행전에 나타난 사울에 대한 어떤 구절에서도 사울이 '예수를 믿어서 구원받았'고 말할 만한 근거를 찾을 길이 없습니다.

그런 사울이 16장에서 자기 앞에서 "내가 어떻게 하여야 구원을 받으리이까"라고 질문하는 사람에게 과연 구원받는 조건으로서 '주 예수를 믿으라 그리하면 너와 네 집이 구원을 받으리라'고 말할 수 있을까요? 이미 말은 했으니 말을 할 수는 있었다고 치더라도, 과연 그 말이 정말로 구원받는 방법을 설명하는 것일까요? 자기 말대로 하면 자기가 구원을 받을 수 없는데, 자신에게는 전혀 적용될 수 없는 내용을 이제는 너무나 담대하게 다른 사람에게는 말하는 것일까요? 다른 사람은 몰라도, 혹시 다른 제자들은 몰라도 바울은 절대로 이 말을 할 수 없습니다. 그런데 이 말을 했으니, 이 말은 절대로 구원받는 방법을 의미할 수 없습니다.

제자들의 상황

물론 다른 제자들의 상황도 나을 것이 하나도 없습니다. 복음서의 제자들 즉 예수를 부인하고 떠났던 모습에서 사도행전의 모습으로 변화되는 과정에 제자들이 예수를 믿었다는 사실이 구원의 근거가 된 적이 없습니다. 예수님이 부활하신 후에 예수를 믿은 제자만 찾아가서 다시 사도로 세우신 것이 아닙니다. 마태복음 10장에 나오는 제자들의 명단 중에 자살한 유다를 제외하고는 사도행전 1장에 똑같은 명단이 등장합니다. 대표로 베드로의 경우 예수가 부활한 후에도 고향에서 고기를 잡고 있었습니다. 예수님이 부활하신 소식을 듣고 예수를 믿어서 자기 발로 예수 앞에 찾아 나온 것이 아닙니다. 정반대입니다. 예수의 무덤에서 시신이 없어졌다는 것을 알고도 그냥 고향으로 갔을 뿐입니다. 그래서 예수님이 베드로를 찾아가셨습니다. 베드로를 비롯한 제자들 중에 단 한명도 저들이 '예수를 믿어 구원받은 것'이 아닙니다.

바울과 비교하면 제자들의 경우는 아주 재미있는 사실이 있습니다. 사도행전에서 바울이 등장하기 전에 제자들이 먼저 복음을 전했습니다. 이때 제자들은 '주 예수를 믿으라'고 말하지 않았습니다. 사람들이 베드로에게 물은 적도 있습니다. 사도행전 2장 37절 "그들이 이 말을 듣고 마음에 찔려 베드로와 다른 사도들에게 물어 이르되 형제들아 우리가 어찌할꼬 하거늘"입니다. 이때 베드로 또는 제자들이 뭐라고 해야 합니까? '주 예수를 믿으라'고 했을까요? 아닙니다. 38절 "베드로가 이르되 너희가 회개하여 각각 예수 그리스도의 이름으로 침례를 받고 죄 사함을 받으라"입니다. 3장 19절에서도 베드로가 하는 말이 "그러므로 너희가 회개하고 돌이켜 너희 죄 없이 함을 받으라"입니다. '주 예수를 믿으라'가 없고 더 나아가 '너와 네 집이 구원을 받으리라'도 없습니다.

스데반의 경우도 복음을 전하고, 빌립도 사마리아 성에서 그리스도를 백성에게 전파하고, 에디오피아 내시에게 예수를 가르쳐 복음을 전파하기는 했지만 단 한번도 '주 예수를 믿으라'고 말한 적이 없습니다. 베드로가 고넬료의 집에 갔을 때에도 예수님에 대하여 장황하게 설명은 했지만 고넬료에게 '주 예수를 믿으라'고 말한 적이 없습니다. 또 고넬료가 '내가 예수를 믿나이다'라고 말하자 성령이 내린 것도 아닙니다. 사도행전 10장 44절에 의하면 "베드로가 이 말을 할 때에 성령이 말씀 듣는 모든 사람에게 내려오시니 베드로와 함께 온 할례 받은 신자들이 이방인들에게도 성령 부어주심으로 말미암아 놀라니"입니다. 고넬료가 예수를 믿는다고 고백하지도 않았고, 베드로와 사도들이 고백을 받고 인정하지도 않았습니다. 그래서 모두가 다 놀랐습니다.

바울은 구원 얻는 방법이 '주 예수를 믿는 것'임을 알고 있었기에 간수들에게 말했고, 베드로나 다른 사도들은 구원 얻는 방법을 몰랐기에 아무에게도 말하지 못한 것이 아닙니다. 기독교에는 인간이 '어떻게 해서', '인간이 무엇을 해서' 구원 얻는 방법이란 존재하지 않습니다. 그래서 베드로를 비롯한 제자들은 '구원 얻는 방법'을 언급할 수 없었습니다. 그러면 바울은 왜 느닷없이 '주 예수를 믿으라'고 선언했을까요?

주께서 믿게 하시더라

하나 더 상고해 보겠습니다. 사도행전에 보면 사람들이 믿었다는 표현들이 여러 차례 등장합니다. 그런데 그 표현들을 주의 깊게 살펴보아야 합니다. 이미 해당 구절을 설교할 때에 강조했던 것과 같이 성경은 '인간의 믿음'에 대해서 언급할 때 '그 사람이 믿었다'고 그 사람의 행동, 그 사람의 결단, 그 사람의 믿음을 강조하지 않고 '주께서 하셨다'고 선언합니다. 즉 인간이 믿으니까 하나님이 구원하셨다는 것이 아니라 하나님이 구원하시니까, 하나님이 믿음을 주시니까, 하나님이 은혜를 주신 결과로, 하나님이 역사를 베푸신 열매로 인간에게 믿음이 나타났습니다. 그래서 사도행전 2장 47절 "주께서 구원받는 사람을 날마다 더하게 하시니라"입니다.

사도행전 15장에서 베드로와 바울이 자신들의 사역을 설명할 때에도 강조했던 것이 사람들의 믿음이 아니라 하나님의 일하심이었습니다. 바울에 관하여 15장 3절 "그들이 교회의 전송을 받고 베니게와 사마리아로 다니며 이방인들이 주께로 돌아온 일을 말하여 형제들을 다 크게 기쁘게 하더라 예루살렘에 이르러 교회와 사도와 장로들에게 영접을 받고 하나님이 자기들과 함께 계셔 행하신 모든 일을 말하매"입니다. 베드로도 말하기를 15장 7절 "많은 변론이 있은 후에 베드로가 일어나 말하되 형제들아 너희도 알거니와 하나님이 이방인들로 내 입에서 복음의 말씀을 들어 믿게 하시려고 오래전부터 너희 가운데서 나를 택하시고 또 마음을 아시는 하나님이 우리에게와 같이 그들에게도 성령을 주어 증언하시고"입니다. 사도들의 말에는 '사람이 믿었다'는 사람의 행동, 사람의 결단, 사람의 선택을 칭찬하거나 강조하는 표현이 전혀 없습니다. 언제나 '하나님이 하셨다'고 선언할 뿐입니다. 자신들 스스로 예수를 믿지 않았는데도 구원받았고, 자신들이 복음 전할 때 사람들도 믿지 않았는데 하나님이 믿게 하시고 하나님이 구원하셨고, 모두 하나님이 하셨기 때문입니다. 하나님이 하셨으니 하나님이 하셨다고 말할 뿐입니다. 달리 할 말이 없습니다.

간수의 소원

이제 본문의 상황으로 돌아오겠습니다. 간수는 자다가 깨어보니 황당한 일이 발생했습니다. 27절 "간수가 자다가 깨어 옥문들이 열린 것을 보고"입니다. 옥문이 열렸으면 당연히 죄수들이 도망갔을 것으로 예상했습니다. 이때 간수의 최대의 관심사는 어떻게 이 상황을 모면할 수 있는지에 모아집니다. 그 순간에 갑자기 영생에 관한 질문을 하는 것이 아니고, 그 순간에 난데없이 하나님 나라를 궁금해 하는 것도 아닙니다. 간수가 질문하기를 "내가 어떻게 하여야 구원을 받으리이까 하거늘"입니다. 이때의 구원은 '죄로부터의 구원'이 아닙니다. 간수의 관심은 오직 위기탈출입니다. 오직 난관극복입니다. 그게 그 순간에 그 사람에게는 가장 절박한 일입니다. 그것이 그 사람으로는 그 순간에 구할 수 있는 가장 심각한 문제입니다. 사람은 자신이 가장 심각한 문제로 여기는 것을 구하기 마련입니다. 예수님께 나온 사람도 언제나 자신의 가장 절박한 것, 가장 긴급한 것, 가장 심각한 것을 해결해 달라고 요청했습니다. 맹인은 눈뜨기를 바랐고, 앉은뱅이는 일어나기를 원했고, 중풍병자는 낫기를 구했고, 혈루증 환자도 고침받기를 구했습니다.

그런데 성경을 보면서 발견하는 중요한 사실 하나는 귀신들린 사람 중에는 귀신들림에서 벗어나기를 원한다고 구한 사람이 하나도 없다는 것입니다. 왜냐하면 자신이 귀신들린 줄을 모르기 때문입니다. 사람들은 자신이 모르는 것을 구할 수 없습니다. 마찬가지로 사람 중에는, 죄인 중에는 자신을 죄로부터 구원해달라고 요청한 사람도 단 한 사람도 없습니다. 자신이 죄인이라는 것을 아는 죄인은 존재하지 않기 때문입니다. 예수님께 나와서 영생 얻는 방법을 물은 사람들도 실제로 그 방법을 물은 것이 아니었습니다. 지금 사도행전의 간수도 마찬가지입니다. 자신의 상황이 난처한 것은 알았지만, 자신이 죄인이라는 것은 전혀 알지 못하고 있습니다. 그래서 간수가 구하는 구원은 죄로부터의 구원이 아니라 단지 직면한 위기를 벗어날 수 있는 방법을 물었을 뿐입니다.

은혜의 선언

바로 그때 바울이 "주 예수를 믿으라 그리하면 너와 네 집이 구원을 얻으리라"고 선언합니다. 이와 같이 전혀 상황에 어울리지 않는 말을 '뜬금없는 말'이라고 합니다. 바울은 간수가 질문하는 것도 다 알고 있고, 자신이 하는 말도 모두 알고 있고, 간수의 질문과 자신의 대답이 상황에 맞지 않고, 자신의 말이 뜬금없다는 것도 모두 알고 있습니다. 그러면 바울은 왜 뜬금없는 말을 할까요? 이렇게 뜬금없는 것을 기독교에서는 '은혜'라고 합니다. 간수를 포함한 모든 죄인들의 관심 또는 기준은 언제나 '내가'입니다. '내가 무엇을 하여야, 내가 어떻게 하여야'입니다. 자기가 무엇인가를 해야 한다는 것이 죄의 본질입니다. 이렇게 죄의 기준과 죄의 원리로 질문하는 간수에게 바울은 하나님의 은혜를 선포합니다.

첫째는 '믿으라'입니다. '믿으라'는 간수의 행동을 요구하는 것이 아니라 간수가 행동할 것이 없다는 뜻입니다. 간수가 말한 '내가 어떻게 하여야'와 대조하여 '네가 행할 것이 없다'는 의미입니다. '믿으라'가 간수에게 요구되는 행동이나 구원받는 조건으로 제시되는 것이 아닙니다. 두 번째는 은혜, 즉 선물입니다. 간수가 기대한 것, 간수가 요구한 것, 간수가 부탁한 정도가 아니라 아예 간수가 알지도 못하고, 원하지도 못하고, 구하지도 못하는 더 크고, 더 귀하고, 더 본질적이고, 더 영원한 것을 준다는 의미입니다. 이것이 하나님의 은혜의 속성입니다. 단지 간수만이 아니라 '너와 네 집이 구원을 받으리라'입니다. 개인이냐 집단이냐에 관한 내용이 아니라 사람의 행동에 근거하지 않는다는 뜻입니다. 현장에 있는 사람이나 현장에 없는 사람이나 다를 것이 없습니다. 질문을 한 사람이나 질문을 하지 않은 사람이나 아무 차이가 없습니다. 왜냐하면 하나님이 은혜를 주시기 때문입니다. 간수도 은혜로 구원을 받고, 집에 있는 사람도 은혜로 구원을 받습니다.

바울은 분명히 '주 예수를 믿으라 그리하면 너와 네 집이 구원을 받으리라'고 했습니다. 이것은 구원받는 조건을 제시한 것이 아니라 하나님이 구원하신다는 은혜를 선포한 것입니다. 너를 구원하기 위하여 예수 그리스도가 십자가를 지셨고, 그 결과 너는 이미 구원을 받았다는 복음의 선포입니다. 기독교는 상급이나 면류관이라는 장밋빛 비전을 제시하는 종교가 아니라 하나님이 이루신 결과, 하나님이 완성하신 열매를 복음으로 선포합니다. 성도가 이미 구원받은 자요, 복 받은 자요, 은혜 받은 자임을 알 때에 바울과 같은 성도의 삶이 누려지고 구현되어질 수 있습니다. 성경을 알고, 하나님을 알고, 성도됨을 알아 죄인들이 흉내 낼 수 없는, 오직 성도만이 구현할 수 있는 멋진 하나님의 자녀의 삶을 풍성히 누리시기를 주님의 이름으로 축원합니다.

51
로마 사람, 천국 사람

사도행전 16:35~40

35 날이 새매 상관들이 부하를 보내어 이 사람들을 놓으라 하니 36 간수가 그 말대로 바울에게 말하되 상관들이 사람을 보내어 너희를 놓으라 하였으니 이제는 나가서 평안히 가라 하거늘 37 바울이 이르되 로마 사람인 우리를 죄도 정하지 아니하고 공중 앞에서 때리고 옥에 가두었다가 이제는 가만히 내보내고자 하느냐 아니라 그들이 친히 와서 우리를 데리고 나가야 하리라 한대 38 부하들이 이 말을 상관들에게 보고하니 그들이 로마 사람이라 하는 말을 듣고 두려워하여 39 와서 권하여 데리고 나가 그 성에서 떠나기를 청하니 40 두 사람이 옥에서 나와 루디아의 집에 들어가서 형제들을 만나 보고 위로하고 가니라

바울의 말

구원 영접

종종 사회적 현상 때문에 기독교의 내용에 대한 새로운 문제가 제기되는 경우가 있습니다. 대표적으로 중세 말기에 과학이 발달해서 태양이 지구를 중심으로 도는 것이 아니라 지구가 태양을 중심으로 돈다는 새로운 이론이 생겨 그 동안 교회가 가르치고 유지해왔던 내용이 뒤집힌 적이 있습니다. 이렇게 거창하지는 않더라도 일상의 일들로 기독교의 내용을 점검하게 됩니다. 근자에 우리나라의 평균연령대가 높아졌고 당연히 노인병도 많이 늘어났습니다. 그래서 얼마 전 기독교 단체에서 토론이 진행되었는데 주제가

'치매가 들려서 예수를 기억하지 못하면 과연 구원받을 수 있는가?'였습니다. 이 주제가 미디어에 등장하자 댓글이 달렸는데, '원로목사님이 치매에 걸린 상태에서 축도를 하면 과연 축복을 받을 수 있는가?'였습니다. 이런 문제의 핵심은 구원이나, 축복이 모두 '인간의 행동'에 연관되어 있다는 생각입니다.

기독교의 구원에 관한 내용으로 암송하는 대표적인 구절이 서너 개 있는데 그 중에 하나가 사도행전 16장 31절 '주 예수를 믿으라 그리하면 너와 네 집이 구원을 받으리라'이고 다른 하나가 로마서 10장 10절 "사람이 마음으로 믿어 의에 이르고 입으로 시인하여 구원에 이르느니라"입니다. 이 두 구절은 모두 사도 바울이 한 말입니다. 또 다른 하나는 요한복음 1장 12절 "영접하는 자 곧 그 이름을 믿는 자들에게는 하나님의 자녀가 되는 권세를 주셨으니"입니다. 이 세 구절에는 공통적으로 '믿으라, 믿어, 시인하여, 영접하여' 등 모두 인간의 행위, 인간의 선택, 인간의 결정, 인간의 태도가 전제 조건처럼 등장합니다. 그래서 위독하신 분이나 연로하여 임종하기 직전에 계신 분을 심방할 때 가중 중요한 것이 '구원 영접'을 시키는 것입니다. 예수를 설명하여 마지막 숨을 쉬시는 분에게 '예수 내 구주'라고 말하라고, 말하기도 힘들면 목사님이 '예수 내 구주'라고 말할 때 '아멘'만 하라고, 그것도 힘들면 목사님이 고백하고 그저 시인한다는 의미로 고개를 끄덕이거나, 눈을 깜빡거리거나, 어떠한 반응이라도 보이라고 요구합니다. 그래서 반응이 나오면 예수를 영접하였고, 주님이 구주이신 것을 시인했다고, 그래서 이분은 천국가신다고 말함으로 유족들을 위로합니다. 이런 사례가 등장하는 이유가 바로 성경에 나오는 '믿어야 한다, 시인해야 한다, 영접해야 한다'는 구절을 문자 그대로 인간이 해야 할 행동으로 오해하기 때문입니다.

어이없는 고민

이런 대목에서 사람들의 고민이 시작됩니다. 한 때 예수를 믿었는데 교회에 시험 들어서 지금은 교회를 다니지 않는 사람은 구원받은 것인가, 못받은 것인가? 일반적인 대답은 예전에 믿은 것이 가짜 믿음이었다고 합니다. 그런데 그 사람이 타종교에 갔다가 더 아닌 것 같고, 예전에 자신이 예수 믿었던 것이 그나마 옳아 보여서 다시 돌아왔습니다. 그러면 이 사람은 다시 구원을 받은 것인가? 이 사람은 새로 믿은 것이 아니라 예전에 자신이 믿었던 것을 다시 믿은 것인데, 목사님이 그 믿음이 가짜 믿음이었다고 말했는데 다시 그 믿음 가지고 교회로 돌아왔으면 여전히 가짜 믿음이기 때문에 구원을 못 받는 것인가? 또 임종하기 직전에 예수를 시인하면 천국에 간다고 말한다면 평생 안 믿다가 약 일 초간 예수를 믿었을 뿐인데 천국 가고, 반대로 오십 년 예수 믿다가 장로 되는 과정에 시험 들어서 교회 안 나간 상태에서 임종하시면 오십 년 믿은 것은 아무 공로 없이 구원을 받지 못하는가? 과연 구원은 얼마나 오래 믿었는가 보다 죽기 직전에 믿는 것이 유효한가? 또는 시험이 들은 것도 아니고 단지 치매가 걸려서 예수를 모른다고 고백하면 구원을 받는 것인가, 못 받는 것인가?

최근에 우리나라에서 새로운 교회가 아주 크게 부흥하고 있습니다. 교인이 얼마나 늘어나는지 교인 숫자를 미처 파악할 수 없을 정도라고 합니다. 이 교회는 건물도 없습니다. 심지어는 목사도 없습니다. 더 나아가 이 교회는 다 함께 모여서 드리는 예배도 없습니다. 더 나아가 이 교회는 우리나라에만 있는 것이 아니라 세계 각국에도 동일한 교회가 있습니다. 이 교회의 이름은 '가나안 교회'입니다. 가나안 교회의 정확한 의미는 '가나안'을 뒤집으면 밝혀집니다. 즉 '안 나가 교회'입니다. 예수는 믿는데 교회는 안 다니는 사람들을 '가나안 교회 교인' 또는 '가나안 성도'라고 합니다. 이 사람들은 과연 구원받을까요? 이런 유형의 논쟁이나 토론의 핵심은 바로 구원의 여부를 '인간의 행동'에 근거하고 있습니다.

천국 복음

성경에서 인간의 행동을 적극적으로 요청하는 것으로 오해되는 대표적인 구절이 바로 마태복음 7장 7절 이하 "구하라 그리하면 너희에게 주실 것이요 찾으라 그리하면 찾아낼 것이요 문을 두드리라 그리하면 너희에게 열릴 것이니 구하는 이마다 받을 것이요 찾는 이는 찾아낼 것이요 두드리는 이에게는 열릴 것이니라"입니다. 이 구절을 이해하시려면 마태복음 5, 6, 7장, 즉 산상수훈이라고 알려진 내용을 아셔야 합니다. 산상수훈은 예수님이 그리스도로 강림하셔서 4장에서 사단의 시험을 물리치신 후 첫 번째로 제자들을 가르치는 내용입니다. 마태복음 4장 23절에 의하면 예수님이 가르치는 내용을 '천국 복음'이라고 불렀습니다. 즉 당시 사람들이 모두 알고 있고 따르고 있는 세상의 교훈이 아닌, 세상에 속하지 않고 세상이 알지도 못하고 행하지도 않은 천국 복음, 하나님 나라의 복음을 전했습니다.

그러면 당연히 그 내용이 그 동안 사람들이 알고 있고, 행하고 있던 것과는 전혀 다른 것임이 분명합니다. 그래서 예수님이 천국 복음을 가르친 결과가 7장 28절 "무리들이 그의 가르치심에 놀라니 이는 그 가르치시는 것이 권위 있는 자와 같고 그들의 서기관들과 같지 아니함일러라"입니다. 예수님 당시의 사람들은 예수님의 말씀을 듣고 세상의 가르침과 다르다는 것을 느꼈고 놀랐습니다. 그러면 저와 여러분은 산상수훈을 읽으면서 어떤 반응을 보여야 합니까? 당연히 세상과 다르다는 것을 느끼셔야 하고, 당연히 놀라야 합니다. 그런데 전혀 다르다고 생각하지 않고, 전혀 놀라지 않습니다. 왜냐하면 모두 복음을 오해하기 때문입니다.

예수님께서 '구하라, 찾으라, 두드리라'고 말씀하신 것에 대해 놀라야 합니다. 여러분이 평상시 알고 있던 것과 다르고, 행하고 있던 것과 달라서 어이없어하고, 황당해하고, 망연자실해하고, 의아해하고, 낯설어하고, 어색해하면서 놀라야 합니다. '그럼! 구하는 사람이 받는 것이고, 찾는 사람이 찾는 것이고, 두드리는 사람에게 열리는 것이 당연한 이치지!'라고 생각하시면 안 됩니다. '구하라, 찾으라, 두드리라'고 말씀하셨다고 해서 그 말씀에 순종하겠다는 심정으로 구하려고, 찾으려고, 두드리려고 노력해서는 안 됩니다. 게다가 한 술 더 떠서 '감나무 밑에서 감이 떨어지기를 기다리지 말고, 적극적으로 구하고, 찾고, 두드려야 한다, 도전하는 자만이 결과를 얻을 수 있다, 수고는 힘들지만 열매는 달다!'라고 말해서도 안 됩니다. 만약 기독교가 아니라면, 복음이 아니라면 그렇게 말해도 되고 가르쳐도 됩니다. 대신 그렇게 말하고 가르치면 천국 복음이라고 부르면 안 됩니다. 그냥 세상의 원리, 사람들의 원리, 죄의 원리라고 해야 합니다. 그런데 예수님은 분명히 천국 복음이라고 말씀하셨습니다. 이 땅에 속하지 않은 분이, 천국 복음을 전하고 가르치는 분이 기껏해야 모든 사람이 알고 있는 내용, 즉 '구하는 사람이 받는 것이고, 찾는 사람이 찾는 것이고, 두드리는 사람에게 열리는 것'과 같은 당연한 이치 또는 뻔한 말씀을 하시면 세상과 다를 것이 없고, 사람들이 놀랄 것이 없습니다.

다른 것

산상수훈이 어떻게 다른가, 과연 놀랄만한 가를 간략하게 점검해 보겠습니다. 예수님의 천국 복음은 마태복음 5장에서 '복이 있도다'로 시작합니다. 흔히 팔복으로 알려져 있는 내용인데, 예수님은 '복 받는 여덟 가지 방법'을 소개 또는 제안하는 것이 아니라 '너희에게 복이 있다'고 선언해 버립니다. 다른 표현으로 하면 '내가 복을 주노라'입니다. 복을 받기 위해서 사람들이 무엇을 얼마나 어떻게 해야 하는지를 알려주는 것이 아니라 예수님이 복을 주시겠다는 말씀입니다. 이런 방식을 들어보셨습니까? 놀라셔야 합니다. 지리산에 올라가 일출을 보는 것도 삼 대가 공덕을 쌓아야 한다는 이야기가 있는데 복을 받으려면 얼마나 공덕을 쌓아야 합니까? 그런데 예수님은 인간의 공덕에 대해 한 마디도 안 하시고 그냥 복을 주시겠다고 선언하십니다. 세상의 교훈과 얼마나 다른지 실감하셔야 합니다.

이어지는 말씀이 마태복음 5장 13절 '너희는 세상의 소금이니'와 14절 '너희는 세상의 빛이니'입니다. 당시 예수님과 함께 산에 앉아서 말씀을 듣던 사람 중에 자신을 '세상의 소금이나 빛'이라고 생각하고 있는 사람이 있었을까요? 예수님은 사람들에게 '세상의 소금이나 빛이 되라'고 명령하신 것도 아니고, '이렇게 하면 또는 저렇게 하면 소금이 된다'고 방법을 알려 주신 것도 아니고, 아예 '너희는 세상의 소금이니, 세상의 빛이니'라고 선언해 버리셨습니다. 이런 선언을 들어보신 적이 있습니까? 놀라셔야 합니다. 예수님이 이렇게 말씀하셨어도 오늘날까지도 자신이 세상의 소금이라고, 빛이라고 자신있게 말하는 사람이 거의 없습니다. 왜냐하면 예수님의 말씀이 얼마나 새로운 차원인지를 인식하지 못하기 때문입니다.

이어지는 내용이 21절 이하에 나오는 구약의 율법에 대한 새로운 설명입니다. 그 동안 사람들이 들었고 알고 있었던 것을 예수님이 모두 뒤집습니다. 대표적 문구가 '율법이 이러하다는 것을 너희가 들었으나 나는 너희에게 이르노니'입니다. 아주 대놓고 너희가 들은 것과 내가 하는 말은 다르다고 하십니다. 한 번이 아니라 최소 다섯 번을 반복합니다. '살인하지 말라'는 '형제에게 노하는 것이나 욕하는 자는 지옥 불에 들어가게 되리라'고 변경하고, '간음하지 말라'는 '음욕을 품고 여자를 보는 자마다 이미 간음한 것'으로 바뀌고, '헛 맹세를 하지 말라'는 아예 '도무지 맹세하지 말라'로 개정되고, '눈은 눈으로 이는 이로 갚는 것'은 누가 '오른편 뺨을 치거든 왼편도 돌려대라'로 황당해지고, '이웃을 사랑하고 원수를 미워하라'는 '원수를 사랑하며 박해하는 자를 위하여 기도하라'는 어이없는 내용이 되어버립니다. 율법에 대한 이런 설명 들어보셨습니까? 예수님의 말씀을 실천하려고 두 주먹을 불끈 쥐고 다짐하기 전에 우선, 일단 놀라셔야 합니다.

행하라, 구하라

6장으로 가면 드디어 구체적 행동이 나옵니다. 6장은 시작하는 1절과 끝나는 33절이 대조됩니다. 1절은 "사람에게 보이려고 그들 앞에서 너희 의를 행하지 않도록 주의하라"이고 33절은 "그런즉 너희는 먼저 그의 나라와 그의 의를 구하라"입니다. 무엇이 대조되는지를 정확하게 파악하셔야 합니다. 두 가지가 대조되는데 첫 번째는, '너희의 의'와 '그의 의'가 대조됩니다. '너희의 의'는 말 그대로 사람들이 수고하고, 애쓰고, 노력하고, 행동해서 이루어내는 공로입니다. 인간이 행동하고 수고해서 얻어낸 결과이기에 '너희의 의' 즉 너희 것입니다. 강조점이 인간과 행동입니다. 인간이 행동했다는 의미입니다. 대조가 되는 것이 '그의 의' 즉 '하나님의 의'입니다. 하나님이 행하시는 것이요, 하나님의 것입니다.

대조되는 것 두 번째가 바로 '행하라'와 '구하라'입니다. 이 대조를 이해하셔야 잠시 뒤에 나오는 '구하라, 찾으라, 두드리라'를 이해할 수 있고, 더 나아가 사도행전 16장 31절의 '주 예수를 믿으라'를 이해할 수 있고, 그래야 본질적으로 기독교의 구원은 어떻게 받는 것인가를 이해할 수 있습니다. '행하라'와 '구하라'가 대조되는 것이 이상하다는 것을 느끼셔야 합니다. 왜냐하면 '행하라'도 행동에 관한 것이고, '구하라'도 행동에 관한 것이기 때문입니다. 행하는 것과 구하는 것은 모두 인간의 행동입니다. '행하는 것'은 인간이 직접 일하고, 수고하고, 애쓰는 행동입니다. 마찬가지로 '구하는 것'도 인간이 직접 일하고, 수고하고, 애쓰는 행동입니다. 그러므로 문자적으로는 '행하라'와 '구하라'는 대조되는 것이 아니라 같은 것입니다. 예수님은 지금 분명히 사람들이 알고 행하던 것과 전혀 다른 내용으로 말씀하고 계십니다. 사람의 교훈과 다른 '천국 복음'을 선포하셨는데 갑자기 여기에서는 '행하라, 구하라'로 같아지면 연결이 안 됩니다. 그러니까 '행하라'와 '구하라'는 말 그대로 행하고 구하라는 의미가 전혀 아닌 것이 분명합니다. 이 두 가지는 서로 내용적으로, 의미적으로 완전히 대조가 되는 쪽으로 이해를 하셔야 합니다.

죄의 원리는 인간의 행함이 있어야 결과가 있는 방식입니다. 그래서 행하지 않는 사람을 '말만 하는 사람'이라고 하고, 줄여서 '말쟁이'라고 합니다. '말만 하는 사람'이라는 표현은 '말로 해서는 안 된다'는 의미입니다. 무엇인가를 얻으려면 행동을 해야지, 수고를 해야지 말로 해서 되느냐는 주장입니다. 즉 죄인들의 생각에 말하는 것은 행동하는 것에 포함되지 않습니다. 이렇게 죄인들의 생각에 행동에 포함되지 않는 것, 그렇게 해서는 도무지 아무 것도 얻을 수 없는 것, 단지 '말만 하는 것'이 바로 '구하라, 찾으라, 두드리라'입니다.

예수님의 행동

두 가지를 비교해 보겠습니다. 무엇인가를 가지려고 하면 사람들은 그것을 취할 수 있는 행동을 합니다. 그런데 예수님은 그냥 '말만 하라'고 하십니다. 무엇을 행하는 것과 대조되는 의미로 단지 말로만 '구하라', 즉 '주세요!'입니다. 예수님의 말씀의 의미는 반드시 네가 '주세요'라고 '구해야 한다'는 의미가 아닙니다. 예수님의 말씀은 '너희 생각에는 달라고 구하는 것은 말만하는 것이고, 그래서는 아무 것도 못 얻는다고 생각하지. 그게 교훈과 복음의 차이점이야. 너희가 행동하지 않아도 내가 줄게!'라는 내용입니다. 예수님의 말씀은 인간에게 행동을 요구하는 것이 아니라 예수님의 '행동', 예수님이 '은혜 주시는 것'을 강조하는 것입니다.

또 죄인들의 생각에 무엇인가를 찾으려면 찾는 수고를 해야 합니다. 가만히 앉아 있으면 아무 것도 발견하지 못합니다. 몸을 움직여야, 행동해야 결과를 얻습니다. 그때 예수님은 그냥 말만 하라는 것입니다. 무엇을 행하는 것과 대조되는 의미로 단지 말로만 '찾으라', 즉 '어딨어요?'입니다. 예수님의 말씀의 의미는 네가 반드시 '어딨어요?'라고 묻는 행동을 해야 한다는 것이 아닙니다. 직접 움직이며, 행동하며, 찾고 뒤집는 것과 대조할 때 '어딨어요?'라고 묻는 것은 아무 것도 안하는 것, 그냥 '말만 하는 것'입니다. 죄인들의 생각에는 그렇게 말만 해서는 아무 것도 찾지 못합니다. 그런데 예수님은 '찾아낼 것이요!'라고 말씀하십니다. 예수님이 주신다는 의미입니다. 예수님의 말씀은 인간에게 행동을 요구하는 것이 아니라 예수님의 '행동', 예수님이 '은혜 주시는 것'을 강조하는 것입니다.

하나 더, 죄인들의 생각에는 어디를 들어가려면 문을 열어야 합니다. 문을 열려면 당연히 문고리를 돌리던가, 번호 키를 누르던가, 잠겨있으면 연장을 가져다가 문을 뜯든가 여하튼 어떤 행동, 어떤 수고를 해야 합니다. 행동하지 않으면 문이 열리지 않고 들어갈 수 없습니다. 그런데 예수님의 말씀은 아주 간단하게 말만하라는 것입니다. 문을 열기위한 행동과 대조되는 의미로 단지 손끝으로만 '똑똑'입니다. 반드시 '똑똑'이라는 말을 하거나, 주먹을 쥐고 문을 쳐야 한다는 의미가 아닙니다. 예수님이 말씀하신 '구하라, 찾으라, 두드리라'는 행동을 요구하는 의미가 아니라 천국 복음은 죄인들의 생각 즉 행동해야 결과를 얻는 것과 다름을 강조하는 설명입니다. 죄인들의 기준에는 말만 한 것은 아무 것도 안 한 것이요, 어떤 행동도 하지 않았으면 아무 것도 얻을 수 없습니다. 그런데 천국 복음은 인간이 어떤 행동도 하지 않았는데 결과를 가질 수 있다고 설명하십니다. 이것이 가능한 것은 인간의 행동과 무관하게 예수님이 주시기 때문입니다. 예수님의 말씀은 인간에게 행동을 요구하는 것이 아니라 예수님의 '행동', 예수님이 '은혜 주시는 것'을 강조하는 복음입니다.

열매

이제 '구하라, 찾으라, 두드리라'의 의미를 이해하시겠습니까? 마태복음 7장 7절부터 '구하라, 찾으라, 두드리라'가 나온 뒤에 15절부터 또 아주 이상한 내용이 나옵니다. 여러분은 계속 놀라셔야 합니다. 16절 "그들의 열매로 그들을 알지니", 20절 "이러므로 그들의 열매로 그들을 알리라"입니다. 놀랍죠? 안 놀라시면 이 말이 무슨 뜻인지 알아채지 못했다는 의미입니다. 사람들은 열매를 통해서 무엇을 알아차리지 않습니다. 자기가 무엇을 심었는지도 모르고, 가을에 어떤 열매가 맺힐 지도 모르고 농사짓는 사람이 있습니까? 사람들이 봄에 씨앗을 뿌리고 가을에 무슨 열매가 맺어질지 궁금해 하는 농부는 없습니다. 농부의 관심은 무슨 열매가 열리느냐가 아니라 자기가 심은 것이 얼마나 많이 열리느냐일 뿐입니다. 가을에 어떤 열매가 맺힐지는 이미 다 알고 있습니다. 자기가 추수하기 원하는 것, 자기가 열매로 거둘 것을 심었기 때문입니다. 세상에서 가장 자주 쓰는 말이 '심은대로 거두리라'입니다. 다른 말로 '콩 심은데 콩 나고 팥 심은데 팥 난다'입니다. 만약 콩을 심고 팥이 맺히기를 기대하면 정신병입니다. 자기가 무엇을 심었는지 알기에, 열매가 나오기도 전에 이미 다 알고 있습니다.

그런데 예수님의 말씀은 정반대입니다. '그들의 열매로 그들을 알지니'입니다. 즉 모른다는 것입니다. 더 정확히는 심은 적이 없다는 의미입니다. 풀어서 설명하면, 행동한 적이 없는데 열매가 나온다는 의미입니다. 이런 것을 뭐라고 합니까? 은혜라고 합니다. 은혜를 설명하는 가장 리얼한 표현이 구약 신명기 6장 10절 이하 "네 하나님 여호와께서 네 조상 아브라함과 이삭과 야곱을 향하여 네게 주리라 맹세하신 땅으로 너를 들어가게 하시고 네가 건축하지 아니한 크고 아름다운 성읍을 얻게 하시며 네가 채우지 아니한 아름다운 물건이 가득한 집을 얻게 하시며 네가 파지 아니한 우물을 차지하게 하시며 네가 심지 아니한 포도원과 감람나무를 차지하게 하사 네게 배불리 먹게 하시리라"입니다. 여러분이 살아가는데 '행동하지 않아도 된다', '일 안해도 된다'는 의미가 아닙니다. 구원에 관하여, 하나님의 은혜에 관하여는 인간의 행동에 근거하지 않고, 오직 하나님의 긍휼에 근거한 선물이라는 뜻입니다. 이와 같이 인간의 행동이 아닌 하나님의 은혜, 하나님이 선물을 주시는 행위는 하나님의 관점에서는 '주신다'고 표현하고, 인간의 관점에서는 '믿으라, 영접하라, 시인하라'고 표현한 것입니다. 그래서 사도행전 16장 31절의 '주 예수를 믿으라'는 말씀도 인간의 관점에서 '네가 믿어야 구원받는다'는 조건이 아니라 하나님의 관점에서 '내가 너를 구원하리라'는 선포가 되는 것입니다.

로마 사람, 천국 사람

옥에서

사도행전 16장의 옥 사건은 매우 희한하게 전개됩니다. 스토리의 시작은 19절 "여종의 주인들은 자기 수익의 소망이 끊어진 것을 보고 바울과 실라를 붙잡아 장터로 관리들에게 끌어갔다가"입니다. 처음부터 관원에게 잡힌 것이 아니라 여종의 주인에게 잡혀서 관원들에게 끌려갔습니다. 여종의 주인들이 성을 요란하게 하고 로마 사람이 받지도 못하고 행하지도 못하는 풍속을 전한다는 고발을 받았고, 이에 무리가 덩달아 고발에 참여하였습니다. 그리고 22절부터 상관들의 조치 즉 로마 관료에 의한, 로마의 당국에 의한 조치를 받게 됩니다. 우선 22절 "상관들이 옷을 찢어 벗기고 매로 치라 하여 많이 친 후에"이고, 후속 조치가 "옥에 가두고 간수에게 명하여 든든히 지키라"라입니다. 여기까지는 공개적으로 발생한 사건입니다.

25절을 보면 '한밤중에'이고, 33절은 '그 밤 그 시각에'이고, 35절은 '날이 새매'입니다. 그러므로 25절부터 34절은 밤에 발생한 사건이고, 옥 즉 폐쇄된 공간에서 발생한 전혀 공개되지 않은 사건입니다. 한밤중에 발생한 사건에 대해 알고 있는 사람은 죄수 바울 그리고 간수와 그 가족들뿐입니다. 그들을 제외하고는 바울을 고발했던 여종의 주인이나 무리들, 바울을 때리라고 지시했던 관원들은 그 밤에 무슨 일이 일어났는지 모릅니다. 단지 아는 것이라고는 24절에 나오는 대로 저녁 때 옥에 집어넣었다는 것이고, 35절에 나오는 대로 날이 새었다는 것입니다. 여러분도 25절로 34절까지의 내용은 모른다고 생각하시고, 35절 이하의 본문을 살펴보시기 바랍니다.

전 날 사람들이 몰려와서 바울을 고발하자 일단 옥에 넣었습니다. 날이 새자 바울을 풀어주려고 합니다. 그때 바울의 대답이 37절 "바울이 이르되 로마 사람인 우리를 죄도 정하지 아니하고 공중 앞에서 때리고 옥에 가두었다가 이제는 가만히 내보내고자 하느냐 아니라 그들이 친히 와서 우리를 데리고 나가야 하리라 한 대"입니다. 바울의 행동은 참으로 의아합니다. 자신이 '로마 사람'이라고 밝히는데 위험한 사태가 발생했을 때 밝히는 것이 아니라 모든 것이 끝난 후에 밝힙니다.

로마 사람

바울의 행동이 이상한 것을 조목조목 확인해 보겠습니다. 첫째, 사람들은 바울을 유대인으로 알고 있었습니다. 그때 바울은 침묵했습니다. 20절 "상관들 앞에 데리고 가서 말하되 이 사람들이 유대인인데 우리 성을 심히 요란하게 하여"입니다. 자신들은 로마인이고 바울은 유대인임을 밝힘으로 바울의 일행이 타민족 사람인 것을 강조합니다. 로마인은 시민으로서 특권이 있고, 로마 사람이 아닌 사람은 당연히 차별을 받고 있는 실정입니다. 그래서 관원이 재판도 하지 않고, 매로 치라고 하고, 옥에 가두라고 할 수 있었습니다. 바울은 로마인과 유대인이 서로 대조될 때에 로마인이 아닌 사람들이 당할 수도 있는 여러 불이익을 알고 있었습니다. 그런데 그 상황에서 자신이 로마인임을 밝히지 않습니다. 만약 밝혔다면 막무가내로 옷이 찢겨 벗겨지거나 매질을 당하지는 않았을 것이고, 옥에 갇히는 것도 면할수 있었을지도 모릅니다. 그런데 밝히지 않습니다.

두 번째, 바울이 고소당한 핵심 내용이 21절 "로마 사람인 우리가 받지도 못하고 행하지도 못할 풍속을 전한다 하거늘"입니다. 첫 번째가 로마 사람이냐 유대인이냐 즉 '시민권'에 관한 내용이었다면, 두 번째는 로마 사람의 문화, 전통, 생활양식에 관한 내용입니다. 유대인의 삶과 로마인의 삶이 전혀 다르다는 근거에 의한 고소입니다. 이 고소를 한 마디로 막을 수 있는 것은 바울이 로마인임을 밝히는 것입니다. 자신도 로마인인데 로마인도 받을 수 있고, 로마인도 행할 수 있는 풍속이라고 말하면 고소의 근거가 사라져버립니다. 특히 바울은 살다가 어느 날 돈을 주고 샀거나 특별한 공로를 세워서 로마 시민권을 얻은 것이 아닙니다. 사도행전 22장 28절 "천부장이 대답하되 나는 돈을 많이 들여 이 시민권을 얻었노라 바울이 이르되 나는 나면서부터라 하니"입니다. 만약 살다가 어느 순간에 시민권을 샀으면 시민의 권리는 있지만 삶의 양식은 로마적이 아닐 수 있습니다. 그러나 바울은 나면서부터 로마사람이었으니 로마적 삶의 양식에 매우 익숙해있습니다. 어쩌면 바울을 고소한 여종의 주인이 돈으로 시민권을 샀을 수도 있습니다. 그러니 바울이 로마 시민인 것을 밝히면 상황이 완전히 역전될 수도 있습니다. 그런데 바울은 밝히지 않았습니다.

바울의 행동이 이상한 이유 세 번째, 마침내 바울이 로마 시민인 것을 밝혔는데 그 동안 밝히지 않았던 것과 비교할 때 밝힌 이유나 목적이 별로 없습니다. 자신이 로마 시민임을 밝힌 시점이 날이 샌 후이고, 더 나아가 간수가 와서 석방되었다고 나가라고 말한 후입니다. 혹시 아침이 되었는데도 석방하지 않으니까 옥에서 나가기 위한 목적이 아니었습니다. 어차피 나가게 되어있었습니다. 굳이 밝히지 않아도 당연히 나갑니다. 그렇다고 관원들을 책망하기 위한 것도 아니었습니다. 관원들의 잘못을 당국에 고발하여 관원들이 해를 당하게 만들지도 않았고, 바울이 사람들 앞에서 공개적으로 매를 맞는 억울함을 당했으니 관원들도 사람들 앞에서 공개적으로 사과하도록 요구한 것도 아닙니다. 물론 관원들에게 사과를 요청했습니다. 그런데 공적인 사과가 아니라 지극히 사적인 사과입니다. 다른 사람들은 이 관원이 바울에게 사과했다는 사실을 전혀 알 수 없습니다. 그렇다고 바울이 이제 관원들에게 다음부터는 자신에게 이번과 같은 불이익이 생기지 않도록 어떤 증명서를 요구하지도 않았습니다. 결국 자신이 '로마 사람'이라고 밝힌 이유 또는 목적이 거의 없습니다. 자신이 로마 사람인 것을 밝혀서 얻은 혜택이 거의 없습니다.

천국 사람

이제부터 이 사건에 담긴 바울의 의도를 확인해 보겠습니다. 바울의 태도는 전 날 저녁이냐, 다음 날 아침이냐는 시간에 따라 달라진 것이 아닙니다. 또 위험하고 곤란한 상황을 받을 때냐, 모든 일이 순적하게 해결된 때냐의 상황에 관한 것도 아닙니다. 바울이 로마 시민인 것을 밝히지 않은 때와 밝힌 때의 비교 대상은 '복음을 전하기 위한 것이냐, 내가 풀려나기 위한 것이냐'입니다. 바울의 관심은 자기가 위기에 처한 것이냐 아니냐가 아니라, 복음과 관련된 것이었습니다. 바울은 자신이 전하는 복음이 '로마 사람'이 전하는 소식으로 들려지기를 원하지 않았습니다. 왜냐하면 당시에 로마 사람은 성공한 사람, 잘 난 사람, 모두가 부러워하는 사람, 배운 사람, 특권을 가진 사람의 상징이었기 때문입니다.

만약 바울이 로마 사람으로서 복음을 전했으면 듣는 사람들은 복음을 절대로 복음으로, 천국 복음으로 듣지 않았을 것이 너무나 자명합니다. 단지 로마 사람의 성공담으로 듣거나, 처세담으로 듣거나, 새로운 신분의 변화를 위한 수단으로 들었을 것입니다. 또는 바울이 로마 사람으로 복음을 전했으면, 당시 로마의 지도층이 철학이나 수사학을 토론하거나 연설하기를 좋아했던 관례로 보아 바울도 이런 저런 세상의 이야기 거리를 떠들어대며 자랑하는 것으로 여겼을 것입니다. 더 나아가 만약 바울이 관원들에게 잡혀가 곤욕을 치를 때 로마 시민임을 밝혀서 위기를 극복했다면 복음은 전혀 복음으로 들려지지 않으며, 바울은 그리스도인도 아니요, 성도도 아니요, 단지 로마 사람에 불과했을 것입니다. 바울은 자신이 로마 사람임을 밝혔을 때에 사람들에게 '복음'이 어떻게 오해되고, 왜곡될지를 이미 충분히 알고 있었습니다.

바울은 복음 전하는 때에는 자신이 로마 사람이 아니라 '천국 사람'이기를 바랐고, 유대인이 아니라 오직 '그리스도인'이기를 바랐습니다. 이것이 매우 중요합니다. 오늘날 복음을 전하는 기독교나 교회나 성도가 모두 주목해야 하는 핵심입니다. 복음서의 예수님에게서나 사도행전의 사도들에게서 공통적으로 발견되는 복음 전파의 핵심 사항입니다. 즉 복음은 세상의 가치와 비교하여 일정한 정도의 우위를 점하는 모습으로 여겨지는 것을 결사적으로 피했습니다. 복음서의 예수님과 사도행전의 사도들은 사회적 기준에 근거하면 부러워할 대상이 전혀 아니었습니다. 세상의 기준에 근거하면 닮고 싶은 모델이 전혀 아니었습니다. 죄의 기준에 근거하면 본인이 따르거나 누군가에게 추천할만한 모습이 전혀 아니었습니다. 예수님은 하나님 나라의 말씀이라는 세상에 없는, 세상에서 비교할 수 없는, 세상에 견줄 수 없는 전혀 다른 '천국 복음'을 선포했습니다. 사도들은 복음이라는 죄의 원리로 설명할 수 없는, 죄의 가치로 평가할 수 없는, 죄의 방법으로 어찌할 수 없는 전혀 다른 내용을 선포했습니다.

천국 복음

바울을 고소한 사람의 말에서 바울이 전한 복음에 대한 사람들의 반응이 나타납니다. 20절에 의하면 바울에 대해 말하기를 분명하게 '이 사람들이 유대인인데'라고 말합니다. 일반적으로 생각하기에 유대인이 말을 하면, 유대인이 어떤 풍속을 전하면, 어느 민족의 풍속 또는 어느 지역의 풍속 또는 어느 집단의 풍속이겠습니까? 당연히 유대인의 풍속입니다. 그런데 여종의 주인이 바울이 '유대인의 풍속을 전한다'고 고발하지 않았습니다. 왜냐하면 바울은 유대인의 풍속을 전한 것이 아니었기 때문입니다. 여종의 주인은 이미 유대인의 풍속에 대해서 알고 있었습니다. 로마 사람과 유대인들이 서로 섞여 살고 있었기에 서로의 종교, 서로의 문화, 서로의 풍속을 어느 정도 알고 있었습니다. 그런데 바울이 전하는 것은 자기가 속한 로마 사람의 풍속이 아닌 것은 분명했습니다. 그렇다고 자기가 주변에서 보았던 유대인의 풍속인 것도 아니었습니다. 전혀 다른 것이었습니다. 그래서 유대인의 풍속이라고 하지도 못하고, 무엇이라고 표현할 수가 없었기에 단지 한 말이 '우리가 받지도 못하고 행하지도 못할 풍속'뿐이었습니다.

　바울은 자신의 복음을 세상의 그 어느 것과 비교하지 않았고, 그 어느 것과 유사하게 전달하려고 시도하지 않았고, 세상의 어떤 수단과 방법이 복음을 전하는 데에 도움이 되거나 보탬이 될 것으로 생각하지 않았습니다. 도리어 복음 이외에 무엇을 첨가하면 복음이 변질되어 버린다는 것을 너무나 정확히 알고 있었습니다. 행여 사람들이 천국 복음을 듣고 기껏해야 로마 사람처럼 되는 것으로 생각하는 것을 차단했습니다. 행여 사람들이 천국 복음을 듣고 자신이 로마 시민권을 통하여 사로잡히고, 매를 맞고, 감옥에 갇힐 뻔한 위기를 벗어날 수 있는 어떤 특권 정도로 여겨지는 것을 막아섰습니다. 복음은 그것보다 훨씬 로마 나라의 시민 정도가 아니라 하나님의 나라의 백성이 되게 하고, 세상 권력의 어떤 위협을 벗어나는 정도가 아니라 더 강력한 죄의 세력으로부터 벗어나는 것이었기 때문입니다. 하나님이 주시는 은혜, 세상이 알 수도, 줄 수 도 없는 하나님의 자유와 평안을 풍성히 누리시기를 주님의 이름으로 축원합니다.

52

강론하며 뜻을 풀어

사도행전 17:1~15

1 그들이 암비볼리와 아볼로니아로 다녀가 데살로니가에 이르니 거기 유대인의 회당이 있는지라 2 바울이 자기의 관례대로 그들에게로 들어가서 세 안식일에 성경을 가지고 강론하며 3 뜻을 풀어 그리스도가 해를 받고 죽은 자 가운데서 다시 살아나야 할 것을 증언하고 이르되 내가 너희에게 전하는 이 예수가 곧 그리스도라 하니 4 그 중의 어떤 사람 곧 경건한 헬라인의 큰 무리와 적지 않은 귀부인도 권함을 받고 바울과 실라를 따르나 5 그러나 유대인들은 시기하여 저자의 어떤 불량한 사람들을 데리고 떼를 지어 성을 소동하게 하여 야손의 집에 침입하여 그들을 백성에게 끌어내려고 찾았으나 6 발견하지 못하매 야손과 몇 형제들을 끌고 읍장들 앞에 가서 소리 질러 이르되 천하를 어지럽게 하던 이 사람들이 여기도 이르매 7 야손이 그들을 맞아 들였도다 이 사람들이 다 가이사의 명을 거역하여 말하되 다른 임금 곧 예수라 하는 이가 있다 하더이다 하니 8 무리와 읍장들이 이 말을 듣고 소동하여 9 야손과 그 나머지 사람들에게 보석금을 받고 놓아 주니라 10 밤에 형제들이 곧 바울과 실라를 베뢰아로 보내니 그들이 이르러 유대인의 회당에 들어가니라 11 베뢰아에 있는 사람들은 데살로니가에 있는 사람들보다 더 너그러워서 간절한 마음으로 말씀을 받고 이것이 그러한가 하여 날마다 성경을 상고하므로 12 그 중에 믿는 사람이 많고 또 헬라의 귀부인과 남자가 적지 아니하나 13 데살로니가에 있는 유대인들은 바울이 하나님의 말씀을 베뢰아에서도 전하는 줄을 알고 거기도 가서 무리를 움직여 소동하게 하거늘 14 형제들이 곧 바울을 내보내어 바다까지 가게 하되 실라와 디모데는 아직 거기 머물더라 15 바울을 인도하는 사람들이 그를 데리고 아덴까지 이르러 그에게서 실라와 디모데를 자기에게로 속히 오게 하라는 명령을 받고 떠나니라

전하는 자

복음의 순수성

바울은 복음의 복음다움을 유지하기 위하여 자신이 로마 시민임을 밝힘으로써 얻을 수 있는 유익을 기꺼이 버렸습니다. 복음을 위해서 바울이 희생당한 것이 아니라 바울에게는 복음이 그만큼 더 가치가 있고, 소중한 것이었기 때문에 중요한 것을 위하여 사소한 것을 기꺼이 버렸고, 그 결과 복음의 복음다움을 얻었습니다. 그리스도인의 행동에는 포기나 희생이라는 개념이 존재하지 않습니다. 왜냐하면 좋은 것이 있음에도 불구하고 복음 때문에 눈물을 머금고 나쁜 것을 취하는 것이 아니라 복음보다 더 좋은 것이 없기에, 가장 좋은 복음을 따르는 것이기에 포기가 아니라 선택이고 희생이 아니라 혜택이기 때문입니다. 저에게 신앙 에세이를 쓰라고 하면 제목은 '포기' 대신 '얻음', '내려놓음'이 아니라 '버림'이라고 하겠습니다.

기독교에서 사용되는 표현들의 의미를 잘 점검해 보아야 합니다. 기독교적 원리, 하나님의 은혜의 원리에 근거하면 기독교에는 교만이라는 개념이 성립할 수 없습니다. 구원에 관하여 성경이 강력하게 선포하는 것이 인간의 행위로 말미암지 않고, 오직 하나님의 은혜라는 설명입니다. 로마서 3장 24절 "그리스도 예수 안에 있는 속량으로 말미암아 하나님의 은혜로 값없이 의롭다 하심을 얻은 자 되었느니라"입니다. 그래서 고린도전서 1장 29절 "이는 아무 육체도 하나님 앞에서 자랑하지 못하게 하려 하심이라"입니다. 기독교에는 자랑이나 교만이 원천적으로 존재할 수 없습니다. 동시에 겸손이란 개념도 성립할 수 없습니다. 자고로 겸손이라 함은 '남을 존중하고 자신을 낮추는 태도'를 의미합니다. 자신을 낮추는 것은 자신이 행한 일을 굳이 드러내지 않거나 크고 중요한 일로 떠벌이지 않는 것인데, 기독교에는 자신이 행한 일이 없습니다. 그래서 자신을 낮출 일이 없습니다.

기독교인의 덕목으로 '희생과 양보', '포기와 겸손'이 주로 언급되는데 모두 부적절한 표현입니다. 도리어 기독교인이라고 하면 가장 좋은 것을 깨달아 가장 탁월한 선택을 하는 것으로 '희생과 양보' 대신 '지혜와 선택'이 언급되고, 사실을 있는 그대로 인정하고 드러내기에 '포기와 겸손' 대신 '진실과 인정'이 언급되어야 합니다. 저와 여러분을 포함한 성도의 마음속에 예수 때문에 무엇을 제한받았고, 교회 때문에 희생당했고, 신앙 때문에 눈물을 머금고 양보했다는 '신파적 고백'이 나와서는 안 됩니다. 도리어 은혜를 받았다는 감격이 있고, 진리를 알았다는 희열이 있고, 하나님 나라의 평화와 안식을 누리고 있다는 즐거움과 행복의 고백이 있어야 합니다. 복음을 복음으로 알고, 복음을 복음으로 누리고, 복음을 복음으로 바르게 드러낼 수 있도록 모든 행동과 표현을 바로 잡아야 합니다.

사도들의 모습

사도행전에서 확인할 수 있는 것과 같이 베드로나, 스데반이나, 바울이나 모든 전도자들은 복음을 있는 그대로 드러냈습니다. 전달하기 쉽게 한다는 명분으로 복음을 변형시키거나 더 많은 효과를 얻으려는 목적으로 복음을 희석하지 않았습니다. 죄인의 기준과 죄인의 사고방식에 맞추어주면 복음이 더욱 쉽게 설명될 수 있을 것이라고 생각하면 큰 오산입니다. 그런데 안타깝게도 오늘날 교회들은 가능하면 복음의 색깔을 희석시키고, 가능한 사회적 영향력과 특권을 얻을 수 있는 수단과 방법으로 변질시키고 있습니다. 종종 우리나라 기독교 초창기와 현재를 비교하는 경우가 있습니다. 초창기에는 교회가 세상을 선도했는데 요새는 교회가 세상을 따라가고 있다고 말합니다. 그래서 다시 교회가 세상을 선도해야 한다고 말합니다. 잘못된 판단입니다. 우리나라 초기 기독교는 세상을 선도한 것이 아니라 세상과 달랐습니다.

예를 들어 보겠습니다. 초기 기독교는 다양한 측면에서 우리나라 개화기에 세상의 원리와 다른 행동을 했습니다. 교육, 의료, 복지, 문화 등 다양활 활동을 했습니다. 물론 당시의 사회적 수준에 비교하면 선진화된 것이었고, 앞장섰던 것이었습니다. 하지만 핵심은 '앞섰다'는 것이 아닙니다. 사회를 선도했다는 개념을 가지면 이것은 복음을 전한 것이 아니라 선진 기술문명을 전달한 것에 불과하고 조국 근대화에 공헌한 정도밖에 되지 않습니다. 교회가 행한 사역의 가장 중요한 핵심은 교육, 의료, 복지, 문화 등의 대부분의 활동을 '은혜의 원리'에 입각하여 세상에 베풀었다는 점입니다. 강조점이 '선도'가 아니라, '구제'가 아니라 '은혜'입니다. 기독교의 활동이 경제적 이득을 위해 시행되지 않았고, 비즈니스적 마인드로 운영되지 않았습니다. 도리어 나누는 것, 베푸는 것, 주는 것이었습니다. 그래서 그 당시의 사람들은 기독교나 교회의 활동에 대하여 경쟁 의식을 가지지 않았고, 교회를 비난하지 않았습니다. 자신들이 없는 것, 자신들이 하지 못하는 것을 무료로, 공짜로, 은혜로 베풀어주는 것에 감사했습니다. 그래서 존경을 받았습니다.

하지만 오늘날 교회들이 하는 활동은 대부분 세상이 또는 사회가 하는 활동과 중복됩니다. 그래서 사람들은 교회를 경쟁 대상으로 간주하고, 더 나아가 교회나 기독교를 비난합니다. 왜냐하면 마치 대기업의 횡포와 유사하기 때문입니다. 대형 교회라는 자본력과 교회 부대시설이라는 부당한 공간을 사용하고, 많은 교회 사람이라는 인력을 기반으로 불공정 거래를 하고 있기 때문입니다. 교회가 세상을 선도하지 못하는 것이 문제가 아니라 교회의 교회다움, 기독교의 기독교다움인 '은혜'가 상실되었습니다. 그래서 자주 듣는 말이 '아이고 교회도 세상과 똑 같애!'라는 말이나, 민망하지만 '아이고, 교회가 더해!'라는 말입니다. 더 이상 바울이 들었던 말, 사도행전 16장 21절 "로마 사람인 우리가 받지도 못하고 행하지도 못할 풍속을 전한다"는 말을 듣지 못하고 있습니다. 참으로 안타까운 현실입니다.

강론하며, 뜻을 풀어, 증언하고

사도행전 17장의 본문에는 복음에 관하여 전하는 자의 태도와 전함을 받는 자의 태도가 아주 아름답게, 가장 모범적인 모습으로 소개되고 있습니다. 본문처럼 오늘날 교회의 사역이 진행되면 정말 멋있을 것 같습니다. 1절로 3절 "그들이 암비볼리와 아볼로니아로 다녀가 데살로니가에 이르니 거기 유대인의 회당이 있는지라 바울이 자기의 관례대로 그들에게로 들어가서 세 안식일에 성경을 가지고 강론하며 뜻을 풀어 그리스도가 해를 받고 죽은 자운데서 다시 살아나야 할 것을 증언하고 이르되 내가 너희에게 전하는 이 예수가 곧 그리스도라 하니"입니다. 16장의 투옥 사건이 발생한 지역이 빌립보였습니다. 풀려난 후에 데살로니가에 왔습니다. 바울이 관례대로 했다고 하는데 사도행전에 이런 모습이 자주 발견됩니다. 13장 14절에 "그들은 버가에서 더 나아가 비시디아 안디옥에 이르러 안식일에 회당에 들어가 앉으니라", 44절 "그 다음 안식일에는 온 시민이 거의 다 하나님의 말씀을 듣고자 하여 모이니", 16장 13절에 "안식일에 우리가 기도할 곳이 있을까 하여" 등입니다. 바울은 처음부터 이방인을 대상으로 하기보다는 우선은 주로 회당 등을 찾아다니며 이방 지역에 있는 유대인들에게 복음을 전했고, 점차 각 지역의 이방인들에게까지 복음을 전했던 것 같습니다.

본문에서 복음을 전하는 바울의 행동을 설명하는 단어가 세 개 등장합니다. 핵심 표현이 2절의 '강론하며'입니다. 다른 번역본들에서는 '토론하다'로 번역되기도 했습니다. 그러나 유대교 회당에서는 토론이 행해진 것이 아닙니다. 유대교 전통에 의하면 토라 또는 율법은 토론의 대상이 아니었습니다. 각 사람이 자신의 의견을 제안하고 누구의 설명이 맞는지 토론하는 것이 아니었습니다. 서로 더 적절한 뜻을 풀이하게 위해 머리를 맞댄 것이 아닙니다. 복음서에서 예수님이 말씀을 전하고 유대교 지도자들이 예수님께 한 말을 기억하시면 이해에 도움이 됩니다. 마태복음 21장 23절 "예수께서 성전에 들어가 가르치실새 대제사장들과 백성의 장로들이 나아와 이르되 네가 무슨 권위로 이런 일을 하느냐 또 누가 이 권위를 주었느냐"입니다. 유대교 지도자들은 율법을 해석할 권위, 율법을 가르칠 자격이 있는 사람이 따로 있다고 주장했습니다. 누구라도 율법에 대한 새로운 깨달음이 있으면 의견을 제시할 수 있는 것이 아니라 자격이 있는 사람만 율법을 해석할 수 있습니다. 예수님의 율법 풀이가 옳은지, 맞는지는 관심이 없습니다. 해석을 듣기 전에 아예 권위가 없다, 자격이 없다고 제지하였습니다.

바울은 회당에서 토론을 한 것이 아닙니다. 물론 바울이 유대교 지도자들처럼 본인이 권위있는 자라고 권세를 부린 것이 아닙니다. 바울은 토론하려는 자세를 유지할지라도 백성들은 전혀 토론하려는 생각 자체가 없습니다. 그래서 본문의 '강론하며'는 정확하게 표현하면 '철저하게 말하다, 이야기하다, 연설하다, 설명하다'는 의미입니다. 바울이 복음에 대하여 '자세히 설명한 것'입니다. 바울의 설명을 보조하는 두 개의 분사가 있습니다. 3절에 하나는 '뜻을 풀어'로 번역되었고, 다른 하나는 '증언하고'로 번역되었습니다. '뜻을 풀어'는 '완전히 열다, 설명하다, 해석하다, 풀다'라는 뜻입니다. 바울이 내용을 차근차근 이해하기 쉽게 풀어주었다는 의미입니다. '증언하고'는 '되풀이하여 가르쳐주다, 지적하다, 앞에 놓다, 제출하다'라는 뜻입니다. 즉 알 때까지 가르쳐주었다는 의미입니다. 두 개의 분사와 하나의 동사를 연결하면 바울은 회당에서 복음에 대하여 '뜻을 풀어주면서, 계속하며 가르쳐주면서, 자세하게 설명하였다'는 의미가 됩니다. 아무도 이 내용을 알지 못하기 때문입니다.

복음의 내용

복음을 전하는 것을 '전도'라고 합니다. 전도라고 하니까 너무나 간단하게 그냥 '복음을 전하는 것', '복음을 말하는 것'이라고 생각합니다. 또는 '복음 선포'라고 하니까 그냥 소리 지르는 것, 외치는 것이라고 생각합니다. 복음을 전하는 것을 '복음 선포'라고 할 때 '선포'가 의미하는 것은 복음을 '전하고 알리는 행위'에 관한 것이 아니라 복음의 '내용'에 관한 표현입니다. 복음을 '선포'하는 것은 내용을 제안하는 것이 아닙니다. 이미 '이루어졌다, 완성되었다, 성취되었다'는 하나님의 행하심의 결과라는 것을 강조합니다. 이렇게 복음의 내용적 측면에서 제안이 아니라 완성을 의미하는 것이 '선포'이고, 복음을 전달하는 행위나 방법에 관한 표현이 본문의 '강론하며, 뜻을 풀어, 증언하고'입니다.

  복음의 전달 또는 복음을 알리는 행위가 '외치는 것, 말하는 것'이 아니라 '강론하며, 뜻을 풀어, 증언하고'의 형태를 취하는 것이 너무나 당연합니다. 왜냐하면 기독교의 내용 즉 복음이 '결과'이기 때문입니다. 만약 기독교의 내용이 선포가 아니라 제안이라면 뜻을 풀어주지 않아도 됩니다. 사람들이 익숙해있는 방식이기 때문입니다. 그러나 기독교의 복음이 목표를 제시하고 방법을 제안하는 것이 아니라 이미 이루어진 결과를 선포하는 것이기에 사람들은 이런 방식을 알지 못하고, 이런 내용을 상상도 하지 못합니다. 자기가 아무 것도 행하지 않았는데 이미 이루어졌다니, 자기가 어떤 대가를 지불하지도 않았는데 그냥, 거저, 공짜로, 은혜로 주겠다니 납득할 수 없습니다. 그러니 당연히 '강론하며, 뜻을 풀어, 증언하고'가 나오게 되어 있습니다.

  3절에 바울이 전한 내용이 등장합니다. '그리스도가 해를 받고 죽은 자 가운데서 다시 살아나야 할 것을 증언하고 이르되 내가 너희에게 전하는 이 예수가 곧 그리스도라'입니다. 여러분, 이것을 어떻게 그냥 전합니까? 당시의 사람들이나 오늘날의 사람들이나, 시대와 장소를 불문하고 예수를 모르는 사람들에게 '그리스도가 해를 받고 죽은 자 가운데서 다시 살아나야 할 것'을 전하려면 어떻게 해야 합니까? 그냥 외치면 됩니까? 이 내용을 전달하려면 '그리스도'가 무엇을 의미하는지 가르쳐야 하고, 왜 죽어야 하는지 가르쳐야 하고, 죽은 자가 어떻게 살아나는지 가르쳐야 하고, 살아나면 어떻게 되는지 가르쳐야 하고, 예수를 가르쳐야 합니다. 예수가 무엇을 했는지, 왜 그가 그리스도인지를 가르쳐야 합니다. 도대체 가르침을 빼고 나면 뭐가 남습니까? 아무 것도 없습니다.

제자들의 선포

바울은 공부를 많이 한 똑똑한 사람이라 가르쳤고, 베드로는 무식한 베드로니까 그냥 외치고 소리 질렀다고 생각하시면 큰 오해입니다. 사도행전에 나오는 베드로의 설교나 스데반의 설교를 확인해 보시면 압니다. 베드로의 첫 번째 설교가 사도행전 2장 14절 이하입니다. 그냥 외치는 것이 아니라 선지자 요엘의 예언이 등장하고, 다윗의 시편이 등장합니다. 베드로는 구약의 내용을 끌어오고, 구약의 말씀이 예수에게서 응답되었다는 것을 조목조목 설명하고 가르쳤습니다. 두 번째 설교가 사도행전 3장, 성전에서 앉은뱅이를 일으킨 사건 이후입니다. 이번에는 더 장황합니다. 아브라함의 하나님부터 시작하고, 모세를 언급하고, 사무엘 때부터 이어 말한 모든 선지자의 메시지를 언급하면서 예수가 그리스도임을 설명하고 가르칩니다. 절대로 앞뒤 자르고 '예수를 믿으라'가 아니었습니다.

7장에 나오는 스데반의 설교는 구약 전체를 다루는 대 서사시이고, 율법과 성전에 대하여 변증하는 한편의 논문입니다. 하란에 있는 아브라함부터 시작해서 야곱, 요셉, 모세, 다윗, 솔로몬이 등장합니다. 외친 것이 아니고, 소리 지른 것이 아니라 조목조목 설명하고, 가르쳤습니다. 8장의 빌립도 에디오피아 내시를 만나서 선지자의 글을 읽고 있는 것을 보고 '이 글에서 시작하여 예수를 가르쳐 복음을 전하니'입니다. 고넬료의 집에서도 베드로는 침례요한부터 시작하여 자신들이 증인이 된 내력을 설명하고 가르칩니다. 물론 성경에는 아주 간단하게 '베드로가 복음을 전하니라', 바울이 '예수가 하나님의 아들이심을 전파하니'라고 표현되어 있는 구절들이 있습니다. 그렇게 표현되어 있다고 해서 실제로도 앞뒤 빼고 그냥 '전파'만 했을 것이라고 착각하시면 안 됩니다. 복음을 설명하고 가르쳐야 하는 이유는 복음이 선포, 즉 '결과'이기 때문입니다. 오늘날 교회들이 설명하고 가르치는 일들보다는 다른 활동에 치우치는 이유 중의 하나가 바로 '복음이 결과요 선포'라고 생각하기 보다는 비전, 목표, 계획, 제안으로 여기기 때문이 아닌가 생각합니다. 복음의 복음다움이 희석되고 있습니다.

바울의 선포

사도행전에서 바울이 전하는 복음을 점검해 보면 아주 다양한 설명이 등장하는 것을 확인할 수 있습니다. 바울이 다메섹으로 가는 길에서 예수님을 만나고 아나니아의 도움으로 눈이 치료된 후부터 복음을 전합니다. 사도행전 9장 20절 "즉시로 각 회당에서 예수가 하나님의 아들이심을 전파하니"입니다. 그런데 바로 뒤이어 9장 22절에 보면 "사울은 힘을 더 얻어 예수를 그리스도라 증언하여 다메섹에 사는 유대인들을 당혹하게 하니라"입니다. 단지 외친 것이 아니라 설명하였습니다. 다음에 살펴볼 사도행전 17장 18절에는 또 다른 이야기가 나옵니다. "어떤 에피쿠로스와 스토아 철학자들도 바울과 쟁론할새 어떤 사람은 이르되 이 말쟁이가 무슨 말을 하고자 하느냐 하고 어떤 사람은 이르되 이방 신들을 전하는 사람인가 보다 하니 이는 바울이 예수와 부활을 전하기 때문이러라"입니다. 바울이 '예수와 부활을 전했다'고 합니다. 그냥 '부활했다'고 소리친 것이 아니라 설명하고 가르쳤습니다.

귀신이 한 말도 있습니다. 16장 17절에 보면 "그가 바울과 우리를 따라와 소리질러 이르되 '이 사람들은 지극히 높은 하나님의 종으로서 구원의 길을 너희에게 전하는 자라' 하며"입니다. 이때에도 구원의 길을 알려주고 가르쳐주었습니다. 또 사도행전 20장에 가보면 바울이 스스로 자기가 전한 것에 대해 설명하는 구절이 있습니다. 20장 25절 "보라 내가 여러분 중에 왕래하며 하나님의 나라를 전파하였으나"입니다. 또 사도행전 24장 24절에 보면 "수일 후에 벨릭스가 그 아내 유대 여자 드루실라와 함께 와서 바울을 불러 그리스도 예수 믿는 도를 듣거늘 바울이 의와 절제와 장차 오는 심판을 강론하니"입니다.

바울이 전한 주제가 최소한 다섯 가지입니다. 각각 다른 것입니까, 같은 것입니까? 당연히 같은 것입니다. 표현이 다르게 되어있으니까 어떻게 해야 합니까? 당연히 강론하며 뜻을 풀어 설명해 주어야 합니다. 베드로나 스데반이나 바울의 설교 중에 비전이나 목표나 수단이나 방법이 등장합니까? 전혀 등장하지 않습니다. 복음이 선포이기 때문, 복음이 내용이기 때문, 복음이 결과이기 때문입니다.

듣는 자

어떤 사람들

사도행전 17장에는 지역이 세 곳 등장합니다. 1절로 9절까지는 데살로니가, 10절로 15절까지는 베뢰아, 16절로 34절까지는 아덴입니다. 먼저 1절로 15절까지를 살펴보겠습니다. 데살로니가와 베뢰아의 사역에 관한 기록은 동일한 패턴이 두 번 반복됩니다. 바울이 회당에 들어가서 복음을 전했다고 동일하게 나오고, 사람들 중에 복음을 받아들인 사람과 거부한 사람이 있다고 동일하게 나옵니다. 그 중에 데살로니가에서는 복음을 전하는 바울의 모습을 잘 설명하였고, 베뢰아에서는 복음을 받는 사람들의 모습을 잘 설명해주고 있습니다. 앞에서 바울의 복음 전파 즉 '강론하며, 뜻을 풀어, 증언하고'라는 표현은 설명하고 가르치는 모습이라고 말씀드렸습니다.

17장 11절에는 말씀을 받는 자의 모습이 나옵니다. "베뢰아에 있는 사람들은 데살로니가에 있는 사람들보다 더 너그러워서 간절한 마음으로 말씀을 받고 이것이 그러한가 하여 날마다 성경을 상고하므로"입니다. 본문의 '상고하다'의 뜻은 '시험하다, 연구하다, 조사하다, 수사하다, 심문하다, 판결하다, 체로 치다'입니다. 이 사람들은 믿는 사람들이 아니라 안 믿는 사람들이었습니다. 복음을 가르쳐보면 선뜻 받아들이는 사람이 없습니다. 당연하게 이리 재보고, 저리 따져보고 합니다. 아주 잘하는 일입니다. 안 믿는 사람들은 이렇게 한다고 책망하는 것이 아니며, 성도는 이렇지 말아야 한다고 권고하는 것이 아닙니다.

두 지역에서 공통적으로 나타나는 반응이 있습니다. 하나는 '받아들이는 사람'들이고, 다른 하나는 '거부하는 사람'들입니다. 먼저 받아들이는 사람들을 보겠습니다. 4절 "그 중의 어떤 사람 곧 경건한 헬라인의 큰 무리와 적지 않은 귀부인도 권함을 받고 바울과 실라를 따르나"입니다. 동일하게 12절 "그 중에 믿는 사람이 많고 또 헬라의 귀부인과 남자가 적지 아니하나"입니다. 거부하는 사람들에 관한 내용은 5절 "그러나 유대인들은 시기하여 저자의 어떤 불량한 사람들을 데리고 떼를 지어 성을 소동하게 하여 야손의 집에 침입하여 그들을 백성에게 끌어내려고 찾았으나"입니다. 동일하게 13절 "데살로니가에 있는 유대인들은 바울이 하나님의 말씀을 베뢰아에서도 전하는 줄을 알고 거기도 가서 무리를 움직여 소동하게 하거늘"입니다.

사도행전에는 복음을 받아들이는 사람들의 이야기가 많이 나옵니다. 처음에 삼천 명 또는 오천 명이 받아들였고, 사마리아 지역의 사람도 받아들였고, 이방인이었던 에디오피아의 내시도 받아들였고, 또 다른 이방인인 고넬료도 받아들였습니다. 그런데 사도행전에는 복음을 거부하는 사람들의 이야기도 많이 나옵니다. 유대교의 관원들이 거부하였고, 바리새인 청년 사울이 거부하였고, 구체적으로 표현되기는 14장 2절 "그러나 순종하지 아니하는 유대인들이 이방인들의 마음을 선동하여 형제들에게 악감을 품게 하거늘"이고, 16장 19절 "여종의 주인들은 자기 수익의 소망이 끊어진 것을 보고 바울과 실라를 붙잡아 장터로 관리들에게 끌어갔다가"이고, 17장 5절과 13절의 유대인입니다. 또 앞으로 펼쳐질 사도행전 17장 이하에서는 바울이 옥에 갇혀있는 내용과 로마로 압송되는 내용이 주로 이어지는데 이때에는 복음을 받아들이는 사람들보다는 거부하는 사람들의 모습이 더 자주 나타납니다.

여기서 여러분에게 한 가지 질문을 드려보겠습니다. 마태, 마가, 누가, 요한의 복음서에서도 마찬가지고 사도행전에서도 마찬가지인데 예수님의 복음 선포 또는 사도들의 복음 선포를 듣고 받아들인 부류들과 거부한 부류들의 차이점이 무엇인지 눈치를 채셨습니까? 먼저 분명히 하고 넘어가야 할 것은 구원은 전적인 '하나님의 은혜의 선물'이라는 점입니다. 복음을 받아들인 사람들에 대하여 저들이 받아들였기 때문에, 저들의 행위, 저들의 공로로 말미암아 구원받았다고 말하는 것이 아닙니다. 동일하게 복음을 거부한 사람들에 대하여 저들이 복음을 거부하였기 때문에, 저들의 행위, 저들의 선택과 결정에 근거하여 구원받지 못하였다고 말하는 것이 아닙니다. 복음을 받아들인 사람은 전적인 하나님의 은혜를 받은 것입니다.

거부한 사람들

복음을 거부한 사람들을 찬찬히 살펴보면 첫째, 이방인과 대조하면 대부분이 유대인이며, 둘째, 유대인 내부에서 관찰하면 평민 계층 보다는 지도층이며, 셋째, 이방인의 경우에도 대부분 관료들입니다. 이것이 무엇을 의미합니까? 첫 번째의 경우 이방인보다는 유대인이 더 거부했습니다. 핵심은 이방인은 구원에 대해서 모르고 그리스도에 대해서 모른다는 점입니다. 그러니 당연히 '어떻게 하면 구원받는가?'라는 질문이 없고, '이렇게 하면 구원 받는다'라는 방법을 알지 못하고, 가지고 있지 않습니다. 유대인은 구원에 대해 알고 있었지만 자신들이 생각한 구원의 방법이 아니었기에 거부했습니다.

두 번째, 유대인끼리 비교해 볼 때 평민보다는 관료들이 더 거부했습니다. 유대인들은 모두 '이렇게 하면 구원 받는다'라는 자기들의 방식을 가지고 있었습니다. 그런데 그와 같이 구원받는 방법을 동일하게 가지고 있는 유대인의 경우에서, 관료들은 자신들이 그 방식대로 행하고 있다고 자부하였습니다. 실제로 기도도 하고, 금식도 하고, 구제도 하였습니다. 그런데 평민들은 비록 방법은 알고 있었지만 그 방법대로 실천하고 있다고 자부할 수 없었습니다. 금식하자니 먹고 힘을 내야하니까 금식할 수 없고, 구제하자니 자기들 먹을 것도 부족하니 구제할 수 없고, 기도하자니 자기들같이 의롭지 못한 사람들은 기도해봤자 들어주시지 않을 것이라고 생각하니 기도하지 않았습니다.

세 번째, 이방인끼리의 경우에는 주로 관료들이 거부하였습니다. 성경이 관료들을 등장시키는 이유는 이 사람들은 성공한 사람들이라는 점입니다. 성공한 사람들은 대부분 성공하는 방식을 알고 있고, 실제로 성공한 사람들입니다. 11절에 나오는 '베뢰아 사람들은 더 너그러워서'의 '너그러워서'는 '마음이 트여서, 관대하여, 개방적이어서'의 의미가 전혀 아닙니다. 개인의 성품에 대한 표현이 아니라 사회적 계층 즉 '좋은 가문, 문벌 좋은, 훌륭한'이라는 뜻입니다. 베뢰아 사람이 더 권력자요, 성공자라는 의미입니다. 이러한 사람들의 특징은 '간절한 마음' 즉 '열망, 준비, 열심, 원하는 것'입니다. 성공자들은 또 다른 성공의 원리를 알고 싶어합니다. 성공에 대한 집념이 있기에 새로이 들은 복음에 대해서도 혹시 도움이 될 만한 것이 있나 따져보고, 계산해보고, 분석해 보았다는 의미입니다.

하나님의 은혜

복음에 대하여 이렇게 계산하고, 연구하고, 점검하고, 분석하면 복음을 받아들이는 결론이 나옵니까? 결론은 거부입니다. 사람 중에는 분석하고 따져서 예수를 받아들이고 영접한 사람이 없습니다. 잘난 사람이 이렇게 거부하면 못난 사람들은 더 거부합니다. 왜냐하면 못난 사람들은 대부분 잘난 사람들을 부러워하고 따라하려고 하기 때문입니다. 자신들보다 더 많이 아는 사람들이 거부하는 것을 보면 저것은 옳지 않은가보다고 생각합니다. 그래서 자발적으로, 스스로, 합리적으로 생각해서 예수를 영접한 사람은 단 한 사람도 없습니다.

그래서 기독교가 복음을 전할 때에 당연히 강론하고, 설명하고, 가르치면서도 결국 결론을 '이해하라, 수용하라, 인정하라'고 말하지 않고 '믿으라'고 합니다. 왜냐하면 죄인에게는 합리적 이해, 논리적 수용이 가능하지 않기 때문입니다. 성경이 '믿으라'고 말하는 것은 말 그대로 '믿으라'는 의미가 아니라 '네 힘으로 안 된다, 네 인식으로 안 된다, 네 가치관으로 안 된다'는 의미입니다. 성경을 자세히 보면 '믿으라'고 말하는 대상이 있습니다. 복음서나 사도행전에서 '믿으라'고 말하는 대상은 언제나 '불신자들' 또는 '죄인들'입니다. 죄인들에게는 '믿으라'고 합니다.

그런데 성도들에게는 '믿으라'고 말하지 않습니다. 왜냐하면 이미 믿는 자들이기 때문입니다. 이미 은혜를 받아 성도가 되었기 때문입니다. 이제 성도에게 필요한 것, 성도가 해야 할 일이 바로 '상고하여'입니다. 이제 성도가 되었으니 자신을 구원한 예수가 누구인지, 예수의 부활이 자신과 어떻게 연결되는지, 성도라는 존재 안에 어떤 축복과 은혜와 약속과 보장이 담겨있는지 연구하고, 따져보고, 점검하고, 분석해보라는 권고입니다. 그래야 성도에게 주어진 은혜를 누릴 수 있기 때문입니다. 바울이 에베소에 있는 성도에게 권고하는 내용이 에베소서 2장 11절 "그러므로 생각하라", 5장 15절 "그런즉 너희가 어떻게 행할지를 자세히 주의하여 지혜 없는 자 같이 하지 말고 오직 지혜있는 자 같이 하여", 17절 "그러므로 어리석은 자가 되지 말고 오직 주의 뜻이 무엇인지 이해하라" 등입니다.

안타깝게 현실에서는 성도와 불신자의 태도가 정반대가 되었습니다. 아무리 분석해도 받아들일 수 없는 죄인들은 '상고'만 할뿐 도무지 믿지 않고, 이제 상고하고, 분석하고, 점검해야 할 성도들은 단지 '믿기만' 할뿐 도무지 상고하지 않습니다. 기독교는 믿음에 관하여는 '하나님의 은혜'라고 선언합니다. 그래서 믿은 사람 중에 어느 누구도 '내가' 믿었다고 말할 수 없고, '내가' 믿는 것을 자랑할 수 없습니다. 모든 성도가 단지 내가 믿는 것은 '하나님의 은혜다'라고만 말할 수 있습니다. 우리끼리는 더 이상 믿음에 대해 운운하는 것이 아닙니다. 우리 모두는 하나님께로부터 믿음의 은혜를 받았습니다. 이제부터는 내가 믿는 것을 '바로 알고 있느냐'는 것이 중요합니다. 바로 알아서 바로 누리고 있느냐, 바로 알아서 바로 구현하고 있느냐에 집중해야 합니다.

먼저 믿음을 주신 은혜에 감사하면서 말씀을 상고하여 내가 믿고 있는 바를 제대로 알아 풍성히 누리시고, 후에는 그렇게 여러분이 알고 누리는 것을 자세히 풀어주고 설명해주는 성숙한 성도의 삶이 되시기를 주님의 이름으로 축원합니다.

주시는 분

사도행전 17:16~34

16 바울이 아덴에서 그들을 기다리다가 그 성에 우상이 가득한 것을 보고 마음에 격분하여 17 회당에서는 유대인과 경건한 사람들과 또 장터에서는 날마다 만나는 사람들과 변론하니 18 어떤 에피쿠로스와 스토아 철학자들도 바울과 쟁론할새 어떤 사람은 이르되 이 말쟁이가 무슨 말을 하고자 하느냐 하고 어떤 사람은 이르되 이방 신들을 전하는 사람인가보다 하니 이는 바울이 예수와 부활을 전하기 때문이러라 19 그를 붙들어 아레오바고로 가며 말하기를 네가 말하는 이 새로운 가르침이 무엇인지 우리가 알 수 있겠느냐 20 네가 어떤 이상한 것을 우리 귀에 들려 주니 그 무슨 뜻인지 알고자 하노라 하니 21 모든 아덴 사람과 거기서 나그네 된 외국인들이 가장 새로운 것을 말하고 듣는 것 이외에는 달리 시간을 쓰지 않음이더라 22 바울이 아레오바고 가운데 서서 말하되 아덴 사람들아 너희를 보니 범사에 종교심이 많도다 23 내가 두루 다니며 너희가 위하는 것들을 보다가 알지 못하는 신에게라고 새긴 단도 보았으니 그런즉 너희가 알지 못하고 위하는 그것을 내가 너희에게 알게 하리라 24 우주와 그 가운데 있는 만물을 지으신 하나님께서는 천지의 주재시니 손으로 지은 전에 계시지 아니하시고 25 또 무엇이 부족한 것처럼 사람의 손으로 섬김을 받으시는 것이 아니니 이는 만민에게 생명과 호흡과 만물을 친히 주시는 이심이라 26 인류의 모든 족속을 한 혈통으로 만드사 온 땅에 살게 하시고 그들의 연대를 정하시며 거주의 경계를 한정하셨으니 27 이는 사람으로 혹 하나님을 더듬어 찾아 발견하게 하려 하심이로되 그는 우리 각 사람에게서 멀리 계시지 아니하도다 28 우리가 그를 힘입어 살며 기동하며 존재하느니라 너희 시인 중 어떤 사람들의 말과 같이 우리가 그의 소생이라 하니 29 이와 같이 하나님의 소생이 되었은즉 하나님을 금이나 은이나 돌에다 사람의 기술과 고안으로 새긴 것들과 같이 여길 것이 아니니라 30 알지 못하던 시대에는 하나님이 간과하셨거니와 이제는 어디든지 사람에게 다 명하사 회개하라 하셨으니 31 이는 정하신 사람으로 하여금 천하를 공의로 심판할 날을 작정하시고 이에 그를 죽은 자 가운데서 다시 살리신 것으로 모든 사람에게 믿을 만한

증거를 주셨음이니라 하니라 32 그들이 죽은 자의 부활을 듣고 어떤 사람은 조롱도 하고 어떤 사람은 이 일에 대하여 네 말을 다시 듣겠다 하니 33 이에 바울이 그들 가운데서 떠나매 34 몇 사람이 그를 가까이하여 믿으니 그 중에는 아레오바고 관리 디오누시오와 다마리라 하는 여자와 또 다른 사람들도 있었더라

우상을 멀리하라

우상의 등장

대부분의 사람들은 성경에 어떤 이야기가 있다는 것은 어느 정도 알고 있습니다. 예를 들면 출애굽 이야기, 십계명 이야기, 가나안 정복 이야기, 갈멜산의 엘리야 이야기 등입니다. 그런데 그 사건이 성경의 어디에 있는지를 물으면 조금 난감해 하지만 그래도 큰 틀에서는 압니다. 출애굽이나 십계명은 모두 구약에 있다는 것, 구약 중에서도 앞부분에 있다는 것 정도입니다. 그런데 질문이 더 들어가면, 즉 십계명을 주셨는데 왜 주지 않고 출애굽기 20장에서 주었을까를 물으면 아주 난감해 합니다. 우선 십계명 이야기를 해 보겠습니다. 열 가지 계명을 모두 순서대로 맞추어야 천국 가는 것은 아닙니다. 어떤 분은 열 가지를 모두 기억하지 못할 수도 있습니다. 그래도 대부분 앞의 두세 가지는 알고 계십니다. 첫째는 '너는 나 외에는 다른 신들을 네게 두지 말라'이고, 둘째는 '너를 위하여 새긴 우상을 만들지 말라'는 것입니다. 기독교를 믿는 신자이든 믿지 않는 불신자이든 모두 십계명의 이 내용을 알고 있습니다. 그래서 신자이든 불신자이든 '기독교는 우상을 버리라고 한다, 형상을 파괴하라고 한다, 다른 신을 믿지 말라고 한다'고 말하곤 합니다. 틀린 말은 아니지만 처음부터 그랬던 것은 아닙니다. 하나님이 이 계명을 주신 것이 출애굽기 20장이라는 점을 유의하셔야 합니다. 다른 말로 표현하면 아브라함의 시대, 이삭의 시대, 야곱의 시대, 요셉의 시대, 모세가 출애굽의 지도자로 나서기 전의 시대에는 이런 계명이 없었다는 점입니다.

아브람이 하나님을 만난 것은 대략 칠십오 세 때입니다. 그 후 백 년 동안 하나님을 알고 지내고 최종적으로 백칠십오 세에 죽습니다. 하나님이 아브라함을 이스라엘의 조상으로 세웠으면 처음부터 율법을 주시거나, 아니면 최소한 율법의 핵심 조항을 아브라함에게 알려주셔서 아브람이 율법을 지킨 모범을 보여주었으면 아주 좋았을 것 같습니다. 그러나 하나님은 아브람에게 율법을 주시지 않았고, 아브람에게 우상을 버리고 형상을 버리라는 계명을 요구하지도 않았습니다. 그렇다고 아브람이 우상을 섬겼다는 말은 아닙니다. 아브라함이나 그 아들 이삭의 시대에는 우상에 관한 언급이 거의 없습니다.

야곱의 경우

하지만 야곱의 시대에는 우상이 등장합니다. 야곱의 아내 라헬이 고향집을 떠나면서 아버지가 섬기는 신의 신상인 드라빔을 훔쳐 나오는 이야기입니다. 하나님은 라헬에 대하여 어떠한 조치도 내리지 않으십니다. 그런데 재미있는 사건이 이어집니다. 잘 아시는대로 야곱이 얍복강에서 천사와 씨름하는 이야기가 나오고, 형 에서와 만나는 사건이 나오고, 야곱의 딸 디나가 욕을 당하는 사건이 나옵니다. 그 후에 창세기 35장에서 하나님이 야곱에게 벧엘로 올라가서 제단을 쌓으라고 말씀하십니다. 이때 야곱이 하는 말이 아주 특이합니다. 35장 2절 "야곱이 이에 자기 집안 사람과 자기와 함께 한 모든 자에게 이르되 너희 중에 있는 이방 신상들을 버리고 자신을 정결하게 하고 너희들의 의복을 바꾸어 입으라"입니다. 성경 전체에서 '이방 신상들을 버리라'는 말을 가장 먼저 한 자가 누구일까요? 사람일까요, 하나님일까요? 하나님이 아니라 사람입니다. 믿음의 조상 아브라함일까요, 속임수의 대장 야곱일까요? 야곱입니다.

창세기 28장에 의하면 하나님이 야곱에게 제단을 쌓으라고 한 벧엘은 수십 년 전에 야곱이 형을 피해 도망가면서 자다가 꿈속에서 하나님을 만났던 곳입니다. 그때에는 하나님이 야곱에게 아브라함과 이삭에게 주신 약속을 언급하셔도 야곱이 콧방귀도 안 뀌던 장소입니다. 그때 야곱은 만약 하나님께서 먹여주고, 입혀주고, 풍성하게 만들어주셔서 돌아오게 하시면 하나님을 섬기겠다고 서원했었습니다. 그런데 세월이 지나 실제로 하나님은 그렇게 해주셨고, 이제 그 약속의 장소로 가라고 말씀하십니다. 야곱은 하나님이 약속하신 대로 모두 이루셨다는 것을 확인하게 되었습니다. 그러자 야곱이 스스로, 하나님이 요구하지도 않은 것, 즉 우상을 버리는 일을 행합니다. 하나님의 계명이기 때문이 아니요, 하나님의 명령이기 때문이 아닙니다. 야곱의 관점에서는 다른 이방의 신들보다 하나님이 가장 믿을 만하기 때문입니다. 다른 우상들보다 하나님이 가장 자기에게 유익이 되었기 때문입니다. 우상을 섬기는 것보다 하나님을 섬기는 것이 자기에게 좋았기 때문입니다. 이것이 하나님의 방식입니다.

하나님은 이방 신을 섬기는 사람들, 즉 하나님을 모르는 사람들에게 이방 신을 버리라고 명령하지 않습니다. 우상을 버리라고 명령하지 않고, 형상을 제거하라고 요구하지도 않습니다. 하나님을 모르는 사람들, 늘 두려움과 불안이 있고, 다른 한편으로는 무엇인가 자신들의 기대와 소망을 들어주시는 분이 있기를 바라는 존재들에게서 위로가 되는 역할, 기대가 되는 역할을 송두리째 뿌리 뽑지 않습니다. 하나님을 알지 못하는 사람은 절대로 우상을 버릴 수 없습니다. 하나님을 알지 못하는 사람들이 우상 신이라도 없으면 버틸 수가 없기 때문입니다.

모세의 경우

야곱 사건 이후에 이스라엘은 다시 우상과 연결이 됩니다. 요셉은 애굽으로 옮겨가서 애굽의 지역인 '온'의 제사장인 보디베라 집안의 사위가 됩니다. 하나님께 은혜를 받아 애굽의 총리가 되었음에도 불구하고 애굽의 지역 신을 섬기는 것을 멈추지 않았습니다. 요셉이 죽기 직전 이혼을 감행하면서까지 우상을 섬기던 집안과 인연을 끊었다는 기록은 없습니다. 그런데 하나님은 요셉의 행동에 대하여 일체의 언급이 없습니다. 동일한 패턴이 모세에게서 반복됩니다. 모세는 애굽의 왕궁, 즉 애굽 종교의 핵심부에서 애굽 사람과 동일하게 행동했습니다. 다니엘처럼 애굽 신상에게 절하기를 거부하다가 사자굴과 유사한 역경에 처한 적이 없습니다. 후에 애굽에서 나와 미디안 광야로 도망갔을 때에는 미디안 지역의 우상을 섬기는 제사장 르우엘 집안의 사위가 되었습니다. 나중에 하나님을 만나서 이스라엘의 지도자가 되었을 때에도 이방 신을 섬기는 제사장의 딸인 아내와 결별하지 않았습니다. 계속 같이 살았습니다. 그래도 하나님은 우상에 대하여, 이방 신상에 대하여 단 한 마디도 말씀하지 않으셨습니다.

이런 모세를 불러서 하나님은 이스라엘의 지도자로 세우시고, 출애굽을 위한 열 가지 이적을 진행하시고, 홍해와 마라의 쓴물 사건과 신 광야에서의 만나 사건을 전개하십니다. 하나님께서 모세와 함께 펼치시는 사건은 외형적으로는 애굽에서 나오는 출애굽이지만 내용적으로 죄인들에게 하나님을 알리는 계시 사건입니다. 하나님을 모르는 사람들에게 하나님을 가르치는 사건, 우상을 섬기는 사람들에게 하나님을 나타내고, 보여주고, 알려주는 사건입니다. 애굽의 온갖 우상들이 애굽 백성에게 임한 열 번의 역경과 시련 속에서 단 한 번도 보호해주지 못하는 그 무용성과 무능력을 적나라하게 드러내고, 애굽 왕 바로의 다양한 살인 시도들, 즉 태어나지도 않은 아이들부터 시작해서 장성한 이스라엘의 민족 자체를 멸절하려는 모든 시도들에서 견고히 자기 백성을 지켜내시는 하나님의 능력을 입증하십니다. 그와 같이 다양한 방법으로 하나님을 알려주신 후에 드디어 시내 산에 도착한 출애굽기 20장에서 하나님께서 이스라엘에게 율법을 주시며 '다른 신을 섬기지 말라, 형상을 만들지 말고, 절하지 말라'고 말씀하십니다. 하나님이 다른 신을 섬기지 말라고 하시는 이유는 다른 신을 섬겨야 할 이유가 없기 때문입니다. 하나님만을 섬기라고 하시는 이유는 하나님 한 분만으로 충분하기 때문입니다.

하나님은 권위에 근거해서 '다른 신을 섬기지 말라'고 명령하신 적이 없습니다. 하나님은 배타적인 태도로 '오직 나만 섬기라'고 요구하신 적이 없습니다. 하나님은 우상이나 이방신들에 대하여 적대적인 자세로 '모두 버리라'고 지시하신 적이 없습니다. 하나님은 매우 교만하고 독선적인 모습으로 '나 외에는 섬기지 말라'고 공포하신 적이 없습니다. 하나님은 인간들의 선택권을 제한하시면서 '하나님만 섬기라'고 하지 않으셨습니다. 하나님은 인간의 자유를 막으시면서 '다른 신을 섬기지 말라'고 하지 않으셨습니다. 하나님은 사람들이 어떤 신을 섬기든지 그냥 두셨습니다. 대신 하나님을 알리셨습니다. 그 어떤 신보다 하나님이 가장 인간을 위해 주신다는 것을 입증하셨습니다. 그렇게 증명하고 입증하신 후에, 다른 신을 섬길 필요가 없음을 너무나 친절하게 충분하게 설득하신 후에 '다른 신을 섬기지 말라'고 말씀하십니다. 어디에도 하나님의 독선, 강압, 제한, 배타성이 보이지 않습니다. 도리어 인간을 설득하는 하나님의 인내, 온유, 긍휼, 자상하심이 보일 뿐입니다.

예수님과 바울

배려하는 종교

야곱의 경우와 모세의 경우를 언급하는 이유는 기독교가 일방적으로 어떤 제한이나 금지를 결정해서 통보하는 방식이 절대로 아니라는 것을 강조하기 위해서입니다. 하나님의 말씀은 일방적인 선언이 아닙니다. 대상에 따라 표현과 시기와 내용의 차이가 있습니다. 왜냐하면 하나님은 인간을 위해 주시는 분이기 때문입니다. 그런데 성경의 전후 사정, 하나님 말씀이 등장하는 시기와 의도, 이 말씀을 하시기 위한 하나님의 준비, 일하심, 증명, 은혜 등은 온데간데 없고 달랑 '금지 조항' 하나만 남아버리고, 사람들에게는 하나님이 '명령하셨다'로 알려져 버립니다. 단순히 성경이 오해되는 것을 막자는 것이 아니라 성경이 오해됨으로 말미암아 인간들이 누려야 할 평안과 자유를 누리지 못하는 것에 대해 안타까워하고, 인간들이 의지하고 기댈 수 있는 하나님의 은혜와 일하심을 도리어 불편해 하고 부담스러워하는 것이 안타깝습니다.

구약에서 보았던 하나님의 방식이 신약에서 복음서에서도 예수님을 통해 그대로 반복됩니다. 구약의 십계명이 이미 '다른 신을 섬기지 말라'는 내용이 있었을 지라도 예수님은 이 땅에 강림하실 때 다른 신을 섬기는 사람들을 정죄하고 심판하기 위한 것이 아니었습니다. 예수님이 강림하셨지만 모든 죄인들 중에 단 한 사람도 예수님을 영접하지 않았습니다. 그럼에도 불구하고 예수님은 단 한 사람도 혼내지 않았습니다. 제자들을 뽑을 때에도 모두 우상을 버리고 오라고 요구하지 않았습니다. 유대교를 탈퇴하고 오라고 요구하지 않았습니다. 그래서 베드로의 경우는 단지 그물만 버리고 왔을 뿐입니다. 죄인의 사고방식, 유대교의 종교방식을 그대로 가지고 있는 사람들을 그냥 제자 삼으셨습니다. 마태복음 10장 1절에 예수님이 제자들에게 '더러운 귀신을 쫓아내며 모든 병과 모든 약한 것을 고치는 권능을 주시니라'가 나옵니다. 제자들이 새 사람 되었다는 것을 검증하고 준 것이 아닙니다. 인식이 바뀌고, 개념이 바뀌고, 가치가 바뀐 후에 상급 개념으로 준 것이 아닙니다.

기독교가 '자격 있는 사람'을 선발한다는 개념을 가지시면 안 됩니다. 도리어 기독교는 '자격 없는 사람을 데려다가 변화시키는 종교'임을 아셔야 합니다. 잘난 사람 뽑는 종교가 아니고, 실력 있는, 능력 있는 사람을 골라내는 종교가 절대로 아닙니다. 이미 다 갖추어지고, 구분되어지고, 준비되어진 사람을 선출하는 종교가 절대로 아닙니다. 정반대로 하나님이 인간을 도와주는 종교입니다. 하나님이 인간을 가르쳐주고 후원하는 종교입니다. 하나님이 인간을 위해 일해주고 배려하는 종교입니다.

예수님의 경우

예수님은 직접적으로 '우상을 버리고 오직 하나님만 사랑하라'고 명령하신 적이 없습니다. 그러나 "네 마음을 다하고 목숨을 다하고 뜻을 다하여 주 너의 하나님을 사랑하라 하셨으니 이것이 크고 첫째 되는 계명이요"라고 말씀하셨습니다. 예수님이 이런 말씀을 하시면, 언제 이런 말씀을 하셨는지를 생각하셔야 합니다. 예수님이 이 땅에 강림하자마자 첫 마디가 '오직 하나님만 섬기라, 죽도록 충성하라'가 아닙니다. 예수님께서 크고 첫째 되는 계명을 말씀하신 것이 마태복음 22장에 나옵니다. 이미 예수님의 사역이 다 끝나갈 즈음입니다. 즉 이미 수많은 병자들을 고쳐주셨고, 수많은 귀신들린 자들을 치유하여 주셨고, 가나의 혼인잔치와 오병이어와 칠병이어 등을 통하여 많은 곤란에 당한 자들을 보살펴 주셨고, 바다와 바람을 잔잔하게 하여 주셨고, 바리새인이나 율법사들과는 전혀 다른 차원의 하나님 나라의 복음을 가르쳐 주신 이후입니다. 즉 인간이 살아가는 모든 분야에서 하나님으로 충분하다는 것을, 다른 신을 섬겨야 할 이유가 전혀 없다는 것을, 하나님을 믿는 것이 인간에게 어떤 부담이나 짐을 지우는 것이 전혀 아님을 충분히 납득할 만큼 설명하고, 보여주고, 친히 증거 하신 후에 말씀하셨습니다.

중요한 것이 하나 더 있습니다. 크고 첫째 되는 계명을 말씀하셨다고 해서 그것을 법으로 정하신 것이 아니라는 점입니다. 즉 크고 첫째 되는 계명을 주었는데 만약 지키지 않으면 큰 벌을 받게 된다고 협박하지 않으셨습니다. 이것이 당연합니다. 왜냐하면 하나님은 인간을 위해주시는 분이기 때문입니다. '하나님을 섬기라'는 말씀을 하시기 위해 수많은 근거자료를 제공해 주셨습니다. 하나님을 섬기는 것이 인간에게 유익하다는 것을 입증하셨습니다. 모두 인간을 위해서입니다. 그런데 하나님의 말씀을 따르지 않는다고 해서 심판하고, 징계하고, 형벌을 내리면 결국 인간에게 자유와 평안을 주는 것이 아닌 것이 되어버립니다. 그래서 하나님은 계속 알려주고 증명하여 주면서 설득하실 뿐, 절대로 협박하지 않으시고, 실제로 하나님을 섬기지 않더라도 형벌을 내리지 않습니다. 하나님을 섬기지 않으면 본인이 하나님을 섬길 때 누릴 수 있는 것들을 누리지 못할 뿐입니다.

구약 여호수아서에서 하나님께서 출애굽부터 가나안까지의 모든 여정을 다 마친 후에, 이스라엘이 가나안에 정착하여 삶을 안정시킨 후에 하나님이 취하신 조치가 '종교의 자유 선언'이었다는 점을 기억하셔야 합니다. 기독교는 철저하게 하나님이 인간을 위해주시는 종교입니다. 하나님을 위한다는 명분으로 인간을 힘들게 하고 어렵게 하고, 하나님을 위해 인간이 희생해야 하고 제한되어야 한다는 개념으로 인식되는 것은 대단한 오해입니다.

바울의 경우

사람들은 어떤 용어가 유행하면 마치 그 단어가 바로 그제서야 생긴 것으로 오해하는 경향이 있습니다. 우리나라에서 별로 사용되지 않다가 한 이십 년 전부터 등장한 용어가 '종교 다원주의'입니다. 하지만 종교 다원주의는 전혀 새로운 표현이 아니고, 새로운 개념이 아니고, 새로운 시대가 아닙니다. 정반대로 인류는 언제나 종교 다원주의였습니다. 종교 다원주의를 외치는 사람들은 당연히 종교 간의 대화가 이루어져야 한다고 주장하였고 이때의 주요 타켓은 기독교였습니다. 기독교는 배타적이라고 비난 받으며 다른 종교를 인정하고 대화의 장으로 나오라는 요구를 많이 받았습니다. 이것 또한 대단한 오해입니다. 기독교는 원래부터 배타적이지 않았고 기독교는 원래 대화의 장으로 나오라는 요구를 받는 종교가 아니라 실상은 기독교가 먼저 대화의 장으로 나아가는 종교였습니다.

구약의 하나님은 일부러 당대의 최고의 종교적 시스템이 갖추어져있던 애굽으로 이스라엘을 인도하셨고, 출애굽한 후에는 당시 최고의 신으로 추앙받고 있던 바알 신이 있는 가나안으로 이스라엘을 인도하셨습니다.

일부러 종교 다원주의 현장으로 백성들을 데리고 가셔서, 그 곳에서 참 신이 누구이며, 참된 종교가 무엇인지 분별하게 하셨습니다. 또 예수님은 타종교 지도자들과 일절 만나지도 않고 대화도 하지 않은 배타적이고 독선적인 분이 절대로 아니었습니다. 예수님은 분명 유대교와는 전혀 다른 인식을 가지고 계셨습니다. 그런데도 태연스럽게 성전에도 가시고, 유대교 회당에도 가시고, 유대교 절기에도 참석하셨습니다.

기독교는 전도하는 종교, 선교하는 종교입니다. 당연히 다른 종교와 배타적이거나 아예 상종하지 않는 종교가 아니라 도리어 언제나 다른 종교의 세상 속으로 들어가는 종교였습니다. 사도행전 17장에서도 너무나 분명하게 확인할 수 있습니다. 16절로 18절 "바울이 아덴에서 그들을 기다리다가 그 성에 우상이 가득한 것을 보고 마음에 격분하여 회당에서는 유대인과 경건한 사람들과 또 장터에서는 날마다 만나는 사람들과 변론하니 어떤 에피쿠로스와 스토아 철학자들도 바울과 쟁론할새 어떤 사람은 이르되 이 말쟁이가 무슨 말을 하고자 하느냐 하고 어떤 사람은 이르되 이방 신들을 전하는 사람인가보다 하니 이는 바울이 예수와 부활을 전하기 때문이러라" 입니다.

제가 단어 설명을 자주합니다. 왜냐하면 '아 다르고, 어 다르기 때문'입니다. 16절 끝에 바울이 격분했다고 합니다. 마치 아덴 성에 우상이 가득한 것을 보고 '하나님이 모욕당하는 것 같은 분한 마음'이 들었다는 생각을 하거나, '이 사람들은 왜 우상을 섬기냐'하고 사람들에게 화를 내는듯한 생각을 하시면 안 됩니다. 마치 어떤 대상을 향해 감정을 풀어놓는 듯한 표현이 아닙니다. 도리어 우상을 보고서 바울의 마음이 자극되었습니다. 바울이 할 일, 바울이 집중할 것, 바울이 애써야 할 것이 무엇인지를 알게 되었고, 자신이 하려던 일에 대한 의욕이 더 타올랐다는 의미입니다. 그래서 17절 끝에 '변론하니'라고 되어있는데 이것도 '변론하니'가 아니라 앞선 17장 2절의 데살로니가에서 회당에 들어가 '강론하며'와 같은 단어로써 '가르치다, 풀어주다, 설명하다'라는 의미입니다.

불신자와 신자

구약의 경우나 예수님의 경우나 바울의 경우에 하나님을 계시하고 복음을 전하는 대상이 모두 불신자들이라는 것을 꼭 기억하셔야 합니다. 불신자는 기본적으로 죄인이고, 죄인은 기본적으로 하나님을 믿지 않는 사람들이고, 하나님을 믿지 않는 사람들은 당연히 우상 또는 이방신을 섬기고 있는 사람들입니다. 그들에게는 명령이 필요한 것이 아닙니다. 어떤 제한이나 금지가 주어져야 하는 것이 아닙니다. 가장 먼저 하나님의 은혜가 주어져야 하고, 동시에 하나님의 계시 즉 하나님을 나타내고 드러내는 설명이 있어야 합니다. 바울은 아덴에 우상이 가득한 것을 보고 화를 낸 것이 아니라 '복음을 전해야겠다'는 열정이 타올랐습니다. 아덴에서 첫 마디가 '우상을 버리라, 형상을 타파하라'가 절대로 아니었습니다. 우상을 버려야 할 이유나 형상을 타파해야 할 이유를 설명하기 전에는, 사람들이 우상을 버리고 형상을 타파해도 되겠다는 마음이 설득되기 전에는, 절대로 그런 말을 하지 않습니다. 설명하지 않고, 납득시키지 않은 채로 어떤 규정을 선언해 버리면 그것은 인간을 제한하는 것이 되어버리기 때문입니다.

저와 여러분은 사도행전 15장에서 사도들이 '우상'에 관한 일정한 가르침을 정한 것을 보았습니다. 그것이 15장 20절 "다만 우상의 더러운 것과 음행과 목매어 죽인 것과 피를 멀리하라"는 것이었습니다. 여기에 우상을 멀리하라가 포함되어 있습니다. 이 조항이 주어진 대상이 누구입니까? 불신자들입니까, 성도입니까? 바로 성도들입니다. 세상 사람들에게 주어진 계명이 아니라 교회 안의 성도들에게 주어졌습니다. 세상 사람들에 대해서는 '우상을 멀리하라'는 말을 하지 않습니다. 세상 사람들은 우상 보다 더 좋으신 하나님을 아직 알지 못하고 있기 때문이고, 성도들은 우상 보다 더 좋으신 하나님을 이미 알고 있기 때문입니다. 기독교는 가르치고, 설명하고, 알려주는 종교입니다. 상대방을 설득하는 종교입니다. 절대로 하나님의 권위에 근거하여 명령하는 종교가 아닙니다.

주시는 하나님

사람들의 종교심

사람들의 행동에는 나름의 이유가 있고 근거가 있습니다. 바울이 아덴을 다니다가 어떤 제단을 보았는데 그 단에는 '알지 못하는 신에게'라고 새겨져 있었다고 합니다. 아덴 사람들은 왜 이런 단을 새겨놓았을까요? 고대 사람들의 종교관에는 신에 대한 일정한 개념이 있다고 설명을 드린 적이 있습니다. 대체로 세 가지 정도인데, 첫째는 신들은 계보가 있습니다. 다른 말로하면 서열입니다. 높은 신과 낮은 신 또는 강한 신과 약한 신이 있습니다. 둘째는 신의 영역이 있습니다. 하늘에서 활동하는 신, 바다에서 활동하는 신, 산에서 활동하는 신, 평지에서 활동하는 신, 지하에서 활동하는 신 등 각자의 활동무대가 분리되어 있습니다. 셋째는 신의 기능이 있습니다. 전쟁을 담당하는 신, 지혜를 담당하는 신, 술을 담당하는 신, 사랑을 담당하는 신, 의술을 담당하는 신, 비와 바람을 담당하는 신 등 각자 주특기가 있습니다. 신에 대하여 이렇게 생각했으니 사람들은 어떤 특정한 신을 하나만 섬길 수가 없었습니다. 삶에는 다양한 요소가 필요했으니 당연히 신들도 다양한 신이 필요했습니다. 그래서 누가 제일 안전하고 성공할 수 있느냐? 최대한 많은 신을 모아놓고 섬기는 사람이라고 생각했습니다.

이러한 고대 사람들의 종교 개념을 이해한다면 아덴 사람들이 '알지 못하는 신에게'라는 단을 새겨놓은 것이 충분히 이해가 됩니다. 바울이 말하는 22절의 의미를 잘 파악해야 합니다. "바울이 아레오바고 가운데 서서 말하되 아덴 사람들아 너희를 보니 범사에 종교심이 많도다"입니다. 바울은 아덴 사람들의 행동을 '어리석은 종교심'이라고 비난하지 않습니다. '쓸데

없는 종교심'이라고 조롱하지 않습니다. 22절은 조롱이 아니라 칭찬입니다. 저들에게 하나님을 알려주려고 대화를 시도하는데 처음부터 조롱과 비난으로 시작하는 것이 절대로 아닙니다. 도리어 칭찬입니다. '범사에 신을 의지하고, 신의 도움을 받으려고 하니 참으로 지혜롭고 현명하구나!'라는 의미입니다. 바울은 아덴 사람들에게 신을 떠나게 하려는 것이 아니라, 신과 무관하게 만들려는 것이 아니라 여전히 신을 섬기게 하려고 합니다. 다만 바른 신을 알게 하고 바른 신을 섬기게 하려는 시도입니다. 그러니 이미 신을 섬기고 있는 아덴 사람을 칭찬하고 격려하는 것이 당연합니다. 중요한 것은 저들이 섬기고 있는 신과 바울이 소개하려는 신의 차이점을 부각시키고, 바울이 소개하는 하나님이 진정으로 아덴 사람에게 유익하다는 것을 알리는 것이 바른 절차입니다.

주시는 하나님

드디어 바울이 소개하는 하나님을 만나보시겠습니다. 바울이 소개하는 하나님은 너무 멋있습니다. 17장 24절 "우주와 그 가운데 있는 만물을 지으신 하나님께서는 천지의 주재시니 손으로 지은 전에 계시지 아니하시고 또 무엇이 부족한 것처럼 사람의 손으로 섬김을 받으시는 것이 아니니 이는 만민에게 생명과 호흡과 만물을 친히 주시는 이심이라"입니다. 제가 너무너무 안타까운 것은, 바울은 '불신자들에게' 하나님을 이렇게 알리고 있는데, 저는 '성도들에게' 하나님을 이렇게 알리고 있다는 불행한 현실입니다. 사도행전에 나오는 제자들이나 사도들은 자신들이 하나님께 무엇을 드려야 한다는 부담이 없었습니다. 하나님을 위해 희생해야 하고, 하나님께 자신들이 무엇을 바쳐야 하고, 하나님 때문에 자신들이 포기와 양보를 해야 한다는 불편함이 전혀 없었습니다. 제자들이나 사도들은 자신들의 존재가 하나님으로 말미암았다고 생각했습니다. 자신들의 존재가 하나님의 은혜이며, 자신들의 능력과 권세가 하나님의 은혜이며, 자신들의 사역이 하나님의 은혜라고 감격하며 감사했습니다. 그래서 자신들이 하나님께로 받은 것을 어떻게든 알리고 나눠주려고 애썼습니다.

그런데 오늘날 많은 성도들은 하나님께 받았다는 생각 보다 늘 하나님께 드린다는 생각, 바쳐야 한다는 의무감이 많습니다. 늘 하나님을 위해 무엇을 해야 한다는 부담감이 있습니다. 그래서 제가 이방인들이나 또는 불신자들에게나 해야 할 말을 성도들에게 하고 있습니다. 24절로 25절 "우주와 그 가운데 있는 만물을 지으신 하나님께서는 천지의 주재시니 손으로 지은 전에 계시지 아니하시고 또 무엇이 부족한 것처럼 사람의 손으로 섬김을 받으시는 것이 아니니 이는 만민에게 생명과 호흡과 만물을 친히 주시는 이심이라"입니다. 성경의 표현대로 반복해 보면 '하나님은 만물을 지으신 분이십니다. 하나님은 손으로 지은 전에 계시지 아니하십니다. 하나님은 무엇이 부족한 것처럼 사람의 손으로 섬김을 받으시는 것이 아닙니다!' 입니다.

바울의 가르침에 근거하면 아덴 사람들의 종교가 교정될 수 있습니다. 첫째, 하나님께서 우주와 그 가운데 있는 만물을 지으신 분이시기 때문에 우주와 그 가운데에 있는 만물을 주관하시는 분도 하나님이십니다. 그렇다면 하나님이 창조하시고 주관하시는 이외의 영역이 존재하지 않습니다. 우주와 그 가운데 있는 만물 말고 다른 영역이 있다면 그 영역을 주관하는 다른 신이 있을 수 있습니다. 하지만 다른 영역이 존재하지 않으니 다른 신이 존재할 수 없고, 다른 신이 존재할 수 없으니, 다른 우상을 섬길 이유가 없습니다. 바울은 다른 우상을 섬기지 말라고 명령하는 것이 아니라 우상을 섬길 이유가 없음을 설명하였습니다.

둘째로, 하나님은 손으로 지은 전에 계시지 아니하고 또 무엇이 부족한 것처럼 사람의 섬김을 받으시는 분이 아니기 때문에 인간이 하나님을 위한다는 명분으로 어떤 행동이나 조치도 취할 이유가 없습니다. 신의 집을 지어 드려야 할 이유도 없고, 신의 단을 새겨야 할 이유도 없고, 신에게 예물이나 공물을 바쳐야 할 이유도 없고, 신을 도와드리기 위해 인간이 희생과 헌신을 해야 할 이유도 없습니다. 사도행전의 제자들은 하나님을 위한 돌단이나 제단이나 성전을 지은 적이 단 한 번도 없습니다. 신을 위한다는 명분으로 신의 형상이나 신의 기념물을 만든 적도 없습니다. 신의 영광을 위해 자신의 소유와 재산을 드린 적도 없습니다. 하나님은 받으시는 분이 아니라 주시는 분입니다.

셋째는, 하나님은 만민에게 생명과 호흡과 만물을 친히 주시는 이시기 때문에 하나님께로 모든 것을 받아 아주 자유롭게 누리면 됩니다. 주시는 것을 거부할 이유가 없고 받은 것을 누리지 못할 이유가 없습니다. 그래서 가장 지혜롭고 현명하고, 너무나 당연한 신앙인의 모습은 바로 28절 "우리가 그를 힘입어 살며 기동하며 존재하느니라"입니다. 하나님을 위한 삶이 아니라 하나님에 의한 삶, 하나님 때문에 즐겁고, 신나고, 행복한 신앙생활 되시기를 주님의 이름으로 축원합니다.

54

알지 못하던 시대, 아는 시대

사도행전 17:29~34

29 이와 같이 하나님의 소생이 되었은즉 하나님을 금이나 은이나 돌에다 사람의 기술과 고안으로 새긴 것들과 같이 여길 것이 아니라 30 알지 못하던 시대에는 하나님이 간과하셨거니와 이제는 어디든지 사람에게 다 명하사 회개하라 하셨으니 31 이는 정하신 사람으로 하여금 천하를 공의로 심판할 날을 작정하시고 이에 그를 죽은 자 가운데서 다시 살리신 것으로 모든 사람에게 믿을 만한 증거를 주셨음이니라 하니라 32 그들이 죽은 자의 부활을 듣고 어떤 사람은 조롱도 하고 어떤 사람은 이 일에 대하여 네 말을 다시 듣겠다 하니 33 이에 바울이 그들 가운데서 떠나매 34 몇 사람이 그를 가까이하여 믿으니 그 중에는 아레오바고 관리 디오누시오와 다마리라 하는 여자와 또 다른 사람들도 있었더라

주시는 하나님

바울의 선언

인도의 정치가 마하트마 간디는 '예수는 믿는다. 그러나 기독교는 믿지 않는다!'는 말을 했습니다. 예수의 말씀과 사역이 기독교의 복음과 사역과 다르다는 것을 지적한 가슴 아픈 말입니다. 얼마 전 미국의 타임지에서는 불신자들을 대상으로 종교에 대한 설문조사를 실시했는데 그 결과를 한 줄로 요약하면 '그들은 신을 거부하는 것이 아니라 교조적이고 융통성없는 종교를 거부하는 것이다'였습니다. 종교가 인간을 자유롭게 하지 못하

고, 인간의 삶을 평안하게 하지 못한다는 항변이었습니다. 이것은 단지 미국의 현상만이 아닙니다. 몇 주 전에 소개시켜 드렸던 한국에서 가장 부흥하고 있는 교회, '가나안 교회' 이야기를 기억하실 것입니다. 그들은 믿음을 거부하지 않고 신앙을 부인하지도 않습니다. 하나님을 믿는다고 고백합니다. 다만 교회를 출석하지 않을 뿐입니다. 교회를 출석하는 것이 자신의 신앙 생활 또는 믿음 생활에 도움이 된다는 생각이 들지 않는다고 말합니다. 이것이 아주 안타까운 현상입니다.

기독교가 예전에는 불신자를 대상으로 사역을 했었습니다. 기독교를 모르는 사람들에게, 예수를 모르는 사람들에게 복음을 전했습니다. 그런데 이제는 기독교를 전하면 믿겠다고 말하고, 예수를 전하면 알겠다고 말합니다. 다만 교회를 나오지 않겠다고 합니다. 더 심각한 것은 이미 교회를 다니고 있는 사람들 중에 많은 사람이 교회를 떠났고, 더 많은 사람이 떠날 준비를 하고 있는 현실입니다. 이제 교회의 중심 사역은 불신자가 아니라 신자들을 대상으로, 불신자를 교회로 인도하는 것이 아니라 신자들이 교회를 떠나지 않도록 붙잡는 것으로 변해버렸습니다. 사람들의 평가에 의하면 교회는 복음을 잘 모르고 있는 것 같다고 지적합니다. 교회는 성경의 가르침과 예수님의 가르침과 다르게 운영하고 있다고 비난합니다. 복음을 알아야 하고, 기독교를 배워야하는 대상이 바로 교회가 되어버렸습니다. 저는 개인적으로 기독교가 성경을 배워야할 좋은 기회라고 생각합니다. 교회가 성경을 읽고, 배우고, 가르치는 일에 집중할 수 있는 좋은 기회라고 생각합니다. 성경을 함께 상고하면서 과연 저와 여러분은 성경의 가르침과 같은 신앙을 가지고 있는지, 성경이 전하는 복음과 동일한 내용을 가지고 있는지 점검해보는 귀한 시간이 되기를 소망합니다.

사도행전 17장 24절과 25절에는 바울이 전하는 하나님에 대한 가장 리얼한 소개가 등장합니다. "우주와 그 가운데 있는 만물을 지으신 하나님께서는 천지의 주재시니 손으로 지은 전에 계시지 아니하시고 또 무엇이 부족한 것처럼 사람의 손으로 섬김을 받으시는 것이 아니니 이는 만민에게 생명과 호흡과 만물을 친히 주시는 이심이라"입니다. 이 선언은 루터나 칼빈 등 종교 개혁가들이 중세 교회의 주장과 달리 새로이 주창한 하나님에 대한 새로운 신학 사조가 아닙니다. 그렇다고 사도행전 시대에 바울이 유대교의 교리와 달리 새로이 주창한 하나님에 대한 새로운 사상이 아닙니다. 하나님에 대한 내용은 인간에 의해서 달라지지 않으며, 하나님에 대한 내용은 인간에 의해서 새롭게 되거나 또는 추가되거나 또는 변화되지 않습니다. 하나님에 대한 내용은 언제나 하나님이 먼저 계시하셨고, 성경에 기록되어 있습니다. 시대와 상황에 따라 하나님에 대한 이해가 달라지는 것은 그만큼 종교와 인간이 변질되었다는 증거일 뿐입니다. 결국 하나님에 대한 내용은 언제나 하나님이 계시하신 그대로, 성경에 기록된 그대로 동일합니다. 그래서 종종 사람들에 의해 새로운 사상과 새로운 주장이 잠시 동안 펼쳐지고 유행하다가도 매 시대마다 결국에는 '성경으로 돌아가자!'는 구호가 반복될 뿐입니다.

하나님의 선언

바울보다 먼저, 구약에서 하나님이 직접 선언하신 말씀을 들어보시겠습니까? 이사야 66장 1절과 2절 "여호와께서 이와 같이 말씀하시되 하늘은 나의 보좌요 땅은 나의 발판이니 너희가 나를 위하여 무슨 집을 지으랴 내가 안식할 처소가 어디랴 나 여호와가 말하노라 내 손이 이 모든 것을 지었으므로 그들이 생겼느니라"입니다. 존재하는 모든 것이 하나님으로 말미암아 인간에게 주어진 것이고, 반대로 인간이 하나님을 위해서는 어떤 것도 행할 수 없다고 하나님이 선언하십니다. 창세기의 천지창조이든 장차 있을 새 하늘과 새 땅이든 모든 것은 하나님이 하십니다. 이사야 65장 17절 "보라 내가 새 하늘과 새 땅을 창조하나니"입니다. 성경 전체에서 하나님이 인간에게 '무엇을 지어라, 무엇을 만들라, 무엇을 준비하라'고 지시하신 적이 없습니다. 기독교에서 일하시는 분, 역사하시는 분은 언제나 하나님이십니다. 인간이 하나님을 위해 무엇을 하겠다는 사고방식이 성경에 없습니다. 차분히 성경을 상고해보시면 실제로 인간이 하나님을 위해 행한 일이 없습니다. 인간 때문에 하나님에게 유익이 되고, 보탬이 된 일이 없습니다. 새 하늘과 새 땅을 지으시겠다는 선언에 이어서 18절에 하나님의 기대가 나옵니다. "너희는 내가 창조하는 것으로 말미암아 영원히 기뻐하며 즐거워할지니라"입니다. 기독교에서는 일하시는 분은 하나님이시고, 인간은 하나님의 일하심의 결과를 기뻐하며 즐거워하면 됩니다. 제발, 어떻게 하나님을 기쁘시게 할까, 무엇을 해서 하나님을 감동시킬까라는 쓸데없는 고민이나 걱정을 하지 마시기 바랍니다.

가나안 교회를 선택한 사람들이 가장 불편해 하는 것이 교회가 성도들에게 너무 많은 활동을 요구하고 부담을 준다는 점입니다. 정확한 지적이고, 교회가 회개해야 할 부분이라고 생각합니다. 단순히 저들의 지적이 옳다는 것이 아니라 이미 성경에 정확하게 하나님의 의도가 선포되어 있습니다. 종교 행위에 대해서도 하나님은 분명히 밝혀놓으셨습니다. 이사야 43장 23절에 "나는 제물로 말미암아 너를 수고롭게 하지 아니하였고 유향으로 말미암아 너를 괴롭게 하지 아니하였거늘"입니다. 만약 성도가 제물이나 유향 즉 종교 활동이나 종교행위들 때문에 번거로움을 느끼고 괴로움을 느꼈다면 그것은 하나님의 의도와는 전혀 다른 것입니다. 더 신랄한 내용을 들어보시겠습니까? 종교 활동에 대한 하소연은 인간이 하는 것이 아니라 하나님이 하십니다. 24절에 이런 내용이 있습니다. 하나님의 말씀입니다. "너는 네 죄짐으로 나를 수고롭게 하며 네 죄악으로 나를 괴롭게 하였느니라"입니다. 누가 누구를 수고롭게 했습니까? 인간이 하나님을 수고롭게 했습니다. 누가 누구를 괴롭혔습니까? 인간이 하나님을 괴롭혔습니다. 교회를 누가 안 나가겠다고 해야 합니까? 하나님입니다. 기독교에서는 인간이 하나님을 위할 수도 없고, 하나님의 일에 동참할 수도 없습니다. 도리어 하나님이 행하신 사역, 하나님이 완성하신 사역, 하나님이 이루고 성취하신 결과에 참여하면 됩니다.

하나님을 발견하게

계시하는 하나님

사도행전 17장 26절에도 아주 중요한 내용이 있습니다. "인류의 모든 족속을 한 혈통으로 만드사 온 땅에 살게 하시고 그들의 연대를 정하시며 거주의 경계를 한정하셨으니 이는 사람으로 혹 하나님을 더듬어 찾아 발견하게 하려 하심이로되 그는 우리 각 사람에게서 멀리 계시지 아니하도다"입니다. 사람들이 사용하는 용어에는 일종의 선입견이 있습니다. 26절 후반부 '그 연대를 정하시며 거주의 경계를 한정하셨으니' 중에 '연대를 정하다, 경계를 한정하셨다'는 표현을 부정적인 의미로 오해하시면 안 됩니다. 바울은 앞의 24절과 25절에서 하나님은 주시는 분이라고 강조했습니다. 그리고는 바로 이어 26절에서 '한계를 정하셨다'고 주장하면 앞뒤가 맞지 않습니다. 26절의 의미가 앞의 25절과 뒤의 27절에 의해서 바르게 이해되어야 합니다. 앞에서 '주시는 하나님'을 강조했으니 당연히 26절에서도 '하나님이 주신 내용'이 연결되어야 하고, 그래서 그 결과가 27절인데 '이는 사람으로 혹 하나님을 더듬어 찾아 발견하게 하려 하심이로되'입니다.

27절의 의미는 세상 사람들이 일반적으로 생각하는 신에 대한 개념과 정반대입니다. 세상 사람들의 생각을 대변하는 것이 23절에 나왔던 '알지 못하는 신에게'라고 새긴 단입니다. 사람들이 이런 단을 새겨놓은 이유는 말그대로 '알지 못하는 신'이 있다고 생각했기 때문입니다. 알지 못하는 신이 있는 이유는 인간이 신을 찾아야 하는데, 신을 찾는 것이 단순하고 쉽지 않기 때문입니다. 사람들의 생각에 신은 자신을 드러내지 않습니다. 신은 인간과 차원이 다르기에 쉽게 노출되지 않습니다. 인간이 접근하고, 인식하고, 동행하기가 절대로 쉽지 않습니다. 쉽게 노출되고 드러나면 아무나 신을 만나게 되고, 그러면 신이 천해지기 때문입니다. 그래서 늘 신은 베일에 감추어져 있고, 숨어있고, 멀리 있습니다. 신을 찾으려고 수고하고 노력하는 사람만 신을 찾을 확률이 있고, 인간 중에서 나름대로 선과 의를 탁월하게 행한 사람만이 신을 만날 가능성이 있고, 평생을 신을 구하고 찾고 신의 뜻을 알려고 몰두한 사람만이 겨우 신에 대한 단편적인 지식이나 정보를 얻을 수 있다고 생각합니다.

그런데 바울은 하나님에 대해서 전혀 다른 선언을 합니다. 신은 그렇게 비밀스럽게, 아주 신비스럽게, 아주 찾기 어렵게 존재하는 것이 아니라고 합니다. 도리어 '사람으로 혹 하나님을 더듬어 찾아 발견하게 하려 하심이라'입니다. 하나님은 누구나, 아무라도, 너무나 쉽게, 너무나 간단하게 신을 찾아 발견할 수 있도록 존재하십니다. 사람들의 생각과 정반대되는 선언이 바로 27절 마지막 "그는 우리 각 사람에게서 멀리 계시지 아니하도다"입니다. 하나님은 가까이 계십니다. 아예 하나님이 인간과 함께 있습니다. 하나님을 찾으러 어디 갈 것도 없고, 하나님에 대하여 알려고 애쓰고 노력할 것도 없습니다. 이와 같이 인간이 하나님을 쉽게 찾고, 만나고, 교제하도록 하기 위하여 26절 즉 '인류의 모든 족속을 한 혈통으로 만드사 온 땅에 살게 하시고 그들의 연대를 정하시고 거주의 경계를 한정하셨다'입니다. 그러므로 26절은 무엇인가 제한을 두고, 일정한 한계를 만드셨다는 부정적인 의미가 아닙니다.

도리어 하나님이 인간의 이해의 영역, 인간의 사고의 영역, 인간의 인식의 영역으로 들어오셨습니다. 인간이 살아가는 연대, 즉 시간성이 있는데 만약 하나님이 시간성을 넘어 존재하신다면 인간은 하나님을 찾을 수 없습니다. 인간이 살아가는 거주의 경계, 즉 공간성이 있는데 하나님이 공간성을 넘어 존재하신다면 인간은 하나님을 만날 수 없습니다. 그래서 하나님은 인간에게 시간성과 공간성을 주시고, 하나님이 그 시간성과 공간성 안에 존재하심으로 누구나 하나님을 더듬어 찾으려면, 즉 신을 찾기 위한 고도의 작업이 아니라 너무나 단순하고 쉽게 너무나 천연덕스럽게, 손바닥을 이리저리 치면서 신이 어디있나, 눈을 좌우로 돌리면서 신이 어디있나 찾으면 발견할 수 있도록 존재하십니다.

그렇게 쉽게 찾을 수 있도록 존재하신다는 것을 '그는 우리 각 사람에게서 멀리 계시지 아니하도다'라고 표현했고, 더 나아가 하나님은 아무나 가까이에서, 너무나 쉽게 찾을 수 있다는 선언이 28절 "우리가 그를 힘입어 살며 기동하며 존재하느니라"입니다. 내가 존재하는 것, 내가 살아가는 것 자체가 하나님으로 말미암은 것이요, 내가 존재하고 살아가는 것 자체가 하나님이 나와 함께하고 있다는 증거입니다. 그런데 뭘 더 찾고 자시고 할 것이 있느냐는 뜻입니다. 아레오바고 사람들의 생각과는 완전히 다른 인식입니다.

알려주신 하나님

타종교와 비교되는 기독교의 특성 중의 하나가 '계시'입니다. 기독교는 하나님이 자신을 드러내고, 나타내고, 알려주셨습니다. 이미 하나님의 존재, 하나님의 속성, 하나님의 마음과 원리와 뜻과 방법을 모두 알려주셨습니다. 천지만물에 그리고 성경에 계시되어 있습니다. 로마서 1장 19절 이하를 보면 "이는 하나님을 알 만한 것이 그들 속에 보임이라 하나님께서 이를 그들에게 보이셨느니라 창세로부터 그의 보이지 아니하는 것들 곧 그의 영원하신 능력과 신성이 그가 만드신 만물에 분명히 보여 알려졌나니 그러므로 그들이 핑계하지 못할지니라"입니다. 사람들은 하나님이 감추었다고 생각하지만 성경은 이미 드러내었다고 선언합니다. 이런 차이가 발생하는 이유는, 인간은 자신이 죄인이 되었다는 것을 모르기 때문입니다. 자신이 죄인이 되어 하나님을 알지 못한다고 생각하지 않고, 자신은 아무 문제가 없는데 하나님이 숨어있고, 하나님이 감추어져 있고, 하나님이 은밀하게 있다고 우기고 있습니다.

　그것을 로마서 1장 21절 이하에 이렇게 설명합니다. "하나님을 알되 하나님을 영화롭게도 아니하며 감사하지도 아니하고 오히려 그 생각이 허망하여지며 미련한 마음이 어두워졌나니 스스로 지혜 있다 하나 어리석게 되어 썩어지지 아니하는 하나님의 영광을 썩어질 사람과 새와 짐승과 기어 다니는 동물 모양의 우상으로 바꾸었느니라"입니다. 이것을 사도행전에서는 17장 29절에 "이와 같이 하나님의 소생이 되었은즉 하나님을 금이나 은이나 돌에다 사람의 기술과 고안으로 새긴 것들과 같이 여길 것이 아니니라"라고 기록했습니다. '하나님의 소생'이라는 의미는 '하나님으로 말미암은 존재, 하나님과 함께 있는 존재, 하나님의 속성을 공유한 존재'입니다. 이렇게 하나님의 가치와 존귀를 공유한 사람이, 자신의 근본되신 하나님을 '금이나 은이나 돌에다 새긴 것들과 같이 여기면 안 되는 것'이 당연합니다. 그런데 인간이 안 되는 행동을 했었습니다. 과거에, 그리고 지금도 여전히!

알지 못하는 시대, 아는 시대

시대의 구분

　왜 인간이 그런 행동을 했습니까? 그 이유는 '몰라서'입니다. 17장 30절을 보면 시대가 구분되어 나옵니다. "알지 못하던 시대에는 하나님이 간과하셨거니와 이제는 어디든지 사람에게 다 명하사 회개하라 하셨으니"입니다. 하나는 '알지 못하던 시대'이고 다른 하나는 '이제는'입니다. 이와 같은 시대 구분은 바울의 특징입니다. 로마서 5장에 보면 6절 '우리가 아직 연약할 때에', 8절 '우리가 아직 죄인 되었을 때에', 10절 '곧 우리가 원수 되었을 때에'라고 나오고 11절에 '이제'라고 대조되어 나옵니다. 에베소서 2장으로 가면 2절에 '그때에', 3절에 '전에는', 11, 12절에 '그때에'라고 나오고

13절에 '이제는'이라고 나옵니다. 즉 죄인이었을 때와 구원받아 성도가 되었을 때를 구분합니다.

본문 30절에서는 죄인이었을 때를 '알지 못하던 시대'라고 합니다. 인간이 죄인이 되어 알지 못하던 시대에는 '하나님이 간과하셨거니와'입니다. 간과하셨다 즉 '눈감아주셨다, 허물치 아니하셨다'는 것입니다. 왜냐하면 인간이 죄인이고 하나님을 알 수가 없는 상태였기 때문입니다. 그런데 지금은 다릅니다. '이제는 어디든지 사람에게 다 명하사 회개하라 하셨으니'입니다. 그렇다면 '이제는'이 언제인가, '알지 못하던 시대'와 '이제는'을 구분하는 기점이 언제이고, 그것을 나눌 수 있는 전환점이 무엇이었는가를 알아야 합니다. 그 설명이 31절 "이는 정하신 사람으로 하여금 천하를 공의로 심판할 날을 작정하시고 이에 그를 죽은 자 가운데서 다시 살리신 것으로 모든 사람에게 믿을 만한 증거를 주셨음이니라"입니다.

성경을 바르게 이해하시는 분에게는 제가 따로 설명드릴 일이 없습니다. 그러나 혹시 성경을 오해하고 있는 분이 계시다면 지금부터 제가 드리는 설명이 이해에 도움이 될 것입니다. 오해하는 분이 계시다는 전제하에 말씀을 드리겠습니다. 30절의 시대 구분은 '알지 못하던 시대'와 '이제는'입니다. 그러니까 이미 시대의 구분이 이루어졌습니다. '알지 못하던 시대' 즉 과거와 '장차 알게 될 시대' 즉 미래로 구분하는 것이 아니라, '알지 못하던 시대' 즉 과거와 '아는 시대' 즉 현재로 구분하였습니다. 이전에는 알지 못하던 시대였지만 이제는 아는 시대가 되었습니다. 장차 새로운 시대가 온다는 것이 아니라 이미 시대가 달라졌고, 새로운 시대가 이미 왔습니다. 이렇게 새로운 시대가 이미 열렸는데 그 새로운 시대를 연 전환점이 되었던 사건이 바로 31절입니다.

그러므로 31절은 '미래'에 관한 설명이 아니라 새로운 시대를 만드는 전환점이 되었던 과거의 사건에 관한 설명입니다. 31절의 사건이 이미 있었기에 '이제는'이라는 현재의 시대가 진행되고 있습니다. 31절은 과거의 사건입니다. 그 내용을 설명해 보겠습니다. "이는 정하신 사람으로 하여금 천하를 공의로 심판할 날을 작정하시고"입니다. 이 표현이 미래를 의미하지 않고 과거를 의미합니다. '심판할 날을 작정하시고'라는 표현 때문에 예수님의 재림 때의 심판을 생각하시면 안 됩니다. 31절은 하나님이 계획하시고, 하나님이 이미 진행하시고, 하나님이 이미 완성하신 일을 설명합니다. 이 31절의 사역이 이미 있었기에 시대가 '알지 못하던 시대'에서 '이제는'이 되었습니다.

하나씩 살펴보면 첫째, '정하신 사람으로 하여금', 이렇게 정해진 사람이 바로 '예수 그리스도'입니다. 둘째, 예수님이 '천하를 공의로 심판할 날을 작정하시고'입니다. 하나님께서 예수님으로 하여금 천하를 공의로 심판할 날을 적정하셨는데, 그 날이 '십자가를 지신 날'입니다. 천하의 모든 사람이 죄인일 때, 그 죄인들을 공의로 심판하시기로 하셨습니다. 죄인들을 공의로 심판하는 것은 죄인들을 구원하는 것입니다. 하나님을 알지 못하는 사람들에게 은혜를 주어서 하나님을 알게 하는 것이 하나님의 공의입니다. 그렇게 죄인들에게 적절한 조치를 취하시는 것이 하나님의 심판입니다. 그래서 하나님이 실제로 '공의로 심판하신 것'이 31절 중간부 "이에 그를 죽은 자 가운데서 다시 살리신 것"입니다.

바울은 지금 예수님의 십자가 사건을 설명하고 있습니다. '알지 못하던 시대'에는 간과하셨습니다. 알지 못하는 사람에게 책임을 묻는 것은 소용이 없습니다. 알지 못하는 사람에게 필요한 일은 알게 하는 것입니다. 그래서 알지 못하는 사람 즉 죄인을 알게 하시려고 한 사람 즉 예수를 정하셨고, 예수로 하여금 죽은 자 가운데서 살리신 것으로 죄인들을 공의로 심판하셨습니다. 그래서 '이제는' 죄인이 죄에서 해방되었고, 죄인의 문제가 해결되었습니다. 그래서 '이제는' 하나님을 알 수 있게 되었습니다. 이와 같이 '이제는' 하나님을 알 수 있게 되었으니, 30절 '이제는 어디든지 사람에게 다 명하사 회개하라 하셨으니'입니다. 이전에는 알 수 없으니 간과하는 것이 당연했고, 이제는 알 수 있게 되었으니 '회개하라' 즉 돌아오라, 하나님을 알라고 말씀하십니다.

믿을 만한 증거

30절부터 31절은 논리의 전개를 잘 파악하셔야 합니다. 우선 30절 끝부분 '이제는 어디든지 사람에게 다 명하사 회개하라 하셨으니'입니다. 이 말은 '이제는 회개하라고 명령하신다, 그러므로 너희는 회개하라'는 의미가 아닙니다. 하나님은 인간에게 명령하시는 분이 아니시고, 혹시 하나님이 명령하시는 듯한 표현이 나온다면 그것은 인간이 그 행동을 할 수 있는 존재로 변화시켜 주셨고, 할 수 있는 능력을 이미 주셨다는 것을 전제하고 있음을 아셔야 합니다. '회개하라'는 '사죄하라, 용서를 구하라'는 의미가 아니라 '돌아오라'는 뜻입니다. 하나님이 '이제는 인간에게 돌아오라'고 말씀하시는 것은 인간을 이미 돌이켜 놓았다는 의미입니다. 알지 못하던 시대에서 아는 시대로 전환시켜 놓았다, 즉 죄인을 죄에게서 해방시켜 놓았다는 선포입니다. 그러므로 '돌아오라' 즉 네가 새로운 존재가 되었다는 것을 알라는 권고입니다. 32절에 보면 '그들이 죽은 자의 부활을 듣고'라고 나옵니다. 즉 현장에서 바울의 설교를 들은 사람들은 31절의 설명이 모두 이미 있었던 일, 예수의 십자가 사건과 부활에 관한 내용이었음을 알아들었습니다. 이렇게 하나님이 요청할 수 있는 근거가 무엇입니까? 그것이 31절이었습니다. 그래서 31절 마지막 "믿을 만한 증거를 주셨음이니라"는 '증거를 주었으니 그 증거를 보고 네가 회개하라'는 의미가 아니라 '예수께서 네가 돌아올 수 있는 근거로 제공되었다'는 뜻입니다. 하나님을 모르던 사람들이 하나님을 알 수 있도록, 즉 믿을 수 있도록 하나님이 제공해 주신 근거가 예수라는 뜻입니다.

바울의 설교가 시작되는 22절부터 설교가 끝나는 31절까지를 연결해 보겠습니다. 바울의 설교의 의도가 23절 끝에 나왔습니다. "너희가 알지 못하고 위하는 그것을 내가 너희에게 알게 하리라'였습니다. 그러므로 이하의 모든 내용은 '알게 하는 내용'입니다. 바울은 사람들에게 '잘못을 회개하라, 네가 예수를 믿으라'고 결단을 요구하는 것이 아니라 이미 이루어진 내용을 알라고 권고하고 있습니다. 기독교의 구원은 인간의 행동에 따라 달라지는 것이 아니라 하나님의 일하심으로 이루어집니다. 인간이 해야 할 일은 오직 하나 '알아 듣는 것'이요, '누리는 것'입니다. 기독교가 인간이 '예수를 믿는지 안 믿는지'의 여부, 즉 인간의 행동을 근거로 인간의 천국행과 지옥행을 결정한다고 주장하면 하나님의 은혜를 멸시하는 것이며, 기독교가 인간의 행동을 근거로 심판을 한다고 주장하면 예수 그리스도의 사역을 무효로 만드는 것이 되어버립니다. 기독교는 하나님의 일하심, 하나님의 은혜를 선포하는 종교입니다.

성도의 역할

물론 기독교가 전하는 소식을 들은 사람들의 반응은 다양합니다. 32절 "그들이 죽은 자의 부활을 듣고 어떤 사람은 조롱도 하고 어떤 사람은 이 일에 대하여 네 말을 다시 듣겠다 하니", 34절 "몇 사람이 그를 가까이하여 믿으니"입니다. 복음을 알아 들은 사람이 있으면 축하해 주어야 합니다. 복음을 조롱거리로 여기는 사람이 있으면 더욱 친절하게 가르쳐 주어야 합니다. 다시 듣겠다는 사람이 있으면 다시 가르쳐 주어야 합니다. 저와 여러분이 먼저 진리를 깨닫고, 은혜를 누리고, 먼저 믿은 사람으로서 복음을 전하고 나누는 삶을 살아가시를 주님의 이름으로 축원합니다.

55

밝히 증언하니

사도행전 18:1~11

1 그 후에 바울이 아덴을 떠나 고린도에 이르러 2 아굴라라 하는 본도에서 난 유대인 한 사람을 만나니 글라우디오가 모든 유대인을 명하여 로마에서 떠나라 한 고로 그가 그 아내 브리스길라와 함께 이달리야로부터 새로 온지라 바울이 그들에게 가매 3 생업이 같으므로 함께 살며 일을 하니 그 생업은 천막을 만드는 것이더라 4 안식일마다 바울이 회당에서 강론하고 유대인과 헬라인을 권면하니라 5 실라와 디모데가 마게도냐로부터 내려오매 바울이 하나님의 말씀에 붙잡혀 유대인들에게 예수는 그리스도라 밝히 증언하니 6 그들이 대적하여 비방하거늘 바울이 옷을 털면서 이르되 너희 피가 너희 머리로 돌아갈 것이요 나는 깨끗하니라 이 후에는 이방인에게로 가리라 하고 7 거기서 옮겨 하나님을 경외하는 디도 유스도라 하는 사람의 집에 들어가니 그 집은 회당 옆이라 8 또 회당장 그리스보가 온 집안과 더불어 주를 믿으며 수많은 고린도 사람도 듣고 믿어 세례를 받더라 9 밤에 주께서 환상 가운데 바울에게 말씀하시되 두려워하지 말며 침묵하지 말고 말하라 10 내가 너와 함께 있으매 어떤 사람도 너를 대적하여 해롭게 할 자가 없을 것이니 이는 이 성중에 내 백성이 많음이라 하시더라 11 일 년 육 개월을 머물며 그들 가운데서 하나님의 말씀을 가르치니라

하나님이 하실 일

인간의 방법

기독교에 관해서 사람들이 가장 놓치고 있는 것이 '기독교는 하나님이 중심이요, 하나님이 기독교의 주체자'라는 사실입니다. 기독교 신앙의 내용은 기독교의 성도, 기독교의 교회, 기독교의 사역은 하나님이 계획하시

고, 하나님이 행하시고, 하나님이 책임지시고, 하나님이 완성하셨다는 복음입니다. 일반적으로 말하는 인간의 사고방식 또는 종교의 패러다임과는 정반대입니다. 타종교의 방식은 인간이 먼저 공덕을 쌓으면 신이 상응하는 축복을 베풀어주는 원리입니다. 당연히 타종교의 핵심용어는 '인간의 열심'입니다. 기독교의 방식은 하나님이 먼저 축복을 베푸시면 인간이 그 은혜를 누리며 사는 원리입니다. 당연히 기독교의 핵심 용어는 '하나님의 은혜'입니다.

기독교가 하나님의 일하심 또는 은혜를 강조하는 이유는 하나님이 인간을 위해주시기 때문입니다. 하나님이 인간의 수고와 어려움을 해결해 주시기 때문입니다. 가장 기본적인 것부터, 하나님을 인식하는 것부터 살펴보면 인간이 어떻게 하나님을 알 수 있습니까? 더 근본적으로 인간이 어디서 하나님을 찾을 수 있고 어떻게 하나님을 만날 수 있습니까? 인간에게는 방법이 없습니다. 영이신 하나님을, 초월하신 하나님을 인간이 접근할 수도, 인식할 수도 없습니다. 그래서 기독교에는 구도나 접신이 없습니다. 기독교에서는 하나님이 인간에게 오시며, 나타나시며, 보여주시며, 알려주시며, 가르쳐주십니다. 하나님과 인간의 관계는 인간이 주도적으로 행하는 것이 아니라 하나님의 은혜로 이루어집니다.

창조 때에 하나님이 인간에게 하나님의 형상과 모양을 주시매 인간이 하나님을 알게 되었습니다. 그런데 창세기 3장에서 인간이 스스로 하나님을 떠나버렸고, 결국 하나님과 단절된 상태에 놓인 죄인이 되었습니다. 그렇게 죄인이 된 인간은 하나님을 찾아 나선 것이 아니라 도리어 하나님을 두려워하여 숨었습니다. 인간이 창조된 이래로 신을 찾는 '구도 행위'는 없습니다. 단지 '도피 행위'가 있을 뿐입니다. 구약에서 인간이 신을 섬긴 것은 어리석게도 헛된 우상을 섬긴 경우뿐입니다. 우상을 향하여는 스스로 찾아 나선 적이 있고, 열심을 낸 적이 있지만 정작 하나님을 향하여는 찾아 나선 적도 없고, 알아차린 적도 없습니다. 하나님이 숨어있거나 은밀하게 존재하시기 때문이 아닙니다. 구약에만 해도 수십 가지 종류의 이적과 기적이 등장하지만 알지 못했고, 수백 번의 가르침이 있어도 알지 못했고, 수천 번의 은혜가 말 그대로 한량없이 주어져도 알지 못했습니다.

이것이 사실임에도 불구하고 죄인들은 여전히 '신을 믿을 만한 증거를 주면 믿겠다', '알아들을 만하게 알려주면 알아 듣겠다'고 주장합니다. 어림없는 소리인데 인간은 계속 이 말만 반복하고 있습니다. 자신이 죄인인 것을 알지 못하고 도리어 하나님이 정체를 드러내지 않는다고 우겨대고 있습니다. 죄인들의 사고방식은 구약과 신약에서 반복되는 현상입니다. 제자들의 경우에는 구약의 이적과는 차원이 다른 현장에 참여하기도 했습니다. 마태복음 17장 1절 이하 "엿새 후에 예수께서 베드로와 야고보와 그 형제 요한을 데리시고 따로 높은 산에 올라가셨더니 그들 앞에서 변형되사 그 얼굴이 해 같이 빛나며 옷이 빛과 같이 희어졌더라"입니다. 정말 전무후무한 경이로운 계시의 현장에 있었는데 제자들이 예수를 인식했나요? 알아봤나요? 여전히 몰라봤고 결국에는 세 번씩이나 모른다고 부인했습니다. 죄인이 스스로 하나님을 알아차릴 수 있는 것이 아닙니다.

다른 사람들의 경우도 마찬가지입니다. 관원들의 경우를 점검해보면, 마태복음 16장 1절 "바리새인과 사두개인들이 와서 예수를 시험하여 하늘로부터 오는 표적 보이기를 청하니"입니다. 사람들은 자신들이 본 예수가 행한 일들은 모두 땅의 표적일 뿐이라고 등한시 했습니다. 그 동안 예수가 행한 표적들도 감당치 못하면서 '땅의 표적' 말고 예수가 하늘로부터 왔다고 딱 보고 알 수 있는 '하늘로부터 오는 표적'을 보이고 요구했습니다. 이유는 간단합니다. '보면 안다'는 생각입니다. 예수님의 대답이 아주 재미있습니다. 2절 "예수께서 대답하여 이르시되 너희가 저녁에 하늘이 붉으면 날이 좋겠다 하고 아침에 하늘이 붉고 흐리면 오늘은 날이 궂겠다고 하나니 너희가 날씨는 분별할 줄 알면서 시대의 표적은 분별할 수 없느냐"입니다. 예수께서 얼마나 어이없어하시는지 이해할 수 있습니다.

하나님의 은혜

구약과 신약 통틀어 수천, 수만 가지 이적과 기적을 보았지만 아무도 예수를 믿은 사람이 없습니다. 예수님의 부활 이후도 마찬가지입니다. 죄인의 실체, 죄인의 한계를 정확히 알고 있는 성경은 인간이 믿을 만한 증거를 제시하면 믿을 것이라는 기대가 전혀 없습니다. 그래서 아예 믿을 만한 증거를 제시하려는 시도 자체가 없습니다. 성경 전체에 등장하는 이적과 기적은 증거를 제공하려는 의도가 아니라 행여 어떤 인간이 '하나님이 자신을 드러내지 않았다'고 변명하지 못하게 하려는 의도입니다. 성경은 증거를 주고 인간이 믿기를 기대하는 것이 아니라, 어떤 증거를 주어도 믿을 수 없는 죄인을 아예 하나님이 은혜로, 선물로 믿음을 주신다고 선언합니다. 그래서 하나님을 알고 하나님을 믿는 저와 여러분을 포함한 모든 성도는 '어떻게 하나님을 믿게 되었느냐?'는 질문에 오직 한 마디 '하나님의 은혜입니다'라고 말할 수 있을 뿐입니다. 이와 같이 하나님이 은혜를 주셔서 믿게 하시는 것을 '증인'이라는 단어로 설명합니다.

많은 성도들이 성경의 증인이라는 표현을 오해하고 있습니다. 성경에서 말하는 증인은 '증언하는 사람'이 아니라 '목격자, 또는 경험자 또는 당사자'입니다. 복음서에서 예수님은 제자들에게 '너희는 증인이 되거라' 또는 '증언자가 되거라'고 명령하신 적이 없습니다. 왜냐하면 증인은 스스로 될 수가 없기 때문입니다. 증인이 되려면 최소한 두 가지가 이루어져야 합니다. 첫 번째는, 보거나 듣거나 경험해야 됩니다. 어떤 사건이 본인 앞에서 벌어져서 그걸 보고 있으면 그 사람은 증인입니다. 만약 예수님이 제자들을 증인이 되게 하려고 하시면 아주 간단합니다. 그냥 제자들 앞에서 죽으시면 되고, 제자들 앞에서 부활하시면 됩니다. 그러면 제자들은 저절로 증인이 됩니다. 그러나 예수님은 십자가 사건이나 부활 사건 이전에는 제자들에게 '증인, 증거, 증언' 등에 관해서 단 한 말씀도 하시지 않습니다. '나중에 증언을 해야 하니까 잘 보고 있어라, 잘 듣고 있어라, 잘 적어 놓아라'

는 식의 말씀이 전혀 없습니다. 때가 되면 제자들은 저절로 증인이 될 것이기 때문입니다.

두 번째, 만약 어떤 사람이 사건을 목격했는데도 그 사건이나 장면이 무슨 의미인지를 전혀 인식하지 못하면 증인이 못됩니다. 종종 첩보영화를 보면 아주 결정적인 사건이 발생하고 있는데 비밀 장소가 아니라 그냥 카페나 대합실 같은 곳인 경우가 있습니다. 워낙 전문적인 사항이라 일반인들은 봐도 모르기 때문에 대중적인 장소가 더 안전할 것 같아서 일부러 그런 곳에서 사건이 일어납니다. 나중에 수사 기관이 목격자나 증인을 찾는다고 해도 나서는 사람이 없습니다. 분명히 현장에 많은 사람이 있었고, 사건을 본 사람이 있는데도 증인이 없습니다. 왜냐하면 그 자리에 있던 사람들이 그 사건의 의미를 모르기 때문에 자신이 그 사건을 본 당사자이고, 자신이 그 장면의 증인인줄 조차 모르기 때문에 증인으로 나서지 않는 것입니다. 목격자는 많은데 증인은 하나도 없는 것이 되어버립니다.

고백

복음서에서 예수님에 관한 증인이라는 표현이 딱 한번 나오는 것이 누가복음 24장 48절입니다. 누가복음 24장은 예수님이 부활하신 이후입니다. 제자들 중에 두 명이 예루살렘에서 엠마오로 가는 도중에 예수님께서 그들 앞에 나타나셨습니다. 두 사람이 부활하신 예수를 보았는데 전혀 인식하지 못합니다. 잠시 후에 그 제자들이 다른 제자들과 만나고 있는 장소에 예수님께서 다시 나타나십니다. 예수님이 직접 말씀도 하시는데 제자들이 너무 당황해서 어떻게 해야 할지를 모릅니다. 37절 "그들이 놀라고 무서워하여 그 보는 것을 영으로 생각하는지라"입니다. 이 경우 제자들은 예수를 보았다는 측면에서는 증인이지만, 예수를 인식하지 못하기 때문에 증인이 아닙니다. 그러자 예수님께서 손과 발도 보여주시고 드디어 44절부터 47절까지를 설명하여 주십니다. 이래야 제자들이 증인이 되기 때문입니다. 이렇게 예수에 관하여 예언된 일들이 모두 이루어졌다는 것을 설명하신 후에 하시는 말씀이 48절 "너희는 이 모든 일의 증인이라"가 나오게 됩니다. 첫째, 부활하신 예수를 만나야 하고, 둘째, 예수의 의미를 인식해야 하기 때문입니다. 제자들이 예수를 찾아가서 본 것이 아니라 예수가 나타났기에 보았습니다. 또 보았다고 증인이 되는 것이 아니라 예수가 제자들에게 설명하고 가르쳐줘서 기어코 증인이 되게 해 주셨습니다. 제자들은 졸지에 증인이 되었습니다. 제자들이 노력해서 증인이 된 것이 아니라 예수님이 제자들을 증인으로 만들어 주셨습니다.

사도행전에는 '증인'에 관한 내용이 자주 나옵니다. 맨 처음이 사도행전 1장 8절 "오직 성령이 너희에게 임하시면 너희가 권능을 받고 예루살렘과 온 유대와 사마리아와 땅끝까지 이르러 내 증인이 되리라"입니다. 제발 '어디까지 가는가?'에 몰두하지 마시고 '내 증인이 되리라!'에 집중하시기 바랍니다. 제자들은 예수님의 약속에 의하여 성령을 받게 되고 증인이 되는 것입니다. 강조점이 '증인이 된다'입니다. 정말로 2장에 성령이 임합니다. 성령이 임한 후부터 제자들의 말을 '증인'과 관련하여 주목해 보면 재미있습니다. 2장 32절에 "이 예수를 하나님이 살리신지라 우리가 다 이 일에 증인이로다", 3장 15절 "그러나 하나님이 죽은 자 가운데서 그를 살리셨으니 우리가 이 일에 증인이라", 5장 31절 "이스라엘에게 회개함과 죄 사함을 주시려고 그를 오른손으로 높이사 임금과 구주로 삼으셨느니라 우리는 이 일에 증인이요 하나님이 자기에게 순종하는 사람들에게 주신 성령도 그러하니라 하더라", 10장 41절 "모든 백성에게 하신 것이 아니요 오직 미리 택하신 증인 곧 죽은 자 가운데서 부활하신 후 그를 모시고 음식을 먹은 우리에게 하신 것이라", 13장 31절 "갈릴리로부터 예루살렘에 함께 올라간 사람들에게 여러 날 보이셨으니 그들이 이제 백성 앞에서 그의 증인이라" 입니다. 예수님이 '증인이 되리라'고 하셨기에 자신들이 '증인'이 되었다고 고백하고 있습니다.

밝히 증언하니

증인의 삶

이제 증인이 된 사도들이 과연 증인으로서 어떻게 행동했는가를 살펴보겠습니다. 구약과 복음서에서 하나님과 예수님이 수도 없이 나타나고 보여주어도 인간들이 믿지 않았는데 이러한 사실을 다 아시는 예수님께서 사도행전에서 제자들에게 '너희가 가서 증인이 되어라'고 하시면, 그래서 제자들이 가서 증언을 하면 사람들이 믿을 것이라고 기대를 했겠습니까? 제자들 스스로도, 자신들이 목격자요, 증인이니까 자신들이 보고 들은 것을 증언하면 사람들이 냉큼 믿어줄 것이라고 기대를 했겠습니까? 사도행전이 보여주는 제자들은 증인의 삶을 살려고 노력하는 모습, 증언을 하기 위해 이리저리 뛰어다니는 모습, 예수가 그리스도라는 것을 증언하기 위해 온갖 노력을 다하는 모습이 아닙니다.

증인의 관점으로 베드로와 바울의 설교를 들으면 아주 답답하기만 합니다. 사람이 무슨 사실을 주장하거나 입증하려면, 죄인들의 변치 않는 요구가 '믿을만한 증거'를 요구하는 것이기에 믿을만한 '증거'를 제시하면 됩니다. 제자들이 예수가 부활하셨다, 또는 예수가 그리스도라고 주장하려면 예수가 부활하신 증거, 예수가 그리스도인 증거를 제시하면 됩니다. 그런데 사도행전에 나타난 제자들의 설교에는 증거를 제시하는 장면이 하나도 없습니다. 사도행전 18장 5절 "실라와 디모데가 마게도냐로부터 내려오매 바울이 하나님의 말씀에 붙잡혀 유대인들에게 예수는 그리스도라 밝히 증언하니"입니다. 한번 추정을 해보시기 바랍니다. '예수는 그리스도라 밝히 증언하니'입니다. 어떻게 밝히 했을까요? 무엇을 했을까요? 어느 누구도 부인할 수 없는 명백한 증거를 제시했을까요? 그런데 반응이 6절 "그들이 대적하여 비방하거늘"입니다. 저들을 믿게 하지 못했고, 설득하지 못했습니다.

제자들의 사역과 그 이후의 교회로부터 지금까지 기독교가 하는 방식이 얼마나 다른지를 야사를 통해서 비교해 드리겠습니다. 일반 성도분들이 잘 모르시는 기독교 역사의 비하인드 스토리를 하나 소개해 보겠습니다. 사도행전 시대가 지나가고, 그 다음 시대를 흔히 교부시대라고 합니다. 교부들 시대에 교회가 국교가 됩니다. 이때부터 교회는 완전히 달라집니다. 단순히 국교의 급에 맞춘다는 것을 비난하려는 것이 아니라 기독교가 신학적 내용과 사역을 어떻게 변질시키는가를 분별해야 합니다. 로마의 이곳저곳에 교회가 지어집니다. 이 때, 지어진 교회의 위상을 높이기 위해 기독교가 시도한 일들이 바로 '유물 전시'였습니다. 국교이기에 믿음과 무관하게 저절로 성도가 되어버린 사람들에게 교회가 방문할 만한 가치가 있고, 다른 장소들보다 신성한 곳이라는 가치부여를 위해서 시도한 것이 바로 '유물 전시'였습니다. 그래서 예수님이 매달렸던 십자가 나무의 조각, 예수님이 쓰셨던 가시 면류관의 가시 하나, 홍포의 실 가닥 등 각종 해괴한 것들이 예수와 관련된 유물이라는 명분으로 수집되었고, 교회들에 전시되기 시작하고, 예수의 역사적 증거라고 제시되었습니다. 기독교는 믿을만하다는 것을 스스로 입증하려고 했던 어리석은 일들이었습니다. 기독교가 전혀 기독교적 방식이 아닌 것으로 전락되었다는 사실을 강조하고 있습니다. 기독교는 그런 증거가 있으면 인정을 받을 수 있는 것이 아닙니다.

사도들의 설교

　사도행전에 나타난 제자들의 설교나 복음 전도에는 증거나 유물, 증인 또는 혹시라도 보탬이 될 수 있을 것 같은 어떤 자료, 믿을 만한 수단이나 방법이 될 수 있는 장치가 등장하지 않습니다. 혹시 어떤 분은 사도들이 사람들로 하여금 믿게 하려고 이적과 기적이 행했다고 주장할 수 있습니다. 그러나 그것도 별 것 아닙니다. 제자들이 '예수가 그리스도'라고 증언하는데, 정작 당사자인 예수가 훨씬 더 큰 이적과 기적을 많이 베풀었습니다.

그런데도 사람들은 믿지 않았습니다. 베드로가 성전에서 앉은뱅이를 일으킨 이적이 있는데 예수가 행한 이적보다 나은 것이 아닙니다. 예수가 행한 이적을 못 본 사람들은 놀랄 수도 있지만 예수의 이적을 본 사람들은 아마 비웃었을 것입니다. 아마도 '자기네 스승이라는 예수 따라가려면 아직 멀었구만!'이라고 했을 것입니다.

사도행전 2장에서 베드로가 요엘 선지자의 글을 인용하며 설교하지만 다른 사람들은 요엘의 글을 전혀 몰랐던 것이 아닙니다. 베드로가 아는 만큼은 다른 사람들도 알고 있었습니다. 그러니 요엘 선지자가 예언했었다는 말을 언급하는 것이 사람들을 설득하는데 별로 영향을 주지 못합니다. 사도행전 7장에 보면 스데반의 설교가 나옵니다. 스데반의 설교가 구약의 이스라엘 역사를 총망라하는 대단한 내용입니다. 하지만 그 내용은 유대인들도 다 알고 있습니다. 아마도 스데반은 이름을 근거로 추정하면 헬라파 유대인으로 여겨지는데 히브리파 유대인들이 헬라파 유대인보다 이스라엘의 역사에 대해 모른다고 생각하시면 안 됩니다. 베드로도 하는 일이 기껏해야 설교이고, 스데반도 기껏해야 설교이고, 조금 다르다고 하면 기껏해야 병자를 고치는 것이고, 귀신을 쫓는 정도입니다. 그 정도로는 예수가 부활했다는 증거, 예수가 그리스도라는 증거가 되지 못합니다. 그런데도 불구하고 사도들은 더 나은 증거, 더 분명한 증거물을 제시하려는 노력을 전혀 하지 않습니다.

조금 더 정확하게 표현하면 사도행전의 제자들은 자신들의 증언을 통하여 사람들에게 예수를 믿게 하려고 노력하고 있는 것이 아닙니다. 조금 더 정확하게 표현하면 사도행전은 제자들이 어떻게 증인의 역할을 감당하고 있는지, 제자들의 활약상을 보여주려고 하지 않습니다. 제가 사도행전 강해 초반부에 설명드린 적이 있는데, 사도행전은 제자들의 사역을 보여주려는 것이 아니라 하나님의 사역, 하나님의 활약을 보여주는 책입니다. 그래서 사도행전에서 제자들은 사역하는 사람들, 충성하는 사람들, 헌신하는 사람들로서가 아니라 하나님의 일하심의 결과, 예수의 십자가와 부활이 만들어낸 열매, 성령이 임하고 역사하신 증거로 등장합니다. 사도들은 하나님을 위해서 또는 하나님의 일을 하는 주체가 아니라, 하나님이 일하시는 대상, 하나님이 일하신 것의 증인으로 소개되고 있습니다.

결과, 열매

저와 여러분이 성경에서 만나는 사람들의 모습은 대부분 '결과'입니다. 사도행전을 주로 예를 들어보겠습니다. 1장에 제자들이 모여 있습니다. 이것도 결과입니다. 즉 부활하신 예수님이 제자들을 찾아가셔서 불러 모으신 결과입니다. 저들이 '먼저' 모여 있으니까 예수님이 기특해서 방문하신 것이 아닙니다. 2장에 성령이 임한 것도 결과입니다. 제자들이 어디 가서 성령을 받아가지고, 방언하는 능력을 얻어가지고 새롭게 등장한 것이 아닙니다. 예수님께서 모여 있는 제자들에게 '나를 믿는 사람? 부활을 믿는 사람?'이라고 질문을 하신 적도 없고, 저들이 정말로 회개를 했는가, 예수를 진실로 믿고 있는가 확인을 하신 적도 없습니다. 그냥 그들에게 성령이 임하였고, 그들이 방언을 말하게 되었습니다. 모든 것이 결과입니다. 어디에도 조건이나 방법이 없습니다. '어떻게 하면 성령을 받을 수 있는가? 어떻게 하면 방언을 말할 수 있는가?'를 질문할 수 없고, 대답할 수 없습니다. 그저 한 마디 저들이 '성령을 받았고, 방언을 말하는구나!'라고 말할 뿐입니다. 혹시 한마디 하시려면 '하나님이 하셨다'입니다.

저와 여러분이 정작 궁금해 하고 놀라야 하는 것은 베드로가 한 설교를 듣고 침례를 받은 사람이 삼천이나 되었다는 사실입니다. 그 설교에 무슨 증거가 있고, 그 설교에 무슨 설득력이 있고, 그 설교에 무슨 입증할 만한 근거가 있습니까? 새로운 주장도 없고 새로운 사실도 없습니다. 내용으로 보나 이적으로 보나 베드로의 설교는 예수님의 설교와는 비교 자체가 불가능합니다. 그런데 이 따위 설교를 듣고도 삼천 명이 침례를 받았습니다. 이것을 어떻게 설명하시겠습니까? 오직 한 마디 '하나님이 하셨다'뿐입니다. 베드로의 설교를 다 외워서 베드로처럼 설교하면 동일한 결과가 나올까요? 방언도 말하고 병자도 고치면 이런 일이 재현될까요? 안됩니다. 재현이 안 된다는 의미가 아니라 그런 생각 자체가 안 됩니다. 왜냐하면 그 사역은 '하나님이 하셨다'가 결론인데, 내가 '베드로처럼 하면 될까?'라는 인간의 방법론을 운운하니까 안 됩니다. 삼천 명이나 되는 사람들이 침례를 받게 된 근거가 뭘까요? 답은 하나입니다. '하나님이 하셨다'입니다. 저와 여러분은 하나님이 일하신 결과를 보고 있습니다. 그렇게 일하신 하나님이 현재도 일하시는 것이고, 저와 여러분이 하나님 대신 일해 드리려고 할 것이 아니라 계속해서 하나님이 일하신 결과를 보게 될 것입니다.

베드로가 고넬료의 집에 갔습니다. 고넬료가 회개했다는 표현이 없고, 베드로도 고넬료에게 회개하라거나 주를 믿으라고 말하지도 않았습니다. 베드로가 말한 내용이 10장 34절로 43절에 나오는데 별로 감동적이지 않습니다. 고넬료는 베드로의 설교에 미처 아멘이라는 말도 하지 못했습니다. 그런데 베드로가 말할 때에 느닷없이 성령이 고넬료와 모든 사람에게 임해 버렸습니다. 고넬료에게 '어떻게 해서 성령 받았습니까?'라고 물어보면 고넬료가 뭐라고 할까요? 기독교에는 인간의 방법론이 없습니다. 저와 여러분은 고넬료에게서 어떠한 근거도, 방법도, 수단도 발견할 수 없습니다. 그저 어이없음과 황당함을 볼 뿐입니다. 성경에 나타난 것은 인간의 수단이 아니라 하나님이 일하신 결과입니다.

사도행전 9장에는 유명한 사울의 소명 사건이 기록되어 있습니다. 예수님께서 사울에게 나타나셨습니다. 직접 말씀도 하셨습니다. 예수님의 말씀만 골라보면 9장 4절 "사울아 사울아 네가 어찌하여 나를 박해하느냐", 5절 "나는 네가 박해하는 예수라 너는 일어나 시내로 들어가라 네가 행할 것을 네게 이를 자가 있느니라"입니다. 이것뿐입니다. 저와 여러분이 전도를 받을 때나 전도할 때에 너무나 당연스럽게 사용한 표현이 없습니다. 즉 '사울아, 네가 회개했느냐, 사울아 네가 예수를 믿느냐, 사울아 네가 예수를 그리스도로 시인하느냐?'는 질문이 없습니다. 바울이 예수를 믿게 된 것은 하나님의 일하심의 결과요, 열매입니다. 제자들 중에 어느 누구도 사울에게 예수가 그리스도인 증거를 제시하며, 사울이 알아들을 때까지 차분하게 토라를 읽어가며 설명한 사람이 없습니다. 바울도 '내가 의에 이르기 위하여 마음으로 믿사오며, 구원에 이르기 위하여 입으로 시인합니다'라고 말하지도 않았습니다. 바울이 구원을 받기위해 무엇을 했습니까? 없습니다. 바울이 어떻게 구원을 받았습니까? 은혜로! 바울이 사도가 된 것은 결과입니다. 본문 사도행전 18장에서 바울이 복음을 전하고 있습니다. 이것이 바울이 면류관을 위한 충성이 아니고, 상급을 받기 위한 공적이 아니라, 결과입니다.

말하라

기독교의 사역이 인간의 헌신의 결과, 지혜롭게 설득한 결과, 명쾌하게 증거한 결과가 아니라 하나님의 결과라는 것을 또 보여주는 것이 사도행전 18장의 본문입니다. 5절에 의하면 바울이 유대인들에게 '예수는 그리스도라 밝히 증언'하였는데 결과는 6절 '그들이 대적하여 비방하거늘'입니다. 그런데 7절에 보면 바울은 아무 것도 안했습니다. 그냥 이방인의 집에 갔습니다. 그런데 8절 "또 회당장 그리스보가 온 집안과 더불어 주를 믿으며 수많은 고린도 사람도 듣고 믿어 침례를 받더라"입니다. 밝히 증언한 곳에서는 아무 결과도 없고, 아무 것도 안 한 곳에서는 많은 사람이 믿었습니다. 바울은 어떻게 해야 할까요? 차라리 아무 말도 하지 말까요?

이때 하나님의 재치, 하나님의 위트가 등장합니다. 9절 "밤에 주께서 환상 가운데 바울에게 말씀하시되 두려워하지 말며 침묵하지 말고 말하라"입니다. 이 말씀이 얼마나 타이밍도 좋고, 표현도 멋있는지 알아차리셔야 합니다. 표현을 대조해 드리겠습니다. 5절에 보면 바울이 '밝히 증언하니'

라고 나옵니다. 이 단어는 '증거하다, 엄숙히 확언하다, 진지하게 선언하다'라는 의미입니다. 바울이 유대인들을 향해 의욕적으로, 열정적으로, 간절하면서도 진지하게 설명했다는 뉘앙스가 담겨있습니다. 그런데 아무 열매도 없었습니다. 좌절하기 딱 좋은 시점에 하나님께서 환상을 통해 말씀하신 것이 9절 마지막에 '말하라'입니다. 이 '말하라'라는 단어는 5절의 '밝히 증언하니'와 대조하면 아주 가벼운 단어입니다. 단순하게, 그냥, '말하다'입니다. '대화하다, 이야기하다, 화답하다, 수다스럽게 대화하다'의 의미입니다. 아주 리얼하게 표현하면, 하나님께서 바울에게 '야, 힘빼라!'고 말씀하시는 것입니다. 바울이 마치 자기가 유대인들을 구원할 듯이, 자기가 확신에 차서 설명하면 한 사람이라도 반응이 나올 것 같은 기대를 가지고 '진지하게' 이야기 하니까 하나님께서 '네가 한다고 되는 것이 아니야. 너는 그냥 말해. 그냥 말만 해. 힘 빼고, 목소리 깔지 말고, 그냥 말만 해!'라고 하시는 것입니다. 하나님은 모세에게도 한 마디 '가서 말하라'였고, 예언자들에게도 한 마디 '가서 말하라'였습니다.

　사도들의 모습에서 가장 중요한 것은 자신들이 '증인'이라는 것을 알았다는 점입니다. 자신들이 하나님의 은혜를 받았다는 것, 성도가 되었다는 것을 알았습니다. 그래서 예수 부활의 증거, 예수가 그리스도라는 증거로 제시하는 유일한 내용이 바로 자기 자신들입니다. 예수의 부활이 없었다면, 예수의 그리스도로서의 사역이 없었다면 자신들이 성도가 되지 않았을 것이요, 만약 자신들이 성도가 아니라면 현재 자신들처럼 살지 않았을 것이기 때문입니다. 성도의 존재, 성도의 삶 자체가 하나님이 일하신 결과요, 하나님이 세상에 밝히 드러내는 하나님의 증거입니다. 제가 이렇게 설명하면 꼭 질문이 들어옵니다. 그럼 '누가 사역을 합니까? 누가 복음을 전합니까? 누가 선교를 합니까?'라고 묻습니다. 하나님이 알아서 감동주시고, 하나님이 알아서 세우십니다. 그러면 하나님께 감동받은 사람이, 기쁜 마음과 즐거운 마음과 감격스러운 마음으로 즐거이 복음을 전하고, 선교를 행하게 됩니다. 지금까지 하나님이 그렇게 해오셨습니다. 성도됨을 아시고, 성도답게 하나님의 은혜를 신나고 멋있게 누리면서 사시기 바랍니다. 그것이 성도가 행하는 최고의 사역입니다.

56
스스로 처리하라

사도행전 18:12~23

12 갈리오가 아가야 총독 되었을 때에 유대인이 일제히 일어나 바울을 대적하여 법정으로 데리고 가서 13 말하되 이 사람이 율법을 어기면서 하나님을 경외하라고 사람들을 권한다 하거늘 14 바울이 입을 열고자 할 때에 갈리오가 유대인들에게 이르되 너희 유대인들아 만일 이것이 무슨 부정한 일이나 불량한 행동이었으면 내가 너희 말을 들어 주는 것이 옳거니와 15 만일 문제가 언어와 명칭과 너희 법에 관한 것이면 너희가 스스로 처리하라 나는 이러한 일에 재판장 되기를 원하지 아니하노라 하고 16 그들을 법정에서 쫓아내니 17 모든 사람이 회당장 소스데네를 잡아 법정 앞에서 때리되 갈리오가 이 일을 상관하지 아니하니라 18 바울은 더 여러 날 머물다가 형제들과 작별하고 배 타고 수리아로 떠나갈새 브리스길라와 아굴라도 함께 하더라 바울이 일찍이 서원이 있었으므로 겐그레아에서 머리를 깎았더라 19 에베소에 와서 그들을 거기 머물게 하고 자기는 회당에 들어가서 유대인들과 변론하니 20 여러 사람이 더 오래 있기를 청하되 허락하지 아니하고 21 작별하여 이르되 만일 하나님의 뜻이면 너희에게 돌아오리라 하고 배를 타고 에베소를 떠나 22 가이사랴에 상륙하여 올라가 교회의 안부를 물은 후에 안디옥으로 내려가서 23 얼마 있다가 떠나 갈라디아와 브루기아 땅을 차례로 다니며 모든 제자를 굳건하게 하니라

기독교의 본질

신앙 패턴

사람들은 보이는 대로 보기 보다는, 보고 싶은 대로 보기 때문에 실수를 하거나 오해를 할 때가 종종 있습니다. 성도들의 신앙도 유사한 실수나 오

해가 자주 발생합니다. 우선 성경을 읽지 않습니다. 성경이 보여주는 신앙생활을 하는 것이 아니라 본인이 하고 싶은 대로 신앙생활을 합니다. 신앙을 본인이 결정합니다. 신앙의 내용도 본인이 결정하고, 신앙의 행태도 본인이 결정합니다. 그 신앙이 맞는지 틀리는지의 여부도 본인이 결정합니다. 본인이 그렇게 하겠다는 데에 제가 간섭하지도 판단하지도 않겠습니다. 본인이 좋다면 저도 그냥 두겠습니다. 그런데 한 가지 문제가 발생합니다. 평상시에는 그것이 아주 좋은데, 정작 그 사람에게 문제가 발생하면 그 신앙은 그 사람의 삶이나 문제에 아무런 영향을 주지 못합니다.

어떤 사람이 자신의 삶 가운데 문제를 느꼈다면 그것은 단지 상황이나 조건에 관한 것이 아닙니다. 왜냐하면 상황은 늘 변하는데 그전까지는 자신의 사고 방식이나 종교 생활이 그 상황을 잘 판단하고 적응했으니까 문제로 여기지 않았습니다. 그런데 문제로 느낀다는 것은 이미 자기의 사고 방식의 한계를 넘었다는 것이요, 종교 생활이 아무런 유익이 되지 않고 있다는 증거입니다. 이런 경우에 신앙의 내용과 행동을 자신이 결정한 사람들은 아무런 대책이 없습니다. 없던 내용이 갑자기 생길 수 있는 것도 아니고, 자신이 생각하지 않은 종교 행위를 갑자기 실천할 수 있는 근거도 전혀 없기 때문입니다. 죄인의 가장 어리석은 것은 '좋은 것을 좋을 때는 모른다'는 점입니다. 다른 표현으로 하면 '해야 할 것을 제 때에 하지 않는다'는 것입니다. 그런데 죄인들의 더 어리석은 점은 이런 것을 모두 알고 있으면서도 계속해서 반복하고 있다는 것입니다.

성도들은 이런 죄인의 삶을 살아서는 안 됩니다. 개인의 사생활이나 가정생활, 직장생활보다 가장 본질적으로 신앙생활에 있어서 중요한 것이 평안할 때 말씀을 배워야 한다는 것입니다. 세상 일에 시험이 들면 도움을 요청하러 갈 수 있는 교회라도 있지만, 신앙에 시험이 들면 말씀도 들리지 않고 회복하기가 어렵습니다. 성도는 평상시에 말씀을 읽고, 말씀을 배우고, 건강한 신앙생활의 패턴을 이어가야 합니다. 세상 일은 본인이 내용이나 양식을 스스로 결정해도 됩니다. 그러나 신앙 만큼은 절대적으로 하나님의 가르침을 들어야 하고 배워야 합니다. 하나님의 말씀에 근거한 신앙이어야 내가 어렵고 힘들 때 말씀이 나를 지켜주며, 하나님의 말씀에 근거한 믿음이어야 내가 시험과 역경에 빠질 때 말씀이 나를 회복시켜주며, 하나님의 말씀에 근거한 진리이어야 내가 의심과 회의에 들 때 말씀이 나를 깨우쳐 줄 수 있기 때문입니다. 부디 평안할 때, 형통할 때, 순적할 때 더더욱 말씀에 집중하는 지혜로운 성도들 되시기 바랍니다.

기독교의 본질

기독교의 본질과 내용에 관해 인간이 생각하는 것과 성경이 선언하는 것에는 어마어마한 차이가 있습니다. 사람의 생각에 근거하면, 인간이 믿음을 가져야 하고, 인간이 믿음을 지켜야 하고, 인간이 하나님을 위해 드려야 한다고 모두 착각하고 있으며 그렇게 신앙생활을 하려고 하니 힘들고 불편합니다. 하나님의 말씀에 근거하면 하나님이 믿음을 주시는 것이고, 하나님이 성도를 구원하여 예수 그리스도를 머리로 하는 교회에 연합시켜 하나님이 성도를 지키고, 하나님이 인간을 위해 주시기 때문에 인간은 자유와 평화와 안식 가운데 기쁘고 즐거운 신앙생활을 누리는 것이 기본입니다.

앞서 두 번에 걸쳐 증인에 대해 설명 드렸습니다. 증인에 대해서는 사람들이 생각하는 증인의 존재, 증인의 역할과 성경이 가르치는 증인의 존재와 증인의 역할은 완전히 다릅니다. 사람들 생각에는 인간이 예수의 증인이 되어서 적극적으로 예수를 위한 증언을 해야 한다고 생각합니다. 이것이 어마어마한 착각입니다. 성경의 가르침에 의하면, 증인은 하나님이 성도를 증인으로 만들어주십니다. 하나님이 보여주면 인간이 보고, 하나님이 들려주면 인간이 듣고, 하나님이 하나님의 사역의 현장이나 결과에 동참시켜 주면 동참자가 되어서 보았기에, 들었기에, 참여했기에 증인이 되고 증언을 합니다. 인간이 증인이 될 수 있는 방법이란 없고 하나님이 저와 여러분을 증인으로 만들어 주십니다. 그럼 하나님이 왜 저와 여러분을 증인으로 만드는 지가 궁금하실 것입니다. 저와 여러분을 증인 만들어서 하나님과 예수님을 널리 전파하라고 증인으로 삼는 것이 아닙니다.

예를 들어보겠습니다. 종종 세상에 큰 불행한 일이 발생하면 사람들은 당장에 '하나님은 어디 계시는가? 하나님은 살아계시는가?'라고 소리 지릅니다. 이때 사람들은 성도들을 향해 소리 지르지 않습니다. 성도들에게 하나님이 존재하신다는 증거, 하나님이 일하신다는 설명을 해보라고 요구하지 않습니다. 사람들은 평상시에는 성도들에게 질문하고 요구하지만 정작 본인들이 큰일을 당하면 절대로 사람에게 따지지 않고, 묻지 않고, 요구하지 않습니다. 직접 하나님께 불평하고, 원망하고, 따집니다. 그래서 사람들이 신에게 아우성칠 때 괜히 성도가 하나님을 증거 한다고, 하나님의 증인 역할 한다고 말을 하면 어리석은 것이요, 주책없이 나서는 것입니다. 그럴 때에 하나님이 성도를 바라보면서 '나를 대변해달라'고 성도에게 부탁하지 않습니다. 하나님은 우리에게 증인이 되어달라고 바라지 않습니다. 기독교에서 사용하는 증인이라는 개념은 인간이 하나님을 증거한다는 개념이 아닙니다. 정반대입니다. 세상이 하나님을 향해 외칠 때, 하나님이 세상을 향해 '내가 살아있고, 내가 역사한다'는 증거로 하나님이 제시하는 존재가 바로 성도입니다.

하나님의 증거

하나님이 성도를 내세워 하나님을 증언하라고 시키는 것이 아니라 하나님이 역사하신 증거 자체가 성도입니다. 성도의 존재, 성도의 삶이 하나님의 증거물입니다. 성도가 세상을 향해 하나님에 대해 말하는 것이 아니라 하나님이 세상을 향해 '성도들 봤지!'라고 말씀하십니다. 그러므로 증인이라는 단어는 성도가 사용하는 단어가 아니라 하나님이 사용하시는 단어입니다. 이것을 보여주는 대표적인 장면이 바로 '욥'입니다. 욥기의 주제는 욥의 고난과 시험이 아니라 사단에 대한 하나님의 증거입니다. 사단은, 자신이 죄인들을 주관하고, 다스리고, 지배하고 있다고 생각합니다. 아무도 자신을 벗어날 수 없다고 자신만만해 하고 있습니다. 그때 하나님께서 사단에게 '네가 주관자가 아니다. 내가 역사하면 죄인도 다른 삶을 살 수 있다'고 말씀하십니다. 그러자 사단이 '죄를 벗어나는 사고와 행동을 하는 인간이란 없습니다. 하나님도 죄인에게는 아무 소용이 없습니다'라고 뻐깁니다. 그때 하나님께서 '내가 은혜를 준 결과, 내가 계시를 준 결과, 내가 역사한 열매를 증거로 제시하고 증인을 보여주마!'라고 자랑스러워하시면서 사단에게 내어놓은 증인이 바로 '욥'입니다. 욥이 사단에게 하나님을 대변하는 것이 절대로 아닙니다. 욥기 사건의 핵심은 사단을 향한 하나님의 증거입니다. 욥기에서 욥은 하나님을 대변하거나 증거하는 말이나 행동을 단하나도 하지 않습니다. 그럼에도 불구하고 욥은 진정한 하나님의 증인입니다.

욥기 사건의 신약적 재현이 바로 사도행전입니다. 대표적인 인물이 베드로입니다. 사도행전에서 베드로가 증인으로서 하나님을 설명하거나 예수가 부활하셨다는 증거를 제시하지 않습니다. 예수가 세상을 향해 자신이 부활한 증거로 제시하는 증인이 바로 베드로입니다. 복음서에서 베드로의 가장 약점이 드러나는 곳이 예수님을 부인하는 사건입니다. 그런데 그 사건을 보면 아주 어이없는 것이 있습니다. 베드로가 로마 관원에게 잡혀 간 것이 아니고 모진 채찍을 당하거나 고문을 당한 것이 아닙니다. 또한 제사장이나 관원들에게 심문을 받은 것도 아닙니다. 마태복음 26장 69절에 보면 베드로에게 묻는 사람이 그냥 여종입니다. 두 번째도 다른 여종입니다. 세 번째는 곁에 섰던 사람입니다. 베드로는 더 이상 고문을 견딜 수 없어서 부인한 것이 아니고, 관원들이 명백한 증거를 제시하자 더 이상 피할 길이 없어서 부인한 것이 아닙니다. 자기 생각이나 예상이나 기대와 다른 현상이 발생했기에 예수를 부인했습니다.

이 사건 이후에 예수가 십자가를 졌고 부활했습니다. 사람들이 예수의 부활을 의심하고 물을 때 하나님이 세상을 향해 제시한 증인이 바로 베드로입니다. 죄인이 구원받았다는 증거가 어디 있느냐고 따질 때에 하나님이 제시한 증인이 바로 사도들입니다. 사도행전 4장은 마태복음과 전혀 다른 상황입니다. 유대 관원들이 베드로를 포함한 제자들을 모두 잡아 가두었고 위협하였습니다. 여종의 말 한마디에 예수를 부인하던 베드로가 관원의 위협과 경고에도 아랑곳하지 않습니다. 베드로가 무슨 설교를 하고 예수를 어떻게 증거 하느냐가 핵심이 아니라 하나님이 베드로를 이렇게 변화시켰다는 것이 핵심입니다. 베드로의 행동이 자기 기준에서 하나님의 기준으로 달라졌습니다. 사람들이 하나님에게 '도대체 어디계시느냐고, 도대체 뭐하시느냐?'고 따져 물을 때 하나님의 대답, 하나님의 증거, 하나님이 당당하게 내세우는 증인이 바로 베드로요, 바울이요, 성도입니다.

하나님, 죄

사람들은 어떤 재난이 닥치면 일단 하나님을 원망합니다. 평상시 하나님의 존재를 인정하지 않던 사람들도 하나님을 욕합니다. 그런데 하나님을 원망하면서도 전혀 언급하지 않는 존재가 있는데 바로 죄와 죄인들입니다. 정말 어쩔 수 없는 자연재해를 제외하고는 대부분의 사건 사고의 원인은 죄인들의 행동이고, 그 죄인들은 죄적 사고방식을 따르고 있습니다. 사고의 원인을 따져 봐도 죄의 원리가 숨어있고, 사고 처리를 살펴봐도 죄의 원리가 숨어있고, 사고의 사후에도 여전히 죄의 원리가 작동하고 있습니다. 그런데 아무도 죄를 원망하거나 욕하지 않습니다. 사람들이 죄에 대하여는 묵인하고, 하나님에 대하여는 원성을 높일 때에 하나님은 묵묵히 다 들어주십니다. '하나님이 어디 계시냐?'고 고함칠 때에 하나님이 '나 여기 있다'고 제시하는 증거, 증인이 바로 성도입니다. 하나님이 성도를 '증인'으로 제시하는 모습이 과연 무엇인지를 본문을 통해서 확인해 보겠습니다.

스스로 처리하라

제자들의 고난

사람들은 고난이라는 단어를 들으면 자동적으로 복음서의 예수의 고난을 연상합니다. 하지만 예수님의 사역에서 고난은 잡히시고 십자가를 지는 순간뿐입니다. 복음서 내에서 약 삼 년여의 사역에서 예수님은 거의 고난을 당하지 않습니다. 도리어 대부분의 기간 동안 예수님은 다양하게 이적을 행하시고, 예수님의 권세를 드러내셨습니다. 그러다가 막판에 흔히 고난 주간이라고 부르는 일주일 동안, 그 일주일 동안에도 잡히시기 전에는 제자들과 세족식도 하시고 만찬도 하셨습니다. 그러다가 금요일에 잡혀서 고난 당하셨고 그날 십자가에 달려 죽으셨습니다. 세상의 기준에서 관찰하여 고난이라는 상황을 지적한다면 불과 하루입니다.

성경에서 정작 고난이라는 단어를 들을 때 연상해야 하는 것은 사도행전의 제자들입니다. 사도행전 2장에는 성령이 임하고 방언을 말하여 사람들이 놀라고, 3장에는 베드로의 이적이 나타나 사람들의 경배를 받지만 좋은 장면은 거기까지입니다. 4장부터는 마지막 28장까지 계속하여 반대와 박해와 고난의 연속입니다. 간헐적이거나 우발적이 아니라 아주 의도적으로, 사도들이 가는 곳마다 쫓아다니면서 반대하고 위협하는 상황이 이어집니다. 제자들이 고난 받을 만한 행동을 한 것이 아닙니다. 가는 곳마다 도움을 주면 주었지 해를 끼친 적이 없습니다. 선을 행하면 행했지 악을 행한 적이 없습니다. 그런데도 계속해서 고난을 받습니다.

몇 구절만 확인해보면, 사도행전 4장 3절 '그들을 잡으매', 21절 '다시 위협하여 놓아 주었으니', 5장 18절 '사도들을 잡아다가 옥에 가두었더니', 6장 12절 '백성과 장로와 서기관들을 충동시켜 와서 잡아가지고 공회에 이르러 거짓 증인들을 세우니', 7장 58절 '성 밖으로 내치고 돌로 칠새', 8장 1절 '그 날에 예루살렘에 있는 교회에 큰 박해가 있어'입니다. 복음이 이방 지역으로까지 퍼지자 유대인들이 쫓아다니면서 박해합니다. 9장 23절 '유대인들이 사울 죽이기를 공모하더니', 13장 45절 '유대인들이 그 무리를 보고 시기가 가득하여 바울이 말한 것을 반박하고 비방하거늘', 14장 2절 '순종하지 아니하는 유대인들이 이방인들의 마음을 선동하여 형제들에게 악감을 품게 하거늘', 14장 5절 '이방인과 유대인과 그 관리들이 두 사도를 모욕하며 돌로 치려고 달려드니', 14장 19절 '유대인들이 안디옥과 이고니온에서 와서 무리를 충동하니', 17장 5절 '그러나 유대인들은 시기하여 저자의 어떤 불량한 사람들을 데리고 때를 지어 성을 소동하게 하여', 17장 13절 '데살로니가에 있는 유대인들은 바울이 하나님의 말씀을 베뢰아에서도 전하는 줄을 알고 거기도 가서 무리를 움직여 소동하게 하거늘', 18장 12절 '갈리오가 아가야 총독 되었을 때에 유대인이 일제히 일어나 바울을 대적하여 법정으로 데리고 가서'입니다. 이후에도 바울은 영광을 얻는 장면이 아니라 체포되고 고난 받는 장면이 계속 이어집니다.

제자들의 반응

그런데 저와 여러분이 하나 궁금해 할 것이 있습니다. 유대인들의 행동에 대한 베드로의 반응 또는 바울의 반응입니다. 베드로가 박해를 받은 것은 어느 정도 이해가 됩니다. 사도행전에서 베드로는 주로 예루살렘에서 활동했습니다. 당연히 예수를 죽인 유대교 지도자들의 심기를 불편하게 했을 것이고, 상대적으로 약자인 베드로가 대응할만한 별다른 조치가 없었을 것입니다. 그러나 바울은 많이 다릅니다. 우선 바울은 로마 시민권이 있습니다. 유대교의 불법적인 행동에 저항할 수 있는 수단이 있습니다. 또한 바울이 활동한 지역은 예루살렘이나 유대 지역이 아니라 주로 이방 지역이었습니다. 상대적으로 유대교의 권한이 약한 곳이고, 유대교가 일방적으로 바울을 잡아 가두거나 위협할 수 없는 지역입니다. 그래서 베드로는 고발을 당했다거나 재판을 받는 장면이 나오지 않는데 반해 바울은 고소를 당했습니다.

이때 궁금한 것이 바로 왜 바울은 고소를 당하기만 할뿐, 맞고소를 하거나 자신의 억울함을 벗으려고 하지 않느냐는 점입니다. 16장에는 바울이 빌립보에서 고소를 당한 사건이 나와 있습니다. 19절 "여종의 주인들은 자기 수익의 소망이 끊어진 것을 보고 바울과 실라를 붙잡아 장터로 관리들에게 끌어갔다가 상관들 앞에 데리고 가서 말하되 이 사람들이 유대인인데 우리 성을 심히 요란하게 하여 로마 사람인 우리가 받지도 못하고 행하지도 못할 풍속을 전한다 하거늘"입니다. 하지만 바울은 성을 요란하게 한 것이 아니라 귀신 들린 여종을 치유해 주었을 뿐입니다. 고소는 음해이고, 바울이 요청하면 실상은 파악되고, 억울한 누명을 벗을 수 있습니다. 그런데 바울은 고소를 당하고 매를 맞는 순간에도 자신이 로마인임을 밝히지 않았습니다. 분명 억울한 일을 당했습니다. 그 다음날 바울이 로마인임을 밝혔을 때 관리들이 와서 나가달라고 권하는 것에서 관리들도 자신들이 잘못했음을 인정했음을 알 수 있습니다. 그 순간에라도 자신을 고소한 사람들을 잡아들이라고 요구하면 억울함도 풀 수 있을 텐데 전혀 그렇게 하지 않습니다.

18장에서도 마찬가지입니다. 바울이 한 일이란 5절에 '예수는 그리스도라 밝히 증언하니'와 11절 '일 년 육 개월을 머물며 그들 가운데서 하나님의 말씀을 가르치니라' 뿐입니다. 그런데 유대인이 일제히 일어나 바울을 대적하여 법정으로 데리고 가서 고소하는데 그 내용이 터무니없습니다. 13절 "이 사람이 율법을 어기면서 하나님을 경외하라고 사람들을 권한다"입니다. 이번에는 아예 총독도 고소 내용을 인정하지 않습니다. 14절 "갈리오가 유대인들에게 이르되 너희 유대인들아 만일 이것이 무슨 부정한 일이나 불량한 행동이었으면 내가 너희 말을 들어 주는 것이 옳거니와 만일 문제가 언어와 명칭과 너희 법에 관한 것이면 너희가 스스로 처리하라 나는 이러한 일에 재판장 되기를 원하지 아니하노라"입니다.

여기까지만 해도 바울은 억울한 것인데 더 억울한 일이 발생하는 것이 16절 이하 "그들을 법정에서 쫓아내니 모든 사람이 회당장 소스데네를 잡아 법정 앞에서 때리되 갈리오가 이 일을 상관하지 아니하니라"입니다. 소스데네는 고린도전서 1장 1절에 '바울의 형제'라고 소개합니다. 이 이름이 신약에 딱 두 번 등장하기에 동일인인지 정확히는 알 수 없지만 고린도라는 지역의 공통점이 있기에 일반적으로 동일인으로 여겨지고 있습니다. 그러므로 소스데네가 매를 맞은 것은 바울이 매를 맞은 것과 같습니다. 하지만 이때에도 바울은 어떤 조치도 취하지 않습니다.

스스로 처리하라

지금 하나님이 세상을 향해 '하나님이 살아 계신 증거'로 제시하는 중인이 성도라는 사실이 무슨 의미인지를 상고하고 있습니다. 바울의 행동을 이해할 수 있는 힌트가 고린도전서에 있습니다. 고린도전서 6장 1절부터 "너희 중에 누가 다른 이와 더불어 다툼이 있는데 구태여 불의한 자들 앞에서 고발하고 성도 앞에서 하지 아니하느냐 성도가 세상을 판단할 것을 너희가 알지 못하느냐 세상도 너희에게 판단을 받겠거든 지극히 작은 일 판단하기를 감당하지 못하겠느냐 우리가 천사를 판단할 것을 너희가 알지 못하느냐 그러하거든 하물며 세상 일이랴 그런즉 너희가 세상 사건이 있을 때에 교회에서 경히 여김을 받는 자들을 세우느냐?"입니다.

사도행전 18장에서 아가야 지역의 총독 갈리오는 고소 사건에 대해 '스스로 처리하라'고 했었는데, 고린도전서 6장에 의하면 바울은 고소 사건에 대해 '스스로 처리하자'고 합니다. 총독이 '스스로 처리하라'고 말한 이유와 바울이 '스스로 처리하자'고 말한 것은 전혀 차원이 다릅니다. 총독은 자신이 해야 할 일을 하지 않으려고 하는 것이고, 바울은 아예 총독이나 법정의 판단받기를 거부하는 것입니다. 바울의 언급에서 아주 중요한 것이 고린도 전서 6장 5절 "내가 너희를 부끄럽게 하려 하여 이 말을 하노니"

입니다. 바울은 법정에서 시시비비를 가리는 것 자체를 부끄러운 일이라고 선언하고 있습니다. 왜 이것이 부끄러운 일일까요? 바울은 단순히 교회의 일을 교회에서 처리하지 못하고 세상까지 간다고 책망하는 것이 아닙니다. 바울이 세상 법정에 가지 않는 이유를 정확히 아셔야, 그것이 부끄러운 일인 것을 알 수 있습니다.

바울이 세상 법정에 서기를 거부한 이유는 세상에는 성도의 행동을 판단할 만한 기준이나 가치나 개념이 존재하지 않기 때문입니다. 바울의 입장에서는 고소를 당해서 법정에 끌려갈 수는 있지만 시시비비를 가려달라고 바울이 자발적으로 법정으로 갈 수가 없습니다. 바울은 세상의 법정에 서지 않는 것이 아니라 설 수가 없습니다. 할 수도 있는데 하지 않는 것이 아니라 원천적으로 할 수 없다는 의미입니다. 왜냐하면 세상은 바울의 행동, 바울의 의도, 바울의 주장을 판단하기는커녕 인식할 수도 없기 때문입니다. 예를 들어보겠습니다. 어떤 사람이 바울의 왼 뺨을 때리자 바울이 오른 뺨도 돌려댔습니다. 어떤 사람이 바울에게 겉옷을 달라 길래 속옷까지 벗어 주었습니다. 어떤 사람이 바울을 일곱 번 때리자 바울이 일흔 번씩 일곱 번이라도 맞아 주었습니다. 바울의 행동에 대해 세상은 뭐라고 판단을 내릴까요? 불법적 겸손이라고 할까요? 과도한 손해라고 할까요? 상대방의 기를 너무 살려주어 상대를 계속 강포하게 만들 수 있으니 사회악을 형성하는데 간접적으로 기여한다고 해야 할까요? 바울의 행동이 공정한 법 집행을 시행할 수 없도록 하기에 정의사회 구현에 역행하는 조치라고 비난해야 할까요? 자신의 권리를 사용하지 않기에 자기 정체성을 소홀히 하고 본인의 역할을 하지 않는 자기 분열적 병리현상이라고 할까요? 세상의 기준, 세상의 가치, 세상의 개념에는 성도의 행동을 인식하고 판단할 수 있는 근본이 없고, 방법이 없습니다. 그런 곳에 바울이 판단을 요청할 수 없습니다.

성도의 모습

성도가 세상에 살면서 뺨을 대는 일이나 옷을 벗어주는 일이 현실적으로 거의 발생하지 않는 일이라 쉽게 실감이 나지 않을 것입니다. 그럼 다른 예를 들어보겠습니다. 요즘 사회에서 자원봉사 활동이 아주 활발합니다. 근래에는 재능기부라고도 합니다. 자원봉사를 하거나 재능기부를 하는 사람들은 어떤 마음으로 행할까요? 아주 일반적으로 자신의 것을 나누려는 마음, 자신의 수고로 남의 필요를 채워주려는 배려하는 마음, 더불어 함께 행복하려는 공동체적 마음, 욕심을 버리고 헌신을 통해 보람을 느끼는 마음 등입니다. 이런 마음도 아주 아름답고 소중합니다. 만약 성도가 봉사활동을 한다면 무슨 마음일 것 같습니까? 여러분도 봉사활동을 하시는 경우가 종종 있으실 텐데 무슨 마음을 가지셨습니까? 성도의 마음은 '빚진 자의 마음'입니다. '나눈다, 돕는다, 배려한다, 함께한다, 보람을 느낀다' 등의 교만한 마음이 아니라 '빚진 자의 마음'입니다. 이러한 마음을 세상에서는 뭐라고 판단하겠습니까? 이러한 마음이 있다는 것을 알기나 할까요? 이러한 마음을 인식하기나 할까요?

영화 '공공의 적' 일편에 보시면 아들이 부모를 살해하는 장면이 있습니다. 범인이 복면을 썼는데 어머니는 범인이 자기 아들인 것을 알아챕니다. 살인하는 과정에 아들의 손톱이 깨져서 바닥에 떨어지자 어머니가 죽어가면서 그 손톱을 집어서 삼킵니다. 행여 손톱이 증거가 되어서 아들이 잡힐까봐 증거를 없애는 것입니다. 사람들이 그 장면에 감동했습니다. 부모의 사랑이 얼마나 지극한지, 부모가 어디까지 자식을 품어주며, 용서하는지를 보여주는 장면으로 관객들을 숨죽이게 했습니다. 그 경우에는 '부모와 자식'이라는 관계가 있습니다. 남에 대해서는 그렇게 행동하는 사람이 없습니다. 그런데 성도는 상대방에 대하여 빚진 적이 없는데, 아니 아예 일면식도 없는데, 어떠한 관계도 아닌데, 자신의 것을 내어주면서도 겨우 빚을 갚고 있다고 생각하는 마음, 섬기고 봉사하고 헌신하면서도 계속 부족하다고 느끼는 마음을 세상에서는 뭐라고 부릅니까? 이런 성도의 마음과 행동을 설명할 수 있는 개념이 세상에는 없습니다. 그래서 성도는 성도를 판단할 개념조차 없는 세상에 판단을 의뢰할 수 없습니다. 할 수도 있는데 안한다고 생각하면 그 사람이 대단한 성자나 되는 것처럼 인식될 수 있습니다. 하지만 할 수가 없어서 못하는 것이면 그 사람이 대단한 것이 아니라 성도의 당연한 행동입니다. 만약 성도가, 할 수 없는 일, 즉 성도의 행동에 대해 세상에게 판단을 의뢰한다면 그것은 부끄러운 일입니다.

부끄러움

세상 사람들이 죄인으로서, 죄의 원리로 생각하고, 죄의 기준으로 판단하고, 죄의 방법으로 행동하여 죄의 결과를 드러내고, 적반하장으로 죄의 반응으로 큰 소리를 칩니다. 이때 하나님이 세상을 향해, 모든 죄인들을 향해 하나님이 계시다는 것, 하나님이 일하시고 있다는 것, 하나님이 늘 인간과 함께 하고, 인간을 도와주고 있다는 것의 증거로 제시하는 것이 바로 성도입니다. 하나님께서 '보아라, 죄의 원리가 아닌 하나님의 원리로 생각하고, 하나님의 기준으로 판단하고, 하나님의 방법으로 행동하는 사람들을!' 라고 말씀하십니다. 하나님이 이렇게 죄인을 구원하여 성도로 변화시켜 놓았고, 지금도 계속하여 하나님이 역사하고 계시기에 그나마 세상이 유지되고 있습니다. 만약 하나님이 일하시지 않으시고, 죄인들이 죄의 원리로 세상에서 살아가게 그냥 두신다면 세상은 지금 같은 모습조차도 유지할 수 없고, 이미 노아의 때와 같았을 것이요, 소돔과 고모라 같았을 것입니다.

이 설교를 하기가 매우 민망한 것은 참으로 부끄러운 일이 매우 자주 발생하고 있기 때문입니다. 교회간의 분쟁이 있을 때 또는 교회 내의 분쟁이 있을 때 세상 법정에 간다는 사실 자체가 부끄러운 것이 아닙니다. 사실은 세상이 기독교의 개념을 인식하지 못하는 것인데, 현실에서는 도리어 기독교나 교회가 자신들이 세상과는 전혀 다른 차원과 가치와 내용과 개념을 가지고 있다는 사실 자체를 인식하지 못하고 있다는 것이 부끄러운 것입니다. 부끄러워야 하는 것에 대해 전혀 부끄러워하지 않고 있다는 것이 가장 부끄러운 모습입니다. 오죽하면 기독교나 교회가 세상에 판단을 의뢰했다고 소개하기도 하고, 더 심하게는 세상에서 자신이 무죄하다거나 상대를 이겼다고 자랑하는 것이 부끄러움의 극치입니다.

교회에서나 세상에서 살아갈 때에 여러분에게 손해를 보라는 것이 아닙니다. 당하고만 살라는 것이 아닙니다. 성도의 존재, 성도의 가치, 성도의 은혜, 성도의 개념을 알라는 부탁입니다. 이 가치를 모르면 예수 믿어서 손해 보는 것이 많다고 여겨질 것이고, 이 가치를 알면 세상 사람들을 긍휼의 마음으로, 인내의 마음으로 바라볼 수 있으며, 성도의 삶을 전혀 손해라고 생각하지 않고, 억울하다는 생각이 들지 않습니다. 고린도전서에는 성도가 성도와 더불어 고발하는 일에 대하여 전혀 다른 판단을 내립니다. 6장 7절 "너희가 피차 고발함으로 너희 가운데 이미 뚜렷한 허물이 있나니 차라리 불의를 당하는 것이 낫지 아니하며 차라리 속는 것이 낫지 아니하냐"입니다. 고소하는 사람들의 심정은 억울하다는 것이고, 자신이 누명을 쓰고 있다는 것입니다. 그래서 밝혀야 한다는 주장합니다. 그런데 성경은 성도가 이 모든 것을 아는 사람이라고 선언합니다. 그래서 '차라리 불의를 당하고, 속는 것이 낫지 아니하냐'고 권고합니다. 그것이 아는 자와 모르는 자의 차이, 성도와 죄인의 차이, 큰 자와 작은 자의 차이입니다.

세상은 도무지 상상도 할 수 없는 판단이 하나 더 있습니다. 8절 "너희는 불의를 행하고 속이는구나"입니다. 성도, 즉 세상과 전혀 다른 가치와 기준과 개념을 가지고 있는 성도가 죄의 세상에 고발을 하고, 죄의 판단을 받으려고 행동하는 것 그것이 바로 '불의를 행하는 것'이고, 성도됨을 '속이는 것'이라고 선언합니다. 성도가 '누명을 벗자고 하는 것인데, 억울한 일을 당하지 않으려고 하는 것인데, 진실을 밝히자고 하는 것인데'라고 항변할 수 있습니다. 다 맞는 말입니다. 그런데 그런 항변은 성도의 성도됨을 모르고 있는 것이기에 '부끄러운 일'입니다. 이쯤 되면 하나님이 세상을 향해, 하나님의 살아 계심, 하나님의 역사하심을 증명하는 증인으로 성도를 내세우고 있다는 사실을 이해하실 수 있을 것입니다.

참으로 세상의 기준과 가치와 원리와 방법과는 전혀 다른 하나님의 기준과 가치와 원리와 방법으로 사는 존재가 성도이고, 성도의 삶이 바로 하나님을 증거 하는 것이요, 성도 자체가 하나님의 증인입니다. 이러한 성도의 거룩하고 존귀한 정체성과 의로운 삶은 전혀 드러나지 않고, 단지 교인들의 종교 활동과 교인들의 종교 행위만이 드러나는 기독교의 현실이 안타까운 시절입니다. 세상에 살면서 세상과 다른 기준을 가진 성도, 세상과 다른 가치를 가진 성도, 세상과 다른 원리를 가진 성도의 모습을 봄으로 신앙이 점검됩니다. 말씀을 읽고 배우셔서, 성경이 가르쳐주는 신앙의 내용, 성경이 보여주는 성도의 모습을 온전히 알고, 삶 가운데 풍성히 누리며 사시는 성도되시기를 주님의 이름으로 축원합니다.

성령을 받았느냐

사도행전 18:24~19:7

24 알렉산드리아에서 난 아볼로라 하는 유대인이 에베소에 이르니 이 사람은 언변이 좋고 성경에 능통한 자라 25 그가 일찍이 주의 도를 배워 열심으로 예수에 관한 것을 자세히 말하며 가르치나 요한의 세례만 알 따름이라 26 그가 회당에서 담대히 말하기 시작하거늘 브리스길라와 아굴라가 듣고 데려다가 하나님의 도를 더 정확하게 풀어 이르더라 27 아볼로가 아가야로 건너가고자 함으로 형제들이 그를 격려하며 제자들에게 편지를 써 영접하라 하였더니 그가 가매 은혜로 말미암아 믿은 자들에게 많은 유익을 주니 28 이는 성경으로써 예수는 그리스도라고 증언하여 공중 앞에서 힘있게 유대인의 말을 이김이러라 1 아볼로가 고린도에 있을 때에 바울이 윗지방으로 다녀 에베소에 와서 어떤 제자들을 만나 2 이르되 너희가 믿을 때에 성령을 받았느냐 이르되 아니라 우리는 성령이 계심도 듣지 못하였노라 3 바울이 이르되 그러면 너희가 무슨 세례를 받았느냐 대답하되 요한의 세례니라 4 바울이 이르되 요한이 회개의 세례를 베풀며 백성에게 말하되 내 뒤에 오시는 이를 믿으라 하였으니 이는 곧 예수라 하거늘 5 그들이 듣고 주 예수의 이름으로 세례를 받으니 6 바울이 그들에게 안수하매 성령이 그들에게 임하시므로 방언도 하고 예언도 하니 7 모두 열두 사람쯤 되니라

성경의 표현

난해 구절

사도행전에는 일반적으로 두 개의 난해한 사건이 있다고 말합니다. 하나는 사도행전 5장의 아나니아와 삽비라 사건입니다. 아나니아와 삽비라는 초기 교회의 성도인데 복음을 전하다가 고문을 받아 죽은 것도 아니고, 박

해가 있을 때에 미처 피신하지 못해 순교를 당한 것도 아니고, 자기 소유를 팔아 교회에 드렸는데 조금 감추었다고 죽임을 당했습니다. 많은 사람들이 교회가 시작될 때에 바른 본을 보이기 위해서 하나님이 아나니아와 삽비라를 죽였다고 풀이했지만 저는 인간을 위하시는 하나님이, 인간의 평화와 안식을 위해 십자가를 통해 구원하시고 친히 예수를 머리로 하는 교회와 연합하게 하신 하나님이, 겨우 소산 얼마 때문에 성도를 죽이고 교회의 기강을 위해 본보기로 성도를 죽인다는 풀이에 절대로 동의할 수 없다고 설명 드린 적이 있습니다.

또 하나가 사도행전 18장과 19장에 걸친 에베소 사건입니다. 혹시 본문이 왜 난해한 사건인지 상황 파악이 안되시는 분들을 위해서 배경 설명을 하자면, 본문의 핵심 주제에 대해 '성도는 성령을 한 번 받는가, 두 번 받는가?'의 논쟁입니다. 18장 24절로 28절에 아볼라가 등장하는데 24절에 의하면 '성경에 능통한 자'입니다. 그런데 19장 2절에 의하면 '성령이 계심도 듣지 못하였다'고 하고, 6절에 '성령을 받고 방언도 하고 예언도 하는 것'입니다. 논쟁의 포인트는 과연 아볼로가 받은 성령은 죄인이 구원받을 때 하나님의 은혜로 임하는 것으로 처음 받은 것인가, 아니면 이미 성령으로 구원을 받았지만 두 번째 성령 또는 이전 것보다 추가적으로, 더 능력적으로, 전문 용어로는 '성령 침례'를 받은 것인가에 대한 이견입니다.

사도행전 18장과 19장에 관련된 논쟁은 포인트가 잘못 맞추어져 있습니다. 왜냐하면 '성령을 한 번 받느냐, 두 번 받느냐'를 논하려면 과연 이 본문이 등장하기 전에 에베소의 제자들이 누구였는지를 알아야 하고, 앞에 소개된 아볼로와 연계해서 아볼로가 누구인가, 아볼로가 성령을 받은 적이 있는가를 점검해야 하기 때문입니다. 그래서 초점이 성령이 아니라 아볼로 또는 아볼로에게 배운 사람들에게 맞추어져야 합니다. 이제 시작해 보겠습니다.

사람 소개

성경을 읽으실 때 꼭 기억해야 할 것은 성경에는 다양한 문학적 장르와 수사학적 기법이 사용되었다는 사실입니다. 성경은 진리를 명제적으로 기술하거나, 어떤 사실을 문자 그대로 적어 놓은 책이 아닙니다. 성경은 글로 된 책입니다. 특별히 신학적 책입니다. 당연히 주제를 설명하고 핵심을 강조하기 위해서 다양한 글쓰기 양식이 수반되어 있습니다. 더불어 어떤 본문을 바르게 이해하기 위해서는 성경의 다른 본문을 참고하는 것도 매우 유익합니다. 18장 24절에는 아볼로라는 사람이 등장합니다. "알렉산드리아에서 난 아볼로라 하는 유대인이 에베소에 이르니 이 사람은 언변이 좋고 성경에 능통한 자라"입니다. 여기에서 너무나 쉽게, 너무나 빨리, 너무나 단순하게 '아볼로는 믿음이 좋은 사람'이라는 결론을 내리시면 안 됩니다. 성경이 사람을 보는 관점은 언제나 '인간은 죄인'이라는 것, 또 '모든 인간은 똑같다'입니다. 하나님에 대하여 죽은 자요, 하나님을 모르는 자요, 하나님의 이적과 기적이 나타나도 믿지 않습니다. 그런데 성경이 가끔 어떤 사람을 자세하게 소개하거나 길게 소개하거나 훌륭한 것처럼 소개하면 그 다음에는 역설 또는 반전이 등장할 것을 예상하셔야 합니다. 성경이 소개하는 대로 곧이곧대로 받아들이는 것은 믿음이 좋은 것이 아니라 문학적 이해도가 낮은 것이며, 성경의 수준을 폄하하는 실수입니다.

몇 가지 사례를 확인해 보겠습니다. 사무엘상 17장 4절 이하에 골리앗이 나옵니다. "블레셋 사람들의 진영에서 싸움을 돋우는 자가 왔는데 그의 이름은 골리앗이요 가드 사람이라 그의 키는 여섯 규빗 한 뼘이요 머리에는 놋 투구를 썼고 몸에는 비늘 갑옷을 입었으니 그 갑옷의 무게가 놋 오천 세겔이며 그의 다리에는 놋 각반을 쳤고 어깨 사이에는 놋 단창을 메었으니 그 창 자루는 베틀 채 같고 창날은 철 육백 세겔이며 방패 든 자가 앞서 행하더라"입니다. 성경에 등장하는 많은 장수들 중에 가장 설명이 길고 자세하고 전투력이 막강합니다. 상대적으로 다윗은 소년으로, 무기도 없는 자로, 작은 자로 소개됩니다. 골리앗을 이렇게 엄청나게 소개하는 이유는 골리앗을 칭찬하기 위한 것이 아니라 뒤이어 등장할 다윗의 활약을 극대화하기 위한 조치라는 것을 아실 수 있습니다.

물론 한 문장만이 아니라 스토리 전체에 걸쳐 소개가 등장하고 마지막에 가서 전체를 반전시키는 방식도 사용됩니다. 대표적으로 복음서에 등장하는 베드로입니다. 베드로는 마태복음 4장에 의하면 예수님이 제자를 선발할 때 가장 먼저 부름을 받은 사람이고, 10장에 제자들의 전체 명단이 나올 때 가장 먼저 나와서 마치 제자들의 대표로 인식됩니다. 예수님의 사역에도 다른 제자들과는 구별된 장면에도 나옵니다. 마태복음 17장에 의하면 예수께서 높은 산에 올라가서 변형되셨는데 그 장면을 목격한 제자가 달랑 세 명이고, 세 명 중에 베드로가 있습니다. 누가복음 8장에 의하면 죽은 회당장의 딸을 살려내는 장면에서도 부모와 단지 세 명의 제자만 현장에 들어갈 수 있었는데 베드로가 포함됩니다. 복음서의 전개를 따라가면 베드로는 특별한 대접을 받으며 더 많은 교육을 받고 있기에 일반적으로는 장차 예수님의 사역에 큰 역할을 할 것으로 기대가 됩니다. 그러나 성경은 사람들의 예상과는 정반대입니다. 역설적으로 베드로는 제자들 중에 가장 단호하게 예수를 부인합니다. 그 동안 베드로가 행한 모습이 다루어졌기에 나중에 베드로가 부인하는 모습이 극명하게 드러납니다. 성경의 이러한 문학적 플롯을 이해하셔야 합니다.

사도 바울

사도행전에서 비슷한 유형을 확인해보면 19장에서 본문을 이해하는 실마리를 찾을 수 있습니다. 우선 복음서와 사도행전 자체의 대조를 이해하셔야 합니다. 복음서와 사도행전을 구분 짓는 요소는 예수의 십자가 사건과 부활입니다. 부활 사건이 있기 전과 부활 사건이 있은 후의 상황이 완전히 대조됩니다. 부활 전에는 예수님이 수많은 이적을 행하시고 수십 번의 진리를 가르치셔도 사람들이 듣지 않고 믿지 않았습니다. 그런데 부활 후에는 베드로가 잠깐만 설교를 해도 기본이 삼천 명이 믿습니다. 베드로가 설교를 잘했다는 의미가 아니라 부활 사건으로 말미암아 드디어 인간들이 죄에게서 해방되었고, 드디어 보는 눈이 떠졌고, 들을 귀가 열렸고, 돌 같은 마음이 부드러운 마음이 되었다는 사실을 증명해 줍니다.

그러면 사도행전 내부에서 복음이 사람을 구원하는 능력이 있다는 것, 예수의 부활 사건이 사람을 완전히 새 사람으로 달라지게 한다는 것, 이제는 어떠한 사람도 믿음의 사람으로 새로워질 수 있다는 것을 보여주려면 어떻게 해야 하겠습니까? 아주 간단합니다. 복음과 가장 멀리 있는 사람, 복음과 가장 반대 편에 있는 사람, 복음과 가장 무관한 사람이 변하는 것을 보여주면 됩니다. 그리고 그 사람이 달라졌다는 것, 그런데 사람이 달라지는 것은 그 사람의 의지와 각오로도 약간은 변할 수 있으니까, 사람의 노력이나 수고가 아니라 전적으로 하나님이 변화시켰다는 것을 부각시킬 수 있는 증거 자료가 무엇이겠습니까? 바로 '성령이 임했다'는 것입니다. 이제 사도행전의 대표적 사건 세 가지와 성령 사건의 연관 관계를 점검해 보겠습니다.

첫 번째 사례가 사울입니다. 사도행전 8장에서도 이미 말씀드렸는데 사울은 평범한 사람이 아니라 예수에 대하여, 복음 전파에 대하여 극도로 반대하던 사람입니다. 스데반이 죽임을 당할 때 사울이 증인이 되었었고, 8장 1절 "사울은 그가 죽임 당함을 마땅히 여기더라"이고, 3절 "사울이 교회를 잔멸할새 각 집에 들어가 남녀를 끌어다가 옥에 넘기니라"입니다. 9장 1절 "사울이 주의 제자들에 대하여 여전히 위협과 살기가 등등하여 대제사장에게 가서 다메섹 여러 회당에 가져갈 공문을 청하니 이는 만일 그 도를 따르는 사람을 만나면 남녀를 막론하고 결박하여 예루살렘으로 잡아오려 함이라"입니다. 조선시대로 하면 '추노'와 유사합니다. 유대교의 어떤 관원도, 어떤 제사장도, 어떤 유력한 인사도 이처럼 극력하게 복음에 반발하는 사람이 없었습니다. 다른 사람은 기껏해야 사로잡았다가 다음날이면 위협하고 놓아주는 정도였습니다. 그런데 사울은 도가 지나칩니다. 여러분은, 이런 기사를 보면 다음 장면을 충분히 예상할 수 있습니다. '하나님이 곧 사울을 찾아오시겠구나, 잠시 후면, 사울이 변화되어 복음의 최선봉에 서겠구나!' 이런 것이 예측이 가능합니다.

과연 예수님이 사울에게 오셨고, 사울은 변화되어 예수를 전하러 다니고, 그런 갑작스런 변화에 사울을 아는 사람들이 모두 놀랄 정도입니다. 9장 21절 "듣는 사람이 다 놀라 말하되 이 사람이 예루살렘에서 이 이름을 부르는 사람을 멸하려던 자가 아니냐 여기 온 것도 그들을 결박하여 대제사장들에게 끌어가고자 함이 아니냐 하더라"입니다. 이런 사울의 변화를 어떻게 설명하시겠습니까? 성경이 설명하는 것은 '성령'입니다. 그래서 아나니아가 사울을 찾아와서 하는 말이 9장 17절 "형제 사울아 주 곧 네가 오는 길에서 나타나셨던 예수께서 나를 보내어 너로 다시 보게 하시고 성령으로 충만하게 하신다 하니"입니다. 첫 번째 사례의 특징은 복음을 가장 반대하던 사람이 복음의 선봉에 서게 되었다는 점입니다.

고넬료

두 번째 사례가 사도행전 10장의 고넬료입니다. 우선 고넬료에 대한 소개를 읽어보겠습니다. 10장 1절 이하 "가이사랴에 고넬료라 하는 사람이 있으니 이달리야 부대라 하는 군대의 백부장이라 그가 경건하여 온 집안과 더불어 하나님을 경외하며 백성을 많이 구제하고 하나님께 항상 기도하더니"입니다. 고넬료에 대한 소개가 아주 장황합니다. 출신에 대한 소개, 신분에 대한 소개, 인품에 대한 소개, 그의 사역에 대한 소개, 종교성에 대한 소개 등 아주 다양하게 등장합니다. 이 사람을 비중 있게 다루고 있습니다. 이때 착각하지 말아야 할 것은 고넬료를 경건한 사람, 믿음 있는 사람, 신앙 있는 사람으로 소개하는 것이 아니라고 했습니다. 고넬료가 원래부터 경건한 사람이요, 하나님을 믿는 사람이라 하나님의 말씀에 순종하여 베드로를 요청하니 당연하게 성령이 임했다는 것이 아닙니다. 만약 그런 방식이라면 세상에 성품 좋은 사람은 다 구원받아야 합니다. 예수의 십자가와 부활이 필요하지 않습니다. 이런 설명은 본문을 정반대로 왜곡하고 있습니다.

사도행전의 의도 중 하나는 복음과 멀리 있는 사람을 선정해서 복음으로 말미암아 변화되는 것을 보여주는 것입니다. 첫 번째 사례인 바울의 경우 말 그대로 복음에 극렬하게 반대하던 경우였습니다. 두 번째 고넬료의 경우는 가장 종교적인 사람의 사례입니다. 10장 1절과 2절에 나오는 고넬료의 소개는 철저하게 이방 종교적인 모습입니다. 예전에 설명 드린 대로 '그가 경건하여'는 '그가 종교심이 강하여'이고, '하나님을 경외하고'와 '하나님께 항상 기도하더니'는 '우상 신을 경외하고, 우상에게 항상 빌더라'는 의미입니다. 우리나라의 경우로 설명을 드리자면 '불심이 강하여, 온 집안과 더불어 부처님을 섬기고, 공덕을 쌓으려고 많이 구제하고 항상 불공을 드리더라'입니다.

이런 고넬료가 구원받아 새 사람이 됩니다. 어떻게 가능할까요? 고넬료의 뼈를 깎는 갱생의 의지가 있었나요? 베드로의 헌신적인 수고가 있었나요? 철저하게 하나님이 하셨습니다. 그 증거가 무엇입니까? 바로 성령입니다. 10장 44절 "베드로가 이 말을 할 때에 성령이 말씀 듣는 모든 사람에게 내려 오시니 베드로와 함께 온 할례 받은 신자들이 이방인들에게도 성령 부어 주심으로 말미암아 놀라니 이는 방언을 말하며 하나님 높임을 들음이러라"입니다. 고넬료의 변화에 대하여 고넬료를 칭찬할 것도 베드로를 칭찬할 것도 없습니다. 오직 하나님이 하셨습니다. 복음과 멀리 있던 사람, 타종교에 심취했던 사람, 우상 숭배에 몰두했던 사람도 하나님이 하시면 완전히 새로운 사람이 될 수 있습니다.

성령을 받았느냐

아볼로의 소개

세 번째 사례가 에베소의 사건 즉 아볼로와 그 사람들입니다. 우선 아볼로에 대한 소개를 읽어보겠습니다. 18장 24절 "알렉산드리아에서 난 아볼로라 하는 유대인이 에베소에 이르니 이 사람은 언변이 좋고 성경에 능통한 자라 그가 일찍이 주의 도를 배워 열심으로 예수에 관한 것을 자세히 말하며 가르치나"입니다. 아볼로에 대한 소개를 읽는 순간 예사롭지 않다는 것을 직감하셨을 것입니다. 사도행전에서 아니 성경 전체에서 가장 근사하게, 장황하게, 멋있게, 나이스하게 소개가 되는 사람이 고넬료와 아볼로입니다. 고넬료의 경우는 가장 종교적인 사람, 가장 이방 종교에 심취했던 대표로 등장한다고 했습니다. 그렇다면 아볼로는 어떤 유형으로 등장할까요? 이미 알고 있는 사실 하나는 가장 복음에 멀리 있는 사람, 가장 변할 것 같지 않은 사람으로 등장하고 있다는 점입니다. 오해를 풀기 위해서 고넬료의 경우를 잠시 복습해 보겠습니다. 사람들은 성경에 사람이 등장하면 착한 사람 또는 신실한 사람일 것이라는 선입견이 있습니다. 이것은 단지 성경을 읽는 독자만이 아니라 번역자들도 마찬가지인 것 같습니다. 그래서 고넬료의 경우 그냥 '신'이라고 번역해야 할 것을 모두 '하나님'이라고 번역해서 성도들을 오해하게 만들었습니다. 아볼로의 경우도 마찬가지입니다. 번역 표현에 오해의 소지가 듬뿍 담겨있습니다. 하나하나 점검해 보겠습니다.

아볼로에 대한 소개는 세 가지가 등장합니다. 첫째, 알렉산드리아 출신 유대인입니다. 성서 기록자가 아주 신중한 사람입니다. 허튼 표현이 없고, 의미없는 소개가 없습니다. 아주 정교하게 구성하였습니다. 아볼로가 유대인이면 일단 예수를 믿지 않는 사람입니다. 복음서에도 유대인은 예수를 믿지 않았고, 사도행전 전체에서 유대인은 계속하여 사울을 쫓아다니면서 방해하는 사람입니다. 게다가 알렉산드리아 출신입니다. 알렉산드리아는 마게도니아의 알렉산더 대왕이 이집트를 정복하고 세운 도시로서 당시에 가장 많은 도서를 소장한 도서관으로 유명한 학문이 발달한 지역입니다. 히브리어로 된 구약성경을 헬라어로 번역한 70인 역이라는 성경의 번역이 이루어진 것도 알렉산드리아이고, 예수님과 동시대 사람이지만 예수를 믿지 않았던 철학자요, 역사가인 필로가 히브리 종교와 헬라 철학에 대해 연구하던 곳도 알렉산드리아입니다. 아볼로가 이러한 학문 도시 출신입니다.

아볼로에 대한 두 번째 소개가 '이 사람은 언변이 좋고'입니다. 24절에 대한 다양한 번역본들을 비교해보면 당연히 다양한 번역이 있고, 의미를 파악하는데 도움이 되는 힌트들이 있습니다. '언변이 좋고'는 그냥 말을 잘한다는 의미가 아닙니다. 이 단어의 사전적 의미는 '학식있는, 박식한'입니다. 그래서 다른 번역에는 '언변이 좋고'를 '학문에 능한, 교육을 많이 받은'이라고 번역되기도 했고, 영어로는 'a learned man'으로 번역하기도 했습니다. 아볼로는 학문의 도시 알렉산드리아 출신으로서 다분히 학문적인 사람이라는 것이 자연스럽게 강조되는 연결입니다.

성경에 능통한 자

세 번째 소개가 '성경에 능통한 자라'입니다. 본문이 논쟁이 되는 이유, 난해 구절이라고 오해되는 근거가 바로 이 '성경에 능통한 자'라는 표현 때문입니다. 이 표현에 근거할 때 한편으로는 다음 구절들이 연결되기도 하고, 다른 한편으로는 다음 구절들이 전혀 연결이 되지 않기도 합니다. 25절을 보면 "그가 일찍이 주의 도를 배워 열심으로 예수에 관한 것을 자세히 말하며 가르치나"입니다. 매우 당연하게 생각됩니다. 그런데 이어지는 구절은 "요한의 침례만 알 따름이라"이고, 더 나아가 19장 2절에 의하면 아볼로의 제자들로 생각되는 사람들이 "우리는 성령이 계심도 듣지 못하였노라"고 합니다. 과연 아볼로는 성경에 능통한 것입니까, 무지한 것입니까?

우선 성경 본문에 아볼로는 '성경에 능통한 자'라고 되어있기에 대부분의 사람들은 아볼로가 성경에 능통했다고 생각합니다. 성경에 능통했으니 당연히 예수를 믿었을 것이고, 당연히 성령도 받았을 것이라고 생각합니다. 이렇게 성경에 능통한 아볼로에게 성경을 배운 에베소의 제자들도 당연히 성경을 알고, 예수를 믿었고, 성령을 받았을 것이라고 생각합니다. 그런데 19장 6절에 성령이 임하니까 이것은 예수 믿을 때에 받는 성령이 아니라, 이미 믿고 있는 성도들에게 두 번째 임하는 성령 또는 성령 충만 또는 성령침례라고 생각합니다. 이 모든 오해와 논쟁의 시작이 바로 '성경에 능통한 자'라는 표현 때문입니다. 그러므로 이 난해 구절을 해결하기 위해서는 성령이나 성령 침례에 관한 것이 아니라 과연 아볼로에 대한 소개가 무엇을 의미하느냐를 바르게 파악해야 합니다.

이쯤해서 여러분이 기억하고 계셔야 하는 것이 있습니다. 지금 사도행전은 복음에 반대하는 대표적인 사례들을 골라서 복음을 받아들이고 변화되는 경우를 소개하고 있다는 점입니다. 그 첫 번째 사례가 예수 믿는 사람을 박해하던 사울이었고, 두 번째가 가장 타종교적, 우상 종교에 열심이 있던 고넬료였고, 세 번째가 아볼로입니다. 그러므로 아볼로에 대한 소개는 예수나 복음, 믿음과는 가장 멀리 있는 경우에 해당됩니다. 그래서 아볼로가 우선 학문의 도시 알렉산드리아 출신이요, 학식이 많은 사람으로 소개되었습니다. 즉 아볼로는 '학구적인 사람, 이성적인 사람, 자신이 아는 것이 많은 사람, 새로운 것을 배우고 가르치는 일에 취미를 가진 사람'입니다. 믿음과는 별로 상관이 없습니다. 그런 소개에 갑자기 '성경에 능통한 자'가 등장한다면 이것은 앞뒤가 전혀 맞지 않습니다.

성경에 대한 표현

본문에 '성경에 능통한 자'는 표현에 사용된 성경이라는 단어는 기독교의 성경을 의미하는 특별한 용어가 아닙니다. 사도행전에 등장하는 베드로나 바울이 활동하던 시기에는 아직 신약이 기록되지 않았습니다. 그래서 그들이 가지고 있는 것은 모두 구약입니다. 그리고 신약 성경에는 '구약 성경'이라는 특정한 단어가 없습니다. 예수님이나 제자들이 정확하게 구약을 언급할 때에는 '모세의 책'이나, '시편에' 또는 '선지자의 글'이라는 표현이 사용되었습니다. 하지만 많은 경우에 유대인들이나 제자들이 모두 알고 있는 구약을 언급할 때에는 매우 평범한 단어, 헬라어로 '그라페'라는 그냥 아주 단순하게 '책 또는 기록'이라는 일반적인 단어를 썼습니다. 그래서 성경 본문에 '그라페'라는 단어가 등장하면 이 단어가 구약을 의미하는지 아니면 단순히 당시의 사람들이 보았던 책을 의미하는지는 단어 자체로는 구분이 안 되고, 문맥을 통해서 구분을 해야 합니다.

여러분이 잘 아는 구절인 디모데후서 3장을 예로 들어보겠습니다. 바울이 디모데에게 권면하는 내용 중에 14절부터 보면 "그러나 너는 배우고 확신한 일에 거하라 너는 네가 누구에게서 배운 것을 알며 또 어려서부터 성경을 알았나니 성경은 능히 너로 하여금 그리스도 예수 안에 있는 믿음으로 말미암아 구원에 이르는 지혜가 있게 하느니라 모든 성경은 하나님의 감동으로 된 것으로 교훈과 책망과 바르게 함과 의로 교육하기에 유익하니"입니다. 이중에 '성경'이라는 표현이 세 번 나옵니다. 한글로는 모두 성경이지만 헬라어로는 단어가 조금 다릅니다. 15절의 '성경'은 '문서, 서류, 기록, 편지' 등을 의미하는 단어이고, 16절의 '성경'은 '책, 글, 기록물'이라는 단어입니다. 이 두 단어가 특별한 단어가 아니라 매우 일반적인 단어입니다. 그런데 '성경'이라고 번역된 것은 이 문맥이 바울이 디모데에게 권면하는 장면이기에 '성경을 의미한다'고 이해가 되기 때문입니다. 또 문서라는 단어 앞에 '신령한 또는 거룩한'이라는 단어가 첨가되어 있어서 '신령한 문서, 거룩한 책'이라고 이해될 수 있기에 '성경'으로 이해하는 것이 가능하기에 '성경'이라고 번역을 했습니다. 아주 잘된 번역이라고 생각합니다.

사도행전 18장 24절에서 아볼로를 소개할 때 사용된 단어도 단어적으로는 디모데후서에 사용된 것과 동일한 평범한 단어, 그냥 '책 또는 문서'입니다. 이 단어 앞에는 '신령한 또는 거룩한'을 의미하는 단어가 없습니다. 문자적으로는 '책들에 능통한 자'입니다. 문맥적으로 볼 때에 사도행전 18장은 디모데후서와는 정반대입니다. 아볼로에 대해 학문의 도시인 알렉산드리아 출신이요, 학식이 많은 사람이라고 소개했습니다. 그러한 소개의 연장선상에서 '성경에 능통한자'로 소개하려는 것이 아니라 단지 '책들에 능통한 자' 또는 '학문이 많고, 책을 많이 읽은 사람', 즉 신앙적인 차원이 아니라 교양적인 차원에서, 학식의 차원에서 공부를 많이 한 사람으로 소개하고 있다고 보는 것이 더 적절합니다. 아볼로는 매우 학구적인 사람이라는 의미입니다.

학구적인 사람

24절의 아볼로에 대한 소개 즉 '학구적인 사람'이 신앙이나 믿음과는 거리가 먼 사람, 단지 학문적인 관심으로 새로운 것을 배우고 가르치는 일에 관심을 가지는 사람이라는 증거로 등장하는 것이 25절입니다. "그가 일찍이 주의 도를 배워 열심으로 예수에 관한 것을 자세히 말하며 가르치나"입니다. 25절에서 아볼로를 소개하는 표현에서 중요한 단어는 '주의 도'나 '예수에 관한 것'이 아니라 '열심으로'입니다. 이 단어는 그냥 열심히 정도가 아니라 '끓이다, 삶다, 뜨겁다, 열심을 내다, 열정을 내다'의 의미입니다. 이렇게 학구적이고 배우고 가르치는 일에 열정이 있었기 때문에 여기저기서 '주의 도'를 배웠고 '예수에 관한 것'을 말하고 있었습니다. '주의 도', '예수에 관한 것'이라는 표현이 나온다고 해서 신앙적인 것, 믿음 있는 것이라고 너무 빨리 판단하시면 안 됩니다. 그러한 오해를 방지하기 위한 안전장치가 그 다음에 나오는 "요한의 침례만 알 따름이라"입니다. 아직 성령이 임하지 않았습니다. 그러니 단지 학문적인 관심으로 주의 도나 예수에 관한 것을 배우고 가르치니 당연히 요한의 침례에 관한 것만 알 뿐입니다. 그래서 곧이어 26절에 아주 민감한 대조적 표현이 하나 더 등장합니다. "그가 회당에서 담대히 말하기 시작하거늘 브리스길라와 아굴라가 듣고 데려다가 하나님의 도를 더 정확하게 풀어 이르더라"입니다.

일반적으로는 성경에서 '주의 도'와 '하나님의 도'는 동의어로 사용됩니다. 그런데 이 본문에서는 대조어입니다. 왜냐하면 아볼로는 학문적인 관점에서 '주의 도'를 연구한 사람이고, 브리스길라와 아굴라는 바울의 제자로서 부활의 주인 예수, 그리스도이신 예수, 예수의 사역을 계획하고, 진행하고, 성취하신 '하나님의 도'를 가르치는 것이기 때문입니다. 아볼로가 '믿음의 대상'인 예수에 대해서는 알지 못하고, 단지 당시의 스승이요, 큰 자요, 지도자로서의 '퀴리오스' 즉 '주' 또는 '스승, 선생, 지도자'에 대해서만 알고 있었습니다. 그런 아볼로가 브리스길라와 아굴라를 통해 '하나님의 도'를 더 정확하게 풀어주는 것을 배우게 되자 드디어 28절에 "이는 성경으로써 예수를 그리스도라고 증언하여 공중 앞에서 힘 있게 유대인의 말을 이김이러라"가 될 수 있었습니다. 드디어 바르게 아는 아볼로로 변화되었습니다.

성령을 받았느냐?

마지막으로, 아볼로는 18장에는 개인으로 등장하지만 19장에서는 에베소에 있는 제자들, 즉 아볼로에게 배운 사람들과 연장선상에 있습니다. 19장 1절에 바울이 에베소에 왔습니다. 그리고 아볼로에게 배운 제자들을 만났습니다. 이때 바울이 참으로 희한한 말을 합니다. 2절 "이르되 너희가 믿을 때에 성령을 받았느냐"입니다. 이 말이 무슨 뜻일까요? 바울은 왜 이런 말을 할까요? 정말로 성령을 받았는지 안 받았는지 몰라서 궁금해서 묻는 것일까요, 아니면 이미 성령을 받지 않았다는 것을 다 알면서 일부러 묻는 것일까요? 정답은 후자입니다.

혹시 앞에서 설명 드린 '성경에 능통한 자'가 '책에 능통한 자'가 아니라 표현 그대로 '성경에 능통한 자'가 아니냐고 주장하실 수 있습니다. 문맥의 흐름이 조금 언밸런스 하지만 그래도 본문의 오해를 풀기에는 충분합니다. 만약 그 표현이 '성경에 능통한 자'라고 한다면, 이 장면에 아볼로 또는 아볼로에게 배운 사람들을 보는 순간 여러분은 데쟈뷰가 일어나야 합니다. 더도 말고, 덜도 말고, 꼭 아볼로와 같은 모습을 보여주던 어떤 사람이 아주 자동적으로 떠올라야 합니다. 성경 즉 구약에 능통했는데 요한의 침례만 알았고 성령이 계심도 알지 못했던 사람이 누구입니까? 바로 바울입니다. 바울은 지금 아볼로나 아볼로의 제자들을 볼 때에 예전의 자신의 모습을 보게 됩니다. 단, 자기는 예수를 부인하고 반대했었고, 아볼로의 제자들은 예수에 대해 좋게 생각하고 있었다는 차이만 있습니다. 바울은 바리새인 출신이라 율법과 다른 듯한 예수의 말씀을 극렬히 반대했고, 아볼로는 학구적인 사람이라 새로운 지식에 관심을 보였습니다. 대신 아무리 예수에 대해 좋게 생각해도 성령을 받기 전에는 스승이나 지도자의 수준에 머물 뿐 그 이상이 될 수 없다는 것을 바울은 너무나 잘 알고 있습니다. 그래서 바울이 안타까운 심정으로, 이미 모든 것을 다 알고 있다는 표정으로, 지금보다 더 나은 것을 알려주겠다는 심정으로 '너희가 믿을 때에 성령을 받았느냐'고 묻는을 것입니다. 질문이 아니라 그 다음을 알려주겠다는 의도로 하는 말입니다.

2절부터 이어지는 대화는 당연히 나오는 이야기입니다. 그들의 대답이 "우리는 성령이 계심도 듣지 못하였노라"입니다. 바울은 다음 대화를 유도해 갑니다. "그러면 너희가 무슨 침례를 받았느냐", "요한의 침례니라"입니다. 이제 바울이 가르칠 순서입니다. 4절 "바울이 이르되 요한이 회개의 침례를 베풀며 백성에게 말하되 내 뒤에 오시는 이를 믿으라 하였으니 이는 곧 예수라 하거늘"입니다. 바울이 이런 과정을 거쳐 가는 이유는 저들이 학구적인 사람이기 때문입니다. 그래서 단계를 거치고, 절차를 거치고, 차근

차근 순서를 밟습니다. 저들의 눈높이와 특성에 정확하게 맞추어 주고 있습니다. 드디어 결론이 5절 "그들이 듣고 주 예수의 이름으로 침례를 받으니 바울이 그들에게 안수하매 성령이 그들에게 임하시므로 방언도 하고 예언도 하니"입니다.

사도행전에 복음으로 사람이 변화되는 것을 증명하기 위해 세 부류의 인물이 등장했습니다. 첫 번째는 복음에 결사반대하는 사람의 대표로 사울, 두 번째는 타종교에 몰두했던 사람, 이방 종교에 열심 냈던 사람의 대표로 고넬료, 세 번째는 지극히 학문적인 사람이요, 단지 새로운 사실을 배우고 가르치는 일에 몰두하는 지식인의 대표로 아볼로입니다. 아무리 복음과 멀어도, 아무리 믿음과 멀어도 하나님의 성령은 사람을 구원하고 변화시킬 수 있다는 것을 사도행전이 보여주고 있습니다. 혹시 주변에 복음이라면 아예 손사래를 치시는 분이 계십니까? 걱정하지 마십시오. 성령님이 하십니다. 혹시 상황이 복음 전파에 유리하지 않은 것처럼 전개됩니까? 걱정하지 마십시오. 성령님이 하십니다. 저와 여러분은 성경을 읽고, 하나님을 알고, 하나님의 은혜를 누리는 삶을 사시면 됩니다. 그것이 가장 중요합니다. 하나님 때문에 행복한 신앙생활, 예수님 때문에 즐거운 믿음생활 되시기를 주님의 이름으로 축원합니다.

크다 아데미여

사도행전 19:8~41

8 바울이 회당에 들어가 석 달 동안 담대히 하나님 나라에 관하여 강론하며 권면하되 9 어떤 사람들은 마음이 굳어 순종하지 않고 무리 앞에서 이 도를 비방하거늘 바울이 그들을 떠나 제자들을 따로 세우고 두란노 서원에서 날마다 강론하니라 10 두 해 동안 이같이 하니 아시아에 사는 자는 유대인이나 헬라인이나 다 주의 말씀을 듣더라 11 하나님이 바울의 손으로 놀라운 능력을 행하게 하시니 12 심지어 사람들이 바울의 몸에서 손수건이나 앞치마를 가져다가 병든 사람에게 얹으면 그 병이 떠나고 악귀도 나가더라 13 이에 돌아다니며 마술하는 어떤 유대인들이 시험삼아 악귀 들린 자들에게 주 예수의 이름을 불러 말하되 내가 바울이 전파하는 예수를 의지하여 너희에게 명하노라 하더라 14 유대의 한 제사장 스게와의 일곱 아들도 이 일을 행하더니 15 악귀가 대답하여 이르되 내가 예수도 알고 바울도 알거니와 너희는 누구냐 하며 16 악귀 들린 사람이 그들에게 뛰어올라 눌러 이기니 그들이 상하여 벗은 몸으로 그 집에서 도망하는지라 17 에베소에 사는 유대인과 헬라인들이 다 이 일을 알고 두려워하며 주 예수의 이름을 높이고 18 믿은 사람들이 많이 와서 자복하여 행한 일을 알리며 19 또 마술을 행하던 많은 사람이 그 책을 모아 가지고 와서 모든 사람 앞에서 불사르니 그 책 값을 계산한즉 은 오만이나 되더라 20 이와 같이 주의 말씀이 힘이 있어 흥왕하여 세력을 얻으니라 21 이 일이 있은 후에 바울이 마게도냐와 아가야를 거쳐 예루살렘에 가기로 작정하여 이르되 내가 거기 갔다가 후에 로마도 보아야 하리라 하고 22 자기를 돕는 사람 중에서 디모데와 에라스도 두 사람을 마게도냐로 보내고 자기는 아시아에 얼마 동안 더 있으니라 23 그 때쯤 되어 이 도로 말미암아 적지 않은 소동이 있었으니 24 즉 데메드리오라 하는 어떤 은장색이 은으로 아데미의 신상 모형을 만들어 직공들에게 적지 않은 벌이를 하게 하더니 25 그가 그 직공들과 그러한 영업하는 자들을 모아 이르되 여러분도 알거니와 우리의 풍족한 생활이 이 생업에 있는데 26 이 바울이 에베소뿐 아니라 거의 전 아시아를 통하여 수많은 사람을 권유하여 말하되 사람의 손으로 만든 것들은 신이 아니라 하니 이는 그대들

도 보고 들은 것이라 27 우리의 이 영업이 천하여질 위험이 있을 뿐 아니라 큰 여신 아데미의 신전도 무시 당하게 되고 온 아시아와 천하가 위하는 그의 위엄도 떨어질까 하노라 하더라 28 그들이 이 말을 듣고 분노가 가득하여 외쳐 이르되 크다 에베소 사람의 아데미여 하니 29 온 시내가 요란하여 바울과 같이 다니는 마게도냐 사람 가이오와 아리스다고를 붙들어 일제히 연극장으로 달려 들어가는지라 30 바울이 백성 가운데로 들어가고자 하나 제자들이 말리고 31 또 아시아 관리 중에 바울의 친구된 어떤 이들이 그에게 통지하여 연극장에 들어가지 말라 권하더라 32 사람들이 외쳐 어떤 이는 이런 말을, 어떤 이는 저런 말을 하니 모인 무리가 분란하여 태반이나 어찌하여 모였는지 알지 못하더라 33 유대인들이 무리 가운데서 알렉산더를 권하여 앞으로 밀어내니 알렉산더가 손짓하며 백성에게 변명하려 하나 34 그들은 그가 유대인인 줄 알고 다 한 소리로 외쳐 이르되 크다 에베소 사람의 아데미여 하기를 두 시간이나 하더니 35 서기장이 무리를 진정시키고 이르되 에베소 사람들아 에베소 시가 큰 아데미와 제우스에게서 내려온 우상의 신전지기가 된 줄을 누가 알지 못하겠느냐 36 이 일이 그렇지 않다 할 수 없으니 너희가 가만히 있어서 무엇이든지 경솔히 아니하여야 하리라 37 신전의 물건을 도둑질하지도 아니하였고 우리 여신을 비방하지도 아니한 이 사람들을 너희가 붙잡아 왔으니 38 만일 데메드리오와 그와 함께 있는 직공들이 누구에게 고발할 것이 있으면 재판 날도 있고 총독들도 있으니 피차 고소할 것이요 39 만일 그 외에 무엇을 원하면 정식으로 민회에서 결정할지라 40 오늘 아무 까닭도 없는 이 일에 우리가 소요 사건으로 책망 받을 위험이 있고 우리는 이 불법 집회에 관하여 보고할 자료가 없다 하고 41 이에 그 모임을 흩어지게 하니라

크다 아데미여

성경의 표현

성경을 읽으면 은혜가 됩니다. 하지만 간혹 조금은 엉뚱하다는 생각이 드는 경우가 있습니다. 일반적으로 누군가를 소개할 때에는 잘 한 사람, 훌륭한 일을 한 사람은 이름을 밝히며 소개하고, 잘못한 사람이나 실수한 사람은 굳이 이름을 밝히지 않고 가명을 쓰거나 익명으로 처리합니다. 그런데 성경은 반대일 경우가 많습니다. 예를 들어 구약에서 법궤를 수레에 싣고 옮길 때 소가 뛰어 법궤가 넘어질 것 같자 어떤 사람이 붙잡다가 죽었습니다. 저처럼 '어떤 사람'이라고 해도 되는데 성경은 '웃사'라고 알려줍니다. 또 만약 결혼한 남자가 자기 아내를 빼앗기는 것은 매우 수치스러운 일

입니다. 그런 사람은 창피해서 이름을 감추어야 하는데 성경은 다윗에게 아내를 빼앗긴 사람이 '우리야'라고 알려줍니다. 사도행전에서도 초기 교회에 제자들이나 바울이 사역을 진행하기 위해서는 참으로 많은 사람들의 헌신과 섬김이 있었습니다. 그런 사람들의 명단이 거의 나오지 않습니다. 그런데 사도행전 8장에 보면 성령을 돈 주고 사려고 했던 사람의 이름이 '시몬'이라고 정확하게 나옵니다.

19장에서도 바울이 능력을 행하자 흉내 내다가 망신을 당하는 사람이 있습니다. 14절 '유대의 한 제사장 스계와의 일곱 아들'입니다. 또 바울이 에베소에서 복음을 전하는데 많은 사람이 믿었습니다. 17절 "에베소에 사는 유대인과 헬라인들이 다 이 일을 알고 두려워하고 주 예수의 이름을 높이고 믿은 사람들이 많이 와서 자복하여 행한 일을 알리며 또 마술을 행하던 많은 사람이 그 책을 모아 가지고 와서 모든 사람 앞에서 불사르니"입니다. 그냥 많은 사람들이라고 할뿐 이름을 밝히지 않는데 반대로 대적한 사람의 이름은 밝힙니다. 24절 "데메드리오라 하는 어떤 은장색이"입니다. 성경이 왜 이렇게 하는지 조금 더 연구해서 알게 되면 알려드리겠습니다.

성경은 사람들이 행하는 종교, 죄의 종교, 우상 종교, 이방 종교의 모습을 보여주고 상대적으로 기독교, 여호와 종교, 하나님 종교가 어떻게 얼마나 다른지를 보여줍니다. 구약에서는 이스라엘과 하나님의 사역을 대조하여 보여주었고, 복음서에서는 유대교와 예수님의 사역을 대조하여 보여주었고, 사도행전에서는 제자들과 사도들이 복음 전하러 갈 때에 가는 곳마다 유대인들이나 헬라인들의 행동을 보여주면서 기독교와 대조시켜 줍니다. 먼저 본문을 통해서 죄의 종교와 하나님의 종교의 차이점을 확인해보고, 뒤에서 사도행전 여러 곳에 나타나는 죄인들의 종교 양식과 기독교의 양식을 비교해 보도록 하겠습니다.

신을 위한 종교

은장색 데메드리오가 하는 말이 19장 25절 중간부터 나오는데 이 말과 이어지는 사람들의 말 속에 죄인들의 종교성이 나타납니다. "여러분도 알거니와 우리의 풍족한 생활이 이 생업에 있는데 이 바울이 에베소뿐 아니라 거의 전 아시아를 통하여 수많은 사람을 권유하여 말하되 사람의 손으로 만든 것들은 신이 아니라 하니 이는 그대들도 보고 들은 것이라 우리의 이 영업이 천하여질 위험이 있을 뿐 아니라 큰 여신 아데미의 신전도 무시 당하게 되고 온 아시아와 천하가 위하는 그의 위엄도 떨어질까 하노라 하더라 그들이 이 말을 듣고 분노가 가득하여 외쳐 이르되 크다 에베소 사람의 아데미여 하니"입니다. 그리고 34절 "그들은 그가 유대인인 줄 알고 다한 소리로 외쳐 이르되 크다 에베소 사람의 아데미여 하기를 두 시간이나 하더니"입니다.

죄의 종교의 대표적인 특성이 바로 인간이 신을 위하는 것이요, 인간이 신을 보호하는 것이요, 인간이 신을 염려하는 것이요, 인간이 신을 지켜주는 것입니다. 데메드리오와 사람들이 한 말의 핵심은 '아데미의 위엄이 떨어질까 하노라'입니다. 행여 아데미의 존귀, 아데미의 영광, 아데미의 위엄, 아데미의 품위가 떨어질까 걱정되니 자신들이 막아주어야 한다는 주장입니다. 그래서 의도적으로 '크다 에베소 사람의 아데미여!'를 두 시간이나 외칩니다. 그렇게 아데미 신을 보호하는 것이 자신들의 사명이요, 자신들의 책임이라고 생각합니다. 이것이 죄인들의 종교 사고방식입니다. 데메드리오 뿐만 아니라 성경에 자주 나타나는 죄인들의 모습입니다. 사도행전 6장에서 스데반 집사가 잡혀서 공회로 끌려가서 고발을 당합니다. 그 이유가 13절 "거짓 증인들을 세우니 이르되 이 사람이 이 거룩한 곳과 율법을 거슬러 말하기를 마지 아니하는도다"입니다. 즉 성전과 율법이 모독을 당했다는 것입니다. 자신들이 성전과 율법이 모독당하는 것을 막아야 하고, 성전과 율법의 거룩성을 지켜야 한다는 생각이요, 인간이 신을 위한다는 인식입니다.

예수님이 재판받으시는 장면에서도 이런 죄성이 드러납니다. 마태복음 26장 65절 "이에 대제사장이 자기 옷을 찢으며 이르되 그가 신성 모독하는 말을 하였으니 어찌 더 증인을 요구하리요 보라 너희가 지금 이 신성 모독하는 말을 들었도다"입니다. 대제사장의 생각에는, 신이 모독을 당하는 것을 두고 볼 수 없으며 자신들이 신의 신성을 보호하고 지켜주어야 한다는 사고방식입니다. 그런데 이게 너무나 웃긴 건데, 만약 신이 모독을 당했으면 신이 나서야 합니다. 신이 분해 해야 하고, 신이 성질내야 하고, 신이 보복을 해야 합니다. 그런데 정작 신은 가만히 있는데 인간들이 나댑니다. 이런 것을 '오버한다'고 합니다. 죄인들의 전형적인 특성입니다.

인간을 위한 종교

기독교는 타종교와 다르고 기독교의 하나님은 타종교의 신과 완전히 다릅니다. 그래서 타종교에서 쓰이는 표현이 기독교에는 없어야 합니다. 에베소 사람들이 했던 말 '큰 여신 아데미의 신전이 무시당하고, 그의 위엄도 떨어질까 염려하는 것'이 기독교에는 없어야 하고, '크다 에베소 사람의 아데미여'라고 외치는 것이 기독교에는 없어야 합니다. 그런데 안타까운 것은 기독교에서, 교회에서, 성도들의 표현에서 하나님이 무시 당할까봐 하나님의 위엄이 떨어질까봐 염려하면서 죄인들이 사용하는 종교적 표현과 유사한 것이 너무 많습니다. 교인들도 말하기를 '하나님의 영광을 높여드려야 한다', '진리를 사수해야 한다', '교회의 위엄을 지켜야 한다'고 말하는 것을 자주 듣습니다.

기독교는 전혀 다릅니다. 기독교가 하나님을 믿는데, 하나님의 위엄, 하나님의 존귀, 하나님의 영광을 드러내야하고 지켜야하는 당사자는 바로 하나님입니다. 인간이 하나님의 위엄을 지키고 인간이 하나님의 영광을 높이는 것이 아니라 하나님 자신이 위엄을 지키고 하나님 자신이 영광을 유지하십니다. 더 나아가 그 하나님의 영광을 인간에게 주시어 인간을 영광스럽게 해 주십니다. 영광에 관한 대표적인 성경구절이 이사야 42장 8절입니다. "나는 여호와이니 이는 내 이름이라 나는 내 영광을 다른 자에게, 내 찬송을 우상에게 주지 아니하리라"이고, 48장 9절 "내 이름을 위하여 내가 노하기를 더디 할 것이며 내 영광을 위하여 내가 참고 너를 멸절하지 아니하리라", 11절 "나는 나를 위하며 나를 위하여 이를 이룰 것이라 어찌 내 이름을 욕되게 하리요 내 영광을 다른 자에게 주지 아니하리라"입니다.

하나님이 영광에 집착하신다는 의미가 아니라 하나님이 하나님의 위엄, 영광을 잃지 않으시겠다는 뜻입니다. 인간이 회복되지 못하는 것, 인간이 하나님의 은혜를 누리지 못하는 것이 하나님이 실패하는 것이요, 위엄과 영광을 잃는 것이기에 하나님이 죄인을 구원하고, 죄인을 회복하고 치유하여 온전하고 행복하게 만들어 내시겠다는 선포입니다. 그렇게 하는 것이 하나님의 위엄과 영광을 지키는 일입니다. 죄의 종교는 인간이 신의 일을 하는 것이고, 기독교는 하나님의 일은 하나님이 하시고, 인간이 할 수 없는 일도 하나님이 해주십니다.

찬송도 마찬가지입니다. 기독교는 인간에게 '하나님을 찬송하라'고 명령하는 것이 아니라 '인간에게서 찬송이 나오도록 하나님이 일하시고, 수고하시고, 역사'하십니다. 그래서 기독교의 찬송은 '은혜 받은 자의 반응'입니다. 대표적인 이사야 43장 21절 "이 백성은 내가 나를 위하여 지었나니 나를 찬송하게 하려 함이니라"인데 정작 중요한 것은 그 앞입니다. 19절부터 보시면 "보라 내가 새 일을 행하리니 이제 나타낼 것이라 너희가 그것을 알지 못하겠느냐 반드시 내가 광야에 길을 사막에 강을 내리니 장차 들짐승 곧 승냥이와 타조도 나를 존경할 것은 내가 광야에 물을, 사막에 강들을 내어 내 백성, 내가 택한 자에게 마시게 할 것임이라"입니다. 목마른 백성을 위해 광야에서 물을 내고 사막에 강을 내어 마시게 하면 그 물을 먹은 사람들이 당연히 찬송합니다. 하나님이 백성들에게 찬송이 나오도록 은혜를 주고, 복을 주겠다는 선언입니다. 이것이 기독교의 원리요, 방식입니다.

죄인들의 종교, 하나님의 종교

사람의 능력, 하나님의 능력

사도행전 19장의 본문 이외에도 사도행전에는 사람들의 종교성이 여기 저기에 조금씩 드러납니다. 사람들이 보여주는 종교성과 대조하면서 기독교는 그와 같지 않다고 강력하게 호소합니다. 우리 신앙의 모습이 성경이 지적하는 죄의 원리인지 성경이 권면하는 하나님의 원리인지 분별해야 합니다. 몇몇 장면들을 통해서 죄인들의 종교와 기독교가 어떻게 다른지를 점검해 보겠습니다. 첫 번째는 사도행전 3장입니다. 성전에 나면서 못 걷게 된 사람이 있었고, 베드로가 그에게 '은과 금은 내게 없거니와 내게 있는 이것을 네게 주노니 나사렛 예수 그리스도의 이름으로 일어나 걸으라'고 말하고 손을 잡아 일으켰습니다. 그걸 본 사람들이 솔로몬 행각에 모여들었습니다. 그때 베드로가 한 말이 12절인데 이 말에 사람들의 종교와 기독교의 차이점이 밝혀져 있습니다. "베드로가 이것을 보고 백성에게 말하되 이스라엘 사람들아 이 일을 왜 놀랍게 여기느냐 우리 개인의 권능과 경건으로 이 사람을 걷게 한 것처럼 왜 우리를 주목하느냐"입니다.

사람들의 생각이 무엇입니까? 베드로가 즉 사람의 권능과 경건으로 이 일을 했다는 것입니다. 매우 일반적인 생각입니다. 흔히 말하는 '영력'입니다. 사람들은 이 영력을 쌓으려고 수도도 하고, 명상도 하고, 능력도 받고, 주문도 외우고 합니다. 본인이 능력자가 되려고 합니다. 본인이 강한 자가 되고, 본인이 능력자가 되어서 본인이 역사를 행하는 것 이것이 바로 죄의 종교, 우상 종교의 특성입니다. 기독교가 이와 같은 사고방식을 가지면 절대로 안 됩니다. 베드로가 하는 말이 '왜 우리 개인의 권능과 경건으로 이 사람을 걷게 한 것처럼 왜 우리를 주목하느냐'입니다. 세상에서는 당연한 말이고, 세상에서는 서로 개인의 권능과 능력을 가지려고 노력하고, 이런 치유를 행했을 때 당연히 개인의 능력으로 자랑하려고 합니다. 하지만 기독교는 그렇지 않습니다. 베드로의 대답은 16절 "그 이름이 너희가 보고 아는 이 사람을 성하게 하였나니 예수로 말미암아 난 믿음이 너희 모든 사람 앞에서 이같이 완전히 낫게 하였느니라"입니다.

사도행전 19장 11절을 보시면 "하나님이 바울의 손으로 놀라운 능력을 행하게 하시니 심지어 사람들이 바울의 몸에서 손수건이나 앞치마를 가져다가 병든 사람에게 얹으면 그 병이 떠나고 악귀도 나가더라"입니다. 하나님이 하셨습니다. 절대로 바울이 대단하거나, 바울의 손수건이나 앞치마가 대단한 것이 아닙니다. 하나님이 하시면 베드로를 통해서도 바울을 통해서도 하실 수 있고, 앞치마나 손수건을 통해서도 할 수 있습니다. 기독교는 철저하게 하나님을 강조하는 종교입니다. 기독교는 성도가 하나님께 능력을 받아서 하나님을 대신하거나, 하나님을 쉬시게 하는 것이 아닙니다. 이제는 하나님이 없어도 될 만큼 자립하거나 독립하는 것이 아닙니다. 서신서에 보면 가장 본질적으로 강조하는 것이 '예수 안에서, 그리스도 안에서'입니다. 물론 사람들이 말은 모두 하나님이 하셨다고 합니다. 그런데 실상을 보면 모두 인간이 행한다고 생각하고 있습니다. 그래서 목회자를 고를 때 능력있는 목회자, 권능있는 목회자를 찾습니다. 그런 목회자는 없습니다. 필요하면 하나님이 어느 순간, 어느 장소, 어떤 사람을 통해서라도 역사하십니다. 그래서 기독교는 오직 하나님만이 권능이 있다고, 하나님만이 능력이 있다고 선언하며, 그 하나님만을 믿는 종교입니다.

이 사역이 있은 후에 베드로나 바울이 달라진 것이 하나도 없습니다. 귀한 권능을 행하였다고 하나님께 칭찬이나 상을 받은 것이 없고, 이후로는 베드로의 별명이 '베 권능 사도'라고 지어진 것도 아니고, 바울의 별명이 '손수건 바울'이 된 것이 아니고, 교회 내에서 위상이 달라진 것도 아니고, 당시 사람들이 베드로나 바울을 보고 범접하기 힘든 위인이나 기인으로 여기고, 베드로나 바울의 사역에 더 이상 간섭을 하지 않은 것도 아닙니다. 가장 중요한 것이 베드로나 바울이 태도나 역할에서 달라지지 않았다는 점입니다. 지금은 여러분이 아주 겸손하게 신앙생활 하시고 계십니다. 왜냐하면 여러분이 권능이나 능력을 행하지 못하기 때문입니다. 장차 하나님이 여러분을 통해 능력을 행할 수도 있습니다. 그때에도 여전히, 동일하게 하나님이 하셨다고 고백하는 신앙을 유지하셔야 합니다. 겸손하라는 명령이 아니라 사실대로 하라는 부탁입니다. 사람에게 능력과 권세가 있다고 생각하는 것이 죄의 종교요, 하나님이 능력과 권세가 있다고 선언하는 것이 기독교입니다.

구하는 종교, 주는 종교

죄의 종교와 하나님의 종교에 관해 하나 더 비교해 보겠습니다. 사도행전 8장에는 빌립이 사마리아 지역에서 복음을 전하는 사역이 나옵니다. 그 성에 전부터 마술을 행하여 백성을 놀라게 하며 자칭 큰 자라고 하던 마술사 시몬이 있었습니다. 시몬도 처음에는 빌립의 전도를 받고 침례를 받았고 빌립을 따랐습니다. 그러던 어느 날 예루살렘에서 온 베드로와 요한이 안수하매 사람들이 성령을 받는 것을 보게 됩니다. 그 순간 시몬에게서 죄인의 종교성이 드러납니다. 8장 18절 "시몬이 사도들의 안수로 성령 받는 것을 보고 돈을 드려 이르되 이 권능을 내게도 주어 누구든지 내가 안수하는 사람은 성령을 받게 하여 주소서 하니"입니다. 시몬이 보여주는 죄인의 종교적 양식이 두 가지인데 하나는 '자신이 권능을 가지려 한다'는 것입니다. 앞의 사도행전 3장에서 설명 드렸습니다. 또 하나는 '구하려 한다는 것'입니다. 시몬은 본인이 성령을 포함한 기독교의 내용을 '구할 수 있는 것, 얻을 수 있는 것, 가질 수 있는 것, 살 수 있는 것'으로 생각했고, 동시에 자신이 소유한 후에 남에게 '줄 수 있는 것, 팔 수 있는 것, 거래할 수 있는 것'으로 생각했습니다.

혹자는 시몬이 남의 것을 빼앗으려 한 것도 아니요, 공짜로 얻으려고 한 것도 아니요, 도리어 돈을 주고 사려고 했으니 정당한 것 아니냐, 굳이 죄의 원리라고 비난할 수 있느냐고 지적하실 수 있습니다. 이때 베드로의 대답이 20절 "네가 하나님의 선물을 돈 주고 살줄로 생각하였으니"입니다. 중요한 단어가 '선물'입니다. 다른 표현으로 '은혜'입니다. 기독교는 전적으로, 절대적으로 '은혜의 종교'임을 명심하셔야 합니다. 하나님이 먼저 주시는 종교입니다. 왜 하나님이 먼저, 왜 은혜로 주실까요? 그 이유는 첫째, 죄인은 무엇을 구해야 하는지를 모릅니다. 그래서 구해야 할 것은 구한 적이 없습니다. 구약에 보면 이스라엘이 하나님께 구한 것이 별로 없습니다. 창세기부터 여호수아서까지에서 이스라엘이 구한 것이 거의 없습니다. 이것이 당연합니다. 하나님이 먼저, 이미 주셨기 때문입니다.

그런데 사무엘상에 들어가면서 이스라엘이 하나님께 직접, 구체적으로 구하는 것이 있는데 바로 '왕'입니다. 과연 이스라엘에게 절박한 것이 왕이었나요? 왕만 있으면 문제가 해결되나요? 자신들이 구한 대로 왕을 얻었습니다. 그래서 이스라엘이 행복했나요? 왕의 혜택을 많이 보았나요? 하나님은 신명기에서 왕을 구하면 후일에 백성들이 왕의 종이 될 것이라고 알려주신 적이 있는데 인간들은 하나님의 말씀을 주의하지 않았고, 왕을 구했고, 결국 하나님의 말씀대로 왕의 종이 되었습니다. 복음서에서도 마찬가지입니다. 복음서에 보면 제자들이 예수님께 이것저것을 구한 적이 있습니다. 심지어는 어머니까지 동원해서 '주의 나라에서 하나는 주의 우편에, 하나는 주의 좌편에 앉게 해줄 것'을 구했습니다. 그때 예수님의 대답이 '너희는 너희가 구하는 것을 알지 못하는도다'였습니다. 엉뚱한 것만 구하니까 하나님이 먼저, 은혜로 주십니다.

하나님이 은혜를 주시는 두 번째 이유는 값을 정할 수 없기 때문입니다. 값이라는 것은 동등한 가치를 의미합니다. 일종의 교환입니다. 그런데 하나님이 주시는 것은 인간이 구할 수 없고, 얻을 수 없고, 비교할 수 있는 것이 없습니다. 그래서 값이 없습니다. 당연히 값을 주고 살 수가 없고, 당연히 하나님이 은혜로 주십니다. 그런데 죄인들은 하나님이 주시는 것이 다른 곳에서도 얻을 수 있는 것이라고 생각하고, 적절한 가치로 대체할 수 있다고 생각합니다. 하나님의 것이 무엇인지 도대체 알지 못하고 있습니다.

기독교의 하나님이 주시는 하나님이요, 은혜의 하나님임을 안다면 기독교에는 돈 주고 산다는 것만이 아니라 무엇이든, 어떻게든 '얻으려고, 구하려고'하는 사고방식이 있으면 안 됩니다. 기독교에는 '은혜를 받자'는 개념, '하나님께 구하자'는 원리가 없습니다. 시몬이 구한 성령도 하나님은 먼저 약속하셨고, 제자들과 사마리아 사람들에게도 모두 은혜로 주셨습니다. 이렇게 은혜로 주시는 것을 돈 주고 살 이유도 없고, 이미 주신 것을 달라고 할 이유도 없습니다. 대신 기독교에서 강조하는 것이 호세아 6장 3절로 대표되는 '우리가 여호와를 알자 힘써 여호와를 알자'입니다. 찬송가로 하면 429장 '세상 모든 풍파 너를 흔들어 약한 마음 낙심하게 될 때에 내려주신 주의 복을 세어라 주의 크신 복을 네가 알리라 받은 복을 세어 보아라 크신 복을 네가 알리라 받은 복을 세어 보아라 주의 크신 복을 네가 알리라'입니다. 죄의 종교는 주지 않은 것을 받아 내려고 애쓰는 것이요, 기독교는 받은 것을 알아가는 종교입니다.

차별하는 종교, 일치하는 종교

죄의 종교와 하나님의 종교를 대조하는 또 다른 장면이 14장입니다. 루스드라에서 바울이 발을 쓰지 못하는 사람을 '네 발로 바로 일어서라'고 해서 고쳐주는 장면이 있습니다. 이때 사람들이 보여주는 죄인들의 종교성이 14장 11절 이하에 "무리가 바울이 한 일을 보고 루가오니아 방언으로 소리질러 이르되 신들이 사람의 형상으로 우리 가운데 내려오셨다 하여 바나바는 제우스라 하고 바울은 그중에 말하는 자이므로 헤르메스라 하더라 시외 제우스 신당의 제사장이 소와 화환들을 가지고 대문 앞에 와서 무리와 함께 제사하고자 하나"입니다. 이것은 단순하게 사람을 '신성화'했다는 의미가 아닙니다. 이런 행동을 할 수 있는 원리, 즉 저들의 내면에 깔려있는 사고방식을 알아야 하는데 그것은 '신은 아무나 택하지 않는다'입니다. 다른 말로하면 '이러한 일을 행하는 사람은 탁월한 사람이다, 구별된 사람이다'라는 의미입니다. '쓸 만하니까, 준비 되었으니까, 남들보다 나으니까' 신에게 선택되었다는 생각입니다. 사람은 일반적인 차원에서 자신보다 나은 사람이 있으면 존경을 합니다. 이것이 종교적 차원에서는 '섬김'이 됩니다. 예사 사람이 아니라는 인식입니다.

그러나 인간에 대한 기독교의 선언은 '모든 인간은 같다'입니다. 하나님의 피조물이라는 사실에서 같고, 죄인이라는 사실에서 같고, 인간이 가진 것은 모두 하나님께 받은 달란트이기에 인간 상호간에 비교를 통하여 차별을 만들어 낼 수 있는 것이 없습니다. 안타깝게도 기독교에서 가장 자주 사용하지만 사실은 가장 죄적인 표현이 '하나님은 준비된 자를 쓰신다'는 말입니다. 가장 비복음적인 말이요, 가장 세속적인 말입니다. 죄인들의 사고방식을 보여주었던 대표적인 장면이 모세였습니다. 모세가 애굽에서 살인을 일으키고 도망가서 미디안에 살면서 양을 치고 있을 때에 시내산에 하나님이 나타나셨습니다. 모세를 찾아오셨습니다. 그것을 모세가 이해하지 못했습니다. 신은 자기 같은 신세, 자기 같은 처지에 있는 사람에게 오지 않는다고 생각했기 때문입니다.

하나님께서 사람을 세우는 것이 죄인들의 기대와 완전히 다르다는 것을 보여주는 것이 다윗이었습니다. 이스라엘 백성이 하나님에게 왕을 요구한 이유가 무엇이었습니까? 사무엘상 8장 20절 "우리도 다른 나라들같이 되어 우리의 왕이 우리를 다스리며 우리 앞에 나가서 우리의 싸움을 싸워야 할 것이니이다"입니다. 백성들의 요구대로라면 이스라엘의 왕은 장수이어야 합니다. 그러나 다윗은 장수로서 전혀 준비가 되어있지 않았습니다. 싸움 연습을 한 적이 없고, 전쟁에 나가본 적도 없습니다. 양을 치는 목동이요 수금을 타던 시인이었습니다. 완전히 잘못된 선택입니다. 다윗은 사람들의 기대와는 완전히 다른 유형의 인물입니다.

루스드라 사람들의 행동에 대한 바울의 반응은 무엇이었을까요? 자신을 섬겨주고, 자신을 높여주니까 그냥 받아들였을까요? 자신은 그런 대접을 받을 만한 자격이 있다고 생각했을까요? 바울의 대답이 14장 15절 "이르되 여러분이여 어찌하여 이러한 일을 하느냐 우리도 여러분과 같은 성정을 가진 사람이라"입니다. 기독교에서는 복음을 아는 자가, 진리를 아는 자가 정신을 차려야 합니다. 사람들은 섬기려 하고, 구별하려고 하고, 차별하려고 합니다. 기독교 지도자는 그것을 거부해야 합니다. 바울이 말한 대로 "여러분에게 복음을 전하는 것은 이런 헛된 일을 버리고 천지와 바다와 그 가운데 만물을 지으시고 살아 계신 하나님께로 돌아오게 함이라"고 해야 합니다. 죄의 종교는 사람을 차별화 시키고, 기독교는 '우리는 같은 성정'이라고 연합과 화합과 일치를 강조합니다.

이용하는 종교, 배려하는 종교

사도행전 16장에는 바울이 빌립보에서 사역하고 있습니다. 바울이 참 좋은 일을 했습니다. 귀신들린 여종을 고쳐주었습니다. 이때 사람들의 죄성, 죄적 종교성이 극명하게 드러나는 것이 여종의 주인의 고소에 드러납니다. 19절 "여종의 주인들은 자기 수익의 소망이 끊어진 것을 보고 바울과 실라를 붙잡아 장터로 관리들에게 끌어갔다가, 로마 사람인 우리가 받지도 못하고 행하지도 못할 풍속을 전한다 하거늘"입니다. 핵심은 귀신들린 여종을 대하는 주인의 사고방식입니다. 이 여인은 귀신이 들렸고, 주인이 이 여인을 통해 종교 활동을 하고 있었습니다. 사람이 종교 활동의 희생양이 되고, 사람이 종교의 수단이 되어버렸습니다. 그래서 그 사람이 치유를 받았는데 주인이 속상해 합니다. 종교는 그 여인에게 전혀 기쁨이나 자유나 평안을 주지 않았고, 사람들은 종교를 빙자해서 타인의 삶을 악용하고 있습니다.

　기독교가 종교로서 세상에서 욕을 먹는 것은 정말 억울한 일이지만 다른 한편으론 오늘날 교회들이 정말로 성경과 기독교를 잘못 설명하고 있다는 증거입니다. 성경 전체에서 하나님은 언제나 인간을 도와주시고 여러 가지의 압제와 억류에서 인간을 해방시켜 주시는 분이기 때문입니다. 심지어 기독교는 인간을 죄에서 해방시켜 주시기 위해 하나님 자신이 육신을 입고, 하나님 자신이 십자가를 지는 종교입니다. 이렇게 하나님이 인간을 위해 일하셨지, 단 한 번도 하나님을 위해 인간을 희생시킨 적이 없습니다. 하나님의 목적을 위해 인간을 귀신들리게 한 적이 없고, 하나님의 계획을 위해 인간을 수단 삼은 적이 없습니다. 인간 중에 단 한 사람도 하나님 때문에 억울한 일을 당한 적이 없고, 하나님의 뜻 때문에 인간의 삶이 망가진 경우가 없습니다. 루스드라에서 보여주는 기독교의 모습이 그날 밤 옥에서 발생합니다. 갑자기 옥 문이 열렸습니다. 그러자 간수는 죄수들이 도망간 줄 알고 칼을 빼어 자결하려고 합니다. 바울이 하는 말 "네 몸을 상하지 말라 우리가 다 여기 있노라"입니다. 죄의 종교에서는 종교라는 이름으로 사람을 종속시키고, 기독교에서는 철저하게 타인의 삶을 배려하고 살려냅니다.

알지 못하고 섬기는 종교

　17장은 아덴 사람들의 죄적 종교양식을 보여줍니다. 22절 "바울이 아레오바고 가운데 서서 말하되 아덴 사람들아 너희를 보니 범사에 종교심이 많도다 내가 두루 다니며 알지 못하는 신에게라고 새긴 단도 보았으니"입니다. 여기에 나타나는 죄의 종교적 특성이 무엇입니까? 바로 '알지 못하면서 믿는다'는 것입니다. 대부분의 사람들은 이것이 죄의 종교적 특성이라는 것도 모르고 있습니다. 이방 종교의 대표적 특성이 믿는 신에 대하여 알려고 하지 않고 단지 '믿는 자신에게 집중'한다는 것입니다. 하나님이 중요하다고 말하지 않고 '내 믿음이 중요하다', '내가 잘 믿어야 한다'고 모두 사람의 행위, 사람의 상태를 강조합니다.

기독교의 특성을 바울이 아주 정확하게 말해 줍니다. 23절 중간부 "너희가 알지 못하고 위하는 그것을 내가 너희에게 알게 하리라"입니다. 기독교는 '하나님 즉 믿는 대상을 알아야 하는 것'입니다. 알지 못하면 누구나 자동적으로 죄의 원리로 행동할 수밖에 없습니다. 사람들은 배우려고 하지 않고 현상이나 능력이나 조건을 가지려고 합니다. 사마리아 지역의 마술사 시몬도 하나님을 알려고 하지 않고 돈을 주고 성령을 사려고 했습니다. 자신이 은혜 받은 것을 모르기 때문입니다. 은혜로 받는 것을 돈을 주고 사려고 하니 가장 바보 같고, 미련한 짓입니다. 사도행전 19장의 제사장 스게와의 아들들도 하나님을 배우려하지 않고 능력을 가지려했고 바울을 흉내 내려고 했습니다. 하나님이 행하시면 모든 성도가 모두 바울과 같은 역사를 행할 수 있다는 것을 모르니 어리석은 짓입니다.

사람들은 이번 본문에서 바울이 행한 능력에 초점을 맞추려고 합니다. 그러나 자세히 읽어보시면 바울이 행한 가장 귀한 사역, 가장 지속적인 사역, 가장 오래한 사역은 이적과 기적이 아니라 가르치는 것이었습니다. 8절을 보시면 "바울이 회당에 들어가 석 달 동안 담대히 하나님 나라에 관하여 강론하며 권면하되"이고, 10절 "두 해 동안 이같이 하니 아시아에 사는 자는 유대인이나 헬라인이나 다 주의 말씀을 듣더라"입니다. 구약의 하나님의 표현으로 하면 '들으라 이스라엘아'입니다. 제발 듣고, 보고, 읽고, 배우고, 가르침을 받아 하나님을 알고, 기독교를 알라는 부탁입니다. 알아서 헛된 일을 그만 두고, 하나님의 은혜를 누리고, 하나님의 복락을 누리라는 권고입니다. 성경을 배워서 옛 사람을 벗고 새 사람을 입으며, 성경을 배워서 어둠의 일을 벗고 빛의 일에 참여하고, 성경을 배워서 죄의 결과를 벗고 하나님의 열매를 풍성히 누리며 사시기를 주님의 이름으로 축원합니다.

59
어떻게 행하였는지

사도행전 20:1~21

1 소요가 그치매 바울은 제자들을 불러 권한 후에 작별하고 떠나 마게도냐로 가니라 2 그 지방으로 다녀가며 여러 말로 제자들에게 권하고 헬라에 이르러 3 거기 석 달 동안 있다가 배 타고 수리아로 가고자 할 그 때에 유대인들이 자기를 해하려고 공모하므로 마게도냐를 거쳐 돌아가기로 작정하니 4 아시아까지 함께 가는 자는 베뢰아 사람 부로의 아들 소바더와 데살로니가 사람 아리스다고와 세군도와 더베 사람 가이오와 및 디모데와 아시아 사람 두기고와 드로비모라 5 그들은 먼저 가서 드로아에서 우리를 기다리더라 6 우리는 무교절 후에 빌립보에서 배로 떠나 닷새 만에 드로아에 있는 그들에게 가서 이레를 머무니라 7 그 주간의 첫날에 우리가 떡을 떼려 하여 모였더니 바울이 이튿날 떠나고자 하여 그들에게 강론할새 말을 밤중까지 계속하매 8 우리가 모인 윗다락에 등불을 많이 켰는데 9 유두고라 하는 청년이 창에 걸터 앉아 있다가 깊이 졸더니 바울이 강론하기를 더 오래 하매 졸음을 이기지 못하여 삼 층에서 떨어지거늘 일으켜보니 죽었는지라 10 바울이 내려가서 그 위에 엎드려 그 몸을 안고 말하되 떠들지 말라 생명이 그에게 있다 하고 11 올라가 떡을 떼어 먹고 오랫동안 곧 날이 새기까지 이야기하고 떠나니라 12 사람들이 살아난 청년을 데리고 가서 적지 않게 위로를 받았더라 13 우리는 앞서 배를 타고 앗소에서 바울을 태우려 그리로 가니 이는 바울이 걸어서 가고자 하여 그렇게 정하여 준 것이라 14 바울이 앗소에서 우리를 만나니 우리가 배에 태우고 미둘레네로 가서 15 거기서 떠나 이튿날 기오 앞에 오고 그 이튿날 사모에 들르고 또 그 다음 날 밀레도에 이르니라 16 바울이 아시아에서 지체하지 않기 위하여 에베소를 지나 배 타고 가기로 작정하였으니 이는 될 수 있는 대로 오순절 안에 예루살렘에 이르려고 급히 감이러라 17 바울이 밀레도에서 사람을 에베소로 보내어 교회 장로들을 청하니 18 오매 그들에게 말하되 아시아에 들어온 첫날부터 지금까지 내가 항상 여러분 가운데서 어떻게 행하였는지를 여러분도 아는 바니 19 곧 모든 겸손과 눈물이며 유대인의 간계로 말미암아 당한 시험을 참고 주를 섬긴 것과 20 유익한 것은 무엇이든지 공중 앞에서

나 각 집에서나 거리낌이 없이 여러분에게 전하여 가르치고 21 유대인과 헬라인들에게 하나님께 대한 회개와 우리 주 예수 그리스도께 대한 믿음을 증언한 것이라

성경과 일상

오해의 연속

사람이 말을 하다 보면 말이 길어지는 경우가 있습니다. 어떨 때는 말하는 당사자가 말하려는 내용을 정확히 몰라서 핵심을 정리하지 못해서 길어지는 경우, 어떨 때는 말하는 사람은 내용을 정확히 알아도 말을 들어야 하는 사람이 내용을 몰라서 말이 길어지는 경우도 있습니다. 말이 길어지면 꼭 하는 말이 '간단히 합시다, 빨리 합시다, 짧게 합시다', 또는 아예 상대가 하려는 말은 마치 본인이 다 알고 있다는 듯 짧게 말하고 '예, 아니오'라고 대답하라고 합니다. 그러면 정작 말하려는 사람은 답답함을 하소연합니다. 이런 현상이 발생하는 이유는 인간이 각자 나름의 기준과 선 이해를 가지고 있기 때문입니다. 이렇게 서로 다른 기준, 서로 다른 개념을 가지고 있기에 의사소통할 때에 발생하는 현상을 '오해'라고 합니다. 사람들 중에 일부러 오해를 하는 경우는 거의 없습니다. 오해는 의도하지 않아도 자연스럽게 발생합니다. 그래서 혹시 오해를 받으시면 당연하게 받아들이시면 됩니다.

세상에서 가장 오해를 많이 받으신 분은 하나님이시고, 가장 오해를 많이 받은 책은 성경입니다. 하나님은 오해를 가장 많이 받으신 정도가 아니라 아예 처음부터 지금까지 계속하여 오해를 받아오고 있습니다. 앞으로도 오해가 풀릴 가능성이 거의 없습니다. 왜냐하면 하나님은 하나님의 기준, 하나님의 개념, 하나님의 차원인 반면 인간은 죄의 기준, 죄의 개념, 죄의 차원에 속해있기 때문에, 존재적으로나 차원적으로 다르기 때문에, 오해가 발생할 수밖에 없습니다. 그래서 성경에 보면 하나님이 오해받으시는 것을 억울해 하신 적이 없고 오해하는 인간을 책망하거나 꾸짖거나 하신 적이

없습니다. 대신 하나님은 오해를 풀어주시려고 애를 쓰셨습니다. 하나님의 노력 중의 하나가 하나님을 알려주시는 성경이었고, 다른 하나가 우리를 알아들을 수 있는 존재로 변화시켜 주는 구원이었습니다.

성경은 종교에 관한 이야기도 아니고, 신에 관한 이야기도 아니고, 지극히 인간에 관한 이야기입니다. 물론 성경의 중심은 당연히 하나님이십니다. 기독교의 주체가 하나님이고, 기독교의 핵심이 하나님이고, 기독교의 내용이 하나님이십니다. 그런데 그 하나님의 관심, 그 하나님의 목적, 그 하나님의 초점은 모두 인간에게 맞추어져 있습니다. 하나님의 최고의 관심사가 인간의 행복입니다. 하나님이 행하신 사역의 궁극적 열매가 바로 인간의 행복입니다. 하나님은 인간이 행복할 수 있는 내용, 인간이 행복할 수 있는 원리, 인간이 행복할 수 있는 길을 성경을 통해 저와 여러분에게 알려주셨습니다. 성경을 배우실 때 마치 하나님의 말씀을 들어주는 것처럼, 마치 하나님의 진리를 배워주는 것처럼 거만한 태도를 취하시면 안 됩니다. 자신의 행복을 위해, 자신의 자유와 안식을 위해, 자신의 참된 삶을 위해 기꺼이 배운다는 간절한 마음, 사모하는 마음을 가져야 정상입니다.

살아난 사건

성경에 하나님이 행하신 많은 사건들이 기록되어 있습니다. 하나님이 행하신 일뿐만 아니라 하나님이 행하신 일에 대한 사람들의 반응도 기록되어 있습니다. 성경을 찬찬히 관찰해 보면 인간사에 발생하는 일에 대하여 하나님의 관점과 사람들의 관점이 많은 차이가 나는 것을 볼 수 있습니다. 각 사람의 관심사가 다르겠지만 아마도 사람들에게 가장 심각하게 느껴지는 문제가 죽음이고 가장 두려워하는 일도 죽음일 것입니다. 그래서 사람이 볼 수 있는 가장 큰 이적을 꼽으라면 아마도 죽은 사람이 살아나는 일입니다. 성경도 사람의 죽음에 대하여 관심을 가졌고, 성경에 죽은 사람이 살아났다는 기사가 수차례 나옵니다. 구약에도 나오고 신약에도 나옵니다.

종종 성경에서 예수님만 죽었다가 살아난 것으로 기록되어 있는 줄 아시는 분이 있기 때문에 참고적으로 안내를 해 드리겠습니다. 신약성경에만도 자그마치 다섯 명이 나옵니다. 게다가 죽은 상태가 다양하게 나타납니다.

죽음에서 살아난 시간의 순서대로 설명을 해보겠습니다. 첫 번째, 아마도 죽자마자 살아난 것으로 보이는 경우가 사도행전 20장의 유두고입니다. 9절을 보면 "강론하기를 더 오래 하매 졸음을 이기지 못하여 삼 층에서 떨어지거늘 일으켜 보니 죽었는지라"입니다. 그러자 10절 "바울이 내려가서 그 위에 엎드려 그 몸을 안고 말하되 떠들지 말라 생명이 그에게 있다 하고"이고, 12절 "사람들이 살아난 청년을 데리고 가서"입니다. 바울의 행동이 너무나 태연해서 어떤 학자들은 죽은 것이 아니라 기절한 것 같다고 주장하기도 합니다만 '죽었다'는 표현과 '살았다'는 표현에 사용된 단어가 일반적으로 죽음과 삶을 나타내는 단어이기에 죽었다가 살아난 것이 맞습니다.

두 번째, 마태복음 9장 18절에 관리의 딸이 방금 죽었다고 나옵니다. 이 관리를 마가복음에서는 회당장 야이로라고 소개합니다. 방금 죽었으니까 이 관리가 "얼른 오셔서 몸에 손을 얹어 주소서 그러면 살아나겠습니다"라고 합니다. 오셔서 손을 얹으면 살아날 것으로 기대한 것을 보면 정말 짧은 시간인 것 같습니다. 죽기는 방금 죽었을지라도 예수께서 일어나 따라가시는 시간과, 가는 길에 열두 해 동안이나 혈루증을 앓은 여인을 고쳐주신 사건 등이 있었으니 어느 정도의 시간은 지났을 것입니다. 유두고보다는 죽은지 한참인 것이 분명합니다. 여하튼 예수님이 그 집에 가셔서 소녀의 손을 잡으시매 일어났습니다.

세 번째, 죽은 지 일정한 시간이 지난 뒤에 살아난 경우로 사도행전 9장에 나오는 다비다 또는 도르가라는 여인입니다. 36절 이하에 보면 "욥바에 다비다라 하는 여제자가 있으니", 37절 "그 때에 병들어 죽으매 시체를 씻어 다락에 누이니라"입니다. 죽었으면 장사를 지내는 절차를 시작했을 것이고, 씻었으니 염을 한 것 같고, 아직 입관은 안 한 것 같습니다. 베드로가 가까이에 있다는 것을 알고 지체 말고 와 달라고 간청을 하고, 베드로가 도착하여 40절 "사람을 다 내보내고 무릎을 꿇고 기도하고 돌이켜 시체를 향하여 이르되 다비다야 일어나라 하니 그가 눈을 떠 베드로를 보고 일어나 앉는지라"입니다.

네 번째, 장사 지내러 가는 도중에 살아난 경우로 누가복음 7장에 나오는 나인 성 과부의 아들입니다. 12절 "성문에 가까이 이르실 때에 사람들이 한 죽은 자를 메고 나오니 이는 한 어머니의 독자요"입니다. 죽었고, 씻었고, 입관을 했고, 상여가 나가는 중입니다. 우리나라의 기준을 적용하면 최소 삼일이 지났습니다. 그때 14절 "가까이 가서 그 관에 손을 대시니 멘 자들이 서는지라 예수께서 이르시되 청년아 내가 네게 말하노니 일어나라 하시매 죽었던 자가 일어나 앉고 말도 하거늘"입니다.

마지막으로 다섯 번째는 이미 장례 절차가 모두 끝난 상태에서 살아난 경우로 요한복음 11장의 나사로입니다. 38절 "무덤에 가시니 무덤이 굴이라 돌로 막았거늘 예수께서 이르시되 돌을 옮겨 놓으라 하시니 그 죽은 자의 누이 마르다가 이르되 주여 죽은 지가 나흘이 되었으매 벌써 냄새가 나나이다", 43절 "큰 소리로 나사로야 나오라 부르시니 죽은 자가 수족을 베로 동인 채로 나오는데 그 얼굴은 수건에 싸였더라"입니다.

사람들의 반응

죽은 자가 살아나는 사건에 대해서 성경은 중요하게, 매우 비중 있게 다루지 않습니다. 그렇다고 소홀히 다룬다는 의미가 아니라 다른 사건들과 유사하게, 그냥 다른 사건들 다루듯이 다룰 뿐입니다. 복음서의 경우 여러 사건들이 나열되는 중간에 슬쩍 몇 구절 언급되고, 자연스럽게 다른 구절로 넘어갑니다. 유심히 관찰하지 않으면 죽은 자가 살아난 이야기가 있는지 눈치 채지 못할 정도입니다. 사도행전의 경우도 마찬가지입니다. 9장에서 다비다가 살아나는 사건과 20장에서 유두고가 살아난 사건을 다루는데 본문이 불과 몇 절밖에 안 됩니다. 베드로와 그 일행 그리고 바울과 그 일행이 사람이 죽었다 살아난 사건에 대해 엄청난 사역을 행한 것처럼 강조하지도 않고, 세세한 사역의 과정을 소개하지도 않고, 뭔가 특별한 일을 행한 것처럼 띄우지도 않습니다. 마치 별일 아닌 듯이, 뭘 그런 걸 가지고 소란을 떠느냐는 듯이 해당 본문이 밋밋합니다.

조금 의아한 것은 죽은 자가 살아난 사건에 대한 사람들의 반응입니다. 그 사건을 보거나 듣거나 한 사람들의 반응이 밋밋하고 특별한 것이 없습니다. 다비다가 살아났다고 온 동네가 잔치를 행한 것도 아니고, 유두고가 살아났다고 함께 한 사람들이 모두 경배와 찬양을 한 것도 아닙니다. 기껏해야 20장 12절에 "사람들이 살아난 청년을 데리고 가서 적지 않게 위로를 받았더라"입니다. 제가 반응이 밋밋하다고 한 이유는 다른 사건의 반응과 비교해서 그렇다는 의미입니다. 사도행전 3장에 보면 베드로가 성전에 올라가서 '나면서 못 걷게 된 이'를 고치는 사건이 나옵니다. 못 걷는 사람을 걷게 한 사건이 있은 후의 사람들의 반응이 '그에게 일어난 일로 인하여 심히 놀랍게 여기며 놀라니라', '모든 백성이 크게 놀라 달려 나아가 솔로몬 행각에 모이거늘', 그리고 '베드로의 권능과 경건으로 이 사람을 걷게 한 것처럼 주목'했습니다. 병든 자를 고친 일에 이 정도 반응을 보였으면 죽은 사람을 살렸으면 난리가 났어야 합니다. 하나 더 보시면 사도행전 14장에 바울이 루스드라에서 나면서 걷지 못하게 되어 걸어 본 적이 없는 사람을 치료해주는 사건이 나옵니다. 이때 사람들의 반응이 가관입니다. 11절 "무리가 바울이 한 일을 보고 루가오니아 방언으로 소리 질러 이르되 신들이 사람의 형상으로 우리 가운데 내려오셨다 하여", 13절 "시외 제우스 신당의 제사장이 소와 화환들을 가지고 대문 앞에 와서 무리와 함께 제사하고자 하니"입니다.

성경의 관점

어떤 사역이 있을 때 사역을 행하는 자의 관점과 구경꾼의 관점은 차이가 있습니다. 대체로 사역을 행하는 쪽에서는 가능한 극대화하고, 부각되게 하려고 하고, 구경꾼은 의아해하면서도 최소화하려는 경향이 있습니다. 그런데 성경은 다릅니다. 사도행전의 경우만 해도 사역을 행하는 측의 입장에서 기록한 누가는 죽은 자가 일어난 사건도 아주 평범하게 기록할 뿐입니다. 성경은 하나님이나 예수님이나 사도들이 행한 사역을 기록할 때, 흔히 사람들이 말하는 이적과 기적에 대하여 언급할 때 더 큰 사건, 더 중요한 사건, 더 어려워 보이는 사건의 구분이 없습니다. 오병이어는 사소하게 다루고 바다를 걷는 것은 비중 있게 다룬 것이 아닙니다. 귀신을 쫓는 것은 하찮게 여기고 죽었다가 살아난 것은 의미있게 다룬 것이 아닙니다. 성경의 기록은 '어떤 사건이 발생 했는가', '어느 정도 규모인가, 얼마 정도의 가능성인가'를 구분하지 않고, 비교하지 않고, 경중을 나누지 않고, 분량을 결정하지 않습니다. 작은 기적은 쉽고 큰 기적은 어려운 것이 아닙니다. 사소한 기적은 간단히 행하고 중요한 기적은 신중하게 많은 노력을 행해야 할 수 있는 것이 아닙니다.

성경의 관점은 성경에 나타난 사건들이 죄인들의 기준과 가치와 다르다는 것에 초점이 맞추어져 있을 뿐입니다. 하나님이 행하신 사건들의 핵심은 정도의 차이가 아니라 죄의 기준이냐 하나님의 기준이냐, 죄의 원리이냐 하나님의 원리이냐, 죄의 방법이냐 하나님의 방법이냐의 차이를 보여주는 것일 뿐입니다. 그래서 성경이 사건을 다룰 때 경중의 차이를 두지 않습니다. 예수님께서 어떤 치유를 행하실 때는 대충 행하시고, 어떤 일을 행하실 때에는 특별한 준비를 거치고 특별한 절차를 준비한 후에 행하는 경우가 없습니다.

성경이 강조하려는 것은 하나님이 죄를 이긴다는 사실입니다. 하나님의 승리를 보여주기 위해 다양한 장르가 사용됩니다. 그런데 자신들이 죄인임을 모르는 사람들은, 자신들이 죄의 기준과 죄의 원리와 죄의 방법에 사로잡힌 죄인들은 성경에 나타난 사역이 보여주려는 핵심은 놓친 채, 즉 성경의 사역이 하나님의 사역이요, 죄를 이기는 사역이라는 것은 알지 못한 채그저 사건의 정도 차이에만 집중합니다. 성경에서 하나님이나 예수님이나사도들이 행한 사역에 대해 경중의 차이를 두는 존재는 단지 사람들일 뿐입니다. 성경은 죽은 사람이 살아난 것에 대해서 별다른 의미를 두지 않습니다. 왜냐하면 죄인인 상태, 죄에 사로잡힌 내용에는 아무런 차이가 없기때문입니다. 대신 성도가 구원받은 것, 죄로부터 해방된 것에 대해서는 '누구든지 그리스도 안에 있으면 새로운 피조물이라 이전 것은 지나갔으니 보라 새 것이 되었도다'라고 합니다.

감성적 반응

성도는 성경을 읽으면서 성경이 강조하는 것을 강조하고, 성경이 가르치는 것을 배워야 합니다. 그런데 성경을 읽지 않으니까 성경의 의도와 다르게 반응하고, 성경의 강조와 다른 것을 강조하고, 성경이 가르치는 것과 다른 것을 배울 때가 많습니다. 모두 오해이고, 착각이고, 왜곡입니다. 예를들면 사람들은 예수님의 고난에 초점을 맞추는 경우가 많습니다. 하지만예수님이 부활하신 후에 제자들이 예수에 대해 언급할 때 예수님의 고난에초점을 맞추는 본문이 없습니다. 사도행전의 설교에서 사도들이 예수님의잡히심과 채찍 맞음과 창에 찔림과 피를 흘림을 언급하는 적이 거의 없습니다. 서신서에 예수님의 고난과 채찍 맞음을 언급하는 적이 없습니다. 예수님이 당하셨던 육체적인 상황, 가시적인 현상을 고난이라고 생각하시면큰 착각입니다.

서신서에서 예수님의 고난을 언급하는 가장 대표적인 설명이 빌립보서 2장 6절 이하 "그는 근본 하나님의 본체시나 하나님과 동등됨을 취할 것으로 여기지 아니하시고 오히려 자기를 비워 종의 형체를 가지사 사람들과 같이 되셨고"입니다. 하나님이라는 존재가 하나님의 본체를 내려놓고, 하나님과 동등됨을 내려놓고, 자기를 비워 종의 형체를 가졌습니다. 이미 존재의 차원이 낮아졌습니다. 굳이 언급하자면 하나님이 가질 수 있는 가장 큰 굴욕이 이것이고, 하나님이 당할 수 있는 가장 큰 고난이 하나님의 영광 대신 종의 형체를 가지는 것입니다. 이미 하나님이 영광을 비웠는데, 이미 하나님이 종의 형체를 가졌는데, 그제사 종의 형체를 입은 상태에서 사로잡혔다거나 매를 맞았다거나 부인을 받았다는 일련의 행위들은 고난의 부류에 들지도 못합니다.

그렇다고 하나님이 육신을 입고 강림하신 것이 굴욕이나 고난도 아닙니다. 왜냐하면 굴욕이나 고난은 본인이 의도하지 않았는데 상대방에 의하여 당하는 경우를 의미합니다. 본인이 능력이 부족하거나 감당할 수 있는 여력이 없어서 어쩔 수 없이 직면하게 될 때에는 굴욕이고, 모욕이고, 고난입니다. 하지만 하나님은 당한 것이 아니라 스스로 행하셨습니다. 어쩔 수 없이 당한 것이 아니라 의도적으로 행하신 것이요, 능력이 없어서 되어진 것이 아니라 의도적으로 목적을 가지고 행하셨습니다. 성경에 나타난 모든 사건이나 행동들을 전적으로 하나님의 관점에서 관찰하고 하나님의 기준에서 이해해야 합니다.

어떻게 행하였는지

어떻게 행하였는지

하나님의 행하심 또는 사역을 기록한 것이 성경인 것처럼 사람이 있는 곳에 행동이 있고, 행동이 있는 곳에 기록이 있습니다. 기록의 중점이 무엇일까요? 어떤 사람을 기념하는 장소라면 그 사람에 대하여 무엇을 기념할까요? 취임식이든, 출판기념회든, 심지어는 장례식이든 그 사람의 업적을 소개하는 경우가 있습니다. 이때 업적에는 무엇이 담길까요? 당연히 그 사람이 행한 일입니다. 가능하면 큰 일, 중요한 일, 다른 사람이 하지 못한 일입니다. 세상 사람의 경우는 주변에서 많이 보셔서 잘 아실 것이니 저는 성경의 경우를 점검해 보겠습니다. 과연 성경은 사람의 행동에 대해 어떻게 표현하는지 확인해 보겠습니다.

사도행전 20장에서 바울은 밀레도에 머물면서 에베소 지역 교회의 장로들과 만납니다. 바울의 에베소 사역에 관한 내용은 19장부터 나옵니다. 아볼로의 제자들에게 성령에 대하여 가르쳐 주는 내용이 나오는데 8절에 의하면 석 달 동안 하나님 나라에 관하여 가르쳤고, 10절에 의하면 두 해 동안이나 주의 말씀을 가르쳤습니다. 적어도 두 해 이상은 에베소에 머물렀습니다. 그러다가 은장색 데메드리오에게 고소를 받기도 했습니다. 그리고 20장은 순서상으로는 19장 바로 다음이지만 공간적으로 장소가 수차례 바뀌었고 당연히 시간적으로 상당한 시간이 흘렀습니다. 20장 1절에 의하면 바울은 '마게도냐'로 갔고, 6절에 의하면 무교절 후에 빌립보에서 떠나 드로아에 도착했고, 14절에 의하면 바울은 앗소에 있고, 배를 타고 이동을 하여 밀레도에 도착합니다.

바울이 이제 에베소의 성도들과 작별을 고하는 장면에서 자신의 사역을 회상합니다. 20장 18절 이하 "그들에게 말하되 아시아에 들어온 첫날부터 지금까지 내가 항상 여러분 가운데서 어떻게 행하였는지를 여러분도 아는 바니 곧 모든 겸손과 눈물이며 유대인의 간계로 말미암아 당한 시험을 참고 주를 섬긴 것과 유익한 것은 무엇이든지 공중 앞에서나 각 집에서나 거리낌이 없이 여러분에게 전하여 가르치고 유대인과 헬라인들에게 하나님께 대한 회개와 우리 주 예수 그리스도께 대한 믿음을 증언한 것이라"입니다. 사도행전을 유심히 살펴보면 성경은 사도들이 '무엇을 했는가?'에 초점을 맞추고 있는 것이 아님을 알 수 있습니다.

사도행전이 강조하려는 것은 언제나 사도들이 하나님의 마음으로, 하나님의 원리로, 하나님의 능력으로 행했다는 사실입니다. 제자들 중에 '누가'

행했느냐를 구별하지 않고, 그 제자가 '어떤 능력으로, 어떤 방법으로' 행했느냐를 부각시키는 것이 아니라 '하나님의 마음, 하나님의 원리, 하나님의 권능으로' 행한 것을 부각시킵니다. 성경에는 하나님이 행하셨거나, 예수님이 행하셨거나, 사사가 행하였거나, 예언자가 행하였거나, 제자가 행하였거나 각각 구분하지 않습니다. 왜냐하면 모든 것을 행하신 분은 하나님이기 때문입니다. '누가', '무엇을' 행했느냐가 아니라 '하나님이 죄를 이긴다'는 것을 보여주고 있습니다. 강조점이 '하나님'이고, 차별점이 '죄'입니다. 모든 사역에 있어서 죄와 다른, 죄보다 좋은 하나님, 하나님의 마음과 원리와 기준과 방법을 보여주어서 인간이 죄가 아닌 하나님의 원리로 살고, 죄를 이기고 하나님의 마음으로 행하여 하나님의 은혜와 분복을 누리며 살아가기를 기대합니다. 이 원리가 하나님의 사역을 기록할 때나 성도의 사역을 기록할 때 동일하게 적용됩니다.

바울의 권고

서신서 중에 에베소서는 바울이 에베소에 있는 성도들에게 보낸 편지입니다. 그때에 바울이 에베소 사람들에게 권고하는 내용이 4장부터입니다. 1절을 보시면 "그러므로 주 안에서 갇힌 내가 너희를 권하노니 너희가 부르심을 받은 일에 합당하게 행하여 모든 겸손과 온유로 하고 오래 참음으로 사랑 가운데서 서로 용납하고 평안의 매는 줄로 성령이 하나 되게 하신 것을 힘써 지키라"입니다. 5장 15절을 보시면 "그런즉 너희가 어떻게 행할지를 자세히 주의하여 지혜 없는 자같이 하지 말고 오직 지혜 있는 자같이 하여"입니다. 사도행전 20장 18절 19절과 정확히 일치합니다. 성경이 강조하는 것, 복음이 강조하는 것, 사도들이 강조하는 것은 '무엇을 행하라', '어떤 일을 행하라'가 아닙니다. 기독교는 특정한 행동, 특정한 사역, 특정한 목표를 이루어내는 것이 아닙니다. 특정한 과업이나 기어코 이루어내야 하는 과제가 있는 것이 아닙니다. 에베소서를 1장부터 6장까지 차분히 읽어보시면 에베소 성도들이 달성해야할 목표가 등장하지 않습니다. 성경 전체를 세밀히 읽어보아도 성도가 하나님을 위해서 완성해 드려야 하는 과업이 등장하지 않습니다. 기독교는 철저하게 삶의 방식, 세계관, 인식, 기준, 가치, 원리에 관한 내용입니다.

빌립보서를 보면 바울과 디모데가 빌립보 지역에 있는 성도들에게 권면하는 내용이 나옵니다. 빌립보서를 대표하는 구절이 바로 2장 5절 "너희 안에 이 마음을 품으라 곧 그리스도 예수의 마음이니"입니다. 성경에 '너희 안에 이 능력을 품으라'는 표현이 없습니다. '너희 안에 이 과제를 가지라'는 권고가 없습니다. '너희 안에 이 책임을 느끼라'는 부탁이 없습니다. 성경이 지적하는 인간 문제의 본질은 죄입니다. 인간을 불행하게 만드는 본질은 바로 죄입니다. 상황이 아니고, 조건이 아니고, 인물이 아니고, 장소가 아니고, 경제가 아니고, 죄입니다. 죄를 이길 때에, 하나님의 마음을 품고 하나님의 원리로 행동할 때에, 성령으로 행할 때에 성령의 열매가 맺어지고 인간이 행복을 누릴 수 있습니다. 인간이 행하는 최고의 일, 인간이 행하는 최상의 일은 바로 '죄를 이기는 것'입니다.

혹시 어떤 성도가 '무슨 일을 할까요?'라고 물으면 성경은 '범사에'라고 나오고, 혹시 성도가 '언제 할까요?'라고 물으면 성경은 '항상'이라고 나오고, 혹시 성도가 '누구에게 할까요?'라고 물으면 성경은 '피차에'라고 나오고, 혹시 성도가 '어디서 할까요?'라고 물으면 성경은 '주 안에서'라고 나옵니다. 성경이 강조하는 것, 성도가 구별해야 하는 것은 특정한 일, 특정한 시간과 장소, 특정한 관계가 아닙니다. 성도의 관점은 온전히 죄를 멀리하고 하나님을 가까이 하는 것입니다. 에베소서의 표현대로 하면 '부르심에 합당하게 행하라', '옛 사람을 벗고 새 사람을 입으라', '어둠의 일에 참여하지 말고 빛의 자녀들처럼 행하라', '마귀의 간계를 능히 대적하기 위하여 하나님의 전신갑주를 취하라'입니다.

바울의 행적

물론 바울이 자신의 행동, 자신의 사역을 언급한 경우가 아예 없는 것이 아닙니다. 바울도 자신의 특정한 사역을 강력하게 주장한 적이 있습니다. 그런데 차원이 다르고, 방향이 다르고, 초점이 다릅니다. 병든 자를 고친 이야기를 하지 않습니다. 옥에서 기적같이 탈출한 이야기를 하지 않습니다. 죽은 자를 살린 이야기를 하지 않습니다. 바울의 행적에 관한 언급은 고린도후서 11장에 나옵니다. 16절 이하에 보면 행적을 말하는 것은, 바울의 생각에는 전혀 하고 싶지 않은데 어쩔 수 없이 한다고, 자랑을 하는 것이 하나님의 원리가 아니라 '육신을 따라' 즉 죄의 원리를 따라 행동하는 것이지만, 너희가 사람들의 '업적 자랑'에 미혹되니까 나도 한번 어리석음을 무릅쓰고 해보겠다는 설명입니다.

23절부터 보시면 "그들이 그리스도의 일꾼이냐 정신없는 말을 하거니와 나는 더욱 그러하도다"입니다. 여기서 '정신없는 말을 하거니와'는 다른 사람이 아니라 바로 자기 자신입니다. 즉 '내가 이제부터 정신없는 말을 한번 해보겠다'는 의미입니다. 왜냐하면 세상 사람과 기준이 다르고, 개념이 다르고, 가치가 다르기 때문에 세상 사람들은 이런 것을 자랑이라고 하지 않지만 성도는 전혀 다른 가치를 가지고 있기에 이런 행동을 자랑이라고 말할 수 있는데, 아마도 세상 사람들은 이런 말을 들으면 '정신없는 말'이라고 할 것이라는 의미입니다. "내가 수고를 넘치도록 하고 옥에 갇히기도 더 많이 하고 매도 수없이 맞고 여러 번 죽을 뻔하였으니 유대인들에게 사십에서 하나 감한 매를 다섯 번 맞았으며 세 번 태장으로 맞고 한 번 돌로 맞고 세 번 파선하고 일 주야를 깊은 바다에서 지냈으며 여러 번 여행하면서 강의 위험과 강도의 위험과 동족의 위험과 이방인의 위험과 시내의 위험과 광야의 위험과 바다의 위험과 거짓 형제 중의 위험을 당하고 또 수고하고 애쓰며 여러 번 자지 못하고 주리며 목마르고 여러 번 굶고 춥고 헐벗었노라"입니다. 이게 업적입니까? 이게 자랑입니까? 이게 그의 경력입니까? 이게 과연 사람들에게 드러낼 이야기입니까? 기념비에 이런 것 기록하시겠습니까? 무슨 고생담입니까? 무슨 신파입니까? 바울이 이 이야기를 언급하는 이유가 무엇입니까?

하나 더 언급해 보겠습니다. 고린도후서 12장 1절 "무익하나마 내가 부득불 자랑하노니 주의 환상과 계시를 말하리라"입니다. 강조점은 '무익하나마'입니다. 바울이 하려는 말이 사도행전 9장에서 다메섹으로 가는 길에 예수를 만난 사건입니다. 일반적으로 사람들은 이런 것을 특이한 경험으로, 남들이 해보지 못하는 차별화로 생각합니다. 그래서 스스로 떠벌이고 간증집회를 하러 다니고 호들갑을 떱니다. 마치 자신이 남다른 대접을 받은 것처럼 생각합니다. 바울은 정반대입니다. 오죽하면 예수님이 자신에게 나타났겠느냐는 설명입니다. 전혀 자랑거리가 아니라는 의미입니다. 또 그런 이야기를 하는 것이 아무런 보탬이 되지 않는다는 뜻입니다. 왜냐하면 사람들은 바울이 말하는 '내용'에 집중해야 하는데, 모든 관심이 '바울'에게 모아질 것이기 때문입니다.

기독교의 자랑

바울이 에베소 사람들이나 고린도 사람들에게 자신의 행적을 고백하는 내용에 담겨진 의미가 무엇입니까? 하나님의 마음과 원리로 행했다는 간증입니다. 기독교의 자랑이 무엇입니까? 바로 죄를 이긴 승리입니다. 죄를 이기는 것이 아니라면 굳이 하나님을 믿을 이유가 없습니다. 죄를 이기는 것 말고는 세상이 모든 것을 다 할 수 있습니다. 교회당이나 교육관을 짓는 것은 세상의 건설업자도 할 수 있습니다. 병든 자를 고치는 것은 세상의 의사도 할 수 있습니다. 가난한 자를 구제하는 것은 세상의 물질적 풍요가 해결할 수 있습니다. 바다 위를 걷는 것은 그냥 배타고 다니시면 됩니다. 책을 내는 것은 조금만 글 쓰는 사람은 다 할 수 있습니다. 세상의 모든 것은 세상이, 인간이 모두 다 할 수 있습니다. 그러나 죄를 이기는 것은 세상이 할 수 없습니다. 기독교가 해야 하는 것은 죄를 이기는 것이고, 성도가 서로 간증하고 고백해야 하는 것은 바로 죄를 이기는 일입니다. 하나님을 아시고, 하나님의 마음과 뜻으로 사셔서, 하나님의 은혜를 풍성히 누리는 삶이 되시기를 주님의 이름으로 축원합니다.

60
말씀에 부탁하노니

사도행전 20:22~38

22 보라 이제 나는 성령에 매여 예루살렘으로 가는데 거기서 무슨 일을 당할는지 알지 못하노라 23 오직 성령이 각 성에서 내게 증언하여 결박과 환난이 나를 기다린다 하시나 24 내가 달려갈 길과 주 예수께 받은 사명 곧 하나님의 은혜의 복음을 증언하는 일을 마치려 함에는 나의 생명조차 조금도 귀한 것으로 여기지 아니하노라 25 보라 내가 여러분 중에 왕래하며 하나님의 나라를 전파하였으나 이제는 여러분이 다 내 얼굴을 다시 보지 못할 줄 아노라 26 그러므로 오늘 여러분에게 증언하거니와 모든 사람의 피에 대하여 내가 깨끗하니 27 이는 내가 꺼리지 않고 하나님의 뜻을 다 여러분에게 전하였음이라 28 여러분은 자기를 위하여 또는 온 양 떼를 위하여 삼가라 성령이 그들 가운데 여러분을 감독자로 삼고 하나님이 자기 피로 사신 교회를 보살피게 하셨느니라 29 내가 떠난 후에 사나운 이리가 여러분에게 들어와서 그 양 떼를 아끼지 아니하며 30 또한 여러분 중에서도 제자들을 끌어 자기를 따르게 하려고 어그러진 말을 하는 사람들이 일어날 줄을 내가 아노라 31 그러므로 여러분이 일깨어 내가 삼 년이나 밤낮 쉬지 않고 눈물로 각 사람을 훈계하던 것을 기억하라 32 지금 내가 여러분을 주와 및 그 은혜의 말씀에 부탁하노니 그 말씀이 여러분을 능히 든든히 세우사 거룩하게 하심을 입은 모든 자 가운데 기업이 있게 하시리라 33 내가 아무의 은이나 금이나 의복을 탐하지 아니하였고 34 여러분이 아는 바와 같이 이 손으로 나와 내 동행들이 쓰는 것을 충당하여 35 범사에 여러분에게 모본을 보여준 바와 같이 수고하여 약한 사람들을 돕고 또 주 예수께서 친히 말씀하신 바 주는 것이 받는 것보다 복이 있다 하심을 기억하여야 할지니라 36 이 말을 한 후 무릎을 꿇고 그 모든 사람들과 함께 기도하니 37 다 크게 울며 바울의 목을 안고 입을 맞추고 38 다시 그 얼굴을 보지 못하리라 한 말로 말미암아 더욱 근심하고 배에까지 그를 전송하니라

내가 꺼리지 않고

어떻게 행하였는지

자신의 사역을 회상하면서 바울이 가장 먼저 강조한 것이 사역의 원리에 관한 것으로 20장 18절 후반에 '어떻게 행하였는지'였습니다. 성경의 표현을 대하실 때에는 기독교는 세상과는 다르다, 기독교의 복음은 세상의 교훈과 다르다, 성경의 권고는 일반적인 권면과는 원천적으로 차원과 의미와 내용이 전적으로 다르다는 것을 기억하면서 분별하셔야 합니다. 바울이 '어떻게 행하였는가'를 말하면 사람들은 일반적으로 두 가지 측면에서 생각합니다. 첫 번째는, '성실하게, 열심히, 부지런히, 쉬지 말고' 등 일하는 태도를 연상합니다. 바울이 게으르지 않고, 나태하지 않고, 안일하지 않고 주님의 일이기에 최선을 다했다는 의미로 받아들입니다. 두 번째는, '초심을 가지고, 주인정신을 가지고, 이 일이 아니면 나는 망한다는 절실함으로' 등 일하는 마음을 연상합니다. 바울이 남의 일 하듯 하거나, 마지못해서 한 것이 아니라는 의미로 받아들입니다.

이렇게 생각들을 하기 때문에 설교자들이나 지도자들이 교회에서 기독교 관련 세미나에서 권면할 때에도 '주의 일이든지, 가정 일이든지, 회사 일이든지 일을 할 때에는 충성을 다하라, 열심을 다하라'고 하거나, '내 일처럼 하라, 교만하지 말고 초지일관 하라'고 말합니다. 아마 여러분도 주로 이러한 유형의 설교나 권면을 들으셨을 것입니다. 이런 권면을 들으셨을 때 여러분은 아멘을 하시거나, 도전을 받으셨으면 안 됩니다. 도리어 어이 없어 하시거나 의아해 하셨어야 합니다. 왜냐하면 기독교의 권면도 '성실하게'라는 태도나, '주인정신으로'라는 자세에 관한 것이라면 세상의 교훈과 전혀 다를 것이 없기 때문입니다. 복음이 세상의 교훈과 다를 것이 없다면 굳이 복음이어야 할 이유가 없고, 예수가 십자가를 지심으로 우리에게 복음을 주셔야할 이유도 없기 때문입니다. 복음이 세상의 복음과 다르지 않다면 기독교가 가장 바보입니다.

성경을 차분하게 살펴보시기 바랍니다. 구약에서 하나님께서 족장이나 지도자나 사사들이나 왕이나 예언자들을 세우시면서 '부지런히, 성실하게, 죽을 각오로'와 같은 유형의 사역하는 태도에 관한 말씀을 하신 적이 없습니다. 복음서에서 예수님께서 제자들을 부르시어 파송하시면서 '초심으로, 주인정신을 가지고, 절실함으로'와 같은 유형의 사역하는 자세에 관한 말씀을 하신 적이 없습니다. 성도님들이 평상시에 학교에서나 회사에서나 어떤 모임에서나 늘 유사한 교훈적인 권면을 들으시기 때문에 너무나 익숙해 있습니다. 그 교훈적인 권면이 틀린 말이거나 나쁜 말이 아니기에 거부감도 없습니다. 그래서 교회에서도 평상시에 들었던 익숙한 권면을 들으면 당연하게 받아들이고, 옳은 말로 받아들입니다. 당연히 성경에도 교훈적인 말씀이 가득 차 있을 것이라고 생각합니다. 전혀 그렇지 않습니다. 성경이 겨우 세상의 교훈적인 차원의 말씀을 하고 있는 것이 아닙니다. 예수님이 겨우 통상적인 교훈, 세상의 지도자들도 할 수 있는 정도의 권면을 하시기 위해 십자가를 지신 것이 절대로 아닙니다.

하나님의 원리

세상 사람들은 인간이 죄인이라는 사실을 모릅니다. 인간이 자기 마음의 주인이 아니고 자기 의지를 주도할 수 없다는 사실을 모릅니다. 마음먹으면 할 수 있을 줄로 알고, 하려고만 하면 할 수 있는 줄로 아는 것이 착각입니다. 자기도 할 수 있을 것으로 생각하니까 남에게도 그렇게 하라고 요구하는 어리석은 권면을 합니다. 어느 정도 인생을 살아보신 여러분이 생각해 보시기 바랍니다. '열심히 하자'고 마음만 먹으면 열심히 되던가요? '초심을 잃지 말자'고 각오를 하면 초심이 유지되던가요? 사람이 마음먹은 대로만 된다면 세상은 정말로 좋아질 것입니다. 여러분이 다른 사람에게서 수십, 수백 번 교훈적인 권면을 들어보았지만 실천이 되지 않은 적이 있었을 것입니다. 동시에 여러분이 다른 사람에게 수십, 수백 번 덕담을 해 주었지만 상대방이 도무지 실천하지 않은 것을 경험하셨을 것입니다. 세상은 인간이 죄인인 줄을 모르기에 서로 될 수 없는 말을 주고받을 뿐입니다.

그러나 기독교는 인간에 대한 이해가 세상과 다릅니다. 기독교는 인간이 죄인, 즉 죄에 사로잡힌 자라고 선언합니다. 죄가 주인이고 인간이 종입니다. 죄가 죄인을 조종하고, 죄인이 죄를 이길 수 없다고 선언합니다. 그래서 성도는 죄를 이기기 위하여 하나님을 믿으며, 죄를 이기기 위하여 성령을 따라 행합니다. 동시에 성도는 죄인들에게 '죄를 짓지 않기'를 기대하지 않으며, 죄인에게 '바르게, 의롭게, 부지런하게, 초심으로' 행하기를 권고하지 않습니다. 왜냐하면 죄인들은 할 수 없다는 것을 알고 있기 때문입니다. 성경은 이렇게 분명하게 가르쳐 주는데 성도는 이 사실을 모르거나 잊을 때가 많습니다. 그래서 죄인에게 엉뚱한 것을 기대합니다. 죄인에게 절대 바랄 수 없는 것을 바랍니다. 그래놓고는 자신이 놀라고, 당황하고, 어색해하고, 그제야 죄인을 비난합니다. '사람이 그럴 줄 몰랐다, 염치가 없다, 욕심이 많다, 사람이 악하고 교활하다'고 합니다.

바울이 말하는 '어떻게 행하였는가'는 첫째로, '무엇을 행하였는가?'가 아닙니다. 죄인들은 일상을 구별하려고 합니다. 그래서 특별한 일, 특별한 장소, 특별한 시간, 특별한 관계를 강조하면서 '어떤 일을 하는가, 언제 하는가, 어디서 하는가, 누구에게 하는가'를 구별하려고 합니다. 그러나 성경은 '범사에, 항상, 피차에'라고 합니다. 하나님이 창조하신 삶 전체가 동일한 가치를 가집니다. 그 동안 기독교의 많은 활동이 주로 교회에서 이루어졌습니다. 그러다보니 가정이 소홀하고, 직장이 소홀해 졌습니다. 그래서 교회에서의 활동을 줄였습니다. 이제 가정에서, 직장에서, 여러분의 삶의 현장에서 '어떻게 행하였는가'를 적용하시기 바랍니다.

바울이 말하는 '어떻게 행하였는가'는 두 번째로, '죄의 원리냐, 하나님의 원리냐'의 선택에서 하나님의 원리로 행함을 강조하는 의미입니다. 이것이 기독교의 복음이 세상의 교훈과 다른 점입니다. 여러분은 세상 그 어디에서도 '죄의 원리가 아닌 하나님의 원리로 행하라'는 권면을 들은 적도, 배운 적도, 읽은 적도 없습니다. 오직 기독교만이 '하나님의 원리로 행하라'고 말합니다. 그리고 '하나님의 원리로 행하라'는 말도 오직 '성도'에게만 말합니다. 왜요? 죄인들은 하고 싶어도 할 수 없고, 마음먹어도 할 수 없기 때문이요, 오직 성도만이 가능하기 때문입니다.

성령에 매여

성령에 매여

바울과 장로들의 대화에서 바울이 떠나는 입장이기에 주로 말을 하고 장로들은 듣습니다. 본문의 표현들의 의미를 정확하게 이해해야 합니다. '어떻게 행하였는가'에 이어 살펴볼 구절이 20장 22절로 24절입니다. 읽으시면서 바울의 심정이 어떨 것 같은지를 추측해 보시기 바랍니다. 비장한 심정인지, 평안한 심정인지 골라보시면 됩니다. 22절 "보라 이제 나는 성령에 매여 예루살렘으로 가는데 거기서 무슨 일을 당할지 알지 못하노라 오직 성령이 각 성에서 내게 증언하여 결박과 환난이 나를 기다린다 하시나 내가 달려갈 길과 주 예수께 받은 사명 곧 하나님의 은혜의 복음을 증언하는 일을 마치려 함에는 나의 생명조차 조금도 귀한 것으로 여기지 아니하노라"입니다. 어떤 심정일 것 같습니까? 몇몇 표현들을 풀어서 설명해 보겠습니다.

첫째, 22절의 '성령에 매여'입니다. 바울이 말하는 '성령에 매여'는 부정적인 의미가 아닙니다. '성령에게 붙잡혔다거나, 성령에게 이끌려' 즉 본인의 의도와 관계없이 '성령이 시키는 대로, 성령이 하라는 대로'의 의미가 절대로 아닙니다. 도리어 긍정적인 의미입니다. '성령과 연합하여, 성령 안에 거하여, 성령과 결속되어' 즉 성령과 함께 함이 안정의 기반이고, 안위의 근거라는 의미입니다. 성령에 의하여 바울이 붙들려있는 것이 아니라, 자신이 성령에게 들러붙어 있습니다. 22절과 23절의 뉘앙스를 잘 느끼셔야 합니다. 오해를 하면, 바울은 성령에 매여 있고, 성령이 가라는 대로 가기는 갈 것이지만 자기 의지가 아니니 아는 것이 없고 도리어 성령이 결박이나 환란을 당하게 하는 것처럼 됩니다. 오해를 부추기는 표현이 22절 끝의 '거기서 무슨 일을 당하는지 알지 못하노라'입니다. 본인의 의지로 가는 것이 아니니 도무지 예측이 안 되고, 당연히 대책도 없고, 아무 것도 모른다고 말하는 것처럼 여겨집니다.

그러나 본문은 정확히 그 반대로 설명하고 있습니다. 바울은 모르는 것이 아니라 알고 있습니다. '성령이 말씀해 주셨다'입니다. 그래서 성령이 말씀해 주신 것은 알고 있고, 성령이 말씀해 주지 않은 것은 모릅니다. 강조점은 '모른다'가 아니라 '안다'입니다. 기록상으로는 22절에서 23절로 연결되어 있습니다. 그런데 의미상으로는 23절에서 22절로 연결되어 있습니다. 의미를 풀어서 읽어보면 '오직 성령이 각 성에서 나에게 결박과 환난이 기다린다고 말하여 주시는 것을 제외하고는 무슨 일이 일어날지 모른다'입니다.

예를 들어보겠습니다. 여러분이 예배 후에 야유회를 간다고 가정을 해보겠습니다. 한 분이 묻습니다. '오늘 일정이 뭐래?', 그러자 다른 분이 대답합니다. '아까 곽 목사가 광고를 해 줬는데, 우선 현충원을 간대, 거기서 도시락을 먹고 산책을 한대, 그리고 다섯 시쯤 모두 귀가를 한대, 나는 이것밖에는 몰라'입니다. 이 말의 내용이 아는 것입니까, 모르는 것입니까? 물론 표현은 '나는 이것밖에는 몰라'라고 했지만, 알고 있는 것은 가장 중요한 모든 내용을 다 포함하고 있습니다. '이것 밖에는 몰라'가 아니라 '그만큼 알면 다 아는 것'입니다.

기꺼이 하는 일

바울은 중요한 것은 다 성령이 말하여 주었고, 그래서 다 알고 있고, 그 이외의 것들, 사소한 것은 개의치 않는다는 의미로 말했습니다. 바울의 말은 '내가 무슨 일을 당할는지 전혀 알지 못한다. 그러나 사명이라 어쩔 수 없이 간다'는 의미가 전혀 아닙니다. 24절을 읽으실 때 비장함을 느끼거나 장렬한 출사표로 이해하시면 큰 오해입니다. "내가 달려갈 길과 주 예수께 받은 사명 곧 하나님의 은혜의 복음을 증언하는 일을 마치려 함에는 나의 생명조차 조금도 귀한 것으로 여기지 아니하노라"에서 마치 이순신 장군의 출정식 같은 감동을 받으시면 안 됩니다. 이 말을 듣는 모두의 표정이 무겁고, 분위기는 숙연하고, 마치 사지로 내 몰리는 듯한, 아무 것도 모르는 미지의 땅에, 어떤 일이 펼쳐질지 모르는 막막한 길을 오직 하나 사명감으로 떠나는 듯한 이미지가 전혀 아닙니다. 바울은 지금 자기 목숨과 사명 중에 사명이 우선이라고 강조하는 것이 절대로 아닙니다. 사명을 위해서는 목숨을 과감히 버리겠다는 의지의 표현이 절대로 아닙니다.

우선 바울은 '알지 못하노라'가 아니라 '안다'고 했습니다. 그렇다면 미지의 길이 아니라 다 알고 가는 길이요, 억지로 가는 길이 아니라 자원하여 가는 길이요, 두려움의 길이 아니라 기쁨과 감사의 길입니다. 바울이 표현을 이상하게 하는 것이 아니라 저와 여러분도 평상시에 이런 표현을 사용합니다. 다면 성경에 나오니까 전혀 그런 의도일 것이라고 생각하지 않기에 오해합니다. 우선 성경의 한 구절을 보면 마태복음 13장 44절에 이런 말씀이 있습니다. "천국은 마치 밭에 감추인 보화와 같으니 사람이 이를 발견한 후 숨겨 두고 기뻐하며 돌아가서 자기의 소유를 다 팔아 그 밭을 사느니라"입니다. 이때 자기의 밭을 파는 사람이 손해를 본다는 생각, 자기 재산을 포기한다는 생각을 하지 않습니다. 더 좋은 것을 얻기 위해 얼마나 애쓰는가를 소개하는 표현입니다.

일상의 예를 들어보면, 어느 집안에 사대 독자가 해외에 유학을 갔습니다. 할머니가 사대 독자인 손자가 너무 보고 싶습니다. 그래서 하는 말이 '손주 얼굴 한번 볼 수만 있다면 내일 죽어도 좋다'고 합니다. 이 말을 듣고 어떤 사람이 할머니에게 '왜 목숨을 그렇게 소홀히 여기십니까?'라고 시비하지 않습니다. 할머니는 자기 생명의 가치를 무시하고, 기껏해야 손주 얼굴 보는 것을 더 소중하게 생각함으로 인간의 존엄성을 저버렸다고 비난하지 않습니다. 할머니는 애초에 '손주 보는 것과 목숨을 거는 것'의 가치를 비교하지 않았고, 둘 중에 하나를 취사선택하려는 의도를 가지지 않았습니다. 할머니의 말씀을 가지고 '어느 것이 중요하냐, 우선순위가 무엇이냐'를 운운하는 것은 정말 웃기는 일입니다. 왜냐하면 할머니의 말씀은 '자신이 하고 싶은 일'에 대한 간절함을 표현한 것이기 때문입니다. 할머니 말씀의 의미를 이해하신다면 바울이 말한 것의 의미도 이해하셔야 합니다. 작별인사를 하면서 바울은 성령에 매였다고 힘들어하는 것이 아니라 스스로 성령에게 의지한다고 매어 달리고 있으며, 아무 것도 모른다고 두려워하는 것이 아니라 성령이 알려줘 알고 있다고 말하고 있으며, 사명을 위해 목숨을 버리겠다고 목숨을 경시하는 것이 아니라 자신의 사역이 너무나 좋고 소중하다고 고백하고 있습니다.

바울의 자랑

바울의 심정을 바르게 이해하도록 돕는 것이 20장 25절로 27절 "보라 내가 여러분 중에 왕래하며 하나님의 나라를 전파하였으나 이제는 여러분이 다 내 얼굴을 다시 보지 못할 줄 아노라 그러므로 오늘 여러분에게 증언하거니와 모든 사람의 피에 대하여 내가 깨끗하니 이는 내가 꺼리지 않고 하나님의 뜻을 다 여러분에게 전하였음이라"입니다. 22절로 24절이 자기가 예루살렘으로 가려는 앞으로의 일정이나 사역을 언급한 것이라면, 25절로 27절은 그 동안 에베소에서 행한 사역을 언급한 것입니다. 바울이 그 동안 행한 사역에 대한 설명을 들어보면 앞으로 행할 사역에 대해서도 알 수 있습니다. 왜냐하면 바울은 그 동안 해온 대로 사역할 것이기 때문입니다. 25절로 27절에서 바울이 불안함이나 두려움이나 주저함이나 아쉬움을 표현하는 것이 없습니다. 비장함도 장렬함도 엄숙함도 없습니다. 도리어 당당함, 자신감, 만족감입니다.

이미 사도행전 16장부터 지금까지 사역해온 바울의 여정을 살펴보면 결코 순탄하지 않았습니다. 현재는 에베소를 떠나 예루살렘으로 가려는 순간이지만, 이전에 다른 지역에서 에베소로 올 때는 어떤 심정이었을까요? 다른 곳에서 에베소로 올 때의 심정이, 지금 에베소에서 예루살렘으로 가려는 심정과 같습니다. 아니 지금이 더 평안하고 여유로운 상태입니다. 그 동안 성령의 인도함을 더 많이 경험했고, 성령의 가르침을 더 많이 받았기 때문입니다. 바울의 심정을 이해할 수 있는 힌트가 하나 더 있다면 이 상황 자체입니다. 바울은 에베소를 떠나면서 장로들을 모아놓고 권면하고 있습니다. 자기 대신 에베소 교회를 돌보아 줄 것을 부탁합니다. 그렇다면 당연히 자신도 성령을 따라 사역을 했고, 앞으로도 성령을 따라 행할 것이니 염려가 없고, 장로들도 성령께서 함께 하시니 염려할 것이 없다고 대화를 이끌어가는 것이 정상입니다. 과연 바울이 어떻게 권면하는지, 성령의 역할을 어떻게 소개하는지 확인해 보겠습니다.

말씀에 부탁하노니

성령과 교회

지금까지는 바울에 관한 내용이었다면 28절부터는 장로들에 관한 내용, 성도들에 관한 내용입니다. "여러분은 자기를 위하여 또는 온 양 떼를 위하여 삼가라 성령이 그들 가운데 여러분을 감독자로 삼고 하나님이 자기 피로 사신 교회를 보살피게 하셨느니라"입니다. 우선 중요한 것이 교회의 근거입니다. 본문대로 '하나님이 자기 피로 사신 교회'입니다. 아주 중요한 표현입니다. 당연히 '하나님의 교회'입니다. 당연히 '하나님'이 교회를 지키십니다. 이것은 책임을 하나님께 떠넘기자는 책임전가, 책임회피가 아니라 교회의 정체성에 대한 이해를 우선하는 표현입니다. 교회가 자신의 것이라고 생각하면 자신이 모든 것을 해야 한다고 생각합니다. 이때 사역을 감당해야 한다는 과도한 책임감과 부담과 짐이 느껴집니다. 반대로 사역을 한 후에는 자신이 행하고 이루어냈다는 엄청난 자랑과 교만이 넘쳐나게 됩니다. 지극히 인간적인 사고, 죄적인 사고입니다. 하지만 교회가 하나님의 교회임을 안다면 하나님이 하신다는 것도 압니다. 사역에 임할 때에 하나님이 행하신다는 것 때문에 평안함이 있습니다. 사역을 마친 후에 하나님이 행하셨다는 것 때문에 감사함이 있습니다. 동시에 하나님의 위대한 사역에 자신이 동참했다는 사실에 대한 벅찬 감격이 있습니다. 이것이 기독교적인 사고, 복음적인 사고입니다.

교회와 하나님의 관계에 이어 바울이 강조하는 것이 성령과 사역의 관계입니다. 28절 중간에 '성령이 그들 가운데 여러분을 감독자로 삼고'입니다. 여러분에게 자주 질문하는 것 중의 하나가 '강조점이 무엇이냐'입니다. 지금부터 약 이십 년 전에 축구선수 차범근씨가 독일에서 활약하다 귀국해서 아들을 낳자 신문에 기사가 났는데 제목이 '차범근의 아들 차두리'입니다. 이때 강조점은 '차범근'입니다. 그 후 이십 년이 지나서 차두리가 월드컵에서 활약을 하자 기사가 났는데 제목은 똑같이 '차범근의 아들 차두리'입니다. 하지만 이때 강조점은 '차두리'입니다. 동일한 유형으로 '성령이 여러분을 감독자로 삼고'에서 강조점은 '성령'입니까, '여러분'입니까, '감독자' 입니까? 정답은 '성령'입니다. 그런데 많은 사람들이 '여러분'이 강조인줄 알고, 또는 '감독자'가 강조인줄 압니다. 그래서 엉뚱하게 자기를 나타내려 하고, 감독 또는 장로 또는 목사라는 신분을 드러내려고 합니다. 아주 미련하고 어리석은 일입니다.

바울이 자신은 성령의 인도함을 받아 사역했다고 고백했는데 자신이 떠난 뒤에는 장로들에게 기대하겠습니까? 전혀 그렇지 않습니다. 자신과 장로들 기타 그 누구의 사역도 모두 성령께서 인도하신다고, 모두가 성령의 인도함을 받아야 한다고 말하는 것이 너무나 당연합니다. 그래서 바울은 자신에게 장차 무슨 일이 일어나도 전혀 걱정하지 않는 것처럼, 에베소 교회에 장차 무슨 일이 일어나도 전혀 걱정하지 않을 수 있습니다. 그것이 29절로 30절 "내가 떠난 후에 사나운 이리가 여러분에게 들어와서 그 양 떼를 아끼지 아니하며 또한 여러분 중에서도 제자들을 끌어 자기를 따르게 하려고 어그러진 말을 하는 사람들이 일어날 줄을 내가 아노라"입니다. 이런 표현이 세상에는 전혀 없는 독특한 표현입니다. 세상은 문제를 예상하면 조직의 위기, 리더쉽의 위기, 경제의 위기, 관리의 위기들을 운운합니다. 그러나 기독교는 그런 것은 전혀 문제로 여기지도 않습니다. 실제적으로 가장 중요한 것은 바로 '죄'입니다. 죄의 원리가 등장하면 조직이 강하면 강할수록 악해지고, 죄의 원리가 작용하면 리더쉽이 강력하면 강력할수록 비인격적이 되고, 죄의 방법이 사용되면 경제는 부유하며 부유할수록 부패하고, 죄의 가치를 따르면 관리가 철저하면 철저할수록 인간이 압제를 받게 됩니다. 그래서 바울은 죄를 염려하고, 죄를 이길 수 있는 유일한 대안으로 '하나님의 교회', '성령의 세우심'을 강조합니다. 하나님의 뜻대로, 성령의 인도함을 받아야 죄를 이기고, 죄를 이겨야 인간이 자유와 평화와 안식을 누릴 수 있기 때문입니다.

말씀에 부탁하노니

만약 28절로 29절의 사태가 일어나면 교회는 상당한 위기에 빠지게 됩니다. 외부에서는 사나운 이리가 등장하고 내부에서는 어그러진 말을 하는 사람이 나타나면 말 그대로 '내우외환'입니다. 발생할 심각한 사태를 예고했으면 다음에는 대비책이 제공되어야 합니다. 그 대비책이 31절로 32절 "그러므로 여러분이 일깨어 내가 삼 년이나 밤낮 쉬지 않고 눈물로 각 사람을 훈계하던 것을 기억하라 지금 내가 여러분을 주와 및 그 은혜의 말씀에 부탁하노니 그 말씀이 여러분을 능히 든든히 세우사 거룩하게 하심을 입은 모든 자 가운데 기업이 있게 하시리라"입니다. 가장 단순하고, 가장 명쾌하고, 가장 분명하고, 가장 확실한 복음입니다. 기독교의 사역은 인간을 또는 성도를 '주와 및 그 은혜의 말씀에 부탁하노니'입니다. 여기서 '부탁하노니'는 말 그대로 '부탁한다, 의뢰한다'는 의미가 아니라 '제출하다, 곁에 두다, 되풀이하여 가르치다'라는 뜻입니다. 즉 하나님이 맡아 줄지 안 맡아줄지 모르지만 바울이 애걸복걸해본다는 의미가 아니라 '죄를 이기는 것은 주와 은혜의 말씀뿐인 줄 알아 성도를 말씀 곁에 있게 하고, 성도에게 계속하여 말씀을 가르쳐 말씀을 알게 한다'는 의미입니다.

지금 이 말을 하고 있는 사람이 바울이라는 것을 기억하시면 이해가 훨씬 쉽습니다. 사람들은 하나님의 말씀을 가르치고 배우는 것보다 더 유용하고, 빠르고, 효과적인 방법이 있는 줄로 압니다. 종교적 의식을 만들어서 참여하게 하고, 이런 저런 활동과 방법을 만들어서 열심을 내게 하면 종교적 습관이 들고, 자신의 활동에 자부심도 느끼고, 자신이 행하는 종교행위에서 약간의 성취감도 느끼고, 아주 좋을 것이라고 생각합니다. 그런데 그러한 모든 종교 행위, 종교 활동, 종교 방법을 최일선에서, 최고 열심히, 최고의 성적으로 참석하고 활동하던 당사자가 바로 바울입니다. 만약 바울이 종교 활동과 방법을 통해 효과를 보았다면 이론과 실전이 겸비된 최고의 리더요, 전략가요, 지휘자로 적격입니다. 그런데 바울은 종교 활동과 종교 방법에 대해 단 한마디도 운운하지 않습니다. 오직 '주와 은혜의 말씀에 부탁하노니'입니다. 인간 문제의 본질은 죄요, 죄를 이기는 것은 오직 하나님의 원리, 하나님의 말씀이기 때문입니다.

동일한 내용을 저와 여러분은 구약 전체를 통해서 명백하게 확인했었습니다. 구약에는 어디에 내놓아도 손색이 없을 만큼 정교한 종교제도가 있었습니다. 매일매일 종교 행위를 행하도록 하는 각종 제사, 일주일 단위로 신앙을 점검하는 안식일, 일 년의 일정에 맞추어 신 앞에 모이도록 하는 절기, 개인의 재산을 보호하는 법 조항, 부족 간의 경제적 몰락을 방지하는 희년법, 모든 사람이 함께 행복할 수 있도록 하는 소산 추수법 등 정말 각 분야에 해당하는 각양의 율법들이 주어졌습니다. 오늘날 어떤 종교지도자가 종교 활동이나, 종교 방법론을 만들어 더 이상 좋게 만들 수 없는 이상적인 제도였습니다. 하지만 철저하게 실패했습니다. 제도가 나빠서나 방법이 비효율적이어서가 아니었습니다. 인간이 죄의 원리를 따르니까 아무리 좋은 제도와 방법도 악용만 될 뿐이었습니다. 그래서 하나님의 궁극적인 해결책이 바로 구원이었고, 하나님의 말씀을 아는 것이었습니다. 하나님의 말씀을 알아야 죄를 이기고, 하나님의 원리로 행해야 죄를 이기고, 하나님의 기준과 가치와 방법을 알아야 죄를 이길 수 있기 때문입니다. 더욱 성경을 읽으시고 들으시고 배우셔서, 성도의 삶, 하나님의 자녀의 삶, 하나님 나라의 삶, 자유와 평화와 안식을 풍성히 누리시기를 주님의 이름으로 축원합니다.

61
주의 뜻대로

사도행전 21:1-14

1 우리가 그들을 작별하고 배를 타고 바로 고스로 가서 이튿날 로도에 이르러 거기서부터 바다라로 가서 2 베니게로 건너가는 배를 만나서 타고 가다가 3 구브로를 바라보고 이를 왼편에 두고 수리아로 항해하여 두로에서 상륙하니 거기서 배의 짐을 풀려 함이러라 4 제자들을 찾아 거기서 이레를 머물더니 그 제자들이 성령의 감동으로 바울더러 예루살렘에 들어가지 말라 하더라 5 이 여러 날을 지낸 후 우리가 떠나갈새 그들이 다 그 처자와 함께 성문 밖까지 전송하거늘 우리가 바닷가에서 무릎을 꿇어 기도하고 6 서로 작별한 후 우리는 배에 오르고 그들은 집으로 돌아가니라 7 두로를 떠나 항해를 다 마치고 돌레마이에 이르러 형제들에게 안부를 묻고 그들과 함께 하루를 있다가 8 이튿날 떠나 가이사랴에 이르러 일곱 집사 중 하나인 전도자 빌립의 집에 들어가서 머무르니라 9 그에게 딸 넷이 있으니 처녀로 예언하는 자라 10 여러 날 머물러 있더니 아가보라 하는 한 선지자가 유대로부터 내려와 11 우리에게 와서 바울의 띠를 가져다가 자기 수족을 잡아매고 말하기를 성령이 말씀하시되 예루살렘에서 유대인들이 이같이 이 띠 임자를 결박하여 이방인의 손에 넘겨 주리라 하거늘 12 우리가 그 말을 듣고 그 곳 사람들과 더불어 바울에게 예루살렘으로 올라가지 말라 권하니 13 바울이 대답하되 여러분이 어찌하여 울어 내 마음을 상하게 하느냐 나는 주 예수의 이름을 위하여 결박 당할 뿐 아니라 예루살렘에서 죽을 것도 각오하였노라 하니 14 그가 권함을 받지 아니하므로 우리가 주의 뜻대로 이루어지이다 하고 그쳤노라

성령과 바울

사도행전, 성령행전

사도행전을 처음 시작할 때에 사도행전의 제목에 대한 여러 주장이 있다

고 소개한 적이 있습니다. 혹자들은 '사도행전' 즉 사도들의 사역, 사도들의 행적을 기록한 책이라고 부르기도 하고, 혹자들은 '성령행전' 즉 성령의 사역, 성령의 인도하심과 도우심과 일하심을 기록한 책이라고 부르기도 한다고 했습니다. 이 책의 영어 이름은 그냥 'Acts'입니다. 사도냐 성령이냐가 아니라 그냥 '사역들'이라는 의미입니다. 아마도 나중에 논쟁이 일어날 것을 미리 알고 주체를 정하지 않은 것 같습니다. 기독교에서 가장 안타까운 논쟁이 '하나님이 하시냐, 인간이 하느냐'에 관한 논쟁입니다. 물론 모든 사람이 기본적인 의미에서 기독교의 사역은 하나님이 하신다는 사실에 동의합니다. 이것을 부인하는 사람은 없습니다. 하나님이 안 하셔도 인간이 한다고 주장하는 사람은 없습니다. 만약 그런 사람이 있으면 그 사람은 성도가 아닐 것입니다. 당연히 하나님이 일하신다고 동의합니다. 문제는 사람의 역할입니다. 가장 일반적인 표현은 '하나님은 사람을 통해 일하신다'입니다. 조금 심하게 표현하면 '하나님도 사람 없이는 일하시지 않는다'입니다. 그래서 등장하는 개념이 '하나님의 동역자'입니다. 과연 옳은 말일까요? 하나님께서 사람을 통해 일하시는 것은 맞습니다. 하나님께서 사람 없이는 일하시지 않는다는 것도 맞습니다. 그렇다고 해서 하나님과 인간이 동등한 지분을 가지고 함께 일을 추진하는 동역자라는 개념은 전혀 성립되지 않습니다.

하나님께서 왜 사람을 통해 일하실까요? 하나님은 영이시라 육신을 가진 인간이 없으면 일을 하실 수 없기 때문일까요? 전혀 그렇지 않습니다. 출애굽 장면에서 하나님은 이적과 기적을 행하셨는데 하나님이 친히 행하시지 않고 모세를 통해서 하셨습니다. 모세가 하나님보다 능력이 좋은가요? 모세가 없으면 하나님은 능력을 행하실 수 없나요? 전혀 그렇지 않습니다. 하나님은 모세를 만나실 때에는 다른 사람 없이 모든 것을 행하셨습니다. 하나님은 사람 없이도 이적과 기적을 행한 사건이 성경에 많이 나옵니다.

하나님이 사람을 통해 일하시는 것은 하나님도 사람이 있어야 일하신다는 개념이 아니라 '하나님의 일하시는 대상이 인간'이라는 의미입니다. 인간은 하나님의 사역의 수단이나 방법이 아니고, 하나님과 동역하는 존재가 아니고, 하나님의 사역의 결과입니다. 하나님이 인간을 위해서 일하십니다. 하나님이 일하시는 모든 것은 인간에게 보여주고, 알게하고, 누리게 하려는 것이기 때문에 언제나 인간을 부르시고, 인간에게 행하시고, 인간과 함께 일하십니다. 인간은 하나님의 일하심의 대상이요, 열매요, 결과일 뿐 결단코 하나님의 사역의 계획이나 진행이나 성취에 대하여 인간이 하나님과 동역자가 아니며, 인간이 있어야 하나님의 사역이 완성되는 것이 아닙니다. 인간이 하나님의 일을 해야 한다고 생각하여 부담을 느끼거나 짐스럽게 여기는 것도 어리석은 일입니다. 반대로 자신이 하나님의 일을 성취해 드린다고 생각하는 것도 지독한 교만과 오만으로 어리석은 일입니다. 성도는 언제나 하나님의 일하심의 결과를 누린다는 차원에서는 동참이며, 그 심정은 언제나 감격과 감사입니다.

사람들의 오해

사람들의 주장에는 일견 옳은 면이 있지만 내용을 차분히 분별해보면 성립되지 않으며, 심지어는 사람들의 주장대로라면 인간에게 유익한 것이 아니라 크게 해로운 경우들이 더 많이 있습니다. 복 받는 방법, 은혜 받는 방법에 대해서도 마찬가지입니다. 많은 설교들이 복 받는 방법을 알려준다고 합니다. 이렇게 하면 복 받고, 저렇게 하면 은혜 받는다고 합니다. 이 말은 반대로 하면 이렇게 하지 않으면 복을 못 받고, 저렇게 하지 않으면 은혜를 받지 못한다는 뜻입니다. 사람들은 '이렇게 하면 복 받는다'는 생각만 할 뿐, '이렇게 하지 못하면 복 받지 못 한다'는 것은 생각하지 않습니다. 과연 '이렇게 하면 복 받는다'는 방법을 여러분은 잘 하실 수 있을 것 같습니까? 실제로는 하실 수 있는 분보다 못하시는 분이 열 배, 백 배 더 많습니다. 그러니까 차라리 '하나님은 공짜로 은혜를 주신다'고 말하는 것이 훨씬 더 좋습니다.

'하나님은 준비된 자를 쓰신다, 그러니까 준비하자'는 주장은 좋습니다. 그러나 이 주장대로라면 준비 안 되면 쓰임 받지를 못합니다. '순종하면 축복받고 불순종하면 저주받는다, 그러니까 순종하자'는 주장은 좋습니다. 그러나 이 주장대로라면 순종하지 않는 모든 것은 불순종이기에, 축복받기 전에 이미 다 저주받습니다. 인간이 하나님께 대하여 방법론을 가지는 것은 좋을 것이 하나도 없습니다. 그런데 이런 어리석은 논쟁이나 주장이 대부분 성경을 근거로해서 나왔습니다. 안타까운 것은 성경 전체의 의미는 파악하지 못한 채 단지 성경의 어느 한 구절, 어느 한 표현에 근거해서 복음을 설명하기 보다는 왜곡하고 있다는 사실입니다. 본문을 통해서 성령의 일하심과 성도의 반응의 관계를 상고해 보겠습니다.

성령의 역사

사도행전 19장과 20장에서는 바울의 에베소와 관련된 내용이 길게 소개되었습니다. 바울의 그 다음 여정이 예루살렘입니다. 20장 22절 "보라 이제 나는 성령에 매여 예루살렘으로 가는데"입니다. 그런데 바울의 예루살렘으로 가려는 계획에는 다른 어느 곳에서도 보이지 않는 장면이 등장합니다. 그것은 성령께서 다양한 방법으로 이 여행에 관해 언급하시는데 한번 정도가 아니라 세 번이나 언급하십니다. 첫 번째가 20장 23절 "오직 성령이 각 성에서 내게 증언하여 결박과 환난이 나를 기다린다 하시나"입니다. 성령께서 참으로 친절하게 말씀하여 주십니다. 바울이 드디어 출발을 합니다. 21장 1절에 보면 "우리가 그들을 작별하고 배를 타고 바로 고스로 가서 이튿날 로도에 이르러 거기서부터 바다라로 가서 베니게로 건너가는 배를 만나서 타고 가다가 구브로를 바라보고 이를 왼편에 두고 수리아로 항해하여 두로에서 상륙하니"입니다. 여러 지역을 거치면서 이동하고 있습니다.

사도들의 사역에 관하여 성령께서 말씀하여 주신 것은 이미 다른 경우도 있었습니다. 베드로의 경우나 빌립의 경우도 있었습니다. 제가 다른 곳에서 보지 못한 장면이라고 언급한 것은 바울의 이번 전도여행에 대해서는 성령께서 딱 한번만 말씀하신 것이 아닙니다. 이미 출발하게 전에 말씀하셨던 성령께서 중간 기착지에서 제자들을 통하여 두 번째로 말씀하십니다. 21장 4절 "제자들을 찾아 거기서 이레를 머물더니 그 제자들이 성령의 감동으로 바울더러 예루살렘에 들어가지 말라 하더라"입니다. 두 번째 하시는 말씀이라 내용이 조금 강해진 것을 느끼실 수 있습니다. 그러나 바울은 계속해서 갑니다. 바울이 머물고 있는 곳이 두로였는데 5절에서 작별을 하고 7절을 보면 "두로를 떠나 항해를 다 마치고 돌레마이에 이르러"이고, 8절을 보면 "이튿날 떠나 가이사랴에 이르러"입니다.

가이사랴에서 바울이 묶은 곳이 일곱 집사 중의 하나인 전도자 빌립의 집입니다. 사도행전 8장 마지막절인 40절을 보면 "빌립은 아소도에 나타나 여러 성을 지나다니며 복음을 전하고 가이사랴에 이르니라"고 나옵니다. 그리고 빌립 이야기가 나오지 않다가 빌립이 가이사랴에 이르렀다는 말대로 가이사랴에 살고 있었고, 바울이 바로 그 가이사랴에 살고 있는 빌립의 집에 묵었습니다. 지금 성령이 바울에게 계속하여 말씀하고 있다는 것을 설명하는 중입니다. 첫 번째는 직접 말씀하시고, 두 번째는 제자들을 통하여 말씀하셨고, 세 번째는 두 번째와 또 다르게 시청각 자료까지 동원해서 세부적 내용을 설명해 주십니다. 21장 10절 "여러 날 머물러 있더니 아가보라 하는 한 선지자가 유대로부터 내려와 우리에게 와서 바울의 띠를 가져다가 자기 수족을 잡아매고 말하기를 성령이 말씀하시되 예루살렘에서 유대인들이 이같이 이 띠 임자를 결박하여 이방인의 손에 넘겨 주리라 하거늘"입니다. 성령의 일하심이 이중 장치 정도가 아니라 삼중 장치입니다. 한 사람만 동원되는 것이 아니라 다양한 그룹이 동원되고, 단순히 말로만 하는 정보가 아니라 입체, 서라운드 파노라마 방식입니다.

성령께서 세 번을 말씀하셨는데 내용이 동일합니다. 약간의 정도차이와 방법의 차이만 있을 뿐 내용적으로 명백합니다. 어떤 분은 지금 이 장면들이 매우 부러우실 것입니다. 왜냐하면 성령님이 과도하게 친절하기 때문입니다. 성도님들 중에 성령님에게 제발 어떤 내용을 알려달라고 기도하고, 간구하고, 매달려본 경험이 있는 분도 계십니다. 많은 경우에 잘 응답이 오지 않았습니다. 그래서 세 번까지는 아니어도 한 번만이라도 말씀해 달라고, 시청각 교육까지는 아니어도 그냥 음성 만으로라도 말씀해 달라고 간절히 바랐던 적이 계실 것입니다. 그런데 지금 바울의 경우에는 바울이 알려달라고 부탁을 하지도 않았는데 성령이 자발적으로 그것도 세 번이나 알려주시니 얼마나 부러우시겠습니까? 바울은 참 복도 많다고 생각하실 수도 있습니다. 그럼 그렇게 복이 많은 바울이 과연 어떻게 반응했는지 확인해 보겠습니다.

바울의 반응

이쯤 되면 바울이 보여야 할 반응이 이미 정답이 나와 있다고 봐야 합니다. 성령께서 세 번을 말씀하셨으니 바울의 반응도 세 번을 확인해 보아야 합니다. 맨 처음 말씀하신 장소가 에베소입니다. 예루살렘으로 출발하기 전이었습니다. 그런데 지금 바울이 머물고 있는 곳은 가이사랴에 있는 빌립의 집입니다. 이미 예루살렘을 출발해서 여러 곳을 지나 가이사랴까지 와 있습니다. 성령이 말씀하셨는데도 불구하고 바울은 출발을 감행했습니다. 그것도 큰소리 뻥뻥치면서 출발했습니다. 그 큰소리가 바로 20장 24절 "내가 달려갈 길과 주 예수께 받은 사명 곧 하나님의 은혜의 복음을 증언하는 일을 마치려 함에는 나의 생명조차 조금도 귀한 것으로 여기지 아니하노라"입니다.

성령께서 두 번째 말씀하신 곳이 두로인데 제자들이 성령의 감동으로 예루살렘에 들어가지 말라고 말하였는데도 바울은 여행을 감행할 예정으로 있습니다. 이미 앞에서 두 번의 반응을 보셨기에 세 번째에도 어떤 반응을 보였을지 예상이 됩니다. 13절 "바울이 대답하되 여러분이 어찌하여 울어 내 마음을 상하게 하느냐"입니다. 정확하게 말하면 바울의 반응은 첫 번째를 제외하고는 모두 예상 밖이 아니라 예상 대로입니다. 첫 번째에 이미 자신이 이 일을 얼마나 소중히 여기고 있으며, 이 일을 하고 싶어 하며, 이 일을 사랑하며, 이 일을 하는 것을 기뻐하고 즐거워하고 있는지를 표현했었습니다. 맨 처음에 이랬으니 두 번째는 새로 듣는 것도 새로운 내용도 아니고 이미 알고 있었던 것이고, 아직 예루살렘에 도착한 것이 아니기에 바울의 상황에 무슨 위기나 비상상태가 발생한 것도 아니기에 여행을 계속하였고, 세 번째도 마찬가지로 다 아는 내용이 반복되었고, 자기도 이미 두 번이나 의사표현을 했는데도 유사한 내용이 반복되자 강력하게 우선 자기의 심정을 표현합니다. "여러분이 어찌하여 울어 내 마음을 상하게 하느냐"입니다. 그리고는 다시 한 번 처음 출발할 때와 마찬가지로 자기의 주장을 강력하게 말하는 것이 "나는 주 예수의 이름을 위하여 결박당할 뿐 아니라 예루살렘에서 죽을 것도 각오하였노라"입니다.

성경이 아주 재미있습니다. 성경에는 사람들이 사용하는 일반적인 표현법이 아주 자주 나옵니다. 그래서 너무나 친근하고 그 의미를 파악하기가 아주 자연스럽고 쉽습니다. 지금 바울이 말한 것은 사람들이 흔히 말하는 '오금을 박는다, 또는 못을 박는다'는 방식입니다. 성령이 맨 처음 알려준 내용이 20장 23절인데 '오직 성령이 각 성에서 내게 증언하여 결박과 환난이 나를 기다린다 하시나'입니다. 여기에 '결박'이라는 단어가 나옵니다. 이 단어를 생각하면서 바울의 세 번째 표현을 들어보시면 '못을 박는다'는 느낌이 듭니다. "나는 주 예수의 이름을 위하여 결박당할 뿐 아니라 예루살렘에서 죽을 것도 각오하였노라"입니다. 마치 '내가 결박당한다는 이야기 나도 들었고, 기억하고 있고, 알고 있거든. 그런데 나는 결박당할 뿐 아니라 죽을 것도 각오했거든'이라고 말하는 것 같습니다. 이러한 바울의 반응에 대해 성경이 한마디 하는 것이 14절 "그가 권함을 받지 아니하므로"입니다.

성령을 따라 행하라

여러분에게 질문해 보겠습니다. 과연 바울은 성령에 순종한 것일까요, 불순종한 것일까요? 사실 바울에 대해서는 이런 질문 자체가 매우 어색합니다. 왜냐하면 바울은 서신서에서 언제나 성령을 강조하고, 성도들에게 성령을 따라 행하라고 권면하는 사람이기 때문입니다. 로마서 8장 5절 "육신을 따르는 자는 육신의 일을, 영을 따르는 자는 영의 일을 생각하나니 육신의 생각은 사망이요 영의 생각은 생명과 평안이니라", 갈라디아서 5장 16절 "내가 이르노니 너희는 성령을 따라 행하라 그리하면 육체의 욕심을 이루지 아니하리라" 등입니다. 가르치기는 성령을 따르라고 하고, 자신은 성령을 따르지 않으면 지도자로서의 권위가 상실되고, 가르침의 내용도 인정받을 수 없습니다. 과연 바울은 성령에 순종한 것입니까, 불순종한 것입니까? 대답을 잘하셔야 합니다. 만약 순종이라면, 본인이 먼저 성령에 순종하면서 성도에게 성령을 따라 행하라는 모범을 보인 것인데 단지 문자적으로만 살펴본다면 본문에서 바울이 마치 성령의 말씀하심과는 다르게 자기 하고 싶은대로 한 것 같은데, 과연 그러한지 잘 분별해야 합니다. 만약 불순종이라면, 본인은 성령의 말씀에 불순종하면서 하나님 나라의 복음을 가르치고 성령을 따라 행하라고 가르치는 것이 무슨 의미가 있는지 따져야 합니다.

질문이 '바울이 성령에 순종한 것이냐, 불순종한 것이냐'였습니다. 그러면 대답을 고르려고 할 것이 아니라 질문이 바르게 되었느냐를 생각하셔야 합니다. 과연 성령은 인간에게 명령하시는가? 성령님이 말씀하시는 것은 인간에게 무조건 해야 한다고 지시하는 것인가? 성령께서 세 번에 걸쳐 바울에게 말씀하셨는데 이것은 모두 하나님의 강력한 지시였는가? 순종하면 복을 주고 불순종하면 벌을 주려고 의도된 하나님의 시험이었는가? 하나님이 말씀하시면 인간은 무조건 따라야만 하는가? 만약 성령께서 바울에게 하신 말씀이 바울의 순종을 요구한 명령이었다면, 바울이 세 번씩이나 성령께 불순종했는데 그 결과는 어찌되었는가? 예루살렘에 가서 유대인들에게 결박을 당하기 전에 이미 하나님께 불순종한 죄로 즉결처분을 받았는가? 바울의 행동을 분별하는 결정적인 요소는 '바울의 태도'가 아니라 '성령님의 뜻'입니다. 만약 성령님의 말씀이 명령이었다면 바울이 불순종한 것이지만, 만약 명령이 아니었다면 바울은 불순종한 적이 없습니다.

주의 뜻대로

하나님의 뜻

본문의 하이라이트는 14절 "그가 권함을 받지 아니하므로 우리가 주의 뜻대로 이루어지이다 하고 그쳤노라"입니다. 제발 이런 구절을 너무 단순하게 생각하지 마시기 바랍니다. '그가 권함을 받지 아니하므로'라고 나왔으니 바울이 불순종한 것이 맞다고 단정 짓지 마시기 바랍니다. 우선 성령이 바울에게 하신 말씀은 바울에게 일어날 일에 대해서 알려주는 내용이었습니다. 20장 23절도, 21장 11절도 모두 바울에게 일어날 현상입니다. 그것을 알려주시면서 '가라 또는 가지 말라'고 언급하지 않았습니다. '가지 말라'고 말한 것은 성령이 아니라 제자들 또는 성도들입니다. 21장 4절에도 제자들이 바울에게 예루살렘에 들어가지 말라고 권면했고, 12절에도 누가를 비롯하여 빌립의 집에 묵었던 사람들이 바울에게 예루살렘으로 올라가지 말라고 권면했습니다.

제자들은 성령의 말씀을 듣고, 성령의 안내를 받고 바울이 예루살렘에 올라가지 않는 것이 좋을 것 같다고 생각하여 바울을 말렸습니다. 그러나 바울은 제자들과 다르게 생각하여 예루살렘으로 기어코 가려고 했습니다. 제자들은 성령에 순종한 것이고, 바울은 성령에 불순종한 것입니까? 제자들이 성령의 말씀에 대해 예루살렘에 올라가지 말라는 말씀으로 이해한 것이 옳습니까, 바울이 올라가도 된다고 이해한 것이 옳습니까? 그때 제자들의 결론이 14절 "주의 뜻대로 이루어지이다"입니다. 이 말의 의미를 잘 분별하셔야 합니다. 제자들이 무슨 의미로 '주의 뜻대로 이루어지이다'라고 했는지를 알아야 합니다. 세 가지를 점검해 보겠습니다.

첫째, '주의 뜻대로 이루어지이다'는 체념의 개념이 아닙니다. 이 말을 한 제자들이 자신들은 성령님의 말씀대로 바울에게 권고했는데 바울이 들어먹지를 않으니, '이제는 주님이 알아서 하십시오. 말씀하신 분이 하나님이시니 말씀대로 이루어지든 안 이루어지든 하나님 책임이니 하나님이 해결하십시오. 우리는 할 만큼 했으니 더 이상은 모릅니다. 주님 뜻대로 하십시오'라는 의미가 아닙니다. 마치 운명이나 숙명처럼 받아들인다는 의미가 절대로 아닙니다. 중동에서 사업하는 분들이 가장 듣기 싫어하는 말, 모든 협상을 도루묵이 되게 하는 말이 바로 '인샬라'입니다. 번역하면 '알라의 뜻대로 하옵소서'입니다. 즉 자신들이 결정하지 않는 방식입니다. 자신들은 그저 받아들인다는 것입니다. 거역할 수 없으니, 대적할 수 없으니, 버틸 수 없으니, 바뀔 것도 아니니 될 대로 되라는 의미입니다. 이런 사고방식에는 자기의 생각, 자기의 뜻 자체가 없습니다. 기독교는 이런 체념적인 태도를 가지지 않습니다.

두 번째, '주의 뜻대로 이루어지이다'는 말 그대로 '주의 뜻대로' 즉 '내 뜻'이 아닌 '주의 뜻대로 되라'는 의미가 아닙니다. 기독교는 하나님의 뜻과 성도의 뜻이 충돌하는 것이 아닙니다. 믿음 좋은 사람은 무조건 하나님의 뜻만 따를 뿐 자기 의견, 자기 주장, 자기 생각, 자기 뜻이 없는 것이 아닙니다. 기독교의 성도는 자기 의견, 주장, 생각, 뜻이 있습니다. 그렇다고 성도가 자기의 뜻을 버리고, 자기의 의견을 포기하고 주님의 뜻에 복종하는 것이 아닙니다. 기독교의 개념에는 포기, 희생, 버림, 양보의 의미가 담기지 않습니다. 성도는 자기의 뜻을 포기하고 주의 뜻을 따르는 것이 아니라 성도는 '주의 뜻'에 동의하는 것이고, 주의 뜻과 함께 하는 방식입니다. 그래서 성도의 삶을 순종이라고 합니다. 순종은 주의 뜻과 내 뜻이 다르다는 의미를 가지는 것이 아닙니다. 뜻이 같다는 것을 의미합니다. 기독교의 순종은 포기한다는 개념이 아니라 선택한다는 것이요, 희생한다는 것이 아니라 더 좋은 것을 얻는다는 의미입니다. 복음 성가 중에 '주님 뜻대로 살기로 했네'가 있습니다. 이 성가의 영어 가사를 보시면 의미가 조금 분명해집니다. I have decided to follow Jesus. 포인트가 'I have decided'입니다. 본인이 결정했다는 뜻입니다. 정확한 본인의 의사 표시입니다. 지금 제자들은 자기들의 뜻을 포기하고 '주님의 뜻대로 이루어지이다'라고 맡기는 것이 아닙니다.

주의 뜻대로

마지막 정답입니다. 제자들이 말한 '주의 뜻대로 이루어지이다'의 의미는 '가장 좋게 이루어지이다'입니다. 지금 바울과 제자들은 모두 '주의 뜻'을 알고 있습니다. 가는 것이 주의 뜻이냐, 안 가는 것이 주의 뜻이냐는 의미가 아니라, '주의 뜻은 가장 적절하고 알맞다'는 것을 의미합니다. 사람들은 '이것이냐, 저것이냐'만을 생각합니다. 그런데 이것이든 저것이든은 중요하지 않습니다. 이렇게 해서 좋은 결과를 이룰 수 있으면 이것이 좋고, 저렇게 해서 좋은 결과를 이룰 수 있으면 저것이 좋습니다. 사람들은 자신이 선호하는 수단이나 방법을 좋아합니다. 그래서 자신의 수단이나 방법과 다르면 우선은 멀리하거나 반대하거나 등한시하는 경우가 있습니다. 그것은 단지 자신의 선호도에 관한 것일 뿐입니다.

하나님은 특정 행위, 특정 수단, 특정 방법이 가장 좋다고 말씀하지 않습니다. 하나님 스스로도 특정한 방법을 선호하신 적이 없습니다. 치유하실 때에도 어떨 때는 말씀으로, 어떨 때는 안수로, 어떨 때는 흙을 발라서 하시는 등 다양하게 하십니다. 하나님의 사역의 대표적인 방법이 '말씀으로'

행하신다는 것인데, 이것은 말씀이라는 특정한 방법이라는 의미가 아닙니다. 사람들은 무슨 일을 하려면 반드시 어떤 행동을 합니다. 행동이 없으면 결과가 없습니다. 사람들은 그렇지만 하나님은 사람과 다르기 때문에 하나님의 사역도 사람과 다르다는 것을 보여주는 일환으로 등장하는 것이 '말씀으로'입니다. 말씀으로도 행하시고, 몸으로도 행하시고 다양하게 행하십니다. 그러므로 어떤 것이 '주의 뜻이냐'를 고르려고 하는 것은 매우 어리석은 일입니다.

중요한 것은 '하나님의 뜻'은 언제나 인간에게 최상이고, 최고요, 최적이라는 사실입니다. 왜냐하면 하나님은 인간을 사랑하시기 때문입니다. 지금 제자들이 말하는 것이 바로 이것입니다. 성경을 오해하면 의미가 아주 이상해집니다. 성령께서 바울이 예루살렘에서 결박당할 것을 말씀하셨습니다. 제자들이 말렸는데 바울이 듣지 않았습니다. 그랬더니 제자들이 '주의 뜻대로 이루어지이다'라고 했으면, '아이고 주님, 저희들이 말려보려고 했는데 도무지 말을 듣지 않네요. 주의 뜻대로, 원래 계획대로 하세요. 예루살렘에 도착하는대로 당장에 잡히게 하세요'가 아닙니다. 오해하면 그런 의미가 됩니다. 만약 그런 의미라면 그 동안 불순종한 것이 제자들입니다. 왜냐하면 주님의 뜻이 이루어지지 않도록, 바울을 못하게 했기 때문입니다. 도리어 바울이 순종한 것이 됩니다. 왜냐하면 자신이 결박당할 것이라고 말씀하셨는데 안 가면 주의 뜻이 이루어지지 않으니, 기어코 가려고 했으니 진짜 순종한 것이 되어버립니다. 모든 것이 성경의 의미, 성경의 개념을 오해하기 때문에 생기는 해프닝입니다. 제자들의 말은, '주의 뜻대로' 즉 가장 좋은 결과가 이루어지기를 기대하고 있습니다.

성도의 삶

사람들은 하나님을 타종교의 신과 같은 유형으로 생각합니다. 그래서 하나님의 말씀도 타종교 신들의 명령처럼 생각합니다. 그래서 기독교의 신앙

생활도 타종교의 종교 활동처럼 생각합니다. 모두 성경을 배우지 않아서 발생한 오해입니다. 하나님은 타종교의 신과는 전혀 다릅니다. 하나님은 인간을 위해 주시는 하나님, 인간을 위해 친히 일해 주시는 하나님이십니다. 또 하나님의 말씀도 타종교의 계명이나 규율과는 완전히 다릅니다. 하나님의 말씀은 법이 아니며 명령이 아닙니다. 복종을 요구하지 않습니다. 하나님의 말씀은 인간이 행복하게 살 수 있도록 안내해주는 삶의 원리입니다. 인간이 이해하고 동의해서 기쁨으로, 자원함으로, 즐거움으로 실천하기를 기대합니다. 또 성도의 신앙생활은 타종교의 종교 활동과 완전히 다릅니다. 목적을 이루어 내기 위한 수단이 아니고 방법이 아닙니다. 하나님이 주신 은혜를 누리며, 하나님의 복을 체험하는 삶입니다.

본문에서 성령과 바울의 관계, 바울과 제자들의 관계는 참으로 아름다운 신앙의 모습을 보여줍니다. 제자들은 바울에게 왜 불순종하느냐고 정죄하지 않습니다. 성령도 바울에게 왜 주의 뜻을 따르지 않느냐고 바울의 앞길을 가로막지 않습니다. 도리어 성령은 성도와 동행하면서 되어 질 일을 안내하고 가르쳐 주시지만 절대로 강요하거나 통제하지 않습니다. 성도는 하나님에 의해 희생당하지 않으며 동시에 자기의 뜻을 포기하기도 않습니다. 성령께서 세 번에 걸쳐서 바울의 앞날을 말씀하신 것은 행여 바울이 예상하지 못한 일을 당하는 경우가 없도록 알려주시며, 바울이 세 번씩이나 여행을 지속하면서 자기 의견을 강력하게 피력하는 것은 자신의 모든 일이 억지로 행함이 아니요, 마지못해 하는 것이 아님을 천명하는 표현입니다. 그리고 제자들은 주의 뜻, 즉 모든 일을 합력하여 선을 이루어내시는 하나님의 뜻을 알고, 그 하나님의 뜻을 기대하고 있습니다. 특정한 순간에, 특정한 일에 대하여 '주의 뜻이냐 아니냐'를 선택하려는 어리석음이 아니라 성도의 삶을 돌보시는 하나님의 본질적 뜻을 알고 늘 주의 뜻대로 이루어지기를 기대하며, 소망하며, 실제로 주의 뜻이 이루어짐을 경험하며 누리는 성도의 삶이 되시기를 주님의 이름으로 축원합니다.

62
율법에 열성을 가진 자

사도행전 21:15~40

15 이 여러 날 후에 여장을 꾸려 예루살렘으로 올라갈새 16 가이사랴의 몇 제자가 함께 가며 한 오랜 제자 구브로 사람 나손을 데리고 가니 이는 우리가 그의 집에 머물려 함이라 17 예루살렘에 이르니 형제들이 우리를 기꺼이 영접하거늘 18 그 이튿날 바울이 우리와 함께 야고보에게로 들어가니 장로들도 다 있더라 19 바울이 문안하고 하나님이 자기의 사역으로 말미암아 이방 가운데서 하신 일을 낱낱이 말하니 20 그들이 듣고 하나님께 영광을 돌리고 바울더러 이르되 형제여 그대도 보는 바에 유대인 중에 믿는 자 수만 명이 있으니 다 율법에 열성을 가진 자라 21 네가 이방에 있는 모든 유대인을 가르치되 모세를 배반하고 아들들에게 할례를 행하지 말고 또 관습을 지키지 말라 한다 함을 그들이 들었도다 22 그러면 어찌할꼬 그들이 필연 그대가 온 것을 들으리라 23 우리가 말하는 이대로 하라 서원한 네 사람이 우리에게 있으니 24 그들을 데리고 함께 결례를 행하고 그들을 위하여 비용을 내어 머리를 깎게 하라 그러면 모든 사람이 그대에 대하여 들은 것이 사실이 아니고 그대도 율법을 지켜 행하는 줄로 알 것이라 25 주를 믿는 이방인에게는 우리가 우상의 제물과 피와 목매어 죽인 것과 음행을 피할 것을 결의하고 편지하였느니라 하니 26 바울이 이 사람들을 데리고 이튿날 그들과 함께 결례를 행하고 성전에 들어가서 각 사람을 위하여 제사 드릴 때까지의 결례 기간이 만기된 것을 신고하니라 27 그 이레가 거의 차매 아시아로부터 온 유대인들이 성전에서 바울을 보고 모든 무리를 충동하여 그를 붙들고 28 외치되 이스라엘 사람들아 도우라 이 사람은 각처에서 우리 백성과 율법과 이 곳을 비방하여 모든 사람을 가르치는 그 자인데 또 헬라인을 데리고 성전에 들어가서 이 거룩한 곳을 더럽혔다 하니 29 이는 그들이 전에 에베소 사람 드로비모가 바울과 함께 시내에 있음을 보고 바울이 그를 성전에 데리고 들어간 줄로 생각함일러라 30 온 성이 소동하여 백성이 달려와 모여 바울을 잡아 성전 밖으로 끌고 나가니 문들이 곧 닫히더라 31 그들이 그를 죽이려 할 때에 온 예루살렘이 요란하다는 소문이 군대의 천부장에게 들리매 32 그가 급히 군인들과 백부장들을 거느리고

달려 내려가니 그들이 천부장과 군인들을 보고 바울 치기를 그치는지라 33 이에 천부장이 가까이 가서 바울을 잡아 두 쇠사슬로 결박하라 명하고 그가 누구이며 그가 무슨 일을 하였느냐 물으니 34 무리 가운데서 어떤 이는 이런 말로, 어떤 이는 저런 말로 소리치거늘 천부장이 소동으로 말미암아 진상을 알 수 없어 그를 영내로 데려가라 명하니라 35 바울이 층대에 이를 때에 무리의 폭행으로 말미암아 군사들에게 들려가니 36 이는 백성의 무리가 그를 없이하자고 외치며 따라 감이러라 37 바울을 데리고 영내로 들어가려 할 그 때에 바울이 천부장에게 이르되 내가 당신에게 말할 수 있느냐 이르되 네가 헬라말을 아느냐 38 그러면 네가 이전에 소요를 일으켜 자객 사천 명을 거느리고 광야로 가던 애굽인이 아니냐 39 바울이 이르되 나는 유대인이라 소읍이 아닌 길리기아 다소 시의 시민이니 청컨대 백성에게 말하기를 허락하라 하니 40 천부장이 허락하거늘 바울이 층대 위에 서서 백성에게 손짓하여 매우 조용히 한 후에 히브리 말로 말하니라

복음에 대한 반응

기독교의 역할

일반적으로 사람들은 사람의 실체, 사람들의 속성, 사람들의 심리를 잘 모릅니다. 그래서 엉뚱한 기대 또는 어리석은 소망을 가지는 경우가 많습니다. 예를 들어, 사람들은 정의를 무척이나 강조합니다. 진실되어야 하고, 공평해야 하고, 정의로워야 한다고 말들을 합니다. 그러나 실제로는 진실되고, 공평하고, 정의로운 일에 참여하지 않습니다. 특별한 이벤트보다 소소한 일상이 더욱 중요하다고 말합니다. 그러면서 늘 무슨 특별한 일 없느냐고 따분해 하면서 이벤트를 기획하고, 이벤트에 감격합니다. 사람을 볶지 말고 간섭하지 말았으면 좋겠다고 말하면서 실제로 그렇게 행하면 사람에게 너무 무관심하다고 투덜댑니다. 특정인을 너무 내세우거나 우대하지 말자고 하고 자기가 행한 일을 소개하지 않으면 서운하다고 합니다. 이것이 사람들의 속성, 조금 더 정확하게 표현하면 죄인들의 속성, 죄인들의 심보, 죄인들의 행동양식입니다. 죄인들은 자신도 이렇게 행동하면서 다른 사람에게 왜 이렇게 행동하느냐고 따지기도 하고, 왜 이렇게 행동하는지 모르겠다고 어이없어 하기도 합니다. 그게 본인의 모습입니다. 성도는 죄

인의 이러한 속성, 꼭 죄인뿐만이 아니라 구원받은 성도이지만 여전히 죄적 속성에 익숙해져 있는 우리 모두의 실체를 바로 알아야 합니다. 성경에서도 늘 나타나는 현상이고 오늘날의 현실에서도 여전히 반복되는 현상입니다.

기독교는 단 한 번도 죄인들에게 환영을 받은 적이 없습니다. 하나님은 단 한 번도 사람들에게 선대 받은 적이 없습니다. 복음은 죄인들에게 옳다 인정함을 받은 적이 없습니다. 기독교에 대한 내용이 성경이 보여주는 것과 인간의 역사에 나타난 것이 완전히 다른데 안타깝게도 사람들이 알고 있는 것은 역사에 나타난 기독교의 내용입니다. 원래 기독교는 구약부터 사도행전까지 강자가 아니었고, 대세가 아니었고, 주류가 아니었고, 상류가 아니었습니다. 그런데 역사에 나타난 기독교, 사람들이 알고 있는 기독교는 로마의 국교가 된 기독교, 중세의 카톨릭적 기독교, 근대의 제국주의적 기독교입니다. 즉 강자요, 대세요, 주류요, 상류였습니다. 이 말은 기독교는 약자이어야지 강자이어서는 안 된다는 의미가 아닙니다. 기독교는 강자냐, 약자냐를 문제 삼지 않습니다. 약자를 추구하고 강자를 거부하지 않으며, 강자를 소망하고 약자를 부인하지 않습니다. 기독교는 약자일 수도 있고 강자일수도 있습니다. 기독교가 외형적으로 어떤 모습을 유지하든지 기독교는 기독교의 역할, 기독교의 원리를 실천하는 것이 중요합니다.

사람들은 단지 약자라는 이유로 약자를 좋아하지 않습니다. 만약 기독교가 약자가 되어 사회적으로 문제거리요 골칫거리 집단으로 인식된다면 기독교를 아주 싫어할 것입니다. 그러나 약자이면서도, 소수이면서도 부담이 되는 집단이 아니라 도리어 선과 의를 향하는 집단이면 존경을 받을 것입니다. 반대로 만약 기독교가 강자가 되어 지배하고, 통제하고, 억압하고, 기득권 세력이 되면 사람들이 아주 싫어할 것입니다. 하지만 기독교가 강자일지라도 강자이기 때문에 배려하고, 섬겨주고, 사회적 짐을 대신 져주는 역할을 담당하면 사람들에게 환영을 받을 것입니다. 안타깝게도 기독교가 종종 사회적 압력집단으로 자리매김하고 싶어합니다. 가능한 주류가 되려고 하고, 지도층이 되려고 하고, 사람들이 무시할 수 없는 영향력이 있는 집단이 되고 싶어합니다. 하지만 정작 기독교가 기독교의 역할을 하고 있는가, 성경이 보여주는 복음의 모습, 예수 그리스도를 통해 나타내준 세상의 구원자의 모습, 빛과 소금의 모습을 하고 있는가에는 관심이 부족한 것 같습니다.

물론 앞서 말씀드렸듯이 죄인들의 심리는 아주 고약합니다. 기독교가 약자로서 선과 의를 행하면 존경하는 것이 아니라 괜히 시비를 걸고 트집을 잡습니다. 기독교가 강자로서 배려와 섬김을 하면 어떻게든 이용해 먹으려고만 합니다. 그러나 죄인들 때문에 기독교의 정체성이 달라지는 것이 아닙니다. 기독교가 실제로 역할을 하지 못하기에 비난을 받는 것은 기독교의 잘못입니다. 반대로 기독교가 실제로는 역할을 잘 하는데도 비난을 받는다면 그것은 기독교가 세상에 존재해야 하는 이유입니다. 기독교의 역할, 성도의 사역에 대한 결과 또는 열매는 세상 사람들에 의해서 받는 것이 아닙니다. 사람들에게 환영받으면 기독교가 잘 하는 것이고 사람들에게 반대 받으면 기독교가 못하고 있는 것이 아닙니다.

예수님께서 '열매로 그들을 알지라'고 말씀하신 것은 반응에 따라 판단받는다는 의미가 절대로 아닙니다. 기독교는 이미 기독교이고, 성도는 이미 성도입니다. 성도는 이미 결과를 가진 자입니다. 사람들에게서 없는 것을 받아내는 자가 아니며 상대에게서 보상을 받는 존재가 아니라 먼저 하나님께 은혜를 받고, 하나님께 받은 은혜를 자신의 삶속에 열매라는 것으로 드러내는 사람입니다. 그래서 성도는 자신의 사역이 인정을 받느냐 못 받느냐, 수고에 대해 보상을 받느냐 못 받느냐를 전혀 운운하지 않는 사람들입니다. 기독교는 사람들의 반응에 따라 역할을 달리하는 것이 아니라 기독교이기 때문에, 복음이기 때문에, 성도이기 때문에 기독교의 역할, 복음의 역할, 성도의 역할을 하는 것입니다.

예수의 모습

복음서에서 예수님의 모습을 확인해 보면 분명해 집니다. 예수님이 백성들을 위해 참으로 도움이 되고 보탬이 되는 감사한 사역을 많이 했습니다. 참으로 백성들에게 존경을 받아 마땅하고 백성들의 칭송을 받아 마땅합니다. 백성들에게 불편을 끼치거나 폐가 되는 행동은 일체하지 않고 어떨 때는 식량문제, 어떨 때는 질병 문제, 어떨 때는 귀신들린 사람의 사회적 문제, 어떨 때는 죽음의 문제 등 각 분야에서 인간의 삶을 도왔습니다. 그러나 백성들은 예수를 이용했을 뿐 예수를 믿지 않았고 따르지 않았습니다. 결국 예수는 유대 지도자들의 고소와 백성들의 동조에 의해 군병에게 잡히고 십자가에 죽임을 당했습니다. 여기까지는 대부분의 사람들이 다 알고 있는 내용입니다. 그 다음이 어떻게 되었습니까? 예수가 죽음으로 끝나지 않고 부활하였습니다. 부활하여 그 동안 받았던 멸시와 천대에 대하여 보상받았나요? 성도님들이 착각하시면 안 됩니다. 예수가 부활하여 영광을 받았다고 생각하시면 안 됩니다.

우선, 사람들의 반응입니다. 예수가 부활하였을 때에 사람들이 알아보았습니까? 아무도 알아보지 못했습니다. 그러니 사람들에게는 인정받지 못했고, 영광 받지 못했고, 예수를 고소하거나 조롱한 사람들에게서 사과를 받은 것도 아니고, 로마 정부나 유대교에 의하여 보상을 받은 것도 없습니다. 십자가 사건 이전과 비교하여 부활 이후에 예수에게 달라진 것이 없습니다. 혹자들은 예수께서 부활하여 하나님께 영광을 받았다고 말하기도 합니다. 그러나 실상은 전혀 그렇지 않습니다. 왜냐하면 예수님은 원래 하나님이시기 때문입니다. 빌립보서 2장의 표현을 잘 이해하셔야 합니다. 6절 이하에 "그는 근본 하나님의 본체시나 하나님과 동등됨을 취할 것으로 여기지 아니하시고 오히려 자기를 비워 종의 형체를 가지사 사람들과 같이 되셨으니 곧 십자가에 죽으심이라 이러므로 하나님이 그를 지극히 높여 모든 이름 위에 뛰어난 이름을 주사 하늘에 있는 자들과 땅에 있는 자들과 땅

아래에 있는 자들로 모든 무릎을 예수의 이름에 꿇게 하시고 모든 입으로 예수 그리스도를 주라 시인하여 하나님 아버지께 영광을 돌리게 하셨느니라"입니다.

예수님의 입장에서 생각해보면 예수님은 원래 하나님이셨고, 부활하신 이후에 영광을 받으셨다고 해서 원래보다 더 우수해지거나 높아지거나 존귀해진 것이 아닙니다. 구원받은 성도가 예수를 영광스럽게 하여도 인간의 관점에서는 영광을 돌린 것이지만 예수님의 입장에서는 달리 영광을 받은 것이 없습니다. 예수님은 처음부터 하나님이셨기에, 이 땅에 강림하신 그리스도이셨기에 하나님답게, 그리스도답게, 메시아의 역할, 구원자의 역할을 감당하셨을 뿐입니다. 예수님은 보상이나 대가를 기대한 것도 아니고, 사람들의 반응에 따라 사역을 결정하신 것도 아닙니다. 원래 하나님이시니까, 원래 그리스도이시니까, 원래 구원자이시니까 그 역할을 하셨을 뿐입니다. 이것이 기독교의 본질이요, 기독교의 역할에 대한 바른 의미입니다.

사도들의 모습

예수님의 이러한 사역의 모습은 사도들에게서도 동일하게 반복됩니다. 사도행전에서 사도들이 복음증거자로 사역하는 모습이 2장부터 나옵니다. 2장은 조금 멋있습니다. 방언을 말하니 사람들이 신기해하며 몰려들었습니다. 관심을 받았습니다. 3장도 약간 기분이 좋을 수 있습니다. 베드로와 요한이 병자를 고쳐주자 사람들이 모여들어 두 사람을 주목했습니다. 그런데 거기까지입니다. 그 이후는 전혀 다른 상황입니다. 사도들의 행동은 달라지지 않았습니다. 여전히 가는 곳마다 복음을 전했고, 병자들을 고쳐주었고, 귀신들을 쫓아주었고, 사회적으로도 구제와 봉사를 했습니다. 그러나 사도들은 환대를 받지 못했습니다. 도리어 박해를 받았습니다. 그 어떤 보상도 받은 것이 없습니다. 사도행전 끝까지 동일한 현상이 지속됩니다. 어느 순간 상황이 반전되어 사도들이 주도권을 잡고 그 동안 당했던 모든 박해가 중단되고 유대 당국자들로부터 사죄와 적절한 보상을 받은 것이 아닙니다. 사도들은 여전히 백성들을 위한 귀한 사역을 하지만 백성들에게서나 유대교 지도자들에게서나 로마의 정치가들에게서 동일하게 반대와 박해를 받았습니다.

사람들에게 환대받지 못하고 인정받지 못했다고 해서 사도들이 역할을 잘못한 것이 아닙니다. 이때 중요한 것은 사도들 중에 단 한명도, 단 한 번도 억울해하거나 힘들어하지 않았다는 사실입니다. 사람들의 반응에 대해 분해하지도 않았고, 이런 사람들을 위해 사역을 해야 할 필요가 있느냐는 식의 회의에 빠져들지도 않았고, 결국 아무 유익도 없을 것이라는 체념과 좌절에 사로잡히지도 않았습니다. 아마도 혹자들은 사도들이 이 땅에서 충성을 다하고 장차 천국에 가서 받을 상급을 기대하고 있었다고 말할 수도 있습니다. 그러나 사도행전 1장부터 21장까지에는 그와 유사한 언급이 일체 없고, 그와 비슷한 암시조차 한 구절도 없습니다. 앞으로 28장까지 차근차근 확인해 보겠지만 이후에도 보상, 상급, 대가, 영광, 존귀, 높아짐 등의 개념이 전혀 등장하지 않습니다. 여러분을 고난의 길로 몰아세우려는 것이 절대로 아닙니다.

기독교의 사역, 성도의 사역은 출발부터 완전히 다르다는 것을 아셔야 합니다. 보상 받으실 기대를 하지 말라거나, 상이나 면류관을 받을 꿈도 꾸지 말라는 것이 아닙니다. 사람들에게 환영받을 기대를 하지 말라는 것도 아닙니다. 기독교는 그런 것을 기대하면서 시작하는 것이 아니라 이미 성도라는 존재, 이미 변화된 존재, 이미 영광을 얻은 존재, 이미 복을 받은 존재, 이미 권세를 얻은 존재에서부터 출발한다는 의미입니다. 기독교의 결과나 열매는 미래형이 아니라 과거형입니다. 이미 받았습니다. 이미 성취했습니다. 이미 얻었습니다. 예수가 예수이기에 예수의 사역을 행했듯이 성도는 성도이기에 성도의 사역을 행합니다. 성도가 아닌 자는 어떠한 동기부여로도 성도의 사역을 행할 수가 없고, 성도가 아닌 자가 어떤 의지와 각오로도 성도의 역할을 할 수 없습니다. 오직 성도만이, 성도이기에 성도의 삶, 성도의 사역, 성도의 역할을 할 수 있습니다.

율법에 열성을 가진 자

반대하는 사람들

복음서의 예수님이나 사도행전의 사도들이 사람들에게 반대를 받았고 박해를 받았는데 그 이유가 아주 의외입니다. 예수님이 고소를 당하고 십자가에 죽임을 당한 죄목은 신성 모독죄였습니다. 예수님은 가장 사회적인 활동을 하셨고, 대민 봉사적 역할을 하셨고, 아주 인간적인 일들을 행하셨는데 죽기는 신성 모독죄로 죽었습니다. 예수님은 난지 팔일 만에 할례를 받으셨고, 절기 때마다 예루살렘에 올라가셨고, 성전세를 내셨고, 병자를 고치신 후에는 제사장에게 가서 몸을 보여주고 정결해졌다는 증거를 확인받으라는 안내까지 친절하게 해 주셨습니다. 유대교의 종교 활동을 충실하게 따랐는데 결과는 신성 모독죄였습니다. 도대체 그 신성은 무엇을 하는 것입니까?

예수님이 생각하신 '신성을 높이는 것'은 하나님이 가장 사랑하는 사람들, 하나님이 가장 존귀하게 여기는 백성들, 하나님이 가장 아끼시는 인간들을 도와주는 것이었습니다. 하나님의 마음과 뜻과 원리와 기준과 가치와 방법으로 사람들을 대해주는 것이었습니다. 사람이 치유 받고, 회복하고, 자유와 평화와 안식을 누리게 할 수 있도록 죄로부터 구원하여 하나님의 자녀가 되게 하는 것이었습니다. 예수님은 하나님을 높이는 행위를 통하여 하나님을 높인 것이 아니라 하나님의 마음으로 인간을 대함으로 하나님을 높여 주었습니다. 이것이 성경이 보여주는 바른 하나님 신앙, 바른 하나님 예배입니다. 그런데 사람들은, 그런데 종교인들은 하나님을 위하는 것을 오직 하나님께만 행했습니다. 유대교 지도자들은 하나님을 위한다는 명분으로 사람을 배려하지 않았습니다. 하나님의 규례를 따른다는 명분으로 아픈 사람을 치유하지 않고, 배고픈 사람을 먹이지 않았습니다. 진정한 신성모독은 바로 유대교가 행했습니다.

더 중요한 것은 예수님은 유대교를 개혁하려고 하지 않았다는 사실입니다. 종교를 바로 잡으려고 혁신하지 않았습니다. 유대교를 변화시키려면 유대교에서 희생자를 만들어야 합니다. 그 동안 유대교를 변질시킨 주동자를 처단해야 하고, 유대교 지도자들에게 동조했던 사람들을 모두 정죄해야 하고, 암묵적으로 유대교 활동에 적극적으로 참여했던 사람들을 모두 처벌해야 합니다. 그러면 예수님은 인간에게 자유와 평화를 주는 그리스도가 아니라 또 다른 문제를 유발하는 고발자요, 다른 유형의 트러블 메이커에 불과해지기 때문입니다. 예수님은 종교의 제도를 바꾸거나 지도자를 교체하는 방식으로 인간의 문제가 해결되거나 개선되지 않는다는 것을 너무도 잘 알고 계셨기 때문입니다. 선을 위한다는 명분으로 악을 활용하는 것은 죄인들이 사용하는 방식입니다. 하나님은 선하시기에 선을 행하시는 분입니다. 선을 위한 일이라면 더욱 선한 방법으로 행하십니다. 이것이 기독교의 본질입니다.

예수님과 마찬가지로 제자들도 계속하여 오해와 반대를 받아왔습니다. 사도행전 6장 13절에 보면 이스라엘 사람들에 의하여 스데반이 고발을 당하는데 그 죄목이 "이 사람이 이 거룩한 곳과 율법을 거슬러 말하기를 마지 아니하는도다 그의 말에 이 나사렛 예수가 이 곳을 헐고 또 모세가 우리에게 전하여 준 규례를 고치겠다 함을 우리가 들었노라"입니다. 사람들의 관심은 종교에 모아져 있습니다. 거룩한 곳, 즉 성전과 율법을 보호하기 위하여 사람을 죽입니다. 사람을 살리는 종교가 아니라 사람을 죽이는 종교입니다. 종교 때문에 사람이 사는 것이 아니라 종교 때문에 사람이 죽습니다. 사도행전 16장 20절에는 바울을 고발하는 사람들의 고소가 나오는데 "이 사람들이 유대인인데 우리 성을 심히 요란하게 하여 로마 사람인 우리가 받지도 못하고 행하지도 못할 풍속을 전한다 하거늘"입니다. 이 고소를 한 사람이 귀신 들린 여종의 주인입니다. 자신은 귀신 들린 여종을 고쳐줄 생각은 전혀 하지 않고 그녀를 이용하여 장사만 해 먹다가, 그 여종이 치유받은 것을 기뻐하는 것이 아니라 자신의 이익의 수단이 없어진 것만을 속상해 해서 바울을 고소했습니다. 로마 사람이 받을 풍속은 무엇입니까? 상대방의 인격은 전혀 생각하지 않는 것입니까? 나의 유익을 위해서는 귀신들린 사람을 그 상태로 계속 유지하도록 만드는 것입니까? 다른 사람을 도와주는 것을 막아서는 것입니까?

사도행전 21장 21절에 의하여 바울 일행이 예루살렘에서 비난을 받았는데 그 내용이 "네가 이방에 있는 모든 유대인을 가르치되 모세를 배반하고 아들들에게 할례를 행하지 말고 또 관습을 지키지 말라 한다"입니다. 이렇게 비난을 받다가 27절에서 바울이 성전에 들어갔다가 잡히고 고소를 당하는데 그 죄목이 28절 "외치되 이스라엘 사람들아 도우라 이 사람은 각처에서 우리 백성과 율법과 이곳을 비방하여 모든 사람을 가르치는 그 자인데 또 헬라인을 데리고 성전에 들어가서 이 거룩한 곳을 더럽혔다 하니"입니다. 이번에도 핵심요소는 '성전을 더럽히고 율법을 어긴다는 것'입니다.

성경의 역설

예수를 박해했던 사람들, 제자들을 방해하는 사람들을 본문에서는 '율법에 열성을 가진 자'라고 합니다. 어설픈 사람들이 아니라 말 그대로 열성을 가진 자들입니다. 그런데 그 열성은 반드시 지혜가 전제되어야 합니다. 지혜가 없는 열성은 사람을 힘들게 합니다. 진리가 없는 종교적 열성은 사람을 힘들게 합니다. 기독교는 열심을 강조하는 종교가 아니라 진리를 강조하고, 복음을 강조하고, 말씀을 강조하고, 계시를 강조하는 종교입니다. 하나님의 마음이 없는 종교적 열성은 사람을 정죄하고 심판합니다. 모두 종교의 부작용입니다. 사도행전에서 사도들을 소개할 때에 특정한 표현이 없습니다. 복음에 열성을 가진 자, 주 예수를 위하여 죽기를 각오한 자, 하나님 나라를 전파하는 일에 사명을 가진 자 등의 표현이 없습니다. 왜냐하면 인간은 목표를 가지면 갑자기 목표를 위해 모든 것을 수단으로 삼는 못된 죄의 속성이 남아있기 때문입니다.

구약에서 이스라엘을 표현할 때 특정한 목적을 가진 존재들이 아니라 그냥 '하나님의 백성'이라고 소개합니다. 세상을 향한 제사장적 역할을 감당해야 하는 자들이 아니라 그냥 하나님의 백성, 하나님을 배운 자들입니다. 그리고 이어지는 것이 하나님의 백성이니까 하나님의 백성답게 살라는 권고입니다. 그렇게 하나님의 백성답게 살면 저절로 열방을 향한 제사장적 역할을 수행하고 있는 것이 됩니다. 목적을 위해 사는 존재가 아니라, 존재답게 살면 존재의 역할을 충실하게 담당하게 되는 것이 하나님의 원리입니다. 신약의 사도들도 마찬가지입니다. 땅끝까지 복음을 전하는 사명을 가진 자가 아니라 그냥 성도입니다. 성도이니까 성도답게 행동합니다. 그것이 땅끝까지 복음을 전하는 결과를 만들어 냅니다. 절대로 목적이 강조되는 것이 아니라 성도라는 존재가 강조됩니다. 사명감을 강조하는 것이 아니라 성도됨을 강조합니다.

성경이 정말 재미있습니다. 성경의 재미있는 역설을 한 가지 보여드리겠습니다. 바울이 가는 곳마다 유대인들이 쫓아다니면서 바울을 방해하고 고소합니다. 하나님을 전하는데 하나님의 율법에 열성을 가진 자들이 하나님의 복음의 사역을 박해하고 있습니다. 이때 바울을 지켜주고 보호하는 그룹이 있습니다. 바로 로마 또는 이방인입니다. 19장에 보면 바울이 에베소에서 고소당한 일이 나오는데 35절 이하 "서기장이 무리를 진정시키고 이르되 에베소 사람들아 에베소 시가 큰 아데미와 제우스에게서 내려온 우상의 신전지기가 된 줄을 누가 알지 못하겠느냐 이 일이 그렇지 않다 할 수 없으니 너희가 가만히 있어서 무엇이든지 경솔히 아니하여야 하리라 신전의 물건을 도둑질하지도 아니하였고 우리 여신을 비방하지도 아니한 이 사람들을 너희가 붙잡아 왔으니 만일 데메드리오와 그와 함께 있는 직공들이 누구에게 고발할 것이 있으면 재판 날도 있고 총독들도 있으니 피차 고소할 것이요 만일 그 외에 무엇을 원하면 정식으로 민회에서 결정할지라" 입니다. 공의가 살아있습니다. 감정적이지 않고 논리적입니다. 충동적이지 않고 원칙이 있습니다. 유대인 바울을 유대인이 박해하고 로마인이 보호해 줍니다.

유사한 장면이 21장에도 나옵니다. 30절을 보면 "온 성이 소동하여 백성이 달려와 모여 바울을 잡아 성전 밖으로 끌고 나가니 문들이 곧 닫히더라 그들이 그를 죽이려 할 때에"입니다. 완전히 막무가내입니다. 숫자가 많다고 무조건 밀어붙입니다. 기준도 없고, 절차도 없습니다. 율법에 열성을 가진 자, 법을 중요시 한다는 자들의 행동입니다. 이때 31절 "그들이 그를 죽이려 할 때에 온 예루살렘이 요란하다는 소문이 군대의 천부장에게 들리매 그가 급히 군인들과 백부장들을 거느리고 달려 내려가니 그들이 천부장과 군인들을 보고 바울 치기를 그치는지라 이에 천부장이 가까이 가서 바울을 잡아 두 쇠사슬로 결박하라 명하고 그가 누구이며 그가 무슨 일을 하였느냐 물으니 무리 가운데서 어떤 이는 이런 말로, 어떤 이는 저런 말로 소리치거늘 천부장이 소동으로 말미암아 진상을 알 수 없어 그를 영내로 데려가라 명하니라"입니다.

복음서만 보면 로마는 유대인들과 협작하여 예수를 죽인 그룹처럼 보입니다. 그래서 대부분의 성도님들은 예수를 채찍질하는 로마 군병의 이미지를 가지고 계실 것입니다. 그러나 사도행전에서 보면 로마인은 매우 합리적이고, 법적입니다. 질서가 있고, 체계가 있고, 객관적입니다. 이것이 성경의 역설입니다. 율법에 열성을 가진 자들은 복음을 전하는 자들을 죽이려하고, 유대인들이 싫어하던 사람들, 자신들이 로마에 압제를 받고 있기에 그리스도가 오셔서 로마를 물리쳐달라고 했던 그 로마 사람들이 복음 전하는 자들을 지켜주고 보호해 주고 있습니다. 성경에는 직접적으로 유대교를 조롱하거나 비난하는 적이 없습니다. 왜 종교의 역할을 왜곡하느냐고 책망하지 않습니다. 대신 이렇게 로마의 모습을 보여줌으로 유대인의 종교가 얼마나 종교의 역할을 감당하지 못하고 있으며, 역으로 종교가 얼마나 엉뚱한 짓들을 하고 있는지 드러내주고 있습니다. 성경의 이 고급한 문학적 양식을 느끼실 수 있어야 합니다.

율법에 열성을 가진 자

세상에서 하는 말에 담긴 원리와 기독교의 사역에 담긴 원리가 어떻게 다른지를 비교해서 확인해 드리겠습니다. 세상에서 하는 말 중에 '목마른 자가 샘 판다'는 말이 있습니다. 절박한 사람이 나선다는 의미입니다. 사람들은 자신의 일에만 관심이 있을 뿐 남의 일에 관심이 없습니다. 그래서 문제에 직면한 자, 실제로 고생을 하고 있는 자, 당사자가 문제 해결을 위해서 뛰어야 합니다. 어느 누구도 남이 대신해 주지 않습니다. 실제로 사회의 각 분야에 보면 그 분야의 전문가 또는 봉사자는 주로 그 일에 연관이 있는 분들입니다. 장애인 봉사활동에 종사하는 분들은 본인이 장애인이시거나 가족 중에 장애인이 있으신 분이 많습니다. 또 장애의 종류별로 보아도 해당 장애와 관계있으신 분이 해당 장애 봉사활동을 하십니다. 목마른 자가 샘을 판 경우들입니다. 이렇게 활동하시는 분이 모두 매우 힘들어 하십니다. 왜냐하면 본인이 당사자인데, 장애를 겪으면서 고생을 하고 있는데 그 일을 해결까지 해야 하니까 이중 삼중으로 힘이 듭니다.

그런데 기독교의 경우는 정반대입니다. 기독교는 '목마른 자가 샘 판다'라고 말하는 것이 아니라 '목마르지 않은 자가 샘을 파주어야 한다'고 말하고, 실제로 그렇게 행동합니다. 목마른 자는 목마름에 시달리고 있습니다. 하지만 목마르지 않은 사람, 이미 목을 축인 사람은 여유가 있습니다. 힘도 있고 능력도 있습니다. 상대방의 심정도 알고 상태도 압니다. 누가 하는 것이 쉽고, 간단하고, 좋으냐면 당연히 이미 문제를 해결한 사람이 하는 것입니다. 세상의 종교는 모두 방법을 제시하고, 수단을 제시하고, 소망을 가지는 집단에 불과합니다. 그러나 기독교는 하나님이 일하셔서 다 이루신 종교입니다. 성도는 결과를 가진 자들입니다. 열매를 성취한 분들입니다.

처음에 말씀드린 바와 같이 예수는 자신의 행동에 대한 보상을 바라고 행동한 것이 아니라 본인이 예수이기 때문에, 본인이 그리스도이기 때문에 그리스도의 사역을 행합니다. 사도들도 동일합니다. 자신들이 복음의 증인이기 때문에, 죄인들의 문제가 무엇인지를 알고, 죄인들이 행하는 종교 활동들이 결국 얼마나 허무하고 헛된 일이며 아무 것도 얻을 수 없다는 것을 알기 때문에, 자신들이 성도이기 때문에 성도의 삶을 살았습니다. 본문에서 바울과 사도들은 유대인들이 율법에 열성이 있는 것을 알고 그들의 기준에 맞추어 주려고 서원한 사람을 데리고 가서 결례를 행하기도 했습니다. 그렇게 한다고 하여 유대인의 마음이 누그러들지 않을 것을 알면서도 해 주었습니다. 모르는 사람에게 이해하라고 요구할 수 없기 때문입니다. 아는 자가 져주어야 하기 때문입니다. 이것이 성도의 모습입니다. 부디 성경을 통해 하나님을 아시고 성도됨을 아셔서 성도답게 하나님의 은혜를 누리며, 성도답게 빛과 소금의 역할을 감당하며 사시는 삶이 되시기를 주님의 이름으로 축원합니다.

63

무엇을 하리이까

사도행전 22:1~30

1 부형들아 내가 지금 여러분 앞에서 변명하는 말을 들으라 2 그들이 그가 히브리 말로 말함을 듣고 더욱 조용한지라 이어 이르되 3 나는 유대인으로 길리기아 다소에서 났고 이 성에서 자라 가말리엘의 문하에서 우리 조상들의 율법의 엄한 교훈을 받았고 오늘 너희 모든 사람처럼 하나님께 대하여 열심이 있는 자라 4 내가 이 도를 박해하여 사람을 죽이기까지 하고 남녀를 결박하여 옥에 넘겼노니 5 이에 대제사장과 모든 장로들이 내 증인이라 또 내가 그들에게서 다메섹 형제들에게 가는 공문을 받아 가지고 거기 있는 자들도 결박하여 예루살렘으로 끌어다가 형벌 받게 하려고 가더니 6 가는 중 다메섹에 가까이 갔을 때에 오정쯤 되어 홀연히 하늘로부터 큰 빛이 나를 둘러 비치매 7 내가 땅에 엎드러져 들으니 소리 있어 이르되 사울아 사울아 네가 왜 나를 박해하느냐 하시거늘 8 내가 대답하되 주님 누구시니이까 하니 이르시되 나는 네가 박해하는 나사렛 예수라 하시더라 9 나와 함께 있는 사람들이 빛은 보면서도 나에게 말씀하시는 이의 소리는 듣지 못하더라 10 내가 이르되 주님 무엇을 하리이까 주께서 이르시되 일어나 다메섹으로 들어가라 네가 해야 할 모든 것을 거기서 누가 이르리라 하시거늘 11 나는 그 빛의 광채로 말미암아 볼 수 없게 되었으므로 나와 함께 있는 사람들의 손에 끌려 다메섹에 들어갔노라 12 율법에 따라 경건한 사람으로 거기 사는 모든 유대인들에게 칭찬을 듣는 아나니아라 하는 이가 13 내게 와 곁에 서서 말하되 형제 사울아 다시 보라 하거늘 즉시 그를 쳐다보았노라 14 그가 또 이르되 우리 조상들의 하나님이 너를 택하여 너로 하여금 자기 뜻을 알게 하시며 그 의인을 보게 하시고 그 입에서 나오는 음성을 듣게 하셨으니 15 네가 그를 위하여 모든 사람 앞에서 네가 보고 들은 것에 증인이 되리라 16 이제는 왜 주저하느냐 일어나 주의 이름을 불러 세례를 받고 너의 죄를 씻으라 하더라 17 에 내가 예루살렘으로 돌아와서 성전에서 기도할 때에 황홀한 중에 18 매 주께서 내게 말씀하시되 속히 예루살렘에서 나가라 그들은 네가 내게 대하여 증언하는 말을 듣지 아니하리라 하시거늘 19 가 말하기를 주님 내가 주를 믿는 사람들을 가두고 또 각 회당에서 때리고

20주의 증인 스데반이 피를 흘릴 때에 내가 곁에 서서 찬성하고 그 죽이는 사람들의 옷을 지킨 줄 그들도 아나이다 21 더러 또 이르시되 떠나가라 내가 너를 멀리 이방인에게로 보내리라 하셨느니라 22말하는 것까지 그들이 듣다가 소리 질러 이르되 이러한 자는 세상에서 없애 버리자 살려 둘 자가 아니라 하여 23 들며 옷을 벗어 던지고 티끌을 공중에 날리니 24 천부장이 바울을 영내로 데려가라 명하고 그들이 무슨 일로 그에 대하여 떠드는지 알고자 하여 채찍질하며 심문하라 한대 25 죽 줄로 바울을 매니 바울이 곁에 서 있는 백부장더러 이르되 너희가 로마 시민 된 자를 죄도 정하지 아니하고 채찍질할 수 있느냐 하니 26 부장이 듣고 가서 천부장에게 전하여 이르되 어찌하려 하느냐 이는 로마 시민이라 하니 27 부장이 와서 바울에게 말하되 네가 로마 시민이냐 내게 말하라 이르되 그러하다 28 부장이 대답하되 나는 돈을 많이 들여 이 시민권을 얻었노라 바울이 이르되 나는 나면서부터라 하니 29 심문하려던 사람들이 곧 그에게서 물러가고 천부장도 그가 로마 시민인 줄 알고 또 그 결박한 것 때문에 두려워하니라 30 이튿날 천부장은 유대인들이 무슨 일로 그를 고발하는지 진상을 알고자 하여 그 결박을 풀고 명하여 제사장들과 온 공회를 모으고 바울을 데리고 내려가서 그들 앞에 세우니라

반론 or 반성?

성경 읽기

성경의 한 단락을 통해서도 충분히 하나님의 뜻을 발견하고 우리에게 주는 메시지를 발견할 수 있습니다. 그러나 성경에는 참으로 많은 사건이 있습니다. 한 사건과는 전혀 반대처럼 보이는 사건도 있습니다. 심지어는 하나님이 앞에서 하신 말씀과 완전히 다른 말씀을 하신 적도 있습니다. 가장 대표적인 것이 로마서 3장 10절에 "의인은 없나니 하나도 없으며 깨닫는 자도 없고 하나님을 찾는 자도 없다"고 나옵니다. 그런데 창세기 6장 9절에 "노아는 의인이요 당대에 완전한 자라 그는 하나님과 동행하였으며"이고, 욥기 1장 1절에 "우스 땅에 욥이라 불리는 사람이 있었는데 그 사람은 온전하고 정직하여 하나님을 경외하며 악에서 떠난 자더라"입니다. 의인이 있다는 것입니까 없다는 것입니까?

시편과 잠언은 더 난해합니다. '의인은 없다'는 로마서 구절은 원래 시편에 나오는 구절의 인용입니다. 시편 14편 1절로 3절과 53편 1절로 3절에 똑

같은 표현이 나오는데 "어리석은 자는 그의 마음에 이르기를 하나님이 없다 하는도다 그들은 부패하고 그 행실이 가증하니 선을 행하는 자가 없도다 여호와께서 하늘에서 인생을 굽어살피사 지각이 있어 하나님을 찾는 자가 있는가 보려 하신즉 다 치우쳐 함께 더러운 자가 되고 선을 행하는 자가 없으니 하나도 없도다"입니다. 그런데 시편 1편 6절에는 "무릇 의인들의 길은 여호와께서 인정하시나 악인들의 길은 망하리로다"이고, 잠언 15장 29절은 "여호와는 악인을 멀리 하시고 의인의 기도를 들으시느니라"입니다. 시편과 잠언에는 이와 같이 의인과 악인을 대조하는 구절이 아주 많이 등장합니다. 이런 구절을 읽고 '나는 의인처럼 행동하리라'고 다짐하기도 합니다. 그런데 같은 시편에서 한편으로는 의인이 아예 없다고 선언하고, 다른 한편에서는 의인은 다르다, 의인은 복을 받는다고 선언하면 구약시대에는 의인이 있다는 것입니까, 없다는 것입니까? 만약 구약에 의인이 있을 수 있었다면 굳이 예수님이 오시지 않아도 될 걸 그랬습니다.

사건에서도 이상한 장면이 많이 있습니다. 성경에는 이스라엘이 다른 나라에 압제를 받은 적이 아주 많습니다. 대표적인 것이 출애굽기에 나오는 대로 애굽입니다. 또 사사기에 보면 메소보다미아에 팔 년, 모압에 십 팔년, 가나안에 이십 년, 미디안에 칠 년, 블레셋에 십팔 년 동안 압제나 학대를 받았고, 바벨론에게는 칠십 년 동안 속박 및 포로 생활을 당했고, 바사에게는 약 이백 년 동안 지배를 받았고, 신약으로 오면 로마에게는 아예 속국의 정도를 넘어 수백 년에 걸쳐 아예 영토를 완전히 상실하고, 민족이라는 집단성마저 상실되어 버립니다. 그런데 사람들이 말하는 열 가지 재앙은 출애굽 때만 있었습니다. 애굽은 그중 악질이고 다른 나라들은 지배를 해도 애굽만큼 악질적이지 않아서 재앙이 없는 것입니까? 그래도 사사시대에는 사사를 통해서 압제에서 풀려나는 장면이라도 있습니다. 하지만 바벨론에게는 풀려나는 것이 아니라 바사로 속국의 변화만 있을 뿐이고, 바사의 속국으로부터 벗어나는 것은 성경에 등장하지 않습니다. 구약은 바사의 속국인 상태로 이야기가 끝이 나고, 신약은 로마의 속국인 상태로 이야기가 끝이 납니다. 출애굽은 그렇게 중요하고, 출바사나 출로마는 없어도 되는 것입니까? 한 본문만을 근거로 하면 설교자와 청중이 하나님의 말씀을 왜곡할 가능성이 그만큼 많아집니다. 성경을 많이 알면 알수록, 본문을 연결하면 연결할수록 하나님의 뜻을 바르게 알 수 있습니다.

반론인가 or 반성인가

본문은 사도행전 9장에 나왔던 사건을 반복해서 이야기합니다. 그런데 잘 생각해보시면 지금 이 순간이, 이 장면이 이 이야기를 언급할 때인가를 따져보면 조금 이상합니다. 바울이 전도여행을 마치고 예루살렘으로 돌아왔습니다. 유대인들이 바울의 전도여행과 사역에 대한 오해가 있었습니다. 그 내용이 21장 21절 "네가 이방에 있는 모든 유대인을 가르치되 모세를 배반하고 아들들에게 할례를 행하지 말고 또 관습을 지키지 말라 한다 함을 들었노라"입니다. 이 오해를 풀려고 서원한 네 사람을 데리고 성전에 들어가서 정결예식을 행했습니다. 그런데 이게 오해를 푼 것이 아니라 불난 집에 기름을 부은 격이 되었습니다. 27절 "그 이레가 거의 차매 아시아로부터 온 유대인들이 성전에서 바울을 보고 모든 무리를 충동하여 그를 붙들고 외치되 이스라엘 사람들아 도우라 이 사람은 각처에서 우리 백성과 율법과 이곳을 비방하여 모든 사람을 가르치는 그 자인데 또 헬라인을 데리고 성전에 들어가서 이 거룩한 곳을 더럽혔다 하니"입니다. 그러니까 지금 상황이 전도하는 상황이 아니고 광장에서 서로 토론하는 상황이 아닙니다. 제자들끼리 둘러앉아서 옛날이야기를 하는 힐링 캠프가 아니고, 현역에서 은퇴한 사역자가 과거를 돌아보며 간증하는 '내가 매일 기쁘게' 시간이 아닙니다.

30절 "온 성이 소동하여 백성이 달려와 모여 바울을 잡아 성전 밖으로 끌고 나가니 문들이 곧 닫히더라 그들이 그를 죽이려 할 때에"입니다. 평시가 아니라 긴급 상황 그것도 죽음이 임박한 절대 절명의 순간입니다. 천만다행으로 천부장의 도움으로 겨우 위기를 면한 그 순간입니다. 이때 바울에게 말할 기회가 주어지면 무슨 이야기를 해야 합니까? 고소당한 내용이 모세를 배반한다, 율법을 폐한다, 거룩한 곳을 더럽혔다는 것이라면 바울이 반론을 할 때에 무슨 내용을 말해야 합니까? 과연 본문이 상황에 맞는 내용, 적절한 변론이라는 생각이 드십니까? 이 말을 들으면 성난 군중들이 진정이 되고, 바울을 고소하려던 것을 취소할 것 같습니까? 자신이 절박한 상황이라는 것을 모르지 않을텐데 바울로서는 이것이 최상이라고 생각했습니다. 그렇다면 본문에서는 바울이 무슨 말을 하느냐를 관찰하는 것보다, 과연 이 시점에서 이런 이야기를 하는 의도가 무엇인가를 관찰하는 것이 훨씬 더 중요합니다. 다만 순서상으로 먼저 내용을 살펴보고, 그 내용을 통해 바울이 이렇게 말한 의도를 파악해 보겠습니다.

열심이 있는 자

22장 3절은 "나는 유대인으로 길리기아 다소에서 났고 이 성에서 자라 가말리엘의 문하에서 우리 조상들의 율법의 엄한 교훈을 받았고 오늘 너희 모든 사람처럼 하나님께 대하여 열심이 있는 자라"입니다. 이 구절에서 중요한 것이 두 가지인데 하나는 '율법의 엄한 교훈을 받았고'이고, 다른 하나는 '하나님께 대하여 열심이 있는 자'입니다. '율법의 엄한 교훈을 받았다'고 말한 것은 바울이 고소당한 내용이 '모세를 배반하고, 아들들에게 할례를 행하지 말고, 또 관습을 지키지 말라고 한다'는 것이었기 때문입니다. 단순히 율법을 배워서 아는 정도가 아니라 율법을 시행하고 지키는 데도 적극적이었음을 강조하는 표현이 '너희 모든 사람처럼 하나님께 대하여 열심이 있는 자라'입니다. 이 표현이 재미있습니다. 바울을 고소한 유대인들을 소개할 때 21장 20절에서 '율법에 열성을 가진 자'라고 했었습니다. 그리고 이번에는 그들과 바울 자신을 동일시하여 '하나님께 대하여 열심이 있는 자'라고 했습니다.

그런데 지금 바울은 이것을 긍정적 의미에서 사용하는 것이 아니라 부정적 의미에서 사용하고 있습니다. 바울은 율법을 엄하게 배웠고, 율법에 열성을 가졌거나 하나님께 열심을 가진 것을 자랑으로 말하는 것이 아니라 잘못된 것이었다는 결론으로 강조점을 뒤집어 버립니다. 이스라엘과 바울이 율법을 배워서 하나님을 잘 섬긴 것이 아니라 엉뚱한 짓만 했으며, 이스라엘과 바울이 율법에 열성이 있고 하나님께 대한 열심이 있어서 하나님의 뜻을 이루고 하나님의 은혜를 누린 것이 아니라 도리어 사람을 정죄하고, 박해하고, 심지어는 죽이기까지 했으니 배운 것이 미련한 것이었고, 열성과 열심이 있었던 것이 도리어 큰 화근이었다는 설명입니다. 여기서 처음에 말씀드린 대로, 성경을 폭넓게 읽으면 성경의 뜻을 이해하는데 아주 도움이 되는 실례를 하나 보여드리겠습니다.

사도행전에는 사울이 다메섹으로 가는 길에서 예수를 만난 사건에 대한 언급이 총 세 번 나옵니다. 원조가 사도행전 9장이고, 22장에서 예루살렘에 있는 유대인들 앞에서 다시 언급되고, 26장에서 로마의 관료들인 아그립바, 버니게, 베스도 앞에서 다시 언급됩니다. 사건의 원형은 같은데 묘사가 조금씩 차이가 납니다. 특별히 22장에는 다른 곳에 없는 표현이 첨가되어 있습니다. 9장이나 26장에는 유대인과 바울에 대한 소개가 없습니다. 하지만 22장에는 바울이 먼저 유대인과 자신을 율법을 배운 자, 율법에 대해 열성이 있고 하나님에 대해 열심이 있는 자로 소개하기 때문에 이 소개에 근거한 독특한 표현이 나옵니다. 하늘에서 음성이 들리자 사울이 한 말이 '주님 누구시니이까?'입니다. 그러자 '나는 네가 박해하는 나사렛 예수라'는 대답이 나왔습니다. 여기까지는 똑같습니다. 그런데 22장 10절은 22장에만 있는 독특한 표현입니다. "내가 이르되 주님 무엇을 하리이까?"입니다.

무엇을 하리이까

달랑 한 구절에 담긴 이 절묘한 표현의 의미를 눈치 채셔야 성경이 재미 있습니다. '무엇을 하리이까?'는 그냥 '뭘해요?'라는 의문문이 아니라 '내 가 무엇을 만들어내야 합니까? 제가 감당해야할 과제가 무엇입니까? 말 씀만 하시면 당장 시행하겠습니다'라는 의지가 담겨있습니다. 이것이 바로 열성이 있는 자들, 열심이 있는 자들의 전형적인 특징입니다. 여기서는 과 연 예수를 반대하던 바울이, 자신을 '네가 박해하던 예수라'는 소리를 듣고 그렇게 즉각적으로 말씀만 하시면 충성을 하겠다고 말했을까를 의아해 하 시면 안 됩니다. 사도행전 9장과 22장의 묘사 중에 어느 것이 더욱 사건의 진실에 가까운지 확인해야 한다고 딴지를 거시면 안 됩니다. 사건의 원조 는 9장입니다. 22장은 반드시 9장을 언급해야만 하는 장면이 아니지만 유 대인들에게 복음을 설명하기 위해서 사건의 원형에 근거하여 이야기를 재 구성하여 반론을 전개하고 있습니다. 그러므로 바울이 왜 이렇게 이야기를 구성하고, 왜 이런 표현을 첨가하고, 왜 이런 논지를 전개하는 지를 파악하 는 것이 중요합니다.

바울은 자신이 누구 못지않게 열심이 있었기에, 하늘에서 음성이 나타나 자마자 '내가 무엇을 하리이까'라고 말할 정도였다는 것이고, 이런 자신의 태도가 가장 미련하고 바보 같고 어리석었다고 회상합니다. 바울의 열심을 요새 전문용어로 '닥충'이라고 합니다. 닥충의 의미는 '닥치고 충성'입니 다. 묻지도 따지지도 않고 음성만 있으면, 명령만 있으면, 신호만 있으면, 말씀만 있으면, 지시만 있으면 무조건 충성입니다. 닥충이 기독교가 가장 경계해야할 적입니다. 닥충이 모든 그리스도인이 가장 조심해야할 사항입 니다. 타종교에서는, 세상에서는, 지도자들의 입장에서는 '닥충'이 가장 좋 은 덕목입니다. 이런 직원 있으면 너무 좋고, 이런 충성 있으면 너무 믿음직 스럽고, 이런 열심 있으면 모든 것을 다 할 수 있을 것 같은 자신감이 넘쳐 납니다. 그래서 동서고금을 막론하고 '열심'과 '충성'은 모든 인간에게 요구되는 일입니다. 그런데 지금 바울은 자신의 과거를 회상하면서, 자신의 잘못을 반성하면서, 자신의 어리석었던 행동을 뉘우치면서, 자신의 미련함을 고백하면서 하는 말이 '나는 닥치고 충성이었다'입니다. 바울은 열심과 충성을 자랑으로 강조하는 것이 절대로 아니고, 유대인들의 열심을 칭찬하는 것이 아니고, 더욱 열심 낼 것을 권면하는 것이 아닙니다.

　기독교와 세상의 가장 큰 차이점을 보여주는 것이 바로 '열심 또는 충성'에 대한 인식입니다. 세상에서 열심이나 충성은 목적을 이루어가는 과정이나 수단입니다. 열심이나 충성을 통해 무엇인가를 성취하고 완성하고 만들어내야 합니다. 그래서 열심과 충성을 하고 난 후에는 반드시 그에 상응하는 보상이나 결과를 기대합니다. 하지만 기독교는 전혀 다른 차원입니다. 기독교에서는 열심과 충성을 수단이나 방법이 아니라 열매와 결과라고 선언합니다. 갈라디아서 5장 22절의 성령의 열매에 '충성'이 등장합니다. 열심을 내면, 충성을 내면 다른 무엇을 얻어내는 것이 아니라 성령을 따라 행하면, 은혜를 받으면 결과로 나타나는 것, 열매로 나타나는 것이 열심이요, 충성입니다. 그러므로 열심을 낸다고 달리 무엇이 생기는 것이 아니고, 충성을 한다고 달리 어떤 보상이 주어지는 것이 아닙니다. 그래서 세상에서는 주로 아랫 사람이 열심을 내고, 아직 성공하지 못한 사람이 충성을 합니다. 하지만 기독교에서는 큰 은혜를 받은 사람이 열심을 내고, 하나님께 큰 복을 받은 사람이 충성을 합니다. 설교를 들으면서 이것이 '복음인가, 교훈인가' 즉 '하나님의 복음인가, 인간들의 교훈인가'를 구분할 수 있는 하나의 기준점은 '하나님의 일하심, 하나님의 은혜를 강조하는가, 인간의 행동, 인간의 열심을 강조하는가'를 분별하는 것입니다. 기독교는 하나님을 강조하고, 진리를 강조하고, 은혜를 강조합니다.

바울의 강조

바울의 고백

열심과 관련해서 성경의 다른 장면과 하나 비교해 보겠습니다. 출애굽기 3장에 보면 하나님이 시내산에서 떨기나무 불꽃을 통해 모세에게 나타나십니다. 바울의 경우에는 빛이 있었고 음성이 있었는데, 모세의 경우에는 훨씬 드라마틱하고 더 웅장하고 멋집니다. 두 경우 모두 하나님이 먼저 이름을 부르십니다. 바울에게는 '사울아, 사울아', 모세에게는 '모세야, 모세야'입니다. 이어지는 장면이 재미있습니다. 모세는 단지 '내가 여기 있나이다'이고, 바울은 '주여 누구시니이까?'입니다. 그 다음에 모세는 아무 말이 없고, 바울은 '내가 무엇을 하리이까?'라고 합니다. 즉 모세는 별로 열심이 없는 사람의 일반적인 태도이고, 바울은 열심이 있는 자의 전형적인 태도입니다. 하나님은 모세에게 하나님이 하실 일을 말씀하십니다. 조상에게 했던 약속을 말씀하고, 백성의 부르짖음을 들었다고 하시고, 가나안 땅을 주시겠다고 강조하신 후에 드디어 모세에게 '가라'고 하십니다. 이때 모세의 반응은 '안 가겠다'입니다. 전혀 열심이 없습니다. 그리고는 하나님께 이런 핑계 저런 핑계를 댑니다. 이것이 사람들의 일반적인 반응입니다. 그런데 바울은 오늘 본문에서 '내가 무엇을 하리이까?'라고 물었다고 강조합니다. 바울은 열심이 있었던 사람의 모습, 그러나 미련하고 어리석었던 모습을 부각시킵니다.

그런데 재미있는 것은 본문에서 바울이 자신을 하나님에 대하여 열심이 있는 자로 소개했지만 자신의 열심 있는 행적을 전혀 언급하지 않는다는 것입니다. 지금 바울이 예루살렘에서 유대인들에게 고소를 당한 것에 대해 반론을 펴고 있다는 것을 기억하셔야 합니다. 상황을 반전시킬 이야기를 해야 합니다. 시작은 잘 했습니다. 우선 유대인들과 자신을 동일시했습니다. 그 다음은 자신에게 일어났던 현상을 소개했습니다. 정작 중요한 것은 그 다음입니다. 원래부터 열심이 있던 자기가 예수님을 직접 만나고부터는 얼마나 더 열심을 내는지, 그래서 그동안 자신이 행한 일들이 무엇이며, 업적이 무엇이며, 하나님께 충성한 내용, 하나님을 영화롭게 한 내용이 나열되어야 할 것 같습니다. 그래서 자신이 율법을 무시한 것이 아니며, 하나님을 버린 것이 아니란 것을 강조해야 유대인들의 고소에 대한 혐의를 벗을 수 있습니다. 그런데 6절부터 시작된 사건이야기는 21절까지 계속됩니다. 그러다가 22절 "이 말하는 것까지 그들이 듣다가 소리 질러 이르되 이러한 자는 세상에서 없애 버리자 살려 둘 자가 아니라 하여"입니다. 바울은 자기에게 주어진 변론의 기회에 오직 사도행전 9장 사건을 말했습니다.

바울은 우선은 이 사건을 언급하고 이어서 자기의 사역 이야기를 말하려고 했는데 유대인들이 끼어들어서 말할 기회를 놓친 것이 아닙니다. 애초부터 이 말만 하려고 했던 것이 분명합니다. 왜냐하면 26장에서 로마의 관료들 앞에서 변론할 기회를 얻었을 때에도 똑같은 행동을 하기 때문입니다. 26장은 22장과는 또 다른 상황입니다. 22장은 유대인들 앞에서 말하는 것이지만 26장은 로마 사람들 그것도 고급 관료들 앞에서 말하는 장면입니다. 유대인들 앞에서는 하나님이 나타나셨다는 이야기를 할만도 합니다. 그러나 로마 사람들 앞에서는 하나님이나 예수 이야기가 별 의미가 없습니다. 하지만 바울은 어떤 상황에서든지 변론의 기회가 주어지기만 하면 오직 한 마디 예수님이 자기에게 나타나신 이야기만 했습니다. 이것은 다분히 의도적입니다.

하나님이 하셨다

바울의 논리 전개를 잘 따라가셔야 합니다. 첫째로, 바울은 열심을 강조하는 것이 아닙니다. 유대인들이 바울을 향해 하는 행동은 열심이 있기 때문에 발생하는 부작용입니다. 만약 유대인들이 율법을 향한 열성, 하나님을 향한 열심이 없다면 이런 사태는 발생하지 않습니다. 그냥 뭐 저런 놈이 있나하고 어이없어 할 것입니다. 한 때는 예수 믿는 사람을 잡겠다고 난리를 피더니 이제는 예수를 전하러 다닌다고 난리니 해괴한 사람이라고 생각하면 됩니다. 자기가 하는 일이 뭔지도 모르는 사람 취급 하거나, 한번 변했으니 또 변할 수도 있으니 못 믿을 사람 취급해도 됩니다. 그럼 고소할 일도 없습니다. 바울이 이런 열심 저런 열심을 내다가 나이가 들면 제풀에 꺾일 것이라고 여기고 그냥 두면 됩니다. 그런데 유대인들은 그렇게 가만 둘 수가 없습니다. 왜냐하면 열성이 있고, 열심이 있기 때문입니다. 바울은 자신의 예를 들어서 열성과 열심이 얼마나 미련할 수 있는가를 유대인들에게 우회적으로 표현한 것입니다. 열심, 특별히 종교적 열심이 얼마나 무서운 것인가를 까발리고 있습니다.

두 번째, 바울은 자신을 언급하지 않았습니다. 사람들이 하는 간증을 들어보면 뻔한 레퍼토리가 있습니다. 자신이 죄인이었다, 그런데 하나님이 나타나셨다, 그래서 내가 변화되었다는 내용입니다. 이때 중요한 것이 내가 변화되었다는 것을 증명하고 싶어 하는데 그 증거가 바로 열심이고, 열심을 통한 업적입니다. 그래서 간증을 들어보면 비중이 모두 하나님을 만나 이후 자신의 일, 자신의 수고, 자신의 충성, 자신을 통해 이루어지고, 만들어지고, 성취된 성과들을 나열하는 것에 맞추어져 있습니다. 이런 식의 간증은 결론이 도루묵입니다. 처음에 '열심'으로 시작했다가 또 결말이 '열심'으로 돌아가기 때문입니다. 다만 처음에는 이런 일을 했는데 나중에는 저런 일을 했다는 것, 즉 일의 내용이 달라진 것뿐입니다. 처음에도 내가 했고, 변화된 이후에도 내가 했다는 내용입니다. 이것이 가장 바보 같은 간증이고, 이것은 기독교의 간증이 아니라 바로 세상의 자기 자랑의 전형적인 양식일 뿐입니다.

본문을 통해 바울의 간증이 얼마나 차원이 다르고, 각도가 다르고, 관점이 다르고, 내용이 다른지를 분별하셔야 합니다. 바울은 '내가 달라졌다'는 것을 강조하는 것이 아닙니다. 바울의 강조점은 '하나님이 하셨다'입니다.

자기가 열심을 내어 하나님을 찾아간 것이 아니라 하나님이 찾아 오셨다는 것입니다. 자기는 '내가 무엇을 하리이까?'라고 했는데 예수님은 '이 일을 해라, 저 일을 해라'고 과업을 맡기신 것이 아닙니다. 일에 대해서는 대수롭지 않게 말씀하셨습니다. 10절 중간부 "주께서 이르시되 일어나 다메섹으로 들어가라 네가 해야 할 모든 것을 거기서 누가 이르리라 하시거늘"입니다. 당장에 할 일은 그냥 다메섹으로 들어가는 것뿐입니다. 물론 하나님이 할 일을 주시고 마치 독촉하시는 듯한 장면도 있습니다. 아나니아가 와서 하는 말이 14절 "그가 또 이르되 우리 조상들의 하나님이 너를 택하여 너로 하여금 자기 뜻을 알게 하시며 그 의인을 보게 하시고 그 입에서 나오는 음성을 듣게 하셨으니 네가 그를 위하여 모든 사람 앞에서 네가 보고 들은 것에 증인이 되리라 이제는 왜 주저 하느냐 일어나 주의 이름을 불러 침례를 받고 너의 죄를 씻으라 하더라"입니다.

잘 읽어보시면 바울이 '할 일'이 많습니까, '될 일'이 많습니까? 정답은 바울이 될 일이 많습니다. 15절 '모든 사람 앞에서 증인'이 되는 것은 바울이 할 일입니다. 그러나 이 일을 하려면 14절 '너로 하여금 자기 뜻을 알게 하시며 그 의인을 보게 하시고 그 입에서 나오는 음성을 듣게 하셨으니'가 먼저입니다. 그리고 16절 '일어나 주의 이름을 불러 침례를 받고 너의 죄를 씻으라'입니다. 14절이나 16절은 바울이 되어져야 하는 일입니다. 14절이 없으면 15절은 불가능합니다. 예수님은 바울을 만나서 바울이 할 일을 먼저 말씀하신 것이 아니고, 바울에게 열심을 촉구한 것이 아니고, 바울에게 과업을 부여하신 것이 아닙니다. 도리어 예수님이 하실 일을 말씀하셨고, 예수님의 일하심을 통해 바울에게 이루어질 결과, 바울에게 맺어질 열매를 말씀하셨습니다. 그러니 바울은 당연히 '자신이 변했다'는 이야기나, '자신의 열심'이나, 자신이 행한 일을 언급하지 않고, 이 과정을 모두 하나님이 하셨다고 강조하고 있습니다. 이게 올바른 기독교의 간증입니다.

박해 받는 예수

기독교의 차원, 기독교의 원리가 세상과 어떻게, 얼마나 다른지를 보여주는 장면이 본문에 또 하나 있습니다. 바로 예수를 소개하는 장면입니다. 7절에서 예수님이 '사울아 사울아 네가 왜 나를 박해하느냐'고 말씀하셨고 8절에서 바울이 '주님 누구시니이까'라고 묻자 예수님의 대답이 '나는 네가 박해하는 나사렛 예수라 하시더라'입니다. 이 대답이 적절합니까? 평상시에 사울이 예수를 박해했습니다. 그런데 예수가 바울을 잡으러 왔습니다. 그렇다면 예수는 자신을 어떻게 소개해야 합니까? 순서상으로 따져보면 7절 '사울아 사울아 왜 나를 박해하느냐'는 말이 됩니다. 사울이 뭣도 모르고 천둥벌거숭이처럼 행동하고, 마치 자신이 예수를 박해하고 있는 것처럼 나대니까 예수께서 왜 나를 박해하느냐고 말씀하실 수 있습니다. 그러나 바울이 '누구시니이까'라고 물었을 때에는 예수님의 대답이 달라져야 합니다. 지금까지는 바울이 박해하는 입장이고 예수님이 박해를 받는 입장이었다면, 지금은 바울은 영문도 모르는 입장이고 예수님은 상황을 주도하고 있는 입장입니다. 그렇다면 당연히 주도자답게, 장차 바울을 사용하실 분답게 자신을 소개해야 합니다. 그런데 기껏 한다는 대답이 '나는 네가 박해하는 나사렛 예수라'입니다. 소개할 게 그렇게 없습니까? 겨우 한다는 말이 자기가 자라난 고향을 말하는 것이요, 박해받는 당사자라고 이실직고 하는 것입니까?

성경 전체를 고려해 볼 때에 구약에서 하나님이 자신을 소개하는 방식과 지금 예수님이 자신을 소개하는 방식이 달라도 너무 다릅니다. 성경에서 하나님이 말씀으로 직접 자신을 소개하신 첫 번째가 창세기 15장 1절 중간부에 "이르시되 아브람아 두려워하지 말라 나는 네 방패요 너의 지극히 큰 상급이니라", 두 번째가 17장 1절 "아브람에게 나타나 그에게 이르시되 나는 전능한 하나님이라"입니다. 모세에게 나타나셨을 때에도 전무후무한 자기 소개 즉 출애굽기 3장 14절의 "나는 스스로 있는 자니라"였습니다. 예언서로 가면 여러분이 가장 많이 들으실 수 있는 표현 '만군의 여호와 하나님'입니다. 구약에는 하나님이 '나는 너희에게 거부당하는 하나님이라'는 유형이 없습니다. 사도행전의 예수님의 자기소개가 얼마나 희한한지를 이해하셔야 합니다. 타종교와 비교해서도 이상하고 구약과 비교해서도 매우 이상합니다. 성경이 왜 이렇게 표현하는지를 분별하셔야 합니다.

구약의 이스라엘은 하나님을 모르는 자들, 하나님을 믿지 않는 자들이었습니다. 그래서 하나님은 이스라엘에게 강하고 전능한 하나님으로 등장하셨습니다. 이적과 기적을 행하시고, 하늘과 땅을 주관하시고, 나라들을 다스리시고, 모든 신들을 총동원해도 전혀 대적할 수 없는, 유일하신 하나님, 전능하신 하나님으로 알려주셨습니다. 그런데 신약의 유대교 또는 바울은 스스로 하나님을 안다고 생각한 자들입니다. 스스로 율법을 알고 하나님을 안다고 하면서 하나님에 대해서 전혀 모르고 있었습니다. 그들이 아는 하나님은 마치 이방신과 같은 존재에 불과했습니다. 이제 하나님은 구약처럼 하나님을 알리는 것이 아니고, 하나님을 안다고 하는 자들의 생각을 송두리째 바꾸어야 합니다. 그래서 바울에게는 전능한 하나님이 아니라 박해받는 하나님 또는 하늘과 땅이나 삼라만상을 운운하는 하나님이 아니라 나사렛만 언급하는 하나님으로 소개하는 것입니다.

이때 더욱 재미있는 것은 사울입니다. 왜냐하면 사울은 이 예수님을 거부할 수 없었다는 것입니다. 이 예수님은 부인할 수 없었고 무시할 수 없었습니다. 그동안 바울은 강한 것만이 강한 줄 알았습니다. 능력만이 능력인 줄 알았습니다. 권세만이 권세인줄 알았습니다. 그런데 바울은 예수님을 통해 자신의 생각이 틀렸고, 자신이 알고 있던 하나님에 대한 내용이 틀렸다는 것을 알게 되었습니다. 그래서 바울은 자신의 열심이나 행적이나, 자신의 변화를 운운하지 않고 단지 '하나님이 하셨다'고만 하게 되었습니다. 왜냐하면 그것보다 더 나은 것이 없고, 더 분명한 것이 없기 때문입니다. 본문이 단지 옛날 일을 회상하는 정도가 아니라, 단지 고소에 대응하여 반론을 하는 것이 아니라, 자신의 과거의 모습과 같은 행동을 하는 유대인들에게 전혀 다른 차원으로 하나님을 소개하며, 복음을 전하고 있다는 것을 여러분은 알아차리셔야 합니다.

세상에서 없애 버리자

이제 마지막으로 사람들의 반응을 확인해 보겠습니다. 22절 "이 말하는 것까지 그들이 듣다가 소리 질러 이르되 이러한 자는 세상에서 없애 버리자 살려 둘 자가 아니라 하여"입니다. 왜 죽이려고 할까요? 왜 이 사람을 거부하는 것일까요? 그 이유는 간단합니다. 자신들의 기준과 다르기 때문입니다. 지금 유대인들은 율법에 열성이 있는 자들, 하나님을 위해 열심이 있는 자들입니다. 하나님을 알고 있고, 하나님을 위해서 무엇이든 할 수 있다고 생각하는 자들입니다. 그들의 기준과 그들의 관점과 그들의 방식으로는 바울의 말은 도무지 용납될 수 없습니다. 왜냐하면 첫째, 바울은 변절자입니다. 하나님이 변절자를 쓰신다는 생각을 할 수 없습니다. 두 번째, 바울은 실패자입니다. 변절을 했으면 우두머리가 되었어야 하는데 마치 도망자처럼 보입니다. 하나님이 바울을 부르셨다면, 하나님이 바울을 세우셨다면 이런 모습이 아니어야 합니다. 하나님의 사람이 이런 모습일 것이라고 아무도 생각하지 못합니다. 왜냐하면 그들의 생각은 모두 죄의 기준에 입각한 것이기 때문입니다.

기독교는 하나님을 강조하는 종교입니다. 단지 하나님의 존재를 믿는 정도가 아니라 하나님의 일하심을 믿는 종교입니다. 인간이 하나님을 향한 열심이 있음을 강조하거나 하나님을 위한다는 명분을 내세우는 종교가 아니라, 하나님이 인간을 향한 열심이 있음을 강조하고, 하나님으로 말미암아 인간이 자유와 평화와 안식을 누리고 있음을 고백하는 종교입니다. 안타까운 것은 아직도 많은 성도님들이 인간이 할 일, 즉 '내가 무엇을 하리이까?'에 몰두합니다. 기독교는 '하나님이 무엇을 하셨는가?'를 아는 것이 중요합니다. 하나님이 행하신 일을 알아야 나에게 이루어진 일을 알 수 있고, 나에게 이루어진 일을 알아야 하나님의 자녀 된 성도의 삶을 풍성히 누릴 수 있기 때문입니다. 하나님 때문에 즐거운 믿음 생활, 신나는 신앙 생활, 행복한 삶을 누리시기를 주님의 이름으로 축원합니다.

양심을 따라

사도행전 23:1~35

1 바울이 공회를 주목하여 이르되 여러분 형제들아 오늘까지 나는 범사에 양심을 따라 하나님을 섬겼노라 하거늘 2 대제사장 아나니아가 바울 곁에 서 있는 사람들에게 그 입을 치라 명하니 3 바울이 이르되 회칠한 담이여 하나님이 너를 치시리로다 네가 나를 율법대로 심판한다고 앉아서 율법을 어기고 나를 치라 하느냐 하니 4 곁에 선 사람들이 말하되 하나님의 대제사장을 네가 욕하느냐 5 바울이 이르되 형제들아 나는 그가 대제사장인 줄 알지 못하였노라 기록하였으되 너의 백성의 관리를 비방하지 말라 하였느니라 하더라 6 바울이 그 중 일부는 사두개인이요 다른 일부는 바리새인인 줄 알고 공회에서 외쳐 이르되 여러분 형제들아 나는 바리새인이요 또 바리새인의 아들이라 죽은 자의 소망 곧 부활로 말미암아 내가 심문을 받노라 7 그 말을 한즉 바리새인과 사두개인 사이에 다툼이 생겨 무리가 나누어지니 8 이는 사두개인은 부활도 없고 천사도 없고 영도 없다 하고 바리새인은 다 있다 함이라 9 크게 떠들새 바리새인 편에서 몇 서기관이 일어나 다투어 이르되 우리가 이 사람을 보니 악한 것이 없도다 혹 영이나 혹 천사가 그에게 말하였으면 어찌 하겠느냐 하여 10 큰 분쟁이 생기니 천부장은 바울이 그들에게 찢겨질까 하여 군인을 명하여 내려가 무리 가운데서 빼앗아 가지고 영내로 들어가라 하니라 11 그 날 밤에 주께서 바울 곁에 서서 이르시되 담대하라 네가 예루살렘에서 나의 일을 증언한 것 같이 로마에서도 증언하여야 하리라 하시니라 12 날이 새매 유대인들이 당을 지어 맹세하되 바울을 죽이기 전에는 먹지도 아니하고 마시지도 아니하겠다 하고 13 이 같이 동맹한 자가 사십여 명이더라 14 대제사장들과 장로들에게 가서 말하되 우리가 바울을 죽이기 전에는 아무 것도 먹지 않기로 굳게 맹세하였으니 15 이제 너희는 그의 사실을 더 자세히 물어보려는 척하면서 공회와 함께 천부장에게 청하여 바울을 너희에게로 데리고 내려오게 하라 우리는 그가 가까이 오기 전에 죽이기로 준비하였노라 하더니 16 바울의 생질이 그들이 매복하여 있다 함을 듣고 와서 영내에 들어가 바울에게 알린지라 17 바울이 한 백부장을 청하여 이르되 이 청년을 천부장에게로 인도하라 그에게 무슨

할 말이 있다 하니 18 천부장에게로 데리고 가서 이르되 죄수 바울이 나를 불러 이 청년이 당신께 할 말이 있다 하여 데리고 가기를 청하더이다 하매 19 천부장이 그의 손을 잡고 물러가서 조용히 묻되 내게 할 말이 무엇이냐 20 대답하되 유대인들이 공모하기를 그들이 바울에 대하여 더 자세한 것을 묻기 위함이라 하고 내일 그를 데리고 공회로 내려오기를 당신께 청하자 하였으니 21 당신은 그들의 청함을 따르지 마옵소서 그들 중에서 바울을 죽이기 전에는 먹지도 않고 마시지도 않기로 맹세한 자 사십여 명이 그를 죽이려고 숨어서 지금 다 준비하고 당신의 허락만 기다리나이다 하니 22 이에 천부장이 청년을 보내며 경계하되 이 일을 내게 알렸다고 아무에게도 이르지 말라 하고 23 백부장 둘을 불러 이르되 밤 제 삼 시에 가이사랴까지 갈 보병 이백 명과 기병 칠십 명과 창병 이백 명을 준비하라 하고 24 또 바울을 태워 총독 벨릭스에게로 무사히 보내기 위하여 짐승을 준비하라 명하며 25 또 이 아래와 같이 편지하니 일렀으되 26 글라우디오 루시아는 총독 벨릭스 각하께 문안하나이다 27 이 사람이 유대인들에게 잡혀 죽게 된 것을 내가 로마 사람인 줄 들어 알고 군대를 거느리고 가서 구원하여다가 28 유대인들이 무슨 일로 그를 고발하는지 알고자 하여 그들의 공회로 데리고 내려갔더니 29 고발하는 것이 그들의 율법 문제에 관한 것뿐이요 한 가지도 죽이거나 결박할 사유가 없음을 발견하였나이다 30 그러나 이 사람을 해하려는 간계가 있다고 누가 내게 알려 주기로 곧 당신께로 보내며 또 고발하는 사람들도 당신 앞에서 그에 대하여 말하라 하였나이다 하였더라 31 보병이 명을 받은 대로 밤에 바울을 데리고 안디바드리에 이르러 32 이튿날 기병으로 바울을 호송하게 하고 영내로 돌아가니라 33 그들이 가이사랴에 들어가서 편지를 총독에게 드리고 바울을 그 앞에 세우니 34 총독이 읽고 바울더러 어느 영지 사람이냐 물어 길리기아 사람인 줄 알고 35 이르되 너를 고발하는 사람들이 오거든 네 말을 들으리라 하고 헤롯 궁에 그를 지키라 명하니라

공회를 주목하여

전도와 변증

사도행전의 내용을 구분하는 방법은 다양합니다. 가장 일반적인 것이 지리적인 구분과 인물적인 구분입니다. 먼저 지리적인 구분은, 사도행전 1장 8절에 '예루살렘과 온 유대와 사마리아와 땅끝까지 이르러 내 증인이 되리라'는 표현이 있기에 그것에 맞추어 1장부터 7장까지를 예루살렘에서의 복음 전도, 8장부터 12장까지는 온 유대와 사마리아에서의 복음 전도, 그리고 13장 이하를 땅끝까지 펼쳐지는 복음 전도로 구분합니다. 인물에 따른

구분은 크게 두 사람을 중심으로 하는데 1장부터 12장까지는 베드로의 복음 전도, 13장부터 28장까지는 바울의 복음 전도로 구분합니다. 두 가지 모두 사도행전을 이해하는데 많은 도움이 된다고 생각합니다. 그리고 하나를 더 추가해보자면 전도와 변증을 기준으로 하는 구분입니다. 지역적으로 어디에서 복음을 전하든 복음의 내용은 동일하고, 인물적으로 누가 복음을 전하든 내용은 동일합니다. 그러나 믿지 않는 사람을 대상으로 복음을 전하는 것과 악의적으로 대적하는 사람에게 복음을 변증하는 것은 약간 차이가 있을 수 있습니다.

그런 의미에서 본다면 사도행전 1장부터 21장까지는 복음 전도입니다. 지역과 인물이 바뀌어가면서 복음을 전하는 장면이 등장합니다. 그러나 22장부터는 상황이 다릅니다. 바울이 삼차에 걸친 전도여행을 마치고 예루살렘으로 돌아오는 것이 21장입니다. 그리고 21장 27절에 유대인들에게 잡혀서 곤경에 처할 때 천부장이 바울을 데리고 영내로 갑니다. 이때부터 바울은 자신을 고소하는 사람을 대상으로 변증을 하거나, 법정에서 변론을 하거나, 또는 바울의 고소 상태를 궁금해 하는 사람들에게 계속하여 변증을 하게 됩니다. 22장 1절을 보시면 "부형들아 내가 지금 여러분 앞에서 변명하는 말을 들으라"이고, 24장 1절을 보면 "닷새 후에 대제사장 아나니아가 어떤 장로들과 한 변호사 더둘로와 함께 내려와서 총독 앞에서 바울을 고발하니라"이고, 이 총독이 벨릭스인데 10절 "총독이 바울에게 머리로 표시하여 말하라 하니 그가 대답하되 당신이 여러 해 전부터 이 민족의 재판장된 것을 내가 알고 내 사건에 대하여 기꺼이 변명하나이다"라고 하고, 25장 1절을 보면 "베스도가 부임한 지 삼 일 후에 가이사랴에서 예루살렘으로 올라가니 대제사장들과 유대인 중 높은 사람들이 바울을 고소할새"이고, 6절 "베스도가 재판 자리에 앉고 바울을 데려오라 명하니" 그래서 8절 "바울이 변명하여 이르되 유대인의 율법이나 성전이나 가이사에게나 내가 도무지 죄를 범하지 아니하였노라 하니"입니다. 그리고 26장 1절 "아그립바가 바울에게 이르기를 너를 위하여 말하기를 네게 허락하노라 하니 이에 바울이 손을 들어 변명하되 아그립바 왕이여 유대인이 고발하는 모든 일을 오늘 당신 앞에서 변명하게 된 것을 다행히 여기나이다"입니다. 22장 이하부터는 변증이라는 것을 기억하면서 내용을 관찰하는 것이 필요합니다.

다양한 변증

실제로 사도행전에 등장하는 설교들은 조금씩 차이가 있습니다. 앞부분에 등장했던 베드로나 스데반의 설교에는 구약에 관한 내용이 많이 들어있습니다. 왜냐하면 대상이 유대인이었기 때문입니다. 2장에서 방언을 설명하는 과정에도 구약 선지자의 예언이 성취된 것으로 설명하고, 3장에서 성전에서 구걸하던 병자를 고친 것도 아브라함과 이삭과 야곱의 하나님이 예수를 살렸고 그 예수가 병자를 온전케 하였다고 설명합니다. 7장에서 스데반은 성전과 율법을 거슬러 말한다고 고소를 당했기에 아브라함부터 시작하여 솔로몬이 성전을 지은 것까지의 구약 역사를 섭렵하는 설명을 합니다. 제자들이 입만 열면 '주 예수를 믿으라'고 외친 것이 아닙니다. 8장에서 사마리아 지역에서 전도하던 빌립에 대해서는 복음의 말씀을 전했고 하나님 나라와 및 예수 그리스도의 이름에 관하여 전도했다고 소개합니다. 이방인 고넬료의 집을 방문한 베드로의 설교는 이전의 설교와는 많이 다릅니다. 구약 이야기나 선지자 이야기는 한 마디도 없고 침례 요한부터 시작하여 예수의 행한 사역을 소개하고 죽음과 부활을 설명합니다. 물론 설교의 결론은 예수로 동일하지만 내용의 비중은 이전 전도에는 구약이 많았다면 이번에는 구약이 아예 없습니다. 이런 차이가 발생하는 것은 복음을 듣는 대상이 다르기 때문입니다.

바울의 전도에서 유사한 차이점이 발견됩니다. 전도 여행을 다니면서 주로 회당에 들어가서 복음을 전했습니다. 회당에 온 사람들은 주로 유대인들입니다. 13장에 비시디아 안디옥에서 전도하는 내용에는 조상 아브라함을 택하신 것부터 출애굽, 광야, 가나안, 사무엘, 왕들을 언급하고 침례 요한을 거쳐 예수를 설명합니다. 그러나 17장의 아덴에서 전도하는 내용에는 구약에 대한 언급이 일체 없고 마치 철학처럼, 학문처럼, 신에 관한 논문처럼 신의 속성과 원리와 사역을 설명합니다. 이것이 당연합니다. 복음을 전할 때에 지역에 따라, 대상에 따라 적절한 표현과 내용을 전달해야 합니다. 마찬가지로, 복음을 전할 때와 변증을 할 때에도 차이점이 발생합니다. 전도는 말 그대로 자신이 전하고 싶은 내용을 전하는 것입니다. 그러나 변증은 상대방의 고소 내용에 대응하는 것입니다. 그러므로 사도행전 21장 이후 즉 고소 사건이 전개될 때에는 바울이 유대인들이나 이방인들에게 복음을 전하는 관점보다는 자신을 고소하고 복음을 의도적으로 반대하는 자들에게 자신을 어떻게 소개하고, 자신의 사역을 어떻게 소개하고, 고소자들의 잘못을 어떻게 밝혀내는지에 관점을 맞추어야 합니다.

성경학자들의 연구에 의하면 바울은 회심 이전에 유대 공동체의 지도체제인 산헤드린 공의회의 회원이었다고 합니다. 그러므로 바울은 산헤드린의 구성원, 운영원리, 재판절차 등에 대해서 잘 알고 있습니다. 22장은 유대인들 앞에서 변증했고, 23장은 공회에서 변증하는 장면입니다. 단지 열정있는 어떤 전도자가 여기저기에서 좌충우돌하면서 복음을 전하는 것을 연상하시면 본문의 의미가 반감됩니다. 도리어 지금부터는 대법원에서 변호사가 변론하는 장면을 연상하셔야 합니다. 당연히 치밀하고, 정교하고, 세심하고, 담대해야 합니다. 이때 한 가지 엄청난 반전이 있습니다. 꼭 기억하셔야 할 내용입니다. 세상에서 변론의 목적은 고소 사건에서 승리하는 것입니다. 자신이 무죄임을 밝히고 상대방이 틀렸다는 것을 명백하게 드러내야 합니다. 그런데 성경의 변증, 성도의 변증, 베드로를 포함한 제자들과 바울의 변증의 특징은 절대로 이기려고 하는 것이 아니라는 점입니다. 애초에 공정한 판결을 받을 것이라는 기대도 갖고 있지 않으며, 자신이 무죄임이 밝혀질 것을 소망하지 않으며, 상대방이 틀렸다는 것을 명백하게 밝히려고도 하지 않습니다.

기독교의 변증

기독교의 변증은 변증이되 상대방을 이기려는 변증이 아니라 얻으려는 변증입니다. 변증의 결과가 내가 진 것이 아니고, 상대방을 이긴 것도 아니어야 합니다. 내가 이기면 상대방이 진 것이고 내가 지면 상대방이 이긴 것인데, 바울의 변증은 내가 지지 않았는데 상대방이 이기지도 못합니다. 동시에 변증하는 과정과 내용을 통해 유대인들 또는 고소인들의 주장과 바울의 복음이 어떻게 다른가가 구별되어야 합니다. 그러므로 변증도 사실은 복음을 전하는 기회로 활용되고 있는 것뿐입니다. 고소나 변증의 전 과정을 통해 과연 기독교가 어떻게 다른가가 증명됩니다.

오늘날 기독교가, 교회가, 성도가 가장 못하는 것, 가장 실수하는 것이 바로 이 부분입니다. 기독교조차도 누가 옳은가를 분별하여 자신의 정당성을 인정받으려고 몸부림칩니다. 그래서 심지어는 교회끼리, 성도끼리 소송을 걸고 논쟁을 하고 변증을 합니다. 아주 치열하고, 신랄하고, 적나라합니다. 이전에 같은 편이었다는 사실을 완전히 잊어버립니다. 두 번 다시는 상대방과 만나지 않을 것처럼 행동합니다. 오직 승리만을 목적으로 합니다. 당연히 승자와 패자가 있습니다. 승자는 정당성을 얻고 패자는 명분을 잃습니다. 그런데 모두 패자입니다. 왜냐하면 상대방 또는 성도 즉 교회의 몸된 지체를 잃었기 때문입니다. 참으로 안타까운 현실입니다. 기독교의 기독교다움을 잃어버린 모습입니다. 사도행전에서 사도들의 변증을 통해 기독교의 변증, 성도의 변증이 어떤 모습인지를 살펴보겠습니다. 여러분은 세상 그 어떤 영화나 드라마에서 보던 것보다 더 심장이 멎게 되는 변증, 상대방을 얻으려고 간절하게 노력하는 긍휼의 변증의 현장을 직접 체험하시게 될 것입니다.

양심을 따라

유대인들 앞에서

22장은 바울이 유대인들 앞에서 변론한 내용입니다. 먼저 바울은 자신을 소개할 때 유대인과 동일시를 했습니다. 유대인들이 '율법에 열성을 가진 자'들이었기에, 자신을 '너희 모든 사람처럼 하나님께 대하여 열심이 있는 자'라고 했습니다. 표면적으로는 저들의 신앙적 열심을 칭찬하는 것처럼 들립니다. 그러나 실상은 지혜 없는 열성, 어리석은 열정을 비난하는 우회적 표현입니다. 이때 바울이 자신의 변화를 강조하면 큰일 납니다. 왜냐하면 바울의 변화를 강조하면 자신은 새로워졌다는 것이 부각되지만 유대인들은 아직도 미련한 상태에 머물러 있다는 것이 밝혀지기 때문입니다. 최종적으로는 유대인의 어리석은 신앙이 밝혀져야 하지만 직접적으로, 저들이 분노하여 고소하는 상태에서 밝혀지면 바울에게도 보탬이 될 것이 하나도 없고 유대인에게도 유익이 될 것이 하나도 없습니다. 그래서 바울이 하는 말이 오직 자신을 부르신 예수님에 관한 내용뿐입니다. 아주 절묘합니다.

바울이 소개하는 회심 장면의 내용 중에는 바울이 아주 무기력하게 등장합니다. 아는 것이 없고, 할 수 있는 것이 없습니다. 바울이 한 말만 골라보면 22장 8절 '주님 누구시니이까?', 10절 '주님 무엇을 하리이까?', 그리고는 사람들의 손에 이끌리어 다메섹으로 들어갔습니다. 얼마 후에 예루살렘으로 돌아왔는데 주님께서 '나가라'고 하십니다. 그때 바울의 대답이 19절 "내가 말하기를 주님 내가 주를 믿는 사람들을 가두고 또 각 회당에서 때리고 또 주의 증인 스데반이 피를 흘릴 때에 내가 곁에 서서 찬성하고 그 죽이는 사람들의 옷을 지킨 줄 그들도 아나이다"입니다. 여러분은 이 장면들 속에서 멋진 바울, 열성있는 바울, 충성하는 바울, 변화된 바울, 새로워진 바울의 모습을 보실 수 없습니다. 바울은 하나님을 동원해서 자신의 정당성을 입증하려는 태도를 가지지 않습니다. 자신을 절대로 드러내지 않습니다. 자기도 원래는 유대인들과 같았는데 이제는 유대인들과 다르다고 차별화된 모습을 강조하지 않습니다. 줄기차게 하나님만 이야기합니다. 다메섹으로 가는데 하나님이 나타나셨다, 하나님이 물어보셨고, 하나님이 말씀하셨고, 하나님이 지시하셨고, 하나님이 사람을 보내셨고, 하나님이 떠나라고 하셨고, 하나님이 보내셨다고만 말합니다. 오직 하나님만 이야기합니다. 이 절묘함을 느끼셔야 합니다.

이때 유대인들의 반응이 22절 중간부 "그들이 듣다가 소리 질러 이르되 이러한 자는 세상에서 없애 버리자 살려 둘 자가 아니라 하여 떠들며 옷을 벗어 던지고 티끌을 공중에 날리니"입니다. 이러한 반응을 보이는 이유는 하나님이 바울 같은 배신자를 부르셨을 리가 없다는 것이고, 만약 하나님이 부르셨다면 이렇게 실패자가 아닐 것이라고 생각했기 때문이라고 했습니다. 유대인들의 이러한 반응이 아주 큰 잘못인 것이고, 달리 말하면 은연중에 바울에게 완전히 당한 것이 됩니다. 왜냐하면 바울은 하나님이 자신을 부르셨고, 세우셨고, 보내셨다고 강조했는데 유대인들이 바울을 잡아서 죽이려고 하는 것은 곧 하나님의 일하심을 대적하는 것이고, 하나님의 일하심에 대적하는 것은 바로 유대인들이 바울을 고소하고 바울을 죽이려는 이유와 같은 것이기 때문입니다. 바울은 처음에는 자신과 유대인은 같은 부류 즉 '너희 모든 사람처럼 하나님께 대한 열심히 있는 자'로 여겼고, 마지막에는 같은 행동을 하는 자로 만들었습니다. 이 정도면 대법원 전문 변호사 같습니다.

공회 앞에서

긴박한 순간에 천부장이 개입하여 일단 바울을 보호하였고, 이튿날 취한 조치가 22장 30절 "천부장은 유대인들이 무슨 일로 그를 고발하는지 진상을 알고자 하여 그 결박을 풀고 명하여 제사장들과 온 공회를 모으고 바울을 데리고 내려가서 그들 앞에 세우니라"입니다. 여기에 언급된 공회가 유대인들의 자치 공동체 운영 기관인 산헤드린 공의회입니다. 바울 사건의 진상을 파악하기 위해 정치 지도층인 의회 의원들과 종교 지도층인 제사장들을 모두 소집하였습니다. 이렇게 등장 인물들이 훨씬 고위층들이기에 23장 1절부터 전개되는 바울의 변증은 훨씬 더 정교해질 것임을 여러분은 예상하셔야 합니다. 표현 하나 하나가 얼마나 섬세한지 감탄하실 준비를 하셔야 합니다.

1절 "바울이 공회를 주목하여 이르되 여러분 형제들아 오늘까지 나는 범사에 양심을 따라 하나님을 섬겼노라 하거늘"입니다. 바울이 왜 이렇게 말했는지를 전혀 파악하지 못하시는 분들은 당연히 2절도 파악을 못하십니다. 2절 "대제사장 아나니아가 바울 곁에 서 있는 사람들에게 그 입을 치라 명하니"입니다. 또 2절을 파악하지 못하시는 분은 3절도 파악을 못하십니다. 3절은 "바울이 이르되 회칠한 담이여 하나님이 너를 치시리로다"입니다. 4절에서 사람들이 '하나님의 대제사장을 네가 욕하느냐'고 하자, 5절에서 바울이 "형제들아 나는 그가 대제사장인 줄 알지 못하였노라"고 합니다. 바울의 한마디 한마디는 철저하게 의도된 발언입니다. 성도님들은 6절만 의도된 발언인 줄 압니다. 6절을 보면 "바울이 그 중 일부는 사두개인이요 다른 일부는 바리새인인 줄 알고 공회에서 외쳐 이르되 여러분 형제들아 나는 바리새인이요 또 바리새인의 아들이라"고 합니다. 앞에서 언급했듯이 바울은 정치적으로나 종교적으로나 고위층에 속해 있던 사람입니다. 산헤드린 공의회 회원으로서 유대 공동체의 정치 체제와 공의회 구성 현황을 너무나 잘 알고 있었고, 가말리엘 율법교사의 문하생으로 종교와 율법에 대해서 누구보다도 잘 알고 있었습니다. 당연히 1절부터 계산된 행동입니다. 대제사장은 바울이 한 말의 의미를 알아차렸기에 2절에서 발끈한 것입니다.

1절부터 다시 보면 바울의 첫 마디가 "여러분 형제들아 오늘까지 나는 범사에 양심을 따라 하나님을 섬겼노라"입니다. 도대체 이게 무슨 의미이 기에 대제사장이 화가 났을까요? 우선 1절의 '양심'은 저와 여러분이 일상 적으로 '양심의 가책을 받다'는 말을 사용할 때 쓰는 그 양심이 아닙니다. 바울은 율법을 배반하고 거룩한 곳인 성전을 더럽힌다고 고소를 당했습니 다. 정죄를 당하지 않으려면 자신이 율법을 어기지 않았다고 말해야 합니 다. 그것은 이미 22장에서 가말리엘 문하에서 율법의 엄한 교훈을 받았고, 하나님의 소명을 받았다고 말했었습니다. 그런데 결과는 소동이 더 심해져 서 공회까지 오게 되었습니다. 이제는 다른 표현을 사용해야 하는데 그것 이 '나는 범사에 양심을 따라 하나님을 섬겼노라'입니다. 여기서 말하는 양 심은 '공통된 지각, 의식, 생각, 이해, 깨달음, 지혜'를 의미합니다.

고린도후서 1장 12절을 보면 "우리가 세상에서 특별히 너희에 대하여 하 나님의 거룩함과 진실함으로 행하되 육체의 지혜로 하지 아니하고 하나님 의 은혜로 행함은 우리의 양심이 증언하는 바니 이것이 우리의 자랑이라" 고 나오는데 이때 '양심'이 본문의 '양심'과 같습니다. '육체의 지혜'와 대 조되는 것이 '하나님의 은혜'인데, 하나님의 은혜가 인간의 지혜가 아니라 하나님의 지혜라는 설명입니다. 이와 같이 바울이 말하는 '양심에 따라 하 나님을 섬겼다'는 것은 자신이 하나님에 대하여 '지혜롭게 행했다'는 뜻입 니다. 자신이 하나님을 모르는 것이 아니며, 율법을 모르는 것이 아니며, 관습을 모르는 것이 아니며, 신앙을 모르는 것이 아니라는 주장입니다. 어 리석어서, 미련해서, 감정적이어서, 충동적이어서 실수를 한 것이나 틀린 행동을 한 것이 아니라는 선언입니다. 이 선언이 아주 기가 막힙니다.

바울의 의도를 알아차린 대제사장이 버럭 성질이 나서 2절처럼 곁에 있 는 사람에게 '그 입을 치라'고 명합니다. 바울이 말 한 대로라면 즉 바울이 하나님께 대하여 지혜롭게 행한 것이라면 지금 바울을 고소한 사람들이 나, 붙잡은 사람들, 그리고 바울을 재판하겠다고 모인 사람들이 모두 미련 한 사람이 되는 것이요, 하나님에 대하여 어리석게 행동하고 있다는 주장이 되기 때문입니다. 바울은 '너희들이 틀렸다'고는 말하지 않았지만 결국은 '너희들이 틀렸다'는 의미가 되도록 말했습니다. 그래서 바울은 그 다음에 자신이 하고 싶은 말을 할 수 있도록 상대방의 행동을 유도해 내었습니다.

회칠한 담이여

바울의 그 다음 말이 3절 "회칠한 담이여 하나님이 너를 치시리로다 네가 나를 율법대로 심판한다고 앉아서 율법을 어기고 나를 치라 하느냐"입니다. '회칠한 담이여'를 처음에 1절에서 말하면 안 됩니다. 처음부터 이 말을 하면 바울은 막연히 상대방을 비난하는 사람밖에는 안 됩니다. 그런데 먼저 대제사장 아나니아가 '그 입을 치라'고 말을 했습니다. 아직 바울에 대하여 정확한 불법 행위가 결정 나지 않은 상태에서 대제사장이 법에 근거하지 않은 행동, 법적 절차에 맞지 않은 조치를 행했습니다. 바로 그때에 기다렸다는 듯이 당당하게 바울이 '회칠한 담이여 하나님이 너를 치시리로다 네가 나를 율법대로 심판한다고 앉아서 율법을 어기고 나를 치라 하느냐'고 말합니다. 지금은 이 말을 할 수 있습니다. 이제 불법자는 바울이 아니라 대제사장이 되어버렸습니다. 단 두 마디로 상황을 완전히 반전시켜버렸습니다.

정당성을 잃은 사람, 공정성을 잃은 집단이 주장할 수 있는 것은 단 하나 '권위'뿐입니다. 그것이 4절 "하나님의 대제사장을 네가 욕하느냐"입니다. 뻔한 레파토리입니다. 아니 대제사장은 엉뚱한 소리해도 됩니까? 하나님의 대제사장은 불법을 행해도 되고, 백성들은 대제사장에 대해서 아무 소리도 할 수 없습니까? 이건 무슨 말도 안 되는 무법적 행동입니까? 저와 여러분이 주변에서 늘상 볼 수 있는 높은 사람들, 상사들, 권위자들의 어이 없는 행동입니다. 이때 또 바울이 아주 재미있는 말을 합니다. 5절 "바울이 이르되 형제들아 나는 그가 대제사장인 줄 알지 못하였노라 기록하였으되 너의 백성의 관리를 비방하지 말라 하였느니라"입니다. 상황을 잘 보시면, 바울은 계속하여 성경 또는 유대인들이 알고 있고, 믿고 있고, 따르고 있고, 강조하고 있는 율법을 언급할 수 있는 기회를 자꾸 만들면서 말을 이어 갑니다. 어차피 이 자리는 유대인들에게 유리한 자리이고, 여기에서 공정한 재판이 이루어져서 자신이 무죄로 방면될 것을 기대하고 있지도 않습니다.

그렇다면 바울은 자신이 증거를 제시하거나, 억울하다고 호소한다고 해결된 것이 아니라는 것을 알고 있습니다. 바울이 하고 싶은 모든 말은 철저하게 저들이 의지하고 있는 율법에 근거해야 합니다. 그래서 하는 말이 모두 '나는 범사에 하나님에 대해 지혜롭게 행동하였다', '네가 나를 율법으로 심판한다고 앉아서 율법을 어기고', '기록하였으되 너의 백성의 관리를 비방하지 말라 하였느니라'입니다. 사실은 공의회 의원들과 제사장들이 율법을 근거로 바울을 정죄하려고 모인 자리인데, 실상은 바울이 율법을 근거로 그들을 책망하고 조롱하고 있는 것입니다. 호통은 대제사장이 쳤고 사과는 바울이 했는데, 머쓱해진 것은 그들입니다. 바울은 사과를 하고 율법을 언급했을 뿐 정죄하지 않았는데, 그들은 스스로 정죄되어버렸습니다. 절묘합니다.

설교의 초점을 놓치시면 안 됩니다. 지금 바울이 얼마나 말을 잘하는가, 바울이 얼마나 지혜롭게 말하는가를 칭찬하려는 것이 아닙니다. 저와 여러분은 지금 성도의 자세, 성도의 원리, 성도의 기본 마음을 확인하고 있습니다. 고소를 당할지라도, 그것도 실제로 잘못한 것이 아니라 억울한 고소를 당할지라도 모든 과정은 철저하게 상대방을 얻기 위한 조치입니다. 성도는 이미 진리를 가진 자입니다. 진리가 비진리에 의해서 진리로 밝혀지는 경우는 없습니다. 그리고 진리를 기껏해야 자신이 진리임을 확인하는 선에서 그치는 것이 아닙니다. 진리는 당연히 진리이어야 하고, 진리이기 때문에 죄인들을 품어주고, 안아주고, 감당해주고, 살려내는 역할을 해야 하는 것입니다. 바울은 저와 여러분에게 성도가 진리를 어떻게 활용하는지에 대해 아주 좋은 모범을 보여주고 있습니다.

나는 바리새인이요

바울의 발언이 모두 의도된 것임을 아예 대놓고 밝혀주는 것이 6절 이하 "바울이 그 중 일부는 사두개인이요 다른 일부는 바리새인인 줄 알고 공회에서 외쳐 이르되 여러분 형제들아 나는 바리새인이요 또 바리새인의 아들이라"입니다. 바울이 이것을 몰랐다가 갑자기 알아차린 것이 아닙니다. 바울은 처음부터 공회에 두 그룹이 섞여있는 것을 알았습니다. 그러나 첫 마디부터 '나는 바리새인이요'라고 외치지 않고 6절에 와서야 말합니다. 처음부터 이 말을 하면 바리새인조차도 바울의 편을 들어주지 않습니다. 도리어 바리새인의 아들 가운데 이런 죄인이 있다는 것을 불편해하고 창피해하고 바리새파가 모욕을 당한 것으로 여겨버립니다. 어떤 율법에 정통한 사람들이 처음부터 대놓고 죄인의 편을 들어주겠습니까? 그런데 바울 즉 죄인으로 잡혀있는 사람이 옳은 소리를 하고, 더 나아가 율법이 있는 소리를 하고, 아예 율법의 구절을 암송 또는 인용하기까지 합니다. 대제사장은 엉뚱한 행동을 하는데 바울은 대제사장보다 더 적절한 행동을 하고 있습니다. 이렇게 바울 자신이 율법을 아는 자요, 가말리엘의 문하에서 율법을 배운 자요, 율법을 지키는 자임을 보여준 다음에 '나는 바리새인이요 또 바리새인의 아들이라'고 외치고 있으니 정말 지혜롭게 변론을 이어가는 것입니다.

그 다음도 멋있습니다. 자신이 고소 받은 내용에 대해서 말하기를 "죽은 자의 소망 곧 부활로 말미암아 내가 심문을 받노라"고 합니다. 그 이유가 8절 "이는 사두개인은 부활도 없고 천사도 없고 영도 없다 하고 바리새인은 다 있다 함이라"입니다. 바울의 한 마디 한 마디가 참 절묘한 것은 상황을 기가 막히게 반전시키고 주제를 기가 막히게 전환시키기 때문입니다. 왜냐하면 엄밀하게 말하면 바울은 '죽은 자의 소망 곧 부활'에 대해서 말하고 다닌 것이 아니라 '예수'에 대해서 말하고 다녔기 때문입니다. 바울은 '죽은 자의 소망' 때문에 고소를 당한 것이 아니라 '예수의 부활' 때문에 고소를 당했습니다. 그런데 예수라는 말을 하지 않고 그냥 단지 '죽은 자의 소망 곧 부활'이라고 말합니다. 이렇게 말을 하면 예수의 부활도 되지만, 바울 자신의 부활도 되고, 현장에 앉아있는 바리새인의 부활도 됩니다. 주제가 바뀌어 버렸습니다. 주제가 바뀐 증거가 바로 7절 "그 말을 한즉 바리새인과 사두개인 사이에 다툼이 생겨 무리가 나누어지니"입니다. 원래는 나누어지면 안 됩니다. '부활'이 핵심이 아니라 '예수'가 핵심이었으니 모두가 한 마음을 유지했어야 하는데 모두 바울에게 당했습니다.

더 재미있는 것이 9절 "크게 떠들새 바리새인 편에서 몇 서기관이 일어나 다투어 이르되 우리가 이 사람을 보니 악한 것이 없도다 혹 영이나 혹 천사가 그에게 말하였으면 어찌 하겠느냐 하여 큰 분쟁이 생기니"입니다. 드디어 재판장에 모였던 사람이 바울을 변증하게 되었습니다. 단순히 변호하는 정도가 아니라 무죄라고 선언까지 해주고, 더 나아가 영이나 천사의 도움을 받고 있는 줄도 모른다고 응원까지 하고 있습니다. 서로 다투고 있으니 이제 바울이 정죄받는 것이 아니라 바리새인과 사두개인 둘 중의 한쪽이 죄인이 될 상황입니다. 성경은 정말 내용적으로도 진리이고 수사학적으로도 너무나 완벽한 교과서입니다. 예수님도 말씀 한마디로 질문하러 온 자가 스스로 대답하게 하였는데, 바울도 단지 한 두 마디로 변론의 장소에서 재판장들끼리 싸우게 만들어 버렸습니다.

바울의 의도

이쯤 되면 여러분은 바울의 의도를 파악하셨어야 합니다. 바울의 의도는 자신이 무죄로 판명 받는 것이 아니요, 상대방이 죄인으로 판명 받는 것이 아닙니다. 바울의 의도는 사람들에게 자신들의 실상을 바로 알게 하는 것입니다. 그것도 바울이 상대방의 허상을 직접 입으로 말해서, 사람들의 잘못을 일일이 고발해서가 아니라 스스로 자신들의 실체를 확인하게 하는 것입니다. 대제사장으로 하여금 스스로 율법을 어긴 것을 알게 하고, 공의회 회원들로 하여금 자신들이 얼마나 불공정하고, 자신들이 얼마나 진리에 대해 편파적이고, 개인적이고, 파당적인지를 알게 하는 것입니다. 서로 다투는 것을 통해 본인들이 누군가를 심리하거나 판단할 만한 수준이 아니라는 것을 확인하게 하는 것입니다. 당시에 가장 지혜롭고 현명하다는 사람들이 모여 서로 다투는 것을 통해 실상은 그들이 미련하고 어리석다는 것을 드러나게 하는 것입니다.

바울은 이런 결과가 나올 것을 모두 알고 있었습니다. 왜냐하면 바로 얼마 전의 자신의 모습이기 때문입니다. 진리를 몰랐을 때에, 단지 자신이 배운 것, 자신의 그룹이 알고 있는 것, 자신의 당파나 계보가 알고 있는 것만이 진리라고 생각하던 예전의 자신의 모습이기 때문입니다. 그리고 그것을 깨우치기 위해서는 바울이 무슨 말을 해도 소용없고, 아무리 논리적으로 치밀해도 의미없고, 아무리 설득력있게 말해도 가치없고, 이러저러한 증거를 제시해도 받아들이지 않을 것을 알고 있습니다. 지금 그들에게 필요한 것은 오직 '하나님의 은혜'라는 것을 알고 있습니다. 12절 이하에 보면 유대인들이 바울을 죽이기로 작정한 이야기가 나옵니다. 바울을 죽이기 전에는 먹지도 아니하고 마시지도 아니하겠다는 사람이 사십여 명이나 됩니다. 이것도 바울에게는 놀라운 일이 아니고 새로운 일이 아닙니다. 이것도 바울이 예전에 하던 행동입니다. 진리를 알기 전에, 단지 율법에 대한 열정만 있을 때, 하나님에 대한 열심만 있을 때 자신이 하던 짓입니다. 말릴 방도가 없습니다. 저들에게 필요한 것은 절제가 아니라, 냉정한 사리판단이 아니라, 바울에 대한 정확한 정보가 아니라 '하나님의 은혜'라는 것을 알고 있습니다.

사람들은 종종 바울의 복음 전파만을 기억합니다. 위험을 무릅쓰고 복음을 전하기 위해 충성한 것만 생각합니다. 하지만 사도행전이 보여주려는 가장 위대한 것은 바울이 '복음의 원리대로 행동했다', 자신이 전하는 '복음의 내용대로 실천했다, 자신이 선포하는 진리의 역할을 실제로 감당했다'는 것입니다. 바울은 복음을 전하기 위해 비복음적으로 행하지 않고, 하나님 나라 확장을 위해 죄의 원리를 사용하지 않고, 진리를 사수하려고 진리로 사람을 다치게 하지 않았습니다. 자신이 진리를 가졌음을 알지 못하면 불가능하고, 자신이 성도임을 알지 못하면 불가능합니다. 본문에서 율법을 알면서 가장 비율법적으로 행동한 사람이 대제사장이었습니다. 율법을 알면서 가장 율법을 모르는 사람들이 바리새인들과 사두개인들이었습니다. 반대로 본문에서 율법을 알면서 율법대로 실천한 사람, 진리를 알면서 진리대로 행동한 사람은 바울이었습니다.

사도행전에서 제자들이나 바울은 단지 고소에 걸렸을 때만이 아니라 사도행전 전체에서 동일한 원리로, 동일한 마음으로, 동일한 방법, 즉 하나님의 마음과 심정과 원리로 행동했습니다. 저와 여러분이 실제로 고소에 걸릴 일은 거의 없습니다. 그러나 저와 여러분은 이미 삶 자체가, 세상에서 살고 있는 생활 전체가 사도행전과 동일한 현장에 있습니다. 영적 싸움의 현장에서 죄인을 물리치는 승리가 아니라 죄는 이기면서 죄인을 변화시키는 승리의 삶이 되시기를 주님의 이름으로 축원합니다.

예수 믿는 도

사도행전 24:1~27

1 닷새 후에 대제사장 아나니아가 어떤 장로들과 한 변호사 더둘로와 함께 내려와서 총독 앞에서 바울을 고발하니라 2 바울을 부르매 더둘로가 고발하여 이르되 3 벨릭스 각하여 우리가 당신을 힘입어 태평을 누리고 또 이 민족이 당신의 선견으로 말미암아 여러 가지로 개선된 것을 우리가 어느 모양으로나 어느 곳에서나 크게 감사하나이다 4 당신을 더 괴롭게 아니하려 하여 우리가 대강 여짜옵나니 관용하여 들으시기를 원하나이다 5 우리가 보니 이 사람은 전염병 같은 자라 천하에 흩어진 유대인을 다 소요하게 하는 자요 나사렛 이단의 우두머리라 6 그가 또 성전을 더럽게 하려 하므로 우리가 잡았사오니 (6하반–8상반 없음) 8 당신이 친히 그를 심문하시면 우리가 고발하는 이 모든 일을 아실 수 있나이다 하니 9 유대인들도 이에 참가하여 이 말이 옳다 주장하니라 10 총독이 바울에게 머리로 표시하여 말하라 하니 그가 대답하되 당신이 여러 해 전부터 이 민족의 재판장 된 것을 내가 알고 내 사건에 대하여 기꺼이 변명하나이다 11 당신이 아실 수 있는 바와 같이 내가 예루살렘에 예배하러 올라간 지 열이틀밖에 안 되었고 12 그들은 내가 성전에서 누구와 변론하는 것이나 회당 또는 시중에서 무리를 소동하게 하는 것을 보지 못하였으니 13 이제 나를 고발하는 모든 일에 대하여 그들이 능히 당신 앞에 내세울 것이 없나이다 14 그러나 이것을 당신께 고백하리이다 나는 그들이 이단이라 하는 도를 따라 조상의 하나님을 섬기고 율법과 선지자들의 글에 기록된 것을 다 믿으며 15 그들이 기다리는 바 하나님께 향한 소망을 나도 가졌으니 곧 의인과 악인의 부활이 있으리라 함이니이다 16 이것으로 말미암아 나도 하나님과 사람에 대하여 항상 양심에 거리낌이 없기를 힘쓰나이다 17 여러 해 만에 내가 내 민족을 구제할 것과 제물을 가지고 와서 18 드리는 중에 내가 결례를 행하였고 모임도 없고 소동도 없이 성전에 있는 것을 그들이 보았나이다 그러나 아시아로부터 온 어떤 유대인들이 있었으니 19 그들이 만일 나를 반대할 사건이 있으면 마땅히 당신 앞에 와서 고발하였을 것이요 20 그렇지 않으면 이 사람들이 내가 공회 앞에 섰을 때에 무슨 옳지 않은 것을 보았는가 말하라 하

소서 21 오직 내가 그들 가운데 서서 외치기를 내가 죽은 자의 부활에 대하여 오늘 너희 앞에 심문을 받는다고 한 이 한 소리만 있을 따름이니이다 하니 22 벨릭스가 이 도에 관한 것을 더 자세히 아는 고로 연기하여 이르되 천부장 루시아가 내려오거든 너희 일을 처결하리라 하고 23 백부장에게 명하여 바울을 지키되 자유를 주고 그의 친구들이 그를 돌보아 주는 것을 금하지 말라 하니라 24 수일 후에 벨릭스가 그 아내 유대 여자 드루실라와 함께 와서 바울을 불러 그리스도 예수 믿는 도를 듣거늘 25 바울이 의와 절제와 장차 오는 심판을 강론하니 벨릭스가 두려워하여 대답하되 지금은 가라 내가 틈이 있으면 너를 부르리라 하고 26 동시에 또 바울에게서 돈을 받을까 바라는 고로 더 자주 불러 같이 이야기하더라 27 이태가 지난 후 보르기오 베스도가 벨릭스의 소임을 이어받으니 벨릭스가 유대인의 마음을 얻고자 하여 바울을 구류하여 두니라

바울의 변론

진리의 역할

교회라는 말을 사전적으로 이해하면 '불러냄을 받은 자들'이라는 의미입니다. 여기서 '불러내다'는 장소를 의미하는 것이 아니라 '원리'를 의미합니다. 즉 죄로부터 불러내었습니다. 이렇게 불러냄을 받은 사람들을 '성도'라고 합니다. 성도는 '거룩한 사람'인데 '거룩하다'는 것은 '구별되다'라는 의미이고, 구별되는 것은 장소적으로가 아니라 '원리적으로' 즉 '죄의 원리로부터' 구별되는 것입니다. 이와 같이 원리적으로나 내용적으로는 죄와 구별되고, 장소적으로나 시간적으로는 세상 속으로 들어가는 것이 기독교의 본질입니다. 성도는 세상을 멀리하고, 세상을 도외시하고, 세상을 버리는 것이 아니라 세상 속에서 살아갑니다.

기독교의 본질은 예수님의 사역에서 증명됩니다. 예수님은 하나님이셨습니다. 원리적으로 죄와 본질이 다르고, 차원이 다르고, 기준과 가치와 개념과 원리가 다른 하나님이셨습니다. 그런 하나님이 세상 속으로, 인간들 속으로 들어오셨습니다. 영이신 하나님이 육속으로 성육신하셨습니다. 그 이유는 진리이셨기 때문입니다. 예수님은 진리이셨기 때문에 거짓을 치유하기 위하여 세상의 거짓 속으로 들어오셨습니다. 예수님이 빛이셨기 때문

에 어둠을 밝히기 위하여 세상의 흑암 속으로 들어오셨습니다. 진리는 진리끼리 모이고 어둠을 다른 편이라고 제외시키는 것이 아닙니다. 진리이기에 불의 속으로 들어가서 불의와 거짓을 진리로 변화시키는 것이 진리의 역할입니다. 빛은 빛끼리 모이는 것이 아닙니다. 빛은 어둠을 밝히기 위해서 존재합니다. 이 당연한 사실을 그동안 기독교가 반대로 행동했습니다. 세상은 죄악된 곳이기에 가능한 세상을 멀리하고, 단지 교회로 모여서 모임도 성도끼리 하고, 교제도 성도끼리 하고, 활동도 성도끼리 하고, 온통 성도끼리만 어울리며 살게 했습니다. 그러면서 명분은 '하나님 나라를 확장하는 것'이었고, 표어는 '세상을 변화시키자'였습니다. 모두 엉터리였습니다. 성경과 달랐습니다.

분명히 예수님은 저와 여러분을 죄로부터 구원하셨습니다. 이제는 죄의 원리로 사는 것이 아니라 하나님의 원리로 사는 새로운 피조물로 변화시켜 주셨습니다. 그리고 다시 세상 속으로 보내셨습니다. 그곳에 빛이 필요하고 그곳에 진리가 필요했기 때문입니다. 성도가 성도답게 살아야 하는 곳이 바로 세상입니다. 성도의 존재, 성도의 역할이 간절하게 필요한 곳이 바로 세상입니다. 교회는 궁극적 도달점이 아니라 시발점입니다. 즉 하나님의 사역의 최종 목적지가 아니라 하나님의 사역이 시작되는 곳이요, 전개되는 곳이요, 펼쳐지는 곳입니다. 사도행전에서도 사도들은 세상을 떠난 것이 아니라 계속해서 세상 속으로 들어갔습니다. 철저하게 세상 속에서 살았습니다.

그동안 사도행전에 관한 관점에 대해 한 가지를 교정하려고 노력을 했습니다. 그것은 사도행전이 '사도들이 하나님의 영광을 위해 충성하는 모습'을 소개하는 것이 아니라 정반대로 '하나님이 사도들을 변화시킨 것을 증거하는 모습'이라는 사실입니다. 사도들은 비전을 완수하기 위해 사명감을 가지고 일하는 모습으로 등장하는 것이 아니라, 과연 하나님의 은혜를 받고 진리를 아는 자가 된 성도들의 사는 모습이 이전과 얼마나 다른 가를 보여주는, 하나님의 일하심의 열매요, 결실로서 제시되고 있습니다. 사도행전에서 사도들이 일하는 모습을 보는 것이 아니라 하나님이 일하시는 모습을 보는 것이며, 자기가 사도들처럼 되려고 다짐하고, 각오하고, 결심하는 것이 아니라, 하나님으로 말미암아 나도 사도들처럼 될 것을 기대하며 소망하는 것이 되어야 합니다.

사도행전의 후반부에 들어서서 한 가지를 더 교정해 보겠습니다. 만약 사도행전을 한편의 영화라고 가상하고 관객들에게 감상평을 써달라고 하면 어떤 평가가 나올까요? 아마도 전반부는 흥미진진했으나 후반부는 맥이 빠졌다고 할 수도 있습니다. 앞부분은 다양한 등장인물이 여러 가지 일들을 빠른 속도로 진행하여 관객들을 사로잡았으나, 뒷부분은 한 인물의 재판에 관한 내용으로 유사한 상황이 반복되어 매우 지루했으며 특히나 마지막에 가서도 뚜렷한 결말도 나지 않아 많은 아쉬움이 남는다고 할 수 있습니다. 이런 반응이 나오는 이유는 사도행전을 보는 관점이 다르기 때문입니다. 사도행전이 보여주려는 초점을 찾지 못하기 때문입니다. 사도행전 22장부터 고소를 당한 바울의 변론이 등장하는데 매우 특이하다고 했습니다. 자신이 상대방을 이기려고 하지 않았습니다. 변론하는 과정과 내용이 상대방을 정죄하는 것이 아니며, 상대방의 잘못을 들추어내는 것이 아니라고 했습니다. 과연 사도행전에서 성도의 모습이라고 증거하는 삶의 양상은 무엇인지 분별해야 합니다. 성령의 충만함을 힘입어 상대방을 이기는 것일까요? 아니면 반대로 세상에서 고난 받는 것일까요? 아니면 둘 다 아니고 전혀 다른 것일까요?

죄인들의 현상

23장 26절에 의하면 천부장의 이름이 '글라우디오 루시아'이고, 총독이 '벨릭스'입니다. 천부장이 문제를 자기 스스로 해결하지 못하고 바울을 예루살렘에서 가이샤라로 이송합니다. 그리고 24장 1절을 보면 "닷새 후에 대제사장 아나니아가 어떤 장로들과 한 변호사 더둘로와 함께 내려와서 총독 앞에서 바울을 고발하니라 바울을 부르매 더둘로가 고발하여 이르되"입니다. 이제는 고소인 측 전문 변호사가 등장했습니다. 24장은 지금부터 2000년 전의 재판정의 상황인데 오늘날과 똑같습니다. 죄인의 속성, 죄의 원리가 변하지 않았기 때문입니다. 당연히 고소인과 피고소인이 있습니다. 둘 중의 강자인 유대 공동체는 강자의 모습, 권력자의 행태를 그대로 보여줍니다. 예나 지금이나 상황은 똑같은 것 같습니다. 강자는 권력과 권위를 동반하여 자신의 입지를 고수하려고 하고 약자는 자신의 생존을 지키려고 합니다. 즉 한쪽은 생존이 전제된 상태에서 '이익의 정도 차이'에 관심을 가지고 있는 반면 다른 한쪽은 이익은 고사하고 자기 목숨 유지하는 것조차도 보장받지 못하고 있습니다.

또 강자는 언제나 동원할 무기가 많다는 것입니다. 그래서 본인이 나서는 경우가 없습니다. 언제나 본인은 뒤에 숨어있고 앞에는 대리인들이 설레발을 칩니다. 그래서 본문에도 유대 공동체에는 더둘로라는 변호사가 앞에 등장합니다. 약자는 모든 것을 본인이 감당해야 합니다. 북 치고 장구 치고 혼자 다해야 합니다. 당연히 지치고 힘들고 시간 싸움과 체력 싸움에서 밀립니다. 물론 강자는 재판을 이기기 위해 불법을 행하고 약자는 준법을 행하느냐하면 전혀 그렇지 않습니다. 강자도 죄인이고 약자도 죄인인 이상 서로 이기기 위해 자신들이 사용할 수 있는 모든 불법적인 수단을 다 동원합니다. 죄인은 기준이 똑같고, 원리가 똑같고, 방법이 똑같습니다.

물론 제가 강자를 비난하고 약자를 편드는 것이 아닙니다. 공평과 정의를 언급할 때에는 강자와 약자로 나누는 것이 아니라 옳은 자와 틀린 자로 나누어야 합니다. 강자가 옳았을 때는 강자가 이기기를 바라야 하고, 약자가 옳았을 때에는 약자가 이기기를 바라야 합니다. 그런데 군중 심리는 주로 약자 편을 들어주는 경향이 있습니다. 심정상 본인도 약자 편에 속한다고 여기기 때문입니다. 그러나 성경은 아주 정확하게 표현합니다. 출애굽기 23장 2절을 보면 "다수를 따라 악을 행하지 말며 송사에 다수를 따라 부당한 증언을 하지 말며 가난한 자의 송사라고 해서 편벽되이 두둔하지 말지니라"이고, 6절에는 "너는 가난한 자의 송사라고 정의를 굽게 하지 말며 거짓 일을 멀리하며 무죄한 자와 의로운 자를 죽이지 말라"입니다. 즉 가난한 자라고 두둔하지 말고 가난한 자라고 굽게 하지 말라고 합니다. 송사의 문제, 정의의 문제는 부유함과 가난함, 강자와 약자가 핵심이 아니라 '옳고 그름'이 핵심이기 때문입니다. 그런데 세상에는 죄의 원리가 횡횡하고 있습니다. 그러므로 세상에는 정의나 공의라는 것이 원천적으로 존재하지 않습니다. 죄인들에게서 정의가 공의가 실천되기를 바라는 것은 참으로 인간의 실상, 죄인의 실상을 모르는 것입니다.

성도가 이 땅에 사는 것, 성도가 세상에 사는 것은 정의의 문제, 공평의 문제와는 전혀 다른 차원입니다. 성도는 세상에서 강자와 약자의 대결구도를 갖는 것이 아닙니다. 또한 성도는 세상에서 옳은 자와 틀린 자의 대결구도를 갖는 것도 전혀 아닙니다. 왜냐하면 기독교의 성도는 진리를 아는 자로, 불신자는 진리를 모르는 자로 선언하고 있기 때문입니다. 성도는 세상에는 옳은 자로 인정받기를 기대하는 자가 아니며, 지금 당장은 아닐지라도 언젠가는 옳은 자로 평가받을 것을 기대하는 자도 아닙니다. 성도는 이미 옳은 자요, 이미 진리를 가진 자요, 이미 진리로 사는 자입니다. 이미 결과를 가진 자요, 이미 목적을 달성한 자입니다. 성도가 이러한 성도의 존재, 성도의 정체성을 이해하고 살아야 합니다. 그 모습이 과연 어떤 것인지 바울을 통해 확인해 보겠습니다.

더둘로의 주장

3절은 이스라엘 사람, 유대사람이 자기들의 점령군, 자기들의 압제자, 자기들의 가해자에게 하는 말입니다. "벨릭스 각하여 우리가 당신을 힘입어 태평을 누리고 또 이 민족이 당신의 선견으로 말미암아 여러 가지로 개선된 것을 우리가 어느 모양으로나 어느 곳에서나 크게 감사하나이다"입니다. 대단한 칭송입니다. 그런데 이 장면이 매우 희한합니다. 왜냐하면 로마 총독은 자신들의 압제자인데, 평상시에 메시아를 기다리면서 제발 로마의 압제에서 벗어나게 해 달라고 하나님께 기도하는 사람들의 태도와는 매우 다르기 때문입니다. 우리나라로 하면 일제치하에서 대한제국의 고위 관료가 일본 총독에게 하는 말과 같은 것인데 온통 칭송뿐입니다. 더둘로는 유대 공동체가 고용한 정부 측 변호사인데 유대인 측의 변호사가 로마 덕분에 태평을 누리고, 로마 총독의 선견으로 유대 민족이 여러 가지로 개선되었다고 고백하고 있습니다. 그런데 이것이 전혀 이상한 것이 아닙니다. 왜냐하면 죄인들에게는 진리가 기준이 아니고, 민족이 기준이 아니고, 오직 자기의 유익만이 기준이기 때문입니다.

어제까지만 해도 로마가 적이었지만 지금 당장은 바울을 죽여야 하기 때문에 같은 민족인 바울을 적으로 몰아세우고, 그 동안 적이었던 로마는 같은 편으로 간주합니다. 가장 죄인다운 행동입니다. 이것이 처음이 아닙니다. 예수님 때에도 이미 이런 모습을 보여주었습니다. 유대지도자들이 빌라도와 대화한 내용이 요한복음 19장에 나옵니다. 14절에서 빌라도가 말하기를 '보라 너희 왕이로다', 그러자 유대인들이 하는 말이 '없이 하소서 그를 십자가에 못 박게 하소서'라며 대제사장들이 하는 선언이 '가이사 외에는 우리에게 왕이 없나이다'입니다. 상황이 바뀌어도 너무 바뀌었습니다. 유대인은 자신들의 백성을 살리려고 애를 써야하고 로마의 총독은 반역자라고 죽이려고 애를 써야 합니다. 그런데 압제받고 있는 유대교의 지도자들, 메시아를 보내주어서 로마를 쫓아내달라고 기도하는 대제사장들이 하는 말이 '가이사 외에는 우리에게 왕이 없나이다'입니다. 역시 죄인답습니다.

더둘로의 고소 내용이 5절로 8절 "우리가 보니 이 사람은 전염병 같은 자라 천하에 흩어진 유대인을 다 소요하게 하는 자요 나사렛 이단의 우두머리라 그가 또 성전을 더럽게 하려 하므로 우리가 잡았사오니 당신이 친히 그를 심문하시면 우리가 고발하는 이 모든 일을 아실 수 있나이다"입니다. 고발하는 사람이 상대방에 대해 곱게 말할 리가 없으니 충분히 이해가 됩니다. 저와 여러분의 관심은 더둘로의 변론이 아니라 바울의 변론입니다.

바울의 변론

22장의 백성들 앞에서의 변론, 23장의 공회에서 천부장과 유대 지도자들 앞에서의 변론에 이은 세 번째 변론입니다. 첫 번째와 두 번째가 유대교가 주도하는 상황에서의 변론이었다면 이번에는 로마가 주도하는 상황에서의 변론입니다. 이번 재판에서도 바울의 변론은 자신을 고소하는 더둘로의 변론과 '방향'의 차이가 크게 드러납니다. 더둘로는 바울을 정죄하기 위해서 아주 맹렬하게 몰아세웠습니다. 그렇다면 바울도 자신의 무죄를 강력하게 주장해야 합니다. 그것이 10절로 13절입니다. 우선 총독에게 예의를 표하고, 자신의 일정을 알리고, 고소받은 내용의 허구성을 주장합니다. 여기까지는 아주 정상입니다. 예상을 깨는 것은 14절로 16절 "그러나 이것을 당신께 고백하리이다 나는 그들이 이단이라 하는 도를 따라 조상의 하나님을 섬기고 율법과 선지자들의 글에 기록된 것을 다 믿으며 그들이 기다리는 바 하나님께 향한 소망을 나도 가졌으니 곧 의인과 악인의 부활이 있으리라 함이니이다 이것으로 말미암아 나도 하나님과 사람에 대하여 항상 양심에 거리낌이 없기를 힘쓰나이다"입니다.

저와 여러분이 관심있게 보아야 하는 내용은 과연 바울이 무죄가 되느냐가 아닙니다. 과연 예수를 믿는 사람은 어떻게 행동하느냐를 보아야 합니다. 지금 바울은 유대교로부터 새로운 종파로 취급되고 있습니다. 물론 사도들도 자신들이 유대교와 다르다는 것을 알고 있습니다. 예수님 때부터 최소 삼 년간 유대교와 구별된 행동과 주장을 하였고, 그 이후 예수님의 부활과 승천, 자신들에게 성령이 임한 사건들을 통해서 유대교와 예수교가 어떻게 다른지를 본인들이 실감했고, 실제로 다르게 행동하고 있습니다. 사도들이 신흥 종파라면 신흥종파의 최우선의 과제, 최고의 과제는 자신들의 차별성을 강조하는 일입니다. 기독교의 역사에서 지금까지 많은 사람들이 사도행전의 주제를 하나님 나라의 확장이라고 주장해 왔습니다. 기독교가 새로운 종교로서 새로운 주장, 새로운 모임, 새로운 조직, 새로운 규율, 새로운 내용을 강조하고 그것을 확장하려고 시도했다면 차별화를 주장해야 합니다. 어떤 고난이 와도, 핍박이 와도, 박해가 와도 차별화를 주장하는 것만이 자신들의 존재가치를 인정받을 수 있는 지름길입니다. 차별화를 만들어내지 않으려면 굳이 다르다는 명분으로 고난과 핍박을 받을 이유가 없습니다.

그런데 바울은 정반대로 변론을 펼치고 있습니다. "조상의 하나님을 섬기고 율법과 선지자들의 글에 기록된 것을 믿으며 그들이 기다리는 바 하나님께 향한 소망을 나도 가졌으니 곧 의인과 악인의 부활이 있으리라 함이니이다"입니다. 이러면 유대교와 예수교가 뭐가 달라지는 것입니까? 평상시에는 '예수'에 대하여 그렇게 많이 말하더니 왜 이번에는 예수에 대하여는 한 마디도 안 합니까? 굳이 '조상의 하나님'이라고 말하는 이유는 무엇이며, 유대교가 가장 중요하게 여기는 '율법과 선지자'를 언급하는 이유는 무엇이며, 굳이 '그들이 기다리는 바 하나님께 향한 소망을 나도 가졌으니'라고 그들과 자신을 동일시하는 이유는 무엇입니까? 이것이 처음이 아니라 세 번의 변론이 모두 같습니다. 첫 번째, 22장의 백성 앞에서 변론할 때에도 3절 '나는 너희 모든 사람처럼 하나님께 대하여 열심히 있는 자'라고 동일시했고, 두 번째 23장의 공회에서 변론할 때에도 6절 '나는 바리새인이요 바리새인의 아들이라'고 동일시했고, 세 번째 24장에서도 거듭거듭 동일화를 주장합니다.

정작 바울은 율법을 배반하고 성전을 더럽힌다는 내용, 즉 종교적 주제 때문에 고발당했는데 바울은 재판을 통해 종교적 차별화를 부각시키는 것이 아니라 재판의 핵심을 일반적인 내용으로 돌리려고 애를 씁니다. 17절부터 보면 "여러 해 만에 내가 내 민족을 구제할 것과 제물을 가지고 와서 드리는 중에 내가 결례를 행하였고 모임도 없고 소동도 없이 성전에 있는 것을 그들이 보았나이다 그러나 아시아로부터 온 어떤 유대인들이 있었으니 그들이 만일 나를 반대할 사건이 있으면 마땅히 당신 앞에 와서 고발하였을 것이요 그렇지 않으면 이 사람들이 내가 공회 앞에 섰을 때에 무슨 옳지 않은 것을 보았는가 말하라 하소서"입니다. 바울은 복음에 관하여 차별성이나 복음적 내용의 진리성을 강조하지 않고 단지 바울의 행동에 불법이 없다, 특별히 잘못한 것이 없다는 것을 주장합니다. 바울이 왜 이러는 것일까요?

예수 믿는 도

예수 믿는 도

22절에 의하면 총독 벨릭스는 이 도에 관한 것을 자세히 알았기 때문에 관심을 가졌고 재판을 연기했다고 합니다. 신약 성경에 로마의 지방 총독이 여러 명 등장하는데 다른 지방은 제외하고 유대 땅 또는 예루살렘의 총독만을 살펴보면 우선 예수님 당시의 총독이 빌라도였습니다. 사도행전 13장 7절에 의하면 바보 지역에 총독 서기오 바울이 있었고, 18장 12절 갈리오가 아가야의 총독으로 등장하고 바울 당시에 벨릭스 총독이 등장하고 24장 27절에 보면 "이태가 지난 후 보르기오 베스도가 벨릭의 소임을 이어받으니"라고 나옵니다. 예수님 당시에는 벨릭스가 없었으니 예수에 대해 자세히 몰랐을 것이고, 바울 당시는 예수님의 승천 이후에 십 수 년이 지난 후입니다. 다만 24절에 의하면 벨릭스의 부인이 유대 여자 드루실라입니다. 아마도 유대 여자를 아내로 두어서 예수 또는 예수의 제자들에 관한 소식을 들어서 알고 있었던 것 같습니다. 여하튼 벨릭스가 바울을 불러 '그리스도 예수 믿는 도'를 들었다고 합니다.

주목해야 하는 것은 벨릭스의 관심이 아니라 바울의 설명입니다. 벨릭스가 바울을 불러서 '그리스도 예수 믿는 도'를 들었다고 했는데 그 '그리스도 예수 믿는 도'에 관해 24장 25절 "바울이 의와 절제와 장차 오는 심판을 강론하니"라고 했습니다. 여러분에게 여쭈어 보겠습니다. 누군가가 여러분에게 '그리스도 예수 믿는 도'를 질문한다면 여러분은 가장 먼저 무엇을 대답하시겠습니까? 오늘날 기독교에서 가장 자주, 가장 많이 강조되고 있는 것이 무엇입니까? 아마도 '능력, 권세, 열심, 충성, 헌신, 비전, 사명, 전도, 제자' 등입니다. 그런데 바울은 그런 것을 강조한 것이 아니라 '의, 절제, 심판' 등을 강조했다는 것이 의미심장합니다. 예나 지금이나 사람들의 최대 관심사는 자신이 행하는 일, 자신이 만들어내는 업적, 자신이 이루어낸 성취입니다. 성도조차도 하나님의 도움을 받아 자신이 감당한 사명, 하나님의 영광을 위해 자신이 해 드린 사역을 강조합니다. 그래서 '예수 믿는 도'의 첫 번째로 주로 '열심과 충성'이 등장합니다. 그런데 바울은 '의와 절제와 심판'을 강조했습니다. 이것이 엄청나게 다른 점입니다.

대표적으로 절제를 상고해보면, 절제는 목표를 위해 능동적으로, 진취적으로, 적극적으로, 열성적으로 무엇을 이루어내는 모습이 아닙니다. 절제는 일을 성취하기 위한 돌파력, 추진력, 강력한 리더쉽을 보여주는 모습이 아닙니다. 도리어 절제는 참아주고, 견뎌주고, 받아 주고, 수용해주고, 기다리고, 품어주는 모습입니다. 절제를 통해서는 무엇을 만들어내기가 참 힘듭니다. 더욱이 목표를 가진 자에게 절제보다는 도전, 모험, 열심이 필요합니다. 그런데 하나님 나라를 소망하고 있는 바울은 '예수 믿는 도'를 전함에 절제를 강조했습니다. 더 나아가 바울은 절제를 자신의 삶에서 실천하고 있습니다. 바로 고소 사건을 통해 변론의 기회가 주어질 때마다 자신이 예수 믿는 자로서, 예수 믿는 도가 절제라고 강론하는 자로서 실제로 절제를 행동하고 있습니다. 상대방을 맞고소하고, 어떻게든 상대를 이기려고 노력하는 것이 아니라 어떻게든 상대와 같음을 강조하고, 상대를 품어내려고 노력했습니다.

성도의 삶

사람들은 사도행전에서 사도들이 병자를 고친 것, 귀신을 쫓은 것, 죽음을 무릅쓴 것, 이방인에게 복음을 전한 것 등을 기억합니다. 모두 강한 모습, 센 모습, 능력의 모습들입니다. 사도행전의 전반부가 흥미롭고 다이나믹하다고 느끼는 이유는 바로 이러한 행적들이 드러나기 때문이고, 후반부가 지루하고 맥이 빠진다고 느끼는 이유는 특별한 행적들이 나타나지 않기 때문입니다. 그런데 정작 예수 믿는 도의 핵심은 '의와 절제와 심판' 등입니다. 즉 사도행전이 보여주고 강조하려는 사도들의 모습은 진리를 가진 자, 예수를 가진 자, 이미 결과와 열매를 가진 자들로서의 삶인데 그 삶은 상대를 이기는 승자의 모습이 아니라 승자로서 상대방을 품어주는 모습입니다. 사도들이 진리를 아는 자요 가진 자라는 증거를 경쟁에서 승리하는 자로서의 모습이 아니라 이긴 자로서의 아량과 포용과 인내와 절제로 소개하고 있습니다.

바울의 변론에서 바울은 유대교와 차별화를 강조하지 않았습니다. 그러면 유대교와 예수교의 차별성이 눈에 띠지 않는 것 같습니다. 성경은 유대교와 예수의 차이, 유대교와 예수 믿는 성도들의 차이를 이론으로 설명하기 보다는 삶의 양상으로 소개합니다. 예수를 알지 않고는, 진리를 알지 않고는 예수와 같은 삶, 성도들과 같은 삶을 살아 낼 수 없다는 것을 보여줍니다. 사도행전 전체에서 사도들은 계속해서 사람들의 삶에 유익을 줍니다. 병자를 고쳐주고, 가난한 자들을 도와주고, 귀신을 쫓아주고, 헛된 일을 멈추게 하고, 진리를 가르쳐주었습니다. 맞이한 결과는 고난이요, 핍박이요, 박해요, 고소요, 시련이요, 역경이요, 죽음이었습니다. 이쯤 되면 죄인들은 '내가 뭐하는 짓인가'라는 회의를 가집니다. 왜냐하면 자신의 유익을 추구하는 사람이 자신의 행동을 통해 타인에게는 유익이 되는데 자신에게는 아무런 유익이 돌아오지 않는 삶을 살아갈 이유가 없고, 그런 삶을 살아갈 힘이 없기 때문입니다.

하지만 사도행전의 성도들은 타인을 향한 행동과 자신들에게 돌아온 반응이 완전히 달라도 전혀 놀라지 않고, 당황하지 않고, 좌절하지 않고, 회의감에 빠져들지 않습니다. 단순히 장차 천국에서 받을 상급을 바라보는 것이 아닙니다. 바울은 사도들의 삶의 원리를 '예수 믿는 도'라고 선언합니다. 이것이야 말로 예수 믿는 사람의 능력이요, 하나님을 아는 자의 권세요, 진리를 아는 자만이 감당해 낼 수 있는 위대한 삶이라는 증거입니다. 사도행전은 사도들의 승리의 모습을 전하는 것이 아니며, 반대로 사도들의 고난의 모습을 전하는 것이 아닙니다. 승리하여 영광을 받자는 것이 아니며, 인내하며 상급을 받자는 것이 아닙니다. 다른 존재, 다른 원리를 가진 자, 다른 가치를 가진 자, 다른 기준을 가진 자의 모습을 보여주는 것입니다. 이것은 바울만이 아니라 사도행전 전체에서 모든 제자들이 보여주는 모습입니다. 전반부든 후반부든 사도들이 '어떤 일을 행하였는가'가 아니라 '어떤 원리로 살았는가'를 주목해야 합니다.

기독교는 세상에서 강자가 되는 것이 아닙니다. 왜냐하면 세상과 경쟁하는 관계가 아니기 때문입니다. 기독교는 차원이 다르고, 원리가 다르고, 가치가 다르고, 기준이 다른 자들입니다. 당연히 경쟁하는 것이 아니요, 이기려는 것이 아니요, 강해지려는 것이 아닙니다. 이미 성도입니다. 사도행전은 드디어 성령 받은 제자들이 세상과의 경쟁에서 어떻게 세상을 이기며, 정복해가며, 승리하는가를 보여주는 것이 아니라 정반대로 예수 믿는 제자들, 성령 받은 사도들, 진리를 아는 성도들이 죄인들은 절대로 살아낼 수 없는 성도의 삶을 살아내는가를 보여줍니다. '무엇인가를 이루어 내는 모습'이 아니라 '성도의 삶을 구현하는 모습'을 보여줍니다. 바울이 변론에서 유대교와 차별화를 강조하지 않았습니다. 그렇다고 동일한 것이 아니라 완전히 다릅니다. 유대교는 사람을 정죄하는 행동을 하는 것으로 밝혀지고, 예수 믿는 사람은 수용하고 품어내는 절제하는 행동으로 그 차이점이 완벽히 증명됩니다. 성도된 여러분에게 필요한 것은 무엇인가를 더 행하는 것이 아닙니다. 성도는 어떤 과업, 어떤 일을 행하려고 할 것이 아니라 자신의 성도됨을 알고, 성도다운 삶을 구현하는 것이 가장 중요합니다. 하나님으로 말미암아 자유로운 삶, 믿음으로 말미암아 평안한 삶, 신앙으로 말미암아 행복한 삶을 풍성히 누리시기를 주님의 이름으로 축원합니다.

66

무리한 일

사도행전 25:1~27

1 베스도가 부임한 지 삼 일 후에 가이사랴에서 예루살렘으로 올라가니 2 대제사장들과 유대인 중 높은 사람들이 바울을 고소할새 3 베스도의 호의로 바울을 예루살렘으로 옮기기를 청하니 이는 길에 매복하였다가 그를 죽이고자 함이더라 4 베스도가 대답하여 바울이 가이사랴에 구류된 것과 자기도 멀지 않아 떠나갈 것을 말하고 5 또 이르되 너희 중 유력한 자들은 나와 함께 내려가서 그 사람에게 만일 옳지 아니한 일이 있거든 고발하라 하니라 6 베스도가 그들 가운데서 팔 일 혹은 십 일을 지낸 후 가이사랴로 내려가서 이튿날 재판 자리에 앉고 바울을 데려오라 명하니 7 그가 나오매 예루살렘에서 내려온 유대인들이 둘러서서 여러 가지 중대한 사건으로 고발하되 능히 증거를 대지 못한지라 8 바울이 변명하여 이르되 유대인의 율법이나 성전이나 가이사에게나 내가 도무지 죄를 범하지 아니하였노라 하니 9 베스도가 유대인의 마음을 얻고자 하여 바울더러 묻되 네가 예루살렘에 올라가서 이 사건에 대하여 내 앞에서 심문을 받으려느냐 10 바울이 이르되 내가 가이사의 재판 자리 앞에 섰으니 마땅히 거기서 심문을 받을 것이라 당신도 잘 아시는 바와 같이 내가 유대인들에게 불의를 행한 일이 없나이다 11 만일 내가 불의를 행하여 무슨 죽을 죄를 지었으면 죽기를 사양하지 아니할 것이나 만일 이 사람들이 나를 고발하는 것이 다 사실이 아니면 아무도 나를 그들에게 내줄 수 없나이다 내가 가이사께 상소하노라 한대 12 베스도가 배석자들과 상의하고 이르되 네가 가이사에게 상소하였으니 가이사에게 갈 것이라 하니라 13 수일 후에 아그립바 왕과 버니게가 베스도에게 문안하러 가이사랴에 와서 14 여러 날을 있더니 베스도가 바울의 일로 왕에게 고하여 이르되 벨릭스가 한 사람을 구류하여 두었는데 15 내가 예루살렘에 있을 때에 유대인의 대제사장들과 장로들이 그를 고소하여 정죄하기를 청하기에 16 내가 대답하되 무릇 피고가 원고들 앞에서 고소 사건에 대하여 변명할 기회가 있기 전에 내주는 것은 로마 사람의 법이 아니라 하였노라 17 그러므로 그들이 나와 함께 여기 오매 내가 지체하지 아니하고 이튿날 재판 자리에 앉아 명하여 그 사람을 데려왔으나 18 원고들이 서서

내가 짐작하던 것 같은 악행의 혐의는 하나도 제시하지 아니하고 19 오직 자기들의 종교와 또는 예수라 하는 이가 죽은 것을 살아 있다고 바울이 주장하는 그 일에 관한 문제로 고발하는 것뿐이라 20 내가 이 일에 대하여 어떻게 심리하는지 몰라서 바울에게 묻되 예루살렘에 올라가서 이 일에 심문을 받으려느냐 한즉 21 바울은 황제의 판결을 받도록 자기를 지켜 주기를 호소하므로 내가 그를 가이사에게 보내기까지 지켜 두라 명하였노라 하니 22 아그립바가 베스도에게 이르되 나도 이 사람의 말을 듣고자 하노라 베스도가 이르되 내일 들으시리이다 하더라 23 이튿날 아그립바와 버니게가 크게 위엄을 갖추고 와서 천부장들과 시중의 높은 사람들과 함께 접견 장소에 들어오고 베스도의 명으로 바울을 데려오니 24 베스도가 말하되 아그립바 왕과 여기 같이 있는 여러분이여 당신들이 보는 이 사람은 유대의 모든 무리가 크게 외치되 살려 두지 못할 사람이라고 하여 예루살렘에서와 여기서도 내게 청원하였으나 25 내가 살피건대 죽일 죄를 범한 일이 없더이다 그러나 그가 황제에게 상소한 고로 보내기로 결정하였나이다 26 그에 대하여 황제께 확실한 사실을 아뢸 것이 없으므로 심문한 후 상소할 자료가 있을까 하여 당신들 앞 특히 아그립바 왕 당신 앞에 그를 내세웠나이다 27 그 죄목도 밝히지 아니하고 죄수를 보내는 것이 무리한 일인 줄 아나이다 하였더라

유대인의 마음을 얻고자

재판의 정황

사도행전 21장부터는 바울이 잡혀서 재판받는 과정이 28장까지 이어집니다. 사건의 흐름을 정리해 드리겠습니다. 전도여행을 마치고 예루살렘으로 돌아온 것이 21장 17절입니다. 다음날 장로들을 만나고, 정결예식 행하는 이레가 거의 찰 때 유대인들에게 잡혀서 죽을 위험에 처하자 천부장이 잡아 영내로 데려갑니다. 그렇게 잡혀 가면서 변증하는 것이 22장인데 유대인들이 소란을 피우자 원래대로 영내로 데려가 심문을 하려 하자 바울이 로마 시민임을 밝혀 심문을 피합니다. 다음날 천부장이 공회를 소집하여 바울이 변증하는 것이 23장이고, 공회에서 바리새파와 사두개파 사이에 분쟁이 생기자 천부장은 다시 영내로 데려갑니다. 다음날 천부장이 백부장 두 명과 보병 이백 명과 기병 칠십 명과 창병 이백 명 도합 사백 칠십 명의 군대를 동원해서 바울을 예루살렘에서 가이사랴로 이송합니다. 닷새 후에

대제사장과 장로들이 예루살렘에서부터 가이사랴까지 와서 바울을 고발하자 유대인 측 변호사 더둘로와 바울이 변론하는 것이 24장입니다. 재판이 연기되고, 수일 후에 벨릭스가 그 아내와 함께 바울을 불러 이야기를 듣기도 하였고, 그 후 이년이 지나 벨릭스는 전근을 가고 베스도가 새로 부임을 하게 됩니다. 본문에 언급된 대로라면 바울은 사로잡힌 지 벌써 이 년이 넘었고, 담당자도 교체되었습니다.

총독 즉 재판관이 바뀌어서 모든 것이 처음부터 다시 시작하는 것이 25장입니다. 지금 바울은 가이샤랴에 잡혀 있습니다. 25장은 유별나게 날이 여러 번 바뀝니다. 날의 흐름을 파악해보면 1절 '베스도가 부임한 지 삼일 후에' 가이샤랴에서 예루살렘으로 올라갑니다. 아마도 신임 총독이 지역 순시를 하는 모양새입니다. 그러자 대제사장들과 유대인 중의 높은 사람들이 기다렸다는 듯이 바울을 고소하고, 6절 '베스도가 그들 가운데서 팔 일 혹은 십 일을 지낸 후에' 가이샤랴로 복귀합니다. 당연히 예루살렘부터 쫓아온 유대인들이 바울을 고소하고 바울이 변명하고 드디어 가이사에게 호소를 합니다. 13절 '수일 후에 아그립바 왕과 버니게가 베스도에게 문안하러 가이사랴에 와서 여러 날을 있더니'입니다. 아그립바는 사도행전 12장 1절에 나오는 헤롯 왕의 아들로 유대의 분봉왕이고 버니게는 아그립바의 누이입니다. 즉 새로 부임한 총독 베스도가 먼저 예루살렘을 순시하자 이제는 지역의 유대교 통치자가 답방형식으로 가이샤랴에 왔습니다. 정황상으로 볼 때 아그립바가 베스도보다 바울 사건에 대해 더 많이 알고 있을 것 같으니 베스도가 아그립바에게 자문을 구하고, 아그립바도 바울의 말을 듣고 싶어 합니다. 그래서 25장은 바울이 말하는 것 보다는 신임 총독 베스도가 더 말을 많이 합니다.

마음을 얻고자 하여

사도행전은 로마 총독들의 행동에 대해 아주 묘한 표현을 사용합니다.

첫 번째가 24장 26절 "동시에 또 바울에게서 돈을 받을까 바라는 고로 더 자주 불러 같이 이야기하더라"입니다. 다른 번역본들에는 '뇌물을 받고자 하여'라고 신랄하게 표현을 했습니다. 상황적으로 충분히 이해가 됩니다. 고소 내용도 로마의 법에 저촉되는 사항이 아니라 유대 종교에 관한 것이기에 잘 알지도 못하는 일에 끼어 들 이유가 없을 것이고, 로마 관료가 유대 지도자들과 충돌해가면서 평범한 유대인의 억울함을 풀어주려고 굳이 노력할 필요가 없을 것이고, 그런데 바울이 나면서부터 로마 시민이었다면 나름 재산이 있을 것 같기도 하니까 예수에 관한 도를 듣는다는 명분으로 자주 불렀던 것 같습니다. 물론 벨릭스가 정말로 예수에 관한 도에 관심이 있었을 수 있습니다. 제 생각에는 벨릭스에게 결정타를 먹인 것이 바로 25절 "바울이 의와 절제와 장차 오는 심판을 강론하니"인 것 같습니다. 바울이 설명한 예수 믿는 도는 세상 사람들이 별로 닮고 싶거나 되고 싶은 모습이 아니었기 때문입니다. 여하튼 벨릭스가 전근을 갈 때까지 바울이 여전히 사로잡혀 있는 것을 보면 바울은 돈을 주지 않았고 벨릭스는 아무 것도 얻은 것이 없는 것 같습니다.

두 번째가 24장 27절 "이태가 지난 후 보르기오 베스도가 벨릭스의 소임을 이어받으니 벨릭스가 유대인의 마음을 얻고자 하여 바울을 구류하여 두니라"와 25장 9절 "베스도가 유대인의 마음을 얻고자 하여"입니다. 사람은 다른데 표현은 같습니다. 전임자 벨릭스나 후임자 베스도 모두가 '유대인의 마음을 얻고자 하였다'고 말해주고 있습니다. 정복지의 총독으로 식민 지역에 부임했는데 당연히 백성들과 충돌할 이유가 없습니다. 특히 유대인들의 대표자들인 대제사장들과 장로들이 총동원하여 고소한 사건에서 굳이 일개 시민의 의견을 존중해 주어서 유대인들이나 자신에게 유익할 일이 없을 것입니다. 지금 성경은 이 사람들을 비난하거나 정죄하는 것이 아닙니다. 정의롭지 못하다고, 공평하지 못하다고, 진실되지 못하다고 책망하는 것이 아닙니다. 죄인들의 원리, 죄인들의 행동, 죄인들의 가치가 얼마나 기준이 없는지를 보여주고 있을 뿐입니다. 죄인들의 실상, 죄인들의 현실, 죄인들의 실체를 소개하고 있는 것뿐입니다. 죄인들의 실체가 무엇입니까? 기준이 없다는 것, 다른 표현으로 진리가 없다는 것입니다.

성도인 저와 여러분이 정확히 알고 계셔야 합니다. 세상에는 진리가 없습니다. 모두가 진리라는 표현을 사용하고 있지만 엄밀한 의미에서 세상은 진리라는 표현을 사용할 수가 없습니다. 왜냐하면 기준이 없기 때문입니다. 기준은 사전적인 의미로 '기본이 되는 표준'을 의미하는데 그 기본 또는 표준이 존재하지 않습니다. 누가 기준이죠? 무엇이 표준이죠? 그것이 기준이라고 누가 결정하며, 그것이 표준이라는 것을 누가 어떻게 알죠? 세상에서 진리라고 선언된 것 더 나아가 진리를 결정하는 방법론조차도 계속하여 변해 왔습니다. 기준을 다른 표현으로 하면 '척도'라고 하는데 척도가 변했습니다. 주전 5세기경에 살았던 고대 그리스 철학자인 프로타고라스는 '인간은 만물의 척도다'라는 멋있는 선언을 했습니다. 중세에는 '종교'가 모든 면에서 척도의 역할을 자임하였고, 근대에는 '과학이 척도'가 되었고, 포스트모던시대에는 '척도는 없다'고 선언되기에 이르렀습니다. 세상은 척도, 즉 기준 자체가 변하기 때문에 진리가 존재할 수 없습니다.

몇 해 전에 인문학 분야에서 아주 히트가 되었던 책 제목이 '정의란 무엇인가'였습니다. 그 책에서도 정의 또는 진리가 무엇이라고 선언해주는 것이 아니라 그동안 인류가 정의를 무엇이라고 생각해왔는가를 고찰해 주는 것이었습니다. 세상은 진리 또는 정의를 규정하거나 선언할 수 없습니다. 인류 역사에서 기준, 또는 사상, 가치, 기준, 방법이 얼마나 달라졌는가를 단적으로 하나 예를 들어드리겠습니다. 고대 그리스의 유명한 철학자 플라톤이 있습니다. 이 사람은 참된 것과 아닌 것의 구분을 변하지 않는 것과 변하는 것으로 나누었습니다. 그래서 변하지 않는 참된 것을 '이데아'라고 했고, 변하는 것을 허상이라고 했는데 그것이 '현실'이었습니다. 그래서 눈에 보이는 것, 지금 현장에, 실제로 있는 것을 허상으로 보았습니다. 왜냐하면 잠시 후면 달라지기 때문입니다. 그 후 약 천오백 년이 흘러서 모더니즘 또는 계몽주의가 출현합니다. 이 시대에는 기준이 백팔십도 변합니다. 오직 눈에 보이는 것, 현실적인 것, 실제적인 것, 보고 만지고 객관적으로 점검이 가능하고 확인이 가능한 것을 이성적 또는 과학적이라고 선언이고, 이것들만이 실체요, 참된 것이라고 선언합니다. 과연 무엇이 옳은 것입니까? 플라톤의 관점에서 모더니즘을 보면 계몽주의가 헛것을 잡고 있는 것이며, 과학적 관점으로 플라톤의 시대를 보면 뜬구름 또는 허상을 잡고 있는 것입니다. 이것이 어느 누구도 기준이 될 수 없고, 기준을 만들 수 없는 인간 지혜의 한계입니다.

진리라는 말이 보편적으로 사용되는 것 같지만 그렇지 않습니다. 타종교는 진리라는 말을 사용하지 않습니다. 절대적 진리를 언급하지 않습니다. 대신 '깨달음'이라는 말을 자주 사용합니다. 그리고 깨달음은 각자가 서로 다른 것입니다. 일반적으로 사람들이 말하는 진리는 단지 '사실'을 의미할 뿐이고, 타종교에서 말하는 진리는 '각자의 깨달음'일 뿐이고, 실제적으로 진리를 언급하고, 진리를 존중하여, 진리로 말미암아 삶을 바르고 참되게 사는 분들은 오직 성도들뿐입니다. 여러분은 대단하신 분들입니다.

가이사에게

로마 시민이라

바울이 우리 편이라고 일방적으로 편을 들어주고, 총독이 다른 편이라고 일방적으로 비난하는 것이 아닙니다. 사도행전에서 각각의 상황을 잘 파악하셔야 바울의 행동을 바르게 이해할 수 있습니다. 바울이 예수님을 만나서 개종하는 것이 사도행전 9장입니다. 그때부터 '예수를 그리스도라' 증언하여 유대인들을 당혹하게 만들고, 본인은 살해의 위협에 시달리게 됩니다. 그런데 바울은 유대인들에게 반대를 받아도, 위협을 받아도, 고소를 받아도 절대로 자신이 로마 시민권이 있음을 밝히지 않습니다. 로마에게, 로마 시민인 자신이 유대인들에게 위협을 받고 있다고 신변 보호요청을 하지도 않습니다. 그러다가 16장에 의하면 빌립보라는 지역에서 고발을 당해 매를 많이 맞고 옥에 갇히게 됩니다. 그날 밤 옥문이 열려서 탈옥을 할 수 있게 되었는데도 나가지 않고 아침까지 기다렸다가 아침에 간수들에게 자신이 로마 시민인 것을 밝히고 '죄도 정하지 아니하고 때리고 옥에 가두는 것'이 불법이라고 지적한 후에 상관들의 사과를 받고 나옵니다. 아니, 로마 시민권을 사용하려면 매 맞기 전, 옥에 갇히기 전, 사과 받기 전에 해야지요!

즉 바울의 행동에서 유대인들을 향한 태도와 로마인들을 향한 태도가 다르다는 것을 확인할 수 있습니다. 유대인들과 로마인들 모두에게 복음을 전해야 하는 것은 맞습니다. 그러나 유대인들에게 복음을 전하는 방식과 로마인들에게 복음을 전하는 방식은 달랐습니다. 유대인들에게는 옳고 그름을 따지지 않았고, 유대인들의 불의나 잘못을 지적하지도 않았습니다. 오해하면 오해받고, 고소하면 고소당하고, 때리면 맞았습니다. 그러면서 예수가 그리스도라고 선언했습니다. 왜냐하면 유대인들에게는 로마의 법이 기준이라는 사고가 없었기 때문입니다. 도리어 유대인들은 유대교에 대항하는 것, 율법을 어기는 것이 불법이요, 불의라고 생각하고 있었습니다. 그래서 바울은 예수를 전하기는 하면서도 절대로 유대교에 저항하는, 유대교가 틀렸다고 지적하거나 유대교의 지도자들이 잘못하고 있다는 표현이나 행동을 일체 하지 않았습니다.

그러나 로마 사람들은 자신들이 '지식인'이요 '법을 지키는 자들'이라는 인식이 강하게 자리 잡고 있었습니다. 그리고 로마 시민이 아닌 사람은 '야만인'이라고 불렀고 법을 모르는 사람들이라고 비난하고 조롱하고 있었습니다. 그런 로마인들의 허상을 드러내기 위해 바울은 자신이 로마 사람임을 밝히고, 다른 로마 사람의 불법을 지적함으로 로마 사람이라는 자부심이 얼마나 어이없는지를 보여주었습니다. 바울이 자신이 로마 사람임을 밝히는 것이 두 번인데 성경의 표현들이 아주 재미있습니다. 첫 번째가 16장이고 두 번째가 22장입니다. 바울이 예루살렘에서 유대인들의 소동에 의해 위기에 처하자 천부장이 바울을 영내로 데려갑니다. 여기까지는 좋았는데 그 천부장이 자초지종을 알려고 바울을 심문하려고 합니다. 22장 24절 후반부에 '무슨 일로 그에 대하여 떠드는지 알고자 하여 채찍질하며 심문하라 한 대 가죽 줄로 바울을 매니'입니다. 이때 바울이 하는 말이 "너희가 로마 시민 된 자를 죄도 정하지 아니하고 채찍질 할 수 있느냐"입니다.

두 번째 장면은 첫 번째와 두 가지가 똑같습니다. 하나는 유대인들은 모두 가고 오직 로마 사람만 있을 때 자신이 로마 사람이라는 것을 밝힌다는 것이고, 다른 하나는 자신을 심문하는 사람이 법을 어기고 있다는 것을 지적하는 것이 똑같습니다. 성경이 재미있다고 하는 것이 바로 이때 천부장이 하는 말입니다. 22장 27절 "천부장이 와서 바울에게 말하되 네가 로마 시민이냐 내게 말하라 이르되 그러하다 천부장이 대답하되 나는 돈을 많이 들여 이 시민권을 얻었노라"입니다. 여기서 여러분이 웃으셨어야 합니다. 왜냐하면 '로마 사람'이라는 표현이 의미하는 특징이 '지식인, 법을 지키는 사람'입니다. 그런 로마인의 행동이 불법을 행하는 것이요, 불법으로 로마인이 된 것입니다. 이 사람들에게 '로마인'이라는 의미는 전혀 '지식인, 법을 지키는 사람'이 아닙니다. 성경의 문학적 기교, 하이 조크, 우회적 돌직구를 읽어내시면 성경이 정말 멋있습니다.

가이사에게

바울이 로마 시민권을 사용하는 세 번째 상황이 바로 25장입니다. 1절로 5절은 베스도가 예루살렘을 방문한 것이고, 6절부터는 다시 가이사랴로 돌아온 상황입니다. 재판이 열렸는데 6절은 고소이고, 7절은 변론입니다. 이때 갑작스런 변수가 발생합니다. 9절 "베스도가 유대인의 마음을 얻고자 하여 바울더러 묻되 네가 예루살렘에 올라가서 이 사건에 대하여 내 앞에서 심문을 받으려느냐'입니다. 지금 베스도의 행동은 다분히 의도적이고, 다분히 유대인들의 입장에 선 것이고, 다분히 바울에게 불리한 것입니다. 바울은 원래 예루살렘에서 잡혔는데 그곳에는 바울을 죽이기 전에는 먹지도 아니하고 마시지도 아니하겠다는 사람이 사십여 명이 있었기에 사태의 심각성을 파악한 천부장 루시아가 겨우 가이사랴로 이송시켜 놓은 상태였습니다. 그런데 지금 베스도가 유대인의 마음을 얻고자 하여 다시 예루살렘으로 옮기려고 합니다.

이때 바울이 하는 말이 10절 "내가 가이사의 재판 자리 앞에 섰으니 마땅히 거기서 심문을 받을 것이라"입니다. 이것이 그 유명한 바울의 '가이사에게 상소한 것'입니다. 이어지는 바울의 말이 아주 의미심장합니다. "당신도 잘 아시는 바와 같이 내가 유대인들에게 불의를 행한 일이 없나이다 만일 내가 불의를 행하여 무슨 죽을 죄를 지었으면 죽기를 사양하지 아니할 것이나 만일 이 사람들이 나를 고발하는 것이 다 사실이 아니면 아무도 나를 그들에게 내 줄 수 없나이다 내가 가이사께 상소하노라 한 대"입니다. 핵심인즉 '법대로 하자'입니다. 유대인들 앞에서는 법에 대해 한 마디도 안 하고, 로마인들 앞에서는 계속해서 법대로 하자고 합니다. 맞춤형 발언입니다. 그러자 로마인들이 하는 말이 12절 "베스도가 배석자들과 상의하고 이르되 네가 가이사에게 상소하였으니 가이사에게 갈 것이라 하니라"입니다.

지금 로마 사람들이 법대로 안 하다가, 법대로 하다가, 법대로 안 하다가, 법대로 하다가 얼마나 기준 없이, 일관성 없이 행하고 있는지 보이셔야 합니다. 반대로 바울이 얼마나 기준 있게, 일관성 있게 행하고 있는지 보이셔야 합니다. 바울이 로마의 총독에게 '법대로 하자'고 가이사에게 상소를 했습니다. 그때부터 로마 총독의 태도가 완전히 돌변합니다. 그것이 13절 이하입니다. 이제 로마 총독은 입만 열면 '법대로'를 외칩니다. 너무 재미있습니다. 바울이 상소한 후에 며칠이 지나 아그립바 왕과 누이 버니게가 베스도를 문안하러 왔습니다. 베스도가 하는 말 중에 15절부터 보면 "내가 예루살렘에 있을 때에 유대인의 대제사장들과 장로들이 그를 고소하여 정죄하기를 청하기에 내가 대답하되 무릇 피고가 원고들 앞에서 고소 사건에 대하여 변명할 기회가 있기 전에 내주는 것은 로마 사람의 법이 아니라 하였노라 그러므로 그들이 나와 함께 여기 오매 내가 지체하지 아니하고 이튿날 재판 자리에 앉아 명하여 그 사람을 데려왔으나 원고들이 서서 내가 짐작하던 것 같은 악행의 혐의는 하나도 제시하지 아니하고 오직 자기들의 종교와 또는 예수라 하는 이가 죽은 것을 살아 있다고 바울이 주장하는 그 일에 관한 문제로 고발하는 것뿐이라"입니다. 23절 이하에는 그 다음날에 행한 베스도의 발언이 나옵니다. 24절 "베스도가 말하되 아그립바 왕과 여기 같이 있는 여러분이여 당신들이 보는 이 사람은 유대의 모든 무리가 크게 외치되 살려두지 못할 사람이라고 하여 예루살렘에서와 여기서도 내게 청원하였으니 내가 살피건대 죽일 죄를 범한 일이 없더이다"입니다. 베스도가 거듭 강조하는 것이 '나는 법대로 했다'입니다.

베스도의 태도

이쯤 되면 베스도가 왜 이렇게 '법대로 했다'고 강조하는지, 베스도의 태도가 왜 이렇게 돌변했는지 그 이유를 파악할 수 있습니다. 그 이유가 바로 바울의 상소입니다. 이제 바울은 황제 앞에 서게 될 예정입니다. 이것이 얼마나 신경 쓰였는지 말끝마다 이 소리를 합니다. 25장 21절 "바울은 황제의 판결을 받도록 자기를 지켜 주기를 호소하므로 내가 그를 가이사에게 보내기까지 지켜 두라 명하였노라 하니", 25절 "그러나 그가 황제에게 상소한 고로 보내기로 결정하였나이다"입니다. 바울은 로마 시민이고, 로마 시민의 권리로 당당히 가이사에게 상소를 했으니, 당연히 가이사에게 가게 될 것이고, 가이사 앞에서 자신이 하고 싶은 말을 하게 될 것입니다. 그러자 베스도가 바울의 사건을 처리하는 태도가 달라졌습니다. 그것을 극명하게 보여주는 것이 9절과 20절입니다. 9절은 "베스도가 유대인의 마음을 얻고자 하여 바울더러 묻되 네가 예루살렘에 올라가서 이 사건에 대하여 내 앞에서 심문을 받으려느냐"입니다. 분명히 유대인의 마음을 얻으려고 재판의 장소를 유대인들의 중심지 예루살렘으로 옮기려고 했습니다. 그런데 20절 "내가 이 일에 대하여 어떻게 심리할는지 몰라서 바울에게 묻되 예루살렘에 올라가서 이 일에 심문을 받으려느냐 한즉"입니다. 마치 자신이 바울을 배려하고 도우려했던 것처럼 말합니다. 과연 정치인다운 변신이요, 화려한 말발입니다.

한마디 더 추가하면 26절 "그에 대하여 황제께 확실한 사실을 아뢸 것이 없으므로 심문한 후 상소할 자료가 있을까 하여 당신들 앞 특히 아그립바 왕 당신 앞에 그를 내세웠나이다 그 죄목도 밝히지 아니하고 죄수를 보내는 것이 무리한 일인 줄 아나이다"입니다. 능수능란합니다. 총독쯤 하려면 이정도 눈치가 빨라야 하고, 상황에 적합한 말을 할 줄 알아야 하고, 임기응변에 능해야 합니다. 베스도가 한 말은 다 맞는 말입니다. 하나도 틀린 말이 없습니다. 하지만 베스도의 말은 하나도 맞는 말이 없습니다. 왜냐하면 잠시 후에 상황이 달라지면 말이 또 달라질 것이기 때문입니다. 어차피 죄인들에게는 기준이 없고, 참된 것이 없고, 영원한 것이 없기 때문입니다.

사도행전 25장에서 바울의 말은 딱 두 절 즉 10절과 11절에서 가이사에게 상소하는 것뿐입니다. 나머지는 주로 베스도 총독의 말입니다. 그럼 성경은 왜 이런 상황과 이런 내용을 길게 기록해 놓았을까요? 베스도가 얼마나 교활한지를 알려주려는 것일까요? 베스도가 이렇게 자신의 입지, 자신의 삶에 집착을 보인다면 바울은 자신의 삶에 관심이 없을까요? 아니요. 지금 바울은 무엇을 하고 있는 것일까요? 바울도 어떻게든 살기 위해 가이사에게 호소하고 있는 것일까요? 성경은 바울의 감옥 생활과 재판 과정을 통해 무엇을 말하고 싶은 것일까요?

무리한 일

사도들이 전한 복음

사람들은 성경에서 등장하는 인물들이 무슨 일을 행했는가에 관심을 갖습니다. 그러나 성경은 어떤 사람이 어떤 일을 했는가를 말하려는 것이 아니라 하나님이 사람을 위해 하신 일을 소개합니다. 그러므로 성경의 등장인물을 보실 때에는 그 사람이 행한 일이 아니라 그 사람이 받은 은혜, 하나님으로 말미암아 그 사람에게 생긴 변화, 믿음 또는 신앙으로 말미암아 그 사람이 살아간 새로운 삶을 관찰해야 합니다. 누누이 언급하지만 기독교의 하나님은 인간에게 일을 시킨 적이 없습니다. 그래서 성경과 기독교역사를 통해 기독교는 인간의 업적, 인간의 과업, 인간의 행적이 기록될 이유가 없고 기억될 이유가 없습니다. 가장 간단하게만 살펴보면, 하나님은 아브람에게 사명을 주신 것이 없습니다. 도리어 하나님은 아브람에게 약속을 주셨습니다. 그래서 당연히 아브라함이 완성한 사명이란 존재하지 않고, 도리어 아브라함에게 이루어지고 성취된 약속이 있을 뿐입니다. 하나님은 요셉에게도 엄청난 과업을 맡긴 적이 없습니다. 칠 년의 대 기근에서 백성을 안전하게 보호하라는 명령을 내리신 적이 없습니다. 그래서 성경은 요셉이 지혜, 판단, 결단력, 조치, 업적을 소개하지 않고 반복적으로 '여호와께서 요셉과 함께 하셨다'고 선언할 뿐입니다. 하나님은 모세에게도 출애굽을 명령하지 않았고, 여호수아에게도 가나안 정복을 명령하지 않았고, 사울에게도 왕국 건설을 명령하지 않았고, 다윗에게도 성전 건축을 명령하지 않았고, 예언자들에게도 그 어떤 과업이나 과제를 지시하신 적이 없습니다.

복음서에서 예수님도 마찬가지입니다. 예수님은 언제나 사역의 주체자였지 위탁자이거나 관찰자가 아니었습니다. 물론 예수님께서 제자들을 부르셨습니다. 하지만 일을 맡기기 위해서가 아니었습니다. 제자들을 파송하신 적도 있습니다. 그러나 모든 준비를 예수님이 담당하셨고, 제자들에게 더러운 귀신을 쫓아내며 모든 병과 모든 약한 것을 고치는 권능을 주신 분도 예수님이셨습니다. 그러므로 제자들은 예수님을 위해 희생을 하거나 헌신을 한 것이 아니라 도리어 예수님께 많은 것을 받은 것입니다. 제자들 때문에 예수님에게 보탬이 된 것이 없고 반대로 예수님 때문에 제자들의 삶이 달라졌습니다. 사도행전에서도 계속 말씀드렸듯이 제자들은 사명완수를 위해 초조해 하지 않았습니다. 목적달성을 위해 안절부절 하지 않았습니다. 무엇인가를 이루어내기 위한 계획도 프로그램도 없었습니다. 도리어 제자들이 하나님의 은혜를 입었습니다. 그래서 제자들의 손을 통해 이적과 치유가 행해졌고, 제자들의 입을 통해 복음이 전파되었습니다. 모두 하나님이 함께 하시고, 하나님이 역사하신 결과들입니다.

더 나아가 사도행전에서 사도들이 전한 복음의 내용을 파악하시면 사도들이 '일, 과업, 사명'에 매여 있지 않았다는 것을 확인할 수 있습니다. 만약 사도들이 땅끝까지 복음을 전하는 일을 사명으로 느꼈거나, 하나님 나라의 확장에 대한 부감을 가졌거나, 모든 영혼을 구원해야 하는 일에 책임감을 가졌다면, 그래서 가능한 빨리 달성해야 하는 과업으로 여겼다면 그들이 전하는 복음, 그들이 성도들과 나누는 대화에 그러한 내용이 포함되었을 것입니다. 그런데 사도들이 전한 복음에는 사명이 언급되지 않습니다. 자신들이 전하는 복음을 듣는 사람들에게 이런 일을 해야 한다, 저러한 일을 해야 한다는 언급이 일체 없습니다.

사도들이 전한 복음을 살펴보면 '예수 믿는 도'의 방향성을 확인할 수 있습니다. 2장 38절 "베드로가 이르되 너희가 회개하여 각각 예수 그리스도의 이름으로 침례를 받고 죄 사함을 받으라 그리하면 성령의 선물을 받으리니", 40절 "이 패역한 세대에서 구원을 받으라", 3장 19절 "그러므로 너희가 회개하고 돌이켜 너희 죄 없이 함을 받으라 이같이 하면 새롭게 되는 날이 주 앞으로부터 이를 것이요", 8장 12절 "빌립이 하나님 나라와 및 예수 그리스도의 이름에 관하여 전도함을", 9장 19절 "사울이 다메섹에 있는 제자들과 함께 며칠 있을새 즉시로 각 회당에서 예수가 하나님의 아들이심을 전파하니", 13장 43절 "경건한 사람들이 많이 바울과 바나바를 따르니 두 사도가 더불어 말하고 항상 하나님의 은혜 가운데 있으라 권하니라", 16장 31절 "주 예수를 믿으라 그리하면 너와 네 집이 구원을 받으리라", 18장 5절 "바울이 하나님의 말씀에 붙잡혀 유대인들에게 예수는 그리스도라 증언하니" 등입니다. 몇 군데만을 살펴보았는데 사도들이 전하는 복음 중에 복음을 듣는 사람들에게 '열심을 내라, 충성을 하라, 희생을 하라, 헌신을 하라' 등의 무엇인가 일을 맡기고, 목표를 주고, 사명을 주고, 과제를 주는 것을 볼 수 없습니다.

서신서를 읽어보아도 마찬가지입니다. 대표로 에베소서를 살펴보면 에베소서는 크게 두 부분인데 1장부터 3장은 하나님이 행하신 일, 4장부터 6장은 성도가 행할 일에 대한 권고입니다. 그때 성도들이 행할 일에 대한 권고의 내용은 '부르심에 합당하게 행하라', '새 사람을 입으라', '빛의 자녀들처럼 행하라', '그리스도를 경외함으로 행하라', '하나님의 전신갑주를 입으라' 등입니다. 모두 성도가 살아가는 원리, 성도가 가져야 하는 마음과 기준과 가치를 의미하는 것이지, 특정한 일, 특정한 사업, 특정한 사명이 없습니다. 이것이 기독교의 본질입니다.

성도의 삶

이런 말씀을 드리는 이유는 옥에 갇혀있는 바울의 삶에 대한 평가 때문입니다. 사도행전 21장 이후부터 진행되는 바울의 옥 생활과 반복되는 변론이 무슨 의미가 있습니까? 만약 바울의 사역을 평가하면 뭐라고 할까요? 예수를 만나는 순간부터 오직 예수를 위해 전력 질주하여 삼차에 걸친 전도여행을 행하고, 가는 곳마다 교회를 세우는 위대한 업적을 이루었으나, 말년에는 옥에 갇혀 쓸쓸한 여생을 보냈다고 해야 합니까? 사도행전 1

장 13절에 보면 예수님의 제자들 중 유다를 제외한 열한 명이 모두 모였습니다. 모든 사람이 동일하게 성령을 받았습니다. 그런데 3장부터는 주로 베드로의 사역만이 등장합니다. 요한은 베드로 옆에 붙어있는 것으로 나옵니다. 그러면 다른 제자들은 아무 것도 안 했을까요? 사도행전 6장에 가면 교회가 선출한 일곱 명의 집사가 등장합니다. 그리고는 단지 스데반과 빌립의 활동만이 소개되고 있습니다. 그러면 나머지 다섯 명은 아무 것도 안 했을까요? 성경이 베드로의 활약과 스데반과 빌립의 활약과 바울의 초기 활약을 소개하려는 것일까요? 전혀 그렇지 않습니다.

이런 의미에서 아주 중요한 성경 구절이 히브리서 11장에 있습니다. 사람들은 주로 앞부분에 등장하는 이름이 나오는 사람들의 업적을 기억합니다. 또는 33절과 34절을 기억합니다. "그들은 믿음으로 나라들을 이기기도 하며 의를 행하기도 하며 약속을 받기도 하며 사자들의 입을 막기도 하며 불의 세력을 멸하기도 하며 칼날을 피하기도 하며 연약한 가운데서 강하게 되기도 하며 전쟁에 용감하게 되어 이방 사람들의 진을 물리치기도 하며 여자들은 자기의 죽은 자들을 부활로 받아들이기도 하며"입니다. 그러나 성경은 동일한 가치로 그 다음 구절도 기록하고 있습니다. "또 어떤 이들은 더 좋은 부활을 얻고자 하여 심한 고문을 받되 구차히 풀려나기를 원하지 아니하였으며 또 어떤 이들은 조롱과 채찍질뿐 아니라 결박과 옥에 갇히는 시련도 받았으며 돌로 치는 것과 톱으로 켜는 것과 시험과 칼로 죽임을 당하고 양과 염소의 가죽을 입고 유리하여 궁핍과 환난과 학대를 받았으니 그들이 광야와 산과 동굴과 토굴에 유리하였느니라"입니다. 그리고 성도들의 이러한 삶에 대하여 너무나 위대한 평가를 선언해 줍니다. "이런 사람은 세상이 감당하지 못하느니라"입니다.

사도행전 25장의 본문에서 베스도는 바울을 가이사에게 보낼 명분이 없는 상황을 '무리한 일'이라고 표현했습니다. 하지만 좀 더 넓은 차원에서 보면 성도는 '세상이 감당하지 못하는 사람들'이요, 이러한 성도를 세상이 다루려고 하는 것은 '무리한 일'이 되는 것입니다. 성경이 성도에게 기대하는 것은 단지 '승리하라'가 아니고, 단지 '역경을 견디라'가 아닙니다. 승리의 모습일 수 있고, 고난의 모습일 수 있습니다. 어떤 모양새이든지 '세상이 감당하지 못하는 삶'을 살라는 것입니다. 이것은 세상과 비교하여 우위를 점하라는 의미가 아니고, 세상과 경쟁하여 이기라는 의미가 아니라 '구별된 삶' 즉 죄의 원리와 다르고, 죄의 가치와 다르고, 죄의 방법과 다르고, 죄의 평가와 다른 삶을 살라는 의미입니다. 성도가 행하는 가장 위대한 사역은 하나님의 원리로 이 땅을 당당하게 살아가는 것입니다. 지금 여러분은 그 위대한 사역을 감당하고 계십니다. 세상 기준의 가치와 평가에 연연하지 말고 성도됨을 알고, 성도됨을 구현하며 누리며 살아가는 멋진 성도의 삶이 되시기를 주님의 이름으로 축원합니다.

죽은 사람을 살리심

사도행전 26:1~32

1 아그립바가 바울에게 이르되 너를 위하여 말하기를 네게 허락하노라 하니 이에 바울이 손을 들어 변명하되 2 아그립바 왕이여 유대인이 고발하는 모든 일을 오늘 당신 앞에서 변명하게 된 것을 다행히 여기나이다 3 특히 당신이 유대인의 모든 풍속과 문제를 아심이니이다 그러므로 내 말을 너그러이 들으시기를 바라나이다 4 내가 처음부터 내 민족과 더불어 예루살렘에서 젊었을 때 생활한 상황을 유대인이 다 아는 바라 5 일찍부터 나를 알았으니 그들이 증언하려 하면 내가 우리 종교의 가장 엄한 파를 따라 바리새인의 생활을 하였다고 할 것이라 6 이제도 여기 서서 심문 받는 것은 하나님이 우리 조상에게 약속하신 것을 바라는 까닭이니 7 이 약속은 우리 열두 지파가 밤낮으로 간절히 하나님을 받들어 섬김으로 얻기를 바라는 바인데 아그립바 왕이여 이 소망으로 말미암아 내가 유대인들에게 고소를 당하는 것이니이다 8 당신들은 하나님이 죽은 사람을 살리심을 어찌하여 못 믿을 것으로 여기나이까 9 나도 나사렛 예수의 이름을 대적하여 많은 일을 행하여야 될 줄 스스로 생각하고 10 예루살렘에서 이런 일을 행하여 대제사장들에게서 권한을 받아 가지고 많은 성도를 옥에 가두며 또 죽일 때에 내가 찬성 투표를 하였고 11 또 모든 회당에서 여러 번 형벌하여 강제로 모독하는 말을 하게 하고 그들에 대하여 심히 격분하여 외국 성에까지 가서 박해하였고 12 그 일로 대제사장들의 권한과 위임을 받고 다메섹으로 갔나이다 13 왕이여 정오가 되어 길에서 보니 하늘로부터 해보다 더 밝은 빛이 나와 내 동행들을 둘러 비추는지라 14 우리가 다 땅에 엎드러지매 내가 소리를 들으니 히브리 말로 이르되 사울아 사울아 네가 어찌하여 나를 박해하느냐 가시채를 뒷발질하기가 네게 고생이니라 15 내가 대답하되 주님 누구시니이까 주께서 이르시되 나는 네가 박해하는 예수라 16 일어나 너의 발로 서라 내가 네게 나타난 것은 곧 네가 나를 본 일과 장차 내가 네게 나타날 일에 너로 종과 증인을 삼으려 함이니 17 이스라엘과 이방인들에게서 내가 너를 구원하여 그들에게 보내어 18 그 눈을 뜨게 하여 어둠에서 빛으로, 사탄의 권세에서 하나님께로 돌아오게 하고 죄 사함과 나를 믿어 거룩하게 된 무리

가운데서 기업을 얻게 하리라 하더이다 19 아그립바 왕이여 그러므로 하늘에서 보이신 것을 내가 거스르지 아니하고 20 먼저 다메섹과 예루살렘에 있는 사람과 유대 온 땅과 이방인에게까지 회개하고 하나님께로 돌아와서 회개에 합당한 일을 하라 전하므로 21 유대인들이 성전에서 나를 잡아 죽이고자 하였으나 22 하나님의 도우심을 받아 내가 오늘까지 서서 높고 낮은 사람 앞에서 증언하는 것은 선지자들과 모세가 반드시 되리라고 말한 것밖에 없으니 23 곧 그리스도가 고난을 받으실 것과 죽은 자 가운데서 먼저 다시 살아나사 이스라엘과 이방인들에게 빛을 전하시리라 함이니이다 하니라 24 바울이 이같이 변명하매 베스도가 크게 소리 내어 이르되 바울아 네가 미쳤도다 네 많은 학문이 너를 미치게 한다 하니 25 바울이 이르되 베스도 각하여 내가 미친 것이 아니요 참되고 온전한 말을 하나이다 26 왕께서는 이 일을 아시기로 내가 왕께 담대히 말하노니 이 일에 하나라도 아시지 못함이 없는 줄 믿나이다 이 일은 한쪽 구석에서 행한 것이 아니니이다 27 아그립바 왕이여 선지자를 믿으시나이까 믿으시는 줄 아나이다 28 아그립바가 바울에게 이르되 네가 적은 말로 나를 권하여 그리스도인이 되게 하려 하는도다 29 바울이 이르되 말이 적으나 많으나 당신뿐만 아니라 오늘 내 말을 듣는 모든 사람도 다 이렇게 결박된 것 외에는 나와 같이 되기를 하나님께 원하나이다 하니라 30 왕과 총독과 버니게와 그 함께 앉은 사람들이 다 일어나서 31 물러가 서로 말하되 이 사람은 사형이나 결박을 당할 만한 행위가 없다 하더라 32 이에 아그립바가 베스도에게 이르되 이 사람이 만일 가이사에게 상소하지 아니하였더라면 석방될 수 있을 뻔하였다 하니라

죽은 자들을 살리심

조상에게 하신 약속

성경은 진리, 계시로 선언되는 엄청난 책입니다. 당연히 성경의 모든 표현이 소중합니다. 그렇다고 성경의 모든 구절을 다 현미경으로 들여다보듯이 연구하기는 힘듭니다. 하지만 사도행전 26장은 '한 문장, 한 표현'의 의미를 정확하게 분별해야 하는 중요한 순간입니다. 26장은 엄밀하게 말하면 재판은 아닙니다. 25장 23절을 보면 "이튿날 아그립바와 버니게가 크게 위엄을 갖추고 와서 천부장들과 시중의 높은 사람들과 함께 접견 장소에 들어오고 베스도의 명으로 바울을 데려오니"입니다. 고위층이 모인 사적인 자리에서 바울이 자신의 입장을 밝히게 되었습니다. 그래서 26장 1절로 3절에는 바울이 공직자 출신답게 상대를 치하하는 인사를 먼저 하고 4

절부터 자기 변호가 시작되고 정작 바울이 설명을 전개하는 포인트는 6절입니다. "이제도 여기 서서 심문 받는 것은 하나님이 우리 조상에게 약속하신 것을 바라는 까닭이니 이 약속은 우리 열두 지파가 밤낮으로 간절히 하나님을 받들어 섬김으로 얻기를 바라는 바인데"입니다. 바울이 말하는 이 약속은 유대인들이 모두가 알고 있고, 유대인들의 정체성을 형성하는 바탕이요, 유대인들의 삶을 이끌어가는 원동력이요, 유대인들이 모두 소망하고 있는 본질입니다. 즉 하나님이 유대인을 선택하셨다는 것이요, 하나님이 자기가 택하신 하나님의 백성인 유대인들이 이방 나라들의 속국이 되어 압제당하는 것을 보시고 긍휼히 여기사 메시야 즉 그리스도를 보내어 유대인을 구원하시겠다는 것입니다. 모든 유대인들은 이 약속을 알고 있었고, 그리스도를 기다리고 있었습니다.

복음서에 나오는 몇 군데를 통해서 확인해 보겠습니다. 마태복음 11장 2절에 "요한이 옥에서 그리스도께서 하신 일을 듣고 제자들을 보내어 예수께 여짜오되 오실 그이가 당신이오니이까 우리가 다른 이를 기다리오리이까"라고 합니다. 사람들이 그리스도를 기다리고 있었던 것입니다. 요한복음 4장에 예수님께서 사마리아 지역의 우물에서 여인과 만나 대화를 하십니다. 그때 25절 "여자가 이르되 메시야 곧 그리스도라 하는 이가 오실 줄을 내가 아노니 그가 오시면 모든 것을 우리에게 알려 주시리이다"입니다. 이 여인도 사마리아인임에도 불구하고 하나님의 약속을 알고 있었고, 기다리고 있었습니다. 요한복음 6장에는 예수님께서 오병이어의 기적을 행하시는 사건이 나옵니다. 이 기적이 일어난 후 14절 "그 사람들이 예수께서 행하신 이 표적을 보고 말하되 이는 참으로 세상에 오실 그 선지자라 하더라"입니다. 유대의 무리들도 선지자가 오기로 약속되어 있었던 것을 알고 있었습니다. 요한복음 11장에 나사로가 병들어 죽었다가 살아나는 사건이 있습니다. 나사로의 누이가 예수님에게 하는 말이 27절 "이르되 주여 그러하외다 주는 그리스도시요 세상에 오시는 하나님의 아들이신 줄 내가 믿나이다"입니다. 이 여인도 하나님의 아들이 오신다는 것을 알고 있었습니다.

같은 말, 다른 내용

물론 여기서 한 가지 문제가 발생합니다. 하나님께서 약속하신 것은 분명한 사실이지만 약속의 내용이 '하나님이 말씀하신 것'과 '유대인들이 이해하고 있는 것'이 서로 다르다는 사실입니다. 만약 그 내용이 같았다면 예수께서 오셨을 때에 유대인들은 모두 환영하고 약속이 드디어 성취가 되었다고 기뻐 뛰며 좋아했어야 합니다. 하지만 그 내용이 서로 달랐기 때문에 유대인들은 예수가 왔지만 기뻐하지 않았고, 예수가 행하는 모든 사역들이 한편으로는 고맙기도 했지만 궁극적으로 자신들이 원하는 것이 이루어지지 않았기 때문에 예수를 죽이는 일에 가담했고, 그렇게 무기력하게 죽은 예수가 부활했다고 증언하고 다니는 바울을 비롯한 사도들의 활동을 좋아하지 않았습니다. 만약 사도들의 말이 사실이라면 자신들이 소망하는 로마로부터 해방이라는 내용이 너무나 허망하게 상실되어 버리게 되니까 소망을 버릴 바에야 차라리 사도들을 죽이는 것이 낫다고 생각하여 결사반대하고, 고소하고, 죽이려고, 애를 썼습니다.

26장의 변론에서 바울은 자신도 다른 모든 유대인들과 같이 하나님의 약속을 알고 있었고, 그 소망을 가지고 있었다고 선언했습니다. 바울이 하나님의 약속을 배운 것에 대해서 말한 것이 5절 "내가 우리 종교의 가장 엄한 파를 따라 바리새인의 생활을 하였다"이고, 약속을 믿고 소망을 가지고 행동한 것에 대해 말한 것이 9절로 12절입니다. "나도 나사렛 예수의 이름을 대적하여 많은 일을 행하여야 될 줄 스스로 생각하고 예루살렘에서 이런 일을 행하여 대제사장들에게서 권한을 받아 가지고 많은 성도를 옥에 가두며 또 죽일 때에 내가 찬성투표를 하였고 또 모든 회당에서 여러 번 형벌하여 강제로 모독하는 말을 하게하고 그들에 대하여 심히 격분하여 외국 성에까지 가서 박해하였고 그 일로 대제사장들의 권한과 위임을 받고 다메섹으로 갔나이다"입니다. 여기까지는 유대인들과 바울의 사고와 행동이 같았던 것입니다. 그런데 제가 1절로 12절을 언급하면서 중간에 한 절을 빼놓았습니다. 아주 중요한 구절인데 바로 8절입니다.

죽은 사람들을 살리심

8절은 "당신들은 하나님이 죽은 사람을 살리심을 어찌하여 못 믿을 것으로 여기나이까"입니다. 아마도 여러분은 8절이 왜 중요한 구절인지 파악이 안 되실 것입니다. 8절을 듣는 순간 '예수'에 관한 이야기, 예수의 부활하심에 관한 이야기라고 생각하셨을 것입니다. 그러나 전혀 다른 이야기입니다. 파악을 못하셨거나 오해하셨어도 전혀 여러분의 잘못이 아닙니다. 우리말 번역에는 '하나님이 죽은 사람을 살리심'이라고 표현되어 있기 때문입니다. 그러나 정확하게 표현하면 '하나님이 죽은 사람들을 살리심'입니다. '죽은 사람을 살리심'과 '죽은 사람들을 살리심'은 단 한 글자 '들'이 있느냐 없느냐에 따라 의미가 완전히 달라집니다. 개역개정 성경에는 '죽은 사람' 즉 단수로 번역되어 있지만, 원문상으로는 '죽은 사람들' 즉 복수입니다. 바울은 하나님이 '죽은 한 사람을 살려내심'을 말하는 것이 아니라 '죽은 사람들을 살려내심'을 말하고 있습니다. 그러므로 8절은 자연스럽게 예수 한 사람, 하나님이 죽은 예수를 살려내신 일을 말하는 것이 절대로 아닙니다.

바울은 4절부터 7절까지에서 모든 유대인들이 알고 있는 약속에 대해 언급했습니다. 그런데 바울은 8절에서 그 약속의 내용을 전혀 다르게 말했습니다. 약속은 약속인데 유대인들이 알고 있고 간절히 얻기를 바라고 소망하고 있는 내용이 아니라 완전히 다른 내용을 말했습니다. 8절에서 바울이 말하는 약속의 내용은 '하나님이 죽은 사람들을 살리심'입니다. 이것이 유대인의 생각과 완전히 다른 이유는 지금까지 유대인들이 알고 있는 약속의 내용은 '죽은 사람들을 살리심'이 아니라 '산 자들을 구출하심'이었기 때문입니다. 유대인들의 사고방식에, 유대인들이 알고 있는 약속에는 '죽은 사람들을 살리는 내용'이 없습니다.

여기에서 구약 후반부에 해당하는 역사와 종교에 관한 이야기를 조금 해보겠습니다. 바울의 내용이 유대인들의 사고방식과 얼마나 다른지 비교해보시기 바랍니다. 하나님은 창세기부터 계속하여 동일하게 죄인을 구원하실 것에 대해서 말씀하셨습니다. 하나님이 말씀하신 구원은 죄인을 죄로부터 건져내시는 사역입니다. 이 내용을 설명하기 위해 출애굽기에 등장하는 출애굽이나 사사기에 등장하는 이방인의 압제에서 구출하는 이야기들이 전개되었습니다. 분열 왕국 후반기에 이스라엘이 북 왕국은 앗수르에 의해 패망을 해버리고, 남 왕국은 한때는 앗수르에 정복당하고, 이어서 애굽에 정복을 당하기도 하고 마침내는 바벨론에 멸망을 당해 속국이 되어버립니다. 하나님은 이스라엘이 패망하기 전에 아람에게 압제를 당하거나 앗수르에 압제를 당하거나 바벨론에 압제를 당할 때에 벌써 계속하여 반복적으로 하나님이 구원하실 것임을 예언을 통해 선포하셨습니다. 외형적으로는 이방의 압제에서 구출해주는 장면을 통해 내용적으로는 죄로부터 구원하시겠다는 의미를 선포하셨습니다.

그런데 이스라엘은 그 동안은 하나님이 구원하신다는 예언에 대해 외형적으로나 내용적으로나 전혀 귀담아듣지 않았고, 믿지 않았고, 기대를 하지 않았습니다. 왜냐하면 아직은 나라가 망하지 않은 상태였기 때문입니다. 즉 이스라엘이 바벨론에 의해 패망하기 전까지는 이스라엘 백성들 가운데 메시아나 그리스도를 기대하고 기다리는 생각이 일체 없었습니다. 그러다가 주전 722년에 북 왕국이 패망하고 586년에 남 왕국이 패망했습니다. 나라가 실제로 망해버렸습니다. 그래도 한편으로는 곧 다양한 방법을 통해 독립이 될 것이라고 기대를 했습니다. 왜냐하면 잠깐 잠깐씩 주변 국가와의 전쟁에서 패했다가 다시 일어나기도 한 경력이 있기 때문입니다. 그런데 이번에는 포로 생활 또는 속국의 상태가 70년간이나 지속되고, 점차 독립의 가능성이 보이기는커녕 더 강력한 나라인 바사가 바벨론을 정복하고 이스라엘의 압제국가로 등장했습니다.

비록 바사가 정복국가들에 대해 화친하는 정책을 펼쳤다고는 하나 속국 백성의 삶이 고달프기는 매한가지입니다. 바사가 워낙 강대국이라 이스라엘과는 비교가 되지 않으며 독립을 기대할 만한 현실적인 방법이 전혀 없습니다. 그때부터 이스라엘 가운데 생겨나는 것이 바로 '메시야 대망'입니다. 그 동안 거들떠도 보지 않았던 하나님의 말씀을 근거로 삼아 '하나님이 구원자를 보내 자신들을 구원하실 것'을 기대하기 시작했습니다. 이때 이스라엘 사람들이 기대한 내용은 당연히 압제받는 상황에서 벗어나는 것입니다. 죄로부터의 구원에 대해서는 아예 개념조차 없습니다.

그리스도의 등장

역사에서 이스라엘 백성들의 '메시야 대망' 즉 자신들이 처한 압제받는 상황에서 벗어나게 해주는 '메시아 대망'이 실제로 응답되는 사건이 발생합니다. 성경에는 나오지 않는 내용인데 간략하게 설명해 보겠습니다. 이스라엘이 바벨론의 느부갓네살 왕에게 압제를 받다가 바사의 고레스에게 압제를 받고, 그 다음에 마케도니아의 알렉산더 왕에게 계속해서 압제를 받고 있었습니다. 그것이 사백 년 정도 이어가고 있었습니다. 그러다가 알렉산더가 죽은 후에 마케도니아 제국이 분열되어서 잠시 프롤레미 왕조의 지배를 받았고, 이어서 셀류쿠스 왕조에게 지배를 받고 있던 주전 160년에 특별한 사건이 발생합니다. 당시 지배자였던 안티오쿠스 4세가 유대 성전을 의도적으로 모욕하는 행동을 하자 유대인들 중에 마카비라는 집안사람들이 반란 겸 독립운동을 전개해서 실제로 독립을 하게 되었습니다. 이스라엘이 그 동안 바라고 바랐던 구원, 즉 이방의 압제에서 해방되어 독립되는 꿈과 소망이 모두 실현되었습니다. 이 일의 선봉에 선 사람이 바로 마카비 집안의 아들들입니다. 이 마카비 형제가 그 당시에 무엇이라고 불렸겠습니까? 당연히 '메시야' 또는 '그리스도'입니다. 자신들을 구원해 주었기 때문입니다.

마카비가 이스라엘을 독립시켜서 이스라엘 역사에서 새로운 왕조가 탄생합니다. 그 왕조를 '하스모니안 왕조'라고 하고 이 나라가 약 백 년간 독립을 유지하다가 주전 60년경에 로마와의 전쟁에 패해 이스라엘은 다시 나라를 잃어버리고 복음서 시대와 사도행전 시대에 계속하여 로마의 속국인 상태에 머물러 있게 됩니다. 그러니까 예수님 시대는 이스라엘이 독립을 잃어버린 지 불과 육십에서 칠십 년 밖에 안 되었고, 바울의 시대도 불과 팔십에서 구십 년밖에 안 됩니다. 그러니 나라가 독립되었던 시대가 얼마나 그립고, 자기들 시대에 독립이 회복되기를 얼마나 기대하고, 마카비와 같은 그리스도 즉 강력한 군사적 지도자가 나타나서 정복자 로마를 물리치고 자신들을 구출해줄 그리스도를 기대하고 있는 것이 당연합니다. 이것이 이스라엘 또는 유대인들이 가지고 있던 하나님의 약속에 대한 소망이요, 메시아에 대한 생각이요, 구원에 관한 기대입니다.

지금 바울이 말한 8절이 당시 유대인들이 가지고 있던 생각과 얼마나 다른 지를 확인하고 있습니다. 이스라엘은 하나님이 자신들을 구원하신다는 약속에 대해서 모두 압제로부터 해방 받는 것을 기대하고 있었습니다. 당시에 살아있는 자신들, 실제로 박해를 받고 있는 자신들, 현장에서 고난을 받고 있는 당사자인 자신들이 고난과 압제와 박해로부터 구출되는 것만을 생각하고 있었습니다. 그런데 바울이 하나님의 약속, 모두가 간절히 바라는 소망에 대해서 말하는데 그 내용이 8절 즉 '하나님이 죽은 사람들을 살리심'입니다. 유대인들이 이 말을 들었다면 어떻게 반응하겠습니까? 정확하게 말하면 반응을 하기 전에 아무도 바울이 하는 말이 무엇인지 파악조차 못할 것입니다. 왜냐하면 유대인들의 개념에 없는 내용이기 때문입니다. 이스라엘의 사고방식에 전혀 떠오르지 않는 의미입니다. 예수님 시대나 바울 시대에는 죽은 자들을 고민할 때가 아닙니다. 자기들 목숨도 너무

위태한데, 자기들 구출 받는 것만으로도 애가 달아 죽을 지경인데 죽은 사람들을 살리는 이야기는 귀신 씨나락 까먹는 이야기 같습니다.

바울은 하나님의 약속에 대해 유대인들이 전혀 모르는, 유대인들의 생각과는 완전히 다른 말을 하고 있습니다. 반대로 바울은 구약의 하나님의 말씀을 그대로 전달하고, 복음서에서 예수님의 말씀을 그대로 반복하고 있습니다. 하나님이 말씀하신 구원, 예수님이 말씀하신 구원, 바울이 말하고 있는 구원은 '죽은 사람들을 살리는 것'을 의미합니다.

그 눈을 뜨게 하여

내가 살아났다

지금까지는 유대인의 오해를 살펴보았고 지금부터는 성도들의 오해를 살펴보겠습니다. 사람들이 그동안 8절을 '죽은 한 사람을 살리심'으로 잘못 이해했기 때문에 이하의 내용이 모두 하나님이 '예수를 살리신 것'을 설명하고, 예수가 살아난 증거로 바울이 다메섹으로 가는 길에 살아나신 예수가 나타났다고 말해왔습니다. 예수가 살아나셨다는 것을 부인하는 것이 아니라 예수가 살아나신 것은 당연하고 다만 본문의 전개는 전혀 다른 측면이라는 것입니다. 바울은 8절에서 '하나님이 죽은 사람들'을 살리신다는 약속을 강조했습니다. 여기서 말하는 죽은 사람들은 '하나님에 대하여 죽은 사람들' 즉 죄인들이요, 죽은 사람들을 '살리심'은 죄인들이 구원을 받는 것입니다. 물론 죽은 사람들을 살리시기 위해서는 우선 예수가 먼저 살아나야 하고 당연히 예수는 살아나셨습니다. 그렇게 예수가 살아났으면 이제는 그 다음 이야기가 전개되어야 합니다. 즉 예수로 말미암아 사망권세가 무너졌고, 그래서 하나님이 약속하신 대로 '죽은 사람들을 살리심'이 이루어져야 합니다. 예수가 부활했다는 이야기 다음에 예수의 부활로 말미암아 많은 죽은 사람들이 살아났다는 이야기가 이어져야 합니다.

만약 바울이 예수가 살아났다는 이야기만 반복하면 그것은 단지 예수에 관한 이야기에 불과할 뿐입니다. 동네 어떤 사람이 아팠다가 나았듯이 예루살렘에서 젊은 청년 예수가 죽었다가 살아났다는 이야기, 마치 나사로라는 사람이 죽었다가 살아났다는 조금 놀라운 이야기에 불과합니다. 그러나 제자들이나 사도들이 예수가 살아났다고 강조하는 이야기는 예수로 말미암아 하나님의 약속대로 '죽은 사람들이 살아났다'는 것과 연결됩니다. 바울이 8절에서 '하나님이 죽은 사람을 살리심'에 대해서 선언했다면 이제 '죽은 사람들이 살아나는 것'에 관한 증거가 등장해야 하는 순서입니다. 바로 그 순서에 바울은 자신이 다메섹으로 갈 때에 예수가 나타났다는 이야기를 하고 있습니다.

이 사건이 사도행전 9장에 나오는데 9장에서 이 사건이 강조하는 포인트와 26장에서 이 사건이 강조하는 포인트가 완전히 다릅니다. 9장은 바울이 예수를 믿지 않을 때, 도리어 예수 믿는 자를 박해하러 다닐 때였습니다. 그래서 바울에게 예수가 살아 계시다는 것을 증거 해야 했기에 부활하신 예수가 나타나셨습니다. 그러므로 9장의 포인트는 예수는 십자가에서 죽은 것으로 끝난 것이 아니라 부활하여 살아 계시다는 사실이었습니다. 물론 바울이 자기가 그랬던 것처럼 예수를 믿지 않는 사람들에게 예수가 살아나셨다는 것을 증언하기 위해 그 사건을 언급할 수 있습니다. 그것이 22장이었습니다. 그러나 26장은 포인트가 달라졌습니다. 왜냐하면 바울이 8절에서 '죽은 사람들을 살리심'에 대해서 말했기 때문에 지금은 예수가 살아났다는 것을 증언하는 것이 필요한 것이 아니라 '죽은 사람들이 살아난 것'에 대한 증언이 필요한 시점입니다. 그러므로 26장에 언급된 사건은 예수가 살아난 것에 대한 내용이 아니라 죽은 사람들이 살아난 것에 대한 내용입니다. 그렇다면 본문에서 죽은 사람들이 살아난 증거가 무엇입니까? 지금 바울은 누구에 대해서 말하고 있는 것입니까? 바로 자기 자신에 대한 이야기입니다. 바울이 말하는 죽은 자들의 살리심의 증거, 죽은 사람이었으나 살아난 사람이 바로 바울 '자신'입니다.

구원의 의미

성도들이 기독교에 관한 이야기를 할 때, 어떤 용어나 표현을 사용할 때에는 성경의 기준, 성경의 개념, 성경의 원리에 근거하여 말하거나 이해해야 합니다. 그런데 성도들에게 이것이 익숙하지 않습니다. 그래서 성도들 스스로가 자꾸 혼동합니다. 바울이 말한 '하나님이 죽은 사람들을 살리심'이라는 표현에서 '죽은 사람들'은 육체적으로 죽은 것을 의미하지 않습니다. 그런데 많은 성도들이 성경에서 말하는 '죽음'이나 '죽은 사람들'이라는 표현에서 일반인들처럼 '육체적으로 죽음', '숨이 끊어지는 것'을 생각합니다. 그래서 '죽은 사람이 살아남'이라는 표현에서는 오직 죽었다가 살아나신 분 예수님만 생각합니다. 그런데 8절에서 바울이 말한 '죽은 사람들'이라는 표현은 '하나님께 대하여 죽은 사람들' 즉 '죄인들'로 설명하고 죽은 사람들 중에 살아난 사람으로 '자신'을 증거로 내세우고 있습니다.

만약 '죽은 사람들'이 육체가 죽은 사람을 의미한다면 26장의 바울의 설명은 전혀 앞뒤가 맞지 않는 이상한 말이 됩니다. 왜냐하면 바울은 육체적으로 죽은 적이 없고, 육체적으로 살아난 적이 없기 때문입니다. 그러나 바울은 자신이 하나님에 대하여 죽은 사람들이었으나 예수 그리스도의 살아나심으로 말미암은 결과로 자기도 살아났다고 증거하고 있습니다. 사도행전 9장의 사건을 통해 바울이 예수를 만났고, 자신의 생각이 달라지고, 기준이 달라지고, 가치가 달라지고, 개념이 달라지고, 원리가 달라진 것을 '죽은 사람들 중에 살아남' 즉 구원으로 설명하고 있습니다.

그래서 26장의 다메섹 사건 이야기에는 9장에는 없는 이야기, 22장에도 없는 이야기, 즉 자기에 관한 이야기가 많이 첨부되어 있습니다. 그것이 16절부터 18절까지입니다. 바울 앞에 나타난 예수가 초점이 아니라 예수가 바울에게 하신 말씀 그래서 바울이 달리지게 된 것이 포인트입니다. 읽어보면 "일어나 너의 발로 서라 내가 네게 나타난 것은 곧 네가 나를 본 일과 장차 내가 네게 나타날 일에 너로 종과 증인을 삼으려 함이니 이스라엘과 이방인들에게서 내가 너를 구원하여 그들에게 보내어 그 눈을 뜨게 하여 어둠에서 빛으로, 사탄의 권세에서 하나님께로 돌아오게 하고 죄 사함과 나를 믿어 거룩하게 된 무리 가운데서 기업을 얻게 하리라 하더이다"입니다.

우선 상황적으로 볼 때 이 선언은 예수님께서 바울에게 나타나서 장차 바울에게 이루어질 일을 예언한 것입니다. 이것이 예언이었다면 성취가 되었어야 바울이 말한 죽은 사람이 살아난 것의 증거가 될 수 있는데 바울은 이 예언이 성취가 되었다고 선언합니다. 그것이 19절 이하 "아그립바 왕이여 그러므로 하늘에서 보이신 것을 내가 거스르지 아니하고 먼저 다메섹과 예루살렘에 있는 사람과 유대 온 땅과 이방인에게까지 회개하고 하나님께로 돌아와서 회개에 합당한 일을 하라 전하므로 유대인들이 성전에서 나를 잡아 죽이고자 하였으나 하나님의 도우심을 받아 내가 오늘까지 서서 높고 낮은 사람 앞에서 증언하는 것은"입니다.

성도의 정체성

여기서 바울이 강조하는 '죽은 사람이 살아난 모습' 즉 성도에게 이루어진 구원의 모습으로 소개하는 내용을 확인해 보겠습니다. 바울은 자신의 과거와 현재를 대조하여 새로워진 자신, 고린도후서에서 새로운 피조물이라고 선언하는 성도의 모습, 자신은 이미 변화되었고 자신이 전하는 복음을 통해 다른 사람들도 변화되기를 기대하는 모습을 참 멋있게 소개합니다. 그것이 이미 읽었던 18절입니다. 가장 본질적으로 '눈을 뜨게 하여'입니다. 죄인은 눈을 뜨지 못한 자, 보지 못하는 자, 듣지 못하는 자, 알지 못하는 자요 성도는 눈을 뜬 자, 보는 자, 듣는 자, 아는 자인 것입니다. 성도는 성경을 통해 하나님을 알고, 죄를 알고, 구원을 알고, 성도를 알고, 진리를 알게 된 자입니다. 그래서 아직 눈을 뜨지 못한 자들에 대하여 눈을 뜬 자의 역할을 감당해야 합니다. 아는 자의 역할을 해야 합니다.

바울이 소개하는 성도의 모습이 '어둠에서 빛으로, 사탄의 권세에서 하나님께로 돌아오게 하고'입니다. 소속이 바뀌었고, 존재가 바뀌었고, 원리가 바뀌었습니다. 세상 말로 '개천에서 용났다'와는 비교가 안 되는 환골탈태보다 더한 변화입니다. 오죽하면 바울이 '새로운 피조물'이라고 선언했겠습니까! 이제는 어둠을 두려워하는 존재가 아니라 빛을 감격하는 존재이고, 사탄의 권세에 압제당하는 삶이 아니라 하나님의 권세로 보호와 안위를 받는 존재가 되었습니다. 어둠에서 빛으로 변화된 자이기에 당연히 빛의 역할이 기대되는 것이며, 사탄의 권세에서 하나님께로 돌아온 자이기에 하나님의 자녀의 역할이 기대되는 것입니다.

또 '죄 사함과 나를 믿어 거룩하게 된 무리 가운데서 기업을 얻게 하리라'입니다. 그래서 성도는 죄 사함을 받았고 하나님 나라의 기업을 얻은 사람입니다. 세상에서 '로또에 당첨되었다'와는 비교가 안 되는 엄청난 것입니다. 왜냐하면 썩어질 것이 아니요, 사라질 것이 아니요, 잠시잠깐의 것이 아니라 풍성한 것이요, 변치 않는 것이요, 영원한 것이기 때문입니다. 이렇게 하나님 나라의 기업을 얻었기에 '받는 것보다 주는 것이 복 되도다'는 말씀을 실천할 수 있는 성도가 되었습니다. 바울은 자신의 모습을 '전에는'과 '이제는'으로 비교를 하는데 세상에 없는 기준을 적용합니다. 세상은 표현이 아무리 다양해도 결국에는 '전에는 가난했는데 이제는 부자다', '전에는 못 배웠는데 이제는 배웠다', '전에는 신분이 낮았는데 이제는 높아졌다', '전에는 상황이 안 좋았는데 이제는 나아졌다'는 것뿐입니다. 그러나 바울은, 그러나 성도는 차원이 다르고, 기준이 다르고, 개념이 다르고, 가치가 다릅니다.

바울의 이러한 선언에 대해 세상 사람들의 반응은 어떨까요? 너무나 당연한 반응이 24절 "바울이 이같이 변명하매 베스도가 크게 소리 내어 이르되 바울아 네가 미쳤도다 네 많은 학문이 너를 미치게 한다 하니"입니다. 세상 사람들은 이 말밖에 할 말이 없습니다. 왜냐하면 바울과 같은 기준이 없고, 가치가 없고, 개념이 없기 때문입니다. 눈을 뜨지 못한 자, 어둠에 속한 자, 사탄의 권세에 속한 자가 성도의 존재와 정체를 전혀 알지 못하고, 인식하지 못하고, 이해하지 못합니다. 이런 평가를 억울해하거나 분해하시면 안 됩니다. 바울의 대답이 25절 "바울이 이르되 베스도 각하여 내가 미친 것이 아니요 참되고 온전한 말을 하나이다"입니다. 누구보다 본인이 이 사실을 알고 있어야 합니다. 바울은 성도됨을 잘 알고 있었고 그 삶을 누리며 살고 있었기에 본인을 '하나님이 죽은 자들을 살리신 증거'로 제시할 수 있었고, 다른 사람에게도 자신과 같아질 것을 기대하고 권고할 수 있었습니다. 성경을 통해 하나님을 아시고, 성도됨을 아셔서 하나님의 자녀된 삶, 세상이 흉내 낼 수 없고 줄 수 없는 멋진 하나님 나라의 삶을 풍성히 누리며 살아가시기를 주님의 이름으로 축원합니다.

68
하나님을 믿노라

사도행전 27:1~44

1 우리가 배를 타고 이달리야에 가기로 작정되매 바울과 다른 죄수 몇 사람을 아구스도 대의 백부장 율리오란 사람에게 맡기니 2 아시아 해변 각처로 가려 하는 아드라뭇데노 배에 우리가 올라 항해할새 마게도냐의 데살로니가 사람 아리스다고도 함께 하니라 3 이튿날 시돈에 대니 율리오가 바울을 친절히 대하여 친구들에게 가서 대접 받기를 허락 하더니 4 또 거기서 우리가 떠나가다가 맞바람을 피하여 구브로 해안을 의지하고 항해 하여 5 길리기아와 밤빌리아 바다를 건너 루기아의 무라 시에 이르러 6 거기서 백부장 이 이달리야로 가려 하는 알렉산드리아 배를 만나 우리를 오르게 하니 7 배가 더디 가 여러 날 만에 간신히 니도 맞은편에 이르러 풍세가 더 허락하지 아니하므로 살모네 앞을 지나 그레데 해안을 바람막이로 항해하여 8 간신히 그 연안을 지나 미항이라는 곳에 이르니 라새아 시에서 가깝더라 9 여러 날이 걸려 금식하는 절기가 이미 지났으므로 항해하기가 위태한지라 바울이 그들을 권하여 10 말하되 여러분이여 내가 보니 이번 항해가 하물과 배만 아니라 우리 생명에도 타격과 많은 손해를 끼치리라 하되 11 백부장이 선장과 선주의 말을 바울의 말보다 더 믿더라 12 그 항구가 겨울을 지내기에 불편하므로 거기서 떠나 아무쪼록 뵈닉스에 가서 겨울을 지내자 하는 자가 더 많으니 뵈닉스는 그레데 항구라 한쪽은 서남을, 한쪽은 서북을 향하였더라 13 남풍이 순하게 불매 그들이 뜻을 이룬 줄 알고 닻을 감아 그레데 해변을 끼고 항해하더니 14 얼마 안 되어 섬 가운데로부터 유라굴로라는 광풍이 크게 일어나니 15 배가 밀려 바람을 맞추어 갈 수 없어 가는 대로 두고 쫓겨가다가 16 가우다라는 작은 섬 아래로 지나 간신히 거루를 잡아 17 끌어 올리고 줄을 가지고 선체를 둘러 감고 스르디스에 걸릴까 두려워하여 연장을 내리고 그냥 쫓겨가더니 18 우리가 풍랑으로 심히 애쓰다가 이튿날 사공들이 짐을 바다에 풀어 버리고 19 사흘째 되는 날에 배의 기구를 그들의 손으로 내버리니라 20 여러 날 동안 해도 별도 보이지 아니하고 큰 풍랑이 그대로 있으매 구원의 여망마저 없어졌더라 21 여러 사람이 오래 먹지 못하였으매 바울이 가운데 서서 말하되 여러분이여 내 말을 듣

고 그레데에서 떠나지 아니하여 이 타격과 손상을 면하였더라면 좋을 뻔하였느니라 22 내가 너희를 권하노니 이제는 안심하라 너희 중 아무도 생명에는 아무런 손상이 없겠고 오직 배뿐이리라 23 내가 속한 바 곧 내가 섬기는 하나님의 사자가 어제 밤에 내 곁에 서서 말하되 24 바울아 두려워하지 말라 네가 가이사 앞에 서야 하겠고 또 하나님께서 너와 함께 항해하는 자를 다 네게 주셨다 하였으니 25 그러므로 여러분이여 안심하라 나는 내게 말씀하신 그대로 되리라고 하나님을 믿노라 26 그런즉 우리가 반드시 한 섬에 걸리리라 하더라 27 열나흘째 되는 날 밤에 우리가 아드리아 바다에서 이리 저리 쫓겨가다가 자정쯤 되어 사공들이 어느 육지에 가까워지는 줄을 짐작하고 28 물을 재어 보니 스무 길이 되고 조금 가다가 다시 재니 열다섯 길이라 29 암초에 걸릴까 하여 고물로 닻 넷을 내리고 날이 새기를 고대하니라 30 사공들이 도망하고자 하여 이물에서 닻을 내리는 체하고 거룻배를 바다에 내려 놓거늘 31 바울이 백부장과 군인들에게 이르되 이 사람들이 배에 있지 아니하면 너희가 구원을 얻지 못하리라 하니 32 이에 군인들이 거룻줄을 끊어 떼어 버리니라 33 날이 새어 가매 바울이 여러 사람에게 음식 먹기를 권하여 이르되 너희가 기다리고 기다리며 먹지 못하고 주린 지가 오늘까지 열나흘인즉 34 음식 먹기를 권하노니 이것이 너희의 구원을 위하는 것이요 너희 중 머리카락 하나도 잃을 자가 없으리라 하고 35 떡을 가져다가 모든 사람 앞에서 하나님께 축사하고 떼어 먹기를 시작하매 36 그들도 다 안심하고 받아 먹으니 37 배에 있는 우리의 수는 전부 이 백칠십육 명이더라 38 배부르게 먹고 밀을 바다에 버려 배를 가볍게 하였더니 39 날이 새매 어느 땅인지 알지 못하나 경사진 해안으로 된 항만이 눈에 띄거늘 배를 거기에 들여다 댈 수 있는가 의논한 후 40 닻을 끊어 바다에 버리는 동시에 키를 풀어 늦추고 돛을 달고 바람에 맞추어 해안을 향하여 들어가다가 41 두 물이 합하여 흐르는 곳을 만나 배를 걸매 이물은 부딪쳐 움직일 수 없이 붙고 고물은 큰 물결에 깨어져 가니 42 군인들은 죄수가 헤엄쳐서 도망할까 하여 그들을 죽이는 것이 좋다 하였으나 43 백부장이 바울을 구원하려 하여 그들의 뜻을 막고 헤엄칠 줄 아는 사람들을 명하여 물에 뛰어내려 먼저 육지에 나가게 하고 44 그 남은 사람들은 널조각 혹은 배 물건에 의지하여 나가게 하니 마침내 사람들이 다 상륙하여 구조되니라

무슨 말일까?

설교자의 본분

강연이나 연설에는 말하는 사람이 있습니다. 그 사람이 중심 인물이고, 본인이 그날 무슨 말을 할지 결정하고 준비합니다. 자신이 하고 싶은 말을 합니다. 그러나 설교자는 차원이 완전히 다릅니다. 설교자는 '무엇을 말할

까?'를 고민하지 않고 준비하지 않습니다. 왜냐하면 설교는 자신이 하고 싶은 말을 하는 것이 아니기 때문입니다. 설교자는 해설자 또는 전달자입니다. 그래서 설교자는 강연자나 연설자에게는 없는 '성경 본문'이 있습니다. 성경 본문은 설교자가 말할 내용을 준비하는 기본 자료가 아니라 설교자가 말해야 하는 내용입니다. 한편으로는 설교는 매우 쉽습니다. 왜냐하면 설교해야 할 내용이 이미 본문에 나와 있기 때문입니다. 창작의 고통이 없습니다. 다른 한편으로는 설교는 매우 어렵습니다. 왜냐하면 본문이 무슨 말을 하고 있는지를 파악해야 하기 때문입니다. 그래서 설교자는 '자신이 무엇을 말할까?'를 생각하지 않고, '본문이 무엇을 말하고 있는가?'를 묵상하는 것입니다. 그러므로 설교는 설교자의 말이 아니라 하나님의 말씀을 전하는 사역입니다.

종종 예배에서 설교가 차지하는 비중이 많은 것에 대한 비판이 있기도 합니다. 예배에는 설교자뿐 아니라 청중도 있는데 설교자가 예배를 독점한다는 비판입니다. 이것은 설교에 대한 오해, 즉 설교를 설교자가 하고 싶은 말을 하는 것이라고 생각하기 때문입니다. 기독교 예배에서 설교가 차지하는 비중이 절대적입니다. 왜냐하면 예배의 다른 순서들은 인간의 의견을 표시하는 것들이기 때문입니다. 기도도 인간의 말이요, 찬송도 인간의 표현이고, 헌금도 인간의 신앙을 드러내는 양식입니다. 예배 중에 유일하게 하나님의 의도, 하나님의 뜻, 하나님의 기대, 하나님의 일하심을 드러내는 시간이 설교입니다. 만약 예배 중에 하나님의 말씀이 선포되지 않으면 그것은 예배가 아니라 그냥 모임입니다. 하나님의 뜻이 전달되지 않으면 그것은 예배가 아니라 단순히 교제입니다.

설교자는 설교자이기 전에 먼저 예배자입니다. 또 설교자는 말하는 자가 아니라 본인부터 듣는 자입니다. 예배에서 설교자와 청중의 차이는 말하는 자와 듣는 자의 차이가 아니라 단지 위치의 차이일 뿐입니다. 예배 중에 말씀하시는 이는 오직 하나님이고 모든 인간은 다 하나님의 말씀을 듣는 자입니다. 설교에 대한 가장 정확한 표현은 데살로니가전서 2장 13절 "이러므로 우리가 하나님께 끊임없이 감사함은 너희가 우리에게 들은 바 하나님의 말씀을 받을 때에 사람의 말로 받지 아니하고 하나님의 말씀으로 받음이니 진실로 그러하도다 이 말씀이 또한 너희 믿는 자 가운데에서 역사하느니라"입니다. 함께 하나님의 말씀을 듣겠습니다.

이야기

성경에 대해 차근히 고찰해보면 특이한 점이 많이 있는데 두 가지만 설명해 보겠습니다. 우선 성경의 양식에 관한 내용입니다. 성경을 하나님의 말씀 또는 진리라고 하는데 진리의 책이라고 하면 아마도 옳은 말씀, 바른 말씀, 참된 말씀을 죽 나열한 것을 떠올리실 것입니다. 마치 논어나 채근담이나 아니면 명언을 모아놓은 책 같은 부류들처럼 말입니다. 그런데 성경은 대부분이 '이야기'로 기록되어 있습니다. 이야기는 진리 같아 보이지 않습니다. 이야기는 장황하기만 할뿐 정확하다는 느낌이 들지 않습니다. 예나 지금이나 인간들에게 대화의 원리, 연설의 핵심은 '용건만 간단히', 또는 '짧고 명료하게'입니다. 무엇인가 이야기를 하려고 하면 변명으로 여기거나 준비가 부족한 것으로 취급하는 경우가 많습니다. 그러나 하나님은 '이야기'라는 장르를 사용하셨습니다.

왜 그러셨을까 확인하려면 인간들의 경우를 살펴보면 답이 쉽게 나옵니다. 인간들은 '용건만 간단히, 짧고 명료하게'를 선호합니다. 그러면 인간들의 대화에서 가장 많이 발생하는 것이 오해입니다. 그래서 그 오해를 풀기 위해서 가장 많이 사용하는 것이 자초지종을 이야기하는 것입니다. 서로 많은 대화를 하는 것, 상대방의 입장을 고려하고, 전후 사정을 살피는 것 즉 이야기입니다. 결국 하나님의 방법으로 돌아오게 됩니다. 용건만 짧게, 간단명료하게는 인간의 삶이 아닌 것에는 적용이 가능합니다. 그러나 인간의 삶은 절대로 용건만 짧게, 간단명료하게 전개되지 않습니다. 그래서 하나님은 처음부터 이야기라는 장르를 사용하신 것입니다. 하나님의 말씀이 인간의 삶에 얼마나 실제적이고 구체적인지를 입증하는 하나님의 방법이셨습니다.

또 하나 성경의 특이한 점은 하나님의 말씀을 전하는데 직접 말씀하시기 보다는 주로 다른 사람을 통해 전달하는 방식을 사용하신다는 사실입니다. 물론 성경에는 두 가지 경우가 모두 등장합니다. 어떨 때는 하나님이 직접 나타나서 말씀하셨고, 어떤 때는 하나님이 사람을 통해서 말씀하셨습니다. 그런데 잘 살펴보시면 직접 나타나신 경우는 지극히 개인적인 차원이고, 많은 사람을 대할 때는 주로 다른 사람을 통해서 말씀하셨습니다. 얼핏 보기에는 이런 방식이 매우 비효율적으로 여겨집니다. 모세에게는 직접 나타나셨습니다. 그런데 이스라엘 민족에게는 모세를 보내셨습니다. 얼마나 비효율적이냐면 애굽에 가야하는 모세조차도 사람들이 자기 이야기를 믿지 않을 것이라고 염려할 정도였습니다. 부활하신 예수님께서 제자들에게 나타나셨습니다. 그런데 예수를 믿지 않는 죄인들에게는 제자들을 보내셨습니다. 사도행전도 마찬가지입니다. 전반부에는 주로 베드로가 활동을 했고, 후반부에는 주로 바울이 활동을 하는 것으로 나옵니다. 그런데 사도행전을 기록한 사람은 베드로도 아니고 바울도 아닙니다. 누가가 기록한 것으로 알려져 있지만 정작 사도행전에는 '누가'라는 이름이 단 한 번도 등장하지 않습니다.

하나님이 이스라엘에 직접 말씀하시면, 부활하신 예수님이 예루살렘에 직접 나타나시면, 전도여행의 당사자인 바울이 직접 설명하면 더욱 좋았을 텐데 하나님은 왜 이렇게 하실까요? 그런데 엄밀하게 생각하면 이런 의문, 이런 가정들은 모두 인간들의 변명일 뿐입니다. 본인이 직접 말하면 사람들이 믿을까요? 아닙니다. 너무 주관적이라고 믿지 않습니다. 오죽하면 본인의 설명이나 증거는 법정에서 증거로 채택되지 않을 정도입니다. 그나마 주변 사람이 이야기해 주어야 약간 객관성이랄까, 최소한 혼자만의 주장은 아니라는 일말의 설득력이라도 갖게 됩니다. 성경은 처음부터 신앙이 단지 한 사람만을 위한 것이 아니라 모든 사람에게 적용되어야 하는 것이요, 그것은 단지 신의 계시이기 때문이 아니라 복음을 경험한 사람의 생생한 간증을 통해서 이루어지기를 기대하셨던 것입니다. 여하튼 성경은 죄인들의 원리, 죄인들의 방식과는 차원이 다르다는 것을 여러 방면에서 확인할 수 있습니다.

바울 이야기

사도행전 27장은 바울이 죄수의 신분으로 로마로 이송되는 장면이 기록되어 있습니다. 바울의 로마행에 대해서는 자초지종을 아셔야 합니다. 바울이 처음부터 복음전파를 위해 로마에 가기 위해 목적을 세웠던 것이 절대로 아닙니다. 하나님께서 바울을 구원하신 후 바울에게 로마의 복음화라는 사명을 주신 적이 없습니다. 바울은 로마에 가야 한다고 명령하신 적이 없습니다. 바울은 흔히 전도 여행이라고 알려져 있는 행로를 세 번이나 했습니다. 사도행전에 세 번의 행적이 소개되어 있기에 바울이 여기저기 다녀온 것을 알 수 있는 것이지 여행을 떠나기 전부터 전도여행은 총 4차로 하겠고, 1차는 어느 지역, 2차는 어느 지역, 3차는 어느 지역으로 다녀오고 마지막에는 로마에 가야겠다고 계획을 세운 적이 없습니다. 그래서 세 번의 전도 여행은 각각 전혀 다른 지역이 아니라 일정 부분 겹쳐있습니다. 처음에는 전도 여행이고 다음에는 본인이 전도한 지역을 순회한 경우도 있습니다. 당시 예루살렘 교회로부터 전도 여행을 명령받은 것도 아니고, 특정 지역을 지정받은 것도 아닙니다. 당시 교회와 바울이 나름대로 복음이 필요하다고 생각되는 지역에 임의로 방문하여 복음을 전했을 뿐입니다.

만약 바울이 로마를 가려고 했다면 진작에 갈 수 있었습니다. 그런데 바울은 다른 지역을 먼저 다녀왔을 뿐 로마에 가겠다는 의사를 표현한 적이 없습니다. 하나님이 가라고 명령한 적이 없고 누가 절대로 가지 말라고 막은 적도 없습니다. 바울 자신도 로마에 가고 싶어 안달이 난 것도 아닙니다. 물론 로마서에 보면 바울이 여러 차례 로마에 가려고 했으나 길이 막혔다는 내용이 나옵니다. 그래서 바울이 어떻게든 로마에 가고 싶어 했던 것처럼 보일 수 있으나 실상은 그렇지 않습니다. 바울이 유대인들의 고소로 인해 사로잡힌 지 벌써 이년이 넘었습니다. 갇혀있는 장소도 바뀌었고, 재판하는 담당자도 바뀌었고, 바로 풀려날 것 같았는데 관료들이 자꾸 불러내서 묻기만 할뿐 사건이 진전되는 기색이 없자 어쩔 수 없이 선택한 것이 가이사에게 상소하는 것이었습니다. 이렇게 가이사에게 상소하는 순간부터 바울의 로마행에 관한 내용이 시작됩니다. 그러므로 바울의 로마행은 처음부터 의도된 것이 아니라 중간에 느닷없이 발생한 변수입니다. 로마서에 바울이 로마에 여러 차례 가려고 했었다는 이야기는 바울이 가이사에게 상소한 이후의 이야기가 됩니다.

만약 바울이 처음부터 당대 최고의 도시 로마에 가고 싶은 계획이 있었다면 더 쉬운 방법이 있었습니다. 바울이 전도여행을 다녔던 고린도, 아덴, 데살로니가, 빌립보 등은 예루살렘 보다는 로마에 열 배 가까운 곳입니다. 어차피 그쪽 방향으로 갔을 때 건너갔으면 훨씬 빨리, 편하게 갈 수 있었고 반드시 예루살렘에 돌아와야 했던 이유도 없었는데 로마로 가지 않고 예루살렘으로 돌아왔습니다. 또 잡혀서 재판을 시작하자마자 가이사에게 상소한 것도 아닙니다. 전체적인 정황으로 볼 때 바울이 로마에 가려고 애를 썼던 것은 아님이 분명합니다. 이것을 강조하는 이유는 마치 바울에 관한 내용이 온통 로마를 중심으로 전개되는 것이 아니라는 것을 알려드리기 위해서입니다. 하나님은 바울을 로마에 보내려는 계획이 있었고, 바울도 로마에 가려는 계획이 있어서 하나님께서 바울을 로마에 보내기 위해 이런 저런 사건을 전개하는 것이 아닙니다. 하나님께서 미리 정해진 목적을 위해 바울의 삶을 조정하고 있는 것이 아니라는 것입니다. 로마행은 하나님 때문에 바울이 모든 시련과 역경을 감수하는 것이 아니라 도리어 하나님께서 바울의 결정에 응답하시기 위해 하나님이 수고하고 애쓰고 계십니다.

이것은 단지 바울의 경우만이 아닙니다. 기독교 신앙은 인간이 하나님의 명령이나 계획을 받아 사명으로 감당하는 것이 아닙니다. 인간이 하나님의 목적을 이루어드리기 위해 헌신하고 충성하는 것이 아닙니다. 도리어 하나님께서 인간의 평화와 안녕과 행복을 위해 친히 구원하시고, 친히 임재하시고, 친히 동행하시며 도와주시는 은혜입니다.

로마를 향해

항해일지

저와 여러분은 사도행전 27장을 읽어도 별로 실감이 나지 않습니다. 바다의 전문가가 아니기 때문입니다. 해양 전문가들은 본문을 읽고 매우 놀란다고 합니다. 바다를 모르는 일반인은 이렇게 기록할 수가 없다고 합니다. 13절 이하에 나오는 광풍을 만나 배를 항해하는 묘사와 27절 이하에 육지 가까운 곳에서 배를 대는 과정에 대한 묘사는 바다와 배 그리고 항해에 대해 아주 잘 아는 사람만이 기록할 수 있는 내용이라고 합니다. 그래서 혹자는 사도행전 27장이 성경이 이야기이지만 허구가 아니라는 것, 사도행전의 내용이 거짓이 아니라는 증거가 될 수도 있다고 말을 하기도 합니다.

바울의 로마 압송에 관한 일반적인 내용을 정리해보겠습니다. 바울이 로마로 가는 과정은 날짜 상으로도 당연히 오랜 시간이 걸렸을 것이고, 장소로도 많은 지역을 거쳐 갔을 것이고, 계절상으로도 바뀌었던 같고, 그 모든 내용은 단 두 장 즉 27장과 28장에 나옵니다. 그 중에 28장은 로마에 도착했다는 내용이기에 항해에 관한 내용은 달랑 27장 한 장뿐이고, 27장은 9절 이전과 이후로 나눌 수 있습니다. 1절에 의하면 바울의 담당자는 백부장 율리오였고, 2절에 의하면 바울이 탄 배는 아드라뭇데노였습니다. 2절부터 항해가 시작되어 여러 곳을 거쳐 5절에 보면 루기아의 무라 시에 이르렀다고 합니다. 바울은 이스라엘에서 로마로 호송될 때 배를 타고 갔는데 중간에 환승을 합니다. 출발할 때는 '아드라뭇데노' 배를 탔고 6절에서 무라 시에서 '알렉산드리아' 배로 갈아탑니다. 다시 항해를 이어가는데 쉽지 않았던 것 같고 8절에 의하면 간신히 미항이라는 곳에 도착을 합니다. 7절에 의하면 '여러 날 만에 간신히 니도 맞은편에 이르러 풍세가 더 허락하지 아니하므로'라는 표현이 있는 것으로 보아 여기까지의 항해도 결코 쉬웠던 것은 아니었나 봅니다.

여기까지는 별다른 내용이 없는데 9절부터는 항해에 대한 여러 어려운 정황들이 소개됩니다. 그리고 9절부터 바울의 말이 등장하는데 이제부터는 말하는 사람의 입장에서 바울이 무슨 말을 하는가보다는 듣는 사람들의 입장에서 과연 바울의 말이 어떻게 들리는지를 중심으로 대화를 살펴보겠습니다. 첫 번째가, 9절 "여러 날이 걸려 금식하는 절기가 이미 지났으므로 항해하기가 위태한지라 바울이 권하여 말하되 여러분이여 내가 보니 이번 항해가 하물과 배만 아니라 우리 생명에도 타격과 많은 손해를 끼치리라 하되"입니다. 이런 말을 뭐라고 합니까? '허튼 소리'라고 합니다. 우선 바울은 항해에 대해 아는 것이 없는 사람입니다. 전직이 선원도 아니었고, 어부도 아니었고, 바다와 관련된 일을 해본 적이 없습니다. 전문지식이 전혀 없습니다. 심지어는 현재는 배에 탄 승객도 아니고 단지 끌려가는 죄수입니다. 본인이야 죄가 없는데 억울하게 고소를 당해서 가이사에게 호소하러 가는 중이지만 남들이 보기에는 그냥 단순히 죄인입니다. 12절에 의하면 곧 겨울이 다가오는 것 같습니다. 당연히 겨울을 나고 항해하자는 쪽과 이동해서 겨울을 나자는 쪽으로 의견이 나뉘었습니다. 그때 사람들이 묻지도 않았는데 바울이 먼저 나대면서 하는 말이 10절입니다.

이것이 허튼 소리인 이유는 틀린 소리나, 근거가 없는 소리나, 허무맹랑한 소리이기 때문이 아니라 누구나 다 아는 소리이기 때문입니다. 이 말이 예언이냐, 사실이냐의 여부를 떠나서 모든 항해하는 사람은 현재의 실정을 알고 있습니다. 모든 항해에는 어려움이 있고, 출발해서 여기까지 올 때에도 어려움이 있었고, 앞으로 할 항해에도 어려움이 있을 것을 알고 있습니다. 항해 때마다 어느 정도의 재산상 생명상 손실을 예상하고 있습니다. 다만 그것을 직접 입으로 말하지 않을 뿐입니다. 그런데 바울이 아주 담대하게 그 말을 합니다. 들어보니 전혀 새로운 말입니까? 과연 전문가다운 분석입니까? 아니면 특별히 신에게 응답받은 예언같아 보입니까? 아니요. 뻔한 말입니다. 반응은 11절 "백부장이 선장과 선주의 말을 바울의 말보다 더 믿더라"입니다. 당연합니다.

하나님의 사자가

13절 "남풍이 순하게 불매 그들이 뜻을 이룬 줄 알고"인데, 14절 "유라굴로라는 광풍이 크게 일어나니 배가 밀려 바람을 맞추어 갈 수 없어 가는 대로 두고 쫓겨가다가"입니다. 16절과 17절의 일을 겪고 18절에서 사공들이 짐을 바다에 풀어 버리고, 19절에는 배의 기구들도 버리고, 20절에는 큰 풍랑이 그대로 있어 구원의 여망마저 없어졌습니다. 모두가 힘들고 절망스러워하는 상황입니다. 이때 바울이 두 번째로 하는 말이 21절 중간부 "여러분이여 내 말을 듣고 그레데에서 떠나지 아니하여 이 타격과 손상을 면하였더라면 좋을 뻔하였느니라"입니다. 이런 말을 뭐라고 합니까? '재수 없는 소리'라고 합니다. 왜냐하면 이미 모든 사람도 그렇게 생각하고 있기 때문입니다. 애초에 항해를 하자는 파와 남아 있자는 파가 있었으니 시간이 지나고 나면 자기가 옳았다고 주장하는 쪽이 꼭 있기 마련입니다. 그때 그래도 수준이 있는 사람은 굳이 그 말을 자기 입으로 하지 않습니다. 서로 내용을 뻔히 알고, 서로 힘들어 하는 상황이라 상대방의 심기를 불편하게 만들어서 좋을 것이 없기 때문입니다. 더군다나 항해할 때는 아무리 옳은 소리도 절대로 가볍게 입을 여는 것이 아닙니다. 그런데 바울은 떠들어 댑니다.

모두가 어이없이 할 때에 바울이 말을 이어갑니다. 22절 "내가 너희를 권하노니 이제는 안심하라 너희 중 아무도 생명에는 아무런 손상이 없겠고 오직 배뿐이리라 내가 속한 바 곧 내가 섬기는 하나님의 사자가 어제 밤에 내 곁에 서서 말하되 바울아 두려워하지 말라 네가 가이사 앞에 서야 하겠고 또 하나님께서 너와 함께 항해하는 자를 다 네게 주셨다 하였으니 그러므로 여러분이여 안심하라 나는 내게 말씀하신 그대로 되리라고 하나님을 믿노라 그런즉 우리가 반드시 한 섬에 걸리리라 하더라"입니다. 이 말을 들으시는 순간 무슨 생각이 드십니까? 그럴듯하게 들립니까, 황당하게 들립니까? 당연히 황당하게 들립니다. 가장 황당한 표현을 고르라고 하면 23절 '하나님의 사자가 어제밤에 내곁에 서서 말하되'입니다. 아니, 하나님의 사자가 나타나려면 진작에 나타나야죠. 사람들이 타격과 손상을 받기 전에 나타났어야죠. 또 도와주려면 '너와 함께 항해하는 자를 다 네게 주셨다'고 할 것이 아니라 '너를 비롯한 모든 사람들을 선장에게 주었다'고 해야지요. 또 '그런즉 우리가 반드시 한 섬에 걸리리라'가 아니라 섬이 이름이 정확하게 무엇인지 말해주어야 하고, 그 섬이 어디있는지도 말해 주어야지요. 그냥 막연하게 '한 섬에 걸리리라'는 말은 하나님의 사자가 아니어도 누구나 다 할 수 있는 말일 뿐입니다. 항해에 도움이 되는 정보나 지식, 안내나 관련 자료는 한 마디도 없습니다. 지금 바울은 항해에 보탬이 되는 말은 한 마디도 안하고 그냥 누구나 할 수 있는 말, 도리어 남들은 다 알지만 절제하고 있는 말만 하고 있습니다. 자기는 살아날 것이고, 다른 사람도 자기와 함께 있어야 살 수 있는 것처럼 말합니다. 아주 밉상입니다. 그래서 사람들의 반응이 전혀 없습니다. '너는 떠들어라'입니다.

난관의 연속

바울의 말과는 상관없이 항해는 계속해서 난관의 연속입니다. 27절로 29절을 거쳐 결국 30절 "사공들이 도망하고자 하여 이물에서 닻을 내리는 체하고 거룻배를 바다에 내려놓거늘"입니다. 사공들이 이렇게 행동하는 것은 더 이상 이 배와 항해에 가능성이 없기 때문입니다. 바울이 세 번째 하는 말이 31절 "백부장과 군인들에게 이르되 이 사람들이 배에 있지 아니하면 너희가 구원을 얻지 못하리라"입니다. 이런 말을 뭐라고 합니까? '뻔한 소리'라고 합니다. 틀린 말은 하나도 없는데 유익한 말이나 특별한 말도 하나도 없습니다. 배는 사공이 모는데 사공들이 없으면 살지 못하는 것은 당연합니다. 바울이 말하지 않아도 모든 사람이 다 알고 있습니다. 32절을 보면 '이에 군인들이 거룻줄을 끊어 떼어 버리니라'인데 이것이 바울이 시키는 대로 하는 것이 아니라 그 자리에 있는 사람은 도망가려는 사공들 말고는 다 이렇게 합니다.

다음날이 되어 또 바울이 말합니다. 지금 27장에는 한 사람만 계속 말합니다. 다른 사람은 일체 말이 없습니다. 33절 "날이 새어 가매 바울이 여러 사람에게 음식 먹기를 권하여 이르되 너희가 기다리고 기다리며 먹지 못하고 주린 지가 오늘까지 열나흘인즉 음식 먹기를 권하노니 이것이 너희의 구원을 위하는 것이요 너희 중 머리카락 하나도 잃을 자가 없으리라"입니다. 배에서는 각 사람이 자취를 하는 것이 아니고, 특히 바울은 죄수의 신분이니 다른 사람이 안 먹을 때 혼자 먹은 것이 아닙니다. 모두가 열나흘째 굶고 있었습니다. 음식이 있었는데도 불구하고 안 먹은 것은 33절 표현대로 '기다리고 기다리며'였습니다. 아마도 선장이나 백부장의 지시에 따른 조치였을 것입니다. 그런데 불쑥 바울이 먹자고 하더니 35절 "떡을 가져다가 모든 사람 앞에서 하나님께 축사하고 떼어 먹기를 시작하매 그들도 다 안심하고 받아먹으니"입니다.

이것은 모두가 바울의 말을 따랐다는 의미가 아닙니다. 정반대입니다. 그 동안은 모든 사람이 기다렸습니다. 그런데 일개 죄수인 바울이 먼저 먹자 다른 사람들도 모두 먹기 시작했습니다. 배와 사람이 통제가 안 되고 있는 증거입니다. 바울의 말이 근거는 하나도 없고, 동시에 조치도 하나도 없고, 단지 의견뿐입니다. 과연 바울이 34절에서 말한대로 구원이 있고, 머리카락 하나도 잃을 자가 없으려면 사람들을 설득할만한 내용이 나와 주어야 합니다. 그런데 하나도 없습니다. 사람들의 생각에는, 죄수인 바울이 어차피 죽을 것 먹고나 죽어야 겠다는 의도로 여겨질 것입니다. 그런데 실제로는 바울만 그런 것이 아니라 모든 사람이 어차피 다 죽을 것 같은 심정입니다.

이후 38절부터 44절까지는 말 그대로 사투입니다. 38절에서는 배의 짐을 버리고, 40절에서는 닻도 끊어 버리고, 41절에서는 고물이 큰 물결에 깨어지고, 42절에서는 죄수들이 모두 도망가고, 44절에서 사람들은 널조각 혹은 배 물건에 의지하여 나가고, 마침내는 사람들이 다 한 섬에 상륙합니다. 지금까지가 바울의 배가 출발하여 여러 날 후에 어떤 섬에 도착하기까지의 여정입니다. 사도행전은 이것을 왜 기록해 놓았을까요?

바울의 삶

사람들의 반응

바울은 어느 순간에 한 번만 말한 것이 아니라 항해 전반에 걸쳐서 말을 합니다. 항해를 출발하기 전에, 항해 중에 위기에 처해 왔을 때 말을 하고, 항해가 끝나갈 때에도 말을 합니다. 사람들이 듣기에 바울의 말은 도무지 귀담아 들을 내용이 없습니다. 왜냐하면 첫째, 바울은 항해에 관한 내용은 말하지 않았습니다. 항해에 직접적으로 도움이 될 만한 정보가 없었고, 선원들이 취할 조치를 안내해주는 내용도 없습니다. 둘째, 바울이 서로 반대되는 말을 했습니다. 항해하기 전에는 10절에서 위험을 경고했습니다. 바울의 두 번째 말은 첫 번째 한 말이 사실로 판정된 다음입니다. 21절 "여러분이여 내 말을 듣고 그레데에서 떠나지 아니하여 이 타격과 손상을 면하였더라면 좋을 뻔하였느니라"입니다. 사람들은 바울의 말대로 되었다고 생각하지 않습니다. 그러나 바울은 또 말합니다. 이번에는 정반대로 말합니다. 22절 "내가 너희를 권하노니 이제는 안심하라 너희 중 아무도 생명에는 아무런 손상이 없겠고 오직 배뿐이리라"입니다. 상황은 처음보다 더 나빠졌는데 바울의 말은 정반대입니다. 사람들이 듣기에 바울의 말이 신빙성이 없는 말입니다. 게다가 바울이 하는 말의 근거는 객관적 자료는 전혀 없고, 느닷없이 종교적 메시지가 되어버립니다. 23절 "내가 속한 바 곧 내가 섬기는 하나님의 사자가 어제 밤에 내 곁에 서서 말하되 바울아 두려워하지 말라 네가 가이사 앞에 서야 하겠고 또 하나님께서 너와 함께 항해하는 자를 다 네게 주셨다 하였으니 그러므로 여러분이여 안심하라 나는 내게 말씀하신 그대로 되리라고 하나님을 믿노라"입니다.

바울은 왜 이렇게 말을 할까요? 처음부터 긍정적인 말을 했으면 사람들이 들었을까요? 말할 때마다 항해에 유익한 말을 했다면 들었을까요? 하나님의 사자가 나타났다는 말 대신 지도나 자료를 펼쳐들고 말했다면 들었을까요? 전혀 그렇지 않습니다. 사도행전 27장을 포함한 성경 전체에서 사람들은 하나님의 말씀, 하나님의 사람이 전하는 말씀을 들은 적이 없습니다. 그런데 오늘 본문에서 바울이 여러 번을 말하는데 한 번은 안 듣고, 나머지는 듣습니다. 맨 처음에 항해가 위험하다는 말은 듣지 않았습니다. 일리가 없었기 때문입니다. 두 번째, 안전하다는 말을 듣고는 아무런 반응이 없습니다. 세 번째, 사공들을 도망가게 두면 안 된다는 말을 듣고는 거룻줄을 끊었습니다. 일리가 있었기 때문입니다. 네 번째, 음식에 관한 말을 듣고는 모두 음식을 먹었습니다. 더 이상 기대할 것이 없었기 때문입니다. 겉으로는 바울의 말을 들은 경우와 듣지 않은 경우로 나뉘지만 실제로는 한 번도 들은 적이 없습니다. 세상 사람들의 귀에는 하나님의 말씀은 옳은 소리로 들리지 않기 때문입니다.

바울의 역할

성경은 바울의 모습을 통해 세상에 사는 성도의 모습을 보여줍니다. 항해하는 순간에 가장 영향력이 없는 사람이 바울입니다. 전문가도 아니고 신분도 가장 미천한 사람입니다. 그런데 바울은 항해하는 사람들과는 기준이 다르고, 가치가 다르고, 목적이 다르고, 방법이 다른 하나님의 사람입니다. 예를 들면 이런 것입니다. 배에 탄 모든 사람들의 관심은 항해에 관한 정보입니다. 바람이 부는지의 여부, 광풍이 이는지의 여부, 암초가 있는지의 여부, 기구를 버려야 하는지의 여부, 닻을 끊어야 하는지의 여부입니다. 바울은 이런 내용은 알지도 못하고 어떻게 하라는 조치도 내리지 않습니다. 바울이 아는 것은 단 하나 하나님의 말씀 즉 '네가 가이사 앞에 서야 하겠고 또 하나님께서 너와 함께 항해하는 자를 다 네게 주셨다'입니다. 이미 결과가 나와 있습니다. 그렇다면 과정은 염려할 것이 없고, 불안해할 것이 없고, 두려워할 것이 없습니다.

즉 세상 사람들은 결과를 모르는 사람들입니다. 내용을 모르는 사람들입니다. 그래서 모든 순간, 모든 상황에 촉각을 곤두세울 수밖에 없습니다. 하나가 해결되면 그 다음 것, 그것이 해결되면 그 다음으로 계속하여 염려와 걱정이 끊이지 않습니다. 그러나 성도는 하나님의 약속을 가진 사람들, 이미 결과를 가진 자들입니다. 그래서 순간순간이 어떤 상황이 되어도 두려워하거나 염려하지 않습니다. 이 항해에서 가장 연약한 자가 바울입니다. 그런데 이 항해에서 유일하게 평안한 자가 바울입니다. 바울은 이번 항해뿐만 아니라 바울은 사도행전 전체에서 삶이 형통하기 보다는 늘 위기에 직면했습니다. 그런데 바울은 고민하고 불안해하고 두려워하는 모습이 보이지 않습니다. 성경이 사도행전을 통해 성도에게 보여주려는 것이 바로 성도의 삶입니다. 하나님의 말씀을 아는 자, 하나님의 약속을 아는 자의 모습입니다. 먼저 본인이 평안의 삶을 누리고, 더 나아가 자신으로 말미암는 복음의 소리를 계속하여 들려주는 사람입니다.

혹시 바울은 가이사에게 간다는 것을 구체적으로 알았지만 여러분은 내일의 일, 내년의 일을 구체적으로 모른다고 답답해하실 수 있습니다. 그러나 저와 여러분은 바울이 알고 있었던 것보다 더 정확하고 더 분명하고 더 보장된 하나님의 약속, 하나님의 신실하심, 하나님으로 인한 성도의 삶에 대해 알고 있습니다. 하나님을 안다는 것은 삶의 목적을 알고, 삶의 내용을 안다는 것이며, 더 나아가서 이미 완성된 삶, 성취한 삶, 행복한 삶을 산다는 것을 의미합니다. 하나님으로 인해 평안한 삶, 하나님으로 인해 주변 사람들을 살려내는 복음을 전하는 삶, 성도의 삶을 멋지게 살아가시기를 주님의 이름으로 축원합니다.

69
신이라 하더라

사도행전 28:1~10

1 우리가 구조된 후에 안즉 그 섬은 멜리데라 하더라 2 비가 오고 날이 차매 원주민들이 우리에게 특별한 동정을 하여 불을 피워 우리를 다 영접하더라 3 바울이 나무 한 묶음을 거두어 불에 넣으니 뜨거움으로 말미암아 독사가 나와 그 손을 물고 있는지라 4 원주민들이 이 짐승이 그 손에 매달려 있음을 보고 서로 말하되 진실로 이 사람은 살인한 자로다 바다에서는 구조를 받았으나 공의가 그를 살지 못하게 함이로다 하더니 5 바울이 그 짐승을 불에 떨어 버리매 조금도 상함이 없더라 6 그들은 그가 붓든지 혹은 갑자기 쓰러져 죽을 줄로 기다렸다가 오래 기다려도 그에게 아무 이상이 없음을 보고 돌이켜 생각하여 말하되 그를 신이라 하더라 7 이 섬에서 가장 높은 사람 보블리오라 하는 이가 그 근처에 토지가 있는지라 그가 우리를 영접하여 사흘이나 친절히 머물게 하더니 8 보블리오의 부친이 열병과 이질에 걸려 누워 있거늘 바울이 들어가서 기도하고 그에게 안수하여 낫게 하매 9 이러므로 섬 가운데 다른 병든 사람들이 와서 고침을 받고 10 후한 예로 우리를 대접하고 떠날 때에 우리 쓸 것을 배에 실었더라

신이라 하더라

신

인류가 가지고 있는 문화 유산 가운데 대부분이 왕궁과 종교와 관계된 것이고, 오래된 것일수록 더욱 종교와 연결되어 있습니다. 고대로부터 인간은 신을 섬겨왔습니다. 학문적 관점에서 보자면 언제부터, 어디서, 누가 신을 섬기기 시작했는지는 알 수 없지만 상당히 오래전부터 인간이 신을

섬겨왔다는 흔적이 많이 남아있습니다. 오래된 문화재일수록 종교와 연관되었다는 것은 당시 인류가 중요시했던 것의 우선 순위에 종교가 앞에 있었다는 것을 의미합니다. 그리고 흥미있는 것은 동서고금을 막론하고 종교와 관련된 문화재는 공통의 특징을 갖는다는 것입니다. 그것은 매우 크고 웅장하고 화려하다는 것입니다. 인류가 신에 대하여 어떤 생각을 가졌고, 신과 인류의 관계에서 인간이 어떤 태도를 가졌는지에 대해서는 많은 의견이 있고 지금도 연구 중에 있습니다. 종교에 관한 문화재가 많이 남아 있기는 해도 그림이나 문자를 해독하는데 어려움이 많기 때문에 주로 추측에 의존하고 있다고 합니다. 문화재 말고는 신화를 통해 인간의 신관이나 종교관을 파악하는데 도움을 받고 있습니다.

인류에게 신이나 종교에 관한 개념을 연구하기 위한 최상, 최고, 최대의 연구 자료는 바로 성경입니다. 성경은 기독교의 경전이기 전에 문화재적 가치로도 인류의 최고의 보고입니다. 성경이 기독교의 경전이기 때문에 사람들은 성경의 가치를 인정하면 마치 기독교를 인정해주는 것으로 여겨, 어떻게든 성경의 가치를 폄하하려고 애를 씁니다. 특히 성경이 하나님의 계시의 말씀이라는 기독교의 주장을 반박하기 위해 성경은 인간이 쓴 창작물에 불과하며 그 기록 연대도 그렇게 오래된 것이 아니라고 주장을 합니다. 주장을 하는 것은 자유이지만 그런 주장으로 인류가 가지고 있는 고귀한 자료를 소홀히 다룸으로 인해 인간이 성경을 통해 배울 수 있는 많은 것을 놓친다는 것이 안타까울 따름입니다.

먼저 성경에 나타난 사람들의 행동이나 말을 근거로 일반적으로 인간이 신에 대해 어떤 생각, 어떤 태도를 가지고 있는지 확인해 보겠습니다. 사도행전에도 사람들이 어떤 특정인을 향하여 '신' 또는 신과 관련된 것이라고 부르는 사건이 여러 번 나오는데 그 중 세 가지만 찾아보겠습니다. 첫 번째는 사도행전 8장에 나옵니다. 9절 이하를 보면 사마리아 성에 시몬이라는 마술사가 있어서 사마리아 백성을 놀라게 하며 자칭 큰 자라고 했습니다.

그때 10절 "낮은 사람부터 높은 사람까지 다 따르며 이르되 이 사람은 크다 일컫는 하나님의 능력이라 하더라"입니다. 시몬에 대해 자칭은 '큰 자'요 타칭은 '하나님의 능력'입니다. 여기에 사용된 '하나님'이 일반적으로 신을 가리키는 헬라어 '데오스'입니다. 당시 사마리아 사람들이 기독교의 하나님을 믿지 않을 때이므로 번역을 '하나님의 능력'이라고 하기 보다는 '신의 능력'이라고 하는 것이 더 좋습니다. 당시 사람들의 관점에서는 시몬이 마술을 행하며 자신들을 놀라게 하는 신기한 일을 하였기에 그것은 사람의 능력이 아니라는 의미에서 '신의 능력'이라고 불렀습니다.

신의 현현

두 번째가 사도행전 14장에 나오는 것으로 바울이 루스드라에서 전도할 때입니다. 8절부터 보면 나면서 걷지 못하게 되어 걸어 본 적이 없는 사람이 있는데 바울이 그를 보고 큰 소리로 '네 발로 바로 일어서라'고 하자 그 사람이 일어나 걷습니다. 이때 11절 "무리가 바울이 한 일을 보고 루가오니아 방언으로 소리 질러 이르되 신들이 사람의 형상으로 우리 가운데 내려오셨다 하여"입니다. 여기의 '신들'도 신을 나타내는 헬라어 '데오스'의 복수형입니다. 바울은 분명히 인간인데 사람들은 바울과 바나바를 신이라고 불렀습니다. 사람들은 자기들 생각에 가능하지 않은 일, 자기들로서는 할 수 없는 일을 하는 사람을 '신'이라고 부른 것입니다. 사람들의 생각이 어떠했는지 보여주는 것이 바울의 반론입니다. 15절에 보면 바울이 "이르되 여러분이여 어찌하여 이러한 일을 하느냐 우리도 여러분과 같은 성정을 가진 사람이라"고 합니다. 바울에 의하면 당시 사람들은, 신은 사람과는 다른 존재이지만 사람의 형상으로 인간에게 내려올 수 있다고 생각했던 것 같습니다. 그리고 그 사람을 '신'이라고 불렀으면 당연히 신에게 합당한 예우를 취해야 한다고 생각했기에 13절 "시외 제우스 신당의 제사장이 소와 화환들을 가지고 대문 앞에 와서 무리와 함께 제사하고자 하니"입니다. 강자는 당연히 예우를 받아야 하고, 약자는 당연히 섬겨야 하는 것으로 인식하고 있었습니다.

세 번째가 사도행전 28장입니다. 바울과 일행이 로마로 가기 위해 항해하던 중 표류하였고, 기적적으로 멜리데라는 섬에 도착을 했습니다. 3절을 보면 바울이 나무 한 묶음을 거두어 불에 넣자 나무 묶음 속에 숨어있던 것으로 여겨지는 뱀이 나와서 바울의 손을 뭅니다. 사람들의 반응이 4절 "원주민들이 이 짐승이 그 손에 매달려 있음을 보고 서로 말하되 진실로 이 사람은 살인한 자로다 바다에서는 구조를 받았으나 공의가 그를 살지 못하게 함이로다"입니다. 당시 그레코–로만 세계의 사람들은 바다에서 풍랑으로 목숨을 잃는 것은 죄에 대한 신의 진노의 결과로 이해하고 있었다고 합니다. 바다에서 표류하다 도착한 바울의 모습은 행색에 비추어 볼 때에 누가 봐도 죄인입니다. 그런 죄인이 도착했는데 섬사람들이 선대를 한 것은 죄인이 바다의 광풍으로부터 살아난 것이 아마도 사죄를 받은 것으로 여겼던 것 같습니다.

그런데 뱀이 나와서 물자 '공의가 그를 살지 못하게 함이로다'라고 합니다. 여기서 언급된 '공의'는 단순히 '공의가 살아있다, 또는 정의가 심판한다'는 일반적인 개념의 정의가 아니라 '공의'라고 불리는 여신을 의미합니다. 법원을 상징하는 이미지로 저울을 들고 있는 여인을 보셨을 텐데 그 여인이 바로 공의의 여신 '디케'입니다. 기껏 바다에서 살아나왔는데 뱀이 무는 것을 보고 바다에서 살아난 것이 용서를 받은 것이 아니고 기어코 디케신이 죽이려고 하니 4절에서 '진실로 이 사람은 살인한 자로다'라고 말했습니다. 당연히 바울이 붓든지 혹은 갑자기 쓰러져 죽을 줄로 기다렸는데 아무 일도 생기지 않자 6절 마지막 "돌이켜 생각하여 말하되 그를 신이라 하더라"고 했습니다. 여기의 신도 일반적으로 신을 의미하는 헬라어 '데오스'입니다. 바울이 두 번 씩이나 신의 심판을 벗어났기에, 신의 심판을 넘어서는 자는 신이라는 의미입니다. 바울을 신이라고 생각하였기에 7절부터 10절까지의 환대와 친절이 자연스럽게 이해가 됩니다.

신의 개념

지금 소개해드린 세 장면은 지역과 민족이 모두 다른 곳입니다. 첫 번째는 사마리아 지역으로 이스라엘에 속한 지역입니다. 사마리아가 과거에 북왕국의 수도였고 앗수르에 패하여 민족혼합 정책이 시행되어 여러 민족이 섞여있다고는 하지만 여전히 이스라엘 사람들이 많이 살고 있는 곳입니다. 두 번째는 루스드라입니다. 지금의 소아시아 해당하는 지역으로 지리적으로나 인종적으로 이스라엘과는 다른 곳입니다. 세 번째는 멜리데 섬으로 이달리야에 근접한 지역입니다. 당연히 이스라엘과도 다르고 루스드라와도 다릅니다. 사마리아는 중동에 해당하는 지역이고, 루스드라는 소아시아 지역, 멜리데는 유럽에 해당하는 지역입니다. 이렇게 지역과 민족이 모두 달라도 죄인들이 가지고 있는 신에 대한 개념은 동일하거나 매우 유사합니다. 사도행전의 세 곳을 통해 파악되는 일반적인 신 개념, 인간들이 생각하는 신 개념의 가장 기본은 '뛰어나다'는 것입니다. 즉 '강하다, 세다, 우월하다'는 인식입니다.

예수와 바울

예수는 선지자라

신에 대한 사람들의 생각을 알고 계시면서 복음서를 읽으면 조금 의아하다는 느낌을 받으실 것입니다. 왜냐하면 사도행전에서 살펴본 세 곳에는 분명히 사람의 행적이 있었습니다. 시몬이라는 사람, 바울이라는 사람이 일반인들이 생각하는 것보다는 우월하고 특이한 행동을 했습니다. 그런 행동이 있었기 때문에 '신의 능력이라', '신이 인간의 형상을 입고 왔다', '신이라'고 말했습니다. 성경을 읽어보면 복음서의 예수님은 시몬이나 바울이 행한 것과는 비교가 안 될 만큼 대단하기도 하고 독특하기도 한 행동을 한 두 번이 아니라 수십 번이나 행했습니다. 그렇다면 당연히 예수는 사람들에 의해서 '신'이라고 불렸을 것으로 예상할 수 있습니다. 하지만 복음서에서 사람들은 예수에게 신이라는 칭호를 일체 사용하지 않습니다. 단지 사용하지 않는 정도가 아니라 의도적으로 거부합니다. 심지어는 예수가 자신을 신의 아들이라고 여긴 것 때문에 신성모독이라는 비난을 받기까지 합니다.

물론 사람들이 예수님에 대해서 조금 독특하게 생각하기는 했습니다. 복음서에서 예수님에 대해 사람들이 부른 호칭중의 하나가 선지자입니다. 예수께서 제자들에게 사람들이 인자를 누구라고 하느냐고 물었을 때에 베드로의 대답이 마태복음 16장 14절 "더러는 침례 요한, 더러는 엘리야, 어떤 이는 예레미야나 선지자 중의 하나라 하나이다"였고, 21장 10절 "예수께서 예루살렘에 들어가시니 온 성이 소동하여 이르되 이는 누구냐 하거늘 무리가 이르되 갈릴리 나사렛에서 나온 선지라 예수라 하니라"였고, 46절 "무리를 무서워하니 이는 그들이 예수를 선지자로 앎이었더라"였습니다. 그렇다면 사람들이 말하는 선지자란 도대체 어떤 사람일까요? 사람들이 언급한 선지자의 의미를 보여주는 장면이 마태복음 26장 68절입니다. 예수께서 군병들에게 잡히셔서 공회에 끌려온 다음인 67절부터 보면 "이에 예수의 얼굴에 침 뱉으며 주먹으로 치고 어떤 사람은 손바닥으로 때리며 이르되 그리스도야 우리에게 선지자 노릇을 하라 너를 친 자가 누구냐 하더라" 입니다. 여러 사람이 예수를 때리고는 누가 때렸는지를 알아맞히라고 하면서 '선지자 노릇'을 하라고 했습니다. 즉 그 당시 유대인들이나 로마인들이 생각한 선지자는 '비밀을 알아내는 자', '감추어진 것을 맞추는 재주가 있는 자', 또는 '신기한 행동을 하는 자'이었습니다. 이런 의미에서 그 당시에 선지자는 많았습니다. 침례 요한도 선지자였고, 예수도 그런 부류의 선지자 중의 하나로 여겼을 뿐, 신이라고는 생각하지 않았습니다.

혹자들은 로마인이나 다른 지역의 사람들은 다신교적 개념이 있었기에 독특한 일을 행하는 사람을 '신'으로 부르기도 하였지만 이스라엘 사람들은 유일신 하나님을 믿었기에 하나님이 육신을 입고 강림한 사실을 수용할 수가 없었기에 예수님이 하나님이심을 인정할 수 없었다고 주장하기도 합니다. 그러나 그것은 말이 되지 않습니다. 왜냐하면 예수를 신으로 인정하지 않은 것은 단지 이스라엘 사람만이 아니라 로마인도 마찬가지였기 때문입니다. 복음서에는 단지 유대인만 등장하는 것이 아니라 로마인도 등장하고, 예수님은 단지 유대인에게만 이적과 능력을 행한 것이 아니라 로마인들에게도 이적과 능력을 행하셨습니다. 그래서 이달리야 군대의 백부장의 하인도 치유를 받았고, 로마인들도 예수의 관한 내용을 모두 들었고 알고 있었습니다. 결국 유대인이나 로마인이나 모두가 예수에 대하여 신이라고 부르기를 거부 하였습니다.

예수를 거부한 이유

이쯤에서 저와 여러분은 조금 궁금해 해야 합니다. 사람들은 왜 예수가 하나님이라는 사실을 거부했느냐는 것입니다. 물론 사도행전에서 사람들이 시몬이나 바울을 신과 연관지어서 불렀다고 해서 진짜 '신'이라고 여긴 것이 아니라는 것쯤은 알고 있습니다. 약간의 우월적인 존재로 인정하고 합당한 예우를 하는 정도였습니다. 당시 로마의 황제도 신이라고 불렸지만 황제를 위한 신당을 짓거나 황제를 향한 종교적 행위를 하지 않은 것을 생각하시면 됩니다. 단지 황제를 신으로 호칭하고 황제의 형상을 세우는 것으로 적절한 예우를 했습니다. 그 정도라면 예수에게도 그런 호칭과 예우를 할 수 있었을 것인데 참으로 아이러니하게도 다른 사람들에게는 너무나 쉽게 '신'이라는 호칭을 적용하면서도 가장 어울릴 것 같은 예수에게는 일체 '신'이라는 호칭을 적용하지 않았습니다. 그 이유는 의외로 간단합니다. 예수는 신이라는 호칭에 합당하게 행동하지 않았기 때문입니다.

신이라는 호칭이 적용되려면 이 호칭을 적용하기 전과 적용한 후에 동반되는 내용이 있어야 합니다. 우선 신이라는 호칭이 적용되기 전에 사람들이 놀랄만한 '일'을 해야 합니다. 사람들이 아무에게나, 느닷없이 신이라고 부를 리는 없습니다. 나름 자신들의 예상을 뛰어넘는, 쉽게 따라할 수 없는 일을 행하기 때문에 감히 신이라는 칭호를 붙여주었습니다. 제가 드린 질문에 고민하는 분들은 대체로 여기까지는 다 생각을 하십니다. 그런데 종종 무시되는 것, 종종 간과되는 것이 바로 그 다음입니다. 즉 신이라는 호칭을 적용한 후가 고려되어야 합니다. 사람들은 자신들이 신이라는 호칭을 부여한 사람이 신이라는 호칭에 걸맞은 품위를 유지하기를 기대합니다. 단순히 능력과 재주만 있으면 그것은 신이 아니라 기인일 뿐입니다. 기인은 아무리 신기하고 놀라운 행동을 하여도 사람들은 신이라고 불러주지 않습니다. 도리어 미치광이 취급을 할 뿐입니다. 사람들은 자신들이 신이라고 부른 그 사람이 신의 품위, 신의 권세, 신의 명성, 신의 위력, 신의 위엄을 갖추어 주기를 기대하고 있습니다. 가장 단순한 표현으로는 '신은 신다워야 한다'는 사고방식입니다.

우선은 신이라 불릴만한 업적을 이루어야 하고, 그 결과로 신이라는 호칭을 받게 되면 그 순간부터는 신에 걸맞은 행보를 취해야 합니다. '신은 신다워야 한다'는 말이 정말로 맞는 말인데, 사람들이 생각하는 '신다운 것'이 예수님과는 개념이 맞지 않았습니다. 예수님은 사람들이 생각하는 신다운 모습이 없었습니다. 사람들이 생각하는 신다운 행보가 무엇입니까? 우선은 차별화입니다. 신은 아무나 만나서는 안 됩니다. 신은 만날 만한 사람만 만나야 합니다. 이 사람이나 저 사람을 마구잡이로 만나면 신의 품위가 떨어지고, 신으로서의 존귀함이 떨어집니다. 신적인 존재는 죄인들을 만나서는 안 되고, 여인들과 어울려서도 안 되고, 더욱이나 병자나 귀신 들린 사람들과는 아예 접촉을 해서도 안 됩니다. 왜냐하면 신이 천해지기 때문입니다.

신다운 행보의 또 다른 모습이 권세입니다. 신은 병 걸린 자나 귀신들린 자를 쉽게 고쳐주어도 안 됩니다. 앉은뱅이 병이나 소경이나 한센 병이나 혈루증이나 중풍병 등은 건강관리를 잘 못해서 걸린 병이 아니고, 불행하게도 나면서부터 운이 없어 걸린 병이 아니라 신에게 저주를 받은 것이요, 당사자나 또는 부모나 또는 다른 어떤 이유에 의해 신에게 벌을 받은 것으로 여겨지고 있었습니다. 그래서 사람들은 병자들을 볼 때에 환자를 바라보는 불쌍한 마음을 가진 것이 아니라 죄인들을 바라보는 것이었고, 죄인들을 보는 것은 긍휼한 마음이 아니라 괘씸한 마음, 저주받아 당연하다는 마음을 가지고 있었습니다. 그런 병자들이나 귀신들린 사람을 신적인 존재가 쉽게 고쳐주면 절대로 안 됩니다. 만약 고쳐주려면 형벌을 대체할 수 있는 고행이나 죄에 상응하는 대가를 치루어야 합니다. 신의 저주를 받은 자들에게 은혜란 절대로 주어져서는 안 됩니다. 왜냐하면 신이 은혜를 베풀면 신의 권위가 무너지기 때문입니다. 신에 대해서 이런 생각을 가지고 있는 사람들의 기준과 관점에서는 예수는 절대로 신이라는 호칭을 적용할 수 없는 존재입니다. 비록 예수가 그 어떤 존재들보다 탁월하고 신기하고 놀라운 이적을 행했을지라도 예수를 신으로 불러줄 수 없었습니다.

기독교의 신 개념

거룩

지금까지는 사람들이 생각하는 신 개념에 대해 설명 드렸고, 이제부터는 기독교의 신 개념을 설명해 보겠습니다. 우선 여러분에게 질문해 보겠습니다. 기독교에서 '신' 또는 '하나님'이라고 할 때 가장 먼저 생각하는 것이 무엇입니까? 이 질문에 대한 대답에 따라서 기독교의 신 개념에 대해 바르게 알고 계신지의 여부가 확인됩니다. 기독교의 신 개념을 상징하는 가장 대표적 표현은 바로 '거룩'입니다. 하나님께서 자신을 소개하실 때 가장 많이 사용하신 표현이 '나는 거룩한 하나님이라'이고, 하나님께서 하나님의 자녀 삼으신 백성에게 가장 많이 부탁하고 기대하신 표현이 '너희도 거룩하라'는 것입니다. 거룩이란 개념이 많이 오해되고 있는데 국어사전에 의하면 거룩은 '성스럽고 위대하다'라고 나오고 영어로는 'divine, sacred, holy'라고 나옵니다. 그래서 거룩의 가장 대표적 의미는 '성스럽다'는 것으로 알려져 있습니다.

하지만 기독교에서 말하는 거룩은 '성스럽다'는 의미가 아니라 '구별되다, 다르다'는 의미입니다. 자연적으로 기독교의 개념, 하나님의 개념의 본질적인 특징은 '다르다'는 것 즉 죄인들의 생각과 다르고, 죄인들의 가치와 개념과 원리와 방법과 의미가 다르다는 것입니다. 기독교의 신 개념은 동등의 차원에서 '우열'의 구분이 아닙니다. 비교의 대상에서 강하다거나, 경쟁의 대상에서 승리자라는 의미가 전혀 아닙니다. 본질적으로 차원이 다르고, 애초에 비교와 경쟁이 성립되지 않습니다. 우열을 가리려는 생각, 정도의 차이를 따지려는 생각 자체가 원천적으로 불가능합니다.

세상에서 누군가에게 무엇을 가르쳐주는 과정을 '교육'이라고 합니다. 교육을 위해서는 당연히 스승 즉 이미 알고 있는 사람이 있고 학생 즉 배워야 하는 사람이 있고, '내용' 즉 가르치고 가르침을 받을 주제가 있어야 합니다. 하지만 기독교에는 하나님에 대하여 알고 있는 자가 없고, 알고 있는 자가 없으니 가르칠 수 있는 자가 없고, 알고 있는 자가 없으니 가르칠 주제가 없고, 가르칠 자가 없으니 배울 자도 없습니다. 그래서 기독교는 본디 '교육'이라는 개념이 없는 대신 세상에 없는 전혀 색다른 개념이 존재하는데 그것이 바로 '계시'입니다. 가르치는 자는 하나님이시고, 가르치려는 내용은 하나님에 관한 것이고, 가르침을 받아야 하는 자는 모든 인류입니다. 이와 같이 하나님의 계시가 기록되어 있는 것이 바로 성경입니다. 그렇다면 성경은 처음부터 끝까지 온통 우리의 생각 즉 인간들의 생각, 기준, 가치, 개념, 원리, 의미, 방법, 결과 등에서 모두가 다 완벽하게 다릅니다. 그래서 사람들이 성경을 대할 때 놀라야 하고, 의아해해야 하고, 당황해야 하고, 어찌할 줄 몰라야 합니다. 그것을 한 마디로 '거룩'이라고 합니다. 기독교의 신 개념이 사람들의 생각과 어떻게, 얼마나 다른지 앞에서 보여준 사람들의 생각과 비교하면서 한 가지만 점검해 보겠습니다.

인간을 위한 신

하나님께서 거룩하신 분으로 타종교나 죄의 종교의 신들과 본질적으로 다른 점은 하나님은 신이지만 인간에게서 '신의 대접'을 받지 않는다는 점입니다. 죄인들의 사고방식에는 낮은 자가 높은 자를 섬기고, 약한 자가 강한 자를 받는 것이 당연합니다. 그러나 하나님은 다르십니다. 하나님은 높은 자가 낮은 자를 섬겨주고, 강한 자가 약한 자를 위해 일해주시는 분입니다. 그래서 하나님은 인간에게 섬김이나 경배를 받지 않으십니다. 사도행전은 예수님의 십자가 사역으로 죄로부터 구원을 받은 사도들, 더 나아가 성령을 받아 하나님의 계시를 깨달은 사도들이 예루살렘과 사마리아와 온 유대와 땅끝까지 가면서 복음을 전한 내용을 기록한 책입니다.

사도들은 가는 곳마다 복음을 전했습니다. 복음의 내용을 확인해보면 '예수는 신이다'라거나, '예수만 유일한 신이다'라거나, '예수가 가장 위대한 신이다'라는 내용이 전혀 아니었습니다. 사도들이 전하고 주장하고 강조한 내용은 '예수는 그리스도'라는 것, 우리말로 하면 '예수가 구주이시다', 즉 '예수가 구원자이다'라는 선포입니다. 예수는 하나님이니까 모두 나아와 하나님에게 합당한 경배와 찬양을 드리자고 선포한 것이 아니라 예수는 그리스도시니까, 예수가 우리의 구원자로서 우리를 위한 구원의 행위를 행하셨으므로 모두 나아와 그리스도를 믿음으로 네가 구원을 받고, 네가 자유와 평안함을 얻으라고 선포하였습니다. 복음은 복된 소식이고, 복된 소식은 복된 내용인데 그 내용은 예수로 말미암아 '인간이 구원받았다'입니다. 즉 사도들은 예수에 대해서 전한 것이 아니라 예수로 말미암아 이루어진 결과, 즉 인간에게 성취된 내용을 전했습니다.

복음은 예수가 하나님이라는 신에 관한 내용이 아니라 예수로 말미암은 인간의 변화된 삶, 인간의 복된 삶, 인간의 평안의 삶, 기쁨의 삶에 관해 전한 것입니다. 엄밀하게 말하면 사도들은 하나님을 전하거나, 예수님을 전한 것이 아니라 '인간에 관한 내용'을 전했습니다. 성경에 의하면 기독교는 신을 위한 종교, 신이 군림하는 종교, 신이 높임을 받는 종교, 신이 경배와 섬김을 받는 종교가 전혀 아닙니다. 더 나아가 행여 인간들이 기독교나 하나님을 위하려하고, 높이려하고, 섬기려할 때에 그것을 막았고 피했습니다. 복음서 전체에서 예수님이 존귀와 영광을 받은 장면이 없습니다.

신의 역할

혹자들은 부활하기 전에는 십자가를 지어야 하기 때문에 존귀와 영광을 받을 때가 아니라고 말할 수도 있습니다. 그러나 부활하신 이후에도 예수가 신으로 인정받으며 신에게 합당한 존귀와 영광을 받으신 적이 없습니다. 분명히 십자가 사건 이후에 하나님으로 말미암아 부활하셨고 임금과 구주가 되셨지만, 그들을 위해 죽으셨던 그 인간들에게 존귀와 영광을 요구하지 않았고, 경배와 찬양을 명령하지 않았고, 인간들이 생각하는 신에 합당한 어떠한 대접을 요구하지도 받지도 않으셨습니다. 사도행전 전체에서 예수가 대접받는 장면이 나오지 않고, 제자들이 예수를 경배하고 섬기는 장면이 나오지 않습니다. 또 사도들이 전한 복음에는 그 복음을 듣고 하나님에게, 예수에게 무엇을 어떻게 해야 한다는 요구가 전혀 없습니다. 하나님이 신이니까 무릎을 꿇어야 한다거나, 예수가 신이니까 찬양을 해야 한다거나, 하나님이나 예수가 주관자이시고 통치자이시니까 무조건 복종을 해야 한다는 내용이 없습니다. 제발 기독교가, 기독교를 믿는 성도가, 기독교의 내용을 전하는 성도들이 이 차이점, 이 다른 점, 이 거룩성을 분별하기 원합니다.

사도들 자신들도 마찬가지입니다. 루스드라에서 사람들은 바울에게 '신들이 사람의 형상으로 우리 가운데 내려오셨다'고 말을 했고, 당연히 신에게 합당한 예우를 취하기 위해 소와 화환들을 가지고 와서 제사하려고 했습니다. 이때 중요한 것이 바울의 반응입니다. 만약 바울이 저들의 행동을 그대로 받아주면 바울은 계속하여 신적인 존재로 대접받을 수 있습니다. 그런데 바울은 자신은 '그들과 같은 성정을 가진 사람'이라고 밝혔고, 그 사람들의 행동을 '헛된 일'이라고 지적하면서 그들의 기대와는 정반대로 행동했습니다. 그 결과가 무엇입니까? 바울을 '신들이 오신 것'으로 여겼던 것은 없었던 일이 되었고, 도리어 바울은 루스드라에서 유대인들의 충동에 의해 돌에 맞아 죽을 뻔 했습니다. 멜리데 섬에서도 동일합니다. 바다의 신과 정의의 여신의 심판을 모두 벗어났기에 바울은 '신이라'고 불릴 수 있었습니다. 그러나 그 이후에 바울은 전혀 신적 존재의 권세를 부리거나 품위를 내세우지 않았습니다. 신적 존재다운 대접을 받기를 거부하였고, 당연히 그런 대접을 받지 못했습니다.

인간을 위한 종교

하나님의 신다우신 행동은 인간들이 생각하는 양상과는 한편으로는 같은 점이 있고 한편으로는 다른 점이 있습니다. 같은 점은 하나님이 인간을 향하여 일하실 때입니다. 하나님이 인간을 향하여 사역을 행하실 때에는 매우 하나님답게 즉 능력과 권세를 동원하십니다. 인간을 위해 일해 주셔야 하기에 능력이 동원되고 인간을 괴롭히는 죄를 물리쳐야 하기에 권세가 동원됩니다. 그런데 정반대로 인간의 대상이 되실 때에는 전혀 신답지 않으십니다. 일반적인 신다운 것이 아니라 그때에는 말 그대로 신과는 다르게 하나님다우십니다. 신에 걸맞은 영광과 존귀를 요청한 적이 없고, 경배와 섬김을 받으신 적이 없습니다. 왜냐하면 하나님은 전적으로 인간을 위해 주시는 분이시기 때문입니다.

기독교는 세상과 다르기에 '유니크'하고, 기독교는 죄인된 인간들의 사고방식과는 전혀 다르기에 '래디칼'합니다. 하나님이 인간을 위해 주시는 분이셨기에 예수님이 인간을 위해 주셨고, 예수님이 인간을 위해주셨기에 사도들이나 성도들도 인간을 위해 주셨습니다. 하나님은 자신을 소개하실 때 '거룩하다'고 하시는데 거룩은 하나님에게만 적용되는 성스러운 표현이 아니라 인간에게도 적용되는 기독교의 표현입니다. 하나님이 가장 자주 사용하신 표현이 '내가 거룩하니 너희도 거룩하라'입니다. 하나님이 죄의 인식과 다르니, 성도들도 죄의 인식과 달라야 한다는 의미입니다. 하나님이 죄의 가치와 개념과 원리와 방법과 다르니 성도들도 죄의 가치와 개념과 원리와 방법과 달라야 한다는 기대입니다.

　하나님은 죄와 구별되는 분이시지 인간과 비교하여 우월을 강조하시고, 인간과 경쟁하여 뛰어남을 자랑하시는 분이 아닙니다. 도리어 하나님은 인간과 같이 되시고, 인간을 위해주시는 좋으신 하나님이십니다. 거룩하신 하나님을 아시고, 하나님으로 말미암은 자유롭고 평안하고 행복한 신앙의 삶, 믿음의 삶을 누려가시기를 주님의 이름으로 축원합니다.

70

하나님의 구원

사도행전 28:11~31

11 석 달 후에 우리가 그 섬에서 겨울을 난 알렉산드리아 배를 타고 떠나니 그 배의 머리 장식은 디오스구로라 12 수라구사에 대고 사흘을 있다가 13 거기서 둘러가서 레기온에 이르러 하루를 지낸 후 남풍이 일어나므로 이튿날 보디올에 이르러 14 거기서 형제들을 만나 그들의 청함을 받아 이레를 함께 머무니라 그래서 우리는 이와 같이 로마로 가니라 15 그 곳 형제들이 우리 소식을 듣고 압비오 광장과 트레스 타베르네까지 맞으러 오니 바울이 그들을 보고 하나님께 감사하고 담대한 마음을 얻으니라 16 우리가 로마에 들어가니 바울에게는 자기를 지키는 한 군인과 함께 따로 있게 허락하더라 17 사흘 후에 바울이 유대인 중 높은 사람들을 청하여 그들이 모인 후에 이르되 여러분 형제들아 내가 이스라엘 백성이나 우리 조상의 관습을 배척한 일이 없는데 예루살렘에서 로마인의 손에 죄수로 내준바 되었으니 18 로마인은 나를 심문하여 죽일 죄목이 없으므로 석방하려 하였으나 19 유대인들이 반대하기로 내가 마지못하여 가이사에게 상소함이요 내 민족을 고발하려는 것이 아니니라 20 이러므로 너희를 보고 함께 이야기하려고 청하였으니 이스라엘의 소망으로 말미암아 내가 이 쇠사슬에 매인 바 되었노라 21 그들이 이르되 우리가 유대에서 네게 대한 편지도 받은 일이 없고 또 형제 중 누가 와서 네게 대하여 좋지 못한 것을 전하든지 이야기 한 일도 없느니라 22 이에 우리가 너의 사상이 어떠한가 듣고자 하니 이 파에 대하여는 어디서든지 반대를 받는 줄 알기 때문이라 하더라 23 그들이 날짜를 정하고 그가 유숙하는 집에 많이 오니 바울이 아침부터 저녁까지 강론하여 하나님의 나라를 증언하고 모세의 율법과 선지자의 말을 가지고 예수에 대하여 권하더라 23 그 말을 믿는 사람도 있고 믿지 아니하는 사람도 있어 25 서로 맞지 아니하여 흩어질 때에 바울이 한 말로 이르되 성령이 선지자 이사야를 통하여 너희 조상들에게 말씀하신 것이 옳도다 26 일렀으되 이 백성에게 가서 말하기를 너희가 듣기는 들어도 도무지 깨닫지 못하며 보기는 보아도 도무지 알지 못하는도다 27 이 백성들의 마음이 우둔하여져서 그 귀로는 둔하게 듣고 그 눈은 감았으니 이는 눈으로 보고 귀로 듣고

마음으로 깨달아 돌아오면 내가 고쳐 줄까 함이라 하였으니 28 그런즉 하나님의 이 구원이 이방인에게로 보내어진 줄 알라 그들은 그것을 들으리라 하더라 29 (없음) 30 바울이 온 이태를 자기 셋집에 머물면서 자기에게 오는 사람을 다 영접하고 31 하나님의 나라를 전파하며 주 예수 그리스도에 관한 모든 것을 담대하게 거침없이 가르치더라

하나님의 구원

하나님의 사역

사도행전을 마무리 하면서 총정리를 해 보겠습니다. 성경 어디를 보시더라도 제일 먼저 파악하셔야 하는 것이 그 책이 성경에 배치된 위치입니다. 사도행전은 구약과 신약 중에 신약에 있고, 복음서 즉 예수님의 사역 다음에 등장합니다. 그리고 사도행전 다음에는 순서상으로는 서신서가 있지만 내용상으로는 계시록만 남아 있습니다. 그렇다면 사도행전에는 어떤 내용이 나와야 하는지 알아야 합니다. 구약에 하나님께서 예수 그리스도를 보내신다는 약속과 예언이 나와 있고, 그래서 복음서에서 예수가 오셔서 사역을 담당하셨고, 그랬다면 사도행전에는 예수가 행한 사역의 결과가 나와야 합니다. 그래서 사도행전을 총 정리하면서 두 가지, 첫째는 하나님이 일하신다는 측면과 두 번째로 하나님의 일하심의 열매라는 측면을 점검해 보겠습니다.

성경은 모든 그리스도인들이 인정하는 대로 하나님이 인간을 구원하시는 이야기가 기록되어 있습니다. '하나님이' 인간을 구원하시는 이야기입니다. 인간이 죄인이 되자 하나님이 인간을 죄로부터 해방시켜서 하나님이 주신 복락들을 누릴 수 있도록 하십니다. 구원을 위하여 하나님이 계획하시고 하나님이 진행하시고 하나님이 완성하셨습니다. 하나님이 인간을 구원하시는 일련의 과정을 에베소서에서는 '하나님의 경륜'이라고 표현했습니다. 구원에 대해 오늘 본문에서 바울이 아주 중요한 표현을 사용합니다. 28절 "그런즉 하나님의 이 구원이 이방인에게로 보내어진 줄 알라"에

서 '하나님의 구원'입니다.

기독교의 주체가 하나님이요, 구원이 하나님의 사역임을 알면 성경을 보는 관점도 달라집니다. 사도행전을 처음 시작할 때에 제목에 대하여 말씀 드린 '사도행전' 즉 사도들이 행한 사역을 전하는 것이냐, '성령행전' 즉 성령의 사역을 전하는 것이냐는 논쟁도 정답이 나옵니다. 정답은 하나님의 행전입니다. 당연히 본문을 읽을 때마다 '사람이 무엇을 행하는가?'가 아니라 '하나님이 무엇을 하시는가?'를 살펴보아야 합니다. 하나님을 알고, 하나님을 사역의 주체로 이해하면 사람들이 걱정하는 것, 염려하는 것, 고민하는 것이 사라집니다. 교회나 기독교 단체에서 하나님의 일을 하려고 할 때에 가장 많이 하는 하소연이 '사람이 없다' 또는 '일군이 없다'는 탄식입니다. 이런 소리가 나오는 이유는 사람이 일을 한다고 생각하기 때문입니다. 사람이 일을 한다고 생각하기에 그냥 사람이 아니라 '쓸 만한 사람', '재능 있는 사람', '실력 있는 사람'을 찾게 되고 그런 사람이 없다고 아쉬워합니다.

일꾼과 상황

하지만 하나님의 관점을 가지면 이런 불평이 없어집니다. 사도행전은 이런 성향을 완전히 뒤집어 버립니다. 예수님에게 열두 명의 제자가 있었습니다. 하지만 열두 명중에 쓸 만한 인재나 믿고 맡길 만한 사람이 없었습니다. 모두가 배신자였고 모두가 도망자였습니다. 예수가 부활한 이후에도 제 발로 찾아온 사람이 없고, 예수가 열한 명을 모두 찾아서 다시 모아놓았을 때 예수님께 자신들의 행동에 대해 반성한 사람이 없고 회개한 사람이 없습니다. 엄밀하게 말하면 기독교에는 '쓸 만한 사람'이라는 구분이 존재하지 않습니다. 왜냐하면 하나님 앞에 모든 인간은 동일하기 때문입니다. 그때 예수님은 자신을 가장 강력하게 부인했던 베드로에게 은혜를 주셔서 초기 교회의 사역에 동참하게 하셨습니다. 사람들의 생각과 정반대입니다.

만약 사람의 기준을 적용한다면 베드로는 사역에 동참할 순서가 열한 번째가 되어야 합니다. 아무도 베드로를 일 순위로 생각하지 않았습니다. 이것이 사람의 생각과 하나님의 생각의 차이입니다. 베드로가 하나님의 사역에 동참할 수 있다면 나머지 열 명도 모두 동참할 수 있습니다. 갑자기 하나님이 쓰실 만한 사람이 열한 명이나 있는 것이요, 더 나아가 모두가 하나님의 일꾼이 될 수 있습니다.

사도들은 자격 없는 자신들이 쓰임 받고 있음에도 불구하고 또 다른 사람을 구분하였습니다. 말씀을 전하는 사역을 하는 사람과 구제하는 일을 맡은 사람으로 구분했습니다. 물론 조직을 효율적으로 운영하기 위해 사역을 분담하는 것은 가능합니다. 그러나 그것은 단지 인간적 차원에서 일을 나누는 것이지 하나는 하나님의 일이고 하나는 세상의 일이 아닙니다. 사도들은 교회에 일곱 집사를 세웠습니다. 그 집사들이 복음을 전하는 일에 동참할 것으로 예상하지 않았습니다. 아무도 그들이 복음 사역에 헌신할 것으로 기대하지 않았습니다. 그런데 하나님은 그들을 통해 사마리아 지역과 유대 지역에 복음을 전하게 하셨습니다. 하나님이 하시는 일에는 모든 사람이 일꾼이 될 수 있습니다. 하나님의 관점으로 생각하면 사람은 넘쳐납니다.

상황적으로만 판단하면 사도행전의 초기교회는 전혀 교회가 부흥하거나 기독교가 성장할 시기가 아닙니다. 우선 예수에 대한 반감이 많던 시기입니다. 불과 사십 일 전에 사람들이 예수를 잡아 죽였습니다. 예수가 부활했다고는 하나 사람들에게는 거의 나타나지 않았기 때문에 인정을 받지 못하고 있습니다. 예수가 부활했다는 소식을 전하는 제자들이 사람들을 미혹하며 사회불안을 조성하는 불온 세력으로 취급당해 박해를 당하는 상황입니다. 이런 상황에서 대부분의 사람들은 상황이 개선되게 해달라고 기도합니다. 그러나 사도행전에는 사도들이 상황 때문에 불편해 하는 모습을 볼 수 없고, 상황이 개선되게 해달라고 기도하는 모습을 볼 수 없습니다.

사도행전 초기에는 상황이 좋아서 많은 사람이 회개했고, 후반기에는 상황이 나빠져서 믿은 사람이 적은 것이 아닙니다. 하나님의 사역에 유리한 조건이나 불리한 조건이란 존재하지 않습니다.

사역의 평가

하나님의 일하심을 강조하면 사도들의 사역, 성도들의 사역에 대한 평가가 전혀 새로워집니다. 사도행전을 표면적으로만 읽으면 마치 '용두사미' 같습니다. 처음에는 대단합니다. 성령이 임하여 동네 촌부같은 베드로와 그 일행이 갑자기 각 지역의 방언으로 말을 합니다. 모두를 놀라게 했습니다. 또 병든 사람을 고쳐서 사람들을 놀라게 하고, 관원들에게 끌려가서는 갑자기 얼마나 말을 잘하는지 또 모든 사람을 놀라게 합니다. 놀라게 하는 대상도, 놀라게 하는 주제도, 놀라게 하는 방법도 참으로 다양하게 여하튼 사람을 놀라게 합니다. 그런데 사도행전의 후반부에는 전혀 사람을 놀라게 하지 않습니다. 바울이 말을 잘합니다. 그런데 돌아온 결론이 '네 학문이 너를 미치게 하였도다'일 뿐입니다. 감동받는 사람이 없습니다. 사도들의 영향력이 줄어들었다고 평가해야 합니까? 전혀 그렇지 않습니다.

또 초반부에는 복음을 전할 때마다 허다한 믿는 자가 생겨납니다. 2장 41절에 의하면 "베드로가 복음을 전하매 그 말을 받은 사람들이 침례를 받으매 이 날에 신도의 수가 삼천이나 더하더라"고 합니다. 어마어마합니다. 또 4장 4절에 의하면 "말씀을 들은 사람 중에 믿는 자가 많으니 남자의 수가 약 오천이나 되었더라"입니다. 두 번 만에 기본이 팔천입니다. 그런데 거기까지입니다. 더 이상 숫자에 대한 언급이 없습니다. 반대로 이제부터는 복음을 전하는 사람들이 하나 둘 죽어가는 이야기가 나옵니다. 7장에서 복음을 전하던 스데반 집사가 죽고, 12장에서 요한의 형제 야고보가 죽습니다. 사도행전의 중간부터 당대 최고의 엘리트 출신 바울이 투입됩니다. 하지만 사도행전에서 바울이 하는 일중에 가장 많이, 가장 자주하는 일이 무엇인지 아십니까? 복음 전파보다 더 많이 하는 일이 있습니다. 병자를 고치고 귀신을 쫓는 것은 가끔 행할 뿐입니다. 바울이 가장 많이 하는 일이 바로 '도망다니는 것'입니다. 사도들의 사역에 열매가 없다고 해야 합니까? 전혀 그렇지 않습니다.

성경을 읽고 있으면 스토리가 전개되는 시간이 빨리 지나가 버립니다. 잠간 동안의 이야기인 것 같으나 무척 많은 시간이 흐른 경우가 있습니다. 반대로 사건이 아주 많이 전개되지만 실상 시간이 별로 흐르지 않은 경우도 있습니다. 사도행전 21장부터 시작된 바울의 재판은 시공간적으로 많은 변화가 있습니다. 우선 장소는 맨 처음 고소를 당한 곳은 예루살렘이었고 28장에서는 로마에 와 있습니다. 단지 장소가 바뀌었다고 말하기에는 너무나 큰 변화로 자그마치 대륙이 바뀌었습니다. 시간적으로는 이스라엘에서 옥에 갇혀있던 기간이 기록으로 확인되는 것만 이 년이고, 배로 호송되면서 멜리데 섬에 도착했는데 28장 11절에 의하면 그 섬에서 겨울을 지났다고 하니 계절이 바뀌었으며, 로마에 도착해서도 30절에 의하면 이태가 지났습니다. 단순하게만 파악해도 약 오 년여가 흘렀습니다. 이 기간 동안에 침례를 받았다는 사람이나, 믿었다는 사람이 없습니다. 그러면 복음 사역이 중단된 것입니까? 절대로 그렇지 않습니다. 하나님이 역사하셔서 계속하여 복음이 전파되었고, 오늘 저와 여러분도 그 복음을 들었고 지금 하나님을 예배하는 이 자리에 와 있습니다. 하나님의 일하심을 알면, 사역의 상황에 대한 관점이 달라지고, 사역의 결과에 대한 평가의 기준이 달라집니다.

하나님의 열매

사도들의 변화

기독교의 사역이 하나님의 일이라고 했으면 그 다음 관심은 '하나님의 일하심의 결과가 무엇이냐?'에 맞추어져야 합니다. 하지만 사람들은 대개 두 가지에 관심을 갖습니다. 하나는 '자기가 무슨 일을 할까?'이고, 또 하나는 그 결과로 '자기가 무슨 상을 받을까?'입니다. 모두 자기가 행하고, 자기가 이루고, 자기가 받을 것에만 관심을 갖습니다. 성경은 아주 정확하게 구분해서 표현을 해 줍니다. 인간이 행해서 얻은 결과를 '육체의 결과', 하나님이 행해서 얻은 결과를 '성령의 열매'라고 합니다. 기독교는 하나님이 행하신 결과, 하나님의 원리로 행한 결과, 하나님이 맺으신 열매에 관심을 갖습니다.

복음서에서 예수님이 사역을 행하셨습니다. 그 결과로 얻은 것이 무엇입니까? 예수님의 사역이 무엇이었느냐를 결정하는 것이 우선입니다. 예수님께서 참으로 허다한 병자를 고쳤습니다. 그러나 그들은 예수를 믿지 않았습니다. 그래서 예수님이 그들을 버렸나요? 그들은 예수님의 열매가 아니었나요? 그렇지 않습니다. 예수님께서 귀신들린 자들도 치유해 주셨습니다. 그러나 그들은 예수를 믿지 않았습니다. 그래서 예수님은 그들을 버렸나요? 그들은 예수님의 결실이 아니었나요? 그렇지 않습니다. 예수님의 궁극적 사역은 바로 십자가 사역이었습니다. 그 결과 예수님은 모든 죄인들을 구원하시고, 온 인류의 구세주가 되셨습니다. 예수님의 열매가 모든 인류입니다. 하나님의 사역, 예수님의 십자가 사역의 결과가 바로 죄인이 구원받은 것입니다.

복음서에는 자그마치 네 권 총 89장에 걸쳐 예수님의 사역을 소개하고 있습니다. 그렇게 예수님의 사역이 소개되었으면 당연히 사역의 결과가 나타나야 합니다. 하나님의 일하심, 예수님의 일하심의 결과를 구체적으로, 실제적으로 예를 들어 소개한 것이 바로 사도행전입니다. 그래서 사도행전을 바라보는 새로운 관점이 필요합니다. 즉 사도행전에 등장하는 제자들이 하나님을 위하여 또는 하나님의 사명을 완수하기 위하여 일하는 모습으로 보는 것이 아니라 하나님이 일하신 결과, 열매로 보아야 합니다. 물론 그들이 무슨 일을 하는지를 살펴보아야 합니다. 하지만 그들의 모습이 그들의 수고와 노력의 일환인가 아니면 하나님이 일하신 결과인가를 구분해야 합니다. 정답은 하나님의 결과, 하나님의 열매입니다.

하나님의 열매

성경은 하나님이 일하신 결과, 성령께서 역사하신 결과를 성령의 열매라고 부릅니다. 성령의 열매는 갈라디아서 5장 22절에 "사랑과 희락과 화평과 오래 참음과 자비와 양선과 충성과 온유와 절제"입니다. 성령의 열매를 언급할 때에 꼭 기억하셔야 할 것이 있습니다. 이런 열매를 맺으려면 상황이 결코 여유롭지 않다는 현실입니다. 단순히 '사랑과 희락과 화평과 오래 참음과 자비와 양선과 충성과 온유와 절제'만 생각하시면 안 됩니다. 이런 것들이 열매가 되려면 그 사람이 처한 상황에는 이런 내용이 전혀 없습니다. 사랑이 없으니까 사랑의 열매가 맺어지고, 희락이 없으니까 희락이 맺어지는 것입니다.

사도행전에서 눈여겨보아야 할 것이 바로 성령의 열매입니다. 성도는 죄인들이 바라보는 것과 다른 것을 볼 줄 알아야 하고, 죄인들이 평가하는 것과 다르게 평가할 줄 알아야 합니다. 3장에서 베드로가 나면서 걷지 못하는 사람을 걷게 하자 사람들이 몰려와 베드로를 주목했습니다. 이것이 사람들의 관점입니다. 그러나 성도는 베드로가 병자를 고쳤다는 것이 아니라 그렇게 사람들이 몰려와서 베드로를 주목할 때에 그것을 거부했다는 것을 주목해야 합니다. 3장 12절 "이스라엘 사람들아 이 일을 왜 놀랍게 여기느냐 우리 개인의 권능과 경건으로 이 사람을 걷게 한 것처럼 왜 우리를 주목하느냐"고 말했다는 사실에 감격해야 합니다. 바울도 유사한 일이 있었습니다. 14장에서 나면서 걷지 못하게 된 사람을 고쳐주자 사람들이 쫓아와서 신으로 대접을 하는 것이었습니다. 그때 바울도 15절 "여러분이여 어찌하여 이러한 일을 하느냐 우리도 여러분과 같은 성정을 가진 사람이라"고 강조합니다. 바울은 절대로 차별화를 만들어내지 않았습니다. 사도들의 겸손한 모습이 성령의 열매입니다.

　사도행전에 나타난 제자들의 공통점은 모두 억울한 일을 당했다는 점입니다. 그러나 그들은 원망하지 않았고, 불평하지 않았고, 상대방과 충돌하지 않았습니다. 그들은 온유했고, 절제했고, 인내했습니다. 예수님 당시와 초기 교회 시대에, 유대 사회에 큰 분란과 충돌이 없었습니다. 이것이 가능했던 것은 예수님과 제자들이 인내했고, 온유했고, 절제했기 때문입니다. 베드로가 사람들과 충돌한 적이 있습니다. 예수님께서 겟세마네 동산에서 기도하고 계실 때에 로마 군병들이 예수를 잡으러 왔습니다. 그때 베드로는 예수를 향한 열정이 있었기에 손을 펴 칼을 빼어 대제사장의 종을 쳐 그 귀를 떨어뜨렸습니다. 동일한 현장에서 예수는 온유했고, 인내했고, 절제했습니다. 예수님이 능력이 부족한 것이 아니었고, 권세가 부족한 것이 아니었습니다. 그때 예수님의 말씀이 마태복음 26장 53절 "너는 내가 내 아버지께 구하여 지금 열두 군단 더 되는 천사를 보내시게 할 수 없는 줄로 아느냐"였습니다. 예수님이 만약 열두 군단의 천사를 동원했으면 온 이스라엘은 혼란과 살육이 충만했을 것입니다. 그러나 예수님이 온유하고 절제하셨기 때문에 그곳에 평화와 안식이 있을 수 있었습니다.

　야고보와 요한도 변화된 것을 볼 수 있습니다. 누가복음 9장에 보면 예수님께서 사마리아 지역에 가셨는데 사람들이 받아들이지 않았습니다. 그때 54절 "제자 야고보와 요한이 이를 보고 이르되 주여 우리가 불을 명하여 하늘로부터 내려 저들을 멸하라 하기를 원하시나이까"입니다. 만약 이들의 소원대로 했다면 그것에는 진멸과 살육만이 가득했을 것입니다. 그랬던 그들이 사도행전에서는 일체 그런 언급이 없습니다. 바울도 억울한 고소를 당했고 수많은 불편한 상황을 맞이하고 있습니다. 그러나 어디에도 하나님을 향한 원망이나 유대인을 향한 비난이 없습니다. 로마로 호송되는 기간에도, 로마에 잡혀있는 와중에도 오직 하나님 나라를 전파하여 주 예수 그리스도에 관한 모든 것을 담대하게 거침없이 가르치고 있습니다. 바울 자신에게 성령의 열매가 맺어지고, 바울로 인하여 함께하는 주변사람들에게도 성령의 열매가 맺어지고 있습니다.

　사도행전에서 역사하신 하나님께서 지금도 사역하고 계십니다. 사도들과 동행하신 하나님께서 성도들과 동행하고 계십니다. 사도들에게 하나님의 사역의 열매를 맺으신 하나님께서 저와 여러분에게도 풍성한 열매를 맺으실 것입니다. 하나님을 아시고, 하나님의 일하심을 감격하고, 하나님의 열매를 기대하면서 하나님으로 인한 자유와 평화와 안식의 삶을 풍성히 누리시기를 주님의 이름으로 축원합니다.